主编 钟起煌
顾问 周銮书
副主编 邵鸿 彭适凡（常务） 方志远

江西通史

江西人民出版社
Jiangxi People's Publishing House
全国百佳出版社

《江西通史》编辑委员会

主　任　钟起煌

副主任　钟健华　傅伯言

委员（以姓氏笔画为序）

方志远　孙家骅　邵　鸿　林学勤　彭适凡

编委会办公室

主　任　孙家骅

副主任　游道勤

工作人员（以姓氏笔画为序）

王琴红　王紫林　曾　敏

常务编辑

林学勤　徐建国　游道勤

江西通史 | 隋唐五代卷

陈金凤 著

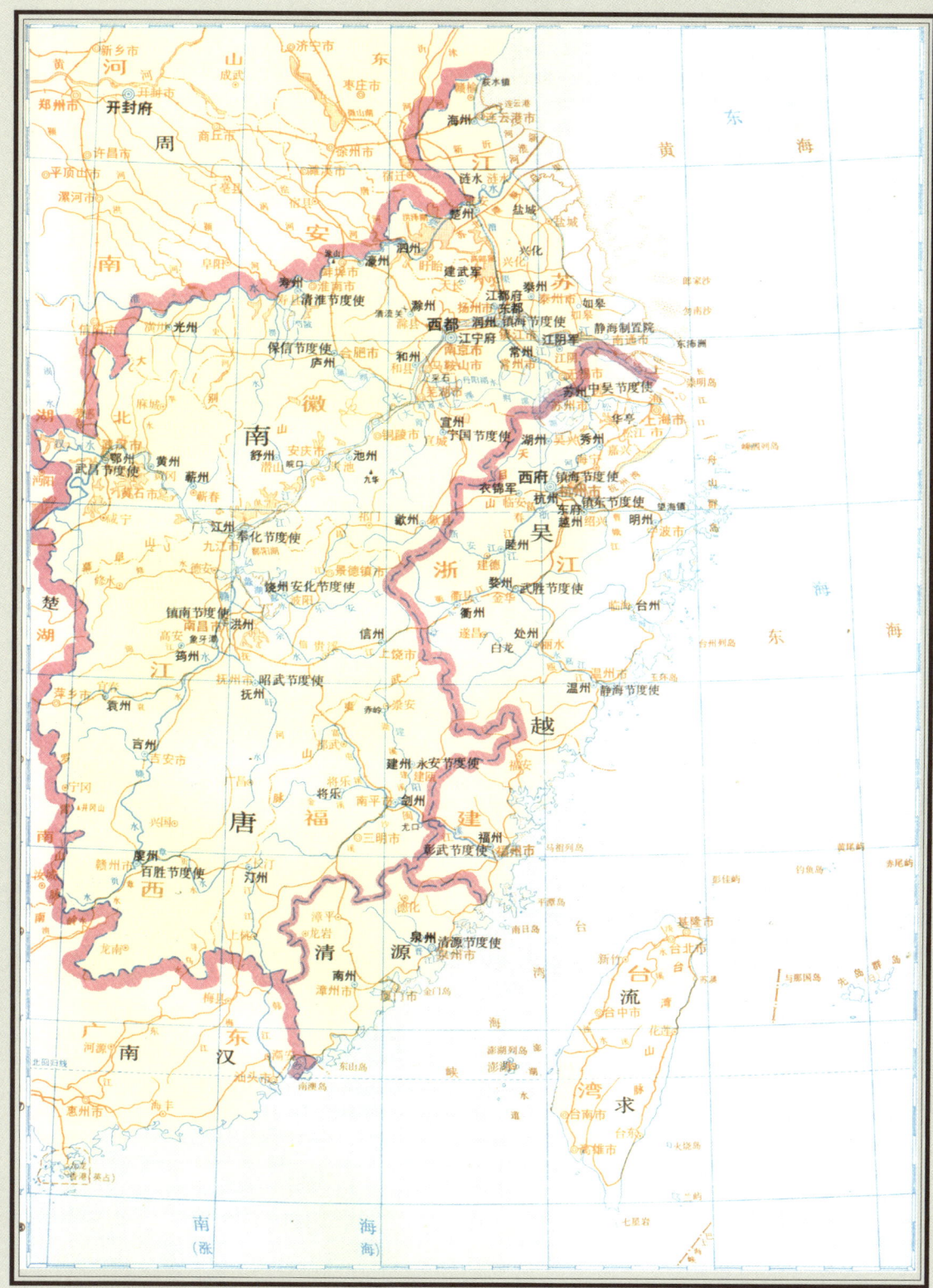

五代十国时期南唐、吴越地图

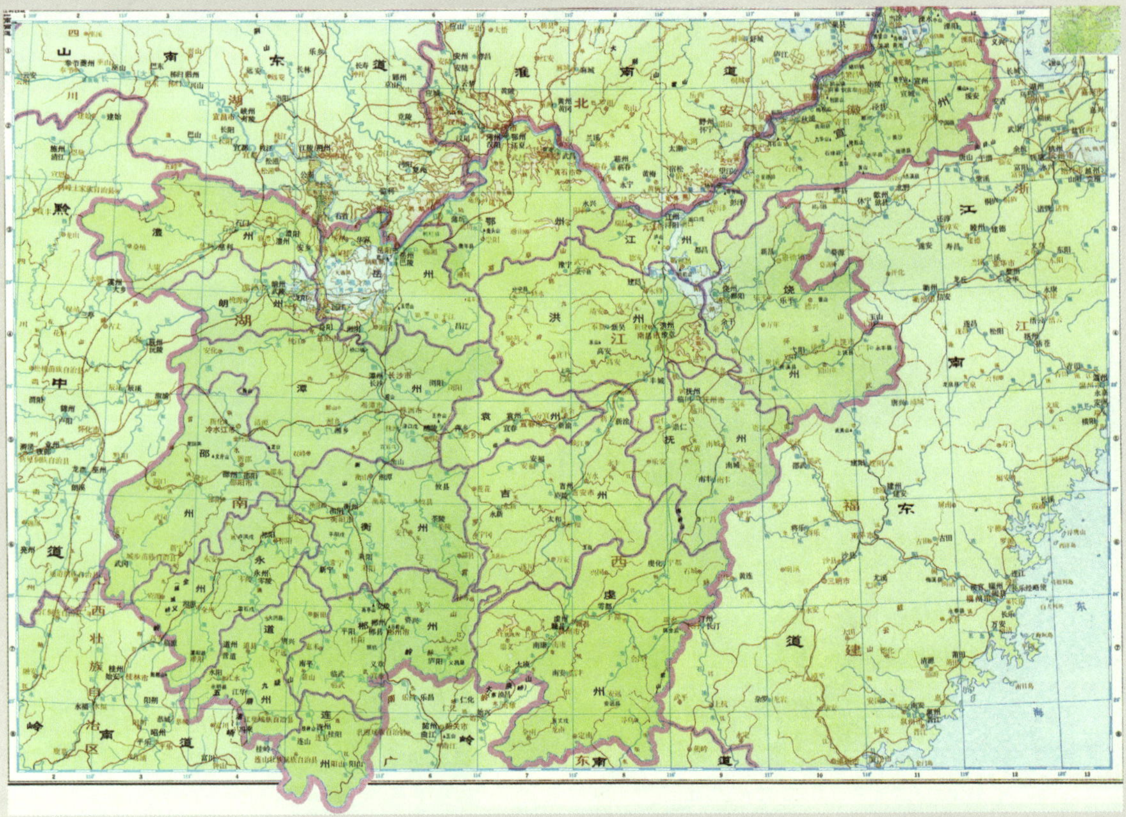

①

②

③

① 唐开元二十九年（741年）江南西道图（唐）
② 祖关
③ 青原山净居寺
④ 青瓷象首净瓶（隋）
⑤ 白釉褐彩元宝形枕（五代）
⑥ 炼形神冶瑞兽纹铜镜（唐）
⑦ 褐釉扑满（五代）

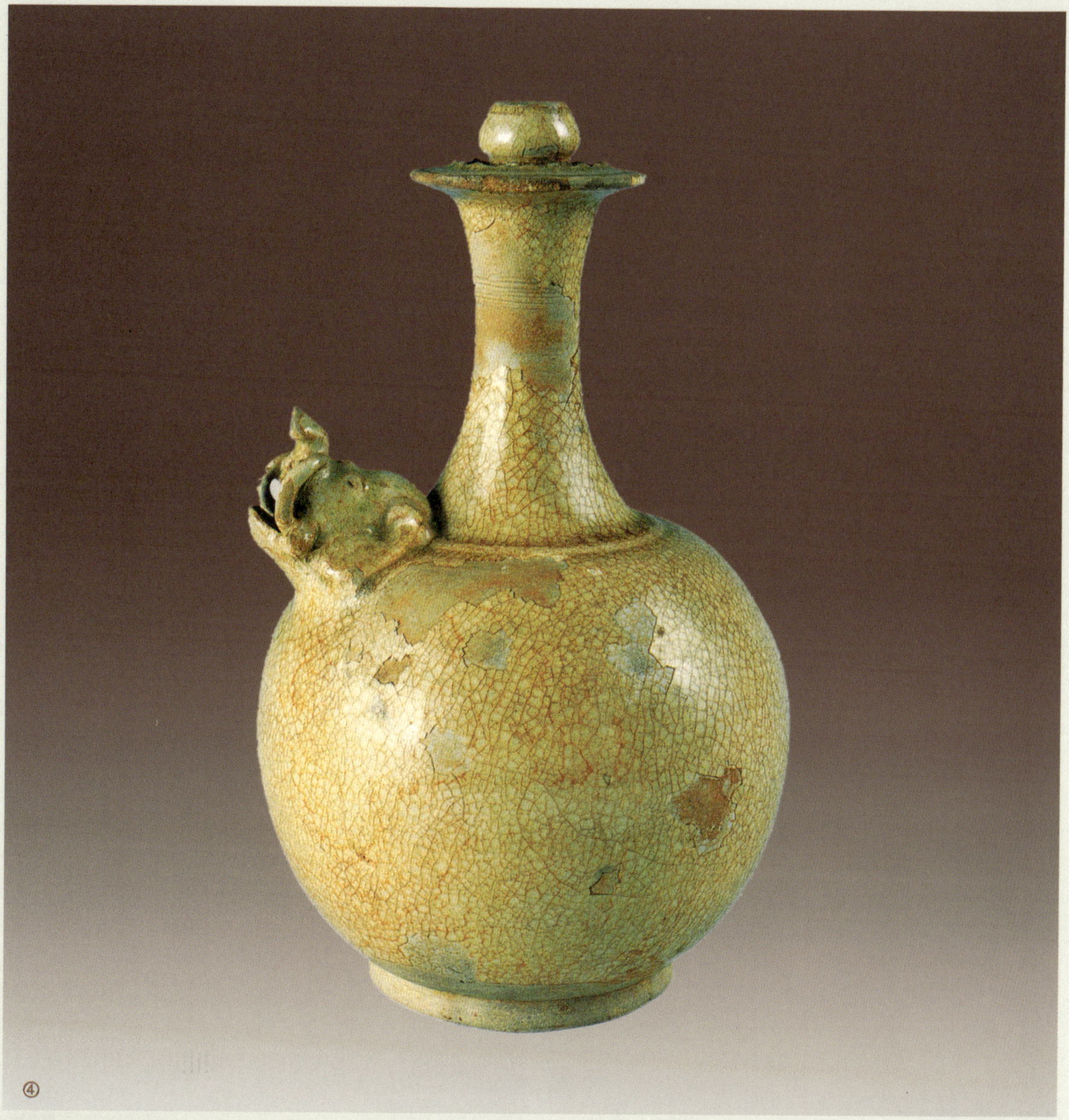

④

⑤

⑥

⑦

①青铜钟（唐） ②青瓷多足辟雍砚（唐） ③滑石猪（唐）

总 序

钟起煌

世界上的很多事情都是由机缘而起因执著而成,包括我们这部《江西通史》。

说由机缘而起,是因为这件事情的发生几乎纯属偶然。2002年夏天,我和彭适凡、孙家骅同志谈到江西悠久的历史、谈到江西辉煌的文化,因而产生了组织专家编撰《江西通史》的设想,彭、孙二位当即认为此举当行而且可行。

说因执著而成,是因为一旦有这个想法,而且认为这是一件研究江西历史、弘扬江西文化的重要工程,就决心去做。为此,我征询了周銮书同志的意见,并邀请邵鸿和方志远同志共商此事,得到他们的热烈响应。2002年10月18日,在江西省文物局和江西师大历史文化与旅游学院共同举办的全省文博教育成果展示与经验交流会上,我向大会通报了编撰《江西通史》的意见,引起全体代表的热烈反响,大家用长时间的热烈掌声表示支持,认为这是贯彻"三个代表"重要思想、全面挖掘和整理江西传统文化、推进江西经济文化建设的一大盛事。有了这个共识,12月13日,准备工作进入实质性阶段。在我的主持下,召开了有关专家和编辑人员的联席会议,对编撰《江西通史》的指导思想、作者人选、工作日程、成果形式等具体问题展开了比较细致的讨论。2003年2月15日,召开了第一次编撰工作会,《江西通史》的编撰工作就此正式启动。

虽然说是机缘和偶然,但新的《江西通史》的编撰,实已具备诸多因素和条件。

一、江西在中国历史上具有重要的地位。根据最新的考古发现,在江西这块土地上,人类的活动至少已有20万年历史,它是中华民族发展史和古代文明发展史的重要组成部分;唐末五代以来,随着全国经济重心的南移,江西遂为全国经济文化最为发达的省份之一,其物产之富、人才之众,举世瞩目;进入20世纪,江西又因为中央苏区的建立而成为全国苏维埃运动的中心。很难想象,在十分漫长的时段里,没有江西的中国历史将会是什么样子。

二、文献与实物资料丰富。江西既有"物华天宝、人杰地灵"之誉(唐王勃语),又素称"文章节义"之邦(宋司马光语)和"人文之薮"(清乾隆帝语),存世官修私撰文献极为丰富。近年来一系列的考古发现,既可弥补文字记载之不足,更可与文献资料相互印证,为编撰《江西通史》提供了可供参考的实证材料和科学依据。

三、前期成果丰硕、学术队伍整齐。老一辈的历史学家仍然健在,他们不但学术积累深厚,而且对研究江西历史有着强烈的责任心;中青年学者正趋成熟,他们继承了前辈学者的严谨学风,又吸收了新的研究方法和研究技术,思维敏捷,勇于创新。在他们的共同努力下,这些年来已有大批高质量的有关江西历史的学术成果问世,这些成果涉及江西历史的方方面面,为编撰《江西通史》奠定了坚实的学术基础。

四、政治环境宽松、经济形势发展。盛世修志是中国的传统。改革开放以来,政通人和,国泰民安,江西经济和全国一样,有较快速度的发展。这为编撰《江西通史》提供了自由的学术气氛和比较充裕的财力保证。近年来,江西的学术事业和出版事业取得了有目共睹的成就,连续获得中宣部"五个一"工程奖和国家图书奖、中国图书奖,给江西文化艺术界和学术界以振奋,也引起了各兄弟省市的关注。这些成就的取得,为我们组织大规模著作的编撰工作提供了经验。而周边各省如湖北、湖南、浙江以及其他省市新编通史的纷纷问世,对《江西通史》的编撰是有力的推动,也提供了有益的借鉴。

五、从我个人来说,当时也恰恰能分出一些精力和时间来抓这件事情。于是尽力协调各方面的关系,为作者们、编者们排除各种障碍,以保证这项伟大工程的圆满完成。

四年来,《江西通史》的编撰工作得到了各方面的关心和支持。黄智权、吴新雄省长亲自过问此事并指示有关部门给予支持,省政协将其作为一件大的文化事业进行推动,省社联将其列为重大科研项目,江西师大、南昌大学、省社科院、省文物局、省博物馆和省考古所等有关单位也对参与编撰的专家们给予各种便利,出版部门派出了强大的编辑班子并准备了足够的启动和出版资金。特别要指出的是,各位作者在繁忙的教学和科研工作中,能够将《江西通史》的

总序

写作列入重要的工作计划并全身心地投入。我在第一次全体编撰会议上指出，《江西通史》的编撰是一项挖掘和弘扬江西历史文化传统的千秋事业，希望作者和编者将其视为自己学术生涯中的重大事业。事实证明，作者和编者们后来都是这样要求自己的。正是因为有了各方面的支持和全体编撰人员的共同努力，11卷的《江西通史》才能顺利地完成书稿并得到如期出版。

明代中期，随着区域经济文化的发展，修撰地方志成为一大文化现象。各省、各府乃至各县的省志、府志、县志大量涌现。此后遂为传统。盛世修志也不仅仅限于修前朝历史，更大量、更具有普遍意义的乃是修当地地方史。具有全局意义的江西省志也正是在这个时候产生的。自明中期以来，江西整体史著作已编撰过多部，其中著名的有：林庭㭿《江西通志》(37卷，明嘉靖四年)，王宗沐《江西省大志》(8卷，嘉靖三十五年；万历二十五年陆万垓增修)，于成龙、杜果《江西通志》(54卷，清康熙二十二年)，白潢、查慎行《西江志》(206卷，康熙五十九年)，高其倬、谢旻《江西通志》(163卷，雍正十年)，刘坤一、刘绎、赵之谦《江西通志》(180卷，光绪七年)，吴宗慈、辛际周、周性初《江西通志稿》(9编，民国三十八年)。20世纪末，又有许怀林的《江西史稿》(1994年，江西高校出版社)，陈文华、陈荣华主编的《江西通史》(1999年，江西人民出版社)问世。这些著作在保留江西历史遗存、挖掘江西历史文化方面作出了重要的贡献。如何在充分吸取前人成果的基础上有所发展、有所创新，是对新编《江西通史》的重大考验。

为了使新的《江西通史》更具有时代特色和历史价值，更具有划时代的意义，我们对这部著作提出了以下的要求。

一、中国历史是一个整体，我们在研究任何地方历史的时候，都不能脱离这个整体。因此，正确认识各个历史时期江西在全国政治经济格局中的地位就显得尤其重要，必须充分关注江西与中央、与周边地区的关系，不溢美、不自卑，不关起门来论江西，将《江西通史》写成一部与中华民族的整体有着血肉联系的江西历史。

二、《江西通史》是系统记述和研究江西历史的大型学术著作，由众多学者共同参与完成。一方面，各卷是作者的个人成果，是作者最新研究成果的结晶，可以也应该有自己的风格和特色，所以希望作者精益求精，使其成为各自领域的学术精品。另一方面，甚至更为重要的是，它又必须是一个整体，是一部"通史"，所以全书11卷必须有统一的体例和统一的要求，在文风上一定要力求简洁、明快。各卷作者务必服从整体、服从大局,使自己的作品成为整个《江西通史》的有机组成部分。

三、《江西通史》必须是一部真实、动态、有可读性的信史。所谓真实,是指史料翔实、言必有据。此"据"是经过考证后认为合理的,否则,"尽信书则不如无书"(孟子语)。这就需要每个作者既尽可能地系统爬梳和挖掘史料,又谨慎辨析和使用史料。所谓动态,是指用发展的眼光看问题,既将问题放在特定的历史背景之下,又特别关注它的演进过程,因为即使是同一件事物,其状态和作用也是随着时间的推移和社会的变迁而变化的。这就需要每个作者以历史唯物主义和辩证唯物主义的观点和方法去阐释历史、去探讨历史演进的规律。所谓有可读性,是指应该用流畅的文字、叙述的方法写作,展示的是作者的观点和结论,而不是考辨的过程,它的体例是史书而不是论文。无图不成书。图文并茂是中国出版物的优良传统和重要特点,《江西通史》应该在尽可能的情况下,收集能够说明江西历史各阶段各方面状况的历史图片,以加强其历史感和可信度,同时也使其更具有可读性。

四、以人为本,以民为本,以基层社会为本。所谓以人为本,指的是要写成人的历史,以人的活动为描述对象,即使是制度、习俗,也应尽可能地有人的活动。所谓以民为本,指的是尽可能地站在大众的立场上来叙述历史、看待历史,更多地叙述大众的活动。所谓以基层为本,是因为地方史本身就是基层乃至底层的历史,要尽可能地揭示基层组织和底层社会的活动状况。在此基础上,充分重视统治者和社会精英对社会的主导作用,重视自然环境、人文环境,特别是包括传统价值观念和现实政治制度等在内的上层建筑对个人、对大众、对底层的影响和制约作用,写成一部上层建筑与经济基础互动、国家权力与基层社会互动、社会精英与人民大众互动的历史。

11卷本《江西通史》即将付梓,我们希望它的出版能够成为江西历史研究的新的里程碑、能够成为江西文化史上的一大盛事。当然,能否达到这个目标,还要由读者和历史来检验。

【目录】

导论   1

第一章

政治经营与军事斗争   1

第一节   隋朝对江西的短暂统治 …………… 1
     一、兵定江西 ………………………… 1
     二、行政江西 ………………………… 3
     三、林士弘据豫章 …………………… 7

第二节   唐朝江西政治与军事 ……………… 9
     一、统一江西 ………………………… 9
     二、吏政与治绩 ……………………… 10
     三、永王璘事件与江西 ……………… 20
     四、苛政与民变 ……………………… 23
     五、黄巢义军转战江西 ……………… 28
     六、地理形势与唐代军政 …………… 31

第三节   唐末江西地方豪强政治 …………… 35
     一、地方豪强割据江西 ……………… 35
     二、地方豪强政治特色 ……………… 43

第四节   杨吴南唐江西的政治与军事 ……… 46
     一、杨吴攻略江西 …………………… 46

二、江西与南唐攻闽击楚 ………… 51
三、江西人士与杨吴南唐政治 ……… 56
四、南唐江西农民斗争 …………… 61
五、李璟迁都南昌 ………………… 64
六、南唐最后的支撑 ……………… 66

第二章
政区建置与人口增长　　70

第一节　政区建置 …………………… 70
一、隋代江西郡县的省并 ………… 70
二、唐朝江西州县的整理 ………… 72
三、江南西道的设立 ……………… 75
四、杨吴、南唐时期的江西政区 … 77
五、影响江西州县建置的因素 …… 80

第二节　人口增长 …………………… 86
一、隋与唐前期江西人口的状况 … 86
二、安史之乱后北人迁赣潮流 …… 88
三、唐末五代移民持续入赣 ……… 96
四、人口增长与江西社会 ………… 107

第三章
经济繁荣与中部崛起　　111

第一节　农业经济的发展 …………… 111
一、农业生产环境的改善 ………… 111
二、水旱灾害与水利兴修 ………… 115
三、土地的广泛垦殖 ……………… 122
四、农业生产工具的改良 ………… 130
五、稻作农业的发达 ……………… 133

【目录】

	六、经济作物种植的普遍	137
	七、林牧渔业的发展	147
第二节	特色手工业的蓬勃发展	152
	一、陶瓷业的兴盛	152
	二、矿冶业及相关产业的繁荣	158
	三、纺织业的进步	165
	四、长江中游的造船业基地	167
	五、建筑业的发展	170
	六、酿酒业的普遍	178
	七、文化用品的制造	181
第三节	相对畅通的道路交通	182
	一、水路交通的通畅	183
	二、大庾岭道的拓宽	185
	三、驿路交通的发展	188
第四节	初步繁荣的商品经济	195
	一、商人与商品经济	196
	二、城市商品经济的初步繁荣	202
	三、农村集市的兴旺	206
	四、市镇、场的兴起	208
	五、劳动力商品化的现象	209
	六、江西经济与经济重心南移	211

第四章
教育勃兴与人文日新　216

第一节	文教勃兴	216
	一、州县学的举办	216
	二、乡村学的普及	219
	三、书院的兴盛	220
	四、山林修学	228

3

	五、庐山国学	233
第二节	科举与人才	236
	一、科举风气渐浓	236
	二、科举人才辈出	240
	三、科举制下的士人生态	244
第三节	文学的复兴与超越	249
	一、外地文人引领风骚	249
	二、"地多章名客"	255
	三、区域文化中心的初步形成	268
第四节	书画华彩	273
	一、书画艺术的起步	274
	二、董源、巨然与山水画	277
	三、徐熙与花鸟画	281

第五章
佛法鼎盛与道教风流　284

第一节	佛教诸宗兴起与传播	284
	一、隋佛教兴国与江西佛教的发展	285
	二、佛教各宗竞相在江西弘传	289
	三、南禅赣地初兴	292
第二节	洪州禅风	297
	一、马祖道一创洪州禅	297
	二、洪州禅的弘传	303
	三、百丈怀海与《禅门规式》	306
	四、五家分灯	312
	五、佛教兴盛与民众信仰	321
第三节	道教实践与发展	333
	一、政治因素与江西道教兴盛	334
	二、庐山道教的繁盛	335

【目录】

三、龙虎山道教的复兴 …………… 343
四、西山净明道的萌芽 …………… 347
五、麻姑山等地道迹 …………… 353
六、洞天福地与江西道风 …………… 358

第六章
民俗新潮与民风流变　362

第一节 民生时俗 …………… 362
　一、衣食住行 …………… 362
　二、岁时节令 …………… 373
　三、婚丧嫁娶 …………… 379
　四、医药保健 …………… 386

第二节 娱乐风行 …………… 390
　一、"尚歌舞" …………… 390
　二、行酒令 …………… 396
　三、好体育 …………… 398

第三节 民风流变 …………… 402
　一、"信巫鬼"与"重淫祀" …………… 403
　二、占卜与"畜蛊" …………… 408
　三、风水之风渐起 …………… 410
　四、从"少讼"到"好讼" …………… 413

附　录
主要参考文献　418

后　记　423

导 论

隋唐五代(581—960年)是中国历史发展过程中的重要时期,也是江西历史发展过程中的重要阶段。受政治、军事、地理、民情等因素的影响与作用,江西融入大中国历史的时间稍稍滞后,其"隋唐五代"应是始于公元589年杨隋占江西,而终于公元975年赵宋灭南唐。本卷即叙述这387年的江西历史。

一

开皇元年(581年),杨坚(隋文帝)夺取北周政权,建立隋朝。九年(589年),隋大军南下平陈,统一全国,结束了自汉末以来中国长期的分裂局面[①]。

隋文帝为稳固大统一局面与杨氏天下,在政治、经济、文化等方面采取了一系列颇有成效的政策措施。以政治为例,隋文帝在中央实行三省六部制,三省长官都是宰相,各对皇帝负责,由是皇权大大加强。在地方建置上,隋文帝确立州(郡)、县二级行政体制,并规定九品以上的地方官由中央任免、考核。地方行政机构的简化和地方官任免权力集中于中央,加强了中央对地方的控制。县以下设立乡、里、坊、村等基层组织,从而重新建立起类似秦汉的统一的封建集权体制。隋炀帝杨广即位后进一步强化统治权力,同时因其浓厚的江南情结,

---

[①] 自公元184年黄巾起义后出现军阀割据至589年隋朝统一中国的400年间,除西晋有30余年的统一外,其余全国均处于分裂状态。

在政治、经济、文化等政策措施中处处显现出对南方的重视与眷顾。政治上,隋炀帝于洛阳建立东都、于扬州建立江都,一改隋前期以长安为中心的"关中本位"之政,行政权力逐渐向东方、南方倾斜。隋炀帝改革魏晋以来沿袭数百年的按门第高低选用官吏的九品中正制,创立科举制,用考试的方法选拔人才,这既限制了门阀士族对选举的把持,又为庶族地主参政开辟了途径,同时提升了江南人士在隋政权中的地位,极有利于统治基础的稳固。经济上,隋朝在北方整理人口,改革均田制,实行新的租调制,使其更有利于经济的发展与社会进步。隋统一南方特别是隋炀帝主政后,为稳定南方,大力照顾南方地主阶级的利益,对其经济制度基本予以维持,并实行赋税优惠政策,从而使六朝以来南方经济发展的良好形势得以继续与加强。特别是开凿大运河,沟通中国南北,不仅加强了对南方的政治、军事、经济控制,而且有利于南北的经济、文化交流。文化上,隋代敬佛崇道,弘扬儒家学说,使传统文化复兴。隋炀帝一反其父关中本位文化政策,大力鼓吹南方文化,遂使南方文化逐渐呈现出成为文化主流的历史趋势。

大一统的形势,统治者的励精图治与人民的辛勤劳动,使隋皇朝达到中国有史以来的强盛局面,但它实行"藏富于国"而不顾民生的政治经济政策,却导致了统治基础的严重危机。特别是隋炀帝厉行暴政,荼毒民命,不仅极大地加深了人民的苦难,而且激发了统治阶级内部的矛盾。610年后,社会骚动不安,上层反叛,农民起义,势如燎原,隋朝分崩离析。618年隋太原留守李渊代隋建唐。

唐朝建立后,统治者吸收隋朝兴亡的历史经验教训,革故鼎新,使封建政治、经济、文化等各个方面得到恢复与发展。以经济为例,唐朝前期,统治者实行休养生息政策,通过均田制和租庸调制,积极扶持小农经济,发展手工业和商业。由"贞观之治"到"开元盛世",农业、手工业、道路交通、商业等全面进步,唐朝步入了繁荣昌盛的历史时期。然而,强盛的唐朝深藏着严重的统治危机。随着社会经济的发展,唐朝土地兼并加剧,人口流亡严重,均田制与租庸调制难以维持,作为国家基础的小农经济问题不断。特别是以唐玄宗为首的统治者耽于淫乐,荒于政事,胡乱治国,加剧了唐帝国统治阶级内部的矛盾。

755年安史之乱爆发后,唐皇朝从繁荣昌盛的顶峰急剧坠落,政治、经济、文化等方面发生了较大的变化。政治上,中央集权体制遭到极大的破坏,但基本能予以维持,特别是广大南方的地方行政制度并没有受到多大削弱;原先主要在边疆地区施行的节度使制度逐渐推广至内地;差遣使职制度盛行;以"进士科"为中心的科举制度日益深入,庶族地主开始在政治舞台上占主导地位。经济上,统治者鉴于均田制与租庸调制难以维持的现实,实行两税法,全面改革赋役制度,更有利于地主制经济的发展。值得注意的是,安史之乱严重地破坏了国民经济,却重新配置经济资源,一些欠发达地区得到了新的机遇,广阔的南方地区的经济开发逐渐深入,长江中游地区成为当时中国发展最快的区域。有唐一代,统治者重视文化建设,官、私文化教育均较发达,各民族间的文化交流活跃,以诗歌为中心的文学创作和书法、绘画、雕塑、石窟艺术、音乐、舞蹈等众多艺术门类得到了空前的发展,一派繁荣景象。唐朝文化宽容,儒、释、道"三教"并重,儒学复兴,佛、道为代表的宗教文化达到鼎盛。总之,安史之乱以后,唐朝的社会经济文化仍曲折地向前发展,并在不少方面仍取得了较大的成就。

安史之乱后百余年间,藩镇割据、宦官专权、朋党之争交织,外患不断,民乱兵变不息,唐政权日渐衰微。最后经黄巢起义的沉重打击,终于土崩瓦解。唐哀帝天祐四年(907年),原黄巢义军将领、降唐后任命为宣武节度使的朱温,武力统一了黄河流域,遂废哀帝自立,改国号为梁,定都开封。从此中国境内梁、唐、晋、汉、周五代迭相更替,前蜀、后蜀、吴、南唐、吴越、楚、闽、荆南、南汉、北汉等十国相继建立。五代十国56人称帝称王,兵燹连绵,还有契丹等少数民族扰乱中原,整个中国长期处于分崩离析的状态之中。公元960年后周大将赵匡胤代周建宋,重新确立中原秩序。此时尚有南唐、后蜀、吴越、荆南、南汉、北汉等政权,割据从南到北的大片境土。直到宋太平兴国四年(979年)这种混乱的局面才结束。

五代十国是中国历史上极为混乱与黑暗的时代,但在某些时期某些地域内经济文化仍然得到发展。吴国奠基者杨行密占领江淮地区,为医治战争创伤,实行保境息民,招抚流亡,减速轻租税等政策,使江淮地区农业生产迅速恢复。其后徐知诰执政,改革两税征收办法,不仅增多了国家税收,还大大调动了农民生产积极性,推动了江淮地区农桑生产的发展。南唐建国以后,继续减轻赋役,奖励开垦荒田,种植粮桑,发展手工业、商业,使南唐成为南方诸国最富强的国家。当然,在军国时代,南唐统治者的榨取政策也对本区经济发展带来了不少消极的影响。另外,南唐统治者的文化素质较高,也极为重视文化的建设,以致在混乱的时期仍取得不凡的文化成就,使南唐成为当时中国屈指可数的文化兴盛地域。

总体而言,隋唐五代是中国封建社会走向繁荣和成熟的时期,政治、经济、文化等成就足以辉煌一世,在中华民族的文明发展史上占有重要的地位。正是这一历史形势,江西地区创造出大大超越前代的物质文明与精神文明,和大中国历史发展同步。与此同时,也因本区的社会、政治、经济、文化、地理等因素的作用与影响,呈现出鲜明的地域特色。

二

自西汉初年在江西地区建立郡县机构后,本区的行政体制一步步得到发展,并随着区域的清晰而逐渐趋于合理。隋唐五代时期是江西行政体制走向完备的关键时期。

隋朝统一中国后,地方行政体制沿袭前代而又多有创制,在全国推行郡县二级行政体制,并针对州(郡)县多而户口少的弊病,裁闲并小。隋政权依据江西地区政治、经济、地理等实际,将南朝陈时的7郡60余县,整理为7郡24县,比较合理地解决了本区的行政区域。虽然隋在江西的统治较短,这种体制在当朝发挥的作用有限,却为其后的唐皇朝在江西建立统治机构奠定了良好的基础。

唐代确立"道"制,从事实上重建了地方的三级行政机制,使地方的统治体系更加合理,中央集权体制进一步加强。唐太宗时开设了"江南道",唐玄宗时将其析分为"江南西道"、"江南东道"和"黔中道"。其中"江南西道"辖今赣、湘两省及皖南、鄂东地区,治所确立在洪州(南昌),"江西"由此得名。唐中期以来,江西设江南西道,设观察使(有时为节度使),管辖洪、饶、吉、江、虔、袁、抚、信等8州,江西省域框架基本形成。有唐一代,江西州县的增置主要是经济发展和人口增长的结果。

江西"襟三江而带五湖,控蛮荆而引瓯越"的地理形势,素为中原皇朝用兵南方重要区域。早在秦汉用兵岭南、百越时就显示了重要的军事地理的作用。由于江西影响南方的兵要地理,唐政府对江西控制相对严格。不过,其政治地位并没有得到多大的提高。这从任职江西的行政长官很少是统治集团的核心(重要)人物可略知一二。江西是唐代政权稳定的重要力量,安史之乱及其藩镇割据对江西地区政治没有产生多大影响,但江西坚定地支持中央政权,输出了大量的人力、物力与财力,对中央平定安史之乱及牵制藩镇割据作出了一定的贡献。唐后期,南方边地往往一有时机就游离中央政权,甚至武力相向。江西因地理形势,成为皇朝控御南方的重要区域,唐政权对岭南、南诏、川西等南方地区的用兵,大都以江西为后方军事基地。这表明江西在长江以南地区的重要控御作用。

唐末,江西地区仍相对安定与富庶,受黄巢义军、江淮军阀在江西活动的影响与作用,江西一些地方割据势力乘机崛起。洪州钟传、抚州危全讽、吉州彭玕、虔州卢光稠等纷纷割地自立,控制了大半个江西。此外,还有为数不少的地方小豪强活动其间。唐政权崩溃后,他们各自为政,在一个时期形成了江西地区的地方豪强政治局面,一定程度上维持着江西社会的稳定和发展。然而,江西地方豪强由于受天下军政形势的影响,特别是自身安于保守、不善团结、力量不足等缺陷,不能建立以江西为中心的统一的区域政权,而最终被淮南杨吴政权所兼并。

杨吴占领江西不久,其政权即转入南唐李氏之手。江西作为吴、南唐割据政权的重要组成区域,军事色彩比较浓厚。南唐进一步整理了江西地区的地方行政机制,适应政治、经济发展的需要,增置县治,江西遂有10州军56县。南唐在江西的统治比较稳定,且极大地发挥着江西地区的军政功能,把江西作为其向东西扩大统治区域的军事基地和国家政治活动的后方基地。特别是南唐中主李璟将洪州提升为"南昌府",并建"南都"于此,南昌一度成为南唐政权的政治、经济、人文中心,一定程度上提升了江西的政治地位。赵宋开宝八年(975年)灭南唐,江西地区重新纳入大一统皇朝之中。

总体而言,江西因偏离政治核心区,由中央政治问题而引起的冲突少见,内部也相对安定,是隋唐五代政权统治较稳定的地区,是维护统治皇朝的重要力量。当然,在某些时期,江西民众因统治者的横征暴敛,兼受外来民变的影响,局部地区也曾发动一些反抗,或形成地方割据势力。

三

吴头楚尾的江西是我国开发较早的地区之一,商周时代社会文明程度已较高。但此后长期处于"饭稻羹鱼"、"不待贾而足"的自给自足状态[①],发展缓慢。六朝时期江西得到较大的开发,部分地区经济发展较为迅速,但总的说来

---

① 参《史记》卷一二九《货殖列传》。

经济水平仍处于中国中下地位。隋唐五代时期,江西地区经济腾飞,实现了在长江中游地区的崛起。

江西地处长江以南地区,气候温和、雨量充足、土地肥沃,地形以山地丘陵为主,平原面积也不少,江河湖泊纵横,农业生产的自然条件比较优越,不仅适宜以水稻为主的粮食作物生长,而且也适宜以茶叶为代表的多种经济作物的种植,以及渔业等水产的生产。此外,矿产、森林等资源丰富。在农业社会中,江西的自然条件有适合经济开发的潜力与优势,一旦遇到有利经济开发的社会环境,其社会经济发展速度将是极其快速的。隋唐五代江西农业经济得到迅速和全面的发展,除了当时整个中国的封建经济继续向前发展,生产关系得到一定程度的调整,生产力得到一定程度的解放,以及江西的地理环境和自然条件有适宜发展农业的良好的生态环境、经济基础的变化这一类重要原因外,还有一点不容忽视的是上层建筑的因素,即政府的重农政策和救荒政策所起的积极作用以及大力发展农田水利事业、改进农业生产工具等带来的促进作用。

劳动力是自然经济形态下生产进步、经济繁荣的决定性因素。隋唐五代的江西,正处于由浅度开发转向深度开发、由狭度开发转向广度开发的关键时期,需要大量的劳动人口。隋唐以前,江西地区开发不足,经济落后,与本区大部分地区人口稀少相关。隋唐五代江西人口的大幅度增长,除了长期以来江西地区相对稳定和经济发展,人口陡然增殖较快外,还在于相当数量的移民自中唐以来持续不断迁入江西。安史之乱以来,中原地区战乱严重,北方人口纷纷寻求"乐土"而南迁。江西"既完且富,行者如归",大量的外来人口在此求生存与图发展。唐末五代,又因北方动荡生计艰难而江西相对安定富足,外来人口又一次掀起了移民江西的浪潮。外来移民不仅大大增加了江西地区的劳动力,也带来了北方先进的生产技术,加速了江西地区的经济开发。以土地开发为例,江西地区至唐中后期,条件较好的平原湖泽区域已开发殆尽,而条件较差的山地丘陵也日渐开发。土地经营中,江西已走出了纯粹个体经营的状态,在一些地方已采取庄园生产的模式进行生产。

江西地区的农业经济开发,是以粮食业为中心展开的。隋唐五代时期的江西,与秦汉六朝相较,不仅水稻种植面积不断扩大,亩产量不断提高,而且麦、粟等粮食作物的种植也更加普遍,已逐渐成为全国著名的稻作区、粮食供应的主要基地之一。伴随着粮食产业的兴旺,经济作物的种植也更加普遍,多种经济成分展开,林牧渔等副业也在前代的基础上有了较大的发展。经济作物以及

导论

农副产品成为市场上的重要商品,农产品商品化成分大增。江西地区整个农业经济结构发生了巨大的转变,由原来比较单一的农业转化为复合性农业,商品化农业生产显著增长。值得注意的是,秦汉六朝以来,江西因多山地丘陵而较难开发,故经济地位在长江中下游地区一直处于中下。但隋唐以来,以茶叶为代表的经济作物的种植、木材业的兴盛,加上山区采矿业发展,山地经济便快速发展起来了,极大地推动了本区经济的发展与经济地位的上升。

在农业经济发展的基础上,隋唐五代江西手工业也得到了较大的发展,取得了不少的成就。矿业、造船业、陶瓷业、纺织业、造纸业、酿酒业、制茶业等都在全国前列。例如,唐代江西的洪州窑名气很大,陶瓷产品运销全国,大有压倒天下群芳之势,而昌南镇的陶瓷也日渐兴起与壮大;造船业号称"舟船之盛,尽于江西"。

地区经济的开发与进步,要求道路交通畅通、运输便利。江西地处于长江中游,是联结东西南北的重要区域。秦汉以来,中原连通岭南最便捷的线路就是由长江入鄱阳湖,溯赣江南行至赣南,然后翻越大庾岭由陆路进入粤北;此外,从鄱阳湖入信江至饶州,翻越武夷山则可进入闽北。因此,鄱阳湖水系完全可以视为南北交通的枢纽。但长期以来,江西内部交通虽然较为便利,对外交通却困难不少。除了有限的交通孔道与外界联系往来外,基本呈相对封闭的状态。隋唐大一统,带来了全国道路交通的极大改善。特别是隋大业年间开凿的大运河,唐开元初修治的大庾岭道,使江西地区融入了全国的交通网络系统之中。

隋唐五代时期,江西地区社会环境的相对稳定,农业和手工业的发展,交通运输条件的极大改善与商路的开辟,加上商人的活跃,为江西的商品经济发展与城乡商品经济的繁荣奠定了坚实的基础。江西的商品经济以都市为中心,以乡村为基础。商业的发展与城市的繁荣互相作用,使作为江西政治经济文化中心的南昌商品经济得到了较大的发展。随着城市经济的发展,社会分工越来越细,城市居民大多脱离农民生产,他们日常生活所需物品常依赖市场。这又进一步刺激了商品经济的发展。在商品经济推动下,唐中后期以来,不仅作为地方经济中心的州县城市得到迅速的发展,不少地方小市场中心的草市、市镇也普遍兴起。这些草市、市镇构成了地方性小市场网,使当地农副产品、手工业品有集散之所。江西地区由此初步形成了有一定系统组织的商品市场。隋唐五代江西商品经济的发展,是造成江西社会繁荣景象的一个重要条件。

总之,隋唐五代特别是中唐五代,随着有利于江西经济开发的社会环境的出现,江西的社会经济得到快速的发展,农业、手工业、商业和交通业等发展到一个新水平,呈现一派繁荣昌盛的景象。当然,由于江西境内各地区的具体条件不同,本区在全面发展的过程中,也表现出曲折性和不平衡性。

四

六朝时期江西地区文化虽有了显著的发展,儒、佛、道文化各有成就,但仍居于全国的中下流水平。本区文化名人寥若晨星,独立的文化区域尚未形成。隋唐五代特别是中唐五代时期,江西地区一改昔日落魄,文化日益呈现出兴盛繁荣景象,成为中国突出的文化现象。

文化的发展、繁荣是与文化教育的进步和文化人士的努力密切相关的。隋代,由于统治者在江西还没有来得及展开文化建设,政权即崩溃,因而这一时期江西文化几无成就可言。唐代不仅是极其重视文明教化的时代,也是文化人士极其活跃的时代。在一种重视文治的思潮之下,江西境内或继承或创建了不少学校,建立起了比较系统的州、县学,对江西的教育发展起了积极的推动作用。活跃于江西地区的不少文人士子,不仅极大地丰富了江西地区的文化内涵,而且积极地在引导、刺激本区文化的成长。另外,大量北方人民南迁入赣,不仅推动了江西经济的发展,而且在文化方面也留下了深刻的影响。当然,这一时期江西地区文化的发展,更与本区的文化人士的艰苦努力分不开。

在社会重文风气的影响和作用下,伴随着官学的发展,江西地区私学较诸官学并不逊色。受科举风气以及北方文化人士在江西活动的影响,江西民间极其重视文化建设,私人兴学办学之风也相当盛行。中唐以来,江西地区除了应运而生大量的乡村学塾外,相对发达的书院教育成为本区文化教育的重大特色。江西书院的兴盛为江南之最,不仅起始早、数量多,而且成就大、影响深,这对于江西人才的成长起了特别的作用。唐朝后期因国家文化体制遭受社会动荡的破坏,官学盛况不再,尤其是科举重诗赋等内容而与官学教育脱节,士子求学遂转而投向私学的书院教育。

唐末,天下大乱,中原一带经济文化均遭到极为严重的破坏,学校教育也被破坏殆尽,国子监、州县学徒存其名。但江西却因为社会相对安定,以书院为代表的私学教育继续呈兴盛气象。特别是本区的地方领袖注重文化人才的建设,不仅积极扶持本区文化人才,而且通过辟召幕僚、荐举士子的方式,吸收外地人才到江西,无形中强化江西在文化上的凝聚力与生命力,成为当时少有的保持文化发展的地区。至五代时期,虽然天下干戈不息,斯文扫地,但统治本区的南唐政权重视文化建设,就教育机构而言,有庐山国学,与金陵国子监竞秀;有一批书院,造就了一大批人才。总之,江西地区的文化进程没有打断,仍然维持较快的发展趋势。这为尔后江西数百年的文化发展打下了坚实的基础。

唐五代江西文教事业的发达以及文化的快速崛起与地位的大大提升,突出体现在本区的人才兴盛上。有唐一代本区科举进士65人,这在当时是一个相当不凡的文化成绩而足以自豪。与此同时,江西本土诗文家活跃文坛。唐前期"河岳英灵"二十四,綦毋潜、刘眘虚(刘慎虚)、王季友占其三;唐中期的"大历十才子",吉中孚据其一;唐晚期"芳林十哲",郑谷居其首。钟绍京、董源、徐熙等影响全国的江西书画家的出现,正是江西文化发达的重要标志。文教的兴盛,科举的成就,使江西地区出现了如袁州、洪州著名的文化地域,也使江西成为全国著名的文化重心之一。

隋唐五代时期,江西优美的自然环境、便利的交通条件、富庶的农耕经济、传统的文化渊源,促使以佛、道为代表的宗教文化繁荣鼎盛。特别是唐以来深刻影响中国的南禅,在江西的成就尤其巨大:马祖道一创立的洪州禅改革禅宗机锋转语,将禅学与中国文化融合,使佛学更加平实化,发扬光大南传禅宗曹溪顿教的风格。禅宗的中国化,从本质上言,最后在江西得以完成,成为中国文化中不可小视的现象;江西佛教的祖庭之多,名僧之众,禅宗之盛蜚声国中,成为中国佛教的朝圣重地,时有"求官到长安,求佛到江西"之说;南宗佛教的五家七宗,创立或渊源于江西,远播海内外,影响数世纪。

人文发展以经济发展作为基础。隋唐五代时期江西地区人才辈出、人文日新的原因很多,但根本的则是本区经济发展与繁荣。

五

中国古代经济文化的发展,伴随着重心南移的历史过程。中唐五代正是中国经济文化重心南移关键的历史时期,江西社会经济文化的发展与变迁深刻地阐明了这一点。

先秦、秦汉时期,北方是中国政治、经济、文化的中心。自东汉后期以来,封建社会内部固有的矛盾的发展和北方少数民族力量的作用,使得长期是经济、文化中心的黄河流域的发展势头受到限制。特别是频发的社会动乱,北方的经济、文化屡屡顿挫。人口是封建国家赋税、徭役、兵役的基础,国家对人口的控制比较严密,人口的流动受到比较多的限制。同时,农业社会中的民众安土重迁,也一般不大愿意迁徙。但是,政治中心的北方往往周期性地发生大动乱,导致相当部分的北方人口向南方迁移。东汉末年,中原军阀混战,很多人避难南逃;五胡乱华,晋元帝渡江,随行官僚及百姓极多,江南设立侨郡、侨县加以安置;南北朝时期北方战乱频繁,又有很多中原人民南迁;唐朝安史之乱,继之藩镇割据,北方城乡残破,百姓纷纷过江避难。这一波又一波的人口大量从北方流失带来的直接后果就是北方经济文化的衰退,而相对的是,作为人口主要流入的南方则产生了推动经济文化发展的新生动力。政治的动乱往往引起劳动力的重新配置,经济格局的重新调整,对经济发达地区是严重的灾难,而对于经济非发达地区却往往成为一次发展的机遇。随着北方的一次又一次大规模的动乱,中国经济文化重心南移至唐中期已是不可转移的趋势。

江西地区第一次成规模地接收外来移民是西晋永嘉之乱之后,当时受五胡侵扰的北方人民大批向南方迁徙,流民在南迁的过程中也有约万余人进入赣北地带,对当地人口的增加及社会经济的发展产生过一定的积极影响。迄至唐朝安史之乱后,中国历史上发生了第二次大规模的北人南迁运动,深刻影响江西地区。江西地区不仅人口大量增长,而且经济、文化的地位也得到较大的提高。六朝以来的经济发展基础,隋唐以来的社会安定及劳动力的大量增加,统治者对本区经济发展的重视,使江西地区的经济开发迅速展开。江西地区作为中国经济重心南移的前沿地带也得到了发展的条件。这一时期,江西的农业生产力有了很大提高,掀起了垦荒拓土的热潮,粮食产量大增,经济作物种类增多,农产品商品化趋势增强,综合性、经济型农业取得了很大的发展。手工业得到普遍发展,手工业门类增多,手工业产品与市场联系更为紧密,商品化趋势增强。商品经济进一步发展,城乡商品经济取得重大进步,商品构成也渐趋社会化、生活化,人们日常生活对市场的依赖性大大增强。由于新的经济模式的积极作用和影响,江西地区民众的生活也得到一定程度的提高。至唐后期,江西基本改变了以往"火耕水耨,食鱼与稻,以渔猎为业"局面,社会经济呈现出新的发展趋势。在一个人口与土地等资源相对均衡的农业社会,人口的地理分布及其变迁直接反映了经济与社会的发展状况。从县治增减和户口统计两

导论

项指标考察:隋朝统一,7郡24县,有户口约8.7万;经过200年的休养生息,到唐宪宗元和年间,江西8州38县,有户29万余;南唐时,江西10州军54县,户数大约30余万。隋唐五代江西人口迅速增长,正是这一时期江西经济发展的表现之一。而人口的大量增加,也极大地推动了隋唐五代江西经济的前进。对国家赋税贡献,也是衡量一个地区经济发展的重要指标,安史之乱后,江西上升为唐政权主要财赋基地之一,时人有言:"江西七郡,列邑数十,土沃人庶,今之奥区,财赋孔殷,国用是系。"①总之,唐五代江西已是地广人多、经济发达的地区,也是长江流域发展最快的地区,从而奠定了作为经济重心南移前沿地带的地位。

在中国古代文化重心南移趋势的直接影响和作用下,中唐五代江西也作为文化重心南移的重要区域出现在南部中国。西晋永嘉之乱以来,中国的文化重心出现南移的趋势。《通典》卷一八二《州郡典·古扬州·风俗》即称:"永嘉之后,帝室东迁,衣冠避难,多所萃止,艺文儒术,斯之为盛。"虽然这种趋势随着隋唐的大一统而迟滞,但文化重心的南移却已不可阻挡。隋唐以来,长江流域文化在经济发展的前提下,在地区整体文化素养普遍提高的土壤中,萌发出前所未有的勃勃生机,这其中尤其以江西文化最为世人瞩目。江西区域文化中心的形成,是与江西的社会经济发展相一致的。六朝庐山之所以形成佛教文化的重要中心,就在于庐山的地理交通以及所傍依的相对发达的江州经济。隋唐以降,中国封建社会经济重心的南移趋势特别是江西经济的发展为赣文化的勃兴奠定了基础。此外,江西交通条件的改善与地位的上升又为本区文化与其他同质地域文化的交融创造了条件。加之唐五代不少中原世宦、文人学士迁入或游历江西,带来了先进的中原文化基因,加速了赣地文化提升的进程。科举制度的深入,又为赣地文化的勃兴带来了千载难逢的历史机遇,大大促进江西文化的繁荣。唐末五代,全国大部分地区的文化顿挫,江西却因得天独厚的政治、经济、文化环境,不仅维持而且继续推进文化的发展与繁荣,遂成为当时中国封建教育和文化传播的中心之一,在文化重心南移中担当重要角色。

在中国古代经济、文化重心南移的过程中,唐五代江西尽管经济、文化发展的速度与成就在长江流域首屈一指,但经济、文化仍有相当的不足。以经济而言,江西由于秦汉六朝以来原有水平较低,因此发展的速度尽管可能在长江

---

① 《白居易集》卷五十五《除裴堪江西观察使制》。

流域最快,但发展的水平依然落后于这一流域的经济发达地区,只能处于中等地位。同时,江西内部地区之间的经济差别极大,以偏远山区为代表的不发达地区仍然在相当大的程度上存在。以文化而言,江西文化尽管取得了较大的成就,但缺陷也是显著的。受正统的儒家官僚文化影响极大,科举文化出现褊狭的发展趋势;除禅宗文化有创新外,江西于一般的学术思想界似无大的贡献,对全国的影响非常有限。唐五代的江西并没有产生足以真正自豪的"赣文化"。

秦汉六朝江西的经济文化,乃属于荆扬经济文化圈之中,根本原因在于本区的经济文化没有突出的表现,尚没有形成独立的性格。隋唐五代江西地区在中国经济文化重心南移的历史大势推动下,快速而全面地发展,作为一个独立和颇具实力的经济文化区域崛起于长江中游地区,初步呈现出"物华天宝""人杰地灵"的经济文化特色,并为中国古代经济文化重心南移作出了较大贡献。

第一章
政治经营与军事斗争

隋唐大一统,江西由抗拒而顺从,重归中原皇朝管辖,军政建设得到极大强化。安史之乱后,江西与中央政权的政治、军事、经济活动更加紧密,成为维护皇朝的重要力量。唐末五代,江西对南方政治、军事的影响显著,出现了不少政治、军事性的人物。隋唐五代的江西,社会秩序总的说来比较稳定,但当国家政治腐败、社会动乱、压迫沉重之际,受外部民情影响,也有若干民众的反抗活动,对本区的政治环境、社会生态造成了一定的影响。

第一节
隋朝对江西的短暂统治

隋朝在统一江南的斗争中,受到江西地区较为坚决的抵制;统一江西以后,实行了有效的统治,取得了相当的成果。由于全国形势的影响,隋朝末年,江西掀起了以林士弘为代表的反抗隋统治的斗争。隋统治江西的时间虽短,却奠定了江西发展的基础。

一、兵定江西

北周大定元年(581年)二月,时为大丞相的外戚杨坚废周静帝宇文阐,建隋称帝,改元开皇。隋文帝杨坚登基伊始,采取一系列整顿和改革措施,如改定官制,改革地方行政机构,继行均田制,整顿赋役与户籍,强化府兵制等,以利加强中央集权与发展社会经济,使国力、军力日益增强,并应天下大势积极准备统一中国。当时,偏安江左的南朝陈政权正日薄西山,陈后主及其臣僚政治上昏庸无能,日益腐败,府库空虚,民众穷困。军事上迷信长江天堑而消极防御,形如坐等灭亡。

开皇七年(587年),隋攻灭建都江陵的后梁政权,扫除了向江南进军的障碍。八年,隋文帝派晋王杨广率领518000人的大军,向陈朝发起总攻。九年正月,隋大将韩擒虎、贺若弼分别率军渡江,未遇重大抵抗,迅速攻下了陈都建康(今南京市),俘虏了后主陈叔宝及其在建康的文武大臣。在抵抗隋军南下以延缓陈朝生存的斗争中,寻阳(今九江)人周罗睺作出了较大的努力。开皇八年十二月,当隋大军压境时,时为陈朝散骑常侍的周罗睺都督巴峡沿江诸军事,与郢州刺史荀法尚守江夏,以拒长江上游隋军。周认真准备,积极防御。隋秦王杨俊督三十总管水陆十余万屯汉口,无法前进,相持逾月。直到开皇九年正月,隋晋王杨广进入建康后,命陈叔宝以手书晓谕长江上游陈将,周罗睺才停止抵抗。周罗睺坚守长江上游,忠诚王事,受到隋文帝的接见与抚慰,许以富贵。罗睺垂泣对曰:"臣荷陈氏厚遇,本朝沦亡,无节可纪。得免于死,陛下之赐也,何富贵之敢望!"隋文帝感动,拜上仪同三司①。周罗睺后来成为隋朝重要的将领,参与了击突厥、征高丽等诸多重大战役。

以陈后主投降为标志的陈朝虽然覆灭了,但包括江西在内的江南大部分地区仍待统一。陈朝的地方政权实行州、郡、县三级体制。陈朝的江州,大体相当于今天的江西地区。其涉及今江西省境的共有11个郡:豫章郡(治今南昌市)、庐陵郡(治今吉水县东北)、浔阳郡(治今九江市西南)、巴山郡(治今崇仁县西南)、安城郡(治今安福县东南)、鄱阳郡(治今鄱阳县)、临川郡(治今临川县西)、安乐郡(治今莲花县南)、太原郡(治今彭泽县东北)、南康郡(治今赣州市西南)、豫宁郡(治今武宁县西)。江州处于荆、扬之间,在整个六朝时期居于重要的战略地位,其得失往往关系政权的军政大局。在隋攻陈之际,陈后主命其子陈嶷负责江州军政。不过,隋军采取多路进兵、水陆并举、割裂围歼、重兵直捣黄龙的方略,迅速地夺取了建康,江州策应上下游和翼护建康的重要作用并没有得到真正的体现。当隋军夺取建康后进一步实施统一南方计划时,江州

---

① 《资治通鉴》卷一七七"隋文帝开皇九年"条。

第一章
政治经营与军事斗争

战略地位突显出来。

隋军占领陈朝首都建康之后,蕲州总管王世积率隋军舟师从蕲州顺长江东下,到达九江,将陈后主投降的消息晓谕尚未攻占的江南诸郡。陈朝九江司马黄偲闻讯弃城逃走,豫章太守徐璒、庐陵太守萧廉、浔阳郡太守陆仲容、巴山郡太守王诵、安成郡太守任瓘以及鄱阳郡、临川郡的守将,屈从隋军力量,纷纷向王世积投降。隋军越江西向南推进,岭南纷扰不安,共奉陈高凉郡少数民族首领冼夫人为主,抗拒隋军。开皇九年二月,隋朝派柱国、江州总管韦洸前去安抚,因路途险远,加上原陈豫章太守徐璒的有意阻隔。韦洸至岭下,逡巡不敢进,招抚岭南一时不能取得成效。当此之时,原本只是假降隋军的徐璒,背靠岭南,据守南康郡,与隋军作对。隋朝晋王杨广见岭南尚未归附,便命令陈后主写信晓谕冼夫人,劝其归顺隋朝。随信还有冼夫人当年所献陈朝的犀杖及兵符为证。深识天下大势的冼夫人与诸首领在恸哭一番后,决意归附隋政权,派她的孙子冯魂率众前往迎接韦洸。岭南附隋,韦洸得以派开府吕昂、长史冯世基率兵相继向南康城进军。徐璒腹背受敌,拼死抵抗却节节败退,最后率所部2000人夜间袭击吕昂,企图扭转战局。吕昂与冯世基合兵大败陈军,斩徐璒于阵。于是隋军进占广州,又平定岭南各郡,终于统一了南方各地,结束了自东晋十六国以来270余年南北长期分裂、动荡的局面。在隋朝统一江南的过程中,江西地区的抵抗相对说来比较持久、坚决,延缓了隋军南进的步伐。这种抵抗自然不能简单地用逆历史潮流来评判,站在南方的角度,它自有其一定的合理性。

二、行政江西

覆灭陈朝后,隋文帝为解决长期以来分裂割据造成的消极影响,稳定统一大局,曾对江南进行战后安抚,实行惩治陈朝佞臣、贪官污吏,不进行北方"大貌索阅"式的人口清查,接纳江南地方势力,减免江南赋税等政策措施,取得了良好的效果。加上广大江南人民感于长期分裂的痛苦与对统一的拥护,对隋行政江南表示接受,一时江南相对平静。然而,隋政权惑于统一江南的顺利,急于彻底解决江南的士族和地方势力,以强化中央集权,在抚定江南不久之后即采取了征服色彩浓厚的高压政策,引起了江南社会的普遍反抗。开皇十年(590年)三月,文帝任命第三子秦王杨俊为扬州总管44州诸军事。筑江都新城,将六朝故都建康城夷为平地。四月,文帝发布诏书,令吴越之野的"戎旅军器,皆宜停置","人间甲仗,悉皆除毁"①。为加强控制,在江南置八个总管府,任关陇人士为总管。陈境原有郡县进行省并,地方官一律改委北人。又令"江表依内州责户籍",对乡里基层组织也按北方的编制进行整顿,迫使"江南士人悉播迁入京师"②。这些措施在统一江南后的短时期内严厉推行,表现出十分明显的"关中本位"意图。《资治通鉴》卷一七七载:"江表自东晋已来,刑法疏缓,世族凌驾寒门。平陈之后,牧民者尽变更之。苏威复作《五教》,使民无长幼悉诵之,士民嗟怨。民间复讹言隋欲徙之入关,远近惊骇。"江南地方豪强和士族本不满失去了昔日的权势,又怨恨于隋政权"高压",于是自开皇十年十一月起,纷纷起兵反隋。如婺州汪文进、越州高智慧、苏州沈玄恽,"皆举兵反,自称天子,署置百官"。原陈朝各地的士族和地主豪强,纷纷响应。他们大者有众数万,小者也有数千。这时,在江西则有饶州吴世华(或吴代华)起兵。吴与各地反隋力量一样,也自称大都督,进攻附近州县,声势非小。由于这些起兵反叛的江南巨家大室各自为政,不能组织成一个统一的军政体系,虽然拥有众多兵力,且作战坚决,但综合力量却并不强。隋文帝派重臣杨素领军讨伐,很快地镇压了这些武装反抗,彻底击溃了陈朝的残余力量,全面瓦解了南方士族势力与地方豪强。同时,隋朝也吸取教训,采取有利于江南稳定的一些政策、措施。因此江南社会逐渐趋于稳定,政治、经济、文化发展开始步上正轨。

隋朝统一江南以后行政南方的政策与措施,给江西地区也带来了深刻的影响。隋军事占领江西后,即开始确立对江西的统治秩序。六朝以来,江西社会秩序相对稳定,军事、政治地位日渐上升,经济、文化有了稳定的发展,区域力量与秦汉相较有了较大的提高。特别是,江西地区的经济开发在江南处于中下地位,许多优势尚没有完全发挥,自我发展的潜力还相当大。因此江西尽管并不反对统一,对新兴的隋朝统治却也并不十分认同。另一方面,江西政治、经济、文化在隋政权中尚不处于重要地位,但它作为统一政权的部分,特别是控扼岭南的作用显著,隋皇朝遂不断强化江西的统治秩序,建立和调整治新的统治机构。

隋平陈后,全国统一命州,因传说的洪崖所在,改豫章郡为洪州,置洪州总管府。这是江西设立军政统一管理体制的总管府的开始,也是江南地区八大总管府之一,说明隋皇朝对江西军事、政治的重视。据正史所见,隋统治江西期间有4位洪州总管。第一位是豆卢通。《隋书·豆卢勣传附豆卢通传》载:开皇初,隋

---

① 《隋书》卷二《高祖纪下》。
② 《隋书》卷二十一《天文志》。

第一章
政治经营与军事斗争

文帝任命"弘厚有器局"的著名将领、妹夫豆卢通任洪州总管,"所在之职,并称宽惠"。第二位是杜彦。《隋书·杜彦传》载:开皇十一年(591年)七月,以柱国杜彦为洪州总管。杜彦"性勇果,善骑射""晓习军旅",曾参与平定南方高智慧,因功拜洪州总管,"甚有治名"。第三位是郭衍。《隋书·郭衍传》:开皇十八年(598年)四月,以蒋州刺史郭衍为洪州总管。郭衍长于军事与计谋,深得镇抚江南的晋王杨广的喜爱。时太子杨勇日渐失宠,杨广阴谋取而代之,便以郭衍为心腹,共谋夺宗大计。此后,郭衍频繁来往于洪州和扬州之间,与杨广过从甚密。为了策应杨广,郭衍还征洪州"大修甲仗,阴养士卒",暗中积聚武装。

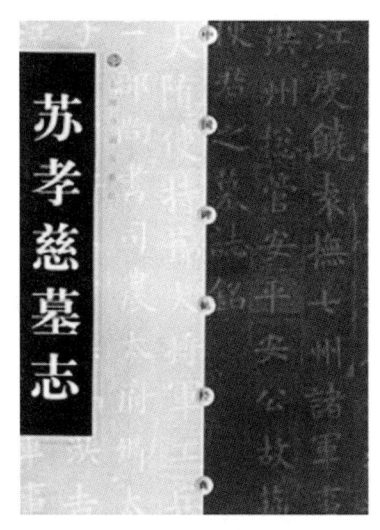

《苏孝慈墓志》记苏氏在江西的任职

成为杨广在皇位继承人之争中取胜的重要支持力量。第四位是苏孝慈。《隋书·苏孝慈传》载:仁寿元年(601年)四月,浙州刺史苏孝慈迁洪州总管,"有惠政"。惜上任两个月即去世。隋文帝选择洪州总管的标准,主要是长于军事的将领,表明其以军事手段压制江西的政治意图,以利于稳定统一之初的江西地区。值得注意的是,这些洪州总管,除了军事能力突出外,行政能力也相当出色。他们并不单纯以武力压制江西,而是以宽惠为能,以使长期脱离中原皇朝统治的江西地区能诚心附从隋政权。隋政权这种总管制,无疑极有利于巩固对江西地区的统治以及维护江西地区的稳定与发展。

在军事管制的同时,隋统治者根据江西的政治、经济、文化、地理等情形,着力整顿江西的行政区划,使其更利于隋政权的统治(详见第二章第一节)。值得注意的是,隋政权选择任职于江西各州的刺史,也是军政能力俱佳的人物。以饶州地方的刺史为例。军事与行政能力俱佳的侯莫陈颖,平陈之后,即被任命为饶州刺史,惜没有正式上任,即被调往他州。饶州吴世华起兵,或许与隋朝没有在当地建立起行政机构有关。当江南反叛一平息后,开皇十一年,隋文帝即任命文武兼长"雅达政事"的柳庄为饶州刺史,柳庄在饶州"甚有治名",数年后死于任上①。以"弘雅"著称的梁文谦,在隋炀帝即位时,任饶州刺史。一年多

---

① 《北史》卷七十《柳庄传》。

后,"为鄱阳太守,称为天下之最"①。大业初年,隋炀帝废除了军事管制色彩浓厚的洪州总管府,表明隋政权对江西地区的统治已步入了正轨。

六朝以来,江西豪强日渐崛起,梁陈之际已成为影响南方政局的重大势力,虽经各政权的不断削弱,但上升的趋势不可遏止。隋朝统治江西后,江西的地方势力仍有相当的力量。因此,隋皇朝面临着如何治理本区豪强的现实问题。就目前史料而言,反映隋皇朝整治江西豪强的直接史实难见,但据一些事实,也大致可推测隋对江西豪强整治的情形。一方面,隋朝大力拉拢江西地方豪强。大业末年操师乞起兵鄱阳反隋时,略谙军事颇精武艺的鄱阳豪强袁赟,曾聚民保守鄱阳永南旧城,斩获甚多。袁赟行为或是为了自己和地方的利益而自保,但他在隋统治风雨飘摇时坚决支持政府平乱,正说明隋笼络江西地方豪强的政策取得了一定的效果。另一方面,隋朝将有影响的江西人士调离本土。在表示新朝任人地无南北之分,对江西人物的重视的同时,也在一定程度上削弱江西地方势力。如前述陈朝著名水军将领浔阳人周罗睺受到隋政权的重用,以后隋能在江西地区征调不少船只、水夫出征高丽,与此或不无关系。又如建昌(今永修)人凌恭,潜心力学,精通五经,被隋炀帝召为学士。

宗教是隋统治者稳定南方的重要工具,治理江西地区尤见其作为。一是江西地区在六朝的基础上寺庙、道观得到了一定的增长;二是政府默许诸多高僧、高道活动于江西(详见第五章)。第十代天师张子祥,初仕隋任洛阳令,后弃官掌教事。这说明隋政权对宗教人士或为政或从事宗教活动都予以尊重。隋炀帝统治时期,当广东梁尚慧为首的造反队伍进入江西,围攻吉州城时,高僧道信率领徒众护卫吉州城,终使围解;当林士弘起义反隋,控制江州,当时已活动于庐山十年的道信却出走黄梅,在某种意义上表示抗议。这些事实从一定程度上反映出宗教已是稳定江西地方社会的重要力量。

由于隋朝对江西实行关中本位政策,以军事、政治控制为主,除了改置州(郡)县行政系统外,经济、文化方面并没有多大的建树。其中最主要的原因,当是隋朝统一局面维持时间不长,在江西地区的统治时间更短。隋以稳定江西为首要,因而先着手进行行政机构与制度的建设,而经济、文化方面的建设尚没有来得及展开。然而,隋政权统一带来的南北政治经济文化发展以及安定的社会环境,对本区带来了积极影响与作用则是主要的。从此,江西不仅在政治上

---

① 《隋书》卷七十三《梁彦光传》。

第一章
政治经营与军事斗争

与中原政权密切结合在一起,经济、文化也步上了发展的快车道。

三、林士弘据豫章

隋朝统一以来,统治者曾励精图治,经济文化稳定而快速发展,开创了中国封建社会又一个国力强盛的局面。然而,随着社会财富的剧增,地主阶级的剥削与日俱增,统治阶层好大喜功、穷奢极欲的作风也愈演愈烈。隋文帝统治时,在"开皇之治"的背后,已潜藏着严重的统治危机。隋炀帝"恃其富强,不虞后患。驱天下以从欲,罄万物而自奉",对内大兴土木,对外穷兵黩武,"徭役无时,干戈不揖"①。民不堪命,社会矛盾尖锐激化。

隋炀帝大业七年(611年),王薄在长白山(治今山东章丘市)首举义旗,揭开了隋末农民战争的序幕。在王薄的号召下,人民纷纷响应,相继出现了许多支起义军。据不完全统计,全国各地有大小起义队伍120多支,众达百万之多。拥有十万人以上的起义军就有一二十支。在全国民变风起云涌之时,江西境内也爆发一些农民起义,如大业十二年(616年),高安人应智顼屯兵华林寨起兵反隋,直至隋亡。在这些起义中,以操师乞、林士弘领导的农民起义影响最大。

大业十二年(616年)十一月,鄱阳人操师乞因对隋统治极端不满,在家乡起义反隋,集合万人队伍攻占鄱阳郡城,自称"元兴王",建元"始兴"(一说"天成")。随后,起义军又攻下了浮梁、彭泽等邻县。紧接着,乘隋军不备攻占了豫章城(南昌)。在豫章,操师乞任命谋略武勇出众的同乡林士弘为大将军,并确定以豫章为据点,逐渐向江南各地扩展。起义军势力的扩大,引起了隋炀帝的恐惧,立即派遣有丰富军事经验的治书侍御史刘子翊领兵前来镇压。起义军与隋军展开了激烈的战斗,作战中,操师乞不幸中箭身亡。起义军失去领袖,军心大乱,节节败退。生死存亡之际,林士弘挺身而出,率领义军退出南昌,利用义军长于水战的优势,与隋军周旋于彭蠡湖(鄱阳湖),寻机大败隋军,杀死了其统帅刘子翊。彭蠡湖一战,起义军士气大振,附近各地民众纷纷前来参军,队伍很快发展到了十多万人。随着力量的强大,林士弘制定向江西全境发展的新战略。大业十三年(617年)初,起义军攻占了虔州,林士弘自称皇帝,国号"楚",建元太平,以王戎为司空。不久,隋侍御史郑大节献出九江郡投降义军。

---

① 《贞观政要》卷一《论君道》。

继之,起义军又攻陷临川、庐陵、南康、宜春等郡。起义军的声势越来越大,各地郡县人民纷纷争相杀死隋守令,以郡县响应林士弘领导的义军。于是,起义军在很短的时间内,便控制了北起九江,南至番禺(治今广州市)的广大地区。

然而,林士弘的强势并未维持多久,因为起义军内部因权力之争发生了分裂。兖州方舆(今山东鱼台县西)人张善安,原率领百余人,流动于淮南地区。大业十年(614年),江淮地区孟让领导的农民起义军,被隋将王世充打败,其散部800余人归附张善安。后来,张善安领军袭破庐江郡(治今合肥市),渡长江投奔了林士弘领导的起义军,但林士弘不信任他,令其扎营于南塘(今南昌市南)。张善安极为不满,于大业十三年(617年)十二月,袭击了林士弘,焚其城郭,占领了豫章部分地区。林士弘尚据有南昌、虔州和广东循、潮二州等地,其他地方的一些散兵游勇也前来投奔,声势略为复振。

在农民起义浪潮的冲击下,隋统治集团内部的矛盾斗争也愈加激烈。一些贵族官僚,目睹隋朝政权已成土崩瓦解之势,纷纷起兵,或兼并或割据,随时窥伺时机,争夺政权。南朝萧梁子孙萧铣率领的地主武装,就是其中比较有影响的一支。大业十三年十月,萧铣得巴陵(治今湖南岳阳)校尉董景珍之助,占据了巴陵,称梁王,略有两湖之地,势力达江西九江。因为豫章在地理形势、军事经济利益上影响两湖,萧铣遂谋划取豫章。十二月,紧接着张善安分裂林士弘领导的起义军之后,萧铣派大将苏胡儿攻克豫章。林士弘兵败,势力大减,不得不退保余干,避其锋芒以存实力。为摆脱困境,次年四月,林士弘派人招抚交趾太守丘和,遭拒绝;又派部队进攻始安郡,也无成。林士弘在豫章一带的势力基本结束。

"长江中游的林士弘起义,规模也不算小,但大约不是由于阶级矛盾特别尖锐造成的,而是与隋政权的鞭长莫及有关,所以这次起义占领的地区并不算小,而在整个阶级斗争的大场面中,影响却不大。"① 然而,在江西农民斗争史上,林士弘是继秦末吴芮之后又一位著名的农民起义军领袖,林士弘起义是江西古代历史上影响最大的一次起义。

---

① 胡如雷:《关于隋末农民起义的若干问题》,载《隋唐五代社会经济史论稿》,中国社会科学出版社1996年版。

第一章
政治经营与军事斗争

第二节
唐朝江西政治与军事

随着唐朝相对开明政治的展开、大一统的强固与社会经济文化的繁荣昌盛，江西地区的政治、经济、文化生态在隋的基础得到了进一步的改良。江西的地理与经济地位的日渐重要，密切了本区与唐皇朝的关系，成为维护中央集权的有力保障。另一方面，由于唐中期以来，江西成为皇朝财赋重点搜括的地区，民众负担日趋沉重，反抗也日渐增多。

一、统一江西

大业十三年（617年）六月，隋太原留守李渊趁天下瓜分豆剖之机，举精兵三万于太原起兵，并于十一月迅速占领隋统治中心区域关中，被农民起义浪潮席卷的隋政权终于土崩瓦解。翌年五月，李渊（唐高祖）长安称帝，建立唐朝，改元武德。唐建立后，李氏集团即以关中为根据地，逐步镇压各地的农民起义军和消灭地主武装割据，进行统一全国的战争。

武德四年（621年），唐高祖令赵郡王李孝恭和大将李靖领大军，平定两湖萧铣势力，江西因之门户洞开。次年三月，驱除萧铣势力占据豫章的张善安以洪、虔、吉等五州降唐，拜洪州总管。得此有利形势，唐军锋芒遂直指一直局促赣南的林士弘。

武德元年（618年）以来，林士弘企图利用赣南与岭南相接的地理形势，联络岭南的力量以壮势力，但一直无大成效。武德四年萧铣败后，其部离散，由于林士弘平日爱惜士卒，忠实于农民的利益，这些散兵多归林士弘，军势稍稍振作。值唐荆州总管李孝恭进行招抚，林予以拒绝。但唐随后不断加大策反力度，林部军心浮动，力量不断削弱。武德五年（622年）十月，林士弘为挽救危势，派其弟鄱阳王林药师率兵两万攻打循州，意图稳定南方，再图进取。此前，唐政权已专门派员招降岭南循、潮二州以岭南俚帅杨世略为首的各种势力，确立了唐在当地的统治。当林药师发动攻击时，反被杨世略所领唐军大败。林药师被斩，所领队伍溃逃，将领王戎以南昌伪降唐，被拜为南昌州刺史。林士弘的力量受到严重的削弱，求降不成，不得不退保安成（今安福东南）山洞，在王戎的掩护下收集旧部,图谋东山再起,当时有不少袁州民众相聚响应。洪州总管张善安密知其事,发兵征讨,击破之,俘获王戎。林士弘不久染病身亡,部下群龙无首,各自离散。这支活跃了六年之久的农民起义队伍最终在唐统治者的镇压下失败。

江西的局势并没有因林士弘义军的覆灭而从此得到安定。武德六年(623年)二月,前洪州总管张善安因不满唐政权对他的种种限制与歧视,起兵反抗。唐廷立即遣舒州总管张镇周等领兵击之。四月,张善安陷孙州(所治大致为今南昌县区域),执总管王戎而去,给唐政权造成了一定的震动。八月,原降唐的隋末江淮义军首领辅公祏又起兵反唐,称帝于丹阳(今江苏丹阳),建国号"宋",署置百官,大修兵甲,转漕军粮。张善安据豫章地举兵相应,公祏以张为西南道大行台,共抗唐兵。十一月,黄州总管周法明将兵击辅公祏,张善安据夏口抵御,并遣刺客数人袭杀周,在一定程度上减轻了辅公祏的军事压力。十二月初,唐遣安抚使李大亮攻击张善安。李将张诱擒,并败其部众。其后,李大亮送张善安于长安,张自称不与辅公祏交通,得高祖李渊之善遇。及次年三月辅公祏败,唐军搜得张善安数与其联合反唐的书信,遂被诛。唐朝平定了张善安的叛乱后,正式完成了对江西地区的统一,全国大一统的局面也不久形成。

二、吏政与治绩

唐统一江西后,在继承改革隋政的基础上,逐步完善了江西的州县行政管理体系,强化政治、军事控制,积极发展经济文化,江西从此进入一个新的历史发展时期。唐政权在江西的统治及其效果,主要通过其官僚在江西的政治活动体现出来。为了叙述简明,我们选择一些各级长官作为考察对象。

观察使是唐朝地方最高军政长官,任职于江西的观察使,大都有政绩可言。如豫章王李亶,"治江州,有美政"①;鲍防任江西观察使等职时,"皆有政声";殷侑任江西观察使时,"以洁廉著称"②;李皋任江西节度使时,平定淮西李希烈的反叛立有大功。当然,政绩最为杰出的要数中唐良吏韦丹。韦丹(753—810年),字文明,陕西西安人。韦丹早孤,从外祖父颜真卿学,颇得才识。唐顺宗时被太子以殿中侍御史召为舍人。新罗国君逝世,韦丹诏拜司封郎中,出使新罗吊唁。后调任容州刺史,教民耕织,种茶麦,兴学校,廉洁奉公,严吏治,升为

---

① 《新唐书》卷七十九《舒王元名传》。
② 《旧唐书》卷一四六《鲍防传》,卷一六五《殷侑传》。

第一章
政治经营与军事斗争

河南少尹,义成军司马,剑南东川节度使,晋慈隰州观察使,封咸阳郡公。唐宪宗元和二年(807年)迁江南西道观察使。韦丹行政江西,致力于社会经济文化的发展。一是精简行政,减轻百姓负担。《新唐书·韦丹传》载:"(韦)丹计口受俸,委余于官,罢八州冗食者,收其财。"二是兴修水利,发展经济生产。杜牧《韦丹遗爱碑》云:韦丹"派湖入江,节以斗门,以走暴涨。辟开广衢,南北七里,荡潟污壅。筑堤三尺,长十二里,堤成明年,江与堤平。凿六百陂塘,灌田一万顷"。其中,经过清污、植柳等治理后的东湖,成为著名的风景湖,湖堤号"万柳堤"及"黄金堤",杜牧曾赞其为"十顷平湖柳堤合,岸秋兰芷绿纤纤"①。与此同时,韦丹"益劝桑苎,机织广狭,俗所未习,教劝成之"。三是改善民居。长期以来,洪州城内外居民多以茅竹为屋,火灾多发。韦丹于是教人民烧瓦伐木,建造瓦屋。《新唐书》本传载:"(韦)丹召工教为陶,聚材于场,度其费为估,不取赢利。人能为屋者,受材瓦于官,免半赋,徐取其偿;逃未复者,官为为之;贫不能者,畀以财。身往劝督。"不到两年时间,洪州城就为瓦屋一万四千间,楼四千二百座。四是修缮洪州城,拓建街道、市场等。《新唐书》本传载,韦丹在洪州城内,"置南北市,为营以舍军。岁中旱,募人就功,厚与直,给其食。为衢南北夹两营,东西七里"。通过这些措施,南昌的城区建设有了很大的改观。值得注意的是,韦丹在以上的大规模的建设中,怜惜民力,眷顾百姓,又利用夏秋干旱时以工代赈,使官民各得其所。时人元稹曾作《茅舍》诗曰:"惜其心太亟,作役无容暇。台观亦已多,工徒稍冤咤。"对韦丹在江西的行政提出批评,其实并不符合实际。此外,韦丹在江西还有"以废仓为新廐,马息不死"的良政,以及妥善处理了管理粮食的权吏贪污三千斛官粮的案子②。

宋人计有功的《唐诗纪事》载,韦丹为江西观察使时,与东林寺僧灵澈为忘形之友,曾作思归隐退的绝句寄之,诗曰:"王事纷纷无暇日,浮生冉冉只如云。已为平子归休计,五老峰前必共闻。"韦丹本是位勤政爱民的循良官吏,是儒家政治文化的忠实践行者,却也深感官宦生活为浮云,官场斗争激烈。事实证明,韦丹结果因黑暗险恶的政坛宦途送了命。一个违令当处死罪的吏卒,上书诬告韦丹不遵朝廷法令,元和五年(810年)韦丹被罢职,未及辩白含冤而死。韦丹晚年的悲剧,反映了唐后期政治的混乱与专制政权的本色。然由于韦丹功德江

---

① 《樊川文集》卷四《怀钟陵旧游四首》。
② 《新唐书》卷一九七《韦丹传》。

西，深受本区民众爱戴，也得到官僚阶层的敬重。大和五年至七年(831—833年)担任江西观察使的裴谊，仰慕韦丹功绩，上书请为韦丹立祠和刻石纪功，没有成功。后来唐宣宗在大中三年(849年)正月读《元和实录》，看到韦丹突出的政绩不禁感动，一日延英殿上，遂问诸宰相："元和时治民孰第一？"周墀答曰："臣守江西，悉韦丹有功德，身后已四十年，当地老幼思之不忘。"同朝宰相白敏中、马植也同意周墀所说。宣宗于是诏令为韦丹立碑铭功，命江西观察使纥干皋将韦丹资料呈进，同时令杜牧据此撰写《韦丹遗爱碑》以宣扬其事迹。

唐穆宗时，江西观察使王仲舒也颇有作为。据《新唐书·王仲舒传》，"初，江西榷酒，利多佗州十八；民私酿，岁抵死不绝；谷数斛，易斗酒"，王仲舒到任后"罢酤钱九十万"。又"吏坐失官息钱三十万，悉产不能偿，仲舒焚簿书，脱械不问"。当"水旱，民赋不入"时，王仲舒"为出钱二千万代之"。王钟舒还在江西破除迷信，移风易俗，"有为佛老法，兴浮屠祠屋者，皆驱出境"。《唐国史补》卷中：韦山甫，以石流黄济人嗜欲，故其术大行，多有暴风死者，其徒言："山甫与陶贞白，同坛受箓。"以为神仙之俦。长庆二年，卒于余干。江西观察使王仲舒遍告人曰："山甫老而病死，死而速朽，无小异于人者。"王仲舒的这些治绩，无疑有利于减轻江西地区人民的沉重负担，缓和社会矛盾，促进本区的经济发展。

州郡是封建国家统治地方的最重要一级政府。唐代刺史(太守)的职责包括"掌清肃邦畿，考核官吏，宣布德化，抚和齐人，劝课农桑，教谕五教"①。可见刺史官职之重要，诚如唐太宗所言："虽文武百僚，各有所司，然治人之本，莫如刺史最重也。"②任职于江西地方的刺史大都能尽心尽责，不负皇朝之托。江西各州郡都有不少贤能刺史留下的事迹。

抚州在江西是发展得比较好的地方。唐朝后期时人评价说："临川自古为奥壤，号曰名区。翳野农桑，俯津阛阓。北接江湖之脉，贾货毗肩；南冲岭乔之支，豪华接袂"③，其地"周巡六百里。林奇谷秀，则鹤岭、牛山无以加；水绕川环，则洞庭陂泽不足比。人繁土沃，桑耕有秋，学富文清，取舍无误。既状周道，兼贯鲁风，万户鱼鳞，实谓名郡"④。抚州在唐代的发展，与任职于该州的一系列刺史的前后努力分不开。安史之乱期间和战后，抚州刺史多名流，如王缙、刘秩、张

---

① 《唐六典》卷三十《三府督护州县官吏》。
② 《唐会要》卷六十八《刺史上》。
③ 《全唐文》卷八一九张保和《抚州罗城记》。
④ 《全唐文》卷八一九刁尚能《新创抚州南城罗城记》。

第一章
政治经营与军事斗争

杜牧像

镐、颜真卿、杜佑、戴叔伦、李渤等,他们均对抚州的经济文化建设作出了非常积极的贡献。以杜佑为例,约大历十三年(778年),他出任抚州刺史①,在约一年的任期内,即取得了不少的政绩。其刺抚州事迹,权德舆《杜公淮南遗爱碑》曰:"其牧临川也,地参闽蜑,人本轻惰,化彼游手,敏于农功,坚旧防而时其蓄泄,当大旱而我有云雨。每岁徵令归诸有司,克燮输将之勤,不亏公上之入。因获赢利,悉稠困穷。"可以看出,杜佑在抚州一手抓农田水利,一手抓赋税征缴,既注意劝农增加编户、化俗济穷,又注意征输、"不亏公上之入",可谓治理有方。其中的"坚旧防",当指自大历以来,颜真卿刺抚时开始兴修的一项水利工程。杜佑继颜真卿之后又有所建树,收到了"当大旱而我有云雨"的成效。杜佑离任抚州,曾得地方吏民申请并由皇帝批准为之建立去思碑、遗爱碑,可见其在职政绩优异,深得地方感戴和朝廷嘉许。又如戴叔伦于贞元初刺抚,政绩亦颇佳。除了因"民岁争溉灌,为作均水法"之外,又大力治水,提倡农桑,使当地"耕饷岁广"②,史称"清明仁恕,多省费方略,蜀郡崇儒之化,南阳均水之法,精力区处,民以便安,田壤耕辟,狱犴清静"③。当地百姓因命一湖为"戴湖",以志怀念。

江州地区经济发达,但赋役历来沉重,水旱灾害也比较频繁。因此,任职于当地的官吏除了积极从事生产之外,还为民请命,以求减轻民众负担。武周名臣狄仁杰担任宰相时,因卷入统治阶级内部的矛盾纷争,被酷吏来俊臣诬陷下狱,侥幸未死,长寿元年(692年)贬为彭泽县令。狄仁杰并未从此消沉,而是一如既往地关心民间疾苦。是年彭泽一带发生了多年未见的大旱灾。当地百姓无法生产,"全无米粒",靠食野菜草根度日。狄忧民疾苦,遂上疏朝廷:彭泽地狭山峻而田少,百姓每户耕种之田不过十亩五亩,在正常年份纵然丰熟,缴纳赋税之后,所剩稻米只够食用半年。今年粒米未收,将何以活命?自春至夏,多饥饿而死者,检视簿籍,户口已少大半,乡里之间多有绝户者④。请求朝廷免去彭

---

① 郁贤皓:《唐刺史考全编》之《江南西道·抚州刺史》。
② 《新唐书》卷一四三《戴叔伦传》。
③ 《全唐文》卷五〇二权德舆《戴叔伦墓志铭》。
④ 《全唐文》一六九狄仁杰《乞免民租疏》。

泽等九县全年租税，使百姓喘息。武则天赞赏狄之仁心，下令江州蠲免彭泽县租税。狄仁杰一面开仓放粮，赈济灾民，一面督促百姓生产自救，使大批百姓免于因饥饿而死。狄仁杰在彭泽充任县令数年期间，大力发展生产，贮粮防灾，同时还革新吏治，勤政爱民，深为当地人民所拥戴。百姓为感谢狄的恩德，自发地行动起来，为他建造了生祠。唐朝末年，诗人皮日休游江南过彭泽时，还听到当地百姓传颂着狄仁杰的事迹，看到他的祠堂香火不绝。

穆宗长庆元年（821年），李渤任江州刺史时，朝廷下令"征久远逋悬"，江州要征贞元二年（786年）以来"逃户所欠钱"，即是要现在人户交纳36年来逃亡户名下积欠的赋税。江州刺史李渤上疏："伏奉诏敕云，度支使所奏，令臣设计征填当州贞元二年逃户所欠钱四千四百一十贯。臣当州管田二千一百九十七顷，今已旱死一千九百顷有余。若更勒徇度支使所为，必惧史官书陛下于大旱中征三十六年前逋悬。臣任刺史……不忍鞭答黎庶，不敢轻持符印，特乞放臣归田。'乃下诏曰：江州……所诉逋欠并放。"①因李渤恳切陈情，穆宗为求死后仍有人歌颂，怕留下贪暴之名，将实际上不可能征得赋税放免。此外，李渤还因地制宜地进行经济建设。当时，江州治署城南有一南湖，面积约一千二百亩，东抵北风嘴，西连龙开河，南接山川岭，北依浔阳城。由于湖面宽阔，南来北往行人诸多不便。李渤为了方便行人，遂纠工在湖中筑堤。堤长七百步（约二里），南连

纪念李渤的甘棠湖

① 《旧唐书》卷一七一《李渤传》。

第一章
政治经营与军事斗争

山川岭，北接城池的南门口，沟通南北，往来称便。堤上还建桥安闸，控制和调节水位，兼有灌溉农田之利。后人为感谢这位刺史，将新建的堤命名李公堤，外湖名甘棠湖，桥名思贤桥。

袁州因山多地少，地势闭塞，经济文化一直较为落后。唐建立特别是安史之乱后，袁州出现了开发盛况。唐代宗时，阎伯屿任袁州刺史，时该州因征役繁重，经济残破，"伯屿专以惠化招抚，逃亡皆复，邻境慕德，襁负而来，数年之间，渔商阗凑，州境大理，及移抚州，阂州思恋，百姓率而随之……到职一年，抚州复如袁州之盛"①。逃往邻境的贫民自然仍以垦作为生，地方长吏招抚得宜，吸引了流民归复，很有助社会安定和生产发展。

元和十四年(819年)正月，韩愈因上《论佛骨表》，触怒佞佛的宪宗，被贬潮州，十月量移袁州。约九个月后，便调回京师任国子监祭酒、兵部侍郎。韩愈刺袁州日短，在经济文化建设方面却有不少作为。韩愈至袁州时，正值袁州大旱，遂频频祭神。在祭城隍文中，韩氏宣称："刺史无行，无以媚于神祇；天降之罚，以久不雨，苗且尽死，刺史虽得罪，百姓何辜？宜降疾咎于某躬身，无令鳏寡蒙滋滥罚。"在祭仰山文中，韩也屡屡祈求"宜被疾殃其身"。这当然是迷信，但正因为迷信，韩愈之肯于以自身的疾咎来换取百姓的丰衣足食，表明他是有浓厚的民本思想和关心民众疾苦的。韩愈在袁州最有影响的政绩是释放奴婢。唐代奴婢为贱人阶层，"律比畜产"，无人身自由，强烈依附于主人。唐律禁止变良人为奴婢，但"袁州之俗，男女隶于人者，逾约则没入出钱之家"，韩愈下车伊始，即"设法赎其所没男女，归其父母者，仍削其俗法，不许束人"②。韩愈后来在上奏朝廷的《应所在典贴良人男女等状》称："右准律不许典贴良人男女作奴婢驱使，臣往任袁州刺史日，检责州界内得七百三十一人，并是良人男女，准律计佣折直，一时放免。原其本末，或因水旱不熟，或因公私债负，遂使典贴，渐以成风，名目虽殊，奴婢不别，鞭笞役使，至死乃休，既乖律文，实亏政理，袁州至小，尚有七百余人，天下诸州，其数固当不少。"③韩愈"计佣折直"，释放奴婢的做法，在一定程度上解放了生产力，扩大了国家编户人口，增加了财政税收和劳动力，堪称善政。

僖宗中和元年(881年)，高安人邓璠自尚书、江西节度使权知袁州，即以

---

① 封演：《封氏闻见录》卷九《惠化》。
② 《旧唐书》卷一六〇《韩愈传》。
③ 《全唐文》卷五四九韩愈《应所在典贴良人男女等状》。

"尚书"及"江西节度使"的官阶暂代袁州刺史。邓璠在六年的代任期间,清正廉明,勤于本事而不伐功矜能,崇尚教育而大兴学校,百姓乐于从事,人称有"古循吏之风"。唐僖宗时,各地兵荒马乱,官吏无能,独邓璠政绩颇多。尤其是在城北秀江上架起袁州有史以来的第一座桥梁,受到朝野交口赞誉。州县境内驿传桥津是否葺治,是衡量地方官有无"善政"的标准,故僖宗诏令邓璠再任袁州刺史,由"权知"改为"正任"。"正任"与"权知"俸禄虽相同,但政治地位要高。皇帝诏令一下,袁州百姓奔走相告,欣喜不禁。袁州处士彭蟾赋《贺邓璠使君正拜袁州》诗云:"六年惠爱及黎甿,大府论功俟陟明。尺一诏书天上降,二千石禄世间荣。新添画戟门增峻,旧蹑青云路转平。更待皇恩醒善政,碧油幢到郡斋迎。"彭蟾原指望邓璠能得到朝廷的更加重用,无奈此时,唐朝已风雨飘摇,吏政混乱,不久以镇压黄巢起义有功的李游接替了邓璠的袁州刺史职位。

韩愈像

"亲民之官,莫过于县令。"①封建社会中,县是中央直接管辖的基层政府,县令是治理地方的直接责任人,主管县内全面政事。唐代县令的职责,《旧唐书·职官志三》载:"掌导扬风化,抚字黎甿,敦四人(士、农、工、商)之业,崇五土(山林、川泽、丘陵、平原、洼地)之利,养鳏寡,恤孤穷,审察冤屈,躬亲狱讼,务知百姓之疾苦。"李远于会昌二年(842年)作《送贺著作凭出宰永新序》描述县令的职责是:教民耕织以养生送死,岁赋其租以供军国并偿吏之值。因而县令应早作夜止,尽心以理,使讼平赋均,老弱无怀诈暴憎。令之理民要"因其利而役之,则无怨;明文王之政以教之,使知礼让。则尊君亲上,养老慈幼,悉知而劝为善"。在稳定地方、发展地方上,除前述狄仁杰外,江西有许多县令的作为也颇值得称许。约至德年间(756—758年)柳浑任信州永丰县令时,禁暴除恶,抚育良善,使当地"耕夫复于封疆,商旅交于关市,既富而庶"②。会昌年间(841—846年),洪州建昌县摄令何易于,曾在县南筑捍水堤,获防洪、灌溉之利,百姓

---

① 《唐会要》卷六十九《县令》。
② 《全唐文》卷五九一柳宗元《银青光禄大夫右散骑常侍轻车都尉宜城县开国伯柳公行状》。

第一章
政治经营与军事斗争

始建于唐元和年间的浮梁古县衙

得利,编歌谣称颂:"我有父,何易于,昔无储,今有余。"就是这位何县令,后担任益昌县令时,当刺史乘舟春游时,要他征调农民来拉纤,他就自己来替刺史拉纤。刺史惊问其故,何易于回答他说:农民春耕、育蚕忙,只有我县令闲着无事,故特来应差。说得刺史满面惭愧,赶紧逃走了[1]。元和五年(810年),于季文为洪州武宁县令,"在官清慎,遏强抚弱,顷岁逋逃者复业数千户,政声洋溢"[2]。上引《送贺著作凭出宰永新序》所述的贺凭,在长安时,曾以为永新险远难治而怏怏不乐,李远作此文勉励他,贺凭来到永新,为循吏,深得百姓爱戴,任满百姓挽留,限于功令,不能续任。当时朝廷宦官专政,牛李党争;各地藩镇割据,民生凋敝。贺凭有感于世道之不得,也不想改任,干脆辞官,将家安于邑西良坊(今属莲花县),从此长作永新人。

豪强大族控制或影响地方由来已久,历代不衰。他们虽然有时能保护地方利益,纠正贪官污吏的不良政治,但总的说来是挑战国家政治权威,影响地方的社会稳定与经济文化发展,因此,官吏也把打击、限制地方豪强作为理政的重要方面。江西吉州是经济比较发达的地区,面临着豪强法外权力的干扰。皇

---

[1] 此事见《孙可之文集》卷二《书何易于》、《全唐文》卷七九五、《新唐书》卷一九七《何易于传》。
[2] 《唐故洪州都督武宁县令于府君墓志铭并序》,见周绍良主编:《唐代墓志汇编》,上海古籍出版社1992年版,第2002页。

甫湜写的《庐陵县令厅壁记》记云：张儇为县令，"弹豪纠黠以沉断"①，说的就是打击豪强法外权力。柳浑出任信州之永丰县令，"用重典以威奸暴，铺大和以惠鳏嫠"；"宰制听断，渐于讼息，耕夫复于封疆，商旅交于关市，既庶而富，廉耻兴焉。"②中唐以来，江西的县治增长，设置多在原先经济相对不发达地区。这与县令的作为是分不开的。

以上这些在江西为政的各级官员，或者发展地方经济，或者改善社会环境，或者减免租税剥削，或者禁止贪赃枉法，以及裁减冗员，禁止因债务没为奴婢，破坏迷信活动等，都是极其有益的工作。唐朝江西的经济发展，是本区政治、文化发展的基础，而政治上的这些措施，对经济发展也起了积极作用。江西唐时农业经济发展水平有良吏的一份功绩。要指出的是，除了政治经济建设方面，兴办学校、奖掖士子、繁荣文艺等文化建设，也大都与为政本区的各级官吏有关。江西地方官积极从事文化建设的事迹，本书第四章中将专门叙述。任职江西的地方官吏，不管是本地的还是外地的，不管是升迁或平调还是因事故贬谪而来的，他们大都能尽心尽力地为当地的政治经济文化发展服务。他们关心国计民生，虽然出于对封建政权稳定与巩固的忠心，甚或出于对自己仕途的考虑，但对江西地区社会的稳定，经济、文化的崛起与发展，贡献极大。

就唐代而言，江西良吏较多。原因大致如下：一与唐代长期比较清明的政治有关，统治者重视对官吏德能勤绩的考察，制度层面上控制得紧。如江西观察使李少和、严谟都因贪赃受到朝廷的严厉追究。二与官吏多是通过科举途径，深受儒家"仁政"思想的影响有关。有治国、平天下的理想，为官一任，造福一方是他们的基本追求。如一些贬谪江西的官吏，大多是正直且能干的人才。三与江西在唐朝的政治、经济地位上升有关。唐前期，江西的政治、经济地位不高，对任职于江西的官吏并无专门的选择，甚至把江西作为惩罚犯官的地域。但唐代安史之乱以来，江西政治、经济地位快速上升，与中央的关系开始密切，唐政府为了强化对江西的统治，中央开始有选择地任命江西地方官。如大历年间，常衮《授魏少游江西观察使制》云："眷求良吏，出守雄藩。"常衮《授路嗣恭江西观察使制》又云："大江之外，封略旷远，用达忧勤之旨，属于亲重之臣，授以藩符，建兹戎斾，仍委廉课，俾扬风声。"即使是贬谪官员至此，也是眷顾成分居多。《旧唐书·袁高传》载："自贞元元年，德宗复用吉州长史卢杞为饶州刺史，

---

① 《文苑英华》卷八〇五皇甫湜《庐陵县厅壁记》。
② 《全唐文》卷五九一柳宗元《银青光禄大夫右散骑常侍轻车都尉宜城县开国伯柳公行状》。

第一章
政治经营与军事斗争

令高草诏书。……高曰：'赦乃赦其罪，不宜授刺史。且赦文至优黎民。今饶州大郡，若命奸臣作牧，是一州苍生，独受其弊。'"江西在元和、长庆时期已是唐王朝的财赋重心之一，对任职江西官吏的选择尤其重视。如白居易《除裴堪江西观察使制》称："江西七郡，列邑数十。土沃人庶，今之奥区。财赋孔殷，国用所系，兹为重要，宜付长才。"因此选用观察使要注意其理财的公平性，"夫简其条章，平其赋役，徇公率正，以临其人，而人不安，未之有也"。

事物总是一分为二的，在仕宦江西地区的众多官吏中，也有一些违法乱纪、割剥人民的贪残官吏，破坏了所治区域经济文化发展。如唐初建造有名的滕王阁的李元婴，就是一个只知花天酒地、平庸奸邪之徒。《新唐书·滕王李元婴传》载，李元婴任洪州都督时，"官属一妻妾美者，绐为妃召，逼私之，尝为典签崔简妻郑嫚骂，以履抵元婴面流血，乃免。元婴惭，历旬不视事"。不仅如此，又有其他不法行为，因此被贬斥而去。李兼于贞元元年（785年）任江西观察使，"尝罢南昌卒千余人，收资廪为'月进'"①。这是将一千多士兵名下的粮饷扣留下来，逐月进献给皇帝。"进奉"皇帝的名义，实为自己捞利，除了讨皇帝欢心外，还因为搜括所得钱物，当时的"进奉"往往"十献其二三耳"，大部分没入自己的腰包。李兼不仅搞"月进"，还向皇宫进献高大的银瓶。以前江西官吏进献银瓶最高的有五尺余，李兼"乃进六尺者"。贞元七年（791年），新上任的洪州刺史、江西观察使齐映，因企图恢复相位，在"进奉"上比李兼有过之而不及。《旧唐书·齐映传》载：齐映"乃掊敛贡奉，及大为金银器以希旨。……因帝诞日，端午，映为瓶高八尺者以献"。江西百姓的脂膏，成为贪官污吏们拍皇帝马屁换取高官的本钱。有的官吏为政苛刻，如贞元五年（789年）李巽任江西观察使，"徇喜怒之情，而无罪被戮者多矣"②。这些主管江西全境贪残官吏的作为，无疑对整个江西地区的社会经济发展产生极大的危害。此外，一些州县，在某些时期也因官吏的胡作非为，造成了经济的衰退、社会的不稳。如唐中后期庐陵地区，号称："户余二万……材竹铁石之赡殖，苞筐辉缉之富聚。"然而，任职于当地的诸多官吏贪残，曾造成"百姓创罢，征赋发断"的状况③。

---

① 《旧唐书》卷一二三《裴胄传》。
② 《旧唐书》卷一二三《李巽传》。
③ 《文苑英华》卷八〇五皇甫湜《庐陵县厅壁记》。

三、永王璘事件与江西

唐代乃至整个中国古代，江西离政治中心较远，少与皇朝权力争斗之事发生直接联系，因此安史之乱期间发生的"永王璘事件"，在江西地方史上就显得特别突出。

"渔阳鼙鼓动地来"，天宝十四载（755年），安史之乱爆发惊破了大唐帝国的繁华之梦，也引起了皇朝政治生态的遽剧变化。在安史叛军的逼迫下，十五载六月，唐玄宗李隆基南逃巴蜀，七月，太子李亨趁机于灵武即帝位（肃宗），改元至德，尊乃父为太上皇。然而唐玄宗却不甘于皇权旁落，继续行使着皇帝的权力，形成"二圣"政治格局。玄宗为了阻挡叛军的凌厉攻势，同时体现自己的正统权威，采纳大臣房琯分诸王分总天下节镇的建议，颁布《命三王制》，任命永王李璘领山南东道、江南西道、岭南道、黔中道四道节度度支采访都使，充江陵大都督，享有充分的军政自主权，负责保卫和经管长江中部一带地区。同时任命长沙郡太守李岘为都副大使，充江陵郡大都督府长史兼御史中丞，以协助永王。永王李璘，系玄宗第十六子，因幼时丧母，为李亨收养，得悉心照顾。玄宗予重权以李璘，大概希望他能在国家危难之际，尽心尽意地帮助乃兄平息叛乱，以重开太平之世。

永王受命以后，至德元载（756年）七月即赶往襄阳，两月后抵达江陵。永王在江陵，大力蓄积自己的军事力量。据《旧唐书·永王璘传》载，永王"召募将士数万人，恣情补署，江淮租赋山积于江陵，破用巨亿"。若从《命三王制》的规定看，永王在江陵召募、补官、聚财都不属于擅权妄为。当时任庐陵郡司马的崔祐甫拒绝永王厚礼相邀，"人闻其事，为之惴慄"①，说明永王所凭借的正是玄宗的诏令。不过，这期间玄宗又颁《停颖王等节度诰》对《命三王制》作了修订。诰文曰："颖王、永王、丰王等，朕之诸子，早承训诲……顷之委任，咸缉方隅。今者皇帝即位，亲统师旅，兵权大略，宜有统承。庶若网在纲，惟精惟一。颖王以下节度使，并停。其诸道先有节度等副使，便令知事，仍并取皇帝处分。李岘未到江陵，永王且莫离使，待交付兵马了，永王、丰王并赴皇帝行在。"这一诰文确保了唐肃宗在平叛之中的最高军事指挥权。但永王对诰文并不理会，依然我行我素。永王手下有薛镠、李台卿、蔡坰等谋士，或说永王心怀异志，与这些人的鼓动有关。所谓"璘生长深宫，不更人事，子襄城王玚有勇力，好兵，有薛镠等为之谋

---

① 周绍良主编：《唐代墓志汇编》，上海古籍出版社1992年版，第1823页。

第一章
政治经营与军事斗争

主,以为今天下大乱,唯南方完富,璘握四道兵,封疆数千里,宜据金陵,保有江表,如东晋故事"①。其实当时中国并没有出现"如东晋故事"的政治、军事形势,目光短浅而又权力欲膨胀的永王竟以此作为政治谋略。九月,永王在江陵策划以"东巡"为名经浔阳直奔金陵,意欲控制江南一带,建立自己的政权。

肃宗对永王的担心正在于此。永王的政治、经济、军事等条件都很有优势,届时他果能"扫清江汉",再"救河南","更取金陵","西入长安",捷足先登,谁主天下,恐得另见分晓。清人王夫之言:"肃宗若无疾复西京之大勋,孤处西隅,与天下悬隔,海岱、江淮、荆楚、三巴分峙而起,高材捷足,先收平贼之功,区区嫡长之名,未足以弹压天下也。唯恐功不速收,而日暮倒行,屈媚回纥,纵其蹂践,但使奏效崇朝,奚遑他恤哉!"②因此,肃宗一面积极部署收复两京,一面处心积虑地防范永王。他企图诏令永王"归觐于蜀"③,以消除隐患。但永王野心勃发,根本不听肃宗的诏令。肃宗遂以强悍勇猛的来瑱领新置的淮西节度使,并由高适以御史大夫、扬州大都督府长史身份督领淮南,与江东节度使韦陟相配合,意在武力威慑永王。

十二月,永王于荆州招募了大量的兵马之后,率军沿江东下,军容甚盛。这次出师是以奉命"东巡"(由东向北迂回攻击安、史老巢)的名义,实际上抢夺长江中下游战略基地。次年正月,永王经过浔阳,得知大诗人李白正隐居庐山,遂派谋士韦子春接二连三地上山聘请李白作幕宾。李白因"王命崇重、辟书三至"而踌躇满志地辞别夫人应聘下山。临行前作《别内赴征》诗云:"王命三征去未还,明朝离别出吴关。白玉高楼看不见,相思须上望夫山。""出门妻子强牵衣,问我西行几日归?归来倘佩黄金印,莫见苏秦不下机。"诗文表现出李白与妻子情深义重以及他渴望建功立业的情怀。李白入永王幕府后,写下了饱含政治热情的十一首《永王东巡歌》,对永王功业寄予无限期望并作政治宣传。如:"二帝巡游俱未回,五陵松柏使人哀。诸侯不救河南地,更喜贤王远道来。""帝宠贤王入楚关,扫清江汉始应还。初从云梦开朱邸,更取金陵作小山。""试借君王玉马鞭,指挥戎虏坐琼筵。南风一扫胡尘静,西入长安到日边。"同时李白也以东晋名臣谢安自许,宣称"但用东山谢安石,为君谈笑静胡沙",表示忠心辅佐永王,平定叛乱。

---

① 《资治通鉴》卷二一九"唐肃宗至德元载十二月"条。
② 《读通鉴论》卷二十三"唐肃宗五"。
③ 《旧唐书》卷一〇七《永王璘传》。

永王率兵东下时，江南东道采访使李希言以无上下尊卑之分的平牒诘问永王其行。永王见牒，十分恼怒，遂复李希言："寡人上皇天属，皇帝友于，地尊侯王，礼绝僚品，简书来往，应有常仪，今乃平牒抗威，落笔署字，汉仪隳紊，一至于斯！"①紧接着派大将浑惟明向李希言发动攻击，另派季广深进攻广陵的淮南采访使李成式。肃宗随即宣布永王谋反，明令平叛。李希言派将军元景曜和丹徒太守阎敬之抵御浑惟明，李成式也派将军李承庆出战季广深。然阎敬之不敌被杀，元景曜、李承庆竟向永王缴械投降。形势危急之际，韦陟与高适、来瑱迅速相会于安州（今湖北安陆），三人登坛结盟，宣誓三军："衔国威命，各镇方隅，纠合三垂，翦除凶慝，好恶同之，无有异志。有渝此盟，坠命亡族。皇天后土，祖宗神明，实鉴斯言。"②言辞慷慨激昂，血泪俱下，将士莫不感动。韦陟等立即部署对永王的反击。李成式联络正在广陵的河北招讨判官李铣以小股人马屯扎于今江苏仪征市并令属下判官评事裴茂率广陵步卒数千人屯守于今江苏六合东南的瓜步洲，暂时稳住了阵脚。高适临敌之际，作《未过淮先与将校书》，对永王属下军将实行攻心战，引导他们反正自新，引起强烈的震撼。韦陟更是以其声望对永王属下高级将领施加影响，拜永王大将季广琛为丹阳太守兼御史中丞、沿江防御使，成功地促使季阵前倒戈。接着浑惟明、冯季康也纷纷率部下投降。永王曾派骑兵追赶率军向广陵投诚的季广琛。季勒马对追兵说："我感王恩，是以不能决战，逃而归国。若逼我，我则不择地而回战矣。"③当天夜间，驻扎在瓜步洲的裴茂与李铣等令士卒在江北岸点燃火炬以迷惑永王。永王误以为官军已经渡江，未加细辨即率儿女及部下撤退，损失惨重。经过这一番折腾，永王自知无法在丹阳立足，遂率众南下晋陵。官军得到永王逃跑的情报，从江北齐发南渡，逼追永王南奔至鄱阳。鄱阳郡属江南西道，照理应听命于兼领江南西道节度使的永王，守城的郡司马陶备却紧闭大门，拒绝其入内。永王恼怒却无可奈何，在鄱阳城放了一把火后继续南下余干，企图经大庾岭至岭南，结果被江西采访使皇甫侁属下的兵马用箭射伤并擒获，押至洪州而被皇甫侁擅自斩杀，其子则在大庾岭被乱兵所害。至德二载（757年）二月，永王之乱终于平息。由于肃宗一向怜爱李璘以及当时政治斗争的需要，所以对其死隐而不宣，并宣称永不启用皇甫侁，将其余擅杀者全部斩首，而将李璘子孙全部封为王

---

① 《旧唐书》卷一〇七《永王璘传》。
② 《旧唐书》卷九十二《韦安石传附陟传》。
③ 《旧唐书》卷一〇七《永王璘传》。

> 第一章
> 政治经营与军事斗争

侯。诗人李白怀着平定叛乱、恢复国家统一的志愿,入永王幕府,因此获罪,被系浔阳狱,不久流放夜郎,步入了生命的低谷。

永王之乱与唐皇权权力斗争有关,同时也与永王主政长江中游地区拥有比较雄厚的经济基础有关。当时中央集权的政治中心仍在北方,国家的军事力量也集中在北方,江南人民维护统一,永王企图割据江左建立新的权力中心不论是从社会基础还是客观条件都不合时宜,其失败是必然的。江西在整个永王璘事件中都是坚定地站在中央一边,对平叛作出了一定的贡献,同时也维持了本地区的政治稳定、经济发展。

四、苛政与民变

有唐一代,江西是皇朝统治比较稳定的地区。安史之乱以来,江西在政治上、经济上、军事上努力维护中央权威,为风雨飘摇的唐政权仍然维持150年作出了贡献。但另一方面,江西自安史之乱以来渐成为唐皇朝重要的财赋源地,经济负担日趋沉重,加上某些贪残官吏的横暴,一些地域民情发生变异,以武装斗争为形式的暴力反抗日渐增多。

安史之乱,使原来作为皇朝经济重心的北方地区人口锐减、土地荒芜、城市毁坏,加上某些藩镇"皆厚自奉养"①,"户版不籍于天府,税赋不入于朝廷"②。皇朝国库空虚,其财赋收入转而主要依靠江淮,所谓"当今赋出天下,江南居十九"③,"今天下以江淮为国命"④。为了解决财政困难,朝廷主要针对江淮地域的各种新赋税项目接连出现,沉重的封建剥削压在广大农民和中小工商业者的身上。《通典》卷十一载:"诸道节度使、观察使多率税商贾,以充军费,或于津济要路,及市肆间交易之处,计钱至一千以上,皆以分数税之。自是商旅无早,多失业矣。上元中(761年),敕江淮堰塘商旅牵船过处,准斛纳钱,谓之埭程。"建中元年(780年),杨炎两税法规定:"不居处而行商者,在所州县税三十之一,度所取与居者均。"⑤不久,赵赞又奏请于"诸道津要都会之所,皆置吏,阅商人财货,计钱每贯税二十文",又以设常平仓为由,"天下所出竹木茶漆,皆什一税之,充常

---

① 《旧唐书》卷一一八《杨炎传》。
② 《旧唐书》卷一四一《田承嗣传》。
③ 《韩昌黎集》卷十九《送陆歙州诗序》。
④ 《樊川文集》卷十六《上宰相求杭州启》。
⑤ 《旧唐书》卷一一八《杨炎传》。

本钱"①。隋唐以来,江西农业、手工业快速发展,商业趋于繁荣,此时繁多的税商名目,无疑又是对其沉重的打击。如江西是产茶输茶大区,贞元九年(793年)开始征收茶税,已是一层负担;长庆元年(821年),"茶税一百,增之五十",负担加重了50%②。江西的酒税特别重,比别的地方多收十之八,凡是私自酿造,则被处以死罪。更有某些地方官吏不顾民众生计,巧取豪夺,如江州农民每年纳"牛田钱百万",专供刺史"宴饮赠饷"之用。简言之,在政府沉重赋役与各种苛捐杂税的压迫下,江西一些地区民众不堪重负,怨声载道,阶级矛盾日渐尖锐。

安史之乱主要在黄河流域一带进行,江淮以南并未直接遭到大的破坏。但是在唐肃宗上元元年至二年间(760—761年),由于最高统治集团的昏庸无能和地方藩镇的跋扈专横,江浙一带遭受了刘展之乱的大破坏。《资治通鉴》卷二二二"上元二年正月"条记:"安史之乱,兵乱不及江淮,至是(刘展之乱),其民始罹毒矣。"刘长卿自南巴归苏州,作《自江西归至旧任官舍赠袁赞府》诗及刘展乱事,云:"空庭客至逢摇落,旧邑人稀经乱离。"李嘉祐《自常州还江阴》诗述刘展事件后对江南的破坏,云"处处空篱落,江村不忍看"。然而,宝应元年(762年)初,朝廷负责租庸调的元载却不顾江淮人民遭受战乱和灾荒的痛苦,"乃按籍举八年租调之违负及逋逃者,计其大数而征之,择豪吏为县令而督之。不问负之有无,资之高下,察民有粟帛者,发徒围之,籍其所有而中分之,甚者十取八九,谓之白著。有不服者,严刑以威之。民有蓄谷十斛者,则重足以毙命。或相聚山泽为群盗,州县不能制"③。有人作歌讽刺曰:"上元官吏务剥削,江淮之人多白著。"元载对江淮一带的巧取豪夺成为农民起义的导火线。《新唐书·刘晏传》末附陈谏的一篇论文,谈到袁晁、陈庄、方清、许钦等民变时,说:"初,州县取富人督漕挽,谓之船头;主邮递,谓之捉驿;税外横取,谓之白著。人不堪命,皆去为盗贼。"

袁晁原是个小胥吏,官府强迫他去捕捉反抗暴征的农民。他因同情农民而遭鞭笞,遂举义旗于浙东明山翁山县(今舟山岛),随即攻克台州,建立政权,改元"宝胜"(意在压倒唐政权的"宝应"年号)。袁晁起义,"民疲于赋敛者多归之"④,聚

---

① 《唐会要》卷八十四《杂税》。
② 《唐会要》卷八十四《杂税》。
③ 《资治通鉴》卷二二二"唐肃宗宝应元年八月"条。
④ 《资治通鉴》卷二二二"唐肃宗宝应元年八月"条。

第一章
政治经营与军事斗争

众很快达20万人,席卷了整个浙东。义军又进入浙西,并向江西等毗邻地区发展。义军攻克信州,江西境内不少农民相随起义与之呼应。时人云:"间岁,临海狂顽,覆浙左,陷上饶。瀍皖寇徒,残害长吏,潜逼钟陵;宜春盗帅,家兵遍山,吏不敢问。"①"潜逼钟陵"即指义军威胁洪州南昌。宜春义军,则利用山区的有利地形,不断抗击官军,使地方官吏难以应付。不过,进入江西境内的浙东农民起义军,立即遭到江西观察使张镐的残酷镇压。史称:"袁晁狙于会稽之役,侵我东鄙,江介大恐,民斯绎骚。公(张镐)命左军屯上饶之隘,塞常山之口,斩其唐突者三千余人。"②义军在上饶遭受重大损失,不得不退回浙东。由于袁晁起义严重威胁了唐皇朝财赋基地,安史之乱又基本被平息,统治者于是从北方战场上抽调中兴名将李光弼率领人马南下镇压。唐大军渡江后,在地主武装的积极配合下,猛烈进攻起义军。广德元年(763年)春,双方在台州以北"联日十余战",义军失利,袁晁被擒牺牲。其后不久,流散的义军全部被官军剿灭。随着袁晁起义军的最后失败,与之相关联的江西民众暴动也渐归于沉寂。

宝应元年(762年),值袁晁起义之际,江淮地区又有方清、陈庄起义。起义同样是由于江淮遭受疾疫灾荒而民生艰难时,唐皇朝仍横征暴敛引起的。《新唐书·李栖筠传》载:"苏州豪士方清,因岁凶,诱流殍为盗,积数岁,依黟、歙间,阻山自防。"关于这次起义,时人独孤及曾作文描述:方清等"聚椎剽之徒,谓险远可恃,作为蛇豕,以荐食勾吴。乃有跨据大江,吞噬东土之计,七州之地,人罢耕织"③。《新唐书·李芃传》云:"宣、饶剧贼方清、陈庄,西绝江路,劫商旅为乱,支党槃结。"广德元年(763年),方清率数万义军向宣州进军,与占据广德县山洞的陈庄义军胜利会师后,屯兵于宣州秋浦县的乌石山,直接威胁唐皇朝的长江航运。至永泰元年(765年),经过两年的发展,义军壮大,方清率军占领歙州,陈庄部众连克江西许多州县,唐将吕太一、武日升相继向义军投降,起义军一举攻克江北的舒州,一时声势大振。与此同时,武康朱潭、常州肖兰庭、张三霸,宣州王方等也揭竿而起率众起义,与方清、陈庄遥相呼应,十分活跃。蓬勃而起的农民起义使统治者感到极大危机,思考剿灭义军的对策。江西观察使李勉采纳判官李芃的建议,"以宣之秋浦、青阳,饶之至德,置池州,扼衿要,使不得合

---

① 《全唐文》卷三一四李华《平原公遗德颂》。
② 《全唐文》卷三九〇独孤及《唐故洪州刺史张公遗爱碑》。
③ 《毗陵集》卷四《贺袁僔破贼表》。

纵"①,也就是采取隔断方清和陈庄的联系,施展各个击破的计策。唐廷又派曾镇压袁晁起义的李光弼、袁傪前来镇压起义军,在江西观察使李勉、歙州刺史长孙全绪配合下,向起义军发起猛烈进攻。当地地主武装也乘机活动,扰乱义军据守的险要闾门。在正规军和地主武装的里应外合的夹击下,义军遭到很大的削弱。大历元年(766年),方清在石埭城英勇牺牲,陈庄在乌石山投降,起义终于失败。

宣歙一带,一些小规模的起义也连绵不断,宝应元年(762年),舒州人杨昭,杀死刺史后,渡江至皖南,并向江西一带发展,后为江西观察使张镐镇压。又有新安豪强沈千载"结椎剽之党,为之囊橐。弄兵潢池,虔刘我民,桴鼓之声相闻,郡国二千石不能禁"②,声势颇为浩大,不久也被张镐所镇压。鉴于对方清、陈庄主要活动地区控制力量的薄弱,唐皇朝在镇压起义之后,即以石埭城建祁门县,割浮梁、歙县、黟县的六个乡为其辖区,以强化统治。

倘若说以上江西农民起义是受邻境影响而爆发,谈不上是真正意义上的江西农民起义,那么大和年间的吉州农民起义就有代表性了。据《千唐志斋藏石》之《李府君墓志铭》所言,吉州素称"闽落之要,江浒之卫,珍异所奔,由来设伏之地,商旅所凑,还同守隘之乡",当地人民素有英勇剽悍、不堪凌辱的性格。早在唐中宗时期,这里就曾发生过数起小规模的农民起义,后来遭到吉州庐陵县令李智的镇压。唐文宗大和中(827—835年),吉州赤山、徐庄等山寨爆发大规模农民起义。义军据守险要山洞,建山寨垦种其间,抗拒朝廷的横征暴敛,坚持斗争达八年之久。江西观察使裴谊镇压了这次农民起义,"戮杀擒获共二百三十六人,收贼栅七所,器械三千二百三十事,水陆田四百顷,牛马等四百七十余头"③。农民结山寨仅为的是有地可耕种,而官府为了榨取租税赋徭,自然不允许方外之民存在,因而残酷镇压。此外,江西地区江河湖泊纵横,许多民众"靠水吃水",但由于封建政府的残酷剥削,他们难以维持生计时,也会利用水上优势进行反抗斗争。如德宗建中三年(782年),三千多水上的反抗者攻击洪州;穆宗长庆间(821—824年),江州有"盗劫贡船"④。

唐中叶以来农民起义频起,兵变也时有发生,越是到统治后期越是严重。

---

① 《新唐书》一四七《李芃传》。
② 《毗陵集》卷八《张公遗爱碑颂》。
③ 《册府元龟》卷六九四《武功》。
④ 《新唐书》卷一七七《钱徽传》。

第一章
政治经营与军事斗争

因为随着统治的衰微,统治者越加采用军事手段来维持自己的统治,大肆征发兵徭。唐宣宗时,右补阙张潜上疏曰:"藩府代移之际,皆奏仓库蓄积之数,以羡余多为课绩,朝廷亦因而甄奖。窃惟藩府财赋,所出有常,苟非赋敛过差,及停废除将士,减削衣粮,则羡余何从而致!比来南方诸镇数有不宁,皆此故也。"① 揭露了统治阶级、地方官僚依靠横征暴敛,不断征发兵役、徭役以邀功请赏的面目。广大兵士不堪忍受沉重的剥削压迫,反抗斗争因而时有发生。唐宣宗时期的江西毛鹤起事就是一个明证。大中十二年(858年),洪、广、潭、宣四州兵乱,"士马纷扰,得以恣其杀戮,脍人心肝,贫富相易,父子不相保,人不聊生"②。五月,湖南军乱,都将石载顺逐观察使韩琮;六月,江西军乱,都将毛鹤逐江西观察使郑宪;七月,宣州都将康全泰逐观察使郑熏。毛鹤等人"攻掠州县,盗兵杀吏",唐宣宗惊慌失措,急令韦宙为江西观察使,发兵征讨毛鹤。江西民众对韦宙之父韦丹惠政深怀感激,所谓"先德在人,歌咏不忘"。听说韦宙至江西,"皆愿缚贼出迎"③,从而分化瓦解了部分起义军。韦宙趁此有利形势,加紧"造蒺藜棒一千具,并于棒头以铁钉之如猬毛,车夫及防授官健各持一具",准备镇压起义军。韦宙率军过襄州时,带上能征善战、以捕杀起义军而闻名的韩季友及其"捕盗",两支部队水陆兼程,悄悄潜入洪州,迅速包围了毛鹤义军。义军战败,毛鹤等500余人惨遭杀害。韩季友因功而被韦宙提升为"都虞侯",他的"捕盗"二百余人也被留在江西,以随时镇压起义军。这次波及洪、广、潭、宣四州的士兵起事虽被镇压了,但统治者通过起义也尚能接受一些教训,"自今藩府长吏,不增赋敛,不减粮赐,独节游宴,省浮费"④,在一定程度上减轻了人民的负担。

唐中期江西民变多是受其他地区的影响,自主发生的较少,规模也不是很大。除了本区由于经济的发展,尚能承受政府的经济剥削外,还在于相对保守的民情,以及没有足够影响力的地方大族作领导。义军大多利用山地江湖等有利自然条件,发展壮大队伍,打击官兵。但由于缺乏坚强的组织,战略上往往各据险要,分散作战而力量削弱。因此,当统治者调集重兵,并辅以"率先来降者仍特加官赏"的引诱下⑤,他们不是被各个击破,就是被分化瓦解。但起义军在

---

① 《资治通鉴》卷二四九"唐宣宗大中十二年"条。
② 《全唐文》卷八〇二《袁州城隍庙记》。
③ 《全唐文》卷七六〇蔡京《李肇东林寺碑阴记》。
④ 《资治通鉴》卷二四九"唐宣宗大中十二年"条。
⑤ 《全唐文》卷四十九唐代宗《南郊敕文》。

斗争中惩办了一批地主、恶霸和贪官污吏,促使统治者停止执行"白著"等竭泽而渔的错误政策,从而在一定程度上维护了包括江西在内的广大江淮地区社会经济的良好发展态势。

五、黄巢义军转战江西

唐中后期,宦官专权、朋党之争、藩镇割据愈演愈烈,灾荒不断而民不聊生。史载:"自懿宗以来,奢侈日甚,用兵不息,赋敛愈急。关东连年水旱,州县不以实闻。上下相蒙,百姓流殍,无所控诉","天下百姓,哀号于道路,逃窜于山泽,夫妻不相活,父子不相救"①。阶级矛盾空前尖锐,一场席卷全国的黄巢农民大起义终于爆发。

唐僖宗乾符元年(874年)十一月,濮州(今河南范县)人王仙芝率众数千人在长垣首举义旗,传檄诸道,揭露批判唐政府"吏贪沓,赋重,赏罚不平",建号"天补均平大将军海内诸豪都统"。曹州人黄巢率数千人响应王仙芝。义军很快攻下曹、濮二州,随后转战山东、河南十二郡之间,影响迅速扩大。起义的风暴也很快席卷到江西。《新唐书·僖宗纪》载:乾符四年(877年)四月,柳彦璋(柳彦章)领导义军攻克江州,"执其刺史陶祥",并在江州建立水军,拥有战船一百余艘;翌年二月,王仙芝的部将王重隐率农民军攻克饶州,诛杀刺史颜标;同时,起义者徐唐莒攻洪州,拒守洪州的官僚永新人贺泰、江檀,兵败死之。攻克洪州后,这支义军西向湖南、东攻两浙。

正当起义军蓬勃发展之时,王仙芝受唐统治者招抚而妥协动摇,使义军损失很大,王本人也战死。其部众一部分由尚让率领北上到亳州(今安徽亳县)会合黄巢,一部分进入江西与王重隐会合。义军经黄巢的整顿,力量重振。乾符五年(878年)二月,黄巢号冲天大将军,建元"王霸"。黄巢率军不断的向北发动攻击,因唐军的顽强阻击而屡遭挫折,于是改变战略,引兵南下而作远距离的流动。四月,黄巢组织农民军从舒州(今安徽潜山)过江,进入江西境内,与王重隐遥相呼应,一举攻克虔州、吉州、饶州、信州,横扫了唐皇朝在江西的统治势力,起义军势力也大为增强,很快发展到20万人。随后,黄巢起义军沿仙霞岭开辟山路七百里,进占福州,南下广州,再入桂州、衡州、潭州、澧州。乾符六年(879年)十一月,义军占领军事重镇江陵,威逼襄阳。但在占领江陵后,黄巢因轻敌

---

① 《全唐文》卷八〇四刘允章《直谏书》

第一章
政治经营与军事斗争

冒进在荆门关遭山南东道节度使刘巨容和江西招讨使曹全晟合兵伏击,部队伤亡溃散约17万人。黄巢不得不放弃从襄阳直上河南攻取两京的计划,转而率部沿湘江北上,再度进入江西。约半年间,先后攻克饶州、信州、池州等15个州,数次大败官军。黄巢在饶州、信州等地吸收了大量的力量,使义军人数重新发展到20余万众,因而再度准备北进。

广明元年(880年)四月,唐诸道行营都统高骈坐镇扬州,征调各路军队,并广泛募兵,组成一支7万人的劲旅。高骈用节度使的职衔诱降黄巢,以散其心;同时派骁将张璘率精锐主动出击,连败义军。黄巢不得不退守饶州,又因其部将王重霸、常宏先后投降官军,饶州失守而退守信州。五月,义军在信州遇疾疫,士卒多病亡,士气和战斗力受到很大的影响。张璘乘机加紧攻击,义军处境十分危急。为争取战局好转,黄巢一面以重金贿赂张璘,瓦解其斗志;一面致书高骈,伪装请降,求他保奏为节度使。高骈因屡胜而骄狂,也准备诱而歼之,假意答应黄巢。当时昭义、感化、义武等诸道兵马已奉命调至淮南,高骈深恐功劳被瓜分,上书僖宗,言称即将平定黄巢,请遣归诸道兵马,僖宗准其奏。义军侦知诸道兵马渡淮北撤后,乘高骈疏忽麻痹之际,立即发起进攻,将张璘及其所率精锐部队歼灭于信州城下。张璘被杀,予以高骈致命打击,使他再也不敢同义军接战而"握兵保境"。信州大捷,黄巢义军势力大振,奠定了渡江北进的基础,造成了席卷两京,所向披靡之势。十一月中旬,黄巢义军攻下洛阳,占领长安,建立了大齐政权,唐皇朝终于土崩瓦解。

黄巢义军在南下流动作战中,江西是其活动的重要区域,因而留下了不少足迹。据《太平寰宇记》所记:余干县:"余铎庙,在白云城,黄巢乱,捍御有功,民立庙祀";上饶县:有星石山,高百余丈,罗列周布,如陨星,"俗传避黄巢之乱者居此岭";浮梁县:有九英山,在县南50里,"黄巢乱,唐宁赜据此以御之,因名九英";宜春县:有转钟潭,"相传黄巢党以钟烹牛。钟灵,转入水"①。又据《舆地纪胜》卷二十七载,上高县西40里有慈光洞,缘梯而下,有门可入,"昔兵戈之时,民逃于此,壁间题云:'唐乾符二年,黄巢作乱,在此避难'"。《齐东野语》卷十一"谱牒难考"条中提到,欧阳琮为吉州刺史,"当唐末黄巢陷州县,率州民悍贼,乡里赖以保全"。同治《赣州府志》卷四记,赣县"文潭岭……又西北二十里为回军岭,里人方氏率众却黄巢兵,故名"。以上史料基本是站在地主阶级立场书写

---

① 分别见《太平寰宇记》卷一〇七、卷一〇七、卷一〇七、卷一〇九。

赣粤咽喉——梅关

的,反映了活动于江西的黄巢义军尽管得到一些民众的大力支持,但也遭到了另外一些民众坚决抵制的事实。义军的活动给江西地区带来的不只是进步,也对本区的生命、财产带来了极大的破坏。生存和自保需要,是战乱时期民众的自然选择,历史唯物主义者自然不会因为他们抵制了黄巢义军,就认为是反动的、落后的。

六、地理形势与唐代军政

江西地处长江中游,"东通浙闽,南尽大庾,西连荆楚,北至大江"①,在地理形势上位于南部中国的相对中心区域。隋唐以来,随着大运河全线贯通和大庾岭道的开拓,江西已成为南方道路交通的重要枢纽。在和平时期,江西是南来北往商旅活动的重要通道,在战争时期则成为兵粮繁忙运输的区域和重要的军事基地。江西以洪州为中心,雄视南方。所谓"豫章雄镇,襟带江湖,干戈始宁,安人是切"②;"豫章重镇,荆扬奥区,五岭控其南,九江在其北,连帅所统,安危是系"③;"豫章水陆四通,山川特秀,南接五岭,北带九江,咽扼荆淮,翼蔽吴越"④,就是对其军事地理形势的写照。事实上,在封建时代,任何军事势力,要统治长江中下游地区或者进攻、控御岭南,必不能无视江西。《读史方舆纪要》卷八十四《江西二》云:"隋之亡也,群贼操师乞林士宏(弘)相继据豫章,萧铣恶其逼也,急取豫章以为东藩。唐李靖自荆楚而东,先略豫章,庾岭以北,刻期荡平矣。……议者以南昌为百粤上游,三楚重辅,岂虚语哉。"

以北方为统治核心的中原政权,因军事而借重江西的地理形势、交通路线,多半与岭南战事有关,而岭南军事势力要北上,也往往依赖江西交通。秦汉用兵南越而主要取道江西即北方南下是先例;梁末岭南陈霸先通过江西北上,最终在建康建立陈朝政权,则是南方北上的事实。隋唐时期,这种历史情形也曾经数度出现。隋高智慧为乱、王仲宣反就是典型的事例。据《隋书·裴矩传》载,开皇十年(590年),裴矩"奉诏巡抚南越,未行而高智慧、汪文进等相聚作乱,吴、越道闭,上难遣矩行。矩请速进,上许之。行至南康,得兵数千人,时俚帅王仲宣逼广州,遣其所部将周师举围东衡州。矩与大将军鹿愿赴之,贼立九栅,屯大庾岭,共为声援。矩进击破之,贼惧,释东衡州,据原长岭。又击破之,遂斩师举,进军自南海赴援广州。仲宣惧而溃散。"裴矩原计划南下巡抚岭南,因高智慧为乱,吴越道封闭而不能行,遂采取急进方式直攻入江西,至南康已得兵数千。南康为江西地区南进大庾岭的重要攻防点。南朝梁末陈霸先时以南康为据点,是以此时虽王仲宣进攻广州,其党周师举据东衡州,屯于大庾岭,裴矩仍从南康南进破贼,并收复广州。由此件事可以看出隋代通广州仍以江西的大庾

---

① 《读史方舆纪要》卷八十三《江西一》。
② 《全唐文》卷三六七贾至《授元载豫章防御使制》。
③ 《毗陵集》卷五《为张洪州谢上表》。
④ 《读史方舆纪要》卷八十四《江西二》。

岭路线为主。裴矩迅速进兵南康,意在防止岭南军顺赣水占据江西地区,进而危害到长江中下游地区。毕竟"南赣为南方藩屏,汀、漳、雄、韶诸山会焉,连州跨郡,林谷茂密,……岂徒扼闽岭之襟喉哉,抑且南昌之项背矣"[①]。

由于经济的发展和人口的增加,交通位置的重要,江西长期以来一直是唐政权重要的后方军事基地。如洪州是制造军工器械的重要地区,《册府元龟》卷一三五载,唐代宗大历七年(772年)诏:"扬、洪、宣等三州作坊,往以军兴,是资戎器。"抚州一直是朝廷军需材料之一——箭杆的主要供应地。《通典·食货典·赋税》"天下诸郡每年常贡"条:临川郡,贡"箭杆百万茎"。安史之乱平息以后,江西的军器制造地位虽然下降,但又成为政权士兵训练的重要基地,洪州的弩手名闻天下。《新唐书·李光甫传》载,元和初,高崇文征剑南刘闢受阻时,光甫献策云:"宣、洪、蕲、鄂强弩,号天下精兵,争险地兵家所长,请起其兵捣三峡之虚,则贼势必分,首尾不救。"《玉海》卷一五〇引张云《咸通解围录》云:咸通年间,"(西川节度使)崔安潜乞洪州弩手教蜀人用弩,选千人,号神机营"。因为江西地区一直相对稳定,又处南方内地,其军事实力并不是十分强大,但依然是维护唐皇朝统治秩序的重要力量。诸如:至德初年,永王璘发动的叛乱,最终折戟于江西;宝应年间,浙江袁晁等起义军所部,在江西陷于失败;建中间曹王皋帅江西屡破贼兵于黄蕲间;唐末黄巢军转战江西也屡遭重创,等等。

唐后期,皇朝对岭南的控制力严重减弱,江西控御岭南的作用越加突出。《宋高僧传·三刀法师传》载:大历七年(772年)十一月广州兵乱,叛兵攻占州城,广州吕大夫遂知会江西观察使兼洪州刺史路嗣恭,"牒吉州刺史刘宁征兵三千人,同收番禺"。咸通三年(862年),南诏兵乱,次年初攻陷交趾。江西先是出兵援救,不成后改为屯兵岭南。《资治通鉴》卷二五〇"唐懿宗咸通四年"条记:正月,南诏陷交趾,"荆南、江西、鄂岳、襄州将士四百余人"驰援,因战事不利,"诏诸道兵赴安南者悉召还,分保岭南西道"。其后,"南蛮寇左、右江,浸逼邕州",朝廷召以义武节度使康承训为岭南西道节度使,"发荆、襄、洪、鄂四道兵万人与之俱",七月,"时诸道兵援安南者屯聚岭南"。江西除了出兵外,还负责兵粮的运输。《唐会要》卷八十七《漕运》记咸通三年(笔者考证应为"四年")三月时:"南蛮陷交趾,征诸道兵赴岭南,诏湖南水运自湘江入溇渠,并江西水运,以馈行营诸军。湘、溇溯运,功役艰难。"由于唐军事力量不足,南诏乱事延

[①] 《读史方舆纪要》卷八十四《江西二》。

第一章
政治经营与军事斗争

宕未决,至咸通六年(865年),征略安南(今云南一带)的将士因大多数来自两河(今河南河北一带),不服水土,"涉氛瘴死者十七,战无力,蛮势盖张"①。宰相杨收奏请撤换北军,于洪州置镇南军,在江西招募强弩手三万调去驻防。镇南军于安南,位置近便,易于调度,而且又可以筹集到军粮,"泛舟饷南海"。懿宗批准了杨收的建议,实施效果是"蛮不能支",杨收获得嘉奖。唐廷设置镇南军的事实,再次表明了江西在长江以南尤其是岭南地区的控御、制衡的作用与地位,因而受到了唐皇朝的特别重视。

由南诏乱事也可以看出江西地区与岭南地区因交通而产生的密切关系,无论是用兵、运粮乃至最后设军屯驻,二地都往来密切,唇齿相依。这在唐末卢光稠、刘隐之争中表现得极为明显。《资治通鉴》卷二六三"唐昭宗天复二年(902年)"条:"是岁,虔州刺史卢光稠攻岭南,陷韶州,使其子延昌守之,进围潮州。清海刘隐发兵击走之,乘胜进攻韶州。隐弟陟以为延昌有虔州之援,未可遽取;隐不从,遂围韶州。会江涨,馈运不继。光稠自虔州引兵救之;……大破隐于城南,隐奔还。"韶州、虔州虽有大庾岭之隔,实则邻境相接,往来便利,可相互支援。据岭南广州者,对虔州、韶州常须加意防范,即因进犯军队常由此南下,观诸前述南朝陈、隋历史事实可证。

唐代江西对中央政权的意义,还在于通过江西的交通道路向朝廷提供丰厚的军国物资。饶州地接长江,境内有鄱阳湖,地当江西往鄂、襄水陆要路。当淮南有变,南方所产须藉长江中游运抵襄州,再循郢鄂水路或随蕲陆路北运到关中,饶州遂成为交通枢纽所在。在唐德宗发动削藩战争到泾原兵变被平定这段时间里,江西北上运输线对唐朝廷赖以生存的江淮物资供应起了极其重要的作用。《资治通鉴》卷二二九"唐德宗建中四年(783年)"条称:"时南方藩镇各闭境自守,惟(江南西道节度使)曹王(李)皋数遣使贡献。李希烈攻逼汴、郑,江淮路绝,朝贡皆自宣、饶、荆、襄趣武关。皋治邮驿、平道路,由是往来之使,通行无阻。"东南一带虽因淮西之乱,不能以汴渠接东都、关中,江西、荆湖一带仍可通,遂有"宣州南接饶州(昌江)后,藉彭蠡湖、长江西行通荆襄"的替代交通路线出现,将江南道贡物米粮北运。其中曹王李皋是开辟或者说是自安史之乱以来恢复使用这条运输线的功臣。李皋建中三年十月自湖南观察使转任江南西道节度使,驻洪州,可知这条路线是建中三年十月前后开通的。军阀混战与割

---

① 《新唐书》卷一八四《杨收传》。

反映晚唐军事斗争的"作战图"（敦煌壁画）

据的五代，江西地区仍是南北相连的主要道路之一，发挥了较大的作用。《资治通鉴》卷二六七"梁太祖开平三年（909年）九月"条胡注云："自福建入贡大梁，陆行当由衢、信取饶、池界渡江，取舒、庐、寿渡淮，而后入梁境。然自信、饶至庐、寿皆属杨氏，而朱、杨为世仇，不可得而假道，故航海入贡。"可见，江西被杨吴占领，致使闽与中原朝廷的陆上联系中断，只好依靠海路。钱氏吴越政权与中原王朝航海交通，首见于《吴越备史》卷一《武肃王》："（贞明四年）冬十二月，淮人围虔州，将绝我贡路，刺史卢光俦来告，王命征兵援之，未及境而虔州拔矣。航海入贡自此始也。"说明江西在吴越政权与北方陆上交通中处于重要的地位。

江西地理形势特色，由交通线的利用观察，在于其联系性强。交通路线使江西与其他地区紧密相关。江西的经济、军事活动，一般都不限于江西域内，而是与宣、歙或韶、广相连。前述的唐中后期的民变以及唐廷对岭南的军政活动就是典型的说明。另一方面，江西地理形势又具有相对的独立性。江西基本上是以赣、抚等五大水系为中心，其间的山脉构成各大水系之间天然的分水岭，形成以流域区分、各自相对独立的地理单元。同时各大水系又以鄱阳湖为联系中枢，通过水道把不同的地貌单元联系在一起，构成了江西全境不规则的环状组合的地貌格局。分布于江西境域周围的山脉，除了一些山隘关口外，呈相对封闭的地理形势。因此江西一地若能控浔阳之首与南康大庾之尾即庶几可固守，隋末唐初林士弘可为一例。林士弘据江西达六年（617—622年），固然与隋政权已崩溃、唐政权致力于扫荡北方而未全力对付南方有关，但林能久据江西,不受其他割据势力侵扰,与江西地区的地理形势、交通路线有关。林士弘之起,乃先据虔州、彭蠡湖二大中心,然后向内扩展,依序攻下临川、广陵、南康、宜春数郡,将江西全区纳为势力范围,"南洎番禺"是江西、岭南关系密切的又一例。在其扩张过程中,始终无外界势力挑战,与其控江西地区头尾二险相关。其后势力减削乃因其内部叛离,而非外界攻入。张善安叛后,林士弘仍保有南昌以南至岭南东部循、潮之地。这种相对封闭的地理形势,成为江西地区在一般的战乱之时还能维持稳定与发展、分裂割据之时还能相对独立的重要依据。这种情形在安史之乱后的天下形势中得到突出的体现。

第三节 唐末江西地方豪强政治

唐朝末年,受军阀混战割据以及受黄巢大起义的深刻影响,唐朝廷对原本作为政权最后依靠的江淮地域控制几乎丧失,江西地方统治权也因形势的演变,逐渐转移到了风云际会的地方豪强之手。江西地方豪强除了挥戈执盾进行攻城略地的军事争斗外,也比较积极地进行地方政治、经济的建设,基本保证了本区在唐末五代天下纷乱之际的相对稳定与发展。但又因其自身的缺陷,不能建立相对统一的割据政权。

一、地方豪强割据江西

"自唐失其政,天下乘时,黥髡盗贩,衮冕峨巍。"① 唐朝末年,江西地区也出现了地方豪强竞相割据的社会现象,对本区政治、军事、经济、文化造成了深刻的影响。

(一)钟传据洪州

钟传(? —906年),洪州高安县(今高安市)人,出身鄙下,以负贩为业,曾为州小校。当唐末农民起义的浪潮汹涌、封建王朝风雨飘摇时,江西陷入混乱,钟传乘虚而起。《新唐书·钟传传》载:高安民众"推(钟)传为长。乃鸠夷獠,依山

---

① 《新五代史》卷六十一《吴世家一》。

为壁,至万人,自称高安镇抚使"①。"鸠夷獠,依山为壁",表明钟传的基本队伍是本地民众,而且是官绅文人眼中落后的少数民族;依山为壁(指扎寨华林山),保护家乡,体现出这批人淳朴、本分的特性,只求免遭兵寇的杀掠,没有攻城略地的图谋。但随着势力的增强,钟传也产生了割州据县的政治军事要求,因此自称高安镇抚使,标榜为唐地方统治的维护者。乾符三年(876年),王仙芝部将柳彦璋(或作柳彦章)攻掠到洪州东南部的抚州,钟传遂以"勤王"名义由高安进军抚州,赶走了柳彦璋,向朝廷报捷,诏即拜抚州刺史。其实,唐廷对全国的统治已名存实亡,为求得治内的暂时平静,对各地纷起的武装力量,采取分任他们为当地刺史的政策。钟传入据抚州后,潜心积蓄力量。中和二年(882年),势力稍强的钟传即驱逐江西观察使高茂卿,进据洪州,自任洪州刺史。唐廷无可奈何,同时企图加以羁縻,即授他为江西团练使,不久拜镇南节度使,检校太保、中书令,赐爵颍川郡王,转徙南平郡王。至此,钟传成了江南西道的最高军政长官,据有大半个江西,成为晚唐南方的重要割据势力。

起于下层、以武力为手段起家的钟传,具有相当的政治才能。钟传为镇南节度使,没有历史背景和社会基础,缺少政治威望,不为人所看重,所以他对相关各州刺史采用恩威并用、尤重宽大的政策,以获得支持。《新五代史·钟传传》载:"是时,危全讽,韩德师等分据抚、吉诸州,传皆不能节度,以兵攻之,稍听命,独全讽不能下,乃自率兵围之。城中夜火起,诸将请急攻之,传言:'吾闻君子不迫人之危。'"攻战之际,竟说此话,似为迂腐,但细细推究,实为高招。钟传与危全讽皆出身草莽,无名分资历;现在居高临下,宽以待人,宣扬君子风度,是在同侪面前提高其主帅身份。又《新唐书·钟传传》载,当他领军平危全讽之叛而围抚州城时,"天火其城,士民谨惊,诸将请急攻之。传曰:'乘人之险,不可。'乃祝曰:'全讽罪,无害于民。'火即止"。危遂于次日率城而降,"并请以女妻传子匡时",由对手变成了盟友。此外,吉州先为韩德师所据,钟传令彭玕攻破,收吉州入钟氏势力,以彭玕为吉州刺史。袁州自乾宁年间起属钟传势力,钟传以匡时为袁州刺史。天祐时彭玕之弟彭彦章任袁州刺史。

钟传虽系商贩出身,却好学重士,十分注重教化。唐僖宗广明(880年)之后,社会秩序一片混乱,统治纲常摇摇欲坠,"州县不乡贡",文治教化全都顾不上。唯有钟传在洪州"岁荐士,行乡饮酒礼",主动资助应试者。陶岳《五代史补》

---

① 《新唐书》卷一九○《钟传传》。

第一章
政治经营与军事斗争

卷一"钟传重士"条说:"时江西士流有名第者,多因传荐,四远腾然,谓之曰英明。诸葛浩素有词学,尝为泗州馆驿巡官,仰传之风,因择其所行之事赫赫可称者十条,列于启事以投之,十启,凡五千字,皆文理典赡。传览之惊叹,谓宾佐曰:此启事每一字可以千钱酬之,遂以五千贯赠,仍辟在幕下,其激劝如此。"《新唐书·钟传传》称,因钟传奖掖士人,"故士不远千里走传府",如袁州人陈象、润州人汤赟、吉州人陈岳等,皆被钟氏罗致幕中。钟传还教训诸子"士处世尚智与谋",不能学他年轻时凭气力与猛虎搏斗,这是明智的经验总结。

钟传鉴于自己的实力与政治意图,除了曾遣其子钟匡时击湖南马殷、谋诛假道洪州入闽地的王潮外,以保守江西为重,以求在天下混乱的形势下得以维持长久。钟传在江西地区拥有比较雄厚的武力,又由于他的政治努力,甚得人心,由此稳定了他在江西大部地区的统治,淮南杨行密屡欲吞并,都因有所顾忌而罢①。

乾宁元年(894年)后,钟传感到来自杨行密的强大压力,遂向中原朱温表示归附,以寻求保护。光化元年(898年),钟传与两浙节度使钱镠、武昌节度使杜洪、淄青节度使王师范都遣使至朝廷,要求以朱温为都统讨伐杨行密,唐朝廷不许。钟传"居江西三十余年",累拜官爵,成为混乱时代专制一方的大员,却没有培植羽翼亲信,像杨行密、钱镠那样建筑起自家天下。天祐三年(906年),钟传去世,长子钟匡时继立,引起时为江州刺史的次子钟匡范(或说是钟传养子钟延规)的不满。匡范为一己私利,竟以江州投附杨吴。吴主杨渥即派兵攻下洪州,并大掠三日,俘匡时等五千人回扬州。钟氏的江西功业即告结束。

(二)危氏兄弟占抚州、信州

危全讽(?—909年),字上练,又字忠练,抚州南城县人。唐僖宗乾符元年(874年),黄巢农民起义爆发,江西各地农民群聚响应。危全讽与其弟危仔倡招募乡勇,组织武装,在南城城上修筑土城,保卫乡民。乾符四年(877年),江西起义军柳彦璋由江州南下攻打抚州。危全讽与危仔倡起兵,攻柳于象牙潭(今新建县市汊镇),斩其部将黄可思、李道谦,被授为讨捕将军。在败柳彦璋的过程中,危氏兄弟出力甚大,同时其力量也得到加强。乾符五年三月,崇仁(一说南

---

① 《新唐书》卷一八八《杨行密传》:时谋趋洪州,袁袭说行密:不可,"钟传新兴,兵附食多,未易图也"。

丰)朱从立、新城黄天撼乘黄巢起义军攻占江西之机,率领农民起义,在今南丰、黎川、崇仁、宜黄一带活动。危全讽奉令将其镇压。随后,危全讽又在南城都军修筑土城,设立军营,并派出游动哨,保卫南城全境(含今黎川、资溪县)。中和二年(882年)五月,钟传占据洪州,危全讽受其节制。危出于自己的利益考虑,伺机脱离。中和五年(885年),危全讽占据抚州,并令其弟仔倡东向据信州,公开与钟传决裂。唐僖宗将危氏兄弟皆命为刺史,以求得其对朝廷的认可与支持,并借以牵制洪州钟传。但危氏力量并不足以和钟传相对抗,为了生存与发展,前期危全讽兄弟东向接受吴越钱镠号令,并与吉州刺史彭玕、虔州刺史卢光稠友善。后来,危全讽在钟传军事压力下,谢罪而降,嫁女予钟传之子匡时,又重归钟传属下。

危全讽主政抚州,颇有治绩,在经济、文化方面取得了一定的成就,使抚州成为远近闻名的地区。中和五年(885年),危氏以地处连樊水边的抚州城地势低洼,易发生内涝,更不利于战守,遂将州治向东移至形势险峻的羊角山。又于中和七年开始了抚州历史上第一次修筑城墙的工程,历时三年才竣工。新建成的抚州城分内外两重,内为子城,周长1里225步(每步5市尺),设有3门;外为罗城,周长15里26步,设有8门,奠定了现代抚州城的基础。城内有大街两条,为农副产品的交流和商业服务提供了便利。张保和于大顺元年(890年)作《抚州罗城记》,盛赞抚州"贾货骈肩,豪华接袂"的繁华景象。

危全讽注重发展教育和宗教事业。天复二年(902年),危氏在抚州设立文庙,力兴儒学,设文学、助教职官,掌全州教育之职。在他的影响下,抚州"学富文清,取舍无误,既状周道,兼贯鲁风"①。宜黄棠阴人罗坚、罗信于天祐年间(904—907年)赠田创建了湖山书院和三湾书院,开抚州私人办学的先河。危氏笃信佛教,力倡佛学,网罗了一大批禅师来抚州传经讲佛,住持寺庙。曹洞宗师本寂在宜黄曹山寺开山说法,他多次参禅礼佛,并对其倡导的"五位君臣"法要深为悦服。当时,钟传数次请本寂去洪州弘法,本寂不为心动。危全讽入主抚州伊始,邀请本寂得意弟子匡仁禅师住持疏山寺弘扬曹洞佛法。《全唐文》卷九二〇澄玉《疏山白云禅院记》曰:"大顺元年(890年)我大师领徒而至,太守危公见而深加敬仰。"文偃禅师曾在疏山寺师事匡仁10年之久,后在韶州创立了云门宗。开平二年(908年),文益应危全讽之邀,担任临川崇寿院住持,创立了法眼宗,被

---

① 《全唐文》卷八一九刁尚能《唐南康太守汝南公新创抚州南城县罗城记》。

第一章
政治经营与军事斗争

誉为"汝水之灯"。文益广收门徒,光大法眼佛学,使崇寿院享誉天下。当时崇寿院方圆数里,海内外拜师求学的多达千余人,佛教国师德韶、慧炬都曾在崇寿院师事文益。由于抚州在短短数十年间培育出佛教禅宗几大流派,被称为"天下禅学的中心"。危氏还对今黎川福山寺施以山田,资助寺僧。在他的倡导下,黎川幽栖寺、崇仁龙济寺也相继创立。

此外,危全讽还注意招抚流亡,增加人口,扩大土地垦种面积。唐末五代正是北方地区战火连天、饿殍遍地之时,而抚州"既完且富",儒学的繁荣又引来大批北方士人竞相投奔,带动经济文化的发展。这个时期迁来抚州的大家族有:金溪陆氏,乐安董氏,宜黄乐氏,南丰吴氏,南城、临川黄氏等。大量人口的迁入和许多文人墨客到抚州游览所留下的墨宝和诗赋,为宋代抚州人才崛起创造了条件。

值钟匡时执掌洪州权力,危全讽图谋取而代之,自言:"听钟郎为节度使三年,吾将自为之。"①当钟匡时与钟匡范争权夺利而吴主杨渥趁机攻洪州时,危全讽曾率诸郡兵十万救援,然畏吴军强盛,不战而退。开平三年(909年),吴主杨隆演派老将周本攻入江西,危失败被俘,被押至广陵。因危氏曾援救过杨渥父杨行密,杨渥将其释放,让其闲居广陵,不久病逝,追封为南庭王,归葬于南城县新丰乡梅溪村界潭。黎川福山寺左侧建"危王寺",并铸其铁像,以香火祀之。危全讽失败后,信州刺史危仔倡弃城奔吴越。危氏割据事业至此而终历时27年。

(三)彭玕理吉州

彭玕(836—933年),字叔宝,吉州庐陵人,世居赤石洞,为地方酋豪。乾符五年(878年),黄巢义军进入江西,攻破虔州、吉州、饶州、信州等地,横扫了唐皇朝在江西境内的统治势力,也带来了江西地区的纷乱。为了保障乡里和割据地方,素有大志的彭玕与兄彭邺、弟彭珹"破家鬻产",聚乡里民众得五百余人,在赤石洞王岭山中"冶铁为兵,宰牛练楮为甲胄",并自为首领,建立偏裨,与约号令。不久,众至数千。吉州守宰不能禁,于是实行招抚,称彭玕"捕逐群盗有功",补其为吉州永新制置使②。当危全讽起兵抚州时,彭玕曾率众攻之。时钟传为镇南军节度使,名义上都督江西八州,但实际上无法控制,遂奏报唐僖宗,以

---

① 《新五代史》卷四十一《钟传传》。
② 《九国志》卷十一《彭玕传》。

危全讽为抚州刺史、彭玕为吉州刺史。

彭玕任吉州刺史时,颇有治绩。为加强统治中心的防守,彭玕修整吉州城。《庐陵县志》卷三载:"天祐元年,刺史彭玕广城池,周九里九十一步,东濒赣江,西、南、北浚濠,濠深三丈五尺,长一千四百七十一丈二尺。门五:南兴贤,西永丰,东迎恩、广丰,北嘉和。门有楼,城有戍台。"这在当时蔚为壮观。同时,彭玕"务农训兵,禁约赌博";有数兵卒行窃,"玕乃斩之于市,以令众庶"①,号称"军纪严肃,樵采不犯"②,颇得人心。不过,彭玕心胸较为狭隘。为报李某早年不请其饮宴的私怨,竟"尽诛其妻孥数十口";因手下十数位将领抱怨得到的利禄太薄,亦"尽杀之"③,这无疑影响了其势力的壮大。为了扩大生存空间,彭玕向袁州进攻。天祐三年(906年)十二月,"吉州彭玕、彭璋率兵围城"④,造成的破坏极大,致使袁州"兵革之后,井邑芜没"⑤,但对彭玕来说,则扩展了自己的势力范围和政治影响。在提高军事力量与整顿社会秩序的同时,彭玕大兴文教,奖励、网罗士人。彭玕少好学喜文,通《左氏春秋》。因此,在建立割据政权后,以此为争取士人的手段。《新唐书·钟传传》载,彭玕"尝募求《西京石经》,厚赐以金,扬州人至相语曰:'十金易一笔,百金偿一篇,况得士乎!'故士人多往依之"。《九国志》卷十一《彭玕传》称:彭玕"当兵荒之岁,所在饥馑,玕延接文士曾无虚日,治具勤厚,人多归之"。《十国春秋》卷九《杨彦伯传》载,新淦人杨彦伯,唐末童子科及第。还居乡里时,彭玕"厚遇之,累摄县邑"。

后梁开平三年(909年),彭玕参与由危全讽主持的抵抗杨吴吞并江西的联合军事行动,失败后,投奔马楚政权。从此彭氏势力进入湖南,影响久远。

(四)卢光稠、谭全播治虔州

割据赣南的是卢光稠、谭全播。卢、谭为虔州南康人。卢少年时就天资聪颖,喜爱骑马射箭,常用藤条、利器与坚甲操练武艺。长大后身材高大魁伟,膂力过人。他博览典籍,细察民情,智勇兼备,甚得乡人好评;谭则善谋,勇敢而有胆识。两人相知甚深,常在一起纵论天下风云,抒发鸿鹄之志。值唐末黄巢大起义瓦解唐政权之际,卢、谭二人商量起兵,图谋大业。谭说:"天下汹汹,此真吾

---

① 《江南野史》卷六《彭玕》。
② 《九国志》卷十一《彭玕传》。
③ 《江南野史》卷六《彭玕》。
④ 正德《袁州府志》卷六《职官·李游·冷约》。
⑤ 《稽神录》卷四《宜春人》。

第一章
政治经营与军事斗争

等之时,无徒守此贫贱为也!"①经过一段时间的紧张准备,卢光稠于唐僖宗光启元年(885年)一月在南康县石溪都起兵。卢自任首领,以谭全播为谋士(副首领)。起义部队在卢的率领下,纵横驰骋,连战皆捷,军威大震,当月即占据了虔州,并宣告自任刺史,实行武装割据,担负起保卫、巩固、治理、开发虔州的重任。

卢光稠刺虔州,不失时机地制定明确的战略目标,有计划地实行七项重大措施②。第一,实行兵民合一的军事制度,积极发动虔州农民参军,壮大战斗队伍,并对他们进行严格的编伍训练,统领他们保家卫乡,剪凶除奸,同时确保军事上割据一隅。第二,实行轻租薄赋政策,有组织地安排解危救难,济贫恤孤,使黎民各得其所。第三,廉行公务,勤政为民,广聚贤才,礼以接士。第四,针对虔州因连年动乱,农田严重失耕,乡村四处凋敝的情况,卢光稠迅速推出政令,强调以农为本,州府鼓励垦殖,奖掖农渔,要求农民恢复田园,改进耕作,兴修塘堰,抗涝防旱,多播五谷,遍植桑麻。第五,卢光稠发布文告,支持市井作坊及商贾,活跃工商,繁荣商埠。著名的"赣州窑瓷"业,在州府的扶助下,有长足的发展。第六,修筑虔州城。卢光稠"斥广其东西南三隅,凿址为隍,三面阻水",把虔州城区扩建到三平方公里左右。在扩大虔州城区的同时,还把原来的阳街、横街扩为六街。从而使虔州城不仅有军事功能,经济功能也相当突出。第七,妥善接纳由中原南来避难迁至虔州落脚的大批移民。卢光稠为了减轻离乡背井的难民的痛苦,命令当地兵民,对于愿意在本地定居的来客,要热情协助他们寻找适宜之地定居;对于还要继续向闽西粤北播迁的客户,则向他们提供各种方便。在卢光稠主政虔州的20余年中,从中原迁来的难民,在虔州得到当地兵民关照者不计其数。当时,在虔州一带的山岭地区,还居住着有一定人数的"蛮僚"、苗、瑶等少数民族。卢光稠以仁爱之心,令所有汉民及少数民族均须融洽相处,不得互相侵害。这对本地社会的长期安宁,尤其是对于赣南接纳更多南来的中原避难流民有重要意义。卢光稠在虔州的政务,深得广大兵民的拥护和支持。在其统治时期,虔州的农业、手工业、交通业有了较大的进步。南康的锡矿、于都的金矿、安远的铁锡矿及大余的铅锡矿均已开采,而且规模越来越大,

---

① 《新五代史》卷四十一《卢光稠传》《谭全播传》。光绪《江西通志》卷八十二"太傅书院"条记卢为上犹县西北门村人。

② 关于卢光稠施政"七大措施"的叙述,参考姜华耀《卢光稠与赣南》一文,该文见《赣南客家网》:http://gz.jxcn.cn/kjgn/。

赣南卢光稠纪念馆

需要由矿场设县,如上犹、瑞金、石城、龙南等均为此种情况。从寿量寺高达六米的观间铁佛及多项庞大的扩城建筑工程,可以看到当时虔州各业的技术水平及虔州的总体经济实力。虔州城也由一座原来只是防御来犯之敌及预防洪涝的小城池逐步变成了江南一座繁荣的工商重镇,出现了虔州历史上第一个繁荣时期。就此而言,卢光稠对于赣南在纷乱唐末五代保持稳定和发展,作出了较大的贡献。

作为一个有作为的割据者,卢光稠并不满足于保守虔州一地。天复二年(902年),63岁的卢光稠亲率领部队攻占韶州,并委派长子卢延昌据关驻守、长兄卢光睦率部队进攻潮州。在谭全播的鼎力支持下,卢光睦攻占了潮州。不过,其后不久,韶、潮二州即被岭南刘岩攻取,卢光稠仍保守虔州。天祐四年(907年),岭南割据政权的首领刘隐,派其弟刘岩以数万兵力攻打虔州。卢光稠倾全力击退了刘军,总算把虔州保住了。在群雄争霸的时代,虔州为周围列强所虎视,新兴的杨吴政权更是不时地骚扰虔州。卢光稠审时度势,派员赴开封禀奏后梁太祖朱温,表示愿通道路、输贡赋,臣属于后梁朝廷。卢氏企图借后梁的政治影响与军事实力,牵制吴的军事进攻。而后梁本自衰败,势力不过江南,亦欲趁此影响南方。后梁太祖遂于虔州设百胜军,授卢光稠为防御使兼五岭开通使,辖虔、韶二州以及吉州南边诸县。又建镇南军,以卢光稠为留后,并加封其为"舟汝王"及太保太傅。后梁乾化元年(911年)五月,卢病逝于虔州任所,享年71岁。后梁太祖得报,即追封卢光稠为"忠惠广利王",并下谕,以1860余贯钱,在虔州宪台之西建"卢光稠之祠",在祠中陈列卢光稠遗物。

唐末江西地方乘势而起的豪强众多,超过了以往各代,除了上述所举的割州据县成为一方诸侯的豪强之外,还有不少结寨保境而没有官爵名号的地方豪强。如乐安严陀寨,即是乡民团聚自保的典型。据雍正《江西通志》卷一六二载,在"大盗蜂起"的唐末,乐安民朱纶、朱绘兄弟率众结寨于严陀山,"固以土墙,上筑崇楼,令妇女处其中,而廛市屯店环绕于外,七千余户相依,盗不得逞"。全寨乡民接受朱纶、朱绘兄弟督率,"输苗米、酒税、曲脚钱,纳于抚州"。他

第一章
政治经营与军事斗争

们严防盗寇,与官府妥协,"安居无恙"至北宋统一以后而自然解体。这些地方豪强尽管也活跃,但对唐末的江西地方社会与南方政治军事影响比较有限。

二、地方豪强政治特色

"唐立国于西北而植根于东南。"①中唐以后,包括江西在内的江淮地区已成为唐之经济命脉与政权稳定基础之所在。历史上,经济发达之地("基本经济区")在特定时期往往成为割据地域或割据者竞相争夺的地域。有唐一代,江淮及江南一带在经济上可以自足,在地理上与中原之间隔有淮河秦岭一线的天然分界,距统治中心关中地区更是山高水远。因此,不乏有人图谋独占这一富庶之地。安史之乱起时,永王李璘即做过割据东南的努力;唐宪宗时,镇海军节度使李锜图谋割据江左。这些反叛者没有得到他们所期望的响应而失败,除了经济发达地区一般都有较强的要求社会稳定的心理外,还在于当时唐政权对抚定全国的反叛藩镇能力虽有不足,却还是能勉强维持大一统的军政形势。同时,唐统治者从历史与现实的经验教训中清醒地认识到:江淮地域存在割据可能,故对东南诸镇一贯实行严格控制政策。

唐皇朝在东南地区设置有军政特权的节度使较晚,而且中央严格控制藩帅任命权,频繁更换主帅,据统计其平均任期一般不超过三年,有效防止了藩帅在所辖地区内培植势力,避免河朔割据政局的出现②。同时,唐廷严格限制当地兵力,安史之乱时为形势所迫,虽不得不增加军备,但局势稍定,立即裁减。就藩镇内部来看,由朝廷任命的东南节度使大都为客帅,他们与朝廷之间相互依靠、相互利用。上任后往往以聚敛为务,以江淮财赋博取朝廷欢心,换得更多权力。大多数东南藩帅在离任后都在朝廷取得了高位,甚至位至宰相。另外,当地社会也缺乏拥护藩镇割据的社会基础。由于上述原因,中唐以后当皇朝在全国的统治权威急剧下降时,东南诸镇仍保持着对朝廷的"忠诚",所谓"每岁赋税倚办,止于浙江东西、宣歙、淮南、江西、鄂岳、福建、湖南八道四十九州,一百四十四万户"③,诚如王夫之所说:"而唐终不倾者,东南为之根本也。"④长期以来,江西和其他南方州郡一样,成为唐中央政权稳定的基础。

---

① 《读通鉴论》卷二十六"唐宣宗九"。
② 张国刚:《唐代藩镇研究》,湖南教育出版社1987年版,第100页。
③ 《资治通鉴》卷二三七"唐宪宗元和二年"条。
④ 《读通鉴论》卷二十六"唐宣宗九"。

然而,"天下尽分裂于方镇"①,安史之乱以来,唐朝中央政权与藩镇间、藩镇与藩镇间矛盾重重。至唐末这种矛盾达到白热化,最终造成了南方各种地方势力的崛起。一方面,关中因军阀混战和农民起义而混乱不堪,唐僖宗已经龟缩在川西时,皇朝对于江南鞭长莫及,既不能有效地镇压当地的农民起义,保卫地主豪强的利益,又对擅自起兵者无力控制与镇压。江淮地域的藩镇中,不但高骈、时溥、刘宏汉之间相互攘夺不已,甚至刘宏汉同杭州的董昌、钱镠之间也发生了兼并战争。他们根本无暇过问这些多若牛毛的地方势力。另一方面,当黄巢大军南北纵横之时,唐廷力量空虚,不得不下诏征兵抵抗起义军,南方地方官吏募集地方武装以自保,一些地方豪强以此为名,纷纷起兵,并由此夺得乡里乃至州郡控制权。简言之,地方上的一些地主豪强就在阶级矛盾冲突、统治者内部斗争的空隙中,利用某些地区的真空状况,乘机起兵武装割据。这些地主武装中,有的是以叛乱的姿态割地自雄,有的则迫使唐王朝授以官职,取得了合法的地位。但在性质上,他们大体都是藩镇割据的一种变态。随着唐政权的土崩瓦解,北方陷入混乱,南方也形成了军阀割据的局面,不过这些军阀有很多是由地方上的地方豪强成长而成的。六朝以来的士族政治,到唐后期加剧衰落,代之而起的又是地方豪强政治。正是在上述因素的综合作用下,唐末地方豪强纷纷崛起并寻求政治、军事权力。北宋欧阳修《丰乐亭记》所称"自唐失其政,海内分裂,豪杰并起而争,所在为敌国者,何可胜数",就是这一现实的写照。

江西地方豪强的兴起主要是基于上述背景,当然也有具体的原因:其一,唐末黄巢农民军在江西境内纵横扫荡,极大地动摇了唐政权在本区的统治地位。其二,唐末中原混乱,经济遭到极大的破坏,相对富庶的江西成为各种军事势力垂涎的对象,无论是黄巢义军,还是军阀豪强,都有意掠夺江西。如唐广明中(880年)寿州人王绪率兵五千渡过长江,剽掠江、洪、虔州,最后至福建;唐中和年间(881—885年),孙儒与杨行密争江淮败死,其裨将马殷无所归,遂领兵数万转攻豫章,掳掠虔、吉二州后,才转入湖南。这迫使江西地方豪强为了在乱世中维护自身的利益,不得不武装保护自己。其三,江西建立地方政权的经济基础比较雄厚。唐中后期以来,江西独立的经济区域已逐渐形成,唐末在全国混乱的形势下,除了因黄巢等北方武装力量经过发生的战争,江西全境相对安

---

① 《廿二史札记》卷二十《唐节度使之祸》。

第一章
政治经营与军事斗争

宁,经济持续快速发展。拥有比较雄厚的地域经济基础是江西豪强纷纷崛起的根本原因。其四,长期以来,江西地方士族势力比较弱小,地方豪强在地方社会中占据主导地位。综合上述原因,江西地方豪强活跃一时,纷纷建立自己的势力范围,分割本区的统治权力。

唐末的江西地方豪杰显现出较高的政治、军事才干。上述钟、危、彭、卢等,为了求生存、图发展而施政,为时虽然不算长,但政绩尚可称道:保境安民、发展经济、振兴文教。他们满足于本地的治理权威,少有拓展地盘割据一方的强烈欲望;他们能够让农户照常农桑生产,征收赋税也不过分刻剥;他们好文重士,招贤纳能,吸引四方宾客,也有了招徕人口,补充社会劳动力的客观效益。于是经济上有了全面开发的实力,促进了生产发达,后劲强盛;文化上注入了新鲜的血液导致了日后的昌明。总之,他们使江西地区在唐末五代初中国社会大动乱之际仍然维持唐中期以来"既完且富,行者如归"的优势,全面奠定了南唐社会稳定发展的基础,乃至为江西地区在宋代经济文化繁荣铺平了道路。

江西境域本不广阔,又是一个相对封闭的地域,经济力量又在隋唐以来得到相当大的增强,却不能在唐末混乱时期建立一个统一的割据政权。从地理形势而言,相对封闭的江西境内丘陵山地遍布、河流纵横、地形复杂,在短时期内易成为各自独立的小区域,而不易形成统一的割据势力。从统一力量而言,江西地区经六朝隋唐特别是唐中后期的发展,境内各州的经济力量普遍增强,并趋于均衡。在唐末期由于各区域地主豪强的崛起已呈分裂状态,各区域之间的力量都相对平衡,谁也没有绝对的优势,难以武力实现统一。江西地区以钟传势力最大,同时并存有危全讽、卢光稠。钟传一度兼有江、洪、吉、袁、抚数州,并企图统一全区。卢光稠却因钟传占洪州,向后梁朱温政权表示"愿收复使府,立功自效"①。杨吴趁钟传死后子匡时、匡范不和攻江西,灭钟匡时,危全讽联合袁、吉、信三州合力攻杨吴所据之洪州,事败未成。更为重要的原因是,江西民众相对封闭、保守,也反映在各豪杰之间合作、协作能力低。如洪州钟传、抚州危全讽、吉州彭玕等相互策应,曾控制了大半个江西,但根本上他们之间是各自为政,以致最终被杨吴政权各个击破。另外,由唐末江西地方势力的发展来看,其势力扩展以内部优先,向外扩展居次,这是江西豪强保守性的典型反映。唯一例外为卢光稠势力,曾由虔州扩展至韶州,但最终事无所成。以上这些应

---

① 《旧五代史》卷六《梁太祖纪》。

是江西很难成为独立的割据力量而最终被境外势力所兼并的基本原因。

顺便指出,唐末江西豪强与南朝末期江西豪强有相似的地方,两者都是趁天下大乱之际而风云际会,影响一时。但唐末江西豪强已开始自己建立权力机构,表现出更大的力量与独立自主性。这从另一侧面说明江西地区的社会经济比南朝时期有了质的飞跃。

第四节
杨吴南唐江西的政治与军事

五代十国时期,割据江淮的杨吴、南唐政权通过军事、政治手段实现了对江西地区的全面统治,并把江西作为其政权生存与发展的重要基础,对江西的历史进程产生了深刻的影响。

一、杨吴攻略江西

唐末,庐江刺史杨行密逐渐扩充实力,消灭了军阀秦宗权、毕师铎、孙儒等部,尽取江东、淮南诸州。雄心勃勃的杨行密欲进一步扩疆拓土以张大势力,然此时江南地区已被各色军阀所割据。在杨吴政权的周边,只有西南面江西境的统治力量较为薄弱。这一地区面积与吴已经取得的土地相仿,且经济比较发达,同时它又是杨吴向南、向西进一步扩展的关键所在,江西遂成为杨吴政权掠取的目标。与此同时,楚、吴越二政权也展开了对江西的争夺。

天复二年(902年),唐朝廷封杨行密为吴王(吴初治扬州,917年移治金陵)。不久,杨行密攻得鄂州,对洪州形成了三面包围之势,进攻计划未及施行,他即病逝,由长子杨渥嗣立。杨渥继承行密的军政方略,继续向西谋求扩展疆土的战争,锋芒直逼江西地区。当时的江西,名义上有原唐镇南节度使钟传镇守洪州,实际上所辖各州刺史独霸一方,并不听从钟氏调遣。危全讽据抚州、彭玕据吉州、彭彦章据袁州、危仔倡据信州、唐宝据饶州,另有卢光稠、谭全播据虔州、韶州。唐天祐三年(906年)四月,钟传死,子钟匡时继位,江州刺史钟匡范(或曰钟延规)不服,遣使降吴,江西地区势力最大的洪州钟氏政权随即陷入了内乱。五月,杨渥即以升州刺史秦裴为西南行营都招讨使,将兵攻围洪州,洪州城坚守,三月不下。秦裴计诱守将刘楚出城作战,九月,终于陷城,饶州刺史唐

第一章
政治经营与军事斗争

宝闻讯请降。在大掠洪州三日之后,秦裴俘钟匡时等五千人至扬州。杨渥亲自兼任镇南节度使以统御洪州,以秦裴为洪州制置使,领兵据守。洪州钟氏政权破灭,使江西其他州政权感到恐慌。吉州刺史彭玕向楚马殷求保护。天祐四年(907年)马楚为自保及染指江西,乘对刘存、陈知新之战的胜利,进攻洪州,但未能得逞。

当杨吴攻打洪州钟氏政权时,危全讽坐镇抚州,危仔倡则把守抚州东北的信州。自从杨吴灭洪州钟传以后,兵锋直指洪州南面的危全讽和西面的马殷。后梁开平元年(907年)十二月,吴国军队进攻信州,揭开了信州之役的序幕。信州正处在吴越国衢州的西南面,危仔倡遂向吴越求援。吴越王钱镠遣师赴援,次年五月,吴越军队进攻衢州西部的甘露镇,以牵制淮南之兵力。

当时整个南中国的形势是,后梁朱全忠与南方的各个弱小政权如吴越钱镠、湖南马殷、荆南高季昌、江西危全讽为一方,而河东李氏、淮南杨氏、四川王氏为另一方,进行兼并争霸战争。其中,杨氏政权从北、西、南三个方向进行扩张,用兵的重点是争夺对长江中游的控制权。因为一旦占有地势险要的长江中游,切断朱全忠与南方各个藩国的联系通道,就可以北上逐鹿中原,南下囊括东南。因此,杨行密及其后继者对于长江中游的争夺不遗余力,全力进击。唐天祐二年(905年)二月,灭杜洪,占有鄂州。次年占有岳州后,又趁江西钟传去世,诸子争位之机出兵占领洪州、江州和饶州,接着就与马殷展开了对长江中游的争夺。长江中游的军政形势比较复杂,马殷与高季昌联兵共同抵御杨吴,而盘踞朗州的雷彦恭地处马、高之间,受到马、高的两面夹击,在争夺中便投向了杨氏一方。后梁开平元年(907年)夏,杨吴三万水军在浏阳口一战被马殷击败,马殷乘胜占领了长江中游的军事重镇岳州。十月,马殷攻克朗州,雷彦恭逃奔淮南。马殷虽然顶住了杨吴的军事压力,但在当年六月对洪州的进攻和次年五月对鄂州的进攻都遭到了失败。可见,双方在长江中游是互有攻守,无论是攻是守,杨吴都不得不把大批军队放在那里。这势必极大影响到它攻击信州的能力。当时杨吴攻击信州去的可能是一支偏师,实力并不太强。因此这一阶段略取信州的行动遂有其名而无其实。

后梁开平三年(909年)五月,吴国权臣徐温杀国主杨渥,立其弟杨隆演,开始专揽朝政。徐温在巩固了执政地位后,乘与马殷在长江中游的争夺趋于平静之机,开始把战略重心转向江西战场。六月,抚州刺史危全讽欲攻洪州,袁州彭彦章、吉州彭玕、信州危仔倡皆起兵响应。危率抚、袁、吉、信四州之众,号称十

溪州铜柱

万,向洪州逼进。当时洪州守兵才数千,守将刘威大敌当前镇定自若,一面火速遣人赴扬州告急,一面佯作整日宴饮,以疑兵滞敌。全讽误以为城中有备,观望不敢进,屯兵洪州附近象牙潭(今新建县西南市汊镇),同时向楚王马殷请求援兵。马殷遣苑玫会同袁州刺史彭彦章包围高安以增援危全讽。徐温知洪州告急,以吴主杨隆演的名义任用有勇有谋的老将周本为西南面行营招讨应援使,让他领兵七千,救援高安。周本分析形势,认为楚军只是声援危全讽,并非要攻取高安,一旦击败危全讽,高安之围必解,因此他率军绕过楚援军,疾趋象牙潭,强击危全讽。危在象牙潭临溪营建栅栏,连绵数十里。周本利用当地河网纵横的地形,隔河布阵,使羸弱诱敌,危全讽中计,涉水追击。周本乘其至河中央,突然纵兵猛击,全讽兵大溃,自相踩践,溺死者无数。周本又分兵断其归路,大获全胜,俘获危全讽等五千人。象牙潭之役是江西地方势力联合自保、企图以攻为守的一次努力,却以大败而告终,表明江西已难以抵挡杨吴的攻势。象牙潭之役后,周本率领吴军乘胜攻击袁州、吉州,俘获彭彦章以归,随后彭被杨吴署为百胜军使。吴歙州刺史陶雅令其子陶敬昭攻打饶州、信州,唐宝闻风弃城而逃,危仔倡被迫降吴,吴军取饶州、信州。此次钱镠没有出兵,可能是周本进军速度太快,钱氏来不及作出反应。危仔倡随后东奔钱塘,归附吴主钱镠。

杨吴抚定江西北部,极大地雄厚了西进与马楚争夺的基础。后梁乾化二年(912年),吴军进攻楚岳州(今湖南岳阳),楚王马殷派水军驰援。吴即命抚、江、袁、吉、信五州兵屯驻吉州,牵制楚军队。马楚政权虽对杨吴政权以守为主,但也不时骚扰杨吴边境,与其接邻的江西袁州成为其活动的主要区域。如乾化四

第一章
政治经营与军事斗争

年(914年),吴袁州刺史刘崇景叛附楚;贞明四年(917年),楚人东侵,进攻上高。

洪州被杨渥攻取后,彭玕势孤无援,乃与潭州(今长沙)楚政权马殷通好,以为后援。在马楚的支持下,彭玕虽曾一度进攻江州,但被吴将周本战败,被迫退走。又遣兄弟于新淦县北二十里的凤冈建寨拒守,以阻洪州方面的杨吴进攻,得到玉笥山道士刘守真等的支援。相持数年,拒战失利,弃寨而还,从吉州退保禾川(今永新)。后梁开平元年(907年)禾川失守后,彭玕又携百姓户口数千家西去郴州、衡州。马殷以彭玕为郴州刺史,并"为子希范妻其女"①。其弟彭瑊被授辰州刺史。约十年后彭死,事终。彭瑊之子彭士愁继为溪州刺史,与当地土家族相处融洽。士愁子师嵩继为首领,治理当地,受到马氏的器重。马希范在所立"溪州铜柱"铭文中说:"溪州彭士愁,世传郡印,家总州兵,布惠立威,识恩知劝,故能历三四代,长十万夫。"②事实上,彭氏与当地少数民族已融为一体,从910年起,历马、楚、宋、元、明迄于清初,保持817年统治,直到改土归流才告结束。显然,彭玕诸人的入湘,对湖南社会发展造成了深远的影响。

吉州庐陵人刘言,随彭玕退往湖南后,曾任辰州(今湖南沅陵)刺史,与当地少数民族相处数十年,双方关系密切。马殷死后,儿子争立,南唐乘机出兵,灭了楚政权。但是湖南军民不堪南唐驻军的苛刻搜括,酝酿反抗。刘言以"骁勇、得蛮夷心"出名被拥戴为武平军(驻朗州,今湖南常德)留后。广顺二年(952年)九月,刘言以王逵、周行逢等十人为指挥使,将兵进攻长沙。十月,长沙南唐守将边镐弃城走,死者万余人,在湖南诸州的唐军守将,闻长沙陷,相继逃遁,刘言尽复马氏岭北故地。十二月,刘言向后周上表声称:"潭州残破,乞移使府治朗州,且请贡献、卖茶,悉如马氏故事。"③后周世宗允许,于广顺三年正月命刘言为武平节度使,制置武安(驻长沙)、静江(驻桂林)等军事,同平章事。当年六月,刘言因与王逵、周行逢在军政利益上矛盾激化,被王逵等人囚禁,两月后被杀害。

吴消灭危全讽势力攻下抚州后,江西地区的抵抗势力就只剩下虔州的谭全播了。早在后梁开平三年(909年),吴军攻下吉州后,进抵虔州界。据有赣南州县的卢光稠、谭全播在震惊之际,采取依违于两边的应付政策,在向吴主杨

---

① 《资治通鉴》卷二六七"后梁开平三年六月"条。
② 转引自陶懋炳:《五代史略》,人民出版社1985年版,第171页。
③ 《资治通鉴》卷二九一"后周广顺二年十二月"条。

隆演表示归顺的同时,也向后梁朱全忠称臣效忠,互通款曲。后梁开平四年(910年)十二月,卢光稠病卒,谭全播拥立其子韶州刺史卢延昌袭位。延昌接受杨吴敕令,任虔州刺史,同时又通过马殷向梁表示:称臣于吴不过缓兵之计。后梁即命延昌为镇南军留后。延昌好游猎、少谋略,约一年后,为部将黎球所谋杀。谭全播从此畏祸而避于家,称疾谢客。黎球暴死,牙将李彦图自立。岭南的刘䶮趁江西内乱,出兵占领韶州。乾化二年(912年)十二月,李彦图去世,州人拥立谭全播。谭主政后,公开放弃依违于杨吴的政策,遣使请命于梁,梁即以谭为百胜军的防御使。谭又着手加固虔州城墙,扩充东、南、西三方的城区范围,增强了防御能力。史称"全播治虔州七年,有善政"[①]。

杨吴鉴于虔州难以强力攻取,遂采纳谋臣严可求之计,于虔州附近新淦县置制置使,遣兵屯戍,每更番戍兵一次,即增兵一次,作加紧进行攻打虔州的战备,而谭全播未加察觉。后梁贞明四年(918年)正月,徐温以吴王名义以右都押牙王祺为虔州行营都指挥使,集洪、抚、袁、吉等州的江西之兵进攻谭全播。吴军至万安,重金雇募当地篙师操驾,顺利驶过险恶之水十八滩,偷偷抵达虔州城下,并迅速将虔州城包围。然而,虔州城防坚固,谭全播凭险固守,吴军攻之数月不下。七月,吴军中流行疫病,统帅王祺病卒,军队几乎丧失战斗力。吴主以镇南节度使刘信为虔州行营招讨使,督军攻城。谭全播一面拒守,一面向吴越、楚、闽、南汉求援。吴越王钱镠以统军使钱传球为西南行营应援使,立即出兵二万攻信州,楚王马殷亦遣其将张可求率军万人进屯虔州西南的古亭、闽屯兵虔州附近的雩都,对吴国军队三面牵制,以解虔州之危。钱传球的对手是九年前击败危全讽之后一直留守信州的淮南名将周本。吴在信州驻兵才数百人,出战失利被围,刺史周本巧施空城疑兵之计,召集僚佐登上城楼,照常谈笑、宴乐以迷惑敌方,任凭飞矢雨集,仍安坐不动。吴越军恐有埋伏,不敢贸进,半夜解围而去。信州距扬州路途遥远,吴援兵一时难以赶到。吴主是以前舒州刺史陈璋为东南面应援招讨使,出兵攻吴越苏州、湖州,以牵制吴越救虔州的兵力。钱传球果然撤军南屯汀州。吴军统帅刘信采取打近惊远的策略,派张宣祖将兵三千乘夜击破楚援军,败张可求于古亭。又遣梁诠等攻吴越、闽兵。闽及吴越闻楚军败,未与吴交战即退走。此时期吴军全力攻虔州城,然城三面阻水,又长期修治,坚固异常。城内守军虽已饥羸难当,又失去外援,但防御能力仍然十

[①] 《新五代史》卷四十一《卢光稠传》《谭全播传》。

第一章
政治经营与军事斗争

分顽强。刘信昼夜急攻,九月仍挫兵于坚城之下,遂改用招抚政策,欲"取赂纳质而还"。执政徐温闻之大怒,厉责刘信使者,曰:"信以十倍之众,攻一城不下,而反用说客降之,何以威敌国?"①并遣刘信之子刘英彦率亲兵三千人前往助攻。吴兵退而复返,谭全播不知。十一月,刘信乘对手松懈之际,重兵再次攻城,虔州兵溃散。谭率余部退至雩都,刘信俘其而还。从此,江西诸州全部归于吴国。

在五代十国南方各政权的争夺中,处于长江中下游核心地区的江西居于重要的战略地位,各方都极力争取之,对盘踞江西的各种势力极其关注。然江西境内各势力力量弱小,且相互争斗,尽管他们在内政外交上也不乏努力以求生存,却难以形成独立的割据力量,也难逃被外来力量征服的命运。不过,江西某些地方豪强在杨吴及随后的南唐时期依然保存有一定的实力。如《五代史补》卷四《廖氏世胄》载,南唐占领江西后,任命钟章为虔州刺史,钟有意覆灭强横的赣县廖氏家族,廖氏决定避害而远走湖南。廖偃"领其族暨部等三千余具铠仗,号令而后行,章不敢逐"。这些地方豪强尽管不能如唐末的钟传、危全讽、卢光稠等人那样风云际会,但对江西地方社会与杨吴南唐政治还是产生了相当的影响。

自杨行密创业,至其子杨渥,吴的辖区有扬、楚、泗、滁、和、光、蕲、黄、舒、庐、濠、寿、泰、海、常、润、升、宣、池、歙、鄂、饶、信、江、洪、抚、袁、吉、虔、筠等30州,淮南、宁国、武昌、镇南、忠正5节度使。由此可见,江西地区成为杨吴政权的重要组成部分。杨吴占领江西后,设立了比较完整的行政机构进行有效统治。

二、江西与南唐攻闽击楚

吴自杨行密死后,诸子多政治庸人,王权日渐旁落。吴末年,杨渥继位,昏暴好杀。时杨氏旧将或诛或死或贬,存者寥寥,唯有徐温、张颢等居权于中。徐温原为杨行密部将,早有篡夺杨氏政权的阴谋,一直伺机而动。天祐五年(后梁开平二年,908年),张颢杀杨渥,恐吴臣不服,欲举全吴之地降后梁,以求庇护。徐温利用群情激奋,趁机杀竞争对手张颢,拥戴行密次子杨渭(隆演)继位,自己专掌朝政大权。天祐十六年(后梁贞明五年,919年),徐温又拥立杨隆演为大吴国王,改元武义,置百官、宗庙、社稷、宫殿、文武,皆用天子礼。二年后杨隆演病卒,徐温又立杨行密第四子溥。徐温执掌朝政时,其养子徐知诰广

---

① 《新五代史》卷六十一《吴世家·徐温》。

泛笼络朝野名流。据《钓矶立谈》与《新五代史·南唐世家》载,知诰"接御史大夫,曲加礼敬,躬履素朴,去浮靡,而又宽刑勤礼,孜孜不倦";"宽刑法,推恩信,起延宾亭以待四方之士,引宋齐丘、骆知祥、王令谋等为谋客"谋夺皇位。同时,以吴王的名义免除天祐十三年(后梁贞明二年,916年)前百姓所欠赋税,其余欠税待农业丰收后再行缴纳,赢得了百姓的广泛悦服。后唐天成二年(927年),徐温劝杨溥即皇帝位,事未成徐温病卒。十一月,杨溥称帝,改年号为乾贞,以徐知诰为太尉兼侍中,继续专政。后唐清泰二年(935年),徐知诰进位太师、天下兵马大元帅,封齐王。后晋天福二年(937年)十月,徐知诰取代杨溥,自立为帝,改元昇元,以金陵为都。第二年,徐知诰复姓李,更名为昇,自称唐宪宗子建王李恪的四世孙,改国号为唐,史称南唐。南唐疆域承杨吴而来,"东暨衢、婺,南及五岭,西至湖湘,北据长淮,凡三十余州,广袤数千里,尽为其所有,近代僭窃之地,最为强盛"①。江西各州县又成为南唐的势力范围。

李昇掌权以来,在列国相争的环境下,注重发展经济,长期奉行"保境息民"的政策。《钓矶立谈》云:李昇"大受禅年,两江士寓,比诸侯最广,兵力雄威,气可以吞噬。谋臣杰将,方有建立功名之意"。陆游《南唐书》卷七载,避乱南渡的齐鲁士人史虚白屡劝李昇:"中原方横流,独江淮丰阜,兵食俱足,当长驱以定大业,毋失事机。"但李昇以保守为重,不作理会。淮南政权对外方采取防御为主的政策,以稳定外部大局。天福二年(937年)五月,"吴徐诰用宋齐丘策,欲结契丹以取中国,遣使以美女、珍玩泛海修好,契丹主亦遣使报之"②。次年,"吴越灾焚,其宫室府库甲兵殆尽。群议请其弊,诸将奋勇者颇庶。先主不纳,遣使唁之,厚馈币粟以周其乏"③。承杨吴以来的积累,经李昇统治经营,南唐境内已如《钓矶立谈》所云:"内外寝兵,耕织岁滋,文物彬焕,渐有中朝之风",成为"十国"当中经济文化最为发达的地区。南唐"比同时割据诸国,地大力强,人材众多,且据长江之险,隐然大邦"④。李昇临终,唯恐艰难创下的基业倾覆于子孙之手,将一生政治经验交代给继位的元宗李璟:"汝守成业,宜善交邻国,以保社稷。"⑤《钓矶立谈》记,李璟继位之初,牢记父训,"改元保大,善有止戈之旨,三

---

① 《旧五代史》卷一三四《李昇传》。
② 《资治通鉴》卷二八一"后晋高祖天福二年"条。
③ 《江南野史》卷一《先主》。
④ 陆游:《南唐书》卷二《元宗本纪》。
⑤ 陆游:《南唐书》卷一《烈祖本纪》。

第一章
政治经营与军事斗争

四年间,皆以为守文之良主"。然而,随着国力的增长,李璟在一班躁进臣僚的鼓吹下,踌躇满志地企图建立一世功业,扩张领土的野心也日渐显现。不过,其经营重点不是朝野所希望的收复北方,而是南方的闽、楚政权。

早在吴大和六年(934年),值闽国内乱,吴信州刺史蒋延徽应叛闽的建州土豪吴光之请,急于邀功而不请朝命,擅自发兵攻建州。蒋延徽败闽兵于浦城后,进围建州。蒋攻建州垂克,执政的徐知诰以蒋为吴太祖杨行密之婿,又与临川王杨濛素善,害怕其夺取建州,以此为根据地,奉杨濛以图兴复杨氏政权,因而遣使强行宣召蒋罢兵。蒋缺乏朝廷支持,又听说闽兵及吴越兵将至,遂引兵而归,被闽军追击而大败,所领士卒死伤众多。徐知诰贬蒋延徽为右威卫将军,遣使求好于闽。当时徐执政未稳,并不想进攻闽地,但江淮政权以江西为基地进攻福建的情势已明。

闽自建国以来,内乱不息,特别是王审知死后,诸子侄为争夺君位,更是日寻干戈。闽景宗永隆五年(南唐保大元年,943年)二月,王延政据建州公开分裂闽,国号大殷,建元天德。四月,殷主王延政举兵进攻福州闽主王延曦,入其城西郭,遭到顽强抵抗,大败而归。次年三月,占据福州的闽将朱文进杀景宗王延曦自立,王延政又举兵进攻福州,闽将纷纷拥王延政而反朱文进。五月,朱文进遣使至南唐,以求支持。正在寻找时机攻闽的李璟,欲以讨伐朱文进弑君之名,出兵福州。南唐枢密副使查文徽奏请出兵伐建州王延政,因为王分裂闽王在先。朝臣多以为不可,查同党冯延鲁却极力赞成。李璟命查为江西安抚使,侦察对闽战役是否可行。南唐翰林待诏臧循与查同乡里,曾长期往来于福建经商,熟悉当地山川形势,帮助查策划进攻建州的方略。查到达信州,上言出兵必胜。李璟遂批准出征。南唐兵分两路,查文徽与行营招讨都虞候边镐领洪州兵数千人由建阳抵达盖竹,臧循率偏师屯驻邵武,准备同时向建州进军。这次进攻遭到福建军民的坚决抵抗,南唐军队屡屡惨败,形势非常不利。但南唐并未放弃,一直作进攻的准备。

南唐保大四年(946年),趁福建内乱不休,李璟以何敬洙为福建道行营招讨,进援查文徽。在建州人民的配合下,兵下建州,将王延政及其家属俘送金陵,南唐置他于鄱阳,实行软禁,封"自在王",后改"光山王",老死于鄱阳。取得建州后,泉、漳、汀三州刺史,都向南唐投降。南唐置永安军于建州。南唐继续进攻福建最后一州福州,江西又在其中起重要作用。保大三年(945年)五月,控制福州的李仁达声称归附于南唐。当南唐取得建、泉、漳、汀四州后,李璟欲使福州真正归入南唐版图。次年八月,南唐权臣陈觉至福州不能说服李仁达入朝金陵,不愿无功而归,行至剑州,遂矫诏发动汀、建、抚、信州兵,以建州监军冯延鲁为帅,欲以武力逼迫李仁达赴金陵称臣。十一月,李璟遣信州刺史王建封助攻福州,希望一举占领福州。"时王崇文虽为元帅,而陈觉、冯延鲁、魏岑争用事,留从效、王建封倔强不用命,各争功,进退不相应。由是将士皆解体,故攻城不克"①。李仁达又乞师于吴越,吴越趁机取福州,南唐遂一无所得。其后,南唐势力在闽地的反抗与吴越的压迫下,不得不退出。来自闽地的威胁却不得解除,南唐不得不设兵防御。贵溪人蘧瑗,以司徒银青光禄大夫、西州伯的身份领兵戍守与福建交界的贵溪,民赖以安。蘧瑗殁后,人感其功,目所戍之山曰"蘧岭"。宋开宝二年(969年),南唐于地处赣东南与福建交界处抚州南城县置建武军,主要目的就是为了防范闽的势力扩张与攻击。

马楚长期奉事中原王朝,又为"一方富盛"②,有较强大的国力,一直与淮南杨吴、南唐政权矛盾相对。杨行密、徐温多次欲沿长江而上攻楚,均未得手。至南唐中主李璟时代,遂又成为其积极谋划夺取的对象。正当南唐大败于福建之时,楚国继闽之后,又发生兄弟争国之乱。马殷晚年多内宠,嫡庶无别,诸子骄奢,猜忌旧臣宿将,众皆侧目。马殷死后,诸子为己之得,暗于大体,互相攻讦,以致竞相招引南唐力量作为依靠。

南唐攻楚的基地是袁州。《读史方舆纪要》卷八十七《袁州府》称,"府东屏豫章,西控长沙,山水回环,迄为襟要,由江右而谋湖南,郡其必争之所也"。唐末刘建锋等引兵由江西出袁州袭取潭州。南唐欲图楚,袁州遂又成为进攻的军事基地。李璟命大将边镐为信州刺史兼湖南安抚使,屯兵袁州萍乡,策划进犯湖南。保大八年(950年),楚武平节度使马希萼与其弟马希广相争,马希萼得到南唐的支持而获胜。次年,马希萼派掌书记刘光辅向南唐入贡称臣,南唐册之为楚王。刘见马杀戮无度,纵酒荒淫,不亲政事,乃向李璟密报:"湖南民疲主骄,可取也。"③李璟遂诏令边镐在袁州作好军事进攻准备。九月,楚马希崇囚其兄楚王马希萼于衡山,自称武安留后,衡山将士则立希萼为衡山王,皆求援于南唐。李璟认为取楚的时机成熟,命边镐率兵万人自袁州向潭州长沙进发,十

---

① 《资治通鉴》卷二八五"后晋齐王开运三年"条。
② 《旧五代史》卷一三三《马殷传》。
③ 《十国春秋》卷六十七《恭孝王世家》。

第一章
政治经营与军事斗争

月,大军入城,马希崇投降。十一月,南唐令马希崇、马希萼举族入朝。十二月,李璟以马希萼为江南西道观察使,居洪州,仍给楚王名号。同时于高安建筠州,以监督马希萼,隔断他与潭州的联系。然而,南唐势力在楚地并没有维持多久。驻守潭州的最高统帅边镐虽有一定的军事才干,却乏行政能力。在其治下,湖南法令混乱,民心渐失。边镐更无力制服各怀野心的原马楚诸将。吉水人欧阳广曾上书李璟,称:"镐非帅才,必丧湖南,宜别择良帅,益兵以救其败。"①李璟没有重视这一有远见的上书,反而在潭州尚未稳固的情况下,又以袁、吉乡兵为主力与南汉争夺郴州、桂州,均大败而归。其后,李璟又令边镐收服朗州。保大十年(952年),楚朗州兵将反攻潭州,边镐力不支,又得不到支援,大败而逃。至此,南唐在楚地力量崩溃。

江西本处南唐后方而少有战事,经济稳步发展,却因志大才疏的李璟不断发动的战争使负担不断加重。南唐对闽、楚的作战,耗竭了大量的人力、物力、财力,早在南唐谋划进攻福州时,"唐主以江州观察使杜昌业为吏部尚书,判省事。先是昌业自兵部尚书判省事,出江州,及还,阅簿籍,抚案曰:'未数年,而府库所耗者半,其能久乎!'"②更为严重的是,这场耗损国力的战争却最终没有取得什么成果。史言:"闽土判涣,竟成迁延之兵;湖湘既定而复变,地不加辟,财乏而不振","未及十年,国用耗半。"③江西作为进攻闽、楚的重要后方基地,其损失虽没有具体数目,然相当巨大应是无疑问的。据《五代诗话》卷三"李建勋"条记,李建勋理临川时,"及冯延鲁、陈觉出兵闽中,征督军粮,急于星火,建勋以诗寄延鲁曰:'粟多未必为全计,师老须防有援兵。'"这至少说明江西承担了相当重的后勤任务。当南唐致力于南方战事时,北方的后周日渐强大,构成对南唐的严重威胁。南唐对闽、楚作战后,本应抓紧时机,发展生产,增加赋税收入,尽快弥补对闽、楚作战的巨大物资消耗,并作好防御后周南下的物资储备。可是,南唐统治者为了形式上加强淮南防御,在淮南强行夺民田作为屯田,征发洪州、饶州、吉州、筠州等地百姓自带耕牛远到楚州、常州修建陂塘,灌溉屯田。致使包括江西在内的江南一带百姓怨声载道,控告无门,只得焚香于野外向苍天哭诉。江西地区虽没有作为战场,也极大地承担了南唐对外战争的恶果。

---

① 《资治通鉴》卷二九一"后周太祖显德元年"条。
② 《资治通鉴》卷二八五"后晋齐王开运三年"条。
③ 《资治通鉴》卷二九一"后周太祖显德元年"条。

三、江西人士与杨吴南唐政治

唐末五代以来的江西地方人物，除了少数自己率领部众挥戈执戟，建立地方割据政权外，大多数士人投身于各色政权，出谋献策，充任臣吏，有的甚至成为举足轻重的人物，活跃在五代政坛上的江西人士空前地多。如德兴人童发，仕后晋为都统功曹，迁尚书仆射；赣县人廖光图为马殷幕下天策府学士；南昌人王定保官至南汉中书侍郎、同平章事。不过，由于杨吴、南唐政权统治江西，江西人士自然更多地聚集其中。马令写入《南唐书》传记的就有周彬、夏宝松、江梦孙、沈彬、毛炳、颜诩、陈乔、鲁崇范、李德柔、宋齐丘、李征古、刘洞、郭昭庆、萧俨、卢绛、刘茂忠、潘贲、罗颖等18人，他们分别在治军打仗、参政治民、经术文学诸领域展示自己的才智，作出了不同的贡献。布衣徐善被烈祖杨渥召见，以其"良士也"，"歙州刺史陶雅闻而异之，辟善为从事。高祖杨隆演时，官中书舍人"①。杨彦伯，唐末时童子科及第，因乱还乡，后"江西平，彦伯仕于高祖，累官户部侍郎"。睿帝杨溥时，"诏彦伯摄门下侍郎行事"②。江梦孙，"博综经史，立行高洁"，大和（929—934年）中，"中书令徐知诰表为秘书郎"，但江氏"平小读书欲小试于治民，求为县令"，遂补天长令。"梦孙治县宽简，吏民安之。逾年，弃官去，县人号泣，送之数十里"，"葬之日，自远方至者几千人，而丧服者百许"③。陈濬"有史才，事睿帝为中书舍人，翰林学士，撰《吴录》二十卷，官终尚书"④。在杨吴南唐政权中，表现最为突出、影响最大的士人则是宋齐丘。

宋齐丘（887—959年），或作宋齐邱，字子嵩，庐陵人，一说为万载人。其父宋诚与钟传同起兵，高骈上表钟传为洪州节度使，以宋诚为副，"卒官，因家洪州"⑤，因又作豫章人。宋齐丘在洪州生活约20年，受到家庭与环境的影响，"好学，工属文，尤喜纵横长短之说"，他作《凤凰台诗》云"安得生羽翰，雄飞上寥廓"⑥，抒发自己远大的志向。唐朝统治的名存实亡，割据纷争的社会实际，提高了"纵横长短之说"的社会价值。钟传告诫子侄辈"士处世尚智与谋"，正是对传统纵横思想的看重与提倡。唐末五代之际复杂多变的政治、经济、军事形势，又使宋齐

---

① 《十国春秋》卷九《徐善传》。
② 《十国春秋》卷九《杨彦伯传》。
③ 《十国春秋》卷十《江梦孙传》。
④ 《十国春秋》卷十一《陈濬传》。
⑤ 陆游：《南唐书》卷四《宋齐丘传》。
⑥ 马令：《南唐书》卷二十《宋齐丘传》。

第一章
政治经营与军事斗争

丘风云际会。钟传卒后,宋齐丘至淮南投奔徐知诰(李昪),凭其见识与学术,让徐"朝夕咨访政治"。

唐末以来的战乱,对社会经济造成严重破坏,能否恢复农耕、爱惜民力是稳定统治的先决条件。宋齐丘积极帮助总掌杨吴行政大权的徐知诰,围绕"定民科制,劝课农桑,薄征轻赋,禁止非徭"①,对杨吴经济进行了规划。其中最重要的政策是"差管兴版簿"。政府遣人至各地核查土地大小及质量,依土地质量定为上、中、下三等。长期战争及人口大量流动,使原有的土地关系被破坏,此举确认了战争之后重新整合过的现有土地关系。以此为依据,重新核定赋税,"厥田上上者,每一顷税钱二贯一百文;中田一顷税钱一贯八百;下田一顷千五百,皆足陌见钱,如见钱不足,许依市价折以金银,并计丁口课调,亦科钱"②。从此,其政府有稳定税收,而人民也可稍免贪官盘剥之害。

顺义年间(921—927年),宋齐丘提出征收实物,提高绸绢市价,免除丁口课调的赋税政策。《资治通鉴》卷二七○"后梁均王贞明四年"条载:"先是,吴有丁口钱,又计亩输钱,钱重物轻,民甚苦之。齐丘说知诰,以为'钱非耕桑所得,今使民输钱,是教民弃本逐末也,请蠲丁口钱,自余税悉输谷帛。䌷绢匹直千钱者税三千'。"宋齐丘还采用虚抬时价之策:绢每匹由五百文抬为一贯七百,䌷每匹六百文升为二贯四百,绵每两十五文涨为四十文,皆足钱。这一政策抑制商人低价收购,保护了生产者的利益。据许载《吴唐拾遗录》记,这些经济政策颁布后,朝议哗然,一些官员认为这将使政府税收锐减,而宋齐丘提出"安有民富而国家贫者邪!"徐知诰肯定了宋的意见,推广其政策,取得了显著成效,"不十年间,野无闲田,桑无隙地",国以富强;由于这些政策既有现实性又符合历史趋势,影响深远,受到后人赞赏,"自吴变唐,自唐归宋,民到于今受其赐"。中国封建社会中期以后,赋税形式转变趋势是以货币税代替实物税。但是,这种转变的基础是商品经济的日益发达,在战乱以后,封建国家面临的首要经济问题是生产凋敝、物资匮乏,在此条件下难以有发达的商品经济。从杨行密时代至徐知诰时代,杨吴经济政策的一贯核心是发展农业生产,以谷帛税代替货币税的措施,鼓励耕织,这在当时的吴是现实且积极的政策,有效地推动了经济的发展。王夫之盛赞这一政策:"杨氏之有国者,西北不逾淮,东南不过常州,南

---

① 《江南野史》卷一《先主》。
② 许载:《吴唐拾遗录》,见洪迈《容斋续笔》卷十六。

不过宣州,皆水国也。时无冬夏,日无昼夜,舟楫可通,无淹旬在道之久,无越山闸之难,则所输粟、帛,无飘敝红朽之患,民固无推毂经时之费,无耗蠹赔偿之害,恶得而不利也?地无几,税亦有涯,上之受而藏之也,亦不致历年未放、淹滞陈腐之伤,上亦恶得而不利也?且于时天下割裂,封疆各守,战争日寻,商甲不通,民有余之粟帛,无可贸迁以易金钱,江淮之间无铜、铅之产以供鼓铸,而必待钱于异国,粟、帛滞而钱穷。取其人余,不责其不足,耕夫红女,得粒米寸丝而可应追呼,非四海一家,商贾通而金钱易得之比也。"①而废丁口钱,减轻人民负担,也减弱了人民对封建国家的人身依附关系,这是历史发展之大势所趋。

文教荒废,是动乱时代的通病。吴与南唐统治区内仍可读书,为士人奔趋所在。这也与宋齐丘的作为相关。宋齐丘初到淮南,即"说先主广延儒素",襄助徐知诰整顿庶政之后,"又说以虚怀待士,博访艺能,遂立延宾亭,招纳贤豪"②,于是四方宾旅之人接踵而至,庐山国学在昇元中创办,科举考试也于保大十年(952年)举行。

宋齐丘对徐知诰的辅助,既有利于杨吴政权的稳定,更促进了南唐政权的建立。当杨吴末年政局混乱之时,宋齐丘力劝徐知诰移居京口,遂能比在金陵的徐温更快知道扬州事变,及早平定朱瑾之难,获得执掌朝政的大权。陆游《南唐书·宋齐丘传》载:徐知诰居扬州辅吴政期间,"为筑小亭池中,以桥渡,至则彻之,独与齐丘议事,率至夜分。又为高堂,不设屏障,中置灰炉而不设火,两人终日拥炉画灰为字,旋即平之"。可见宋齐丘在徐氏夺杨氏政权的过程中起过关键作用。马令《南唐书·宋齐丘传》认为:徐知诰"辅政,励精为理,修举礼法,以遏强众,亲附卿士,宽徭薄赋,人用安辑,齐丘颇有力焉"。《钓矶立谈》记,史虚白认为:"宋子嵩以布衣干烈祖,言听计售。遂开五十三州之业,宗祀严配不改唐旧,可谓南国之宗臣矣。"徐知诰取代杨吴即帝位之后,宋齐丘任丞相;徐临终时,召宋齐丘受顾命,托以后事。中主李璟时期,朝中大臣倡言:"宋公本造国手。"在与后主交兵之际,扬言"国老宋齐丘,机变如神,可当十万(兵)"③。又传言周世宗曾对求和的李璟言:"朕与江南大义虽定,然宋齐丘不死,殆难保和好。"④所有这些言论,都说明宋齐丘对南唐政治的影响与作用十分突出。

---

① 《读通鉴论》卷二十八《五代上》。
② 《江南野史》卷四《宋齐丘》。
③ 马令:《南唐书》卷二十《宋齐丘传》。
④ 《江南野史》卷二《嗣主》。

第一章
政治经营与军事斗争

历史的遗憾是，宋齐丘个性褊急，恃功自傲，又卷入朝中党争，导致其官场命运多蹇。宋氏初以谋略见用于徐温养子徐知诰，但其为人品格深为徐温所恶，以至十年为殿直军判官。徐温卒后，徐知诰执政，始擢为右司员外郎，以后迁官迅速。徐知诰也在宋齐丘的辅佐之下，势力大增，奠定了称孤道寡的基础。徐知诰（李昪）建唐代吴，宋因私心不得满足，非但未能以谋主首倡其议，反以言阻之，初受冷落，只得有名无实的司徒一职。宋"不胜其忿"，公然面责李昪说："臣为布衣时，陛下亦一刺史耳。今为天子，可不用老臣矣！"拂衣而出①。李昪为感拥戴之恩，还是予以宋参与国家管理的机会，任命他为丞相同平章事，兼知尚书省事。其间，宋曾建议离间后晋与契丹关系，以稳定南唐北方形势。但宋在任，"悉取朝中附己者，分掌六司，下及胥吏，皆用所亲吏视事"②。特别是他徇私包庇犯盗官钱罪而应处死的门人夏昌图，引起李昪极度不满。昪元六年（942年）李昪出宋为镇南节度使，驻洪州，满足其衣锦还乡之心意。宋在洪州任内，"委任群小，政事不治，所居旧里爱亲坊改为衣锦坊，大启第宅，穷极宏壮。居坊中人皆使修饰墙门巷极备华洁，民不堪命，相率逃去，坊中为之空"③。宋自认为建唐首功非他莫属，多次向李昪邀功请赏，又广树亲信，培植势力，李昪对他由亲信转为反感，至晚年，事实上不让宋参与政事。元宗李璟即位后，宋齐丘拜中书令，又与权臣陈觉、魏岑等相附结，保大元年（943年）罢为镇海节度使。宋求归九华山，赐号九华先生，封青阳公。四年复为太傅兼中书令，封卫国公，与冯延巳兄弟、陈觉、李征古、魏岑、查文徽等结党，和孙晟、韩熙载、常梦锡、江文蔚、李德明等人的另一党，相互攻讦不已。五年复罢为镇南节度使。后周初伐唐时，宋任为太傅。北军曾失利，众将欲扼险要击，宋却纵其归以为德，致使失寿州，最终失淮南。此时，宋深感根基动摇，竟谋划篡位。《十国春秋》卷二十六《陈觉传》载，"会司天言天文变异，人主宜避位祈禳。元宗曰：'此固吾意，第不知孰可付耳。'（陈）觉与（李）征古遽以为诚言，輙曰：'天命如此，宜使宋公摄政，陛下深居禁中，臣时得入奉，从容闲谭释老。俟国事定，归政未晚。'"这一事件使君臣之间的紧张政治关系进一步恶化，最终导致宋党集团的覆灭。后周显德五年（958年）十一月，李璟贬斥宋齐丘。宋自放归九华山，被幽于私第。次年正月，宋因不堪其辱，自缢而死，谥丑缪。在宋人的评论中，宋齐丘被指斥为欺

---
① 陆游：《南唐书》卷四《宋齐丘传》。
② 马令：《南唐书》卷二十《宋齐丘传》。
③ 马令：《南唐书》卷二十《宋齐丘传》。

君误国的权奸,大致与事实相符,但南唐君主的所作所为也有一定的责任。李璟不以大义晓谕群臣,遇事优柔寡断,是非不分,赏罚不明,也是造成人心涣散、君臣离心离德的重要因素。史评元宗朝既无"足以救国之危削"的"真儒",而元宗本人也非安邦定国的"明礼"之君。因此,"保大以来,国谋颠错,民困财匮,百度隳紊",也不无道理①。

除宋齐丘外,在南唐政权中还有一批江西人,其中影响较大的是萧俨、李征古、郭鹏等人。萧俨,字茂辉,庐陵人,生于吴天祐四年(907年)。幼奇敏,十岁时至广陵,感受着杨行密政治氛围的熏染,养成志量稳正、交友不苟合的性格。以童子擢第,稍长,授秘书省正字。徐知诰取代杨吴,任萧俨为大理司直、刑部郎中,掌律法、按覆大理寺及全国各地上奏诸案件。他审案"明清平恕,号称职"。中主、后主两朝,升任大理卿兼给事中。在职弹劾不阿权贵,对于君主的昏聩他也敢于直谏。当初烈祖李昇辅佐杨吴,禁止私买奴婢。烈祖去世时,宰相冯延巳与弟延鲁草拟遗制,删去此一禁令,说"许民私卖己子",萧俨驳斥说:烈祖已下令"禁以良人为贱卖奴婢",怎么会在遗诏中改变;当年正是冯延鲁"疏请听民鬻子",李昇征求了萧俨的意见后,下达禁令的,"故知其矫先旨也"。然而,"议者以遗诏已出,不可改,遂行",豪民广置妓妾的现象依旧盛行。江文蔚、韩熙载建议烈祖入祀太庙称"宗"群臣无异议。萧俨独曰:"中兴之主庙号应称'祖',先帝振兴已坠之基业,不应该屈而称'宗'。"于是采纳了他的建议。调任大理卿兼给事中。有一次判案失当,罪轻罚重,用事者要杀他,赖宰相冯延巳力争,认为赦前失人,罪不当死,贬为南昌令,不久,仍复旧官。南唐中主李璟元年,命其弟李景遂为兵马大元帅,二弟李景达为副元帅。二年(944年),李璟敕齐王李景遂参决各项政务,群臣有事启奏均由景遂决断。只有枢密副使魏岑和查文徽能进宫奏事,其他人除非召对,不得入宫。萧俨上疏:"去年元帅开府,人还不免惊骇,何况委以国家大政?而群臣不得及时进见,宫中与宫外隔绝,让奸人有隙可乘,不是陛下之利。"李璟沉默而不作答复。李璟在宫中建造高楼,召集群臣观看,大家称赞这楼造得异常精美。萧俨说:"可惜楼下无井。"问他此话何意。他说:"因此比不上景阳楼啊!"景阳楼系南朝陈后主为淫乐所建,楼下有井,祯明三年(589年),隋将贺若弼、韩擒虎攻入建康时,与宠妃张丽华投井,后主束手就擒,人称此井为"辱井"。李璟怒,贬萧俨为舒州副使。南唐后主李煜初

---

① 无名氏:《钓矶立谈》,四库全书本。

第一章
政治经营与军事斗争

立,耽于嬉游。有一次,萧俨入宫奏事,后主正与宠幸的侍从在下棋,不愿分身过问。萧俨上前掀翻棋盘。后主大怒道:"汝与魏征孰愈?"萧俨凛然回答:"臣若非魏征,陛下亦非太宗矣。"后主无言以对。宋平定江南,南唐灭亡,萧俨年已七十,称病居乡里。终生秉身方直,卒时"至无一金"①。徐铉赠以诗:"江海分飞二十春,重论前事不堪闻,主忧臣辱谁非我,曲突徙薪惟有君。金紫满身皆外物,雪霜垂领便离群。鹤归华表望不尽,玉笥山头多白云。"②

李征古,宜春人,与宋齐丘有亲戚关系,昇元末年举进士第,曾为齐王李景达宫官。保大十年(950年)任袁州刺史,尝以其私财百万代其乡输税,后官至枢密副使,与枢密使陈觉共掌机密,参与朝政。但其"议事元宗前,横甚,无人臣礼"③,又党附宋齐丘,李璟极为不满。后周进兵淮南,陈觉遭指控有矫周世宗命欲杀宰相严续之谋,被诛杀。李征古以牵连,被李璟削夺官爵安置洪州,赐死。

郭鹏,永新人,保大初进士,官至大理司直。或告故南平王钟传夫人与僧通奸,大理卿萧俨依法议徙,郭鹏认为"法行自贵始",宜重判,曲法将她处死④。后以宋齐丘同党而免官。其子郭昭庆博学善著作,撰有《唐春秋》30卷、《治书》50篇、《经国治民论》等。中主李璟示意郭昭庆参加进士考试,他上书鸣不平,说"补缀雕虫,臣自少耻而不为"。授扬子县尉,他辞而不受,归禾川。后主李煜擢郭昭庆为著作郎。凡南唐与北宋笺表文辞,皆昭庆所作。徐锴、徐铉弟兄与郭昭庆不相能,锴使人置鸩酒毒杀之。

杨吴、南唐时期,江西士人因地理政治和时代形势的机缘,纷纷进入政权,发挥和贡献自己的能力,对政权以及江南地方社会产生了深刻的影响。

四、南唐江西农民斗争

南唐中主李璟志大才疏,辅佐乏人;内外臣僚腐朽之风日渐滋长,残暴贪浊者与日俱增;连年对外用兵,不仅使库存荡然无存,而且不断以增加赋敛来补充军费的不足。江西作为朝廷重要的财赋来源地和对外战争重要的后方基地,承受着日益沉重的负担,加上本区地方豪强势力的明争暗斗,使阶级矛盾不断加深,一定规模的农民起义在本区时有发生。

---

① 《容斋随笔》卷二十二《萧俨》。
② 《全唐诗》卷七五六徐铉《送萧尚书致仕归庐陵》。
③ 《十国春秋》卷二十六《李征古传》。
④ 《十国春秋》卷二十八《郭昭庆传》。

吉州庐陵县民吴先等人，不堪忍受日益加重的剥削，招集破产农民进行反抗。他们据守在吉水县西北五十里的鹧鸪洞，依据险要地势在四面山口筑寨抵抗官军和攻击富豪，平时耕作，内有数百亩农田可维持生活。陆游《南唐书·刘茂忠传》载，吴先"善用大稍"，"狡有谋，且据岩险，不可捕"，率起义军转战于庐陵等地，沉重打击了当地豪强地主及州县官吏，受到贫困农民的拥护。史称"庐陵群盗充斥，州兵不能制，上忧之"①。此时江西境内又有上江"群盗"数百人，在赵晟、萧荣领导下"深潜岩穴，出恣暴恶，官健不习险阻，发捕屡年不获"②，使南唐统治者大为困窘。这两支活跃于江西地区的农民起义军，后来均被安福土豪刘茂忠所镇压。刘茂忠自小略通经史，不事产业，以豪纵自居，是一个有才干又颇为人害的地方豪酋。官府将其捕获后，将处以死刑，"会赦贷死，与其徒党各被械系于金陵，籍为官卒"③。为将功折罪，刘茂忠请求擒杀吴先。他首先潜入赵晟起义军中，与官府里应外合，镇压了起义军。又"鞭所亲信二人，使伴为得罪，奔先，示以鞭创，先果信而勿疑"④，不到一月，内奸即伺机杀害了吴先。义军群龙无首，在刘茂忠的进攻下很快溃散。刘茂忠因镇压义军有功，被南唐政府封为"吉州兵马都押衙"。

受地理形势的影响，南汉张遇贤起义转战赣南，推动了赣南农民斗争的展开。唐天祐二年(905年)，以镇压农民起义军而起家的军阀刘隐，建立了以广州为中心，包括潮、容、邕、韶诸州的南汉政权。到刘龑统治时，他本人昏庸残暴、荒淫腐败，以苛虐为乐事，与隋炀帝比豪奢，自诩为风流天子。人民"若踞炉火"，咒骂刘龑为"蛟蜃"。他的儿子们昏庸残暴更是有过之而无不及。南汉社会矛盾尖锐，岭南人民反抗斗争此起彼伏，循州(治今广东惠阳东南)境内有很多支小股农民起义。南汉大有十五年(942年)，循州博罗县小吏张遇贤以"神灵"相号召，率众在博罗镇起义，并收集其他起义队伍，建号"中天八国王"，改元永乐，署置百官。起义军皆穿经衣，号称"赤军子"。统一后的起义军声威大震，迅速占领循州及番禺以东的惠州、潮州等地，把起义活动扩大到沿海乡村岛屿。南汉政权派越王刘弘昌、循王刘弘杲统兵镇压，均不能取胜。南汉应乾元年(943年)七月，南汉军队在万景忻指挥下进行反扑，在循州境内击败起义军。起

---

① 《全唐文》卷八八六徐铉《赵君墓志铭》。
② 《江南野史》卷十《刘茂忠》。
③ 《江南野史》卷十《刘茂忠》。
④ 《江南野史》卷十《刘茂忠》。

第一章
政治经营与军事斗争

义军接连败阵,乃请于"神",回答说:"可过岭取虔州,当成大事。"①张遇贤遂率军退出循州,避开敌人主力北上翻越大庾岭,进逼南唐江西的虔州。

南唐虔州兵力薄弱,又是大山区,洞穴多布山崖,那里的群众亦正在纷纷起义,正是农民军生存、发展的最佳地区。张遇贤起义军杀进虔州境内,进攻南康县,驻守虔州的百胜军节度使贾匡浩毫无防备、抵挡不住,而起义军严惩贪官污吏,烧毁官府仓库,得到虔州贫苦百姓的大力支持,队伍很快扩充了十几万人,虔州属县很快都被攻克,贾匡浩遂"闭门登陴不敢出"②,固守虔州孤城。起义军久攻不下虔州城,于是移住虔州境内的白云洞(于都县西四十里白云峰下),三个洞上下连接,每洞可容纳百余人。这里地势险峻,易守难攻,张遇贤以之作为根据地,建造宫室、官署和兵营,并"遣将四出剽掠"。"(南唐)虔守轻之,帅兵屡击皆失利。众奄至空山,去城十余里为营。"③位于虔州城南的空山,"山多材林、果实食物。一郡皆资此山,虽名空山,其所出物,百倍于他山"④,空山宽裕的物资基础为起义军提供了坚强的后盾。张遇贤的十余万起义军进入虔州,并败虔州地方军队,南唐统治者大为恐慌,李璟害怕义军向境内腹地深入发展,紧急下令悬赏镇压,称"如所在百姓及徒党中,有能擒斩茂贤(张遇贤)者,不计有官无官,并赐三品,赏钱一万贯、庄一区,并已分产业,并永放苗税差役,传之子孙,此恩不改;若能同心计画,及数内或擒获得称王、称统军、军使之属,并次第首级,止于一队一寨头领者,即约此例等降优赏,放免苗税差役……"⑤以此引诱起义军内部的投机分子,分化瓦解起义军。并下诏免除虔州各县租税,以收买人心,企图切断广大群众与义军的联系,迫使义军孤立作战。这年十月,南唐又急派通事舍人边镐和洪州屯营都虞候严思礼,各率数千士兵进入虔州。边镐素善笼络人心,他起用虔州土豪白昌裕为谋主,"刊木开道"⑥,从义军营盘背后偷袭白云洞。义军虽然初战告捷,但因身处异乡,人地生疏,尤其少有政治军事才能的领袖人物,屡战失利,士气沮丧。在严思礼、边镐军队的偷袭下,张遇贤力不能支,不得不从白云洞撤出。关键时刻,义军将领李台见形势不利,将张遇贤、黄伯雄等义军领导人缚送南唐军,边镐将他们解送到金陵后杀害。

① 《十国春秋》卷六十六《南汉·张遇贤》。
② 陆游:《南唐书》卷五《边镐传》。
③ 《江南野史》卷二《嗣主》。
④ 《太平寰宇记》卷一〇八《赣县》。
⑤ 《全唐文》卷八七九徐铉《招讨妖贼制》。
⑥ 《资治通鉴》卷二八三"天福八年十月"条。

张遇贤起义历时一年多,转战大庾岭南北,发展到十余万人,震动南汉、南唐两国,为南方诸国所罕见。张遇贤以"中天八国王"为号召,就是要求统一当时并存后晋、南汉、南唐、吴越、楚、闽、南平和后蜀等8个分立政权,表达了人民要求反对军阀割据、建立统一政权的愿望;建年"永乐",或包含着反对暴政、要求永得安居乐业之意,这些都无疑具有积极进步的意义。失败的主要原因在于没有识见的军事政治人才充当领袖和谋主,只靠宗教迷信维系人心,没有积极的政治口号,因此很难广泛深入发动群众并长期坚持斗争,所以虽然在势力强盛时,所向皆捷,一遇失败,便惊惶失措,乃至于离开熟悉又有群众基础的岭南,进入人生地疏的虔州一带。获得初战胜利后,又不能取得当地民众的支持以稳定自己;遇到挫折后,又不敢流动作战,寻找敌人的薄弱环节去重创敌人,反而固守一处,给敌人提供了围歼的有利时机。

南唐统治时期的江西各地人民的反抗斗争,前段往往与地方割据势力交织在一起,后期是对割据统治者的斗争。江西的农民起义,规模不大,影响有限,主要原因:一是当时江西的社会秩序相对稳定,经济还在持续向上发展,人们的生存危机还不是十分严重;二是起义发生之地,是江西自然经济程度较高的地区,民众的共同斗争意志缺乏。不过,江西农民起义的发生,迫使统治者实行了一些改良政策,也在一定程度上推动了江西社会的向前发展。从统治者的角度言,镇压了江西农民的反抗斗争,有利于稳定当地统治秩序,巩固政权后方,这也许是南唐后期择都南昌的重要基础。

五、李璟迁都南昌

吴、南唐在五代十国中政局稳定的时间较长,大约近半个世纪。自后周发起淮南战事后,南唐政局进入不稳定阶段。周世宗柴荣改革政治,国力强盛,积极推进统一事业。他于显德二年(955年)十一月开始,发兵南下,连挫南唐主力,夺取淮南州县。显德三年来远镇(今安徽安丰县境)一战,斩南唐主将刘彦贞以下万余人,"伏尸三十里,收军资器械三十余万"[①]。显德四年,攻陷楚州,使南唐防御使张彦卿"与军十万战而没,无一生还者"[②]。显德五年,周军全占南唐江淮之间的扬、楚、寿、泰、濠、泗、海、和、庐、滁、舒、光、黄、蕲14州。在周军夺取濠州时,南唐团练使郭廷将以城降,胁迫担任濠州录事参军的鄱阳人李延邹草

---

① 《资治通鉴》卷二九二"后周世宗显德三年正月"条。
② 《资治通鉴》卷二九三"后周世宗显德四年三月"条。

第一章
政治经营与军事斗争

降表,李"责以忠孝,不为具草",并投笔大呼"大丈夫死耳,终不负国为叛臣作降表",终被害①。

江淮诸州沦陷后,南唐北部边境尽失,与后周隔江相望,中主李璟被迫遣使求和,请为附庸,去帝号,称国主,奉正朔,岁输土贡数十万。乞和虽如愿,威胁却未消。显德六年(959年)六月,周世宗对南唐入贡使者说:"吾与江南,大义已定,然虑后世不能容,可及吾世修城隍,治要害,为子孙计。"②南唐君臣十分清楚,中原统治者不会满足于划江为界,一俟时机成熟,必然举兵席卷江南。因此淮南战败不久,鉴于国都金陵仅凭长江临敌,李璟一方面加固金陵城防,一方面考虑迁都。南唐交泰二年(959年)七月,李璟与官僚们商议迁都时声称:"建康与敌隔境,江又在下流……今吾移都豫章,据其上流,而制其根本,上策也。"③自唐末张雄、冯宏铎据昇州以来,经过杨吴、南唐数十年的整治,六朝故都金陵早已不复唐代"吴宫花草埋幽径,晋代衣冠成古丘"的荒凉景象,而成为繁华冠于当时的大都市,城中分布着或豪华或精巧的皇家宫廷、园林,以及显贵们的豪宅。这些人当然不愿舍弃苦心经营的产业,李璟迁都之议在朝廷引起一片反对,唯有枢密使唐镐表示附和。素来懦弱无主的李璟在此时表现出异乎寻常的决断,以"国境蹙弱",决计迁都。经过数月筹备,于十一月建洪州为南都南昌府。洪州地处长江中游、南唐统治的腹地,军事地理形势相对优越。当时与外界的联系以水路为主,从金陵赴洪州,须溯长江而上,过彭蠡湖进入赣水方能抵达。与建康相较,自是更安全。若以此为基地,先实行以退缩防守战略,养精蓄锐,凭借长江中游之有利地形及南唐水军的优势,等待时机,以图中兴,也不失为可行的权宜之策。历史上割据长江中下游的政权,往往把它作为国都的选择。汉末三国时期,豫章就是孙权择都的对象之一;东晋苏峻之乱后,也有人提议移都豫章。

宋建隆元年(960年),后周大将赵匡胤代周建宋,更加积极地实施统一南方的方略,在开封大练水军。十一月,彭泽县令薛良投奔宋朝,"且献平南策"。李璟闻之恐惧异常,"遂决迁都之计"④。翌年二月,留下太子从嘉(李煜)镇守金陵,自己率六军百司从建康起程,溯长江向南昌进发,"旌麾会仗卫,六军百司,

① 《十国春秋》卷二十七《李延邹传》。
② 《十国春秋》卷十六《南唐元宗本纪》。
③ 《江南野史》卷二《嗣主》。
④ 《续资治通鉴长编》卷一"宋太祖建隆元年十一月"条。

凡千余里不绝"①。迁都途中,李璟仍不忘逍遥取乐。船至当涂,大摆宴席;及至江州,遍览庐山胜景,赋诗谈宴,流连十余天。当时隐居江州的名士史虚白面见李璟,呈"风雨揭却屋,全家醉不知"联,李为之变色②。三月,李璟到达南昌。南唐历经战争重创之余,本财力困顿,这次规模巨大的迁都,又给沿途人民增添了负担。南昌城本藩镇之地,一下子涌进朝廷文武百司、大批官僚及随从人众,"城邑迫隘,官府营廨,十不容一二,力役虽繁,无所施巧,群臣日夜思归"③。五代十国之时的各个政权虽被称为"国",其实只是经过复杂的政治军事斗争,在一定地域内建立了统治的地方割据,除其统治集团的利益外,君臣并无更为深刻的道义纽带,绝大部分臣僚更为关心自身的政治、经济利益,而无效忠朝廷之心。至于普通民众,所希望的是统治者能减轻剥削压迫,王朝的兴亡与其并无大相干。南唐迁都南昌,虽摆脱了步步紧逼的追兵,获得了暂时的安逸享乐,但毕竟是帝王的流亡生涯。随李璟迁至洪州的文武百官无心与他共患难,不时抱怨洪州的居所迫隘,生活困难,无法与金陵相比。李璟从当初年轻气盛,慨然而有定中原之志,到这时丧师失地,被迫退缩致洪州一隅,且招致满朝怨声,便彻底灰心丧气。迁都并未达到原来的目的,李璟也流露出悔意,有时回望金陵方向,不禁潸然泪下。南唐君臣上下情绪极坏,遂复议东迁。李璟未及行而发病不起,于六月病死长春殿,建都一梦随风而逝。李璟遗嘱留葬洪州西山,但是后主李煜违背父愿迎梓宫还金陵。南昌作为南唐的都城,前后约4个月,而其南都的建置则维持到开宝八年(975年)宋灭南唐为止。

南唐此次迁都南昌时间极短,却是江西历史上唯一一次建都活动。李璟在城中大兴土木,营建长春殿、澄心堂,修筑鸣銮路,按照京城的体制改建南昌城。明代文人王仲序追述此事时曾赋诗《鸣銮路》云:"长衢通辇路,宛马竞纷纭。帝子凌风去,銮声尽日闻。杂花迎队绕,御柳看分行。千载宸游地,临歧惜别君。"可见南唐建都对南昌市政建设起了一定的作用,也给后人留下了悠悠怀古之心情。

六、南唐最后的支撑

南唐后主李煜统治时,随着形势的恶化,国土日渐蹙迫,江西地区的重要

---

① 陆游:《南唐书》卷二《元宗本纪》。
② 《江南野史》卷八《史虚白》。
③ 《续资治通鉴长编》卷二"宋太祖建隆二年三月"条。

第一章
政治经营与军事斗争

性愈加显著。《十国春秋·李元清传》载,李煜统治初年,李元清为永新制置使时,永新"夏赋准贡现缯,民以变直折阅为苦",为舒民困,元清"奏请纳帛一匹,折钱一贯,为定制。又常随宜科率,民甚便之。岁总诸科物十余万数,转运入金陵,国用赖以少济"。仅永新一地就征课实物"十余万数",使"国用赖以少济",南唐在江西的科索总数当十分巨大,江西财赋对维持南唐政权的贡献也十分突出。

江西"地当吴楚闽越之交,险阻既分,形势自弱,安危轻重,常视四方"①,是翼护南唐政权的重要屏障。南唐素以江西为后方战略基地,设镇南军节度使驻洪州,历来由重臣名将主持,如南唐建立初期,李昪先是自管洪州,其后任权臣宋齐丘就职于此。南唐晚期,在赵宋统一形势威逼下,南唐一方面不得不割地求和,一方面也做一些战略防守准备。割地之后,特别是在宋取得荆、楚之后,自西北沿长江而下成为北方进攻南唐的最佳路线。因此南唐着力训练水军,于建隆二年(961年)设龙翔军习水战。在战略布防上,则侧重于今江西一带,在鄂州设的武昌军,在环彭蠡湖的江州设奉化军,南都洪州设镇南军。李煜继位后将南唐得力的将领朱匡业、林仁肇、朱令斌(或作朱令赟)相继调任这些防御重地。与此同时,江西人物也成为南唐晚期支撑政局的重要依靠。

在南唐大多官僚对外无策而一味屈辱求和之时,宜春人卢绛深得枢密使陈乔赏识,被提升至沿江巡检之职。他在长江下游沿岸巡视,招募当地人组成水军,严加训练,屡与吴越水军交战,有善战之名。他认为吴越必将助宋夹击南唐,因而秘密建议李煜先行出兵灭吴越以绝后患。其实,卢绛暗于战略大势,对国情、敌情缺乏足够了解,其策近乎纸上谈兵。南唐、吴越相持数十年,战争互有胜负,这说明双方实力旗鼓相当,吴越非朝夕可灭。南唐此时的任何轻举妄动都可能加速自身的灭亡,李煜认为吴越已是"大朝附庸,安敢加兵",恐因此招致宋出兵,拒绝了其建议。南唐面对着赵宋军政压力,束手无策,只有坐待其灭亡了。只是缘于赵宋并没有急于统一南方,才使得南唐仍然维持了十余年。

开宝七年(974年),赵宋开始攻击南唐。十一月,宋军从潭州进入南唐西境,攻袁州萍乡,被萍乡制置使刘茂忠击退。刘以功升为袁州刺史,执掌南唐西部方面大权。刘为吉州安福人,熟悉赣西的山川地势与风土民情,可因地制宜决策,组织当地军民进行有力的防守,后来宋军不再取道赣西进攻南唐。开宝八年(975年)六月,宋军联合吴越军,围困金陵东南的润州,李煜派亲信侍卫侯刘澄守卫润州,可刘澄为自保,消极防守,密谋暗杀率军前来支援的卢绛。卢绛

---

① 《读史方舆纪要》卷八十四《江西二》。

只得率兵自行出战,刘澄随后却开城门投降。宋军因此进一步完成对金陵的包围。李煜又遣卫殿卿陈大雅突围出城,赴湖口求援兵。湖口位于九江东60里处,上据石钟,旁临大江,鄱阳湖水汇章贡及群川之流北注于江,湖口为其枢纽,素为南唐军事重地。

兵家必争之地——湖口石钟山

"盖湖口之缓急,江南之盛衰,江南有事,欲保固江右,则湖口不可以无备也"①,南唐保大中升湖口镇而设湖口县。交泰二年(959年),李璟迁都于南昌,十万重兵屯于湖口,即以戍江防而捍卫南昌。值李煜求湖口兵救金陵时,勇敢善战的镇南军节度使林仁肇已因赵宋施反间计而被李煜诛杀,接任者为原神武统军朱匡业之子朱令斌。朱少习军旅,稍有谋略。金陵被围之初,李煜屡召驻守湖口的朱令斌出兵救援。朱欲赴国难,但其水军力量已远不能与宋军相比,若贸然出彭蠡湖而进入长江,一旦被宋军切断退路,就成进退失据的孤军。朱遂请洪州留守柴克贞代为镇守湖口,以为后援,而柴氏以有病在身为由,迟迟按兵不动。朱无奈亦只有迁延时日,不敢东下援金陵。时至十月,金陵求援急迫,朱遂抱破釜沉舟之念,率水军15万出湖口,赴采石,欲断浮桥,以绝宋军后援。南唐水军浩浩荡荡,其船"长百丈余,大舰至容千人"②,然适逢长江冬季枯

---

① 《读史方舆纪要》卷八十四《江西二》。
② 马令:《南唐书》卷十七《朱令斌传》。

第一章
政治经营与军事斗争

水期,大船在狭窄的江面上反显得笨拙难驭。而宋军轻舟快舰,进退灵活。朱令斌进至虎蹲洲,见宋军于洲渚间多立长木,若帆樯之状,疑有伏兵,即稍逗留。朱所乘船舰独大,高十余丈,行驶不便,遭宋军重兵攻击。朱纵火拒斗,宋军不能支持。忽然风向倒转,反焰自焚,南唐诸军遂不战而溃,朱战死。

困守金陵的李煜外援全失,作了一定的抵抗后,宣布投降。这期间江西人士仍表现出不凡的气节。时为勤政殿学士的豫章人钟蒨,值城破,"朝服坐于家,乱兵至,举族就死不去"[①]。庐陵陈乔,南唐中期以荫授太常奉礼部,旋升中书舍人,备受李璟器重。李璟曾对皇后及诸子谓:"此忠臣也,他日国家急难,汝母子可托之,我死无恨矣。"[②]李璟迁都南昌时,留陈乔辅佐太子监国。陈乔辅政后主李煜时,极力反对入朝宋廷,及金陵城将陷,后主自写降款,因劝云"自古无不亡之国,降亦无由得全,徒取辱耳。臣请背城一战而死"[③]。后主不从,陈乔遂自缢。金陵城破后,各地的抵抗仍在继续。在所有的抵抗中,又以江西地区为最。李煜投降后,宋大将曹彬命其手令诸州县悉降。其信至江州,刺史谢彦宾欲降,指挥使胡则断然不从。江州将士杀谢彦宾,推胡则为刺史,坚壁守城。江州"雄据上游,水陆形便"[④],易守难攻。宋南面行营招安使曹翰频频出使劝降。胡则督战愈力。三年后,胡则重病而江州破,见执于病榻上,其余将士仍巷战抵抗。曹翰仇恨江州的抵抗,在胡则死后仍腰斩其尸,并血洗江州。时任左军招讨使与胡则同守江州的瑞昌人柯昶,城陷后奔北,见追兵迫近,仰天大呼:"我世受国恩,未图报复,今力竭矣,义不辱敌手。"乃于马上拔剑自刎,忠烈干云。此外,任吉州刺史的申屠令坚,与袁州刺史刘茂忠相约誓死报国,坚守两年,最后死于吉州城中。其后,刘茂忠为免地方玉石俱焚,安排好袁州事务后,率众而降,受到赵宋尊重。

宋军经过三年的艰苦作战,平定江西地区的反抗后,才算最后完成了剿灭南唐残余的任务,江西也才算正式纳入了赵宋皇朝的统治。江西民众对宋军的英勇抵抗,就历史大势来说,并不符合中国统一的潮流,但它表现了江西人民的顽强不屈、敢于牺牲的大无畏精神。

---

① 《十国春秋》卷十七《南唐后主本纪》。
② 《十国春秋》卷二十七《陈乔传》。
③ 《十国春秋》卷二十七《陈乔传》。
④ 《读史方舆纪要》卷八十四《江西二》。

第二章
政区建置与人口增长

隋唐五代时期,受政治、经济、军事等因素的影响,江西政区在六朝的基础上建置趋于稳定与合理。隋唐以来,江西的人口自然增长较快,加上安史之乱以来大量移民迁入,人口数量与人口分布产生了历史性的变化,为本区经济文化的进一步发展创造了条件。

第一节 政区建置

隋唐五代是中国古代行政区划发展承上启下且逐渐定型化的时期。这一时期,江西政区随全国军政形势以及经济变迁而有较大变化,在秦汉豫章郡、两晋南北朝江州的基础上分析离合,形成了相对稳定与规范的行政区域,基本完成了今江西省行政区划的模式。

一、隋代江西郡县的省并

魏晋南北朝的长期分裂、动荡,造成中国行政区域极其混乱。各政权滥置州郡、乱设牧守的情形素为平常,至南北朝末年,南北合计有州约300余、郡约600余。隋统一时,河南道行台兵部尚书杨尚希上书隋文帝,称:"窃见当今郡县,倍多于古,或地无百里,数县并置;或户不满千,二郡分领,具僚以众,资费

第二章
政区建置与人口增长

日多,吏卒又倍,租调岁减。"为了改变"民少官多,十羊九牧"的怪状,他建议"存要去闲,并小为大"①。重臣苏威也提出同样的建议。隋文帝鉴于地方郡县林立,行政效率低下,中央赋税减少的弊病,采纳杨尚希和苏威的建议,于开皇三年(583年)十一月,下令"罢天下诸郡",实行裁郡并县的政策。此次调整,并没有从省并与建设政区着手,而是废除了已毫无意义的郡,使东汉末年以来的州、郡、县三级行政区制度,变成了州、县二级政区,由州直接统县。开皇九年(589年)隋灭陈后,这个政策推行于江南。开皇十六年(596年),随着国家的安定,社会经济的发展,人口也不断增加,隋文帝又在一些地方"析置州县"②,州县数目因而略有增加。隋炀帝继位,为加强地方行政,于大业二年(606年)再次"遣十使并省州县"③;次年四月,改州为郡。隋政区经如此的裁并与演变,最后是将州一级大行政区撤销,留下郡、县二级,全国有郡190,县1255,比隋建立之初郡少427,县少307,使魏晋南北朝以来长期混乱的行政制度得到厘清,地方行政区域趋于合理。江西地区裁闲并省之后,政区也发生了一些变化。

鄱阳郡(郡治鄱阳县),平陈后改称饶州,大业初复为郡,统县3:鄱阳(银城县废入)、余干、弋阳(原名葛阳,开皇十二年改)。

临川郡(郡治临川县),平陈后改置抚州,大业初复为郡,统县4:临川、南城、崇仁(梁置巴山郡,领大丰、新安、巴山、新建、兴平、丰城、西宁7县,平陈后郡县并置,改置县)、邵武(开皇十二年置)。

庐陵郡(郡治庐陵县),平陈后置吉州,大业初复为郡,统县4:庐陵、泰和(平陈置西昌,开皇十一年东昌省入,更名)、安复(旧为安成郡,平陈废郡置县,改名安成,开皇十八年更名安复)、新淦。

南康郡(郡治赣县),平陈后置虔州,大业初复为郡,统县4:赣(旧曰南康,大业初改名)、虔化(旧曰宁都,开皇十八年改名)、雩都(旧废,平陈置)、南康(旧曰赣,大业初改名)。

宜春郡(郡治宜春县),平陈后置袁州(开皇十一年,废安成郡,于宜春县置袁州),大业初复为郡,统县3:宜春(旧曰宜阳,开皇十一年废入吴平县,开皇十八年改名)、萍乡、新喻。

豫章郡(郡治豫章县),平陈后置洪州总管府,大业初废总管府,复为郡,统

---

① 《隋书》卷四十六《杨尚希传》。
② 《隋书》卷二十九《地理志上》。
③ 《隋书》卷三《炀帝本纪》。

县4：豫章(南昌改名)、丰城(平陈废,开皇十二年置,曰广丰,仁寿初改名)、建昌(开皇九年省艾、永修、豫章、新吴四县并入)、建城。

九江郡(郡治湓城县),旧浔阳郡,平陈则郡废,置江州,大业初改郡,名九江。统县2：湓城(旧曰柴桑,平陈废汝南、柴桑,改立浔阳县,开皇十八年改名彭蠡,大业初改名湓城)、彭泽(梁置太平郡,领彭泽、晋阳、和城、天水四县。平陈,郡县并废,置龙城县。开皇十八年改名彭泽)。

经过隋代的调整,江西设有豫章等7郡24县,与南朝相较,郡只少2,县则少30~40。隋代江西7郡维持着六朝以来的基本架构,"显示江西地区的地方行政中心已逐渐成熟,并不因政治变动而遭到影响"①。南朝时江西设有众多郡县,为满足政治、军事所需,但大多是人口稀少、经济基础薄弱所在,名实不副。隋统一后裁闲并小,使郡县数量与社会经济基础相适应②。这为唐五代江西行政区划的合理发展奠定了良好的基础。

二、唐代江西州县的整理

唐朝建立之初,高祖李渊在隋行政区划的基础上有沿有革,将隋代的郡全部改为州,县则不变。李渊急于削平各地的割据势力、镇压隋末农民军的余部,为笼络、羁縻归降势力,权宜增置州、县不少,《旧唐书·地理志》称："自隋季丧乱,群盗初附,权置州郡,倍于开皇、大业间。"这在江西地区也有显著的反映。以州而论,据《新唐书·地理志》载,武德五年(622年),唐皇朝在江西,除了沿隋制改豫章郡设洪州、改鄱阳郡设饶州、改浔阳郡为江州、改临川郡设抚州、改南康郡设虔州、改宜春郡设袁州、改庐陵郡为吉州以外,在州的设置上以南昌县置孙州、以高安县置靖州(武德七年改为米州,不久更名为筠州)、以彭泽县置浩州、以建昌县置南昌州、以太和县置南平州、以安福县置颖州。又据《旧唐书·地理志》,江西还设有豫州、昌州(此2州今不可考)。这样,武德年间唐政府共在江西地区设了15州,其中有8州属于新设,但这新设的8州,因政治军事形势稳定而于武德七年、八年全部废除,仍保留沿隋所设7郡而来的7州。

县的兴设则更为混乱,据新、旧《唐书》之《地理志》,武德年间江西地区"县"分并离合的情况如下：

洪州(包括孙州、靖州、米州、南昌州等)：武德五年下辖豫章、南昌、钟陵、

---

① 黄玫茵：《唐代江西地区开发研究》,"国立"台湾大学出版委员会1996年版,第35页。
② 许怀林：《江西史稿》,江西高校出版社1998年版,第111页。

第二章
政区建置与人口增长

丰城、高安、望蔡、华阳、宜丰、阳乐、建昌、龙安、永修、新吴13县;武德八年废除南昌、钟陵、望蔡、华阳、宜丰、阳乐、永修、龙安、新吴9县。

饶州(包括浩州):武德四年辖鄱阳、广晋、余干、玉亭、长城、乐平、新平、弋阳、上饶9县;武德七年到九年分别省去广晋、玉亭、长城、乐平、新平5县。

抚州:武德五年辖临川、南城、永城、东兴、崇仁、宜黄、邵武、将乐8县;武德七年至八年废除永城、东兴、宜黄、将乐4县;以邵武改隶建州。

虔州:武德五年辖赣、虔化、南康、雩都4县;武德中未变。

袁州:武德四年辖宜春、萍乡、新喻3县;武德中未变。

吉州(包括南平州、颍州):武德五年下辖庐陵、太和、永新、广兴、东昌、安福、新淦7县;武德七年至八年废除永新、广兴、东昌3县。

江州(包括浩州):武德四年后下辖浔阳、溢城、楚城、彭泽、都昌、乐城6县;武德八年废除溢城、乐城2县。

唐定江西,于武德四年至五年(621—622年)间共设49县,比隋时江西24县多设25县,可见唐初"州府倍多前代"并非虚言①。多出的25县完全是为临时性的政治、军事目的安抚降众而设,与社会经济的发展状况并不适应,不利于行政管理,于是才过三四年统治者就省废了23县,另将邵武县隶属建州。经过这一反复与调整,唐初江西只剩下25县,实际上只是在隋的基础上多出1县,基本维持了隋代的行政区划。

隋着唐统治步入正轨,南方社会经济的发展,尤其是经过安史之乱,江西相对稳定、经济发展、人口数量快速增长,成为皇朝的倚重之地。因此江西自武德年间重大调整以后,除贞观八年(634年)省去楚城县外,从贞观以后到唐中期,州县数量又逐步增加了一些。现将贞观以来江西行政区划沿革系统整理如下:

洪州(州治南昌县),上都督府②。领县7:南昌(宝应元年六月,因代宗名李豫,避讳改为钟陵。德宗贞元中改名南昌)、丰城、高安、建昌、新吴(旧废县,永淳二年分建昌置)、武宁(长安四年分建昌置)、分宁(贞元十六年二月分武宁置)。

饶州(州治鄱阳县),下州,领县4:鄱阳、余干、乐平、浮梁(开元四年分鄱阳置,改名新昌,天宝元年改名浮梁)。

---

① 《通典》卷一七二《州郡二·序目下》。
② 《元和郡县图志》卷二十八"江南道",称洪州为中都督府。

虔州(州治赣县)，中州，领县7：赣、虔化、南康、雩都、信丰(永淳元年分南康置南安县，天宝元年改名信丰)、大庾(神龙元年分南康置)、安远(贞元四年八月析于都县置)。

抚州(州治临川县)，中州，天宝以后领4县：临川、南城、崇仁、南丰(景云二年析南城置，先天二年省，开元八年复分南城置)。

吉州(州治庐陵县)，上州，领县5：庐陵、太和、安福、新淦、永新(显庆二年分太和置)。

江州(州治浔阳县)，中州，天宝元年改为浔阳郡，乾元元年复为江州，领县3：浔阳、都昌、彭泽。

袁州(州治宜春县)，下州，领县3：宜春、萍乡、新喻。

信州(州治上饶县)，上州，乾元元年(758年)置。领县4：上饶(乾元元年置，元和七年永丰省入)、弋阳、贵溪(永泰元年十一月，分弋阳西界置)、玉山(证圣二年分常山、须江及弋阳置，属衢州，乾元元年割属信州)。信州先隶江南东道，后归江南西道。

此外，婺源县，开元二十八年(740年)正月置，时属歙州。

由上述可知，江西在唐贞观后共有8州38县[①]，比隋代多1州14县，基本上形成了较完整的统治网络与较为合理的行政区划，州县之间的隶属关系也更加严密和稳定。

在古代的行政区划中，州县的划分不单纯是一个自然地域问题，而是有着浓厚的政治色彩和明显的等级差别。除京邑附近少数州县凭其近水楼台的政治优势而享有特殊级别外，其他地区大都按人口的多少而划分级别。人口多少虽不是社会经济发展的决定性因素，但它却是社会经济发展的必要条件，是社会化大生产出现之前衡量经济发展水平的一个重要标准。按唐制，都督府因其军事、政治地位分为上、中、下三等。州则按人口分为上、中、下三州，凡四万户以上者为上州，二万五千户以上者为中州，二万户以下者则为下州。县以六千户以上为上县，畿、望、紧等县不限户数，并为上县，三千户以上为中县，不满三千户为下县，按此标准，江西地区各州县随着社会经济的发展与人口的增长，唐中后期全部迈进上州、上县行列。据《元和郡县志》《新唐书》《唐会要》等文献记载，中唐以前，江西8州中，洪、吉为上州，至元和六年(811年)，江、袁、饶、抚、

[①] 李吉甫《元和郡县图志》统计江西地区行政区为8州、辖县38，比《旧唐书·地理志》州8辖县37，多记1县，是因为元和志编写时永丰县还未省入上饶县。

第二章
政区建置与人口增长

虔、信六州都升格为上州;38县中,南昌县为望县,高安、建昌、浔阳为紧县,余皆为上县,竟没有一个中、下县,这在南方各道中并不多见。过去相对落后的虔州,唐元和时,上升为上州,其所辖赣、南康、信丰、大庾、虔化、安远七县皆为上县。另外,从《太平寰宇记》中所列唐玄宗以来全国新置110余县来看,除10余县是增设于华北地区以外,其余90多县均分布在秦岭淮河以南,具体地说,在今江西境内27县,福建20县,安徽、湖北各10县,浙江9县,四川、湖南各7县,江苏5县[①]。由此可见,唐代江西"县"的增长数字居全国首位,是社会经济发展速度最快的区域。

三、江南西道的设立

唐初,全国有州300多,中央难以直接管辖。高祖李渊为了迅速确立对全国的有效统治,于"缘边镇守及襟带之地,置总管府"[②],从军事控制上着眼,将一些相关的州划在一起,以便统一军政。武德七年(624年)总管府改为都督府,军事性质不变。总管或都督的州县,则常有变动。江西地区的总管(都督)府先后设过两个。一是江州总管府,设于武德五年(622年),管江、鄂、智、浩四州,显然旨在加强对长江中游防线的军事镇守。随着江西林士弘和两湖萧铣两个地方性势力的消灭,江州总管(都督)府便于贞观元年(627年)罢撤。二是武德五年(622年)置洪州总管府,辖管洪、饶、抚、吉、虔、南平六州。贞观年间,改都督府后,为上都督府。贞观二年(628年)始,洪州都督府督洪、饶、抚、吉、虔、袁、江、鄂等八州,至长安四年(704年)督洪、袁、抚、吉、虔五州。

唐代在地方行政机制上的重大变化,是"道"制的确立,由州(郡)、县两级制变为道、州、县三级制。"道"制渊源于西汉刺史制,汉武帝为了加强中央集权,监察全国各郡,设十三刺史部,定期巡查,效果显著。唐统一全国后,疆域空前扩大,带来了政治统治的困难,唐太宗为了便于监督全国各州,于贞观元年(627年)依据自然地理形势和着意加强冲要地区军事力量的要求,分全国为关内道、河南道、河东道、河北道、山南道、陇右道、淮南道、江南道、剑南道、岭南道等10道。其中江南道属第8道,下辖51州,所统辖地区极其广大,长江以南,五岭以北,今贵州以东至海,均在其内。江西地区各州主要因自然地理形势归属江南道。10道划分后,唐太宗不时派黜陟使或观风俗使等分巡各道,观采民风,

---

① 张泽咸:《试论汉唐间的水稻生产》,载《文史》第18辑。
② 《旧唐书》卷三十八《地理志序》。

检查地方吏治。

随着唐代政治、经济的发展以及军事形势的变化,10道划分不尽合理的问题,逐渐显露出来。"道"地广土阔,所辖各地情况差异很大,难于有效管理监察,加上巡察官员每年临时派出,给监察工作带来诸多不便、效力有限。唐玄宗开元二十一年(733年),根据一方州县的多少、经济文化发展的程度以及对地方加强管理之需要,在10道的基础上析分为15道,即从原关内道分出京畿道,河南道分出都畿道,山南道分为山南东道、山南西道,江南道又分为江南东道、江南西道、黔中道。唐玄宗将道再划分后,"每道置采访使,检察非法,如汉刺史之职"①,并确立每道治所,各使置印。开元二十五年(737年)"命诸道采访使考课官人善绩,三年一奏,永为常式"②。原来临时派遣的监察大员,成了固定的地方检察官,也有固定的治所。人员与治所的固定,标志着道正逐步向实际的行政区转变。江南西道的治所确立在洪州(治今南昌市),简称江西道,"江西"由此得名。

江南西道采访使管辖范围,据《新唐书·地理志》载包括宣、歙、池、洪、江、鄂、岳、饶、虔、吉、袁、信、抚、潭、衡、永、道、郴、邵等19州,相当于今江西全省及湖南、安徽、湖北的一部分。此外还有一个黔中采访使,辖治大致相当于今贵州省地域的黔、辰、锦、施、叙、奖、夷、播、思、费、南、溪、溱等13州。在《旧唐书·地理志》中,这13州都写在"江南西道"之后。比较新、旧《唐书》地理志的记载,二者各有短长,但《新唐书》更接近实际一些。二书的地理志总序中,都写明开元二十一年分15道之中有黔中道。旧志是排列出15道名称,新志则写为:"开元二十一年,又因十道分山南、江南为东、西道,增置黔中及京畿、都畿。"按各道内容的叙述,二者都是以贞观10道为纲。旧志在江南道之下,列出了"江南东道""江南西道"二目,但无"黔中道"。而新志在江南道下,依次叙述诸州,又分别标明江东采访使、江西采访使、黔中采访使所辖范围,有了"黔中道"的内容和地位,然而与序言中所说的"分江南为东、西,增置黔中"不合,表现为分江南道为东、西、黔中3道。事实上,黔中道各州原本都是江南道的范围,所以二者都在"江南道"下写了江东、江西、黔中三部分。但二者的总序中都没有说"江南道"一分为三,旧志的江南道内竟将黔中各州连缀于江西道之后③。唐前期作为监

---

① 《旧唐书》卷三十八《地理志序》。
② 《唐会要》卷七十八《采访处置使》。
③ 参许怀林:《江西史稿》,江西高校出版社1998年版,第115页。

第二章
政区建置与人口增长

察区划,道的划分多遵循山河形便的原则,唐后期道的性质转化为准行政区划以后,其划分就较为复杂了。但江西地区的"道"仍然是以山川走向来划分的。江南道大致调整为宣歙、江西、湖南3个观察使辖区,江西与湖南之间就以罗霄山脉为界,与今天湘赣边界完全一致。同时,江西与宣歙、鄂岳、浙东、福建、岭南东道等观察使(节度使)辖区之间也全部以自然地势的分水岭为界,和今天的赣皖、赣鄂、赣浙、赣闽、赣粤边界也毫无二致。

四、杨吴、南唐时期的江西政区

唐末五代,统治江淮的杨吴、南唐建立割据政权后,为了强化统治,在行政区建置方面,改置了一批方镇军号,增设了一批新的州县。关于五代十国时期的方镇,欧阳修在《新五代史·职方考》中指出,它们不同于唐代的方镇。唐朝的方镇(军镇)设置于边防要地、襟带之区,"置军节度使,号为方镇,镇之大者连州十余,小者犹兼三四"。在朝廷集权统治强有力时,它们对防卫边境、控制地方,发挥了积极作用。但当朝廷衰败之时,它们就是闹分裂对抗的破坏性力量,"故其兵骄则逐帅,帅强则叛上,土地为其世有。干戈起而相侵,天下之势,自兹而分"。由于方镇将帅和朝廷关系各不相同,而且方镇与朝廷之间又有相互利用的需要,因而"唐自中世多故矣,其兴衰救难,常倚镇兵扶持,而侵陵乱亡,亦终以此"。唐末五代之际,无地不是藩镇,大大小小的军阀们在相互的兼并攻夺之中,逐渐演化为十数个小朝廷。五代十国各政权,一方面仍沿用唐朝节度使制,另一方面吸取唐朝教训而限制节度使权力。军镇辖区不再兼管别州,职权已和州的长官一般。正如欧阳修所说:"后世因习,以军目地,而没其州名。又今置军者,徒以虚名升建为州府之重。"①即用军的名号代替了州的名称,在其地建立"军"或改某州为"军",只是表示对它的重视,没有实质上的改变。

南唐统治者以李唐皇朝继承者自居,在制度上都极力模仿唐制。然而,社会情势的变化,使其一些制度虽沿用唐名,具体内容却不得不有所改变。陆游《入蜀记》卷四称:"唐(南唐)制,节度使不在镇,而以副大使或留后居任,则云知节度事。"至南唐后期,知节度事的名称有变化,据陆游所见南唐碑文所示,已改为"知军州事",近似于宋代制度。南唐朝廷直接任命节度使,且频繁更换,以防出现藩帅拥兵自固的局面。在一般时期,其节度使的军事职能相当有限,昇元六年(942年),李昇以宋齐丘赴洪州,任镇南军节度使;李璟继位后,以老

---

① 《新五代史》卷六十《职方考》。

迈的周宗为镇南军节度使，此二人并没有能力承担军事。南唐甚至将出任节度使作为一种贬职手段。李璟在位期间，曾因不满宋齐丘，让其赴润州出任镇海军节度使。不过，南唐节度使在战时作用突出。如周占领淮南后，洪州的镇南军及江州的奉化军成为南唐战略防御的重点，南唐先后以朱匡业、林仁肇、朱令斌等重将出镇洪州、江州。

杨吴、南唐期间，江西除洪州设镇南军之外，还置有百胜、奉化、永平、昭武、建武等军镇。其设置的情况大致是：

百胜军，天祐六年（909年）梁置于虔州。当时卢光稠既归附吴，又以虔、韶二州请命于梁。"虔州一臣二主"的地位只维持了十年便被吴灭，成为吴的辖地。同治《赣州府志》卷二载，徐知诰取代吴国，建立南唐，即改百胜军为昭信军。此事据《太平寰宇记》卷一〇八"虔州"条，则为"后唐长兴二年（931年）升为昭信军节度"。

奉化军，顺义元年（921年）吴置于江州。是年十月，杨溥举行南郊祭天仪式，拜徐温为太师，又加其义子徐知诰为同平章事、观江州观察使。随即以江州为奉化军，以知诰领节度使。江州升为军镇，委以势官大臣，对徐知诰是表示礼仪上的尊重，于江州则更强调了其屏障金陵王都的重要性。

永平军，昇元二年（938年）南唐置于饶州。据《婺源县志》载，是年以刘津为都制置使，巡辖婺源、浮梁、德兴、祁门四县。

昭武军，据《九域志》，吴置昭武军于抚州。治临川。

建武军，据《太平寰宇记》卷一一〇，宋开宝二年（969年）南唐于抚州南城县置。另据《南城县志》引《南唐书》所记，昇元元年（937年）南唐以南城县置建武军，东兴、永城为附郭二县①。依后者所记，则不仅建武军成立的时间提早，而且有隶属于它的两个县。这个军不同于一般的藩镇军镇，不属于军事系列，而是新增的州级政区，属于行政系列。所以《十国春秋·地理表》中，把它与洪、饶、虔、吉、江、袁、抚、信、筠州并列，而在《藩镇表》中另列镇南、永平、奉化、百胜、昭武等五个军镇，亦以区别。

在行政区中，南昌新增筠州。保大十年（952年）正月，南唐建筠州于高安县。高安是洪州西面交通要冲和经济中心，自西汉置立建成县以来，经济文化发展加快。唐武德五年避太子李建成名讳，改县名为高安，并于高安建靖州，七

---

① 《南城县志》卷九，王平叔《改建昌军治记》又是一说："（李氏）专制于境内，开宝三年（970年）升南城县曰建武军，所以抗御七闽，牵制百越也。"

第二章
政区建置与人口增长

年改称米州,再改筠州。但是武德八年废罢,仅四年光景,高安仍隶洪州。这不仅是因唐初特定的政治需要而出现的临时性措施,也反映了当时高安的经济基础还比较薄弱,因而刚立即罢。延及唐末,高安成为政治上的一个地区中心。钟传起于高安,据有洪州,雄踞江西。吴与楚争斗,多次以高安为交战的中心。楚国马殷死后,诸子互斗,争夺权位,国力急剧削弱。保大九年(951年)南唐灭马楚政权。俘其国主马希萼。十二月,李璟以马希萼为江南西道观察使,居洪州,仍给楚王名号。同时于高安建立筠州,监督马希萼,隔断他与潭州的联系。自此之后,筠州稳定发展,直至清末。

至此,江西境内有洪、饶、虔、吉、江、袁、抚、信、筠州及建武军等10个州级行政区。值得注意的是,在五代十国军事立国时代,作为杨吴、南唐政权的重要部分,江西的行政单位中也增添了军事化色彩。

杨吴、南唐的地方行政制度因循唐制,采取州、县制。以州领县,州长官为刺史,县长官为县令,县以下还设有场、镇、乡等基层行政区划单位。另外,南唐沿用唐制,设立监,以管理盐铁务。如饶州永平监主管铸钱。

系统整理杨吴、南唐州县设置及沿革如下:

洪州:治南昌,辖南昌、丰城、分宁、靖安、奉新、武宁、建昌、新淦。其中靖安于昇元中升为县,奉新于保大十年(952年)改为现名,新淦于南唐改属洪州。交泰二年(959年),南唐升洪州为南昌府,以备作新都,所辖地域相同。

筠州:保大十年(952年)设,治高安,辖高安、上高、万载、清江。

饶州:治鄱阳,辖鄱阳、余干、浮梁、乐平、德兴、都昌、永平监。

信州:治上饶,辖上饶、弋阳、贵溪、铅山。其中,铅山于南唐先置场,后升为县。

虔州:治赣,辖赣、信丰、瑞金、石城、上犹、龙南、安远、雩都、虔化、南康、大庾。其中,瑞金、石城于南唐置县;上犹杨吴时为场,保大十一年(953年)升县;龙南于保大十年(952年)置。

袁州:治宜春,辖宜春、萍乡、新喻。

吉州:治庐陵,辖庐陵、太和、安福、永新、吉水、龙泉。其中,吉水于南唐保大七年(949)置;龙泉于南唐先置场而后升为县。

江州:治德化,辖德化、彭泽、德安、瑞昌、湖口、东流。其中,德化杨吴名浔阳,南唐更名德化;瑞昌于昇元三年(939年)由场升为县;湖口于南唐由镇升县;东流于保大十一年(953年)升为县。

抚州:治临川,辖临川、崇仁、南丰、宜黄。其中,宜黄置于李煜时期。

由上可知,杨吴、南唐所辖县治,在唐代38县的基础上,又先后增建了万载、德安、靖安、清江、瑞昌、铅山、德兴、湖口、吉水、上高、上犹、瑞金、龙南、石城、龙泉(今遂川)、宜黄、东流、东兴、永城等19个县,合计为56个县。江西境内再次出现县邑增多的形势。隋唐五代时期,江西诸县的建置,没有重现三国两晋南北朝以来立而又废、大起大落的曲折。表明本区建县的经济基础大大加强,步入了稳定发展的阶段。

五、影响江西州县建置的因素

政区建置沿革一般受政治、经济、军事、地理、民族等因素的影响与作用。考察江西隋唐五代行政区划的演变,经济因素占主导地位,这反映出本区在这一历史时期社会经济快速发展的特点。人口不断增多,经济快速发展,政府为了加强管理、便于收取赋税,根据需要增设州县,从而使本区的县治数量得到较大的增长。

古代的人口状况是经济发展的指标,地区人口密度和分布往往与经济开发的深度和广度成正比,其政区尤其是县级政区的设置往往兼有指示人口增长和经济开发的作用。历史政区图中,那些开发程度较深、经济发达、人口稠密的地区,县邑星罗棋布;那些开发程度较差、经济落后、人烟稀少的地区,县邑寥若晨星。当然,县邑作为封建国家的一级行政组织,其废置增减与军事政治形势关系莫大,如东晋南朝的侨置郡县,分裂割据时的滥置郡县即是。不过,一旦时局稳定,滥置的郡县往往被废罢合并,增置县邑则一般是人户殷繁与空荒之处得到开发所致。因此县邑的变动归根到底要直接间接受制于经济因素。毫无疑问,隋代以及唐初期的建置主要是受政治、军事因素的影响,但唐贞观以来的建置则主要是从经济的角度予以确认,这种建置的变化反映出江西地区社会发展的客观现实,唐五代新设、复置的州县就是典型的说明[①]。

信州创建于唐肃宗乾元元年(758年),其距导致北方人士大量南迁的安史之乱仅四年,说明此期间,北人迁入此地为数不少。信州位于衢州、饶州、抚州与建州之间,"川原曼远,关防襟带"[②],流寓至此的人杂而多,既为各州的边境相互推脱不管之地,势必造成动乱的因素。鉴于上述情况,江淮转运使元载以

---

① 以下分析文字,参陈文华、陈荣华主编:《江西通史》,江西人民出版社1999年版,第197—291页。
② 《太平寰宇记》卷一〇七"江南西道"。

第二章
政区建置与人口增长

此地"宜置州"。按照他的设想,"州东南五十里即饶州弋阳县进贤乡永丰里,可置一县,以永丰为名;兼割饶州之弋阳县,衢州之常山、玉山,建州三乡、抚州之三乡"建州,这样便可"迤逦相望,自然无虞"。元载的奏请得到唐肃宗的批准,并"赐名信州"①。当时领永丰、弋阳、常山、上饶、玉山5县,辖境有40000户。其中常山于乾元元年割属信州后,不久"又还衢州"②。永丰县至元和七年(812年)并入上饶。玉山"他山合沓,峻岭横亘,该谷皆相互分其流,虽步通三衢,而水绝于越,千峰万拥,限隐不可得而虞也。自陈、隋以来,此为巨奥。证圣二年分衢州常山、须江二县,饶州弋阳县共二十乡为玉山县",隶衢州,"至乾元元年隶信州"③。到"永泰元年,洪州观察使李勉,奏割弋阳、余干二县地置贵溪县,……属信州"④。信州及其所辖贵溪、上饶、玉山三县的设立,当然也与道路交通的开拓有关,唐后期由此进入江南东道的道路开始被人使用⑤。

洪州辖境复设1县而增2县,也是这一时期社会经济发展、人口快速增长所致。"洪据章江,上控百奥,为一都会。"⑥安史之乱后这里"既完且富,行者如归"⑦。开元间(713—741年)境内有94乡、55405户,至元和间(806—820年),有110乡、91129户,分别比开元间增加16乡、35724户。如果将洪州唐元和间的户数与隋朝豫章郡的12021户相比,则增加了79108户,增长率为658%。隋时该地只设4县,唐武德年间虽在这一地区设立过13县,但过了数年又废除了9县,也只剩下4县。对增加如此快的户口,原有的4县显然是难以有效统治,于是有新县之设。新吴为"永淳二年析建昌复置",时"邑人涂文师、瞿恩祥等以道远难于供输,请复置县,诏从之"⑧。可见,新吴复置是由于建昌管辖范围过广,以致使民众欲缴纳赋税都有相当困难,为了加强封建政府赋税征收,分建昌而复置新吴。武宁之设也是从建昌县析出,其建在长安四年(704年),贞元十五年(799年)又割武宁置分宁,其地特产丰富,交通便利,修水由北而折向东南经过县治,顺流而下经武宁、海昏,最后流入鄱阳湖,《新唐书·地理志》载,境内亥市

---

① 《太平寰宇记》卷一〇七"江南西道"。
② 《旧唐书》卷四十《地理志》。
③ 《太平寰宇记》卷一〇七"江南西道";《旧唐书》卷四十《地理志》。
④ 《元和郡县图志》卷二十八"江南道"。
⑤ 黄玫茵:《唐代江西地区开发研究》,台湾大学文史丛刊,台湾大学文学院,1996年。
⑥ 《文苑英华》卷八七〇杜牧《江西观察使武阳公韦公遗爱碑》。
⑦ 《全唐文》卷四二七邵《送王司议季友赴洪州序》。
⑧ 《新唐书》卷四十一《地理志》。

(草市)"其地凡十二支,周四里之内,聚江、鄂、洪、潭四州之人,去武宁二百余里,豪富物产充之"。由此推测分宁县的设置是经济开发的结果。同治《义宁州志》记,李巽认为"以武宁一县,所隶凡二十乡,而西八乡,趋县道远,输赋不便",因呈请于亥市建县。从永淳二年至贞元十五年接连从建昌析出新吴、武宁,又从武宁割置分宁,说明建昌经济发展,人口增长,需要分而治之,以加强对该地的财赋征集。

虔州位于赣江上游,"于江南地最旷"①,"其地抚闽、粤之背,扼章、贡之吭,层峦叠嶂,气象磅礴"②,是江西的南大门,政治、经济地位极其重要。开元初大庾岭道拓宽之前,这条道路上已有商贾过往,张九龄曾目睹这一情景,写道"以载则不容轨,以运则负之以背"③。大庾岭道改造之后,商旅活动更是繁荣。商旅活动的增多,事实上也就促使了这一地区的开发。从户口增长的情况来看,唐初虔州只有8994户,到天宝年间迅速增至37647户。户口的大量增长,以旧有的4县统领显得力不从心,于是就有了新县之设。据《太平寰宇记》卷一○八"江南西道"载:"永淳元年析南康县更置南安县,以其地接岭南,人安物阜,谓之南安。"天宝元年"以人信物丰为名"更名曰信丰。经济发展、人口增殖是南安(信丰)设县的重要原因。至神龙元年(705年)以南安地域过广,遂割南安县地置大庾,以其"当五岭之一"也。意在加强对梅岭边上过往商客的管理。安远析自于都,原因是于都"地辟人稀,每有赋徭,动逾星岁",贞元四年(788年),"刺史路应泰奏请极于都三乡并信丰一里再置"④。永新析自太和,《太平寰宇记》卷一○九"永新县"条记:"显庆四年,永新之民以太和道阻远,请别置县于禾山东南六十七里,即今理也。"中央出于便于收税而设县,永新县的开发当也比较深入。

饶州浮梁县在开元年间的复置,同因为浮梁是江南的茶叶贸易中心,茶叶经济十分繁盛。

因加强政治军事力量而新置的如南丰、乐平与婺源3县,实质上也是人口增长经济发展的结果。《太平寰宇记》卷一一○"抚州南丰县"条:"开元七年,刺史卢元敏奏:田地丰饶,川谷重深,时多剽劫,乃复置南丰县。"南丰县据《新唐

---

① 《王文公文集》卷三十四《虔州学记》。
② 同治《赣州府志·序》。
③ 《张曲江集》卷十一《开大庾岭路记》。
④ 《太平寰宇记》卷一○八"江南西道";《新唐书》卷四十一《地理志》。

第二章
政区建置与人口增长

书·地理志五》,景云二年(711年)析南城置,先天二年(713年)省,开元八年(720年)复置。复置的原因据《太平寰宇记》说乃因"时多剽劫",其实也可能是由于诸州逃户投聚的结果。乐平之地山势险峻,尝招致"歙寇程海亮剽掠",为了强化对这一地区的管制,"开元四年,廉访使韦玢,即长乐、水口建乐平,新县尽统乐安旧地"①。婺源县之设是在镇压洪真农民起义之后,据《婺源县志》载:"开元二十四年剧盗洪真,以休宁回玉乡之鸡笼山为巢穴,据歙、衢、睦三州界,二十八年盗平,因休宁之回玉乡及浙原、来苏二乡,并乐平之怀念乡,立婺源县"。其实,婺源设县,还应与当地以茶叶为主的山区经济发展密切相关。

杨吴统治期间,江西地区新设3军1制院1县。3军是奉化军、昭武军、百胜军。吴顺义元年(921年)"升江州为奉化军",又"吴置昭武军于抚州,治临川"。梁开平初(907年)"卢光稠以虔、诏二州请命于梁,梁太祖为置百胜军"。天祐六年(909年),"光稠来附于(吴)高祖。南唐昇元元年(937年)改百胜军为昭信军。1制院是新淦制置院,天祐七年"吴于新淦置制置院"。1县是德安县。德安"本隋湓城县南境,唐为蒲圹场,吴升为德安县"。军与制置院的设置无疑是因军事斗争的需要,而县的新设,则是社会经济发展的结果。杨吴期间,江西还将5个镇提升为场。象湖镇本雩都县地,杨吴置瑞金(场)监;虔南场原为信丰百丈镇,杨吴将其升为虔南场;上犹场本南康县地,杨吴析为上犹场;靖安场本唐靖安镇,吴改升为场;杨吴还于德化境置星子镇。场、镇都是设置的前期准备,至南唐时期,这些场便很快提升为县,这是江西地区社会经济稳定发展的如实反映。

杨吴、南唐处军事立国时代,军事活动频繁,行政区域表现出浓厚的军事色彩。如前所述,江西境内各府、州、军、县的复置新增,不少是出于政治、军事的原因。不过,经济因素仍在其中起着重要作用,尤其是在县的建置上。

杨吴、南唐在江西所设新县,基本上是因"场""镇"上升而来的。唐五代时,"场"往往指特种经济活动的场所。如,纳税之地为税场,运输之地为输场,产盐榷盐之地为盐场,开采矿藏之地为矿冶场。场有临时开辟者,如天宝十一载(752年),"令于龙兴观南街开场,出左藏库内排斗钱,许市人博换"②;贞元年间

---

① 同治《饶州府志》舆地志一《治革》引《乐平县志》。
② 《旧唐书》卷四十八《食货志》。

(785—804年），"令于京城及东渭桥,开场和籴米二十万石"①,这二场均为临时开设的官府与百姓财物交易场,换钱与和籴活动结束后,所开之场即废。另一些场院则由于经济活动的永久性和持续性,固定下来并且发展为新一级的财政机构。诸场置官设吏,主持日常的经济活动,同时,随着人口流动、场务发展等,一些场从单一盐场、矿场、税场成为具有多种职能的场镇,向一级新的行政机构发展。随着人口增长、生产发展、商业发达,一些生产性的盐场、矿场也税场化。矿冶、盐场的税场化,使场的性质变得复杂起来,场向一级行政区划演变。由于矿冶场兼税务,进而升之为县。

我国古代的"镇",包括军事和经济两大类,也承担着县以下一定区域内的行政管理职能。唐初以来已开始了县镇互为表里的现象②。唐代,在长江中下游地区的镇多以经济意义为主。《太平广记》卷一三四《童安玗》条记唐宣宗"大中末,信州贵溪县乳口镇有童安玗者,乡里富人也。初甚贫窭,与同里人郭琪相善,琪尝假钱六七万,即以经贩,安玗后遂丰富"。信州始置于唐肃宗时,贵溪县始置于代宗时,至迟在宣宗时,县下出现了乳口镇。它是一个经济意义上的镇。

由场、镇升县的数量在南唐统治区内是很多的,其中江西地区又特别突出。按《十国春秋·地理表》所记,南唐辖境共计35州军,由场镇升县者共有20个,其中除如皋、嘉鱼、永安、通山、大冶5县之外,其余的均属于江西。③同时,新置的镇共5个,江西占3个,即高安步盐镇、新淦万安镇、德化星子镇;新置的场共3个,全在江西,即临川金溪场、宜黄场、铅山场。这些事实表明,当时江西境内经济开发的形势很好。

吴及南唐期间江西地区增置的各县,基本上都是在场、镇基础上发展起来的(见次页之表):

---

① 《陆宣公集》卷十八《请减京东水运收脚价于沿边州镇储蓄军粮事宜状》。
② 张泽咸:《唐代工商业》,中国社会科学出版社1995年版,第244页。
③ 依《十国春秋》卷一一一《地理表》,仍将宜黄场、铅山场列入新置场内,故升县数只有20,江西只有15。

第二章
政区建置与人口增长

吴、南唐期间由场、镇升格成县情况表

县名	场镇名	升县时间	县名	场镇名	升县时间
万载	万载场	顺义元年（921年）	龙南	虔南场	保大十一年（953年）
德安	蒲塘场	乾贞元年（927年）	瑞昌	赤乌场	昇元三年（939年）
靖安	靖安场	昇元元年（937年）	湖口	湖口戍	保大七年（949年）
清江	潇滩场	昇元二年（937年）	吉水	吉阳场	保大八年（950年）
德兴	邓公场	昇元二年（938年）	石城	石城场	保大十一年（953年）
上高	上高镇	保大十年（952年）	东流	东流场	保大十一年（953年）
上犹	上犹场	保大十年（952年）	龙泉	龙泉场	建隆元年（960年）
铅山	铅山场	保大十一年（953年）	宜黄	宜黄场	开宝三年（962年）
瑞金	瑞金	监保大十一年（953年）			

杨吴、南唐的场、镇、监升格为县，有的是因军政需要而设。《太平寰宇记》卷一〇六"靖安县"条：靖安本建昌县地，唐广明之后，"草寇侵掠本州，以靖安、孝悌两乡去县稍远，乃于此设镇，至伪吴乾贞二年升为场，伪唐昇元中改为县。"初设完全是为了军事目的，后为了增强其实力，"相次又析建安、奉新、武宁等三县邻近三乡以为实焉"。不过，在江西的绝大多数镇、场、监升格为县的，主要是经济发展的结果。《太平寰宇记》卷一一一"瑞昌县"条：武德初以江州领浔阳、彭泽、都昌三县，建中四年以浔阳西偏远，因立为赤乌场。五代时吴国"累为邑宰"的毛贞辅广陵参选时，得赤乌场官①，表明五代时赤乌场仍存在，充任者为州县官。潇滩镇，位于赣江中游，袁水在此汇合。它能在昇元二年（938年）八月升格为清江县，并由南唐朝廷直辖，享有与州相同的行政等级，是其航道地位在政治上得到重视的反映。后来，筠州建立，清江便成为这个新的行政中心区的组成部分。德兴、铅山县的建立，是因采矿业的兴旺而置的。邓公场的银矿、铅山场的铅矿生产都为当地的经济开发奠定了坚实基础。县名德兴，意为"唯德乃兴"，实际上是因矿而盛。在新增的17个县中，万载、吉水、上高、石城、龙泉、宜黄六县是旧县复置。南朝时，他们依次为康乐、吉阳、望蔡、陂阳、遂兴、宜黄县。隋朝调整州县时，它们因户少县小而被裁并。现在重新建县，自然是经济复苏、户口增多的结果②。

---

① 《太平广记》卷二七八《毛辅贞》。
② 许怀林：《江西史稿》，江西高校出版社1998年版，第211页。

第二节
人口增长

隋唐五代时期,江西社会经济快速发展,人口自然增长稳定。特别是安史之乱以来,北方的持续动乱而江西的相对稳定,大量人口迁入江西,人口增长越发迅速,在全国居于首屈一指的地位。江西人口数量的大增,人口地理的分布又渐趋于合理,奠定了本区经济文化全面发展的基础。

一、隋与唐前期江西人口的状况

刘宋大明八年(464),江西人口有46000户、330000余口,这是六朝时期江西有明确记载的户口。隋建立后,江西人口有了一定幅度的上升。《隋书·地理志》载,隋代江西户数为:豫章郡:12021;鄱阳郡:10102;临川郡:10900;庐陵郡:23714;南康郡:11168;宜春郡:10116;九江郡:7617。总户数达86638户,若以每户5口计,有428190口。隋朝豫章诸郡的户数,是南朝宋1.85倍,净增3.9万余户。要说明的是,隋朝对北方的人口整理极为重视,曾实行"大索貌阅",但鉴于南方地方势力较为强大、民众不断反抗等的特殊情况,取羁縻、柔抚之政策,人口缺少系统的整理,统计较为松懈,所以隋代江西人口可能存在与实际户数偏少的问题。开皇九年(589年)隋统一时,全国大约有著籍人户700万,至大业五年(609年)著籍人户达9077714,口达46019056。与全国人口总数相较,江西户、口分别占0.95%和0.93%,所占比例还极小。主要原因是,江西还没有步入社会经济快速发展的轨道,本身人口增殖有限,外来人口也不多。

隋末唐初,战争伤害与流亡,致使全国人口数再次锐减,仅略高于西汉时期的水平。江西地区受战祸的影响不大,人口大概不会低于原来的数字。唐建立伊始,对于户籍十分重视,武德七年(624年),"颁新律令:百户为里,五里为乡,四家为邻,四邻为保。在城邑者为坊,在田野者为村"[①];"里及村坊皆有正,以司督察。四家为邻,五家为保,保有长,以相禁约"[②]。要贯彻城乡的保甲制度,首先必须查清户口,始能按人编制。江西地区在唐朝时期有了比较确切的人口

---

① 《资治通鉴》卷一九〇"唐高祖武德七年"条。
② 《唐六典》卷三《户部朗中员外郎》。

第二章
政区建置与人口增长

统计数字。

江西道各州的户口数，《旧唐书·地理志》分旧领的县与户口数及天宝时所领县与户口数，《新唐书·地理志》未书明时间，而与《旧唐书》对照一看，即知为天宝时的户口数。《元和郡县图志》所载，为开元和元和时的两种，但只有户数而无口数。现将《旧唐书》与《元和郡县图志》所载户口数，分别表列于下：

《旧唐书》所载江西道七州户口数表

州 名	贞观时期户口数		天宝时户口数	
	户	口	户	口
洪 州	15,456	74,044	55,530	353,230
饶 州	11,400	59,817	48,099	244,350
虔 州	8,994	39,901	37,647	275,410
吉 州	15,040	53,185	37,752	237,032(1)
江 州	6,360	25,599	29,025(2)	155,744
袁 州	4,636	25,716	27,093	144,096
抚 州	7,354	40,685	30,605	176,394
总 数	69,240	318,947	265,751	1,586,256

(1)《新唐书·地理志》口数作337,032； (2)《新唐书·地理志》户数作19,025。

《元和郡县图志》所载江西道八州户数

州 名	开元户数	元和户数
洪 州	55,405	91,129
饶 州	14,062	46,116
虔 州	32,837	26,260
吉 州	34,481	41,025
江 州	21,865	17,945
袁 州	22,335	17,226
信 州		28,711
抚 州	24,988	24,767
总 数	205,973	293,179

依上两表的统计，江西贞观年间户数为6.9万余，开元时有户20.5万余，后者比前者增加了3倍左右。天宝时有户26.6万，比开元增户6万左右，说明从隋

末至贞观、开元至天宝短时期内增幅之速,贞观之治、开元盛世并非虚名。贞观以后,江西社会安定,经济发展,人口增加迅速。约一百年间,户数增加3.59倍,人口数增加5倍余,明显高于全国同期户口增加的比例(2.9与4.1)。但就江西户口占全国总数的比重来看,则增加不太多。这一时期整个国家社会秩序稳定、经济繁荣昌盛,全国各州人口都在上升之中,江西基本上与其他地方同步发展,由于人口基数较低,人口增长并没有太突出的表现。

二、安史之乱后北人迁赣潮流

江西户口在隋朝时为85638户,盛唐开元时为205973户,元和时增至293180户,历五代至宋初猛增至591870户。说明唐五代是江西人口迅猛增长的时期,特别是唐安史之乱之后,当全国绝大部分地区的人口增长陷于停滞甚至倒退时,江西地区仍然保持着强劲的增长势头。造成这种状况的原因:唐前期,社会经济快速发展,贞观之治、开元盛世相继出现,江西人口自然增长稳定。而安史之乱以来,唐廷以江淮为国命,财政收入主要依赖包括江西在内的江南八道的供应,统治者不得不注意发展当地经济生产、鼓励人口增长。加之劳动人民的辛勤开发,遂使南方的社会生产力提高很快,超过了北方的水平,江西人口的自然增长率仍然维持较高水平。更为直接和重要的是,动乱引发北方大量人口南迁江西。

天宝十四载(755年)十一月,安史之乱爆发。帝国承平日久的局面被卒然打破,无论对于统治者还是广大人民来说,事变都来得很突然,引起了心理上的极大恐惧。安史之乱持续八年,战祸几乎遍及整个黄河中下游地区,对北方造成极大的危害,黄淮地区几乎成了荒原。史籍称:"夫以东周之地,久陷贼中,宫室焚烧,十不存一,百曹荒废,曾无尺椽,中间畿内,不满千户,井邑榛棘,豺狼所嗥,既乏军储,又鲜人力。东至郑汴,达于徐方,北自覃怀,经于相土,人烟断绝,千里萧条。"①"大兵之后,民无积蓄,饿殍相枕。"②造成人口大量流亡,"人多逃窜他邑以避祸"③;"编户转徙,庐井半空"④。许多民众因生命财产遭受惨重损失而被迫告别故土,向战祸较少、生活相对稳定的地区迁徙。杜甫《无家别》

---

① 《全唐文》卷三三二郭子仪《请车驾还京奏》。
② 《册府元龟》四〇六《将帅部·清俭》。
③ 《旧唐书》卷一二二《曲环传》。
④ 《册府元龟》卷六七八《牧守部·兴得》

第二章
政区建置与人口增长

诗描述洛阳一带残破凋零的悲惨景象："寂寞天宝后，园庐但蒿藜。我里百余家，世乱各东西。"绝大多数流亡人口如潮水般涌向江南。如唐肃宗诏："又缘顷经逆乱，中夏不宁，士子之流，多投江外。"①《旧唐书·权德舆传》载："两京蹂于胡骑，士君子多以家渡江东"；权德舆《王公神道碑铭》云："时荐绅先生，多游寓于江南。"韩愈《考功员外卢君墓铭》云："当是时，中国新去乱，仕多避处江淮间，尝为显官得名声以老故自任者以千百数。"大诗人李白当时正辗转江南，亲眼目睹了"三川北虏乱如麻，四海南奔似永嘉"的历史情景。

安史叛军攻势凌厉，肆意蹂躏了中原，却由于唐朝军民的坚决抵抗以及叛军力量有限，东线被挡在睢阳（河南商丘）；西线受阻于南阳，于是"南夏得以保全"，因此北方民众纷纷南下进入淮汉以南地域。吴头楚尾的江西地处长江中下游交界处的南岸，地理形势上不仅便于流民的进入，也利于保全流民的生命，不少北方移民因此经荆襄和淮南两地辗转流入江西。如长江中游地区，乱事爆发之初南徙的两京士庶先是就近避难于襄、邓，后因唐军与叛军在襄、邓一带对峙，南逃士庶又进一步顺江而下，散布于荆、鄂、江沿江一带，有的便进入赣水流域。

江西地区在安史之乱之前，因各种原因的作用与影响，已有少量的移民进入。如，武周万岁登封元年，祖籍沧州青池（今河北沧县东南）幸茂宏"丞南昌，因家高安之洪城里"②。又欧阳修记胥沆言其世系曰："吾家为燕人，十三代祖仪为唐御史中丞，坐言武后事，贬临川，后世因家焉。"③王仪原籍京兆万年县（今陕西西安市）人，开元初，官江苏丹阳太守，解任后，无意北归，携孟友、仲友、季友三子，徙家来豫章，结庐于南昌东湖之滨。安史之乱期间及以后，江西则成为外来人口迁入的重点地区之一，其基本原因在于本区社会稳定，经济发展。安史之乱爆发以后，江西很少受到战争的影响，除了至德元载（765年）永王李璘叛军残部逃入江西时曾有较短暂的小规模战争外，大体上保持着和平局面。在江西的一些地方民间崇祀张王庙④，庙里供奉张巡、许远。张巡是蒲州（今山西永济）人，许远为杭州盐官人，都没有在江西活动过。江西地方立庙祭祀张、许，

---

① 《全唐文》卷四十三唐肃宗《加恩处分流贬官员诏》。
② 柳宗元《唐故开国祭酒文贞公墓志铭》，收录《高安洪城幸氏族谱》。
③ 《欧阳修全集》卷十一《左班殿直胥君墓志铭》。
④ 德兴县在民国期间县城有两所张王庙。广昌县有三忠庙，祀关公、伍子胥、张巡；另有昭忠庙，祀张巡。宁都有东平王庙，祀张巡、许远。南宋景定中，封张巡为东平王（见民国《德兴县志》、同治《广昌县志》、道光《宁都州志》）。

或是朝廷的提倡,张、许坚守睢阳,挫败安禄山叛军锐气,使其南攻江淮的企图破产,"而唐全得江淮财用,以济中兴"①。更可能是江西民众出于感激,是他们的英勇抗敌,使本区没有直接遭受安史之乱的兵祸,城乡不至于破坏,社会经济得以继续发展。史称洪州"自幽蓟外奸,加之以师旅,十年之间为巨防焉。当闽越奥区,扼江关重阻,既完且富,行者如归"②。洪州是江西观察使的治所,其情况无疑是江西全境的一个缩影。葛剑雄先生从正史、文集和笔记小说中,搜罗到134个在安史之乱阶段自北方迁入南方的移民资料③,在134例移民资料中,有27例分布于江西,约占总数的20%,仅次于占34%的江南地区,显然江西是该阶段北方移民的重要迁入区。换言之,安史之乱爆发后,以北方人为主的迁赣活动几成浪潮,引起了江西人口的大幅度变迁。安史之乱结束后,北方随即又陷入长期的藩镇割据。由于藩镇割据的战争主要在河南和淮西一带进行,距战场较近的江西又成为移民的重要迁入地。

洪州"既完且富,行者如归",外来移民自是不少。崔祐甫《上宰相笺》记,崔祐甫因"中夏覆没,举家南迁,内外相从,百有余口,长兄宰丰城"。杜黄裳《大唐故李府君墓地铭》记,权皋家洪州,时"两京蹂于胡骑,士君子多以家渡江东,知名之士如李华、柳识兄弟者,皆仰皋之德而友善之";又《江西通志》卷九十六《寓贤》引《豫章书》载权皋事迹云:"秦州略阳人,禄山反……客洪州……自中原乱,士人率渡江。李希、柳识、韩洄、王定,皆仰皋节,与友善。"此外,崔夫人李金、窦夫人崔氏等人均举家迁入洪州。以上所列这些人都属于上层移民,在大历前后多北返中原。但是,上层移民活跃的地方,一般也有较多的下层移民,而且他们大多应定居在当地。裴氏和王振两家在贞元前后迁入洪州的事例④,说明在藩镇割据阶段有一些北方人迁入。

江州为江西的北部门户,是移民渡长江入江西的主要地,沉积于此地的移民自是不少。《旧唐书·卢简辞传》载,简辞"天宝末举进士,遇乱不第,奉亲避地于鄱阳,与郡人吉中孚为林泉之友"。《新唐书·卢纶传》叙简辞之父卢纶:"河东蒲人,避天宝乱,客于鄱阳。"《唐国史补》卷上:"元结,天宝之乱,自汝渍大率邻

---

① 《新唐书》卷一九二《忠义传赞》。
② 《全唐文》卷四二七于邵《送王司议季友赴洪州序》。
③ 分别见葛剑雄主编《中国移民史》(第三卷)第九章、第十章各表,其中江西移民分布见表9-3,福建人民出版社1997年版。
④ 周绍良:《唐代墓志汇编》,上海古籍出版社1992年版,第1934、2150页。

第二章
政区建置与人口增长

里,南投襄汉,保全者千余家。乃举义师宛叶之间,有婴城捍寇之功。"元结"南投"地点"襄汉"疑"瀼溪"之误,"瀼溪"在今江西瑞昌县,瑞昌则与九江毗邻。同治《饶州府志》卷二十四载,润州(今江苏金坛县)人戴叔伦,"初尝避乱至鄱阳"。又,安史乱时生活在南方的北方籍道士吴筠作《酬叶县刘明府避地庐山,言怀诒郑录事昆贵、苟尊师兼见赠之》诗,说他们在"河洛初沸腾"时迁入江州以后,"隐令旧间里,而今复成跻"。据此,刘、郑、苟等人都是乱后举家迁入江州的北方移民。据唐人李华《卢斋居记》记,广德二年(764年)北方人卢振定居在九江南郭,因其威信较高,被"寻阳(浔阳)侨旧推仁人焉,推智者焉"。这些"寻阳侨旧"应多是北方移民。建中二年(781年)蕲州(治今湖北蕲春县北)刺史李良安领老幼2万余口渡江迁入江西,与之隔江相望的江州应是移民最主要的定居地。刘长卿《送李二十四移家之江州》:"逋客多南渡,征鸿自北飞。"在一定意义上就是移民迁入江州地域的写照。

饶州位于赣东北鄱江和信江流域,是北方移民过江后迁入江西或从江南转入的必经之地。至德元载(756年)永王璘东下江淮失败,南奔时就曾攻入饶州。安史之乱期间,宋垓、卢纶、刘长卿等人均自北方全家迁入。除了上层移民,还有一定数量的下层移民,一位年仅15岁的北方籍尼姑便居住在鄱阳①。皇甫冉《送李录事赴饶州》:"北人南去雪纷纷,雁叫汀沙不可闻。"即是描述北方人大量迁入饶州的情形。

信州扼江南、江西的交通要道,一些移民在迁移过程中选择此地为定居地。安史乱时移民以工部郎中王端及其三个儿子、权德舆从兄权颖以及另一位北方人韦宗仁为代表。王端死于此,元和十年才得返葬北方;韦宗仁是否定居文献阙载,但权颖在贞元年间仍未北返。贞元初孙成任信州刺史,因"再期增户五千,诏书褒美"②。是年藩镇战争时期,有一些北方人民迁入江西,信州土地较多又靠近长江,完全可能涌入移民。

吉州位于赣江中游,是江西南部比较富裕的大州,且通往岭南的南北交通大道经过此,许多移民进入江西后溯赣江而上,迁入吉州。明代著名文人解缙先祖世居山西雁门,唐天宝年间,迁至今吉水河、同江河一带。《崇正同人系谱》卷二《氏族》萧氏条云"至十三世孙萧觉,仕唐,值此乱,举族出逃",分居湖广及江西泰和庐陵等县。又《彭氏重修通谱》云:保定卢氏"七世孙景植,为礼部侍

---

① 《全唐诗》卷一五一刘长卿《戏赠干越尼子歌》。
② 《新唐书》卷二一五《孙成传》,年代据《册府元龟》卷八二〇。

郎,家河间。子构云,避天宝之难,家江右。"其孙卢偁任宜春县令,徙居吉州赤石洞。此外,崔祐甫姐卢夫人崔氏,以及曾任校书的李某等三家,也是安史之乱阶段移民吉州的代表。据皇甫湜《吉州刺史厅壁记》,元和初刺史张某得到当地人民的称赞,政绩之一是安抚流亡。既然有一些移民迁入吉州,张儇安抚的流亡者可能有相当部分是北方移民。

  安史之乱期间,移民在江西的分布很不均衡,葛剑雄先生所列27个移民例子分布在以鄱阳湖经济圈为中心的洪、饶、信、吉、江等五州,赣江上游的虔州、抚河流域的抚州和袁河流域的袁州都没有移民定居的资料。虽然那些没有个案移民资料的州不等于没有移民,如永王璘事件中,永王璘残部自江南逃入江西,在赣南大庾岭一带被擒杀,即可能会有人留在虔州。贾岛《送南康姚明府》云:"版籍多迁客,封疆接洞田。"即是有北方人口迁入虔州的说明,但境内移民数量特别是上层移民人数较少却是毋庸置疑的。移民主要自北部溯赣江干流而上,到吉州以后人数就比较少了,抚州、袁州因位于支流上,所以人数也不多。还有一点值得注意的是,这一时期进入江西地区的移民并不稳定,那就是动乱结束之后(主要在大历年间)许多人纷纷北返中原。在27位个案移民中,权德舆、李金、窦氏、卢纶、崔祐甫等5人北返,权皋、权皋母、窦氏夫人崔氏、崔众甫、王端、卢夫人崔氏等6人归葬,共11人,占了41%,而其间整个南方区域的北方移民中北返和归葬者只有26%①。北方人北返比例高,除了说明移民受安土重迁的传统心理深刻影响外,也反映了当时唐代江西经济文化还不够发达,故相当一部分上层移民不愿在此定居。

  现存的《元和郡县图志》保留有180个州的元和户数,是唐代中后期唯一的分州户口资料。但唐朝自安史之乱后中央权力下降,统一的户口制度已不能行于全国,两税法的推行又复使所申报户口亦多趋不实。综观《元和郡县图志》中各州元和户口数,最显著特点就是普遍比同书所载开元户数为低,若与两唐书《地理志》所载天宝户口相较则更低。这在北方或可以解释为战争的破坏,在南方许多地区却不好理解。很显然,元和户数有不实之处,而且趋于偏低。《元和郡县图志》对江西的人口统计也是如此。作为"江西七郡,土沃人庶"代表的洪州,人户殷繁。洪州州城在唐代四次扩建,元和中即有一次。元和前期韦丹在城内仅仅资助居民改草屋为瓦屋就近两万间,这表明洪州元和户九万余只会偏

---

① 葛剑雄主编:《中国移民史》(第三卷),福建人民出版社1997年版,第297页、第245页。

第二章
政区建置与人口增长

低。吉、饶二州元和户虽较天宝户有增加,但却增加无几,恐怕也有偏低的问题。因吉州仅庐陵一县即有户二万余。饶州经济开发比较全面,人口增长过程也很明显,如饶州银山采户即"逾万"①。该州茶叶的长足发展也必然要吸引不少外地的商旅和手工业者。歙州祁门县在阊门之险略事修治后,史称商客纷至沓来,竟至"籍户"②,此种情况在商贾辐辏的饶州浮梁等地亦当有之。抚州元和户比天宝颇有减少,该州农业手工业均称发达,而且"贾货骈肩"。减少的原因或与一部分地区割归信州有关。但是唐后期抚州已号称"人繁土沃",州治的罗城、子城均有修筑,非州治所在的南丰县也有上万户口③。乾元年间新成立的信州主要割自江西饶、抚二州。信州元和户为28711,《太平寰宇记》卷一〇七引《元和十道要略》作2350户,当有讹误。实际上信州的户口亦不止于《元和郡县图志》所载之数,《旧唐书·地理志》称信州有户四万,虽不明确何时之数,自然是在中唐之后。简言之,《元和郡县图志》的元和户对中唐以后江西户口继续增长的趋势反映得大体不错,只是明显偏低。

据《元和郡县图志》卷二十八载,江西户口在全国的比重由2.76%增至12.39%。虽然从天宝至元和间洪饶等八州户数只增加3万,但是在全国总户数中的比重却激增约4倍。很明显,这是由于安史之乱与藩镇割据造成了中原地区残破,导致全国户口总数锐减,人口大量南迁。据《元和郡县图志》所存州镇户数可知,中唐以来北方编户锐减的同时,南方著籍民户也有减耗,只是下降幅度普遍低于北方。《元和国计簿》称天下方镇48道,有户144万,江南道元和户较天宝年户下降了44%,但仍近百万户,在全国诸道中遥遥领先。中唐以后南方编户数在全国编户总数中始终占据绝对优势,它是贞观、天宝之际即已开始显露的户口重心南移趋势的作用,更是安史之乱加速这一趋势的必然结果。江西在这一趋势中表现突出。元和户口普遍比天宝年间大幅度下降,全国只有11个州的户口出现增加。这11州除隰州以外,其余10州均在南方。其中的江西又占有3州,即饶州、洪州和吉州。据《元和郡国图志》卷二十八所载,洪州:天宝户55530,元和户91129,净增率64%;饶州:天宝户40899,元和户46116,净增率13%;吉州:天宝户37752,元和户41025,净增率9%。由于其间全国各地的著籍

---

① 《太平广记》一〇四《银山老人》。
② 《全唐文》卷八〇二张途《祁门县新修阊门溪记》。
③ 《全唐文》卷八一九张保和《唐抚州罗城记》《新修抚州子城记》,同书同卷刁尚能《抚州南城县罗城记》。

户数普遍下降,3州的增长便显得十分突出。洪、饶、吉3州面积占赣中赣北的2/3,又地处江西条件最好的农业区域,元和间户口的大量增加,表明安史之乱、藩镇割据期间有大批北方移民到此定居。赣北的移民可能达到总户口数的1/3以上,赣中则稍逊一成。此外,信州天宝时尚未设州,元和28711户。袁州、虔州、抚州、江州元和时期的人口比天宝时下降。而这可能与民众因各种原因脱离国家户籍相关,比如唐后期地主庄园发达,庄主就隐占了不少人口户数,不是人口户数实际有所下降。

隋以前,我国人口分布北重南轻。隋唐以来,随着社会经济的发展,我国的人口重心一步步向南方转移。贞观十三年(639年),关内、河南、河东、河北、山南五道合计,占总人口的50.92%,地域广阔的江南只占15.86%。天宝元年(742年),前者上升至63.62%,后者为20.22%,北方人口的优势十分明显。安史之乱以后,形势大变,人口逐渐向江南聚集。元和年间的关河五道下降为45.96%,江南、湖南、剑南、岭南四道占40.96%,其中江南道超过总数的1/3,占33.46%。江南道下辖的江西观察使所管的洪、饶等等州天宝之前,人口在全国所占比重,长期只占2%到3%,而至元和年间已占诸道总计的12.39,超过江南道以外的任何一道。此后的一个半世纪内,稳定在10%左右。显然,江西地区人口的上升,对南方在全国人口中所占的比例的上升也颇具积极意义。总之,安史之乱后,外来人口的大量迁入江西,对江西的人口状况产生了较大的影响,不仅均衡了江西地区人口的分布状况,而且大大提高了江西人口在全国人口结构中比例。

安史之乱后江西增设上饶、新丰(后废)、贵溪、分宁等县,并设立信州,这其中的重要原因是外来人口迁入而导致当地人口增加。贞元十六年(800年)洪州刺史李巽鉴于户口激增的情况,奏请分武宁县西界置分宁县,这与北方人口南来促使这一地区人口增加有着密切的关系。南宋崇仁人吴曾就曾谈到这一点,"修水在分宁县北,东南经县治,又经武宁县东北,流六百里至海昏,又江流一百里入彭蠡湖。世传郭璞记曰:'有鱼名鯈,有水名潖,天下大乱,此地无忧。'言可避乱也。"①此地的安宁,给北方南来之人以避乱的理想之地。

信州的设置显然是大大均衡了所辖地区的人口分布。自乾元元年至永泰元年间(758—765年),从饶州接连分置了上饶、永丰、贵溪3县(其实4县,至德

---

① 吴曾:《能改斋漫录》卷九《地理》。

第二章
政区建置与人口增长

县割属池州）。这3县合衢州玉山县建立一个新州——信州，辖5县。信州所处山岭较多，如《太平寰宇记》卷一〇七记玉山县："他山合沓，峻岭横亘，溪谷皆相互分其流，虽步通三衢，而水绝干越，千峰万拥，隈隩不可得而虞也。自陈隋以来，此为巨奥。"宋人庄绰曾游历南方一些州县，他对信州附近的地理环境有较具体的描述，当时与信州为界的开化县，"万山所环，路不通驿，部使者率数十年不到，居人流寓，恃以安处"①。信州的地理条件与此接近，其地富饶，开发又晚，故去避难者众多。

洪州和饶州增设的新州县位于山区，即集中在信江与修水的上游，这一方面说明山区是避乱的理想之所，同时也表明，洪、饶二州所在的鄱阳湖周围的平原开发程度已较高，人口也比较密集，所以新来移民遂聚居于条件稍差的山区，这一流动趋向在五代及宋朝仍在延续。增加的人口，既居住在城镇，更劳作于乡村。据《元和郡县图志》卷二十八所记，从玄宗开元年间至宪宗元和年间，江西八州共计的乡数，由379增至510，多了131乡。其中饶州由20乡增至69乡，洪州由94乡增至110乡，表现尤为突出。安史之乱以后新成立的信州，其户数额过虔、江、袁、抚四州，有64乡，只次于洪、饶、吉三州，颇有后来居上的势头。这充分说明移民人口对江西区域人口的均衡起了较大作用。

导致唐代江西人口迅速增长的大量移民，不仅仅来自北方，还有相当一部分来自与江西近邻的南方地区。安史之乱之前，已有一定数量的南方籍移民迁入；安史之乱后，南方人口流入江西的势头比以前更盛。乾元元年（758年）以后，江南曾发生严重饥荒，只有衢州一带收成不错，一万余户"浙右流离"迁入衢州②。饶、信二州靠近衢州，可能会有一些南方籍移民向此迁移。信州在唐后期人口增长较快，特别是大历三、四年间裴倩任信州刺史，"用宽惠诚厚辑柔所部。稼事满野，嘉禾同颖，年以顺成，人斯洽和。复其庸亡五千室，辟其农耕二万亩"。虽然取得如此好的政绩，但裴倩在离任之日，为了减轻此5000室逃户的负担，并不把他们登记在籍，他说"吾以恤隐，岂当沽美？"③据此看来，这些逃户是因裴倩行仁政始回归或迁入信州的，除了可能有北方移民外，相当部分是躲避赋役的南方逃户，裴倩了解他们的迁移动机并同情他们，故意隐瞒不报。贞元初，孙成为信州刺史，在第二个任期内人口增加5000户，可能也有一部分是南

---

① 庄绰：《鸡肋编》卷中。
② 《全唐文》卷三一六李华《衢州刺史厅壁记》。
③ 《全唐文》卷五〇〇权德舆《裴公神道碑铭》。

方籍移民。建中年间(780—783年),因"军兴以来,职役繁重",江淮人民"多有流亡"①。逃户多选择那些地方为官清廉、人民负担相对较轻的州县,作为自己的迁入地。王谠《唐语林》卷一载,"(唐代宗)时征役烦重,袁州特为残破。(阎)伯屿专以惠化招抚,逃亡皆复。邻境慕德,襁负而来。数年之间,渔商阗凑,州境大理。及改抚州,百姓相率而随之。伯屿未行,或已有先发。"由于"惠化招抚",便使得本州逃亡皆复,邻境襁负而来,又随其改任而迁移他州。"相率而随之"迁移的多数人只能是袁州或其邻近诸州人。据此可知江西各地的外地移民中,都有一部分本是南方人,只是限于资料无法得知所占比重。

在外来人口进入江西的过程中,一些特别移民也应注意。他们并非完全是为避乱而移民本区。如有的是宗教原因,《唐摭言》卷八记,睦州(今浙江建德)人施肩吾,"以洪州之西山乃十二真君羽化之地,……慕其真风,高蹈于此"。这既是江西安定的反映,也招致更多的信徒和参学之流,进入江西,使境内许多大寺庙都有"禅侣云集"的现象。有的是因个人兴趣,如复州竟陵(今湖北天门)陆羽至余干东山,从事隐逸与茶事。还有一些是为官游学于此留恋于此而最终定居于此的。《彭氏重修通谱》载:"第三代偁公……生于唐大历八年癸丑。德宗贞元七年登进士第,官宜春令。因宦官窃柄,弃官,隐居庐陵五十九都隐源山口,即今之古住场是也。"安福县的刘像,肃宗时为安福令,爱县境东乡密湖山水佳胜,因而定居。又刘韶,德宗时曾行虔州判事,后加封金紫光大夫、大司农兼侍讲大学士,致仕后而回归虔州,游金精胜境,至宁都安福马迹营时,见山环水秀,遂置产卜居于此。贞元年间,杨衡、李渤、李涉等北方士人隐居在江西庐山,来自下层的上谷人侯高及其子也定居于此。此外,一些胡人因活动于江西,也移民于此。如《因话录》卷六所载的优胡曹赞,显然已定居洪州。这些士庶,人数、定居时间或许有限,但也在一定程度上增大了江西的人口数量。

三、唐末五代移民持续入赣

元和以后,江西地区与全国一样,缺少人口统计。诸多历史事实表明,江西人口在元和以后仍然继续快速增长,一直持续到五代,这一现象仍与外来移民迁赣相关。众所周知,安史之乱后,唐皇朝虽不乏中兴气象,但总的趋势日趋衰微。如君臣日益腐朽、没落;均田制和租庸调制遭到彻底破坏,代之以大地主所

---

① 《全唐文》卷六二二李冉《举前池州刺史张严自代表》。

第二章
政区建置与人口增长

有制和两税法,贫富日益悬殊;割据一方的藩镇,"户版不籍于天府,税赋不入于朝廷"[1],致使官府愈发强化了对劳动人民的剥削与搜括,人民"处处流散,饥者不得食,寒者不得衣"[2]。社会动荡加剧,黎民灾难倍增,唐政权最终在黄巢大起义的打击下分崩离析。紧接着又是藩镇混战,最后形成五代十国的大分裂局面。传统统治中心区域的中原,军阀们"毒手尊拳,交相于暮夜;金戈铁马,蹂践于明时"[3],"大者称帝,小者称王"[4],混战使西起关中,东至青、齐,南及荆、郢,北至卫、滑的广大北方地区人烟稀少。洛阳"城邑残破,户不满百"[5]。契丹贵族侵袭过的河北诸地,更是"自涿州至幽州百里,人迹断绝"[6]。整个中国瓜分豆剖,广大民众备受兵燹之苦,流离失所,又一次形成了大规模的北方人口南流浪潮。

唐末江淮地区战事频繁,其地先后有高骈部将的厮杀,毕师铎、秦彦、孙儒和杨行密等人的连年战争,甚至出现"鞠为荒榛"[7],"庐舍焚荡,民户丧亡"[8]的惨景。因此,辗转于江淮的民众,更多选择继续南下。《旧唐书·唐次传》载:"乾符末,河南盗起,两都覆没,以其家避地江南。"但自杨行密占有江淮地区以后,战乱减少,史称"自杨氏王吴,淮甸之人不识干戈者二十余年"[9]。其间杨行密采取了"招合遗散,与民休息,政事宽减"的政策[10]。数年之内,江淮间公私富庶,几复昔时盛况。为了增加国家的力量,吴、南唐政府对北方人民多采取招抚的政策,诱使各色人员迁入本国。吴国"宽刑法,推恩信,起延宾亭以待四方之士……士有羁旅于吴者,皆齿用之"。因此"北土士人闻风至者无虚日"。南唐继承了吴国招徕四方之士的政策,不仅注意笼络上层移民,也注意招纳下层移民。南唐规定:对于南来民众,有司计口给食,若愿耕植者授予土田,复三年租役。这种相对进步的政策,加之交通便利、自然条件等诸因素,杨吴、南唐统治

---

[1] 《旧唐书》卷一四一《田承嗣传》。
[2] 《旧唐书》卷一九〇《刘蕡传》。
[3] 《旧五代史》卷六十《李袭吉传》。
[4] 《新五代史》卷二十九《刘守光传》。
[5] 《新五代史》卷四十五《张全义传》。
[6] 《新五代史》卷七十四《四夷附录》。
[7] 《旧五代史》卷一三四《杨行密传》。
[8] 《旧唐书》卷一八二《秦彦传》。
[9] 马令:《南唐书》卷三《嗣主传》。
[10] 《新唐书》卷一八八《杨行密传》。

地区招徕了大量北方流寓人口。

唐末五代期间,江西也曾陷入了战乱之中,先是黄巢义军与唐官军在江西的争战,接着是新兴的军阀在江西混斗,最后是杨吴、南唐对江西的用兵。不过,这些战事都是有限的,比起全国大多数地区说来,破坏相对较轻。另外,争夺之余,钟传在洪州、危全讽在抚州、彭玕在吉州,卢光稠、谭全播在虔州,都有安定当地社会秩序、维持经济文化进步以求生存发展的治绩。进入南唐统治时期以后,兵燹之灾基本消失,统治者又重视本区的经济发展。相对于淮水流域各州,这一时期的江西社会比较安宁,经济自中唐以来一直稳定且快速地向前发展,又还留有若干区域等待进一步开发,因此本区依然是逃避战乱的胜地,境外大批难民继续蜂拥而至。

洪州仍然是唐末五代时期移民迁入的重点区域。徐铉《唐故印府君墓志铭》记,印氏"其先京兆人也……会上国丧乱,遂南奔豫章。"《十国春秋·钟蒨传》载,北方人钟蒨"随兄怀建家豫章"。丰城揭氏,据元人揭傒斯说:"唐乾宁二年(895年)仆射(揭)镇以败上官逢之功,加银青光禄大夫、持节、袁州诸军事、守袁州刺史兼御史大夫、上柱国,有劳绩于袁,子孙世居袁。"揭傒斯又指出,盱江揭氏与丰城揭氏之始祖,是兄弟辈,不是父子祖孙的继承关系,这是"兄弟遭五季之乱,遂散处诸郡"所致①。五代时期,陈陶"少学长安,昇元中,南奔,将求见烈祖,自度不合,乃隐洪州西山"②。京兆万年人刘盈,"仕南唐为筠州镇遏使",遂定居高安县。修水谈资"其先婺州金华人也,遭五季之乱,徙居豫章之分宁(今修水)"③。修水"黄氏自婺州来者讳瞻,以策干江南李氏不用,用为著作佐郎知分宁县,其后吴、楚政益衰,著作乃去官游湖湘间。久之,念山川重深,可以避世,无若分宁者,遂将家居焉"④。安义洪觉顺,"其家自五季离乱,由丹阳徙南康之建昌,遂为邑人"⑤。南唐后期,对移民迁洪州最有直接影响的事件是李璟迁都南昌。南唐君主在南昌仅留数月,但其中有一部分人员长住下来。甘从矩以丹阳兵从李璟迁都至南昌并定居于此。"开宝中,子祯遂以列侯居丰城。"⑥王

---

① 《揭傒斯全集·文集》卷三《重修揭氏族谱序》,上海古籍出版社点校本。
② 马令:《南唐书》卷七《陈陶传》。
③ 《吉州助教谈资墓志铭》。陈柏泉编著:《江西出土墓志选编》,江西教育出版社1991年版。
④ 《豫章集》二十一《叔父和叔墓碣》。
⑤ 《詹恕妻洪觉顺墓记》。陈柏泉编著:《江西出土墓志选编》,江西教育出版社1991年版。
⑥ 《揭傒斯全集·文集》卷八《甘公士谦墓志铭》,上海古籍出版社点校本。

第二章
政区建置与人口增长

氏和姚岩杰等几家均在此期间迁入。

饶州地接江淮,向为北来移民安居江西的要冲。安史之乱时,江淮为中原难民避难之地。咸通、乾符之后,江淮也不得安宁。大批人户退入安徽山区地带,歙州诸县成了流民入赣的中转地。朱、洪、程、张、汪等著名家族先后在歙州黄墩(今安徽新安)居留,再迁入与之相接的江西饶州境的浮梁、德兴、鄱阳等县落籍。史载,浮梁程节:"出黄墩之裔。黄墩与饶接,祠庙坟墓犹在。曾高以来,遂家浮梁,当南唐偏据,皆终隐不仕。"①德兴张氏:其先"散居江淮间,避黄巢于歙之黄墩。国初,乃迁饶"。北宋初年定居德兴县的这家张氏,子孙繁衍,有张潜、张根、张焘杰俊之士。乐平洪氏:"洪族本居徽州,唐末避乱徙乐平之东七十里曰岩前,曰洪源,凡百余家,世世业耕桑。"后来再移居鄱阳,"鄱阳三洪"即此家子孙。婺源张敦颐先世"本汉留侯之裔孙。七世祖自歙之黄墩迁婺源,故世为婺源人"②。婺源县朱熹的家族,其先人也是在唐末五代时期来自歙州黄墩。除此之外,也有外地人因活动于当地而成为定居者。浮梁金氏,原籍京兆。唐僖宗时,金氏有人任浮梁县令,恰值黄巢义军入赣,该县令"徙人筑险自保,所活人丁数万,因留治之,凡十有七年,遂家浮梁",成了浮梁金氏的始迁祖③。弋阳刘汾,是饶州刘氏始迁祖。他率军追击黄巢,受命镇守饶州、信州,寓居于饶州弋阳县。自念杀戮大多,遂买田施僧,祈求补过,最终在当地安置祖庙坟茔,落籍定居。据宋人朱熹《程君公才墓表》记:程维,唐乾符间(874—879年),"以紫金光禄大夫海州盐铁使将兵讨(黄)巢不利,始居饶州乐平之银城,后徙……德兴县"。又朱熹《迪功郎致仕王君墓碣铭》记:"王氏唐末避地,始为饶州德兴人。"吴兴《姚氏宗谱》卷二载,姚政,原"居新安之南城",唐昭宗天祐元年(904年)复迁饶州,其第三子道新迁浮梁,第四子仁新"迁浮邑北里,后居程家巷"。此外,广明元年黄巢别部常宏数万人因疫病在此投降,当有很多人留居饶州。

抚州也是唐末五代外来人口迁入较多的地区。南城、临川、金溪的黄氏,其源皆自淮南而来。唐末离乱,寿州军阀王绪、王潮率军进入江西,劫掠浔阳、洪州等地,溯赣江而上,折入汀州。后王潮杀王绪,进占泉州、福州等地。至其弟王审知,遂建立闽政权。在这支由淮南来的人马中,光州固始县(今河南省东南)

---

① 《宝文阁待制程节墓志铭》。陈柏泉编著:《江西出土墓志选编》,江西教育出版社1991年版。
② 《衡阳守张敦颐埋文》。陈柏泉编著:《江西出土墓志选编》,江西教育出版社1991年版。
③ 《曾巩集》卷四十四《卫尉寺丞致仕金君墓志铭》。

人黄峻，在闽官至谏议大夫，抬棺"诣朝堂极谏"①，被贬漳州司户参军。可能因此变故，其子孙遂分散各地。据元人危素所知，"今邵武、南城、临川多其后也。徙抚州南梧桐坪曰祚，梧桐坪今隶金溪"②。金溪陆氏，始迁祖是唐昭宗时宰相陆希声的孙子陆德迁、陆德晟。五代末期，为避战乱，兄弟俩从吴郡吴县迁徙至金溪县，定居于延福乡青田里（今陆坊乡陆坊村），最终发展成为远近闻名的大族，南宋理学大师陆九渊就是出自该族。金溪周氏，原为金陵宦族，"唐末由金陵徙临川金溪之庄上，临川支派也，刘源庄上支派也"③。南丰县吴氏，始迁祖称宣公，生于唐僖宗乾符元年（874年），居四川阆州，娶后蜀国主孟知祥之女为妻，贵为驸马。后来晋天福元年（936年）他偕妻携三子纶、经、绍，抛却皇亲的尊荣，东下江西至抚州。二儿吴经居临川，他随老大、老三再徙居南丰县，"有孙十八人，曾孙七十七人，玄孙三百人"，人丁兴旺，家业鼎盛，他家置买山地水田，计良田27000余亩，税山10000余顷。其孙辈再从南丰扩展至金溪县，是以"抚建氏族之繁，吴氏为最"④。王安石之母吴氏，即源于此家族。据《钜鹿魏氏族谱》，山东清流魏氏家族的一支因唐末战乱辗转至江西抚州南丰等地。曾巩先辈为鲁人，唐末五代时迁豫章，遂为南丰人氏。临川晏氏，始迁祖晏墉，咸通中举进士，卒官江西，著籍高安。其子延昌改迁于临川。延昌的曾孙即是北宋名人晏殊。据《唐摭言》卷十载，汤篑，润州丹阳（今江苏丹阳）人，天祐间（904—907年）逃难至临川，忧悲而卒。

唐末五代，吉州在江西境内是比较安定与富足的地方，也是外来移民选择定居的理想之地。如南雄《胡氏续修族谱》载：吉安胡氏，"原其始皆南唐时由楚之醴陵德善乡，迁吉州，或迁金陵，复徙吉州。……胡氏之迁吉州者，缘吉州属南唐，时为小康，故避乱而徙居也"。据葛剑雄先生统计，在此期间江西境内的列表移民35例中，吉州即达11例，占总数的31%。此11例又占唐后期五代吉州全部个案移民数14例的79%，说明这一时期移民的重要性。而且，此时不仅位于赣江干流河谷的庐陵和吉水县有个案移民，即连较为偏僻的山区县安福和永新也有不少。

据1992年编《永新县志》卷二，唐、五代始迁入永新的有龙、颜、贺、张、左、

---

① 《十国春秋》卷九十六《黄峻传》。
② 《危太朴文集》卷五《金溪黄氏墓记》。
③ 《周艮翁居士圹记》。陈柏泉编著：《江西出土墓志选编》，江西教育出版社1991年版。
④ 《疏山志略》卷十三《吴宣公逸传》、《施疏山寺文约注》。

第二章
政区建置与人口增长

肖、尹、汤、董、陈、周、戴、罗、文、姚、段、李、郭、胡、许、林等21姓,他们在县境内的祖居村庄,现查到系建于唐末五代的有17处。永新历史上大姓排居前十位是刘、贺、尹、龙、周、李、陈、萧、颜、王,其中贺、尹、龙、颜始迁于唐末五代,足以证明这个时期外来人口在永新的重要地位。略举数例如下:龙庚,原钜鹿(今河北南部)人,乾符间(874—879年)任吉水县丞,"后避寇永新",安家于东里乡莲塘村。其后裔分居永新各处。民间素来有"无莲塘不成龙"的说法。尹濯,河南汴州(今开封)人。唐末任平南将军,封鄱阳侯。朱温篡唐建梁,中原激变,"遂避地永新,家焉"。其拓基所建村庄即名平南坊,今属中乡辖区。后裔分迁县内多处。张翊,京兆(今西安)人,光化间(898—901年),其父在番禺任县尉,"时刘氏据交、广",因弃官北还,至潭州境,马殷已组织起小朝廷,遂挈家入江西,因"庐陵沃壤",定居禾川(永新)①。张翊在杨吴时为宋齐丘府中从事,南唐时升任虔州观察判官、西昌(泰和)县令,在任多著政绩。张翊与弟惟彬善读书,文辞婉丽,撰有《禾川大舜二妃庙碑》《庐陵紫阳观碑》《新兴佛阁碑》等。左邺,光化初任湖南衡州司马,值马殷攻夺衡、永、道、郴、连等州,湖南地多战乱,"遂居邑逢桥",即定居于今永新怀忠乡。

如以前的某些移民一样,一些外地官吏到江西做官解任后,或因战乱不得北还,或因留恋江西风物人情而定居下来,永新就有不少这样的事例。会稽人贺凭,会昌间(841—846年)为永新县令,"秩满择居良坊",子孙繁衍,成为永新著姓②。青州人张德广,天复间(901—904年)授节度推官,以功封开国男,监永新,任职期满后,因家永新。蜀人文时,于同光三年(925年)为吴帐前都指挥使,镇守江西。他巡视至永新,爱其山水佳秀,遂定居永新都钱市坑东,成为永新文氏始祖。后代子孙众多,发展成永新著姓,南宋民族英雄文天祥是其裔孙。颜诩、段翊,是南唐的两个永新县令,任满之后,皆定居不去。其中颜诩,为唐名臣颜真卿之后。据《十国春秋·颜诩传》载,其父辈已定居落籍于永新。颜诩家以礼法、孝义著称,"一门百口,家法肃然"。《宋史》遂将其列入《孝义传》。此外,新淦县孔续,任吉州推官,因黄巢起义不能北归,于文德元年(888年)定居新淦(其故里今属峡江县),成为江西孔姓始祖,北宋孔文仲、武仲、平仲兄弟是其第八世。

赣境腹地的泰和县,当唐末战乱之季,"四方大姓避地者辐辏而至,曾自长沙,张自洛阳,陈、严、王、萧、刘、倪等族,皆自金陵而占籍焉,而生齿之繁,遂倍

---
① 《南唐野史》卷九《张翊》。
② 《永新县志·人口》,新华出版社1992年版。

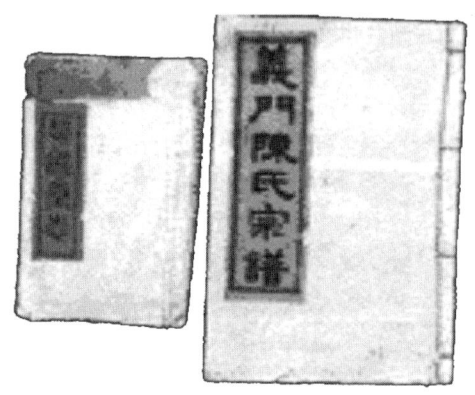

江州义门陈氏宗谱

莅于旧"①。严可求的祖先是冯翊(今陕西大荔)人。唐末,其父为江淮转运判官,遭战乱不能归乡,留居广陵。严可求在杨行密的政权下官至尚书仆射同平章事,其子严续在南唐政权中也是门下侍郎同平章事,遂迁居金陵。南唐后期战乱又起,严续之子严美"举家南窜至泰和,家焉,遂为泰和严氏"②。泰和、安福的周氏,祖先为金陵人,始迁祖为南唐御史周矩。他"由金陵迁西昌(泰和)之爵誉里"③。到了周矩的七世孙周倩,再迁至安福县后林。后代遂散居泰和、安福等县。避居安福的刘巨容,即《资治通鉴》所载为田令孜所杀的山南节度使,实际上未死,逃亡至安福县,其坟墓在安福瓜畲上湖官塘。吉州欧阳氏为渤海南迁一支长沙景达之后,唐时欧阳琮"为吉州刺史,子孙因家于吉州,自琮八世生万,又为吉州安福令,其后世,或居安福,或居庐陵,或居吉水"④。是为唐末之事,欧阳琮为吉州欧阳氏的始祖。刘适,南唐工部尚书,其子君造任吉州推官,刘适退隐后随子卜居安福县谷木场。

唐末,迁入江州大姓以义门陈氏为代表。陈氏先祖陈京,唐德宗进士,元和年间官居给事中。京侄孙之孙,避战乱而由中原迁居泉州。这位居泉州者之子陈伯宣,又北上隐居庐山,注《史记》,征召不起。伯宣之孙陈旺再迁居于浔阳县西南(即927年建县的德安县太平乡常乐里)。陈旺治家有方,兄弟同财共居,久而不散。唐末,其家有口200余,到南唐初年已增至700口。欧阳修《新五代史·李昪世家》载,昪元三年(939年)四月,"州县言民孝悌五代同居者七家,皆表门闾,复其徭役;其尤盛者江州陈氏,宗族七百口,每食设广席,长幼以次坐而共

---

① 光绪《泰和县志》卷六《户役》。
② 《揭傒斯全集·文集》卷七《严先生碑》。
③ 《危太朴文集》卷九《安福周氏族谱序》。
④ 《欧阳修全集》卷二十一《欧阳氏谱图序》。

第二章
政区建置与人口增长

食。有畜犬百余,共一牢食,一犬不至,诸犬不食"。

唐末五代迁入江州的外来人口也与庐山山林修学之风盛行密切相关。华原(陕西耀县)人郑元素,"少习诗礼,避乱南奔,隐居庐山青牛谷四十余年……构一室于舍后,会集古书千余卷,遂终其身焉"①。山东人史虚白,"中原丧乱,与韩熙载南渡,……南游至九江落星湾,因家焉"②。史壶,"本北州之右族,……五代迭兴,中原多故,李氏之据有江表也,观士之去就,为国之重轻,……且闻庐山泉石幽胜,杖策独往,结茅在兹","不复预人间事矣"③。闽人陈贶,"性淡漠,孤贫力学,积书至数千卷,隐居庐山几十年"④。江夏(湖北武昌)人黄载"世为农,载释耒耜,就学于庐山,师事虔(赣州)人刘元亨"⑤。宣城(安徽宣城)人蒯鳌,"工属文,……然居乡饮博无行,不为人士所容,乃去,入庐山国学"⑥。这种隐居读书的人口数量虽然不太多,但影响大,会吸引更多的人口移入当地。

信州迁入的人口较少,却也不乏其例。施师点,原籍浙江吴兴,"五季避地信州玉山,复创县永丰,分籍属焉"⑦。翁纶"其先唐中丞公之后,避五季南渡,始居严之青溪,再迁为信州贵溪人"⑧。

值得注意的是,地处偏远、经济落后、人口稀疏的虔州,自唐后期陆续迁来的北方族姓有山西古、浙江黎、洛阳丘、彭城刘、太原温、沛国朱、博陵崔、陈留孙、长安杨、颍川陈等等,一改以前该地没有大姓迁入的情形,成为外来移民迁入的重点地区。宁都县陈姓,据《颍川陈氏三八太祖各族第一届联修宗谱》载,三八祖于唐昭宗时(889—904年)从江州义门迁宁都东山坝定居。廖姓,据《璜溪中坝清河廖氏族谱》载,廖崇德原籍浙江松阳县顺义乡,唐乾符二年(875年)进士,后任虔化令,任满不去,于后唐同光二年(924年)入籍宁都肖田黄泥排,遂为赣、闽、粤各支之始祖。孙姓,据《宁都城南富春孙氏伯房十二修族谱》载,始祖孙𬣙是河南陈留人,唐中和四年(884年)领兵进军虔化县,以战功封东干

---

① 《十国春秋》卷二十九《郑元素传》。
② 《十国春秋》卷二十九《史虚白传》。
③ 《赠大理评事史壶墓志铭》。陈柏泉编著:《江西出土墓志选编》,江西教育出版社1991年版。
④ 《十国春秋》卷二十九《陈贶传》。
⑤ 《十国春秋》卷二十九《黄载传》。
⑥ 《十国春秋》卷二十八《蒯鳌传》。
⑦ 《资政殿大学士师点圹志》。陈柏泉编著:《江西出土墓志选编》,江西教育出版社1991年版。
⑧ 《翁纶府君圹记》。陈柏泉编著:《江西出土墓志选编》,江西教育出版社1991年版。

赣南孙诩墓

侯,定居宁都。其后代分居于宁都、于都、兴国、赣县和浙江、湖南等地。戴姓,据《谯国宁都戴氏十二修宗谱》载,始祖戴天赋,唐末从金陵赴任虔化令,遂定居肖田坪湖岭。此外,长安仆都监、杨益,"黄巢破京城,益窃秘中禁术,与仆都监自长安奔虔化怀德乡,爱其山水,遂居焉"①。

除了上述诸州,袁州、筠州也有移民,只不过是没有代表性的大姓,因而史籍少有记载,在此略而不述。

以上列举迁居江西的姓氏人物,类皆官宦之家,皆有史可据。就数量而言,他们在避难南迁者中是少数,更多的逃难者是平民百姓。普通民众进入江西,依然耕垦劳作,处于芸芸众生的被统治地位。其姓名不可能在史传、文集及地方志中找到。因此,南迁官宦的事例,具有相当的代表性。大族富室迁徙入赣的事迹,正是全体流徙人口的共同趋向的表征。在葛剑雄先生列表移民中②,有35位移民于唐末五代迁入江西,他们不仅人数多于安史之乱时期,而且分布更加广泛,遍及江西各州。不过,由于迁入较晚,他们主要是迁入山区地带。正如南宋德兴人汪藻说:"当唐末五季干戈纷扰之时,衣冠散处诸邑之大川长谷间,率皆即深而潜,依险而居。"③

由于五代时期江西地区已与割据政权的政治中心联系紧密,因此人口移动深受政治、军事因素的影响。例如南唐中主李璟在位时,不断贬谪官员于江

---

① 道光《宁都直隶州志》卷二十六《方伎志》。
② 葛剑雄:《中国移民史》(第三卷),福建人民出版社1997年版,第297—299页。
③ 汪藻:《浮溪集》卷十九《为德兴江氏钟德堂作记》。

第二章
政区建置与人口增长

西,这些官员往往即落户于当地。保大七年(949年)边镐坐削官,流饶州;保大十四年,贬中书舍人乔匡舜于临川;保大末,流刘存中饶州。中兴元年(958年)十一月放陈觉而安置饶州;显德六年(959年)十月流钟谟饶州。南唐后主时,潘佑"历诋一时公卿,独荐(李)平可大用……会佑以直谏获罪,因坐以与平淫祀鬼神事,系平太理狱,缢死狱中,妻子徙虔州"[①]。

五代十国时期,南北方军阀竞相割据、相互兼并,带来了军事性的强制移民。后汉天福十二年(947年),楚国第三任国王马希范死去,诸弟争权,内讧不断。后汉乾祐三年(950年)在衡山的马希萼出兵攻陷长沙,自称楚王,楚将李彦温、刘彦瑫不服,各率千余人投奔南唐。次年六月,楚静江指挥使王逵执平武军节度使马光惠归降南唐。九月,楚将徐威等人废除马希萼,南唐派边镐率军趁乱攻入长沙,楚国灭亡。当年十一月,南唐将长沙的楚宗室各家族及将佐千余人迁入南唐,在衡山的马希萼与部下一万余人也自潭州东迁南唐。由于江西是南唐的后方稳定的基地,迁入南唐的楚国民众,相当一部分迁到了江西。马希萼最初被任命为江西观察使,驻镇洪州,但不久又被迁入金陵。不过,随其迁入江西的那些楚国移民,相当一部分仍定居在江西。吉州庐陵的罗氏和萧氏、泰和的胡氏、萧氏,永新的萧氏等宋元时的大族,据称都是五代末自长沙迁入的。袁州新喻的萧氏也是在此时自长沙迁入。

大致出于同样的原因,唐末五代江西境内的人口也有向外迁移的。唐末黄巢农民军活动于江西时,虔、吉等州不少民众因兵祸徙于福建宁化等地。景福元年(892年)占据淮南的孙儒与杨行密争夺失败,其将领刘建锋、马殷率7000余人南走洪州,到江西时因有大量的南方人加入已达10余万人。此后刘、马进入湖南,说明江西有一部分人转入了湖南。唐末五代初,吴国派兵进攻江西境内各割据者,也将很多人掠夺到自己的统治区域。天祐三年(906年),吴将秦裴拔洪州,掳钟传之子钟匡时及其司马陈象等5000人归国。后梁开平二年(908年),吴国军队又擒抚州危全讽及其将士5000人,并进击信州的危仔倡和吉州的彭玕,彭率众1000余家奔走楚国的郴州和衡州,危仔倡则逃入吴越。后梁凤历元年(913年),吴越军队攻占吴国广德县(今属安徽),将在此防守的虔、信两州民7000余人迁入本国。后梁贞明三年(917年),楚国军队攻入吴国上高,"俘

[①] 《十国春秋》卷二十四《李平传》。

获而还"①。

江西北部和中部在接受众多移民之后,经过一百余年的繁衍生息,已使河谷平原地带人满土满,从五代起又转而向湖南移民,而且所输出移民又以洪州、吉州籍人为多(饶州因相距较远,所以移入湖南较少)②。另外,与江西相邻的福建、广东山区也是江西移民转入的地区。《罗氏大成谱》云:"迨下唐僖宗之末,黄巢作乱,我祖仪贞公致仕,隐吉,因家吉丰。长子景新,徙居赣州府宁都州,历数十年,又迁闽省汀州府宁化县石壁村,成家立业,后裔繁昌,散徙于各郡邑者。"兴宁《东门罗氏族谱》:"按豫章罗氏,迁居于兴宁县东郊者,不始于宋末之罗小九公,而始于五代时之罗昌儒公。阮元修《广东通志·列传》三十八《罗孟郊传》,谓'其先南昌人,五代间有官兴宁者,因家焉。'……按罗氏世居豫章,五代时昌儒,为循州刺史,遂家焉。"《崇正同人系谱》卷二《氏族》古氏条云:"五代至古蕃(原住南昌),生于唐乾符四年,曾任窦州都监,有子六人,当五季之世,中原扰攘,遂南迁岭表。"相较之下,唐末五代时期,进入江西的人口多,而迁出的人口较少。毕竟就江西地区相对稳定,土地承载量尚有余力,没有发生严重的土地危机。

唐末五代进入江西地区的移民与永嘉之乱、安史之乱的移民相较,绝大多数移民仍是为了避乱而来。不过,这一时期移民出现了一些新的特点:一、移民更有目的性,他们往往已不单纯为了避乱生存,而且有了更多的发展意图,由客籍变为土著的人口大增。二、来自北方的移民虽然仍占大部分,但周边地区进入的移民也有较大程度的增多。三、移民在江西各州县分布更加广泛,甚至连最为偏僻的虔州虔化县和会昌县也不例外。四、由于江西地区政治、军事因素的增强,人口强制迁移的成分增大。五、江西的移民人口开始成一定规模向周边区域转移。这些新特点在宋以后的江西移民运动中得到进一步强化。

随着唐末五代外来人口的继续增加,江西人口又得到了较大的上升。为了更加明晰,现将南唐江西地区唐宋之间户数变化列表如下:

据《太平寰宇记》载,北宋太平兴国年间,江西户数猛增至59万1870。南唐灭亡是在北宋开宝八年(975年),距太平兴国元年(976年)相差一年,距太平兴

---

① 《资治通鉴》卷二六九"后梁均王贞明三年三月"条。
② 谭其骧:《湖南人由来考》,载《方志月刊》6卷9期,1933年4月。

第二章
政区建置与人口增长

南唐江西地区唐宋之间户数变化表

州(军)名	元和户数	宋初户数	备注
洪州	91,129	103,478	新淦县由虔州割入。原有高安县割入筠州,建昌县入南康军。
饶州	46,116	45,917	
虔州	26,260	85,146	
吉州	41,025	126,453	
江州	17,945	24,364	原有东流县割入池州,都昌县入南康军。
袁州	17,226	97,703	
信州	28,711	40,685	原有铅山县归宋朝直属。
抚州	24,767	61,279	
筠州		46,329	
建昌军		18,847	开宝二年(969)建军,领原抚州南城县。
南康军		26,948	宋初建于江州星子县,领原属江州之都昌县、洪州之建昌县。

本表来源:《元和郡县志》《太平寰宇记》《中国历代户口、田地、田赋统计》。为了更准确地体现各州、县户数的变动,本表在备注中列入诸州之间有关各县的归属变动情况。

国最后一年(984年)也不过9年时间,在这么短暂的时间内,北宋江西户数不会有大的变动,因此这个数字基本可以反映五代末年的江西户口情况。这个数字比唐元和年间的户数增长了1倍多。即使减去一部分宋代江西增长的户数,所剩下的南唐江西户数也肯定比唐代多。五代十国时期,南唐境内江西行政区划变动最大,新设县数最多,或正说明江西的人口增长最多。又后周夺取淮南地区,得县60,户226574,平均每县有户3776余。北宋灭南唐,得县108,户655065,平均每县有户6158余,就户数比较而言,江南一些县超过了淮南一个半县。而南唐江西10州军共有56个县,占南唐108县的一半。由此可以推论说,65万余户中有一半是生活在江西地区的,江西户数大约30余万,人口以户数推,约150万上下,为有史以来之高峰。

四、人口增长与江西社会

隋唐五代江西地区人口增长迅速,达到有史以来之高峰。由此带来了江西社会政治、经济、文化等诸方面的深刻变化,造成了深远的历史影响。这种变化与影响,在以后的相关章节中都会有所说明。这里仅就人口增长与江西社会变迁的关系略作阐述。

众所周知,在以自然经济为主的封建社会,人口的增减是社会稳定、经济发展与否的基本指标。人口的增长即是劳动力的增长,对社会经济的发展起着决定性的作用。隋唐五代江西正处于由浅度开发转向深度开发,由狭度开发转向广度开发的关键时期,人口的快速增长,基本满足了社会经济生产的需要,极大地提高了本区的生产力水平,促进了农业经济的开发。唐安史之乱前江西开发主要集中在鄱阳湖沿岸和赣江干支流河谷。人口的增多使江西地区的经济开发得以全面铺开,一些原先条件不好山区丘陵、河泽地域也开始纳入了开发的序列。唐后期,除了赣南以外的广大地区的生产面貌都有了较大改观,成为经济较为发达之地。例如,因地处偏僻长期经济落后的南城县,唐末已是"人繁土沃,桑耕有秋,学富文清,取舍无误,既状周道,兼贯鲁风,万户鱼鳞,实谓名邑"①。唐元和年间江西全境有8州37县,南唐时期已增至9州1军56县。地域不变而州县行政区一再增多,直接原因就是经济发展,人口繁多。唐中期以来,江西新增置州县基本都在山区地带,说明本区的山区开发已因相当数量的人口进入而取得了较大的成就。

江西人口增长,在一定程度上推动了本区的经济模式的改善。如江西手工业经济、商品经济的发达,与人口增长带来的人力资源富裕及其压力也不无关系。民众因土地条件的限制,单纯从事粮食生产维持生计或发家致富有较大困难,为了生存与发展,他们不得不因地制宜,多种经营,促进农业、手工业和商业的全面发展(具体情形见第三章有关论述)。

人口的增长,大大推动了文化建设。众所周知,在迁赣的移民中,包括了各个阶层,其中一些属于大族世家。他们初来乍到,一方面要极力保存自己旧有的势力,另一方面试图有朝一日东山再起,而他们又掌握着文化知识,于是教育自己的子弟,几乎成为这些文化人的普遍行为。唐代江西所创办的一些书院往往与北方流寓入赣的人士有关②。他们以其文化素养改变着当地的文化氛围,文化教育事业也会有相应的发展。中唐以来,江西文化在全国崭露头角与此息息相关。另一方面,江西的人口增长,经济发展,劳动力相对富裕,从事文

---

① 《全唐文》卷八一九邢甚夷《唐南康太守汝南公新创抚州南城县罗城记》。
② 陈文华、陈荣华主编:《江西通史》,江西人民出版社1999年版,第210—211页。

第二章
政区建置与人口增长

化事业的人自然上升。中唐以来,江西地区的科举人数大增、文化成绩骄人,就是突出的反映。

人口的增减,特别是国家掌握"编户齐民"数量的多少,直接影响到政府的税收,关系到国力的强弱、社会的稳定。随着人口的大幅度上升,江西经济的发展从此迈上了一个新台阶,中唐以来,江西作为封建政府重要的财赋重心的地位确立。所谓"江西七郡,列邑数十,土沃人庶,今之奥区,财赋孔殷,国用所系"[①],就是中唐江西经济地位的写实。

在古代农业社会,人口的地理分布及其变迁直接反映了经济与社会的发展状况。人口重心一般就是经济文化重心,经济文化重心的转移其实是人口重心的转移。安史之乱后,中国经济文化的重心南移的步伐大大加快,实现这个转变的载体,就是大量的北人南迁,引起迁入地的人口迅速上升,经济文化迅速发展繁荣。在南方各地,江西表现突出。毫无疑问,唐五代江西户口的大幅度增长,成为当时中国的人口重心之一,对于中国古代经济文化重心的南移,具有极其积极的作用,使本区成为中国古代经济文化重心南移的前沿地带。

唐五代时期到达江西的北方移民还产生了一个重要的后果,那就是形成了客家人和客家方言的最初源头。客家人从来不承认自己非汉族,但又与一般汉族人口在文化属性上有很大区别。如在日常生活上,他们住房采用围拢的合院形式,服饰为"唐装"。客家人与众不同的最大特征是他们所使用的客家方言——保留古代中原汉语的音韵最多,客家方言的形成是客家人起源的重要标志。众所周知,今天客家方言中保留了许多古代北方方言的特征。而北方方言要在南方立足而不被当地方言所同化,就必须在短时期内实现大规模的移民运动才有可能。如果分散、断续的少量移民,其所使用的方言只能被土著方言所消融。五期说的第一期是指东晋南朝的移民,其实此时来到江西的北方侨民数量很少,他们的方言不可能保持四百年之久,然后才叠加上去第二期即所谓的黄巢起义引发的北方移民的影响。更何况黄巢起义是流动作战,南下北上大半个中国,根本不可能形成由北而南的大规模移民。客家人的源头只能是被五期说所忽视的,安史之乱以后到达江西的中原移民。如前所述,这些移民挤满了江西北部和中部,其具体数量虽不能确定,但人数众多则是毋庸置疑。这里可以从另外一个角度来看,由于在中唐以后接受了这么一批北方移民,而使全江西地区元和时期户口比天宝年间增长了近五分之一,这么多的移民自然

---

① 《白居易集》卷五十五《除裴堪江西观察使制》。

客家先民南迁纪念坛

而然要在语言上占相当的优势，他们所使用的方言就是今日客家方言的先声。但这时远不是客家方言，必须待到唐末五代及其以后的历次战乱把这些移民的后裔逼入赣南、闽赣以至闽粤赣山区，将他们的方言与北方方言区隔离开来，走上独特的发展道路以后，才逐渐形成客家方言。后来进入山区的短距离移民运动是重要的，如果没有这些运动，赣北赣中的移民方言充其量只能发展成今天北方方言中的一个次方言，如下江官话或西南官话那样，而不能成为一种独立的南方方言，同时也就没有客家人可言。换言之，如果没有中唐以后进入赣北和赣中的移民，那就会完全失去了客家方言的源头。对客家方言形成起关键作用的是安史之乱引起的对江西的移民，唐末及后来的乱世只能说是起了催化作用而已。

客家人以粤赣闽交界山区为中心，主要分布在南方各省区乃至海外，也是以安史之乱及以后的形势密切相关。如《彭氏重修通谱》称：彭氏原籍河间，"避天宝之难，家江左"。这次迁居又由唐末延续到五代，起因是南诏的内侵、黄巢起义以及其后的五代十国之争的争战。这两支力量先后横扫了湖南、河南、江西、福建、安徽、广西湖北和陕西等十数省。第一拨逃难到此的客家先民只好再次流亡，远者达惠、嘉、韶等地，其近者到福建宁化、长汀、上杭、永定等地，最近者也在赣东、赣南一带。这就为客家的聚居，民系的形成奠定了空间基础。另一方面，由于唐五代时期北人迁至的江西客家地域，尚属地广人稀之地，土地与人口的矛盾并不突出，与当地土著民也无多大的冲突，故他们相对于土著来说是"客"，但与土著相对抗的客家意识尚不明晰，所以唐五代的客家只能说是处于萌芽状态，江西地区真正的客家形成有待于明清时期。尽管如此，唐五代的北方移民入赣潮流对江西客家的形成仍具有特别的意义。

第三章
经济繁荣与中部崛起

隋唐五代时期,江西社会环境相对稳定,人口大幅度上升而劳动力充足,生产技术进步,经济开发条件与秦汉六朝相比得到了极大的改善,农业、手工业、商业全面快速地发展,呈一派兴盛景象。江西经济在长江中下游地区迅速崛起,日渐缩小了与经济发达地区的差距,奠定了作为唐以来中国经济重心南移前沿地带的地位。

第一节
农业经济的发展

江西地处长江中下游地区,属亚热带气候带,平原、丘陵、山地交错,江河湖泊纵横。其水、热、土等自然条件均较优越,自然物产丰富,适宜于粮食作物的种植和多种经济作物的栽培,农业发展的前景广阔。隋唐五代,随着生产关系的调整、生产力水平的提高,江西水利建设、土地垦殖、粮食和经济作物种植等,取得了令人瞩目的成就,为本区经济的全面进步奠定了良好的基础。

一、农业生产环境的改善

在古代农业社会中,社会环境尤其是政治环境对经济生产极其重要,有时甚至起主导作用。隋唐五代的统治者,总的说来,是重视发展经济的,因时因地制定了许多促进经济发展的政策与措施。

隋朝的赋役制度沿袭北朝而又有所变革。开皇二年（582年），颁行新的租调力役制："租"即交纳粮食，男丁每年交粟米三石；"调"即交纳布帛，或交纳绢一匹、绵三两或交纳麻布五丈、麻三斤，单丁及仆隶减半；"力役"即丁男每年服徭役一个月。次年，隋文帝把成丁的年龄由18岁提高到21岁，每年服役时间减至20天，又将调绢1匹减为2丈。此外，隋朝开始施行"庸"法，即可纳绢、布以代力役。开皇十年（590年）规定，丁男50岁免役收庸。赋役的相对减轻，使隋前期社会经济得到较快的恢复并有相当的发展。但隋炀帝即位后，滥用民力民财，大大加重了对百姓的赋役剥削，最终使社会矛盾激化而皇朝覆灭。隋朝对江西的统治短暂，其租调力役在江西的具体实施情况，史料记载阙如，但这一改良的经济制度，对江西产生了积极作用应是可能的。

唐建立后，统治者致力于稳定小农阶层以巩固国家政权。武德七年（624年），朝廷颁布均田令，规定社会各阶层可占有数量不等的永业田和口分田，其中民户18岁以上、60岁以下的男子受永业田20亩、口分田80亩；封爵贵族和五品以上官员所受永业田按品级不同为民丁的5倍至500倍，有战功的人依品次还受数量不等的勋田。这些大体上是北朝均田制的承袭，但又有明显的区别。唐代取消了奴婢、妇人及耕牛受田，同时放宽了对买卖永业田、口分田的限制，更有利于社会经济的发展。就目前史料，还难以确认唐代江西是否实行过均田制。不过，均田制是全国性的法令，在政令统一的唐前期，江西自不应例外。同时，江西也有实施均田制的目的和条件①。首先，秦汉六朝以来，本区开发有限，土地资源相对充足，能满足实施均田制的土地要求。其次，均田制着眼于把农民束缚在土地上，保证有足够数量的受田农民承担国家的赋役。唐代前期江西自耕农、半自耕农占著籍户的绝大多数，是赋役的主要承担者，这种状况与均田制的实施是相合的。再次，本区实行了与均田制相适应的租庸调制。均田制是租庸调制的基础，租庸调制是均田制下名税丁而实税田的完善税制。

尽管如此，江西在生产方面与北方还是有很大差别。如北方主要是旱地，种植旱作物；而江西多水田，种植水稻。劳动强度不一，反映在种植面积上也不一样。均田制所规定的授田标准大体上适用于北方，江西一个劳动力难以耕种近百亩水田。武则天时，彭泽县令狄仁杰曾谈道："彭泽九县百姓齐营水田……

---

① 参见陈荣华等：《江西经济史》，江西人民出版社2004年版，第163—165页。

第三章
经济繁荣与中部崛起

地狭山峻无田,百姓所营之田,一户不过十亩五亩,准例常年纵得全熟,纳官之外,半载无粮。"①以此推测,江西农民交丁租之外,若要维持全年粮食基本自给,一户至少应有水田十数亩至二十余亩,这个基本田亩数大约是北方的1/4。在均田制和租庸调制下,江西自耕农大量存在,他们所占的土地虽然普遍低于北方,但其租庸调的负担却与北方不相上下。唐代包括江西在内的广大南方无推行均田制记载,与当时社会经济的具体现状以及南方经济在当时全国所处地位相关。中唐以前,中国经济重心在北方,国家财赋依赖于北方。隋朝实行的"大索貌阅""输籍定样"等制度,均是将重点放在财赋重地山东等黄河中下游地区,而对于南方地区基本维持原来的状况。至于如隋平陈后"以江表初定,给复十年"之类的优待②,中原地区则阙如。在隋唐全面推行均田制的大背景下,尽管南方也可能实行了均田制,朝廷却因其在社会经济与国家财赋中所占有的份额不高,并不十分重视。史书对其记载或缺或略,自在情理之中。待中唐以来南方经济地位显著时,均田制却已是明日黄花。如此一来,自然也难见有南方推行均田制的记载。

　　唐代均田制具有抑制豪强兼并、促进生产发展的作用,同时也使一些无地或少地农民得到授田,以自耕农为主体的社会经济有较大的发展。不过,唐代均田制在实行了数十年后,即开始瓦解而在安史之乱后最终放弃。当然,均田制瓦解并不表明自耕农消失,它只是表明国家从法律上承认土地私有,包括小农的土地,不再认为有国家可以收授用以"均田"的土地了。唐后期江西在自耕农之外增添了大量佃农,意味着土地占有形态的变化与全国是同步的。均田制被更加实在更有利于经济发展的土地私有制所取代,它使农民人身自由增多、劳动兴趣增强;地主在土地的经营上也采取具有更多的灵活性和契约性的租佃制。这为传统农业经济的进一步发展,开辟了广阔道路。

　　与均田制相适应,唐代沿革北魏至隋的租调制,实行租庸调制。丁男(21—59岁),每年交纳粟米二石或稻米三斛作为租;交纳绢或其他丝织品二丈、绵三两,或交纳布二丈五尺、麻三斤作为调;每年服徭役20天,闰年加2天,若不服役,则每天折纳绢三尺或布三尺七寸作为庸。如额外加役,超过15天免调,超过30天,租调全免。同隋代相比,唐代租调的数额有所减少,服徭役的天数相同,但正式规定可以以庸代役,这较隋代进步。江西与全国其他地区一样,唐早中

---

① 《全唐文》卷一六九狄仁杰《乞免民租疏》。
② 《隋书》卷二十四《食货志》。

期实行的是租庸调制。如《旧唐书·柳浑传》载,柳浑在唐德宗建中年间,"知江西租庸院事"。

随着社会经济的发展,土地私有制的强化,以及封建剥削的加重和农民的大量逃亡,唐代均田制难以持久维持。武则天统治时期,均田制已危机重重。安史之乱后,遭到了彻底破坏。唐皇朝为了解决财政危机,于建中元年(780年)实行以财产多少为征税标准的两税法。紧接其后,"诸道津要都会之所,皆置吏,阅商人财货,计钱每贯税二十文",又以建立常平仓为由,令"天下所出竹木茶漆,皆什一税,充常平本钱"①。江西是竹木、茶生产的大区,自然是向政府交纳这一新税的重要地区。江西的交通运输业、商业比较发达,而各种名目的商业杂税沉重打击了江西各州县的商业贸易。两税法实行后新增的苛捐杂税,还有江西特色的内容,如以"进奉"皇帝名义的"月进"②。这些都严重阻碍了江西经济发展。不过,江西由于发展经济的条件比较优越,统治本区的地方官僚也比较重视经济发展,经济发展仍然呈上升的势头。另一方面,安史之乱使唐朝从发展的巅峰上跌落,对于包括江西在内的江南地区,却是社会经济进一步发展的契机。安史之乱后,唐皇朝财赋逐渐依赖江南。《资治通鉴》卷二三七"唐宪宗元和二年(807年)"条:"(唐廷)每岁赋税倚办止于浙江东西、宣歙、淮南、江西、鄂岳、福建、湖南八道四十九州,一百四十四万户。"时江西有8州29.3万余户,占提供赋税户的20.3%,这既是剥削加重的表现,也是经济发展的反映。

五代十国时期,中国政治陷于混乱,经济陷于衰退,但某些割据政权的统治者为了维持生存与发展,比较重视经济生产。统治江西的南唐政府着力调整土地关系,以促进农业经济的恢复。昇元三年(939年)诏书宣称:近来干戈骚扰,土地荒芜,衣粮缺乏,"民向风来归者,授之土田,仍给复三岁"③。还规定每个丁壮垦田80亩,赐钱2万,5年之内不收租税。《资治通鉴》卷二八二"后晋天福六年(941年)"条:"及唐主即位,江、淮比年丰稔,兵食有余。"江西经济在这种相对良好的政治经济环境下依然稳定地向前发展。

区域经济开发,重要的是看该地区的经济政策,不是单纯看统一或分裂。恩格斯在《致康·施米特》的信中说:"国家权力对于经济发展的反作用可能有三种:它可以沿着同一方向起作用,在这种情况下就会发展得比较快;它可以

---

① 《唐会要》卷八十四《杂税》。
② 光绪《江西通志》卷一二六《裴胄传》。
③ 陆游:《南唐书》卷一《烈祖本纪》。

第三章
经济繁荣与中部崛起

沿着相反方向起作用,在这种情况下,它在每个大民族中经过一定的时期就都要遭到崩溃;或者是它可以阻碍经济发展沿着某些方向走,而推动它沿着另一种方向走,这第三种情况归根到底还是归结为前二种情况中一种。但是很明显,在第二和第三种情况下,政治权力能给经济发展造成巨大的损害,并能引起大量人力物力的浪费。"郑学檬先生研究指出:历史上社会经济的发展,有两种不平衡性,一种是空间上不平衡,亦即地区不平衡;一种是时间上的不平衡。前者对于经济发展的影响在于"拖",即落后地区拖了先进地区的后腿。后者对于经济发展的影响在于因治乱相间造成治世的发展毁于乱世的破坏,有时是致命的破坏,酿成历史的倒退、迟滞。补偿乱世的破坏,唯靠统治阶级人物大大小小的"中兴"改革,为社会再生产活动提供条件,经过人民群众的辛勤劳动,取得治世的繁荣①。唐安史之乱后到五代十国,江西地区的经济环境得到了很大的改良,奠定了本区经济发展与进步的社会基础。

二、水旱灾害与水利兴修

古代社会受生产力、自然力的严重限制,自然条件深刻作用于农业生产。江西农业生产的自然条件总的来说优越,但水旱灾为主的自然灾害也长期祸害本区。缘于隋、五代相关的资料极其有限,我们主要以唐代为例说明。

据《旧唐书》《新唐书》"五行志""本纪"等史籍记载,明确地记载唐代江西地区发生的自然灾害有②:永徽元年(650年)六月,饶州"大雨",引发水灾,包括宣、歙、常等州在内"溺死者数百人";开元二十七年(739年)三月,"袁、江等州水";永贞元年(805年)冬十月,江、袁州发生旱灾;元和三年(808年),江西发生旱灾;元和七年(812年),"五月,饶、抚、虔、吉、信五州暴水,虔州尤甚,平地有深至四丈者";元和九年(814年)秋,"江、抚、袁等州大水,害稼";元和十一年(816年)六月,"饶州浮梁,乐平二县暴雨,水,漂没四千余户""溺死者一百七十人";元和十五年(820年)秋,洪、吉、信等州发生水灾;长庆三年(823年)秋,"洪州旱,螟蝗害稼八万顷";长庆四年(824年)十一月,吉州"水伤稼";宝历元年(825年)秋,江西旱灾;大和四年(830年)夏,江西大水,"害稼";大和八年(834年)秋,江西水灾,"害稼";大和八年九月,"江西旱,无稼"。开成四年(839

---

① 郑学檬:《中国古代经济重心南移和唐宋江南经济研究》,岳麓书社2003年版,第252—253页。
② 史料记载的有些水旱灾害也可能在江西发生,如《新唐书·五行志》载:中和四年"江南大旱,饥,人相食"。唐代江南地区包括湖北东南部、湖南大部、江西全部、皖南、苏南及太湖流域。

年)"江西鼠害稼"。由上述可知,江西的自然灾害以水旱灾为主、发生相对频繁。本区地处长江中游,属亚热带季风气候,春夏期间特别是夏历六月至七月初的梅雨季节,降雨集中、雨量大,占全年降水量的一半左右。持续性大雨、暴雨是造成水涝的直接原因,加之丘陵低山分布广泛,极易造成江湖泛滥,水灾成行。另一方面,由于气候因素的影响与作用,江西一年四季也可能出现旱灾。一般说来,春季和初夏雨水充沛,旱灾少风,且范围窄、程度也较轻。夏历六月以后梅雨结束,受副热带高气压控制,天气晴热少雨,常常出现伏旱或伏秋连旱。值得注意的是,唐代处历史上的温暖期,虽带来了水、热等有利于江西农业生产的自然气候,但也往往加重水、旱灾害。

水、旱灾害频仍,严重影响了江西的社会经济发展与民众生产生活。上引灾害史料中,几乎都提到,灾情一旦发生,即极大地破坏了江西民众的生命财产及其农业生产。此外,武周天授二年(691年),彭泽县令狄仁杰疏称:"彭泽七县,百姓齐营水田。臣方到县,已是秋月。百姓嚣嚣,……皆云春夏以来,并无霖雨。救死不苏,营佃失时,今已不可改种。……窃见彭泽地狭,山峻无田。百姓所营之田,一户不过十亩、五亩,……今总不收,将何活路;自春徂夏,多莩亡者。"① 元和年间白居易任江州司马时,作《大水》诗云:"浔阳郊郭间,大水岁一至,闾阎半飘荡,城堞多倾坠。……工商彻屋去,牛马登山避。况当率税时,颇害农桑事。"元和末,袁州刺史韩愈发现当地有"典贴良人男女作奴婢驱使"之习俗,其原因之一就是"因水旱不熟"②。《旧唐书·李渤传》载,长庆元年(822年)李渤任江州刺史时,该州管田2197顷,当年大旱,1900顷失收。唐人笔记小说《宣室志》"章全素"条:"(章全素)家于南昌,有沃田数百亩,属年饥,流徙荆、江间。"

针对自然灾害,封建政府历来有比较系统的救济政策与措施,唐政府的救灾举措大致包括:对灾民立即给予赈给,解决眼前的生计;组织灾民就食外地或移民宽乡;给予灾民一些物质援助,贷给种子等,扶持恢复生产;减轻或免除灾区农民当年或从前积欠的租赋和徭役等。当时政府实行赈灾措施有具体的原则规定:"水、旱、虫、霜为灾害,则有分数:十分损四以上免租,损六以上免租调,损七以上课役俱免,若桑麻损尽者各免调,若已役已输者,听免其来年。"③ "其凶荒则有社仓赈给,不足则徙民就诸州";"岁不登,则以赈民,或贷为种子,则至

---

① 《全唐文》卷一六九狄仁杰《乞免民租疏》。
② 《全唐文》卷五四九韩愈《应所在典贴良人男女等状》。
③ 《唐六典》卷三《户部尚书》。

第三章
经济繁荣与中部崛起

秋而偿。"①如天授二年(691年),武则天因彭泽县令狄仁杰之奏请,下令江州蠲免遭旱灾的彭泽县租税。元和初年,江西连年大旱,于是放免江、饶等四州所欠供军留州钱米。江西一些贤明的地方官吏甚至用自身资财减灾。《新唐书·王仲舒传》载,长庆年间(821—824年),江西观察使王仲舒因水旱而民赋不入,遂"为出钱二千万代之"。此外,一些地方人士也参与救灾的行列,如唐高宗时,奉新乡贤涂文师与弟斯正穿井济旱、募捐济贫。在当时社会防灾能力不高的情况下,政府以及贤明官吏、地方人士的抗灾救灾行为,有利于保障社会生产力,维持民众的生产生活。

江西民众重视防洪抗旱,以抵御自然灾害。高安道人孙智谅,开元间至京师时,一些地区发生旱灾,唐玄宗请其"夜醮祈雨"。孙氏被认为或自称有所谓的求雨之神功,自然与他在江西生活的环境有关。张九龄《祭洪州城隍神文》记,开元十五年(727年),洪州"淫雨不止,恐害嘉谷",张氏因而以洪州刺史的身份,祈求城隍神停雨放晴,保护谷物生长。不过,神灵只能给人民以精神的安慰,实际上对抗水、旱等自然灾害还得依靠人民自己努力,兴修水利即是其基本的也是最主要的措施。

水利是农业的命脉,水利设施的完善与否对农业及国家财政收入有着难以估量的影响,因此兴修水利便成为统治者重农、兴农的重要措施。唐朝在兴修水利、保证农业灌溉方面卓有建树。中央的工部设有水部郎中和员外郎,"掌天下川渎陂池之政令,以导达沟洫,堰决河渠,凡舟楫溉灌之利,咸总而举之"②。这些官员监督水利灌溉,不允许与其争利。此外,还有都水监的都水使者,具体掌河渠修理和灌溉事宜。每年农田灌溉时节,各州县还特派官员一人督察,处理本地有关灌溉的各种问题并以此作为考核的内容。唐朝又颁布有法令《水部式》,收录有灌溉管理的诸多法令条文,表明当时农田水利已规范化、制度化。江西的农田水利,唐时得到了较大规模的兴修,这主要是因为当时江西农业开发逐渐广泛、深入,在国家经济中的地位日益上升。

江西地处长江中下游,水资源比较丰富。隋唐以前,本区农田主要依赖江河湖泊、山间溪水自流灌溉,少有水利工程的兴修。特别是某些地区山峻水急,田亩多处高原坑谷之间,兴修水利工程成本较高。当然,这种自然灌溉并不能满足农业生产的需要,如抚州千金陂附近,"先是荒废陂水不入,仰天雨积潦而

---

① 《新唐书》卷五十一《食货志》。
② 《旧唐书》卷四十七《职官志》。

溉之,苟旱暵不雨,苗则尽稿(槁),是临汝、长宁、长乐三乡之民固无望秋成,而输王之税,不减他户,穷民焦号,无所控诉,至有鬻妻佣女,其苦甚矣"①。唐以来,随着社会经济的发展,配合土地大规模垦殖的需要,同时为减少和战胜旱涝灾害,江西人民陆续修筑了一批水利工程。

受地理环境的作用与影响,江西水利建设重视堤防修筑。唐代江西地区的堤防修筑突出而普遍,特别是在鄱阳湖周围的洪、江、饶诸州。

据史料记载,赣江上最早出现的防洪大堤,兴建于永徽年间(650—655年),位于洪州丰城县境,"沿江十余里,筑堤防水护田"②,化害为利。元和年间,江西观察使韦丹,在洪州南昌地区"筑堤捍江,长十二里,窦以疏涨,凡为陂塘五百九十八所,溉田万二千顷"③,同时兼备防洪、排涝之功能,"疏为斗门,以走潦水"④。在洪州建昌县,有萧氏于永泰初年(765年)筑澄陂;县令何易于会昌六年(846年)率民于县南一里筑堤捍水,获灌溉之利。百姓感其德,编歌谣道:"我有父,何易于,昔无储,今有余。"⑤咸通三年(862年),县令孙永又在县城西二里筑了堤坝以防洪灌溉。

江州:浔阳城南有南湖,年久淤塞,汛期泛滥,浸吞田舍。长庆二年(822年)刺史李渤倡议和主持疏导南湖,筑堤穿过湖心,长3500尺;又立斗门蓄泄水势,调节和控制水位,极大地方便了民众的行旅和农田灌溉。浔阳人怀念李渤,因改南湖名为"甘棠"。大和三年(829年)刺史韦珩于城东筑秋水堤,会昌二年(842年)刺史张又新于城西筑断洪堤,以窒水害。在都昌县,咸通元年(860年)县令陈可夫于城南一里筑陈令塘,以阻潦水。

饶州:鄱阳湖县东有邵父堤,又东北三里有李公堤,是建中元年(780年)刺史李复率民所兴筑,以捍江水。大约在元和末、宝历初,刺史马植又筑马公塘,修筑土湖,获致水利。

抚州:武德五年(622年),抚州刺史周法猛在临川县东南建述陂,引渠灌田二百余顷。周法猛正史中不见其名,但因建造述陂,人民感激他,在陂上为他立庙,至明清时期仍祭祀不绝。唐代抚州的水利工程修建,以位于抚州城东南的

---

① 《全唐文》卷八〇五柏虔冉《新创千金陂记》。
② 光绪《江西通志》卷六十三《水利》。
③ 《新唐书》卷一九七《韦丹传》。
④ 《韩昌黎集》卷二十五《韦公墓志铭》。
⑤ 《全唐诗》卷八七四引"建昌民歌"。

第三章
经济繁荣与中部崛起

颜真卿像

千金陂为代表。早在唐以前，抚河上游的汝水，经流城郊西七八里处，因崖多石阻，流速减缓而江面宽阔，形成一个小湖，叫瑶湖。瑶湖至孔家渡一带地势平坦，土质疏松，中唐时一次春水暴涨，在瑶湖稍北地段冲开一个决口，形成一条支港，径流二百多里，至萧公渡才汇进主流。由于支港地势稍低且平，河水绝大部分都走支港，主流却涸浅可步。上元年间（674—676年），百姓在州刺史的带领下于支港端口筑华陂，以遏河水，令其进入主流。华陂是千金陂的前身。由于当时生产力落后，以致工程屡废屡修。大历三年（768年），颜真卿任抚州刺史，他在原陂的基础上继续加以督修，建土塍陂，寻亦废塞。唐德宗贞元中，戴叔伦任抚州刺史（785—787年），在众多支港上筑了数十处堤坝节制水流，因地制宜，用以进行灌溉，其中最著名的水利工程就是在土塍陂的基础上修建了冷泉陂。民众感激，冠以"戴湖"之名。戴氏所修冷泉陂虽然花费了大量的人力物力，质量也较好，然而二十多年又被冲毁，陂水不能入田灌溉，附近土地逐渐荒芜。大和中（827—835年），刺史杜佑对冷泉陂进行维修，但未最后完成，工程最终残破不堪。其后数任刺史先后设想兴修，亦无成。咸通九年（868年）八月，新任抚州刺史李某（名字不详，或说是李渤）乘船顺汝水逆流而上视察郊野。当他到达瑶湖一带时，看到大片良田无人耕作，便向乡民询问原因。老农邹稜就将原几任官员创建华陂，督修土塍，继筑冷泉都一一作了介绍。李某感慨："焉有沃壤如此，而不富于民邪。"于是他立即组织人员，研究施工方案，聚集民工，出安民告示。数日后就凿开冷泉陂故基，将文昌桥至南洲浦上口约970丈所有沉沙一概排除。其后又在故基上横截汝水，南北筑陂125丈，于次年夏天竣工。当时的抚州兵曹参军柏虔冉记其事，称千金陂完成以后，不仅"通舟楫之利，利于穷民"，而且"灌注原田，新旧共百有余顷，自兹田无荒者，民悉力而开耕"[①]。此外，南丰县，开元中（713—741年），崇仁人游茂

---

① 《全唐文》卷八○五柏虔冉《新创千金陂记》。

洪为县令,于都剧河下创筑陂塘,反复九次,终于建成,因名九陂,灌田四千亩①。又筑孤兰陂、桑田陂、博陵陂、鄱阳陂,灌田也很多。又凿石渠,灌溉田地。这些水利工程,极有利于农业生产。

袁州山多田少,不少耕地是开山荒而成,若不讲究水利,农作自必受灾歉之苦。袁州六朝即筑有宜春陂。唐中期,袁州就州治宜春城开始了新的水利工程建设。宜春城濒临秀江,城内地势高出水面数丈,居民背负江水而汲取艰难,又难以筑堰使秀江水位升流入城中,历来水灾频发。元和四年(809年),刺史李将顺视察地形,知南山水可筑堰引流,乃督民凿渠引水。其水自宜春城西南60里的清沥江而来,江源出仰山,流过城西15里的丫山。山下有药浮陂,此处即为李渠渠口。渠口分为两派,正派为沙陂,在城西五里,灌田两万亩;支派为官陂,在城西南十里,灌田亦为两万亩。李将顺又令人在城内开深沟,穿过闾巷,既解决了城中缺水、火灾难救的积弊,又便利了交通运输。为纪念刺史李将顺之德政,人们将水渠命名为"李渠"。李渠开凿后,历代都有疏浚维修,使其长久发挥溉田、载舟、防火的效益。明朝人赋诗称颂曰:"十里疏通田有利,九宫浸灌火无灾。"清光绪三年(1877年)进行了最后一次疏浚。新中国成立以后,宜春城整治下水道时,发现千多年的古老渠沟河床,仍有八九尺宽,河深近两米。可见当日工程之浩大,恩泽后人之久远。此外,袁州前刺史郑望夫筑成望夫堰;袁州所辖的萍乡县亦修成水利工程西陂。

另外,江西境内许多便于灌溉的自然水源也在唐代得到开发利用,信州上饶覆船山泉水,饶州余干兴业水、乐平福泉;洪州分宁鹤源水等②,这些用以农田灌溉的自然水源都多少经过了人工改造。

唐代江西的水利工程空间分布,体现出两个特点:一是全区北重南轻;二是湖区内的分布集中于州治县邑周遭。重北轻南的现象,集中于以彭蠡湖区四周的洪、江、饶、抚四州,其中抚州又偏重于北部的临川,其他袁、吉、虔三州合计唯有三项。洪、江、饶三州均位于赣水下游、江西地区北部,加上信州上饶与抚州临川,乃呈北胜南之况。这里有长江、彭蠡湖,又是赣江等河流的下游所在,必须防洪泄洪,故兴修的水利工程必然会多些。而水利工程朝湖区集中的现象,与当时彭蠡湖扩张密切相关。因彭蠡湖扩张,影响到湖泊蓄洪泄洪功能,

---

① 光绪《江西通志》卷六十三《水利》,《嘉庆一统志》作"四千余顷"。
② 《太平寰宇记》卷一〇七信州"上饶"条,饶州"余干县"条、"乐平县"条;同书卷一〇六洪州"分宁县"条。

第三章
经济繁荣与中部崛起

连带赣水、修水、鄱水水位也受到影响。洪、江、饶三州的水利工程大都与彭蠡湖直接相关。抚州虽未与彭蠡湖直接相连,其水利工程乃因盱水主河道湮塞、支流漫溢而建,盱水注入赣水下游,或与彭蠡湖仍间接相关。赣南属于赣水中上游,受彭蠡湖扩张影响应不如下游严重。本地又多森林,水土保持较佳,在吉、虔等许多州县内,自然灌溉条件较好,水害问题也不突出,故水利工程较少。就目前所见虔州地区唯一水利工程史料,为《太平广记》卷四六七《叶朗之》所记:建中元年(780年),南康县人叶朗之使家奴守田,其田"下流有鸟陂"。这也在一定程度上反映出赣南农业经济开发的程度较低。湖区水利工程集中于州治县邑,此现象或受限于史料。以实际状况推测,兴建水利工程的可能性与需要的人数成正比,在一地户口增加到相当程度时,政府才考虑兴建。州治县邑所在地资源丰富,人口聚集较他处多,是发展的常理。

江西的水利工程绝大多数集中于唐中后期。此时就全国或长江中下游地区而言,治水活动的总数,江西地区遥遥领先,水利工程创新率也最高。当时长江中下游地区,兴办水利工程4次以上的州,湖南湖北二区分别只有1个,而江西却有4个。安史之乱前苏南浙江有11个县兴修水利,江西几乎没有,极端悬殊。安史之乱后,苏南浙江加强开发,15个县建设水利工程,而江西有7个县建设了水利工程,虽尚落后,但情况已大大改善。仅从水利看,江西的农业经济迅速趋向于南方经济发达地区。

水利工程建设需要地方相当的人力物力与财力。江西水利工程的修建者仍是官府,间或有官雇民建。举办水利工程既是农业社会的传统,也是政府的重要职能之一,所需的劳动力和经费虽取之于民,但政府也有组织的功劳。《新唐书·韦丹传》称洪州观察使韦丹"为民去害兴利若嗜欲",在任期间"计口受俸,委余于官,罢八州冗食者,收其财",其中一部分经费即用于兴修水利。当时地方官用财政经费兴修水利时,还采取类似后世"以工代赈"的办法。如长庆中江州刺史李渤募民修南湖堤时,"厚其钱佣,以饱饿人"[1]。地方政府兴办水利的职能还表现在水利工程的维修和规定用水法规上。戴叔伦任抚州刺史时,因"民岁争灌溉",用水矛盾极大,于是下车伊始,"为作均水法"[2]。"均水法"为汉代南阳太守邵信臣故事,内容大致是开通沟渎,以广灌溉,又立石于田畔约定平均用水,禁止纷争。这种地方水利法规对于水利工程保修及合理用水有一定

---

[1] 《全唐文》卷六三七李翱《江州南湖堤铭》。
[2] 《新唐书》卷一五四《戴叔伦传》。

的积极作用,并含有抑制地方豪强垄断水利的意义。这一时期的江西地方官吏重视兴修水利,除了传统农本思想外,根本原因在于当时江西已是皇朝赋税重心所在,官吏为了完成定额两税的征收,以维持政府的运作和保全自己,必须大力加强农田水利的基本建设。另外,水利事业主要由地方政府主办,地方"循吏"的热心固然重要,但更重要的还是取决于地方财政的盈亏。中唐以来,江西能兴建大量的水利工程,说明其经济实力已趋雄厚。

五代时期,群雄争霸峙立,"各兴水利,自至丰足"①。吴与南唐政府都十分重视农田水利建设,针对江南地域多河流、湖泊的情况,大量修建堤堰和闸门,旱则运水种田,涝则运水出田。江西是吴、南唐经济建设的重要地区,故在唐代原有的水利设施得到妥善维护和利用外,还开凿了一些新的陂塘。如后唐天成年间(926—930年),周矩于泰和县百丈滩筑槎滩陂,开渠36支,灌田25000顷②。南唐时又于龙泉县西筑成北澳陂,"溉粮千石"③。齐王李景达镇临川,开凿南湖,"延长数百亩,资灌溉之利"④。南唐大将卢绛屯兵武宁时,筑麋源陂,灌田万余亩。1989年,江西考古队在九江岷山乡柱岭树曹洼沟水库的溢洪道侧断崖上发现了一块"九江县南唐水利计工题刻",反映了一千年前农民用集体的力量修建水利工程的事实。起自乾德元年(963年)冬,终至翌年春夏,用工2800个,费时约5个月。这些水利工程,有力地保障了当地的农业生产。

唐五代江西大规模兴修水利乃是农业兴旺发达的表现,不仅大大增强了本区抵御水旱灾害的能力,而且对本区土地垦殖与灌溉农业的发展有着极为重要的意义。江西地区在唐中期以来成为农业发达地区与水利事业的兴旺密不可分。

三、土地的广泛垦殖

中古时代,在一些农业经济较发达地区,耕地不足的问题凸显,已开始了通过提高单位面积产量集约化经营。然而受生产力水平的限制,集约化经营并不容易,土地问题终究不能根本解决。唐五代农业生产的发展主要还是依赖开辟新的土地,或者依靠新的生产工具和技术利用此前无法利用的土地。史称开

---

① 《范文正公集·政府奏议》卷上《答手诏条陈十事》。
② 刘祥善:《泰和县槎滩陂历史文物考察》,载《江西水利志通讯》1989年第2期。
③ 乾隆《吉安府志》卷三《山川·陂塘》。
④ 光绪《江西通志》卷六十三《水利》。

第三章
经济繁荣与中部崛起

元天宝之际土地垦殖达到高潮,"耕者益力,四海之内,高山绝壑,耒耜亦满"①。但这主要是黄河流域,当时南方的浅山丘陵尚未进入全面垦辟的高潮,遑论高山绝壑?至于最具南方特点的水网湖泽地带,耒耜不至之处更多。若就长江流域而言,中游地区的土地垦辟在六朝时不如下游,因而入唐以后开发潜力更现雄厚,开发效果也十分显著。

江西土地垦殖首先表现在河湖水泽地区洲渚的开辟。江西的洪州、江州、饶州属于环鄱阳湖地区,所以这些堤塘湖的开筑,实际上也是鄱阳湖区开发的一部分。堤塘湖水利工程服务于圩田(湖田)的开垦。圩田又称围田,即农民在低洼的地区四周筑起坚固的圩岸,将河、湖的水隔开。圩岸之内有河渠,多余的水可以通过渠道排泄出去。圩岸上有门闸,旱天引水灌田,雨天闭闸防涝。这一创举解决了江西一些地方土地肥沃但地势低洼的矛盾。鄱阳湖畔低地极易围垦成圩田。"登亭望湖水,水缩湖底出";"流注随地势,洼坳无定质"②,所以鄱阳湖区圩田建设自然渐为官民所重视。元和三年(808年)南昌县建成富有圩③,此为江西开发湖田首次见于文献记载。江州位于鄱阳湖北部,是湖与长江的接口处。今九江市东北江中有一个历史上著名的桑落洲,唐代尚在江中,但因泥沙冲积而正逐步靠拢北岸成陆地。胡玢《桑落洲》诗云:"莫问桑田事,但看桑落洲。数家新住处,昔日大江流。古岸崩欲尽,平沙长未休。"可见随着桑落洲的发育,开垦者亦接踵而来。这些洲渚滩涂多为冲积层土壤,湿润而肥沃,且临江靠湖,水源方便,故特宜种稻。所谓"渚田牛路熟"④;"日暮渚田微雨后,鹭鸶闲暇稻花香"⑤;"江水灌稻田,饥年稻亦熟"⑥就是写照,这也从一个侧面反映出圩田开垦的成绩。饶州辖境为鄱、信二江流域,位于鄱阳湖东南隅,亦为唐时江西的一个颇为发达的农业区。鄱阳的水利对沿湖地区开发的作用自不待言。

垦殖丘陵山地是江西土地开发的重要方面。《唐国史补》卷上称:元结于"天宝之乱,自汝渍大率邻里,南投襄汉,保全者千余家",后又"举族"南奔江西瀼溪,当地人民把瀼溪北滨的一块闲地赠给元结,"许之及子孙"⑦。元结宗族自

---

① 《元次山集》卷七《问进士》。
② 《全唐诗》卷四三〇白居易《湖亭晚望残水》。
③ 雍正《江西通志》卷十五《水利》。
④ 《全唐诗》卷五一〇张祜《江西道中作》。
⑤ 《全唐诗》卷六七六郑谷《野步》。
⑥ 《全唐诗》卷五八五刘驾《江村》。
⑦ 《全唐诗》卷二四一元结《与瀼溪邻里》。

然要在这块土地上耕垦自给。随着外来人口的增多,中唐以来江西的丘陵山区土地渐次得到垦殖。众所周知,当时平原肥沃之乡多早已开发,且多为封建地主兼并,后迁入的流民客户或当地地缺少土地者,大多数只得到山多田少的贫瘠山区开荒种地。时人"十亩山田近石涵""老农家贫在山住,耕种山田三四亩""山田春雨犁""祠掩荒山下,田开野荻中""旧郭多新室,闲坡尽辟田"等诗句①,正反映了包括江西在内的江南一带客户开发山区的一般情景。江西某些地区的宗教信仰在一定程度上也反映出当地开垦山地的情形。《全唐文》卷八七一朱恂《仰山庙记》记载了一个据说发生于唐永徽二年(651年)的故事:"昔有徐璠,自芜城归宜春,系舟于彭蠡之岸。忽有人附载,自称曰萧氏,居于仰山之阴,石桥之右。逮及兹乡,告别而去,约于石桥。应期而至,璠因诉以无产,思十亩之田以给其家。彼乃信舍之间,骤发大水,漂荡陵谷,出田五顷。璠即惊骇,他日再往其处,潜觇其形,睹之乃二龙也。方悟其非人也,即仰山之神矣。"唐前期,袁州经济迅速发展,人口户数从贞观十三年(639年)的4636增至开元二十九年(741年)的29291,净增6倍多,增长速度之快为江西诸州之冠。袁州"田少山多"②,无法满足经济的发展与人口日益增加的要求。因而袁州仰山神以龙神的身份为徐璠"劈山为田"的传说,正反映了当时袁州广大农民对田地的渴望,同时折射出当地民众在仰山开垦田地的事实。唐中期以来,政府为了发展农业经济、安顿缺田少地的民众,积极引导这些民众垦荒辟田。史载,"李兼贞元元年自鄂岳移镇江西,属淮西乱后,编户荡析,兼至抚之,三年归者增藉五千人"③。元和五年(810年),于季文为洪州武宁县令,"在官清慎,遏强抚弱,顷岁逋逃者复业数千户,政声洋溢"④。唐敬宗(825—826年在位)《优恤客户敕》称,"野首如有愿于所在编附籍帐者,宜令州县优恤,给与闲地,二周年不得差遣"⑤。权德舆《裴倩神道碑》记大历中,裴倩任信州刺史,"复其庸亡五千家,辟其农耕二万亩"。唐文宗在位时,发现不少逃户在吉州开垦水陆田400顷。唐僖宗末年,刘汾寓居弋阳归仁乡,买田施舍佛僧,结果买得位于乐平县"崇山峻岭之间,人境寥绝"的山

---

① 分别见《全唐诗》卷五二六杜牧《秋晚怀茅山石涵村舍》、卷三八二张籍《野老歌》、卷六七一唐彦谦《第三谈》、卷二七六卢纶《送陈明府赴萍乡》、卷二七〇戎昱《赠宜阳张使君》。
② 嘉靖《袁州府志》卷十二《艺文》附郑自成《劝农文》。
③ 雍正《江西通志》卷五十七引"林志"。
④ 《唐故洪州都督武宁县令于府君墓志铭并序》,周绍良主编:《唐代墓志汇编》,上海古籍出版社1992年版,第2002页。
⑤ 《全唐文》卷六十八唐敬宗《优恤客户敕》。

第三章
经济繁荣与中部崛起

田800余亩①,足见那时江西有些地方的垦种范围已到山区深处。这些鼓励垦荒辟田的优惠政策和施政以及移民的自我生产,直接促进了江西山区的土地开垦。要指出的是,江西丘陵山区虽不乏兴修水利设施或利用山泉溪流的自然水源种植水稻者,但因前者难以为功,后者不可多得,所以多采用火耕山地陆种畲田的撂荒制耕作方法,作物多为麦、豆、粟等旱作。唐代江、虔、吉等州山丘,均有较多的火耕畲田。此外,江西地区的土地垦殖还表现在乡村边际土地的利用,特别是江西北部等土地紧缺、开发程度较深的地区。《太平广记》卷二九四称豫章庐松村人罗根生在村侧垦荒种植瓜果。同书卷六七六说豫章界有一个栖息鳄鱼的污池,旁边的土地若有人耕种必遭祸殃,但还是有人冒此不韪而租耕之。

人口增长引起的土地不足,是本区土地垦殖的基本原因。如武则天垂拱四年(688年),在"山峻无田"的江州彭泽地区,"百姓齐营水田,一户不过十亩五亩"②。中唐以后全国人户锐减,江西的一些州县却有较大幅度的增长,土地不足的现象未尝缓和。同是江州,长庆时垦田面积2197顷,以稍前的元和户17954户计,户均土地不过12.3亩③。以当时的单位面积产量,这些土地"准例常年纵得全熟,纳官之外半载无粮",若遇灾害更难存济④。江州本来土地有限,鄱阳湖水面在唐代的扩展也可能使当地土地不足的情况有所加剧,因此江州或许是一个极端的例子,但它毕竟反映了当时本区人地比例关系变化的趋势。土地集约化经营固然不失为解决问题的途径,但更现实的则是开垦土地,向丘陵山区和洲渚湖泽要田。好在本区土地垦辟的条件较优越,六朝时期南来北人发起的占田固泽运动主要以长江下游为中心,中游相对不如,故唐代本区尚待开垦的浅山丘陵甚多,洲渚湖泽的开发潜力更大,从而为上述火耕畲田蔓延于山区丘陵,水稻耕种遍布于洲渚水泽提供了自然基础。

人口的增长固然是江西地区土地垦殖的主要原因,但绝非全部原因。当时一部分农民本来只拥有十分有限的土地,一般水田地区不过十亩五亩。《旧唐书·李渤传》记,长庆元年(821年)李渤任江州刺史时,该州管田2197顷。按《元和郡县志》卷二十八记江州开元时21865户,元和时17945户。准此计算,开元时

---

① 《全唐文》卷七九三刘汾《大赦庵记》。
② 《全唐文》卷一六九狄仁杰《乞免民租疏》。
③ 《旧唐书》卷一七一《李渤传》、《元和郡县图志》卷二十八"江州"条。
④ 《全唐文》卷一六九狄仁杰《乞免民租疏》。

户均垦田十亩半,元和时为十二亩半。可知江州户均垦田数,与州内山峻少田的彭泽县相若,显示州内可垦田地不够多。当然,平均数并不等于现实均平。皮日休《惑雷刑》记:"彭泽县乡曰黄花,有农户曰逄氏,田甚广。己牛不能备耕,尝僦他牛以兼其力……得他牛,则昼役夕归,簦耕于烈景,笞耨于晦冥,未尝一夕容其始怠。"此逄氏拥有的田地,绝不止是八亩、十亩。租牛耕地,役使极重,这自是阶级对抗社会侧面的真实反映。但是土地有限则是基本事实。农民对于这有限的土地,有时还迫于赋役苛重或天灾人祸而不得不忍痛抛弃,离乡背井逃亡他处,或者被迫出卖或者为人兼并。狄仁杰上疏称户均不过五亩十亩的江州地区,由于干旱歉收,"见在黄老草莱度日……多荦亡者,检有籍历,大半除名"①,而国家的赋税并未因此减免。长庆二年(822年),江州旱灾损之田2/3,政府仍在迫征36年前逃户逋欠的租税。既逃者已矣,如此苛征,未逃者也难免一逃。于是一方面逃亡到深山野泽的人民将土地垦殖推进深入到山丘水泽,另一方面他们家乡的良田抛弃成荒。一方面政府通过均田法规、赋税政策优待等鼓励人民居住、耕垦空荒较多的宽乡;另一方面政府通过繁苛的赋役促使人民被迫离开土地,新开垦的土地亦因之被人民重新抛弃。一方面由于土地垦辟是地方官晋升的重要条件之一,往往比较积极地招募和组织流民垦荒,另一方面又由于赋役征集是地方官吏治绩更重要的标准,于是他们一只手在招募垦荒,另一只手又在把农民赶出土地。上述基于封建生产方式内部的矛盾使唐代长江中游地区的土地垦殖表现出不同的原因,不同的组织方式,不同的规模与作用,以及或集约或粗放的不同垦殖方式,它根源于不同的土地占有及其经营形式。

  在江西地区垦殖活动中,有多种形式,但主要是私人垦殖。荒地和逃户抛荒的所有权属于封建国家,一般小农多限于开垦村舍边际土地,以补苴生计。另外则是远离家乡逃到人迹罕至的深山广泽中垦耕自给。这些离乡背井的人民耕垦生息历有年所,使许多荒山野泽得到垦辟。唐文宗大和中,吉州赤石、徐庄山寨的起义农民被镇压后,官府获得"水、陆田四百顷,牛、马等四百七十余头"②。被称为"洞贼""洞蛮"的人们是逃窜在吉州山丘间,从事水田、旱地种植。显示境内仍有不少隐匿户口,正积极努力拓荒为生。但这些深入山区的农民毕

---

① 《全唐文》卷一六九狄仁杰《乞免民租疏》。
② 《册府元龟》卷六九四《牧守部·武功》。

第三章
经济繁荣与中部崛起

竟不能如桃花源的人们那样长期外在于封建国家的统治，每当其垦殖取得成效，生产有所发展之时，国家便在该地增设县邑，将他们编入户籍。抚州南丰县因为人民开垦，使山谷重深之处"田地丰饶"，故置县以治①。

在土地垦殖活动中，地主官僚表现得十分活跃，许多大地产者从中诞生。创办桂岩书院的幸南容，号称"江南一时阀阅称显者以公家为最"②。按照唐朝的规定，一个国子监祭酒可得到2500亩永业田和900亩职分田。虽然开元十年(722年)唐玄宗收回外官的职分田，中唐以后均田制被废除，但土地的兼并日益加剧，土地占有有过之而不及。幸氏之洪城就是一个大庄园：祠宇、古刹，依山临溪；瀑布、泉流，落涧穿谷，"凝眸回顾，山居错杂，鸡犬相闻，俨若图画"；内中溪流而上，"逆溯大陂，石闸天成""溉田千顷，不假凿筑"；来往的宾客多为达官贵人，"桥通车马往来频，雕鞍影衬长虹丽"。这些充分说明幸氏庄园财力的雄厚。江西还有不少地主田庄，例如：大约中唐后，黄麟任洪州刺史时用官料置庄；洪州章全素家有沃田数百亩；饶州等地张某任浮梁令时，"家业蔓延于江淮间，累金积粟，不可胜计"③。在信州等地，钱起有玉山别业。贞元(785—805年)中，吉州新淦欧阳文长捐近东平寺庄田。乾宁(894—898年)中，抚州临川危某施禄下水田庄一所于白云院；李勋舍院北小庄入白云院。昭宗末年，抚州崇仁邓进兄弟于县西南创普安院，并舍附郭田三千亩。江西的大地产绝大多数出现于安史之乱之后且在唐后期有加速的趋势，以洪、饶、抚等地最为集中。在各种大地产中，以在户籍所在地之外购置田庄即"寄庄"为主要形式。寄庄在唐前期不多，唐中后期日益增加，这是因为官僚地主随着田庄买卖热潮的不断高涨和广置庄宅欲的不断膨胀的缘故。江西由于正处于土地开发兴盛时，也成为官僚地主们设置寄庄的重要区域。就其地产取得方式而言，买置当为主要途径，请射垦辟甚至强垦荒田亦占有相当比例。这种大地产的产生与发展，是地主巧取豪夺的结果，在一定程度上造成了江西一些地区土地的紧张和农民的贫困，但对这些地区的农业经济开发也有一定的积极作用。首先，刺激了土地的垦辟。其次，由于大量良田沃土作为首要兼并对象而被集中，更由于官僚地主对这些土地具有所有权，能最大程度地对土地进行保护和利用。这就能够克服个体小农生产的弱点，承受一定程度的自然和人为灾害。再次，由于大地产生产经营

---

① 《太平寰宇记》卷一一二抚州"南丰县"条。
② 柳宗元：《唐故开国祭酒文贞公墓志铭》，收录于《高安洪城幸氏族谱》。
③ 分别见《太平广记》卷三八一《邓成》、卷三十一《章全素》、卷三五〇《浮梁县令》。

主要采取的是租佃佃农制,人身依附关系较弱,农民生产的积极性和主动性也得到发挥。或可以说,江西农业经济发展与来自以田庄为主要形式的大地产经营也不无关系。

南北朝时期,南北土地占有形态明显不同。北方自北魏孝文帝开始实行均田制,南方则延续魏晋封建大土地所有制发展的趋势,从未实现国家收授土地。隋及唐前期,沿袭北朝实行均田制;唐中期以后,均田制完全废止,大土地所有制得以无限制的发展,意味着土地制度上又与魏晋南朝相衔接,这就是唐代土地制度的"南朝化"。南朝化是历史发展的必然趋势,江西的土地占有形态大体上也与这种趋势同步。从唐开始,江西个人土地产权不断扩大。如穆宗时,王仲舒为江西观察使,实行了一些政治经济改革,"三年法大成,钱余于库,粟余于廪,人享于田庐,讴谣于道路"。所谓"人享于田庐"或可理解为当时江西农户有充分的土地产权,乐于耕作,安于垄亩。王仲舒的改革反映了江西地区发生制度变迁的潜在意义。为什么中唐以后江西地区的商品经济的水平有很大提高?其中一个重要原因是土地这个市场关系密切的生产要素的个人产权扩大了,改善了市场发育所需的商品生产环境。

江西土地垦殖有寺观的贡献。作为寺观基本经济来源的地产,不外通过官方封赐、民众捐献、买置与自垦取得。地产如果本是荒山荒地,寺观自然还要进行艰苦的开垦活动才能取得效益。百丈怀海的"清规",就是建立在寺院僧众必须参加生产劳动的基础上的,其所倡导的禅农思想对山区的农业开发作用甚大。据《全唐文》卷九二〇澄玉《疏山白云禅院记》,该寺主持大师李氏在乾符年间曾在庐陵严田山开辟,后因人众山薄,游巴山白云禅院,复因"山深地冷,时植不收,僧众渐多,难为供馈",再移锡疏山,又"芟剃蒿芜,基平峙渎"。当时寺观往往建于深山峻岭中,开创之际,必有垦殖,或"率徒开田",或"刀耕火种",或"开梯田辟茶园",或垦立水稻田庄。唐代中叶以来僧侣占有田庄是很普遍的现象,江西地区也很突出。9世纪中叶,全国著名的寺院田庄中,智孚在信州有鹅湖庄,道膺在洪州有麦庄。又据《太平广记》卷一三四《上公》,宜春郡齐觉寺庄,为常住庄田。田庄为寺院的财产基业,世代为寺院所有,任何人不得擅自据为己有和处理。如唐宣宗时,江州刺史崔黯作《乞敕降东林寺处分主持牒》曰:"本立常住,全为众僧,只合同奉伽蓝,宁容别开户牖,供膳但资于私家,施利不及于大众。今与各立条令,刻石题记。伏虑岁月稍深,依前紊乱,山深地僻,人少公心,住持乞降敕处分。奉敕依。"崔黯针对寺院中个别僧尼擅自占有和处理常

第三章
经济繁荣与中部崛起

雨中耕作图(盛唐·敦煌壁画)

住田庄的现象,请求降敕规定,不许私占,刻石为长久之计。这从侧面反映出当时江西寺院田庄的发达。每一座寺院,都是一个经济实体,拥有相当数量的田地。江西境内寺院林立,僧侣众多,也是劳动力丰裕、田庄经济比较发达的一种表现。

在唐代江西的土地垦殖中,蛮僚等少数民族是一支不可忽视的力量。包括江西在内江淮的"莫徭","有深居山洞,多不属州县"[①],在极端恶劣的自然条件下从事土地开发,成为火耕畬田、开发山丘的基本队伍之一。时人称其所居为"山洞",其实这种山洞并非岩居穴处,而多为山间小盆地,或有溪泉绕过的平坦可耕之地,乃是他们的农耕区。因此他们足迹所至之处都有土地的垦辟。在政府剿抚并用、设县治的情况下,迫使一些少数民族逃到更加荒僻的深山之中,从而将土地垦辟活动推进到那里。当然由于农业生产条件十分恶劣,渔猎业在他们的经济生活中仍占有极其重要的地位,所谓"莫徭射禽兽,浮客烹鱼鲛"[②],都是描写这种情况的。其中的"浮客"自然是指逃亡其中的汉族民众。

总之,由于社会经济的发展与人口增长的压力,唐代江西易于耕垦的平原地带未粗渐满,已开始集约化经营,土地垦殖不得不逐步深入到条件较差的或开发难度较大的河洲湖渚、山区丘陵。在土地垦殖中,政府通过兴修水利扩大

---

① 《全唐文》卷三十一《遣使分巡天下诏》。
② 《全唐诗》卷一四四常建《空灵山应田叟》。

耕地面积、鼓励垦荒，以及地主官僚通过请佃山泽置办田庄别业，效果最为显著。不用说国家和地主官僚只是组织者，土地耕垦的直接劳动者还是普通人民。逃亡农民、少数民族和下层僧侣等，成为垦辟浅山丘陵甚至高山绝壑的主力军。他们在艰苦的条件下以自己的辛勤劳动将江西土地的垦殖拓展到一个新的广度。江西土地垦殖在中唐后形成热潮与安史之乱后北人大量迁赣不无关系，但主要还是社会生产力发展和经济开发的结果。土地的多种形式的开发与充分利用，是江西农业生产力提高的突出表现。当然土地垦殖在本区内部并不平衡，还有不少地区尚有不小的潜力。

四、农业生产工具的改良

"各个不同的生产时代"的区别，"不在于生产什么，而在于怎样生产，用什么劳动资料生产"，以生产工具为主体的劳动资料最能"显示一个社会生产时代的具有决定意义的特征"[①]。隋唐五代江西的农业生产工具在六朝的基础上又有了较大的进步。

众所周知，犁耕在北方的普及推广远远早于南方，并形成了一整套相应的农具系统。但北方犁耕及农具系统主要适宜于旱田农业，终究不能照搬于南方水田。秦汉六朝以来适应南方的犁耕技术和工具有了较大的发展，已萌芽一人一牛的犁耙方式。唐代的牛耕已普及于南北水旱生产，所谓"耕之资在牛，牛废则耕废"[②]。稻作对牛耕的要求更高，水田单位面积所需牛力接近于旱田的两倍[③]。适宜于水田耕作的曲辕犁在唐代稻作地区广泛推行，流行于南方以江东犁为代表。江东犁结构完善，单牛牵引，轻便省力，犁辕短而弯曲，犁梢可用来调节入土深浅；犁铧上部加宽，装有铁制的犁壁，耕田时，犁壁能推开犁铧翻起的土块，既减小了阻力又可深耕。江东犁的出现与推广不仅表明南方稻作农业具备了进一步发展的工具和技术基础，而且还标志着水田耕作技术的发展愈益适应于个体稻农，因为这种一人一牛、轻便省力的犁具使牛耕能够进入一般稻民之家。晚唐陆龟蒙在《耒耜经》中记"江东犁"时称："江东之器尽于是。"他又"尝至饶州"。江西的饶州、信州经常是包含在江东这个大政治地理概念之中的，因此先进的曲辕犁在唐代的洪、饶、信、抚等州已开始使用。"种田讨衣食，作债税

---

① 马克思《资本论》第1卷，人民出版社1975年版，第204页。
② 《新唐书》卷一一八《张廷珪传》。
③ 《通典》卷二《食货典·屯田》。

第三章
经济繁荣与中部崛起

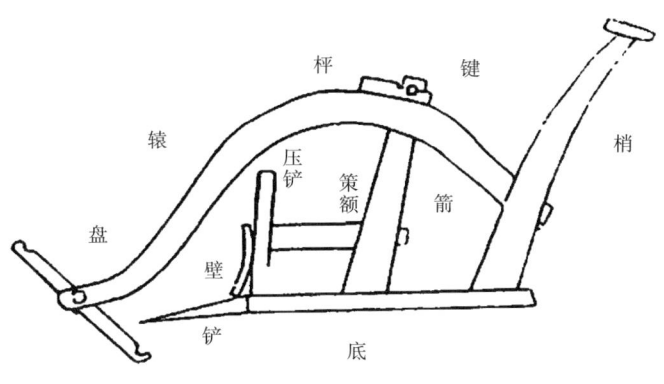

江东犁结构示意图

牛耕"也成为江西一些地区的社会现象。

《耒耜经》还记载了流行江东的其他耕具:"耕而后有爬(耙),渠疏之义也,散坺去芟者焉。爬而后有砺礋焉,有碌碡焉。自爬至砺礋,皆有齿;碌碡觚棱而已。咸以木为之,坚而重者良。江东之田器尽于是。"据《王祯农书》之《农器图谱》,砺礋是"破块滓,混泥涂"的农具,可知稻作过程的每一个环节都采用了相应的畜力农具。水田耕作工具必须讲求轻便,所有这些农具包括北方多为石凿的碌碡皆以坚硬的木料制成。由于炒钢、灌钢冶炼和锻造技术的发展,唐以来还出现了不少新的铁制农具。如铁锸锸掘地不仅入土深,而且可以随时耙碎土块。唐晚期,劳动人民又发明了犁刀并得到推广。犁刀主要用于开垦湖泊旁的芦苇地时除去芦苇的根茎,便于牛拉着犁垦耕,省力而又见效。钁、镰、锄、铲等农具也都采用了炒钢锻制,器形比原来增大。唐代锻铁农具的发展是我国古代农具发展史上的大事,从此铁农具产生了明显的变化,由锻造的钢刃熟铁的厚重农具代替了小型薄壁的嵌刃式铸铁农具。这一套适应南方稻作的耕具的推广,大大提高了劳动生产效率,标志着唐代南方水田耕作技术在六朝的基础上又取得了阶段性的进展。

水利排灌工具的进步是南方稻作技术发展的重要表现。南方稻田的水利灌溉,主要依靠陂塘渠堰等设施,利用水位差以斗门控制,实行自流灌溉。随着唐代耕地由平原陂泽而"高山绝壑"的扩展,对高效率提水工具的需求愈益迫切,各种型式的水车应此而生。日本天长六年(829年)五月的《太政府符》云:

"传闻唐国之风,渠堰不便之处,多构水车。无水之地,以斯不失其利。"符中还谈到水车有"以手转,以脚踏,服牛回"之别,可见唐代各式水车盛行。据《太平广记》卷二五〇引《启颜录》,武后时人邓玄挺曾见到一种立井式水车,即由传统的辘轳发展而来。但这种水车虽适合于北方从深井中汲地下水灌田,却不适宜南方从河湖陂塘内提水。刘禹锡《机汲记》中的汲机,改直上直下的辘轳为斜上斜下,从而扩大了汲水的距离与范围,有利于江河沿岸的水利灌溉,不过汲机装置主要提供饮用水。当时长江中下游地区已普遍地制造和使用桔槔、辘轳、水车、水转翻车、水碓、水磨等具有机械性能的工具。方便实用的龙骨水车等新的灌溉工具也在包括江西地区在内的南方推行①。

唐代水利灌溉工程技术最突出成就,是长江流域出现半机械化的筒车。据唐人陈廷章的《水轮赋》描述,筒车形似纺车,径达数米,四周斜缚竹筒,多装置于溪流迅激之处,其括水板受水力冲激而带动水轮旋转,斜挂于括水板上的水筒随轮旋转不已,相继将所盛之水倾泻于尚水槽中送入农田。赋称"升降满农夫之用,低徊随匠氏之程";"殊辘轳以致功,就其深矣;鄙桔槔之烦力,使自趋之";"当浸稻之时,宁非沃壤;映生蒲之处,相类安车";它能"凭河而引","钩深致远,沿洄而可使在山,积少之多,灌输而各由其道尔",达到"低徊而涯岸非阻,委曲而农桑是训"的效果。这种筒车,"多寄临川之郡。池陂无漪,畎浍既潏,用能务实",而且效率较高,昼夜可灌田百亩。据《水轮

筒车

---

① 牟发松:《唐代长江中游的经济与社会》,武汉大学出版社1989年版,第37—40页。

第三章
经济繁荣与中部崛起

赋》所说"多寄临川之郡",那么筒车应该是存在于江南水乡,江西地区亦当普遍使用。因江西各地溪流河水众多,丘陵地形使水流急速,筑以陂堰,使水流集中,增大了冲击力,更适于安装筒车。唐代庐山寺院中也有用类似筒车工具引水的,马戴《庐山寺》诗云:"别有一条投涧水,竹筒斜引入茶铛。"

隋唐五代江西河洲湖渚、丘陵山地大量得到垦辟,若是没有使用江东犁、水车等农业工具以及新的生产技术是难以实现的。本区农业开发的加深,与农业科学技术即农业第一生产力的进步密不可分。

五、稻作农业的发达

粮食生产是农业生产的核心。受自然条件的作用与影响,江西的粮食生产以水稻为主。随着秦汉以来江西农业开发的逐步展开,六朝隋唐时期本区已逐渐成为全国著名的稻作区、粮食供应的主要基地之一。特别是唐安史之乱以后,经济重心逐渐南移,包括江西在内的江淮成为唐朝经济命脉所在,江西进入了粮食产业快速发展的新时期,粮食经济成为本区经济的支柱。

唐代江西粮食生产的发展,是与本区人口的快速增长分不开的。江西地区自玄宗开元以至宪宗元和不到一百年内,民户成倍增加。如饶州由开元时14000户,猛增至元和时46000户。特别是北方移民的大量涌入,不仅给江西增加了许多劳动力,还带来了北方先进的生产技术,大大提高了江西地区的生产力水平,促进了这一时期江西以粮食业为中心的经济开发。同时,人口的增加,也需要生产更多的粮食以满足生活需要。

有唐一代,南方仍有不少地区"火耕水耨",但江西至迟在中唐已普遍使用牛耕。唐诗对此有大量的反映,如顾况《酬信州刘侍郎兄》:"愿为南州民,输税事钼犁";耿沣《奉和第五相公登鄱阳郡城西楼》:"童牛耕废亩,壕木绕新村";袁皓《重归宜春偶成十六韵寄朝中知己》:"无地不耕犁。"即生动地描述了信州、洪州、袁州一带广泛使用牛耕的情景。与牛耕相配合,利于稻田的耕作江东犁也在江西地区得到推广。唐朝江西已设置秧田,由直接播种转为育秧移栽。元和年间白居易在江州作司马时,曾有"泥身水畦稻"的吟咏,即与育秧移栽有关。育秧移栽的集约经营既可以保障秧苗的早期成长,又可以在水源较少的地区推行水稻生产、扩大栽种面积,同时有利于田间管理,可以确保丰收。水稻的移栽技术在南方得到推广普及和水稻品种的改良[①],对江西地区的水稻生产肯

---

① 华林甫:《唐代水稻生产的地区分布及其变迁初探》,载《中国农史》1992年第2期。

定产生积极影响。江西农民的护稻技术也有了提高,唐末陆龟蒙《禽暴篇》谈到鸟鹥祸害稻穗而人们遂用药毒杀鸟时,称"是药也,出于长沙、豫章之涯,行卖货错,负受于射鸟儿"①,说明江西地区已使用药物防鸟啄稻。此外,对于田间施肥,当时除了传统的人畜粪肥外,江西地区开始大力发展绿肥,用豆科植物来肥田,甚至还烧石灰作稻田肥料。

隋唐五代是我国历史上气候的第三个温暖时期。从竺可桢所绘《一千七百年来世界温度波动趋势图》看,唐代年平均气温比20世纪70年代要高出1度,比处于低温时期的南北朝要高出2度②。这在江西地区也有深刻的反映,元和年间白居易在江州作《浔浦竹》诗称:"浔阳十月天,天气仍温燠。有霜不杀草,有风不落木。元冥气力薄,草木冬犹绿。"显见当时江州秋冬气温仍较高。众所周知,气候变化对农业的影响至关重要,任何一种作物生长过程,都需要一定的积温和积光。一般说来,年平均气温上升或下降1度,可使粮食产量增加或减少10%③。气候变暖也使农作物的生长季节变长了,土地复种指数,即土地的利用率都有明显的提高,而多收一季,可使粮食产量提高20%~30%。

这一时期,江西粮食生产的进步,突出表现为稻麦复种和早晚两熟的连种制取代了前代的撂荒制,麦粟等北方旱田作物的进一步推广。如元和初年,江西观察使韦丹曾因江、饶等四州旱损,于是修造陂堰,大力劝种麦粟。南唐时期,长期为官江西的李中作《村行》诗云:"极目青垅麦齐,野塘波阔下凫鹥。阳乌景暖林桑密,独立闲听戴胜啼。"此诗描写的是阳春三月景色,正是冬麦生长茂盛时节。白居易《泛浔水》诗言鄱阳湖平原上的江州"四月未全热,麦凉江气秋"。郑谷《作尉鄂郊送进士潘为下第南归》:"归去宜春春水深,麦秋梅雨过湘阴。"元稹《南昌滩》记所见:"畲余宿麦黄山腹,日背残花白水湄"。包何《和孟虔州闲斋即事》咏虔州有"麦秋今欲至,君听两歧歌"的诗句。新开的畲田多种粟类作物,如白居易在江州时写有"灰种畲田粟","马瘦畲田粟"的诗句④。唐人孟诜《食疗本草》卷下说到粟米,"南方多畲田种之,极易春,粒细,香美,少虚怯,祇为灰中种之,又不锄治故也",粟类作物仍然是南方山区人民种植的主要

---

① 《吴郡志》卷四十五《异闻》。
② 竺可桢:《中国五千年来气候变迁的初步研究》,载《考古学报》1972年第1期。
③ 张志诚主编:《中国气候总论》,中国气象出版社1991年版,第350页。
④ 分别见《全唐诗》卷四三三《孟夏思渭村旧居寄舍弟》、卷四三七《和梦游春诗一百韵》。

第三章
经济繁荣与中部崛起

作物之一。上述表明,麦、粟在唐五代江西地区已有相当的生产,这无疑不仅使本区粮食种植结构和粮食消费结构比以前趋于合理,具有更强抗灾的能力,而且促进了本区稻麦复种的推行,有利于粮食总量的增长。

江西气候一年中无霜期长,适宜庄稼复种。冬麦一般初冬播种,次年五月成熟,收讫后便可插秧种稻,至十月收获晚稻。钱珝《江行》诗云:"万木已清霜,江边村事忙。故溪黄稻熟,一夜梦中香。"生动地描绘了江西农村收晚稻的情景。李建勋《田家》一诗从"春日稻畦青"写到霜降之时"厅院亦堆禾",表明早晚稻复种已是无疑。唐代饶州已有"亩钟之地"①,一钟即六斛四斗。一般说一亩单产不可能达到如此高的产量,但倘若早晚稻两季合计,则属可信②。稻麦复种与二季稻技术的推广,以及一些新开发区种粟,是唐代江西农业生产发展的标志之一。这种复合农业,体现了对生态环境的适应和对土地的充分利用,并为更多地生产粮食提供了保证,推动了江西农业的前进。

在以上因素的影响和作用下,唐代江西稻作区进一步扩大。"鄱阳胜事闻难比,千里连连是稻畦"③;江州"万顷新稻傍山村"④;抚州修华陂、千金陂,"沿流三十余里,灌注原田新旧共百有余顷,自兹田无荒者,民悉力而开耕"⑤;吉州新淦有水流,"地宜稻谷"⑥。在此背景下,江西粮食产量与质量也有较大的提高。江西粮食产量,虽无确切的数字,但应是巨大的。如吉州庐陵县所产,号称"散粒荆扬"。李正民《大隐集》卷五《上吴运使启》:"江西诸郡,昔号富饶,庐陵小邦,尤称沃衍。一千里之壤地,粳稻连云;四十万之输,将舳蔽水。朝廷倚为根本,民物赖以繁昌。"唐文宗派孟琯巡察米价,"其江西、湖南地称沃壤,所出常倍他州,实资巡察"⑦。乾符二年(875年),唐僖宗《南郊赦文》称江西等地,"出米至多,米熟之时,价亦极贱"。品质方面,饶州自开元以来,岁贡秔米。南丰等四县所产的红朱稻米、银朱稻米,因质量特优,相继成为"贡米"⑧。

唐末五代乱事纷扰,然江西的粮食生产并未减弱。《新唐书·杨行密传》载,

---

① 《全唐文》卷六〇四刘禹锡《答饶州元使君书》。
② 郑学檬:《中国古代经济重心南移和唐宋江南经济研究》,岳麓书社2003年版,第253页。
③ 《全唐诗》卷四九六姚合《送饶州张使君》。
④ 《全唐诗》卷二〇七李嘉祐《秋晓招隐寺东峰茶宴送内弟阎伯均归江州》。
⑤ 《全唐文》卷八〇五柏虔冉《新创千金陂记》。
⑥ 《太平寰宇记》卷一〇九《江南西道》。
⑦ 《册府元龟》四七四《奏议》。
⑧ 正德《建昌府志》卷四《贡赋》。

五代初期,占据江淮的杨行密欲攻打洪州钟传,旁人劝谏:"钟传新兴,兵附食多,未易图也。"龙衮《江南野史》记,南唐昇元中,吉州一富商有米数千斛,准备出售,因市场粮食多,卖价很低,于是这个商人便"上神岗祷庙求旱"。又据光绪《江西通志》卷五十九《名宦》,丰城某田父,"凌晨饭蕨稍饥,至食肆求虀,久不与,乃去,肆人坚索虀金"。南唐时,丰城境内有食肆开设,正从一个侧面说明当地粮食较为富裕。五代江西粮食的丰裕,与当时的统治者重视农战相关,如吴与南唐在江州析置德安县与湖口县,大力拓殖水田,发展早晚稻生产。

　　农业是整个古代世界决定性的生产部门,而粮食生产又是直接生产者的生存和一切经济活动的首要条件。隋唐五代江西粮食生产的发展对江西本区产生了极其积极的影响,除了直接提高了江西民众的经济生活水平外,还大大推动了江西社会经济的全面进步。这里以江西水稻生产对唐中期以来的历史影响进行简要说明。

　　众所周知,唐安史之乱以来,江西渐成皇朝财赋重心之一。作为粮食经济为主的江西地区的财赋来源主要就是取之于粮食生产与贸易。换言之,江西能成为全国财赋的重点区域,与本区粮食的生产与贸易密切相关。唐政府经常从江西筹集调拨粮食从事各种活动。《旧唐书·食货志下》载:建中三年(782年),唐廷在洪州置常平仓,以"轻重本钱,上至百万贯,下至数十万贯,随时所宜,量定多少。……候物贵则下价出卖,物贱则加价收籴"。元和时,杨、滁、楚、润、常、苏等六州饥荒,唐廷从江西、湖南等地籴米30万石,赈济上述地区。以后,又多次从江西等地调米至淮南、关中,少则70万石,多则100万石。《旧唐书·穆宗纪》载,长庆二年(822年)闰十月,因"江淮诸州旱损颇多,所在米价不免踊贵,眷言疲困,须议优矜",于是诏令包括江西在内的数道观察使,"取常平义仓斛斗,据时估减半价出粜,以惠平民"。唐后期对南诏用兵,其财赋多直接取自江西。《旧唐书·杨收传》载:"(杨)收以交趾未复,南蛮扰乱,请治军江西,以壮出岭之师。仍于洪州置镇南军,屯兵积粟,以饷南海。"显然,江西粮食对稳定唐朝统治秩序具有特别的意义。另外,唐中期以后,江西成为人口增长最快且最为稳定的地区之一,与粮食生产的大发展密不可分。江西粮食业的发展,为江西社会的稳定所起的作用不可低估。

　　江西粮食业的发展,直接推动了江西农业经济结构的调整。江西某些地区并不适合粮食生产,但为了维持生存口粮,不得不种植粮食,投入多而产出少,极不利于经济的开发与进步。随着江西粮食业的发展,为产业结构的调整提供

第三章
经济繁荣与中部崛起

了保障。茶叶等经济作物在不利于粮食生产的区域普遍种植,从而极大地推动了这些地区的经济进步。它还引起了整个江西农村经济结构的一定幅度的调整,形成粮食和经济作物共同繁荣的生产模式,农业经济商品化程度的得以进一步提高。粮食业的发达,也使更多的人口可以从事的工业、商业,江西的矿冶、陶瓷、造船等手工业全面进步,与粮食业的发达相关。

在中国古代农业社会中,经济重心的转移在一定意义上就是农业重心的转移,对江西而言,突出表现为粮食生产的快速发展与粮食贸易的兴旺。粮食是农业社会最基本的生产品,同时也是它最重要的商品。粮食商品率的大小,可以成为测量自然经济结构演变的最重要标志[1]。我们虽然不能计算出唐代江西粮食的商品率,但可以肯定,比六朝有了较大幅度的提高。粮食生产超过劳动者个人需要的较高生产率、商品率,为江西地区经济社会的全面开发提供了最基本的物质基础。唐代江西以粮食业为核心的经济逐渐实现了在长江中游的崛起,确立了自己在经济重心南移中的重要地位。

六、经济作物种植的普遍

江西的地理形势、土壤、气候等,适宜于茶叶、果树、油茶、竹木、麻桑、蔬菜、草药等多种经济作物的种植,农业多种经营的条件比较优越。不过本区农业的多种经营,起步却较晚。秦汉时期,民众仍主要是"火耕水耨",捕鱼捞虾,过着"饭稻羹鱼"的生活[2]。直至六朝末,这种情形仍未得到大的改观。隋唐以来,粮食业的发展,为经济作物的种植提供了良好的条件;商品经济的兴盛,又促使了经济作物种植的进一步扩展;随着山地开发的逐渐深入,对于地处粮食生产条件不佳的丘陵山区,种植以茶叶为代表的经济作物以补充粮食生产就成为这些地区人们的必然选择。此外,统治者的赋税征收重视"土贡"的政策措施也极大地推动了诸种经济作物种植的普遍。

江西种植茶叶约自秦汉已开始,但那时民众对茶叶的功能、作用认识不深,茶叶在日常生活中并不占重要地位,需求量不是很大,茶业经济没有形成。及至唐开元以后,饮茶已成为普遍的社会风尚。封演《封氏闻见录》卷六载,长期以来,北人不喜饮茶,然开元以来,"自邹、齐、沧、棣,渐至京邑城市,多开店

---

[1] 包伟民:《宋代的粮食贸易》,包伟民选编《史学文存》,上海古籍出版社2001年版。
[2] 参见《史记》卷一二九《货殖列传》、《汉书》卷二十八下《地理志》。

铺,煎茶卖之,不问道俗,投钱取饮。古人亦饮茶耳,但不如今人溺之甚,穷日尽夜,殆成风俗"。杨华《膳夫经手钞》称:"至开元、天宝年间,稍稍有茶,至德、大历遂多,建中已后盛矣";"今关西、山东闾阎村落皆吃之,累日不食犹得,不得一日无茶也。"《旧唐书·李珏传》载:长庆元年(821年),李珏上疏朝廷:"茶为食物,无异米盐,人之所资,远近同俗。既祛竭乏,难舍难须,田间之间,嗜好尤切。"陆羽《茶经》描写唐代饮茶风俗之盛时也指出:"滂时浸俗,盛于国朝,两都并荆、渝间,以为比屋之饮。"五代时期,饮茶之风未减。唐五代江西地区盛行饮茶,《太平广记》记信州"常有顽夫,不察所从来,每于人吏处恐胁茶酒。"①江西官驿中,设有茶库,"诸茗毕贮",以备来往官客消渴解乏②。五代之时,婺源某阿婆,为人慈善,在赣浙边界浙岭的路亭设摊供茶,经年不辍,凡穷儒肩夫不取分文。又因茶叶有一定的药用价值,有助于肉类食物的消化,使西北少数民族的生活从此与茶文化结下了不解之缘。《封氏闻见录》卷六记,唐朝回纥族曾"大驱名马市茶而归"。饮茶之风的盛行,极大地刺激了全国茶叶的生产和贸易,江西的茶树栽培也普遍扩大,遂成为著名的茶叶出产区之一。

唐代江西8州中即有袁、吉、饶、江、抚、洪、虔等7州产茶③。如《新唐书·地理志》记饶州、吉州为贡茶产地,《唐国史补》记洪州西山有白露茶。《太平御览》卷一〇七"浮梁县"条:"斯邑产茶,赋无他物。"浮梁"每岁出茶七百万驮"。今瑞昌县因"有茗菽之利",建中四年(783年)于此置赤乌场,负责管理茶叶生产④。白居易在庐山香庐峰下辟茶园种茶,留有"架岩结茅宇,斫壑开茶园";"药圃茶园为产业,野麋林鹤是交游"等诗句⑤,表明庐山种茶已是一种风气。江西庙宇众多,这些庙宇往往以种茶作为主要产业之一,辟有茶园。如《五灯会元·潭州神山僧密禅师传》载:"一日,(僧密)与洞山锄茶园。"《临济录·镇州临济义玄禅师传》亦载:"黄檗一日请锄茶园。"此外,时属歙州的婺源也是产茶的重要地区,影响全国。唐代江西茶叶产量目前已无法考知,但从其茶叶产地的广泛和浮梁一县茶叶贸易量"七百万驮"之说而推测,数字一定是相当惊人的。

---

① 《太平广记》卷七十三《郑君》。
② 《太平广记》卷四九七《江西驿官》。
③ 张泽咸:《汉唐时期的茶叶》,载《文史》第 11 辑;王洪军:《唐代的茶叶生产——唐代茶业史研究之一》,载《齐鲁学刊》1987 年第 6 期。
④ 《舆地纪胜》卷三十"瑞昌县"下。
⑤ 分别见《全唐诗》卷四二四《香炉峰下新置草堂,即事咏怀题于石上》,卷四三九《重题新居东壁》。

第三章
经济繁荣与中部崛起

唐代茶已有粗茶、散茶、末茶、饼茶等品种,以饼茶的制作较为普遍。江西茶农比较讲究茶叶的采摘与加工技术。《膳夫经手钞》称:婺源方茶,制作精良,"不杂木叶"。唐毛文锡《茶谱》就记载:"洪州双井白芽,制作甚精。"双井为洪州修水县境内一村。庐山佛寺种茶成风,极重制茶工艺,咸通时李咸用作《谢僧寄茶》就是对庐山茶叶制作过程的形象写实,诗曰:"空门少年初志坚,摘芳为药除睡眠。匡山茗树朝阳偏,暖萌如爪拏飞鸢。枝枝膏露凝滴圆,参差失向兜罗绵。倾筐短甑蒸新鲜,白苎眼细匀于研。砖排古砌春苔干,殷勤寄我清明前。"江西茶叶不乏精品。陆羽《茶经》之"八"在谈到江南道的优质茶产地时特别提到袁州、吉州。江州的茶叶亦属上乘。元和十一年(816年)白居易品茗庐山茶后,情不自禁地以诗赞之:"匡庐云雾窟,云蒸翠茶复。春来幽香似,岩泉蕊独浓。"① 唐末五代诗僧齐己,游庐山东林寺后作《匡山寓居栖公》云:"树影残阳寺,茶香古石楼。"据《元和郡县图志》卷二十八载:唐代,饶、信二州的茶均用于上贡。《唐国史补》称,"洪州西山之白露",与含膏、紫笋、黄芽等名茶并列,也是著名的贡品。当然,江西茶叶在名品争竞的唐代,并不十分突出而被世人特别看好,如唐人裴汶在《茶述》中比较南方各地"贡茶"后,认为最次是"鄱阳、浮梁"。总体而言,唐代江西茶是以量大取胜的。

饮茶成风、种茶普遍,人们对茶的认识益深,总结性的论著便应运而生。唐肃宗至德年间(756—758年),陆羽写成享誉世界的第一部茶书《茶经》,其书"言茶之原、之法、之具尤备","始创煎茶法"②,从而构筑了一个茶文化体系。《茶经》的问世与江西茶事密切相关。陆羽为了研究茶,了解茶与水的关系,足迹遍及江西许多州县。唐诗人孟郊《题陆鸿渐上饶新开山舍》云:"开亭拟贮云,凿石先年泉。"据道光《上饶县志》载:"陆鸿渐宅,在府城西北茶山广教寺。昔唐陆羽尝居此……《图经》:羽性嗜茶,环居有茶园数亩,陆羽泉一勺,今为茶山寺。"清代张有誉《重修茶山寺记》说:"信州城北数武岿然而峙者,茶山也。山下有泉,色白味甘,陆鸿渐先生隐尝品斯泉为天下第四,因号陆羽泉。"同治《余干县志》卷二《古迹》记陆羽于余干县冠山上"凿石为灶,取越溪水煎茶"。陆羽最后得出有20个各地名山大川之水最宜品茶,确定"庐山康王谷水,第一"。于是当时许多文化精英慕名而来,品茶评水。张又新作《谢山僧谷帘泉》诗:"消渴

---

① 此诗不见《全唐诗》及《白居易集》,转引自连振娟《试论江西禅宗对茶文化的贡献》,载《农业考古》2002年第4期。

② 赵璘:《因话录》卷三《商部下》。

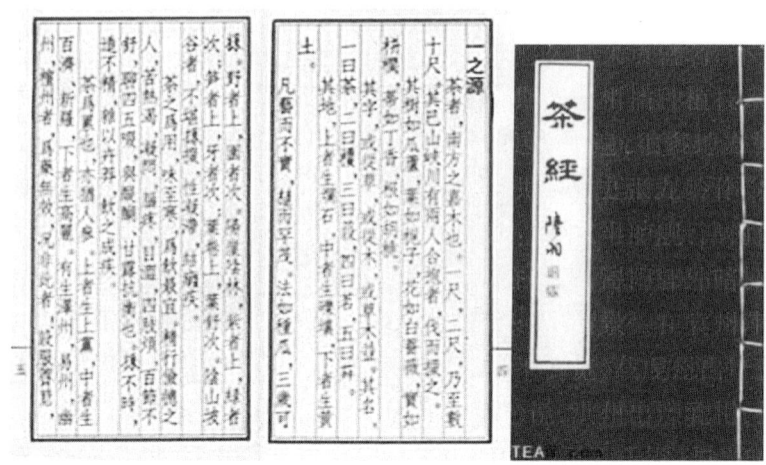

陆羽《茶经》

茂陵谷,甘凉庐阜泉。泻从千仞石,寄逐九江船。竹柜新茶出,铜铛活火煎。……迢递康王谷,尘埃陆羽篇,何当结茅屋,长在水帘前。"此外,庐山栖贤寺下的方积潭水(招隐泉),经陆羽品评,号称"天下第六泉"。

社会对茶叶的消费量极大,茶叶成为重要商品。《封氏闻见记》卷六记:"其茶自江淮而来,舟车相继,所在山积,色额甚多。"杜牧《上李太尉论江贼书》称:江淮"茶熟之际,四远商人,皆将锦绣、缯、缬、金钗、银钏入山交易",而一些强盗"劫杀商旅"得财物后,"尽将南渡,入山博茶"。"濠、亳、徐、泗、宋州贼,多劫江西、淮南、宣、润等道。……劫得财物,皆是博茶,北归本州货卖,循环往来,终而复始"。江西地区相对兴旺的茶叶生产,除了满足本地区民众的消费和成为贡品之外,还成为著名的商品。唐代的茶叶已出现相对固定的销售区域:以长江为集散渠道,南下者则多分路进入岭南,北运者则顺流而下,然后沿大运河北上运销山东、河南、河北各地,沿黄河西上而达关中,并由唐都长安而运销新疆、西藏等地。而且,南下者少,北上者为大宗[1]。江西的茶叶贸易也有相对稳定的地区。《膳夫经手录》称,当时关西山东间阎村落普遍饮用浮梁茶叶,"其于济人,百倍于蜀茶"。当时,饶州浮梁茶有"商货"之称,说明它已是一种以产量多、销量广而著称于世的茶叶。各地茶商,常常乘船至浔阳,经鄱阳湖溯昌江而达

---

[1] 吴存浩:《中国农业史》,警官教育出版社1996年版,第697页。

第三章
经济繁荣与中部崛起

曾是唐长江中游茶叶集散中心的浮梁古县城(重修)

浮梁,贩茶牟利。白居易《琵琶行》诗云:"商人重利轻别离,前月浮梁买茶去";刘津《婺源诸县都制新城记》说:"婺源、浮梁、祁门、德兴四县,茶货实多。"又由于婺源等地茶叶制作精良,品质超群,《膳夫经手录》称"自梁宋幽并间,人皆尚之。赋税所收,商贾所赍,数千里不绝于道路"。江西茶叶也运抵域外,敦煌出土的《茶酒论》谈到:浮梁歙州(婺源)茶"万国来求"。可见,浮梁等地已成为全国著名的商品茶集散地之一。

茶叶是唐五代时期江西地区种植最广泛的经济作物,也是仅次于粮食的最主要的商品。江西的茶业经济为本区社会经济崛起与发展作出了较大的贡献。

首先,茶业经济的发展极大地推进了江西山区经济的开发。地处山地和丘陵地带的农民的谋生手段则除了有限地种植粮食作物之外,就以种茶、卖茶为主业,这使得农民有了更多的谋生手段,获取更多的经济利益。唐开成五年(840年)十月盐铁司《禁园户盗卖私茶奏》云:"伏以江南百姓营生,多以种茶为业,官司量事设法,惟税卖茶商人。"[①]江西地区2/3是山地和丘陵,本有发展茶叶生产的良好条件,随着唐代茶叶经济的兴盛,一些山多地少不大利于粮食生产的地区也逐渐形成了初步区域化专业化茶叶生产种植区,茶叶种植基本上和粮食生产分开,形成了一个相对独立的生产部门,已出现了以种茶为业、仰茶为生的专业种植户——茶农。《膳夫经手录》称,茶农"给衣食,供赋役"全仗茶茗。茶农必然会扩大生产,积极增加种植面积,使茶叶生产进一步专业化与扩大化,这对于山区经济的开发,无疑具有极大的推动作用。唐中后期以来,江

---

① 《册府元龟》卷四九四《邦计部·山泽二》。

西山区得到比较深入的开发,与茶叶等经济作物的种植与发达有密切关系。

唐代"茶是农业中首先发展起来的商品",其生产即与市场密切联系起来①。茶农既是商品生产者,又是商品出售者。因此,他们中必定有一部分专门从事茶叶贩运者。另外,茶农在与商人打交道的过程中,往往通过茶牙与市场打交通。《新唐书·高骈传》载,鄱阳人吕用之,"世为商侩,往来广陵,得诸贾之欢",吕用之即是一名地道的茶牙②。茶农固然属于小商品生产者,终日为衣食谋,但也不排斥他们中间少数人在制茶、贩茶的过程中发财致富。随着其资本的不断增大,逐渐成为拥有雄厚经济实力的大茶商。张途《祁门县新修阊门溪记》载,唐咸通三年(862年),祁门县陈甘节修治好阊门溪后,"贾客巨舻,居民业舟,往复无阻","居民业舟"表明祁门一带(包括婺源)茶区从事茶叶外运的本地商人当拥有一定的数量。前引婺源方茶远销北方州郡,这其中应有相当部分是当地茶商贩运去的。《资治通鉴》卷二六六记,唐末卢龙节度使刘仁恭"禁江南茶商无得入境,自采山中(幽州大安山)草木为茶鬻之"。既然婺源方茶早已远销幽、蓟,那么刘仁恭在幽州"禁江南茶商无得入境"者,其中必定有不少婺源茶商。每到出茶季节,"商贾所赍,数千里不绝于道路",前往茶区购茶。茶叶贸易使一向偏僻的山区,成为商品经济活跃的地区,这势必会在产茶区一带形成以茶叶为中心的地方市场,刺激当地商业城镇的兴起与发展。婺源之所以被朝廷升为都制置,原因之一是这里"茶货实多"③。

其次,茶业经济使唐五代江西农业经济结构发生了新的变化,并使之更趋于合理。总体而言,对于人口密度大增而又耕地面积有限的江西地区,除努力进行粮食生产外,还须积极从事经济作物的种植,以满足生产、生活的需要,茶叶经济成为江西地区最主要的经济作物之一,成为粮食经济的有益补充。具体而言,唐五代江西,由于劳动力的增加、生产工具的改进和稻作生产技术的进步,使粮食产量大为提高,农民已有更多的余粮投放市场交换,同时也需要转移农业劳动力。由于茶叶生产的专门化商业化的形成,部分农民成为专业或半专业的茶农,他们依茶叶"给衣食,供赋役",自己生产的粮食不多,需要从产粮区大量运入方能自给。因此,农民的富余粮食,除流向工商业比较发达的城市外,还有一部分流向了粮食不能自给的茶叶种植区,不仅增加了粮食商品化的

---

① 傅筑夫:《中国封建社会经济史》第3卷,人民出版社1989年版,第563页。
② 参张泽咸:《唐代工商业》,中国社会科学出版社1995年版,第343页。
③ 《全唐文》卷八七一刘津《婺源诸县都制置新城记》。

第三章
经济繁荣与中部崛起

渠道,也转移了一些劳动力。由于茶叶经济的发达,茶叶在排挤粮食生产过程中,逐渐形成了一种其他经济作物难以替代的优势,这是南方广大地区农民更多地选择种植茶叶的直接动因①。由于这种优势的存在,茶叶对唐五代江西社会经济的意义,就不仅限于茶叶种植本身,一方面茶叶经济是农业劳动力合理配置的一个重要渠道,另一方面它还引起了整个江西农村经济结构的一定幅度的调整,形成"茶粮互补"的生产模式,必然会导致和促进粮食商品化程度的进一步提高,推动农业经济的全面进步。此外,茶叶经济也大大加强了江西与周边地区的经济联系,有谁能否认时属歙州的婺源后来划归江西建置,与茶叶经济毫无关系呢?

再次,茶业经济承担了唐五代江西的很大一部分税收,缓解了本区的财政、赋税压力。安史之乱后,江西"财赋孔殷,国用所系"②。茶叶经济的兴旺,使茶与盐、铁、酒一样,成为唐朝国家税收的重要组成部分。唐德宗建中年间,政府征取竹木漆茶等什一税,充常平本钱。赵瓒建议于洪州等地置常平仓时,即同时提出对茶叶等物征税,显然与江西茶业经济的发展相关。贞元九年(793年),在诸道盐铁使张滂的提议下,对茶山经营和茶叶经销征收什一税,"每岁得钱四十万贯"③。长庆元年(821年),盐铁使王播建议增加茶税,"初税一百,增之五十"④。茶税对于满足唐政府的军国经济的重要意义不言而喻。江西"物产惟宜稻,官租但贡茶"⑤。浮梁县"每岁出茶七百万驮,税十五余万贯"⑥,占全国茶税的1/3左右。当时的山泽之利(矿产税等)年收七万余缗,不能"当一县(浮梁县)之茶税"⑦,说明唐后期浮梁县因茶税成为首冠全国的纳税县。又,由于婺源"茶货实多",朝廷升婺源为都制置,并于此设税茶机构负责四县茶税,一般而言,税茶机构所在地,是茶税收入较多之地,说明婺源每年的茶税额媲美浮梁,也是全国首屈一指的茶税大县。唐安史之乱以来,江西地区承担了政府的

---

① 林文勋:《唐代茶叶产销的地域结构及其对全国经济联系的影响》,李孝聪主编:《唐代地域结构与动作空间》,上海辞书出版社2003年版。
② 《白居易集》卷五十五《除裴堪江西观察使制》。
③ 《唐会要》卷八十四《杂税》。
④ 《旧唐书》卷一七三《李珏传》。
⑤ 《补江城名迹诗》卷二《洪州八首》。
⑥ 《元和郡县图志》卷二十八《江南西道》。
⑦ 《新唐书》卷五十四《食货四》。

沉重赋税,仍然成全国发展突出的地区,茶叶经济的作用不可低估。五代时期,茶叶成为吴、南唐二国的重要收入。杨吴时,杨行密曾派押衙唐令同,带着一万多驮茶叶"如汴、宋贸易"①。南唐昇元二年(938年),契丹国派人"持羊三万头,马二百匹来鬻,以其价市罗纨茶药"②。江西作为产茶的重要地区,应占有相当的份额。

此外,江西茶业经济的兴盛推动了本区相关产业的进步。如一定程度上刺激了本区陶瓷业、交通运输业的发展。这里仅以唐代江西和周边地区因茶叶经济而改善交通道路略作说明。徽州祁门县,本是代宗永泰二年(766年)析黟县六乡及浮梁县一部分置,对外交通极为不便。由于祁门茶叶主要是通过阊门溪入江西行至鄱阳湖入长江外运,直接促进了这一地区与江西的交通运输条件的改善。咸通三年(862年),歙州司马张途《祁门县新修阊门溪记》云:"县西南一十三里,溪名阊门……水自叠嶂积石而下,通于鄱阳,合于大江。其济人利物,不为不至矣。"而阊门溪夹滩两岸,"怪石丛峙,迅川奔注,溪险石蹙,跳波激射,摧舻碎舳。商旅经此,十败七八"③。元和以后,地方官屡有修治。咸通元年至三年(860—862年),县令、刺史在土客、商人、船户的支持下,改修祁门水的险峻水路,从此"贾客巨艘,居民业舟,往复无阻,自春徂秋,亦足以劝六乡之人业于茗者",大量的茶叶通过这条路往外运出④。祁门茶叶经这条线路运向全国各地,而江西鱼米也被运到歙州西部山区,通过运输,经济上达到了互补。《新安志》卷一《风俗》:"新安,故秦二县(黟县、歙县),在山谷间,地广远……祁门,水入于鄱,民以茗漆纸木行江西,仰其米给。"显而易见,这条路线的开辟与畅通,也与茶、粮贸易有密切关系。如果不是因为茶叶经济的关系,唐代江西与歙州地区的交通条件得到极大改善是不大可能的。

除了茶叶外,水果、药材、蔬菜等也是本区重要的经济作物。

江西地形以山地丘陵为主,土壤多为酸性,气候温暖湿润,适宜多种水果生产,果业素来兴旺。江西的水果以柑橘、柚子最多。《禹贡》记载:"扬州……厥包橘柚锡贡。"江西古属扬州,贡品自然包括江西在内。《吕氏春秋》云:"果之美者,江浦之橘。"谢承《后汉书》记载:"丹阳张磐……为庐江太守,浔阳令尝饷一

① 《十国春秋》卷一《吴太祖世家》。
② 陆游:《南唐书》十五《契丹传》。
③ 《太平寰宇记》卷一〇四歙州"祁门县"条。
④ 《全唐文》卷八〇二张途《祁门县新修阊门溪记》。

第三章
经济繁荣与中部崛起

柑(柑)。"西晋张华在《博物志》中写道:"橘柚类甚多……豫章郡出真者。"都说明江西柑橘生产历史悠久且久负盛名。不过,六朝以来的果树尚多属野生或家庭副业种植。隋唐时期随着柑橘种植技术进一步提高与商品化生产意识的加强,江西柑橘树栽种更加普遍,很多地方柑橘开始成片种植,有专业化生产的趋势。唐开元年间,洪州刺史张九龄作《感遇》云:"江南有丹橘,经冬犹绿林";作《登郡城南楼》云:"邑人半舻舰,津树多枫橘。"诗人刘长卿《送孙逸归庐山》称江州:"彭蠡湖边香橘柚,浔阳郭外暗枫杉。"卢纶在信州见到"烹鱼绿岸烟浮草,摘柑青溪露湿衣"的情景①,在袁州萍乡也见到"梅花成雪岭,橘树当家僮"的画面②。此外,《太平御览》载虔州出产蜜梅、枇杷、橘、橙、柚等,均有一定名气。《新唐书·地理志》说,洪州出产乳柑,抚州出产朱橘,都是素负盛名的贡品。其中豫章郡每年上贡橘子六千颗,与当时的临海郡(浙江台州)同居全国贡橘八郡之首位。又《太平寰宇记》引《江城旧事》卷四《韩朝宗·梅煎贡》云:"唐朝洪州贡梅煎。开元二十五年(737年),都督韩朝宗以梅煎难得,取乳柑代之。"除作为贡品,柑橘也是江西市场上日常交易的商品。隋大业年间,农民军攻打高安时,一当地人"货橘于寇,寇分食之"③,表明橘已进入市场。唐元和年间,白居易《东南行一百韵》述江西风土曾云"见果多卢橘"。此橘生时青卢(黑)色,黄熟则如金,故有金橘、卢柑之名。唐末五代时期,江西的橘柑等水果生产依然旺盛。唐末陈陶隐居洪州,在东湖南岸开辟园圃,"植花竹、种蔬芋、兼植柑橙,课山童卖之"④,说明这时为卖而种橘的人也增多。吴淑《江淮异人录》载:五代初期,抚州刺史危全讽一天晚上曾自语:"丰城橘美,颇思之。"时丰城人陈元升在座,曰:"方有一船泊丰城港,今为取之。"说明当时丰城的柑橘非常出名。又《五代诗话》卷三引《南唐近事》"钟传客"云:"钟传镇西江日,客有以覆射之法求谒,传以历日包一橘致袖中,使射之。客口占一歌以揭之云:太岁当头立,诸神莫敢当,其中有一物,常带洞庭香。"值得注意的是,橘树等果树主要出于经济成本的考虑而种植于丘陵、山地,这对于丘陵山地的经济开发有一定的积极作用。

《本草纲目》卷三十三"甘蔗"条引陶弘景曰:"蔗出江东为胜,庐陵亦有好

---

① 《全唐诗》卷二八〇卢纶《送内地韦宗仁归信州觐省》。
② 《全唐诗》卷二七六卢纶《送陈明府赴萍县》。另外,雍陶《送宜春裴明府之任》:"楚望花当渡,湘阴橘满川",反映了宜春一带的产橘盛况。
③ 《古今图书集成》卷九〇九《瑞州府部》。
④ 光绪《江西通志》卷一一四《胜迹》。

者。"说明六朝以来庐陵出产甘蔗已出名。隋唐五代江西甘蔗当有一定的发展。据《十国春秋·卢绛传》载,宜春人卢绛曾梦食蔗浆,或说明当地产蔗。隋唐时期,虔州的甘蔗制糖技术较高。《新唐书·地理志》所载虔州贡品石蜜,是以甘蔗为原料而生产的冰糖,想必当地种植甘蔗不少。

蔬菜是人们的日常食物,也是本区种植的重要经济作物。一些农民种植蔬菜不仅自用,也投放市场进行交易。元和间白居易谪居江州时,见到当地"喘牛犁紫芋,羸马放青菰"的劳动情景[1];又有早市上"晓日提竹篮,家僮买春蔬,青青芹蕨下,叠卧双白鱼"的生活画面[2],从这些洋溢着田园风光的小诗中则可以得知江州已有专门种菜、卖菜的菜农。上引唐末洪州陈陶"种蔬菜"而上市场出卖之事,也说明种蔬菜已成为一些民众的谋生谋利手段。另外,如时人喜食的竹笋、蕨菜、蘑菇等山野的菜蔬也成为江西农民生产加工而成为自我消费或转化为商品的对象。如白居易在江州时作《食笋》诗云:"此州乃多竹,春笋满山谷。山夫折盈抱,抱来早市鬻。"正是如此,采集野菜往往会形成当时季节性的农业活动,调集出众多的劳力。

药材的种植、采集是江西民众经济活动的内容。当时药材的获取或以野生为主,如杜荀鹤《题庐岳刘处士草堂》所云:"仙径闲寻采药翁。"又《南唐书·陈陶传》载,唐末陈陶隐居西山,"先产药物数十种,陶采而饵之"。人工种植药材在江西亦比较普遍。白居易《题香炉峰草堂》诗云:"药圃茶园为产业,野麋林鹤是交游。"杜荀鹤《怀庐岳旧隐》诗云:"岩鹿惯随锄药叟。"南唐徐铉《送孟宾于员外还新淦》诗云:"采药春畦狎老农。"这都说明江西在唐五代已出现了草药种植专业户。药材交易的活跃是药材种植普遍发展的重要表现。唐五代,樟树正逐渐成长为江南著名的药材市场,"三皇宫"内设立药圩,专辟药材交易场所。此外,据《太平广记》卷二十三《冯俊》所记,庐山是南方一个非常活跃的药材集散地。白居易《赠江州李十使君员外十二韵》亦云:"朝随卖药客,暮伴钓鱼人。"《新唐书·高骈传》载,鄱阳商人吕用之"卖药广陵市"。张籍《答鄱阳客药名诗》:"江皋岁暮相逢地,黄叶霜前半夏枝。子夜吟诗向松桂,心中万事喜君知。"诗中巧妙地缀有"地黄""半夏""枝(栀)子""桂心"等四味药名,也在一定意义上说明鄱阳药材的丰富与出名。江西所产的良好药材,不仅满足了本区民众医药的需要、市场的需要,也成为上贡朝廷的物品,据《通典》《元和郡县图志》《新

---

[1] 《全唐诗》卷四三九白居易《东南一百韵》。

[2] 《全唐诗》卷四二四《放鱼》。

唐书·地理志》记载,唐代江西上贡的药材有洪州的丹参;虔州的桂子、石蜜、乾姜;江州的生石斛、砾,吉州的陟釐,等等。

七、林牧渔业的发展

在农业社会中,竹木是制造生产生活用品的基本材料。江西山地面积广阔,森林资源丰富,隋唐五代已成为当时全国著名的建筑与造船所需良材的供应基地。隋炀帝修建洛阳乾元殿,"楹栋宏壮大木,多从豫章采来。二千人拽一柱,其下施毂,皆以生铁为之"①。武则天建明堂,由江岭运大木,以江西之盛产,应也是主要来源地。元和时,关中旱饥,"以豫章、江夏、长沙诸郡,地产瓌材,且凭江湖,将刳木为舟,以漕国储"②。唐五代时,江西为战船基地,所用材料自然为本区所产。

"靠山吃山",地处山区的江西农民,自然把丰富的森林资源作为自己生产生活的重要依据;而某些商人也把从事木材生产、贩运作为发财致富的基本手段。唐代江西山区森林采伐业比较兴旺。为了生计,民众常入山伐薪。《太平广记》卷三七四《洪州樵人》记,洪州樵人常"入西山岩石之下"伐薪。薪柴为人们日常生活的必需品,民众伐薪或自备自用,或运至市场上出售。同书卷四五九《安陆人》记,某人自鄱阳来,"至豫章观步门卖薪"。说明采薪已成为一种商品性生产。古谚云"百里不贩樵,千里不贩籴",但随着非农业人口的增长,居民对"樵"的需要量遽增,促使樵夫或商贩们对薪材的转运已突破这一古训。如《太平广记》卷一一八《熊慎》记,豫章人熊慎之父曾"鬻薪于石头"。从豫章到石头(南京),虽是顺水推舟,毕竟有千里之遥。就是鄱阳至豫章,直线距离也超过百里,若从鄱阳湖溯赣江南上豫章,行程则更远。值得注意的是,当地已有不少以从事伐木为生的专业户。如《太平广记》卷四七九《熊乃》记,信州人熊乃,"尝与其徒入山伐木"。同书卷三九七《赣台》记,虔州赣县东南,"山上有鼓吹声,即山都木客,为其舞唱"。这里的伐木者或称"木客"显然就专以伐木为业的人。所伐木材,除了自用之外,大多走向市场而成为商品,因而又产生了一批木材商人。从史料所记来看,伐木者是为木材商人直接服务的。《太平广记》卷三三一《杨溥》记:"豫章诸县,尽出良材,求利者采之,将之广陵,利则数倍。"同书卷三五

---

① 《旧唐书》卷七十五《张玄素传》。
② 《全唐文》卷六九〇符载《钟陵夏中送裴判官归浙西序》。

四《徐彦成》记：木材商徐彦成"恒业市木，丁亥岁，往信州汭口场，无木可市，泊舟久之"，不久，"木材大至，良而价廉"，徐氏将其泊载至秦淮，获得了数十万的利润，其后又"如是三往，颇获其利"。这说明江西信州汭口场已发展成为以木材为主的交易市场。由此推测，作为全国著名的造船与木材加工业中心的扬州，其基础材料很可能主要是从江西采运的。江西的木材运销，与当时的交通环境密切相关。木材笨重，水运是最经济的运输方式。江西木材以洪州豫章为主要集散地，自洪州出江西进入长江后，顺流东下达扬州，可入吴地，亦可经运河转销北地，在当时林木业中居优越地位。

除林木外，江西地区盛产毛竹。据《元和郡县图志》和《新唐书·地理志》载，吉州和虔州斑竹、抚州的竹箭、饶州竹簟为贡品。《吉州庐陵县令厅壁记》中就以"材竹铁石之赡殖"为庐陵富饶的标志。虔州境内森林繁富，自六朝至唐代都是如此。《太平寰宇记》卷一〇八记赣县的"竹管峒，丛篁万顷，三十余里无杂殖"；"空山，多材木果实，……所出物，百倍于他山"。安远县的肖美山，"山顶有杉枋数百片"。袁州地区也是竹木丰裕之区，李德裕《振鹭赋》："此郡带江缘岭，野竹成林。"李嘉祐《袁州口忆王司勋王吏部二郎中起居十七弟》云："若个最为相忆处，清枫黄竹入袁州。"表明袁州的竹木也是向外输出的物品。欣山多橘树异竹，于都县潭山，樟树众多，"宵山多杉松，下有完笋"，大有开拓前景。又据《龙泉县志》卷二《地理下》载，南唐以前，遂川"三百里林箐茂密"，已是江西著名的竹木产区。唐天祐四年(907年)，县西45里龚氏七兄弟办上供枋木；杨吴武义元年(919年)杨隆演以什善镇置龙泉场，"以乡为名，采择材木之故乡也"；南唐保大初(943年)，"采斫竹木修金陵宫室"，18年后升龙泉场为龙泉县，"贡枋木尚仍其旧，岁输本州造船"。繁忙的木材采伐加工，带动了当地的生产开发，从此"冠盖往来，商贾辐辏"。

中古时期，中国南方涉及山林育林的资料罕见。唐人卢肇《震山岩记》记曰："在(袁州)震山之西，又得枫树之林于溪南……予既得西林……亦请命其林曰卢氏弋林……因谓高公使郡人无得樵渔，于是林之檀、栾、杉、桧，不日丰茂，以冠于郡。"这说明封山育林在江西地区，至少从唐代起，就是一种行之有效的营林方法了。中古佛寺素有植树造林、营化天然的传统，江西佛寺道观林立，僧人、道士成为当时本区造林的重要力量。唐开元年间道士刘混成隐修庐山白鹤观时，身体力行，遍植松杉，美化寺周环境。《五灯会元》卷十一《义玄传》载，义玄早年师从黄檗山希运，一日在山上栽松，希运问他："深山里栽许多松

第三章
经济繁荣与中部崛起

树作甚么?"义玄答:"一与山门作境致,二与后人作标榜。"又同书卷十三《师虔传》载,抚州疏山匡仁禅师,早年师从洞山良价时:"师(师虔)在洞山栽松次,有刘翁者求偈。师作偈曰:'长长三尺余,郁郁覆青草。不知何代人,得见此松老。'刘得偈,呈洞山,山谓曰:'此是第三代洞山主人。'"现萍乡杨岐寺后的"唐柏"即传为唐天宝年间甄叔禅师所手植。

隋唐五代江西地区,虽不乏小农或地主商人家庭栽种桑榆等用材林木自用或投放市场,但对自然森林资源的采伐乃是木材的主要来源,对自然环境势必构成一定的破坏,不过,这是当时山区经济开发的必需代价。山区通过林木的商品化生产,联系了山区外广大的市场,其开发程度得到普遍与深入。江西众多林木的逐步采伐,不仅为商贸提供了优质廉价的木材,也为山区的开发提供了必要的经济基础,同时山区由此开辟出了大量土地。

隋唐以前,长江流域一些地区就已出现了一些比较发达的家庭养殖业,但这种副业主要存在某些大庄园之中。隋唐五代时期,由于家庭生活、生产的需要,伴随着粮食生产的发展,副业生产也取得了进展,并出现了专业化和商品化的倾向。畜牧业在南方多以家庭副业的形式而存在。在江西家庭中,由于农业生产的直接需要,最为普遍的是养牛,但规模小,一般一家为一两头,《太平广记》卷五十五《伊用昌》记:天祐年间,抚州南城县,"有村民毙一犊";又同书卷一三四《童安玗》记:唐大中末,信州贵溪县人郭珙家有牛,"生一白牯犊",以"牛母并犊,别栏喂饲"。这两处皆应为耕稼之用而圈养牛。而同书卷三九四《叶迁韶》所记信州人叶迁韶"幼岁樵牧",又说明当时也有野外放牧的情形。另外,马祖道一在泐潭山时,曾与高徒百丈怀海执役牵车;在石巩山时,曾与弟子慧藏牧牛作务,或说明江西的寺院中也养牛。猪已是重要的肉食来源,对农民而言,养猪取肉自己食用外,部分可投放市场。当时已有农民靠养猪致富,《朝野佥载》载:唐洪州有人畜猪以致富,因号猪为"乌金"。这说明其养猪已达到一定的规模。牛肉、猪肉等肉类为人们饮食不可或缺的品种,因而存在着肉类市场。如《太平广记》卷一三二《刘知元》记,唐虔州司士刘知元常"拣取怀孕牛犊及猪羊驴等皆杀之",以满足口腹之欲。元和年间江州司马白居易作《赎鸡》诗曰:"适有鬻鸡者,挈之来远村。"1979年在九江市郊发现的唐墓中,发现鸡俑2件、鸭俑1件,鹅俑1件,羊俑1件、狗俑1件、猪俑1件、牛头俑1件,这也说明江西的家禽家畜的畜养已是全面而普遍,在民众的生活中占有重要地位。

"饭稻羹鱼"是中国古代南方传统的食物结构,这是由南方农渔并重的生产结构决定的。江西水域面积广阔,是理想的淡水鱼生长的基地,渔业是水乡农民从事的主要产业。鱼的来源主要是江河湖泊中的自然生长,也有部分是人工放养的,唐五代时期,江西传统的养鱼业有所发展。陆龟蒙《渔具诗·种鱼》记,江州有人工开挖的鱼池,"鉴池收赪鳞,疏疏置云屿"。白居易在庐山草堂前开一池养鱼种荷,"日有幽趣"。作诗云:"淙淙三峡水,浩浩万顷陂。未如新塘上,微风动涟漪。小萍加汛汛,初蒲正离离。红鲤二三寸,白莲八九枝。"[1]当然,唐五代终究处于试养阶段,产量不可能很高。渔业生产仍以自然河流的捕捞为主,所谓"江南水乡,采捕为业,渔鳖之利,黎元所资"[2]。唐代江西传统的捕渔业十分兴盛,特别是那些傍湖濒江地带,专业渔户和半渔半农人户在户口总数中占有很大的比重。《唐国史补》卷下称:"洪鄂之水居颇多,与邑殆相半。"这些水居之民多数为渔民,如江州即"乡户半渔翁"[3]。洪州"村女解收鱼,津童能用楫"[4]。《太平广记》有不少关于江西渔民的记载:庐山落星潭,"多渔钓者"[5];温会在江州,也常"与宾客看打鱼"[6];星子县也有渔人曾得一大龟[7]。鄱阳湖渔业更为发达,常有渔人乘舟捕鱼。徐铉《稽神录》卷四记载:"天祐中饶州有柳翁,常乘小舟钓鄱阳江中……凡水族之类与山川之深远者无不周知之。凡鄱人渔钓者咸咨访而后行。"有吕氏诸子将网鱼于鄱阳江,召问柳翁而后大获。吕氏诸子及柳翁在这里都属于专业渔民。这或说明唐代"渔业生产已经摆脱了过去作为农家副业的附属地位,而成为独立于农业生产之外的重要经济部门或经济行业"[8]。

元和年间江州司马白居易作《东南行一百韵》称,当地风俗人情迥异于北方,其中有"吏征渔户税,人纳火田租"句,这种渔户似乎原本是农民。韩愈《感春四首》之四云:"我恨不如江头人,长纲横江遮紫鳞。独宿荒陂射凫雁,卖纳租赋官不嗔。"他们既有田租,却以水为田,以纲为犁,收获鱼类以满足官赋。官家租赋自然不收鲜鱼,农民(渔民)补助家计也不能只吃鲜鱼,所以他们必然是要

---

① 《白居易集》卷七《草堂前新开一池养鱼种荷日有幽趣》。
② 《旧唐书》卷一○一《李乂传》。
③ 《全唐诗》卷六三五周繇《送江州薛尚书》。
④ 《全唐诗》卷二八四李端《送路司谏侍从叔赴洪州》。
⑤ 《太平广记》卷三七四《庐山渔者》。
⑥ 《太平广记》卷四七七《异虫》。
⑦ 《太平广记》卷四七一《宋氏》。
⑧ 陈伟民:《唐宋时期的渔业生产》,载《农业考古》1994年第3期。

第三章
经济繁荣与中部崛起

与市场发生各种形式的联系。其实,江西地区水网交织,渔民及农闲从事捕捞的农民众多,大量的鱼虾必然要进入市场来换取农民需要的生活必需品,这就使鱼产品成了江西县市中的大宗商品,渔业生产转向为商品化发展。白居易《东南一百韵》诗云"水市通阛阓,烟村混舳舻",其中的水市就是一种在船舶聚集的河埠湖岸边进行渔产贸易的形式和场所。这种水市难以纳入官方的坊市系统,更没有击鼓而会鸣锣而罢的规矩,加之有的位于远离郡县城邑的河埠津渡之所,故有野市、野步、鱼市之称。如耿沣《奉和第五相公登鄱阳郡城西楼》赞颂第五琦治郡有方,境内"野步渔声溢,荒祠鼓舞喧";《登钟山馆》称袁州分宜县内"野市鱼盐隘,江村竹苇深"。韦庄尝夜宿洪州,作《建昌渡暝吟》:"鸟栖彭蠡树,月上建昌船。市散渔翁醉,楼深贾客眠。"这些以渔产为中心的"野市"虽远离城邑,却因地处人来人往的津渡路口和驻客泊船的馆驿码头,所以也不乏买主。而卖主也不仅限于或者不会总是限于直接捕捞的渔翁,这种野市迟早要吸收和造就一批居间求利的渔商,即如诗人所见之"津市半渔商"[1]。《太平广记》卷一一八《熊慎》记:"唐豫章民有熊慎者,其父以贩鱼为业,尝载鱼宿于江浒。"同书卷四七〇《刘成》提及江西邻郡村民,往往用"巨舫载鱼蟹鹭于吴越间"。均反映出当时江西境内的渔商十分活跃。从上引诗中还可见,有的渔市已相对稳定。不仅是渔户们拥楫联槛成市,为渔翁渔商及过客服务的酒楼、旅店亦相应而生。我们再看州县城邑附近的渔市。《全唐诗补逸》卷九张祜《钟陵旅泊》:"城街西面驿堤连,十里长江夜看舡。渔市月中人静过,酒家灯下犬长眠。"这个渔市位于洪州城西舟船密集的赣江之滨。江西城市临江靠水,此类渔市亦所在多有,九江"鳞介多潜育,渔商几溯回"[2];万安"杳杳短亭分水陆,隆隆远鼓集渔商"[3]。《唐语林》卷一载,阎伯玙为袁州刺史,数年之间,"渔商阗凑,州境大理"。

综合上述考察,在良好的社会经济环境下,隋唐五代江西农业发展迅速,呈现出时代与地域的特点。其一,平原与丘陵、山区农业经济协调发展,促进了农业向广阔地带深入。赣江下游、鄱阳湖地区,农业向为发达,但大部分山区则极其落后。唐后期江西一些山区也渐次得到开发,至五代时期,为了适应人口增长和农业经济发展形势而纷纷置县。当然,这种协调发展是相对的,并不是指丘陵山区和平原的农业生产水平已经一样高了,而是说丘陵山区如平原地

---

[1] 《全唐诗》卷二三七钱起《送武进韦明府》。

[2] 《全唐诗》卷六十五苏味道《九江口南济北接蕲春南与浔阳岸》。

[3] 《全唐诗》卷二六九耿沣《发绵津驿》。

带一样,有了较快的开发。从生产水平来说,丘陵山区还是大不如平原。其二,水稻等粮食作物和经济作物比较协调发展,农业经济结构与前代相比产生了较大的变化,拓展了农业的深度和广度。江西农业生产以粮食业为中心展开,不仅使从事农业生产的地主、农民拥有比较丰裕的粮食,满足自身的消费、国家的租赋,而且有可能向市场提供剩余粮食,促进粮食贸易的发展。同时,在一定程度上减少了粮食生产所需要的劳动人手,有利于农业多种经营进一步开展,提高地主、农民经济的活力。茶农、菜农、药农、果农、渔户等专业户的大量出现,表明这一时期的江西农业已形成了以粮食生产为主的多元复合的农业模式。农业为社会提供了比较丰富的农副产品,不仅有利于农业经济的发展,而且在相当程度上促进了手工业、商业的发展。

第二节
特色手工业的蓬勃发展

隋唐五代,江西的手工业在秦汉六朝的基础上得到较大的发展,不仅生产技术水平有了较大的提高,同时产生了一批具有地方特色、影响全国的手工业产品。江西的手工业是和农业、商业的发展同步的,手工业经济已成为这一时期江西经济的重要组成部分。

一、陶瓷业的兴盛

汉魏以来,江西一些地方已开始了制瓷业,但影响极其有限。隋唐五代特别是唐五代时期,制瓷业已成为江西最普通的手工业之一,瓷窑遍布江西各地,以洪州窑、景德镇为代表的瓷器开始著名全国。

隋代江西的陶瓷业虽在全国仍默默无闻,但已有不少瓷窑。据考古发现,丰城、临川等地瓷窑已悄然崛起。1975年,在新建县乐化隋墓中出土了青瓷20余件,有高足杯、印花盒、多足砚、莲花灯、六系盘口壶等。其中有一青瓷象首瓶,为我国最早的一件军持。军持是一种生活用品,系佛教僧侣随身携带之物,作贮藏饮水和净水之用。由此推测,隋代江西制瓷业可能已引进外国的技术工艺[①]。另

---

① 《江西历史文物》1987年第1期,引自《新建县清理隋墓一座》,载《文物工作资料》1975年第4期。

第三章
经济繁荣与中部崛起

外,隋代洪州窑的瓷器上就出现了佛门的圣花——莲花,花瓣有单瓣、重瓣和覆瓣、仰瓣四种,说明当时佛教艺术对江西陶瓷业已产生了较大的影响。

唐五代时期江西瓷窑众多,考古发现的遗址有丰城、九江、景德镇、乐平、龙南、临川以及吉州窑、七里镇窑等,其中尤以洪州窑、景德镇窑规模最为宏大。

洪州窑首见于陆羽所著《茶经》:"碗,越州上,鼎州下,婺州次,岳州次,寿州、洪州次。……越州瓷、岳瓷,皆青;青则益茶,茶作白红之色。……寿州瓷黄,茶色紫;洪州瓷褐,茶色黑,悉不宜茶。"《茶经》列洪州窑为当时六大青瓷名窑之一。然而由于《茶经》记载的粗略,长期以来人们对"洪州窑"的烧造地点、烧瓷规模、产品造型、釉色和质量,都缺少足够的了解。1977年江西省文物考古队在丰城县进行文物调查时,于曲江罗湖地区发现了一处规模很大的唐代瓷窑遗址,后经多次的调查与发掘证实,这里正是沉睡千余年而久查未得的唐代洪州窑旧址。洪州窑遗址的发现,解决了长期悬而未决的洪州窑址所在的问题,填补了陶瓷史上的空白。它既印证了有关文献记载,又为研究唐代江西瓷器烧

洪州窑出土的部分隋唐精美陶瓷

造工艺的发展提供了一批新的实物资料。洪州窑窑址面积约3万余平方米,至今仍有300多平方米,废品堆积达五六米厚,可以想见当年生产之盛。

  洪州窑以青瓷为主,瓷器的釉色主要有青色和褐色两大类。褐色较深,主要烧制碗、杯等日常生活器皿,瓷质比较粗糙,胎褐色或深褐色,一般器物先施一层白色化妆土,然后上黄褐色或酱色入窑烧制。青色略淡,青中闪黄;釉法均匀光润,色泽稳定纯正。产品造型朴素大方,且制作精工,旋削规整,胎质坚致。器形品种繁多,常见有罐、钵、壶、盘、碗、盏、杯、砚等类;有些器形且具有仿金银器的作风。图案装饰有刻花、划花、印花、堆塑、镂空等技法;以重圈、莲瓣、梅花、蔷薇、宝相花、柏树、水波纹为常见;纹样清晰,线条流畅。综观洪州窑产品的釉色、造型、胎质、装饰,均达到了当时瓷业的较高水平。尤其令人赞叹的是,洪州窑址中出土了少量玲珑瓷,其釉色淡青微闪典,釉法匀薄光洁,胎薄质细,器腹上壁或下壁环镂带状玲珑为饰,器形多属盏、杯之类,显系当年的高档茶具或酒器。这是洪州窑产品中的精粹,它不仅代表当年洪州窑的烧瓷水平,而且还是我国唐代烧造玲珑瓷的实物例证。洪州窑因其范围广、器形多、纹饰繁、釉色全位,列唐代名窑之中。《旧唐书·韦坚传》记,唐玄宗时,韦坚在江淮一带广市轻货特产,转运至长安上献朝廷,其中豫章郡,"即名瓷、酒器、茶釜、瓷铛、瓷碗"。可见洪州唐朝中前期已以制瓷闻名于世,产品已销至京师。又陆羽称洪州炙茶的锅也是"以瓷为之",韦坚所献洪州名瓷亦有茶釜,可见洪州瓷质地之坚硬耐火。但陆羽认为"洪州瓷褐,茶色黑,悉不宜茶",因而在六大名窑当中将其列为最次等。范文澜先生指出,陆羽不以质量论优劣,只以瓷色与茶色比较为主要标准,定洪州瓷为最次等,"只能算是饮茶人的一种偏见"[①]。现在一般认为,洪州瓷器在质量上应该是在越州之后,婺州之前,居第二位。洪州窑历东晋南朝直到隋唐,极盛于初唐、盛唐,停产于唐代晚期,是一处延续烧造时间较长的瓷窑之一。盛极一时的洪州窑在唐后期走向衰落的原因,或是质量不如景德镇等地,或是其产品不符合当时的潮流,在竞争之中而处于劣势。陆羽品第全国六大名瓷,列洪州瓷为下等,尽管其评价标准在于瓷色与茶色配合是否相宜,而非全面评价瓷的质地工艺,但时代风尚对洪州窑产生的影响却不可轻视。

  景德镇陶瓷生产历史悠久,相传汉代此地即有瓷窑。隋唐五代,景德镇陶瓷业有了新的发展,地位和影响日渐显著。隋炀帝大业年间(605—618年),幸

---

① 范文澜:《中国通史简编》(第三册),人民出版社1965年版,第258页。

第三章
经济繁荣与中部崛起

臣何稠曾专程来到景德镇研制琉璃瓦并烧制成功;景德镇制成狮象大兽两座,奉于显仁宫,标志着景德镇瓷雕制作的滥觞。唐初以来景德镇因瓷器质量开始名扬天下。清人蓝浦在《景德镇陶录》卷五"历代窑考"载,武德年间(618—626年),昌南镇(景德镇)瓷业生产有了较大进步,镇里出了陶玉、霍仲初两位制瓷名匠。陶玉烧制的瓷器称"陶窑","土惟白壤,体稍薄,色素润"。陶玉把所制瓷器运至京师长安出售,由于瓷器质量好,大受购买者钟爱,名动皇宫,朝廷命他烧制瓷器作贡。因为瓷器秀美如玉,以至被称为"假玉器","于是昌南瓷名天下"。霍仲初烧制的瓷器称"霍窑","色亦素,土墡腻,质薄,佳者莹缜如玉"。武德四年(621年),朝廷命他制造瓷器进御皇宫。陶、霍二人由于技艺高超,不仅为自己创下了辉煌的事业,而且大大提高了景德镇地区瓷器的声望。同年,朝廷置新平镇,并在镇设监务厅,监瓷进御,令一些制瓷能手专门为皇宫服务①。元和八年(813年),柳宗元曾代饶州刺史元崔作《进瓷器状》,文曰:"艺精埏埴,制合规模。禀至德之陶蒸,自无苦窳;合太和以融结,克保坚贞。且无瓦釜之鸣,是称土铏之德。器惭瑚琏,贡异砮丹,既尚质而为先,亦当无而有用。"这就从另一个方面证明了唐代景德镇地区的瓷器因制作精良,质量佳好,为全国瓷器中的翘楚、皇家贡品。应该说,这与唐时陶玉、霍仲初等民间艺人的努力创造是分不开的。

景德镇陶瓷业至五代又有新的发展,已发现的窑址有18处之多。20世纪50年代,考古发掘了景德镇五代时期的三个窑址:胜梅亭、石虎湾、黄泥头,出土的瓷器以青瓷盘、碗为最多,还有白瓷、壶、盆、盘等。这是目前已发现的南方地区烧造白瓷的最早窑址②。另外,兴起于五代的湖田窑,当时产品以白釉器为最精。白瓷比青瓷在釉料中减少了铁素成分,釉色呈无色透明状,对瓷土的认真洗炼和施釉技术的提高,是青瓷向白瓷过渡的关键。其中景德镇胜梅亭发现的唐代白瓷器,胎白度高达70%,已接近于近代细瓷水平。五代时期,景德镇青瓷与唐五代浙江越窑相似,好者可以乱真,即所谓"艾色";白瓷胎致密,白釉色调纯正,与北方白瓷接近,但透光度较好。这些窑烧制的白瓷成就,对于景德镇地区宋代青白瓷的制作,以及元、明清时期彩瓷的发展,都有着极为重要的作用。

位于吉安县永和镇西侧赣江江畔的永和民窑,创烧于唐,发展于五代,极

---

① 《景德镇陶录》卷十《陶录余论》引《南昌记》载,盛鸿为唐肃宗时进士,其族人是为皇室生产陶瓷(琉璃)的专业户,因"以救造不称获罪"。盛鸿不愿族人承匠受罚,上疏朝廷请求免造琉璃,获准。
② 冯先铭:《三十年来我国陶瓷考古的收获》,载《故宫博物院院刊》1981年第1期。

上图　兴起于五代的景德镇湖田窑遗址
下图　七里镇古窑遗址

盛于南宋及元初、中期,今存20多处遗址。据《东昌图境记》载,南唐时,"民聚其地,耕且陶焉。由是井落墟市、祠庙寺观始创。周显德初,谓之高唐乡临江里磁团。有团军主之"。吉州永和窑的瓷类繁多,有青、黑、绿、白釉彩绘等釉类,青瓷产品主要有碗、罐、壶等;纹饰丰富,有洒釉、剔花、印花、彩绘、堆塑、贴花等技法。

位于虔州城东南的七里镇,瓷土资源丰富,唐末以来逐渐形成了以陶瓷烧造为主的手工产业。所产瓷器种类繁多,品质优良,瓷器釉色有青、褐、黑、青白等釉类,器形有壶、罐、碗、盘、钵、砚等生活用具,以褐釉半纹鼓钉罐、仿漆器赫色釉薄胎瓷仿古陶为代表性产品。迄今保留下来的七里镇窑址,沿贡江一线蜿蜒分布,面积约2平方公里,包括砂子岭、罗屋岭、赖家岭、周屋岭、张屋岭、刘家岭、梧桐岭等16处大型堆积。

近年来,江西境内不断发现唐五代时期陶瓷生产遗址。2004年考古清理出的玉山县渎口镇晚唐青瓷窑遗址,面积约为6000平方米,目前发掘面积为1000平方米。出土的2000多件文物有壶、碗、熏炉等13个品种,其中两个食指长的瓷塑彩绘鱼栩栩如生,惹人喜爱。古陶瓷专家余家栋先生称:"这些文物的制作工艺和外观大部分类似于越州窑青瓷,而越州窑青瓷被茶圣陆羽认为是唐代六大名窑中最适宜泡茶的瓷品,此前认为只有浙江能产,渎口窑的发现推翻了这一定论,填补了江西乃至中国陶瓷发展史上的一段空白。"2006年,又在抚州市临川区云山镇汤周村,发现了一座晚唐五代大型民间龙窑。这座龙窑炉依山坡而建,平面呈现长条弧状,残存的窑床斜长23米,宽2.24米,窑壁厚12~15厘米,窑壁残高9~35厘米,窑壁内面有

第三章
经济繁荣与中部崛起

一层厚5厘米左右的窑汗,窑床底有两层烧结面。从龙窑中出土了大批青瓷和窑工具标本。青瓷器有盛贮器、饮食器、灯具和雕塑品,其中,盛贮器数量很多,占整个出土物一半以上,种类有缸、罐、壶等;雕塑品出土1件鸭,捏塑而成,深灰胎,造型栩栩如生,背部施点彩。出土的窑工具有圆筒状、钵状、盂状等形态的垫具,有的垫具的腹部,刻有姓氏类和数字类铭文。姓氏类有"李、廖、吴、黄、唐、王"等,说明该窑址是个体合作经营性质的;数字类有"大、小"等,可能是表明装置不同器物或不同窑位。该窑的发掘为探索晚唐五代江西的瓷业面貌,烧造技术,特别是汤周古窑与唐代名窑洪州窑、越窑等关系,提供了珍贵的实物资料。2006年最有价值的考古成就则是发掘出了余干县黄金埠窑场。黄金埠窑是一个生产民用青瓷器的"分室龙窑"。其直长约35米,斜长约40米,宽0.5至3.2米,保存较为完好,是江西省目前发现的最长的唐代龙窑。随着发掘和调查的深入进行,确认在黄金埠窑附近存在一个面积约10平方公里的大规模唐代青瓷系窑群。已经出土了3000多件各类陶瓷制品如碗、盘、碟、钵、罐、壶、砚台等以及相关的生产工具,出土的瓷片上有梅花点釉形,推测可能是青花瓷的雏形。瓷器按釉色可分为青釉瓷、酱褐釉瓷、月白釉瓷和釉下彩瓷等,各具特色,其中最有价值的当数一件青釉瓷腰鼓残器。这件西域少数民族的打击乐器,是唐代江西地域与中西亚地区文化、经济交流的力证。尽管这次发掘的黄金埠窑址面积仅有600多平方米,但整个窑址群具有面积大、青瓷产品多、堆积丰富等特点,许多青瓷制品和窑炉结构均为首次发现。这充分表明江西的青瓷烧制在唐代就已成体系,是中国青瓷生产发源地之一。

  随着陶瓷质量的上升,唐五代江西瓷器日益代替金属器进入人们的日常生活之中。20世纪50年代初,考古工作者在南唐烈祖、元宗二陵中,发掘出了青、白瓷器,"胎质相当薄而且细致坚硬,釉色匀净明澈"[1],其中青瓷"即今江西窑"生产[2]。《太平广记》卷五十一《陈师》记,豫章旅店老板梅氏"颇济惠行旅",曾一次送给道士20个新瓷碗。瓷器普遍用作生活器皿,不仅便宜、实用,而且与社会风尚相关。例如,开元以后南北饮茶成风,对瓷器茶具的需求量猛增,大大刺激了瓷器茶具的生产,前引豫章郡的名瓷茶具的北输即反映了北方对南方瓷器茶具的需要。江西生产的陶瓷器,大量地作为商品对外销售。靠近江西的

---

[1] 《南唐二陵发掘简略报告》,载《文物参考资料》1951年2卷7期。

[2] 《十国春秋》卷一一五《拾遗》。

余干黄金埠窑出土唐代文物腰鼓

浙江一些隋唐墓中出土的青瓷,在形制、胎、釉、花纹等特征上都可能是洪州窑烧制的,"洪州窑瓷器的流传或销售至江浙","深受当时人们的喜爱,在市场上具有较强的竞争能力"[1]。唐代的陆上与海上的对外贸易中以陶瓷为主要商品之一,极大地促进了中国陶瓷器业的发展,也刺激了当时江西陶瓷器业的兴盛。从外销的瓷器来看,海上"瓷器之路"中,江西瓷器作出了应有的贡献。1975年,在扬州西门外发现了唐代扬州"罗城"遗址,并发掘出了一大批陶瓷器残片,其中陶瓷产地可辨有景德镇窑,可能的还有洪州窑。广州是唐皇朝对外贸易的中心,瓷器是当时最主要的出口商品,而"广州的瓷器出口仰给于洪州"[2]。

隋唐五代江西制瓷业的兴盛深受江西经济上升影响,与之同步。反过来,江西制瓷业不仅逐渐满足了民众日常物质与精神生活的需要,也成为一项对外贸易的重要商品,为江西社会经济的发展作出了一定的贡献。

二、矿冶业及相关产业的繁荣

江西的地下矿产资源十分丰富,种类繁多且分布广泛。《新唐书·食货志》称:唐代全国矿冶之处,"凡银铜铁锡之冶,一百六十八",分布于陕、宣、润、饶、衢、信六州之地,江西就占有二州,为总数的1/3。又据《新唐书·地理志》记载,江西的主要矿产分布如下表:

---

[1] 江山县文管会:《浙江江山隋唐墓清理简报》,载《考古学集刊》1983年第3期;权奎山:《陆羽茶经与洪州瓷器》,载《文物》1995年第2期。

[2] 陈为民:《试述唐代江西商业的繁荣》,载《南方文物》1998年第4期。

第三章
经济繁荣与中部崛起

唐代江西主要矿产分布表

州县名	矿产种类
洪州	铜、银
江州浔阳县	铜、银
江州彭泽县	铜
饶州	铜、银、金
饶州乐平县	铜、银、金、铁
虔州南康县	锡
虔州雩都县	金(有瑞金监)
虔州安远县	铁
虔州大庾县	铅、锡
袁州	铜
袁州宜春县	铁
信州	铜、铅
信州上饶县	铜、金、铁、铅
信州弋阳县	银
信州玉山县	银
抚州临川县	银、金

《新唐书·地理志》所载江西境内的矿藏尚不全面,如余干县的矿藏,《志》书即阙略。据唐人刘禹锡记,其矿冶业也非常发达,所谓"金丰镣铣,齐民往往投镃錤而即铲铸"[①]。镣即纯银,铣指有光辉的金属,既称"丰",其蕴藏量自然不小,当地人弃其镃錤(锄头)即放弃农业生产转而挖掘、冶铸以谋厚利。丰富的矿藏,为本区矿冶业的发展奠定了良好的基础。商周时期,江西成就了灿烂的青铜文化;西汉以来,江西以铸钱为主要目的的矿冶业有一定的发展;唐五代

---

① 《全唐文》卷六〇三刘禹锡《答饶州元使君书》。

时期,随着社会经济的繁荣,江西矿冶业取得了令人瞩目的成就。

饶州的银储藏量丰富,产量可观。《贞观政要》卷六载,贞观十年(636年),治书侍御史权万纪上书唐太宗,言称:"宣、饶二州诸山大有银坑,采之极是利益,每岁可得钱数百万贯。"《新唐书·食货志》记,全国产银有六州,饶、信二州居其中。又据《元和郡县志》卷二十八《江南西道》,元和年间,饶州乐平县银山年产银100000余两,收税7000两。当时全国的银税不过12000两,乐平一县的银税就占全国银税的58%,可见饶州是当时全国最大的银产地。《太平广记》卷一○四《银山老人》记,饶州银山,"采户逾万,并是草屋",亦可见其规模非小。信州的产量不见具体记载,但能列入全国六大产银地之一,推测其产量应是不低。此外,《古今图书集成·职方典》之《抚州府·艺文》引《金溪县孝女祠记》云:"三百年前县初为镇,镇有银场,场有典吏,银耗有不能偿,将抵罪,吏唯有二女……投炉焰中一死以赎父罪……乃在旧场,乃峙新庙。"而祠记下记:"二孝女祠在县东二里,唐有银场,吏葛佑典其事,银耗竭,产不能偿,二女不忍其父荼毒,赴炉而死,父得释,银场遂罢,后祀之。"抚州设银场监官,说明当地曾有一定规模的银矿生产。

铜为铸钱原料,唐统治者于五金之矿于铜最为注意。江西铜矿开采较为普遍,且规模较大。洪、袁、饶、信4州共有官营铜矿6处,另外还有彭泽、浔阳、玉山等地的铜矿。据铜坑数量而论,饶州有3处,是主要的铜矿生产地。《宋朝事实类苑》卷十二"官政治绩"记,南唐时,所置的信州铅山铜场,发展最快,至宋初仍出铜无算,"常十余万人采凿,无赖不逞之徒,萃于渊薮,官所市铜钱数千万斤,大人余羡,而铜山所出益多",以致铜价降低。

唐代江西产金也不少,江西8州当中有4州置有金矿,即抚州的临川,饶州的乐平,信州的上饶,虔州的于都。天祐元年(904年)曾置瑞金监于虔州负责监采金矿。此外,鄱阳还有沙里淘金的产业。《新唐书·地理志》载,饶州鄱阳郡"土贡麸金"。白居易《赠友》诗云:"银生楚山曲,金生鄱溪滨,南人弃农业,求之多苦辛。"表明鄱阳一带求金的生产活动,还引起了一些经济生产结构的变化。

铁是为铸造兵器、农器和其他器用的原料,有时也用以铸钱。唐代对铁矿的开采是开放的,允许民间经营,政府进行收税。《太平寰宇记》卷一○七信州上饶县"铁山"条:铁山之铁"先任百姓开采,官收什一之税"。饶州乐平,信州上饶,虔州安远,袁州宜春,这些地方都有铁矿的开采。

第三章
经济繁荣与中部崛起

唐代铸铜钱时要加一部分锡和铅。《通典》卷九末注："每铸约用铜二万一千二百二十斤,白镴三千七百九(十)斤,黑锡五百四十斤。"白镴即铅,据此铜、铅、锡之比例约为:83:15:2,此为正常之数,在铜源不足时,铅锡比例就格外增大。民间私铸,铅锡成分愈多,获利愈厚,故铅锡成分越加越大。至于直接用铅、锡铸钱也越往后越多,此两者唐代称为"恶钱"。"天下恶钱甚多",从唐初就已成为政府非常头痛的问题,多次下令禁止,甚至定有刑法,但铜钱不足而铸钱又利之所在,终不可禁。这样由于铸钱之需要,铅锡生产增多。江西产铅之地主要在信州。《新唐书·地理志》信州下云:"有玉山监钱官,有铜坑一","上饶有金,有铜,有铁,有铅"。《太平寰宇记》卷一〇七"信州铅山县":"按《上饶记》云:出铜、铅、青碌,本置铅场,收取其利,归在宝山,伪唐昇元二年迁置鹅湖山。铅山在县西北七里,又名桂阳山。旧经云,出铅,先置信州之时铸钱,百姓开采,得铅什两税一,建中元年封禁,贞元元年(复)置永平监。"此外,虔州大庾也产铅。江西的锡产量不多,产地有限。据《新唐书·地理志》载,江西产锡之地为虔州大庾、安远两地。

江西冶业特别是铜矿的发展,为铸钱提供了充足的原料,使当地的铸钱业很快地发展起来。据《通典》卷九载,天宝中,天下诸州置99炉铸钱,江西尚无1炉。而至中唐以后,江西设有信州玉山钱监、饶州永平钱监。仅永平监,每年就铸钱7000贯,成为全国著名的铸钱基地。据《宋会要辑稿》"食货"十之四记,到南唐时永平监每岁铸钱已达6万贯,且采用的是"开元通宝"料,"钱法甚好,周郭精妙"。唐天宝中每工日铸钱300余,而南唐时每工日铸钱达1500,工效提高了数倍。这一方面反映了江西铜产量的不断提高,另一方面也说明铸钱工艺的提高。北宋太平兴国六年(981年),张齐贤任江南西路转运副使,"齐贤至官,询知饶、信、虔州土产铜、铁、铅、锡之所,推求前代铸法,取饶州永平监所铸钱以为定式,岁铸五十万贯"[①],可见宋代江西铸钱业是在唐五代基础上建立起来的。

江西金属矿产业的兴旺,带动了金银器制作产业。唐代金银器主要满足皇室宫廷需求。《旧唐书·唐文宗纪》记:"敕应道诸进奉内库四节及降诞,进奉金银花器。"唐中晚期,朝廷不时向南方各州府宣索金银器物,地方官府为了满足供应和邀宠,遂不惜民脂民膏,建立专门的金银器作坊予以修造。伴随着进奉

---

① 《宋史》卷一八〇《食货志下》、卷二六五《张齐贤传》。

开元通宝

咸通玄宝

金银器之风的兴盛,江西金银器物制作日趋发达、水平高超。唐代宗时洪州刺史李勉进奉鎏金双鱼纹银盘①,属唐代银器中的精品。该银盘侈口、浅腹、平底,盘心以忍冬叶构成圆圈,正中有两尾鲤鱼,鲤鱼周围饰折枝花叶,忍冬圈之外也饰折枝花叶。器物捶揲成型,纹样部分先捶出轮廓,再錾刻细部,然后鎏金。盘底刻"朝议大夫使持节都督洪州诸军事守洪州刺史兼御史中丞充江南道观察处置都团练守捉及莫徭等使赐紫金鱼袋臣李勉奉进",还有一墨书"赵一"两字。又《旧唐书·齐映传》载,德宗贞元年间,江西观察使李兼向朝廷进奉六尺高的银瓶,继任的齐映向皇帝进奉八尺高的银瓶。这也充分说明本区金银器制作工艺的不凡。此外,军器制造需要大量的铁、铜和其他金属矿产,江西因矿冶业发达,遂成为唐皇朝兴造兵器的重要基地。代宗大历七年(772)诏曰:"扬、洪、宣等三州作坊,往以军兴,是资戎器。"②生产"戎器"的原材料无疑是就近或就

---

① 保全:《西安出土唐代李勉进奉银器》,载《考古与文物》1984年第4期。
② 《全唐文》卷四十七唐代宗《停扬洪宣三州作坊诏》。

第三章
经济繁荣与中部崛起

李勉"鎏金双鱼纹银盘"

地取材的。

唐五代江西矿冶业及其相关产业的发展,除了丰富的矿藏资源作基础外,从根本上说来乃是社会经济发展推动的结果。唐初社会经济遭到严重破坏,统治者主要采取休养生息恢复农业生产的政策,同时商品经济也不甚发达,钱币流通还不感到有什么大的问题。因此,统治者对于矿冶生产还不太关注。随着唐代商品市场的活跃与扩展,货币需求量大增,促使政府尽力开采铜矿以及铅、锡等矿。而当时矿冶生产力特别是铜矿的生产力发展跟不上钱币铸造的需要,愈往后愈紧张。唐皇朝不得不想尽一切办法来获取更多的铸钱原料,鼓励矿冶生产。德宗贞元九年(793年)下诏允许铜山任人开采,开采的铜由官府收买,作为铸钱的原料,这就为江西矿冶业在全国的崛起与兴旺提供了条件。

唐以前金属矿产多属官营,唐代矿冶允许民间私人经营,规定:"凡州界内,有出铜铁处,官不采者,听百姓私采。若铸得铜及白镴,官为市取,如欲折充课役,亦听之。其四边,无问公私,不得置铁冶及采铜。自余山川薮泽之利,公私共之。"①大历十四年(779年)八月,虞部奏:"准式,山泽之利,公私共之者"云云②。建中元年(780年)九月,"山泽之利,今归于管。坑冶所出,并委盐铁使勾当"③,开始实行矿冶官营。《旧唐书·职官志》"掌冶署":"凡天下出铜铁州府,听人私采,官收其税。"这些政策规定,充分表明允许私人采矿是唐朝的基本政策。终唐一代,政府对于矿产的开采,除了对铜铁较多限制外,对其他的矿物开采一般不加干涉。特别是中唐之后,由于矿冶发现的地点增多,官营或官私合营难以全面实行,政府又要解决经济的需求,矿冶要多采、多炼、多出产品,不得不多鼓励私营。因此,官营只是控制少数出产较多,经营较久和设备较有基础的矿区,而民营则普遍皆有,愈来愈占优势。在政府开放性矿业政策引导下,

---

① 《唐六典》卷三十《府州县官吏》。
② 《唐会要》卷五十九《尚书省诸司下》。
③ 《册府元龟》卷四九四《邦计部·山泽二》。

江西境内也有不少私营性质的矿冶业。《太平寰宇记》卷一〇七信州上饶县条记:"铁山在县东南七十里,先任百姓开采,官收什一之税,后属永平监。"又同书同卷饶州德兴县条记:"本饶州乐平之地,有银山,出银及铜,总章二年(669年)邓远上列取银之利。上元二年(675年)因置场监,令百姓任便采取,官司什二税之。"这里铁山、银场由私人经营、政府则以十分之一、十分之二的比例获取税利。

邓公场遗迹

中国矿冶从上古至唐代已有千年的历史,积累不少生产经验。唐代把由于社会的急迫需要,矿冶业兴盛,加以道教炼丹术的盛行,对于辨别矿物、找矿、炼矿以至于制造合金,增多矿冶炼品种,无形中起了不小的作用。唐代将道教崇为国教,江西道教盛行,在当时的信州、饶州一带拥有大批的道教徒,其炼丹术对于人们矿冶知识和技术的增进同样是不可轻视,信、饶二州成为唐代江西矿冶业发展的代表与此或许不无关系。此外,自安史之乱以后,北方战乱,生产遭到破坏,大批劳动者南迁,当然其中也包括拥有丰富经验和矿冶技术的劳动者,饶、信等地是北方移民的重点地区。这在某种程度上也促进了当地矿冶业的发展。

江西矿冶业的发展极大地促进了本区社会经济的进步。譬如,唐天宝年间饶州人户由隋代的万户上下剧增至4万余户,即当与该州银矿的开采有关。《太平广记》卷一〇四《银山老人》记:"饶州银山,采户逾万,并是草屋。延和中火发,万室皆尽。"本条所载为睿宗延和(712年)中事。参照上引高宗年间"邓公场"采银事,可以证明当地因采矿聚集人户众多。五代时期江西所置新县中,或因矿冶业发展而由场升为县。昇元二年(938年),南唐把邓公场升为县,以"惟德为兴"意,名为德兴,这主要是邓公场银业发展的结果。同时,矿冶业丰厚的

第三章
经济繁荣与中部崛起

利润在一定程度上缓解了江西的税收压力。元和年间,饶州乐平县银山年收税7000两。又,唐中期以来,进奉之风盛行①。德宗兴元年间,李兼执政江西时"月进"银钱。时人王建《送吴谏议上饶州》诗云:"养生自有年支药,税户应停月进银。"表明"月进银"成了当地的额外负担。然而,倘若当地没有"银","进奉"自然会以他物代替。此外,江西矿冶业的发展,也转移了部分本地的农村劳动力,安置了一定数量的移民,对于社会稳定与经济发展无疑是有积极作用的。

三、纺织业的进步

衣料是民众生活不可或缺的必需品,纺织是小农经济家庭传统的手工业。隋唐五代时期,统治者比较重视桑麻的种植、鼓励纺织业的发展。以唐朝为例,唐初授民之永业田,就"树以榆、枣、桑及所宜之木"②。建中四年(783年),户部侍郎赵赞请置大田也说道:"择其上腴、树桑环之,曰公桑。"③元和七年(812年)诏谕:"田户无桑处,每检,一亩令种桑两树。"这种重视农桑的政策,使全国的桑麻种植得到进一步的扩大,纺织业得到发展。另一方面,统治者改良赋税政策以利桑麻。如唐前期,施行租庸调制,其中的"调"就主要交纳绢、麻、绵等;"输庸代役",也是纳绢、布。杨吴南唐时,统治者采取征收实物、提高绢帛市场价格的政策措施。这种赋税制度,也不能不刺激着纺织业的发展。

江西的气候、土质等条件适合麻、葛、桑的普遍种植。先秦以来,麻、葛种植已是本区的传统产业。隋唐五代,江西地区的麻葛织业优势得以进一步强化,万载传统名产夏布的生产,传说就起源于唐朝初年④。唐末诗人袁皓《重归宜春偶成十六韵寄朝中知己》所云"有村皆绩纺"。与此同时,蚕桑业得到了较大的进步。众所周知,六朝以来,鄱阳湖周边已经有一定规模的蚕桑养种,但直至隋代,蚕桑业仍较落后。隋唐以来,江西地区的蚕桑业日渐发展。史籍中有不少关于江西民众营桑植麻的记载。如《太平广记》记载:洪州胡氏,本家贫,其子"既生,家稍充给。农桑营赡,力渐丰足";又元和中,饶州刺史之婿为救其妻,径访懂法术的田先生,"止于桑林"⑤。这里用"桑林",足可见其种植面积很大,而依

---

① 卢兆荫:《从考古发现看唐代的金银进奉之风》,载《考古》1983年第2期。
② 《新唐书》卷五十一《食货一》。
③ 《旧唐书》卷四十九《食货下》。
④ 周秋生:《江西文化五千年》,百花洲文艺出版社、江西高校出版社2003年版,第44—45页。
⑤ 分别见《太平广记》卷三七四《胡氏子》、卷三五八《齐推女》。

农桑可致富,也说明桑树种植不少。唐诗中还出现了"桑径狭""桑林密"等描写江西景色的诗句,充分说明种桑养蚕已成为江西社会普遍的现象。在此基础上,江西地区的丝织业兴旺起来。《隋书·地理志下》记载:豫章"一年蚕四五熟,勤于纺绩,亦有夜浣纱而旦成布者,俗呼鸡鸣布",而鄱阳、九江、临川、庐陵、南康、宜春,其俗又颇同豫章,也有蚕丝业,足见隋代江西的丝织业已有较大的发展。当然,隋代江西丝织业生产并不够突出,有虔州民众甚至不识桑蚕为何物事。至唐代,丝织业发展到一个新的水平。元和年间韦丹任江西观察使,"益劝桑苎,机织广狭,俗所未习,教劝成之,凡三周年,成就生遂"[1]。又据杜牧《谢许受江西送彩绢等状》,大中三年(849年),杜氏因受江西观察使纥干臮之请撰写《韦公遗爱碑》,得纥干氏所赠"彩绢三百匹"。元和以前,江西的土贡物品中还没有丝织品,而《新唐书·地理志》所记的江西贡物中已有丝布、金丝布之类的织物,说明本区的丝织业已有了不小的进步。

江西所产丝麻,除民众自用外,主要作为租调或贡品上缴封建国家,较少转化为商品。兹据《元和郡县图志》卷二十八"江南西道"参以《新唐书·地理志》所载江西各州纺织品贡赋,列举如下:洪州、饶州、虔州、吉州、袁州:贡有纻布;洪州,开元间贡葛、丝布,元和间贡细葛布15匹,长庆间贡丝布;饶州,开元间贡苎布;虔州,开元间贡白苎(纻)布、丝布、竹练,元和间贡白苎布,长庆间贡丝布;吉州,开元间贡白苎布、丝、葛,长庆间贡丝;江州,开元间贡葛布;袁州,开元间贡白苎布、麻布;信州,元和间贡绵;抚州,开元间贡葛布10匹、金丝布,元和间贡葛布10匹,长庆间贡丝布。江西八州之贡赋普遍以纺织品,这跟桑麻的大量种植与纺织业的发展是分不开的。从上列唐代江西各州所贡纺织品也可以看出,尽管麻、葛品仍占主要地位,但丝织品的地位也日渐突出,呈现出丝产品代替麻葛布位置的历史趋势。作为贡品,无疑都是精致的土特产品。不过,与其他纺织业发达地区相比,江西纺织品的质量尚有一定差距。《唐六典》卷二十"大府寺"条,分全国各地入贡的纺织品为8等,江西所贡纻布只有洪、饶二州居5等,其余诸州分别为6、7、8等。

杨吴南唐时期,江西的纺织业又得到进一步发展。徐知诰执吴政时,一度将"计亩输钱"改为"悉收谷帛"。如果没有大批的丝织品,是难以有这种政策的改变的。吴政府重农、劝农,使当时吴国"旷土尽辟","桑柘满野,国以富强"[2]。

---

[1] 《樊川文集》卷七杜牧《唐故江西观察使武阳公韦丹遗爱碑》。
[2] 《资治通鉴》卷二七〇"后梁均王贞明四年"条。

第三章
经济繁荣与中部崛起

唐·张萱《捣练图》

政府鼓励种桑,民间的丝织业必定兴旺。南唐昇元三年(939年)规定:"民三年艺桑及三千木者,赐帛五十匹。"①以丝织品奖励种桑纺丝。江西作为吴、南唐国土的重要部分,自应享有同样的政策。南唐时,江西上饶、临川一带出现了一种新的丝织品,号曰"醒骨纱","用纯丝蕉骨相兼捻织,夏月衣之,清凉适体"。凤阁舍人陈乔用其作外衫,称为"太清氅",又为内衫,呼为"小太清"②。这种工艺要求高、舒适清凉的丝织品的出现,正是南唐江西丝织业发展的重要标志。

四、长江中游的造船业基地

舟船是水上交通的基本工具,在古代社会经济生活中起着重要作用。隋唐五代特别是唐代航运业十分发达。"天下诸津,舟航所聚,旁通巴、汉,前指闽、越,七泽十薮,三江五湖,控引河洛,兼包淮海,弘舸巨舰,千轴万艘,交贸往来,昧旦永日。"③江西地处长江中游,境内水域广阔,赣江、抚河、信江、饶河、修水等五大河流贯穿其中,赣江下游接鄱阳湖水道和长江下游航道,航道宽阔,水深而流速平缓,因而万石大船在洪州至扬州间航行。江州通过鄱阳湖直抵洪州,在这段水域,船舶最为集中。《唐国史补》卷下称:"舟船之盛,尽于江西。"张

---

① 马令:《南唐书》卷一《烈祖本纪》。
② 《说郛》卷六十一引《清异录》。
③ 《旧唐书》卷九十四《崔融传》。

九龄《登豫章邵南楼》诗描述豫章"邑人半舻舰"。符载《钟陵东湖亭记》称：洪州"地俾千乘，艘驾万轴"。先秦以来，造船业已成为江西地区传统的手工业。隋唐五代，江西是长江中游地区重要的交通运输中心，进一步促成了它成为著名的造船基地。

江西是南部中国重要的木材产地。汉代《淮南子》云："梗、枏（楠），豫章之生也。七年而后知，故可以为棺、舟。"检有关隋唐五代的史籍，有不少关江西优质木材的记载。如《贞观政要·纳谏》载，隋炀帝营建东都洛阳时，由于宫殿柱子的尺寸过分高大，在附近无法找到，故"多自豫章采来"。《太平广记》卷三三一《杨溥》云："豫章诸县，尽出良材。"《酉阳杂俎》卷十八记："樟木，江东人多取为船。"《本草纲目》卷三十四引《本草拾遗》记：江东造船，"多用樟木，县名豫章，因木得名"。丰富的良材，为江西造船业的发展提供了物质基础。另外隋唐造船业进入了继秦汉之后的第二个发展高峰，以规模巨大、设计先进、技术精湛、性能优越而著称于世。

江西造船历来发达，洪州城西赣江中有谷鹿洲，相传即是三国孙吴大将吕蒙造兵船之地。隋朝时，本区造船业本应在六朝的基础上进一步发展，但由于政府致力于对江南的控制以及随后的辽东战事，包括江西地区在内的南方民间造船业受到了严重的掠夺。《隋书·高祖纪下》载，开皇十八年（598年）春，隋文帝曾下诏曰："吴越之人，往承敝俗，所在之处，私造大船，因相聚结，致有侵害。其江南诸州人间，有船长三丈已上，悉入官。"就目前史料所见，隋代江西无官置造船场，或说明此时本区造船业处于萧条状态。尽管如此，江西民间的造船业还是艰难维持着，炀帝征高丽时，从江西地区征调了水工，也应当从江西征调了船只，以满足征战需要。

唐初以来，江西又开始成为政府的造船基地。当时洪州的造船能力相当充实，一次便能铺开数百艘船只持续打造。贞观十八年（644年）七月，唐太宗为征辽东，令将作大匠阎立德"诣洪、饶、江三州，造船四百艘，以载军粮"；二十一年八月，又"敕宋州刺史王波利等，发江南十二州工人造大船数百艘，欲以征高丽"；据胡三省注，十二州中即有江、洪二州。次年又"敕越州都督府及婺、洪等州造船及双舫千一百艘"[①]。贞观年间的这三次大规模的造船，都是为从海道进

[①] 分别见《资治通鉴》卷一九七"唐太宗贞观十八年"条、卷一九八"唐太宗贞观二十一年"条、卷一九九"唐太宗贞观二十二年"条。

第三章
经济繁荣与中部崛起

击高丽。要适应海洋作战的需要,所造船只经受住海洋风浪的冲击,因而需要很高的技术水平。此外,当时出入黄河要津所用的桥船也有相当部分是由洪州"造送"①。唐高宗龙朔年间,曾颁布《罢三十六州造船安抚百姓诏》,江西大规模的制造海运大船,可能暂停,但一般造船还是经常的。当时洪州还制造出使用推进器的战船,成为最早使用机械力的雏形轮船。《旧唐书·李皋传》载:曹王李皋为洪州观察使时,出于平息李希烈叛军的需要,总结当地造船经验,"运心巧思,为战舰挟两轮,蹈之翔风破浪,疾若挂帆席,所造省易而久固"。李皋研制的船只是以轮的转动鼓水,在动力和机械的运用上与现代轮船的制动原理相同,设计精巧、结构牢固、行驶迅疾,是中国造船史乃至世界造船史上的创制。西方发明类似的车轮船,已是晚于唐代"车船"800余年的15世纪的事了。当时,造船增加风帆的幅度,使舟船能够更有效地借助自然风力,加快行驶的速度;又已经采用了铁钉与榫接并用连接船体钉接榫合的技术,由此增强了船体的强度,减少了阻力,利于航行。当时江西所造之船,也充分采用了这些增快速度的先进技术:李肇《唐国史补》言称江西舟船"编蒲为帆,大者八十余幅"。李白作《豫章行》诗云江西船只速度:"楼船若鲸飞,波荡落星湾。"江西已能造载重量大的船只,段成式《酉阳杂俎》所称豫章船"载一千人"。为了增加货运量,出现了许多大吨位的货船,时人称之为万石船或万斛船,在内河中往来穿梭,歌称:"蜀麻吴盐自古通,万斛之舟行若风。"②《唐国史补》卷下记,大历、贞元间,豪商俞大娘之船载重万石上、上有"操驾之工数百"。俞大娘的船不能确定在哪里营造,但她往来于江西、淮南,江西至少要承担其修理是可肯定的。五代江西的造船业继续发展,特别是战船,这与当时战争频繁而杨吴、南唐把江西作为战争的后勤基地有关。陆游《南唐书·后主纪》载,南唐镇南节度使朱令赟率战船数百艘与宋军作战,其"大舰容千人,朱令赟所乘舰尤大,拥甲士、建大将旗鼓",其高"数十重"。这些战船均为江西本地制造。总之,唐五代江西的造船能力强、技术水平先进,足以制造各类民用的或军用的船只,满足社会需要。

"舸舰迷津,青雀黄龙之轴","渔舟唱晚,响穷彭蠡之滨"③。大大小小、形形色色的舟船,纵横江西江湖间,既是航运兴隆的写照,也是造船业发达的结果。江西为隋唐五代中国造船中心之一,除了因本区民众生产生活需要外,也与当

---

① 《唐六典》卷七《尚书工部郎中》。
② 《全唐诗》卷二二九杜甫《夔州歌十绝句》。
③ 《王子安集》卷五《滕王阁序》。

时国内漕运以及海外贸易日益频繁分不开。造船业的发展,有利于水上交通和商业的进步,航运业成了江西经济活跃的重要支柱之一。郑学檬先生指出,隋唐五代"长江流域造船技术的进步是运河和江南航运、海运业发展的动力和基础"①。应该说,江西造船业对此作出了较大的贡献。

五、建筑业的发展

隋唐五代,宫殿、寺庙、塔幢等在各地大量兴建,琉璃材料和石料装饰的使用更为多见。木结构技术已逐渐定型化,斗拱的使用这时更加成熟,与梁、枋、柱子的结合更加谨严,而且大小和形式不同的建筑物,其构件的基本形式,用料标准及其加工已表现出统一的手法。在建筑功用和规格上也更加细微,出现了诸如有宫、殿、堂、斋、楼、厦、轩、馆、库、仓、亭、署、宅、室等形式,此外还有甲第、别墅、山庄等。在中国古代建筑技术大发展的背景下,江西建筑业进入了发展兴盛的历史时期,其城市建设、宗教建筑、景物建设等诸方面都取得了不凡的成就②。

洪州城的修建是这一时期江西城市建筑的代表。大约贞观年间曾将豫章城西移,在原来灌婴城的西北隅重筑新城,今南昌市区就是在此基础上逐渐形成起来的。此次筑城开始用青砖砌垒,秫米石灰勾缝,这是在汉晋土城建筑技术上的一大进步。武则天垂拱元年(685年),洪州都督李景嘉又主持继续扩建,全城四周辟有八门,范围有较大扩展,城东的大湖,极有可能就是这次扩建中圈入城内变为内湖的。德宗贞元十四年(798年),为适应城市发展的需要,再次改造并加高扩大城门。副使符载在竣工后,赋《新广门颂》曰:"严城朝旦日瞳瞳,高大四门车马通。"宪宗元和三年(808年),韦丹出任洪州观察使,更是大规模地扩建南昌城。他集中人力物力进一步筑城东北隅,使南昌城周围已达20多里。《新唐书·韦丹传》载韦丹在城内"督置南北市,为营以舍军……为衢南北,夹两营,东西七里"。因而洪都唐城的基本布局是:城市中央一条通衢南北的主干道,干道两旁以及连接城门的干道侧均置坊居,官府衙署主要集中于城西。城的南北设商贸交易的"市",北市置于督署之后,合于"南朝北市"的古制③。韦

---

① 郑学檬:《中国古代经济重心南移和唐宋江南经济研究》,岳麓书社2004年版,第115页。
② 有关"建筑业"的叙述,部分内容参考了陈文华、陈荣华主编的《江西通史》(江西人民出版社1999年版,第283—288页)。
③ 彭适凡:《再论古代南昌城的变迁与发展》,载《南方文物》1995年第4期。

第三章
经济繁荣与中部崛起

丹又大力修整城内房屋,将数万间竹木草房改造为砖木房,使城市面貌大为改观。唐以来的城市建筑进一步规范化、系统化。经过较长时期的修整,南昌城内豪华的建筑大都沿着地势的起伏分布,亭台楼阁、宫观寺庙鳞次栉比,错落有致。南唐后期,南昌升为陪都,城内大兴土木,营建长春殿、澄心堂等殿宇,同时将东西两门改称东华门、西华门,还按照京都的建筑体制,拆迁规划,修筑了宽阔的马路——鸣銮道,充分显示了唐五代时期的建筑科学技术。

有唐一代,由于政治、军事、经济因素的影响,江西各州县均重视城市的建设。如赣中郡县城市庐陵城的发展就突出地说明了这一点。西晋时城址位于吉水县东北二十里的赣江之滨。因此地平原狭小,难以使城市得到发展。至东晋咸康末年,庐陵城往南迁六十里于今赣水西滨的吉安城址。但到隋大业三年,不知何故,郡城又迁往吉水县东北二十五里处,即在晋代郡治附近。至唐代,经济发展使此地不能容纳城市的发展,因而又有移城之举。据《吉安府志》载,"开耀元年(681年)州人刘智以州逼赣水,通达大山,户口殷繁,土地湫隘,陈移郡之利"。永淳元年(682年)遂将庐陵城址移于今吉安市所在地。唐天祐中又进一步筑城,周二十里有奇。唐代的庐陵城,周围是较为广阔的平原,南有禾水、泸水贯穿赣中西部的广大地区,东滨赣江,其地理位置无疑优越于吉水东北大山脚之湫隘之地,因而更有条件成为赣中西部地区的军政重地和经济中心。唐末江西一些城市的建设军事色彩浓厚。例如,乾符年间(874—879年),抚州刺史危全讽主持修建的抚州城,内设子城,外围罗城,城墙高逾15米,有青砖铺成的走道,其军事防御的目的明确。居于章贡二水之间的赣州城拓基于汉朝,东晋永和五年(349年)南康郡守高琰筑的土城,面积约一平方公里,初成城市规模,至义熙二年(406年)遭水毁,此后长期处于荒废状态,直到唐初才得到一定的恢复。唐末卢光稠割据虔州,大力整修虔州城,"广其东南三隅,凿池为隍,三面阻水",把城区扩建到三平方公里左右,将土城改造成砖石城,为虔州城建筑了较为完整的城墙。虔州城遂成为一座三面临水、易守难攻的铁城。卢氏得以拥兵一隅,面南称王30余年。卢氏在扩大虔州城区的同时,还把原来的阳街、横街扩为六街,增修了斜街、长街。此外,虔州还建了拜将台、郁孤台及寿量寺等。虔州城成了集政治、军事、经济为一体的新城市。卢氏所建虔州城池,即今日赣州市旧城的主体。城内,现仍保留有射箭坪等重要唐代遗址。现赣州市被国务院命名为国家级历史文化名城,最重要的原因之一,是由于它有旧城区的这个总体结构。

隋唐五代江西宗教发达，与此相关的著名建筑众多。道教建筑方面，鄱阳县城的开元观，庐山的九天使者庙（太平观），南昌城内的太乙观、龙兴观、紫极宫、铁柱宫，都在唐代建造，并成为后来江西地区道教建筑的经典之作。江西地区的佛教远较道教发达，佛教建筑更是得到充分的发展。作为江西佛教建筑代表的吉安青原山上的安隐寺（靖居寺），杨岐山上的普通寺，永修云居山上的云居寺，南昌的千佛寺、青泰寺、九莲寺、总持寺、石亭寺、应天寺，宜丰洞山的普利禅寺，宜黄的曹山寺等都是在唐代建起来的。

唐代江西佛寺建筑以木结构为核心。这种结构与传统的建筑技术相结合，形成了新的风格，在建筑史上颇具积极意义。寺院的大殿屋顶都有柱头斗拱增大屋檐的出挑，而且比前朝的斗拱层次更多，装饰更华丽，屋顶上制有形式多样的鸱屋作为装饰。顶棚上有方形、圆形或多边的藻井，殿前筑有考究的台阶，两侧有雕饰精美的回廊、石栏、石柱，整个殿宇就是一个完整的艺术品。加上前所未有的建筑规模，使江西的佛寺建筑达到了一个新的历史阶段。杨岐山的普通寺虽然不是江西境内最突出的佛寺，但也颇具规模："建出花宫胜仙阙，楼台壮射虚空，魔界轮幢尽摧折。"规模宏大，法堂四阿，原有殿宇32间，面积1万平方米以上。吉安青原山上的安隐寺（净居寺）建于唐代神龙年间，规模宏大，众多的殿、堂、亭、阁布局有序。主体建筑大雄宝殿独具江南庭院特色：正方形的砖木结构，四角雕龙画凤，如阁似亭，雄伟肃穆。毗庐阁则是由六根大柱支起的一栋双层楼阁，楼阁设计精巧。唐代庐山的东林寺，房屋更多至300余间。此外，上高九峰山北麓的九峰寺，是乾宁年间（894—898年）由钟传施予佛门的房舍。它是唐代贵族宫室建筑的范式，前后两进，两侧厢房，面积达1800平方米。这些都是唐以前未出现过的建筑形式，标志着唐代江西建筑科技的发展。

佛塔是建筑技术和雕刻艺术相结合的建筑物。江西境内的佛塔大多数为窣堵波式建筑，由台基、覆钵、平头、竿、伞五个部分组成。由于中国楼阁建筑的方形平面与印度窣堵波的圆形平面存在矛盾，唐代的建筑师就创造性地采用了八角形平面建筑，材料也由木结构改为砖砌。建筑形制又有单层式、多层式、楼阁式、密檐式之分。江西现存唐代佛塔甚多。敕建于开元年间（713—741年）的西林寺塔（慧永塔），为庐山现存最早的楼阁式塔，因塔内原有大小佛像千尊，故又称为千佛塔，当地人名之"砖浮图"。查慎行《庐山游记》："明给谏王鸣玉重修，自为记，后被火，中空，外状崔嵬如故，清道光年间，塔顶裂为二，一夕自合，咸称神异。"此塔历千年风霜，依然屹立。塔为七层六面，楼阁式砖塔，

第三章
经济繁荣与中部崛起

净居寺

1933年戴传贤建有旋梯,可登顶,抗战时毁,塔高约35米。底层南开拱形正门,门头题额"千佛塔",二至七层分别题"羽宝林"、金刚幢、灵鹫来、无上法、听雨花、光明藏。一层塔身设双檐,底层檐上踩砖雕斗拱出檐。除转角设角科外,每边另设平身科斗拱两朵。二重檐设转角斗拱,拱上由砖尖角叠垒五层外挑,然后再出三踩斗拱出短檐。二层东西南北四向设对开拱形门,其余各面设佛龛各四,门上砖砌横枋,枋上每边连同角科饰三踩斗拱四朵,斗拱上再砌平枋,枋上再三踩斗拱出短檐,心上租级皆同二层,占是每层边长依次内收,六角攒尖顶上缀金宝瓶塔刹。千佛塔外饰白,砖雕斗拱以黑,小青瓦屋檐每屋檐角饰有铜制风铎。"塔势如涌出,孤高耸天宫。登临出世界,蹬道盘虚空",诗人岑参对千佛塔歌咏出前人的敬慕。另外,庐山脚下的九江能仁寺大圣塔,始建于唐代大历年间(766—779年),此塔砖木结构,六角形锥状,高7层,42.26米,底层对角直径长8.9米,巍然屹立,塔的外形酷似楼阁,古朴庄严。塔顶为六角攒尖式,上立铜刹,塔内有石梯可盘旋而上。

江西是佛教胜地,高僧大德圆寂后,纷纷建塔以贮真身,造就了本区另一种形式的精湛的佛塔艺术。宜丰洞山价祖塔是唐代江南典型佛塔建筑。唐咸通十年(869年)良价圆寂,唐懿宗追封"悟本禅师",葬于洞山普利寺后山,墓塔名慧觉。塔形古朴,六方,高3.2米,宝盖宽1.2米。塔座两层,底层六方,均刻忍冬花壶门,第二层各刻如意草、万字、金钱、双金钱。塔身上有楣,下有托,楣托刻仰覆莲,角为六棱形。石柱中嵌石板,塔盖伞形,有瓦垅,六角飘檐。塔刹分莲瓣覆钵、相轮、宝珠三层。塔下面下端遗存"己丑敕建""师慧觉宝塔"9字。

宜丰太子塔也是唐代造型和雕刻艺术相结合的杰作。唐肃宗第14子李僖随南阳慧忠国师出家,后居逍遥山,逝后真身葬于此。太子塔单层单檐亭阁式,花岗石雕琢叠砌而成,高约4.5米,分塔座、塔身、塔顶三部分,比例均匀,造型美观。塔座、塔身、塔刹均刻有罗汉像。塔座七层,双层须弥座,圭脚素面,刻花瓣纹饰,下束腰,身中空,四周有门槽,塔身正面有拱形门。塔盖以一整石雕琢而成,仿木结构,四阿顶式,重两吨半。太子塔的构造形式和质地、重量,充分体现了唐代江西建筑科技的发达。永修云居山真如禅院附近的膺祖塔,气势雄伟,是唐代亭类石建筑科技宝库中的精品。膺祖塔高达数丈,亭穹轩敞,全塔皆以花岗石堆砌而成,各部结构严谨,质地坚凝。宜春仰山慧寂禅师塔则是唐代宝瓶形佛塔的典型代表。该塔为麻石四柱四坡亭式结构,通高36.5米,柱上架长方石横梁,横梁上垫石刻圆锥莲花冲顶,塔身分为四层,下三屋皆六棱,上层为圆锥。塔整体为底大束腰的宝瓶形,每层刻有乳钉,与整个佛塔构成和谐统一的整体。赣县宝华山宝华寺的玉石塔,又名大宝光塔,是唐代马祖十大弟子之一的西堂智藏墓塔。玉石塔位于大觉殿内,始建于唐长庆四年(824年),重建于大中七年(853年)。该塔用红褐色玉石雕成,四面七层,高4.5米,底座正方形2米见方,是经幢与房舍相结合的石塔。分塔座、塔身、塔顶三部分,该塔造型精美,是雕刻艺术珍品和唐代建筑中的杰作,历千余年保存完好。整塔用红褐色

西林寺塔

第三章
经济繁荣与中部崛起

玉石雕成。塔身刻有动物图案,浮雕许多佛教人物故事,雅致美观,被誉为"江南第一塔"。

佛像雕塑是佛教建筑中重要的工艺。唐代江西也创造了一批石佛。如南丰县城西门外,至今仍存有一尊唐代石佛。石佛所在,既不是堂皇肃穆的大宫殿,也不是群像林立的石窟,而是丈来高的石龛。龛深五尺,宽八尺许,佛身却有一丈六,出土一丈,陷地六尺。石龛设计巧妙,别具一格。佛像表情庄重慈祥,在圈圈右旋的短发下,一双慧眼眯起,双唇紧闭,嘴角微翘,流露出隐隐的笑容;身穿袈裟,胸怀半露;左手托莲花于胸前,象征着苦心清正;右臂下垂,掌心向外,意在引导执迷不悟的苦难者登上"极乐世界"。整座佛像装饰得金碧辉煌,表现出我国古代精湛的造型艺术。

价祖塔

由于经济、文化的大发展,风景建筑成为唐代社会的一大特色。江西地区以滕王阁最为著名。永徽三年(652年),滕王李元婴任洪州都督,为逞其游观宴集之欲,到任次年即在赣水之滨筑起了雕梁画栋的高阁——滕王阁。滕王阁在唐代屡有维修或重建。上元二年(675年)洪州都督阎公将滕王阁修葺一新,于重阳日于阁大会

赣县玉石塔

宾客,适逢诗人王勃赴交趾省亲,途经南昌,被邀雅集,并即席挥毫写下了千古名篇《滕王阁序》。依王勃的描述,最早的滕王阁已是"层台耸翠,上出重霄;飞阁流丹,下临无地"、"桂殿兰宫,列冈峦之体势。披绣闼,俯雕甍"的气象。依此推测,此滕王阁至少有三层结构,用的是琉璃绿瓦;斗拱角挑构成了阁体舒展动翘的姿势,鲜艳浓厚的朱漆把滕王阁装饰得夺目耀眼,所用的木料也是兰桂之类的贵重木材。各种附属建筑主次分明,联系紧密,建筑工艺极其高超。贞元六年(790年),王仲舒主持重修,并亲自作《记》。元和十五年(820年),王仲舒时任御史中丞,视察江南西道,见阁将圮,提议重修,于十月竣工。王致书时为袁州刺史的韩愈,请其撰写《新修滕王阁记》。韩愈在《记》曰:"江南多

临江之美,而滕王阁独为第一,有瑰伟绝特之称。"大中二年夏(848年),滕王阁首次毁于火。江西观察使纥干臮众鸠工集材重建,至秋八月竣工。韦悫作《重修滕王阁记》。据韦《记》,阁址依旧,规模略有扩大,"南北阔八丈,今增九丈二尺;其峻修北自土际达阁,板高一丈二尺,今增至一丈四尺;阁板上旧长一丈,今增至一丈三尺;中柱北上耸于屋脊,长二丈四尺,今增至三丈一尺;旧正阁通龟首,东西六间,长七丈五尺,今增至七间,共长八丈六尺,阔三丈五尺。固可谓宏廊显敞,殊形诡状,革弊鼎新,有如是乎!"此外,还增建了邮驿、厅、轩、小阁、江亭、津馆等附属建筑。修滕王阁是供"纵游之美,赏心乐事",但兴修风景建筑,不光是游乐,也有考虑到民生利益的。李騭做江西观察使时,了解到钟陵东湖两边不通,往来不便,"作桥以张之,其修也,可以发二矢;其广也,可以方两轩,结构高标",足以供"千轮驰,万蹄驱",泽民利物。后又在旁边筑一亭,供行人憩息,遂成为风景秀丽的游赏之地,"每良辰嘉客,思有宴赏,辄具肴酒,共为欢娱。天晴日宴,湖光入座,寂寞虚彻,眇然四去。或无鸟过,不辨空水"[①]。

虔州的郁孤台也是唐代著名的风景建筑。郁孤台位于虔州城北部的贺兰山顶,以山势高埠、郁然孤峙而得名。始建于唐广德至大历年间(763—779年),台高14.1米,面积275平方米。郁孤台"冠冕一郡之形势,而襟带千里之江山",虔州刺史李勉曾登台北望,将台更名为"望阙"。后几经兴废,仍名郁孤台。

宜丰鲁班坊,始建于唐咸亨四年(673年),为全木斗拱结构的牌楼。正楼4大柱,柱头枋上正面密排4层斗拱,坊上方嵌有横匾,横书"鲁班坊"三字。后面斗拱分4叠垛。柱头拱4,补间斗拱2,侧面一叠。层层斗拱托楼檐,顶为歇山顶;两侧楼各4柱,形成两附室。楼基为石砌。整个建筑不仅结构精巧,而且不用一个榫卯,收到了稳固大方、经久不颓的良好效果。自唐至今,虽经多次修葺,仍保留有唐、宋建筑风格,是江西建筑中的一绝。

唐五代时期,江西受风水风气的影响,也产生了一些风水建筑,构成特殊的风景建筑。如坐落在南昌市西湖区绳金塔街东侧、原古城进贤门外的绳金塔,始建于唐天祐年间(904—907年)。原为佛刹,取名"千福",由异僧唯一所建。相传建塔前一僧掘地得铁函一只,内有金绳四匝,分别刻有"驱风""镇火""降蛟"字样的古剑三把,还有盛有舍利子三百粒的金瓶一个。绳金塔为砖木结构楼阁式塔,塔高50.86米,塔身明七暗八层内正方外八边形,其朱栏青瓦,墨

---

① 《文苑英华》卷八二四符载《钟陵东湖亭记》。

第三章
经济繁荣与中部崛起

角净墙及鉴金葫芦型顶,有浓重的宗教色彩,飘逸的飞檐,并悬挂铜铃,充分显现出江南建筑的典型艺术风格。

唐代是园林建筑兴盛的时代,生活于江西的某些贵族官僚、文人雅士也纷起修建,这其中以白居易庐山草堂为代表。草堂元和十一年(816年)建于庐山香炉峰北,遗爱寺侧。据白氏自撰《草堂记》,草堂规模颇小,但结构独特:依岩而架,结茅为宇,木柱不加丹彩,保持自然简洁,古朴大方而典雅。一切就地取材,造作了平台、石级、环池、假山等建筑小品,同时还利用了水面植物的点缀,形成了"溪岚漠漠树重重,水槛山窗次第逢"的和谐整体。它是唐宋时期山水园林的代表作,是效法自然而超乎自然,寓景于情、情景交融的建筑艺术的具体表现,体现出文人"退而独善其身"的精神追求。

江西水路纵横,桥梁建造成为传统技术。隋唐五代时期,江西的造桥技术已著名全国。《唐六典》卷七《工部·水部·郎中员外郎》载:"河梁桥所须竹索,令宣、常、洪三州役工匠预支造,宣、洪二州各大索二十条,常州小索一千二百条。大阳、蒲津竹索,每年令司竹监给竹,令津家水手自造。"江西境内官

宋代宫廷画复原滕王阁图

郁孤台

鲁班坊

风水塔——绳金塔

方、民间修建桥梁较多。如唐龙纪年间,婺源县曹仲泽凿石券建造曹公桥;晚唐时宜春刺史邓璠在城北秀水上架设第一桥。不过,对后世影响最大的则是铅山县的澄波桥和大义桥。横跨铅山县湖坊镇陈坊河两岸的澄波桥,始建于唐贞观四年(630年),为登仙峰的澄波和尚化缘得资所建。桥长50余米,以巨形块石砌成的6座船形桥墩为底座,墩上用粗大木材交叉构成"鸦雀窝"形上架支撑木梁,然后铺以厚实木板为桥面,桥上又竖柱架梁,覆以瓦盖,成为具有江南特色的风雨桥。东西两头门额上嵌有石匾,东曰"河清海晏",西曰"风恬浪静",桥墩突出部位和两端桥头建有店房12间,形成了桥上有市的风貌。铅山永平大义桥,始建于唐朝大历年间,系鹅湖峰寺高僧大义禅师所创建。此桥初为木石结构,清乾隆年间重修,更为青石结构。桥长近200米,宽6米,结构严谨。远观此桥,鹅峰拱秀,横架南北,雄浑古朴。

六、酿酒业的普遍

中国古代传统的酿酒手工业一直比较发达,隋唐五代时正是我国酿酒业得到长足发展的重要时期。酿酒业是粮食业重要的转化形式,消耗粮食巨大。

第三章
经济繁荣与中部崛起

庐山白居易草堂

澄波桥

江西地区粮食丰裕,为包括酒类在内的粮食制品业的发展提供了良好的条件。

唐代人们饮酒普遍,上至官僚文士,下至平民百姓,皆好饮酒。江西地区饮酒之风也极浓。《太平广记》中就有不少这样的记载,如卷四○○《雩都人》记,于都县一船主"遇一黄衣人乞食",便"与之盘酒";卷三五五《王锏妻》记,南安县"人有祭祀,但具酒食"。卷四九七《江西驿官》记,江西的某官驿设有酒库,"诸醯毕熟"。诗歌中也有不少关于饮酒的生动而形象的描写,如王驾《社日》咏民间节日里,鹅湖山下的民众饮酒庆祝,以致出现"家家扶得醉人归"的农家乐景象。另外,袁皓《重归宜春偶成》:"殷勤倾白酒,相劝有黄鸡";韦庄《袁州作》:"正是江村春酒熟,更闻春鸟劝提壶";郎士元《寄李袁州桑落酒》:"十千提携一斗,远送潇湘故人。"白居易《早秋晚望兼呈韦侍御》:"浔阳酒甚浓,相劝时时醉。"这些诗句也对江西的饮酒之乐作了形象的写实。而刘禹锡《送湘阳熊判官孺登府罢钟陵因寄呈江西裴中丞二十三兄》描写南昌:"朱槛照河宫,旗亭绿云里。"杜牧《罢钟陵幕吏十三年来泊溢浦》诗曰:"青梅雨中熟,樯倚酒旗边。"又足见赣江、溢水人口集中之地,酒家经营十分兴旺。五代时期,本区的饮酒风并没有衰减。《五代诗话》卷三引《天禄识余》"毛炳"条记载:丰城人毛炳"入庐山,每与诸生曲讲,获镪即市酒尽醉。时彭会好茶,而炳好酒,时人为之语曰:'彭生作赋茶三斤,毛氏传经酒半斤。'"后游螺川诸邑,遇酒辄饮,不醉不止。

饮酒之风的盛行,是以酿酒业的兴盛为前提的。当时江西的酒类生产以工艺相对简单的浊酒为主。浊酒酒液浑浊,米滓往往漂在酒面上,泛泛然如同浮蚁,故时人称及"浊酒"多以"蚁"字来形容。白居易在江州浔阳时,作《问刘十九》诗称的"绿蚁新醅酒",即是当地的有名的浊酒。上引诗人袁皓所称"白酒"即是浊酒。与前代相较,江西酿酒技术有所提高。《太平广记》卷二三三《南方酒》记,有酿酒者埋置酒于陂中,"候冬陂池水竭时,置酒罂,密固其上,瘗于陂中"。这无疑是一种培养酒质的技术。在酿酒原料及技术上,南方酒"不用曲蘗,杵米为粉,以众草叶胡蔓汁溲",因此合糯为酒。且"饮既烧,即实酒满瓮,泥其上,以火烧方熟"。这种米酒经过了过滤、火烧。这些都在一定程度上说明酿酒技术的进步。江西各州县普遍酿酒,出现了一些享誉全国的地方名牌酒。李肇《唐国史补》卷下所列全国名酒十余种中就有江西"浔阳之湓水"。白居易《首夏》诗中赞道:"浔阳多美酒,可使怀不燥。"宜春酒也是当时名酒,《新唐书·地理志五》记,"袁州宜春郡……有宜春泉,酿酒入贡"。由于宜春酒佳,唐时有人提倡仿制此酒。《白孔六帖》卷十五载:"李泌字长源,泌请里间酿宜春酒,以祭勾芒神,祈丰年。"

唐代酿酒分官酿和私酿。唐前期允许私人酿酒,采取官私酒业自由发展的宽松政策,从而推动了民间酒业的发展。民间酿酒或自用,如以陶渊明酿酒故事命名的"陶家酒",在九江民间素有盛名。李白《浔阳感秋》:"陶令归去来,田家酒应熟。"白居易《浔阳秋怀赠许明府》:"试问陶家酒,新篘得几多。"又《太平广记·南方酒》记,"南人有女数岁,即大酿酒,待到女大出嫁时",取供贺客,这种酒被称为"女酒"①;或是在市场上出售,江西地区市场上的酒家不少。同上《南方酒》记,"无赖小民空手入市,遍就酒家滴淋"。《唐国史补》卷上载:大历年间,柳浑佐江西观察使路嗣恭幕时,"嗜酒,好入廛市,不事拘捡"。中唐以来,朝廷政府为了增加税收,满足军国财政之用,全国大范围实行官酿官卖。《旧唐书·食货志下》载:建中三年(782年),"初榷酒,天下悉令官酿,……委州县综领,酤薄私酿,罪有差。"江西地区私酿一向兴盛,朝廷遂严禁江西私酿。《新唐书·王仲舒传》载,德宗建中以来至穆宗长庆年间,"江西榷酒利多佗州十八",达"九千万"。而民间私酿之风"岁抵死不绝,谷数斛易斗酒",江西观察使王仲舒遂奏请朝廷罢本区私酿之禁。王氏的开明政策,无疑有利于江西地区酒业及其相关经济的发展。又《册府元龟》卷五〇四载,唐文宗大和五年(831年),江西观察使裴谊奏请停官酤,"洪州每年合送省榷酒钱五万贯文"。江西酒税的丰厚,正说明其酿酒业的兴盛,也在一定程度上说明江西官吏关注本区酒业的发展。

---

① 《太平广记》卷二三三《南方酒》。

第三章
经济繁荣与中部崛起

七、文化用品的制造

随着社会经济文化的进步,隋唐五代时期造纸业得到了显著的发展,造纸材料丰富的长江流域出现了不少造纸的中心。受其影响,江西造纸业也有一定的进步。其中,吉州生产的陟厘纸、信州的藤纸为当时的名品,开元、元和间列为贡品。陟厘纸也作侧理纸,即苔纸,以水苔为原料制成,纹理纵横斜侧。此外,据李肇《唐国史补》卷下记载,临川生产滑薄纸,也是全国名品纸之一。又据段成式《酉阳杂俎》记,他在咸通年间任江州刺史时,于九江造云蓝纸,自谦所造之纸"既乏左伯之法,全无张永之功",送给好友诗人温庭筠50版,以为写诗填词之用。可见当时文人对云蓝纸的重视,也在一定程度上说明造纸的普遍。

江西制砚业在隋唐五代也有了一定的成就,除了传统的陶瓷工艺中,能制作精巧实用的陶砚、瓷砚外,也已开始制作质量极高的石砚。据《婺源县志》载,唐玄宗开元年间猎户叶氏逐兽至长城里龙尾山(今溪头乡砚山),见叠石如城垒状,莹洁可爱,因携之归,刊粗成砚,温润大过端溪。其孙持砚献与县令,由是传开。中唐时期,大书法家柳公权《论砚》云:"蓄砚以青州为第一,绛州次之。后始重端、歙、临洮,及好事者用未央宫、铜雀台瓦。然皆不及端,而歙次之。"陶谷《清异录》载:"五代后梁开平二年(908年),赐宰相张文蔚、杨涉、薛贻矩'宝相枝'各二十,龙鳞月砚各一。宝相枝,斑竹笔管也。……鳞石纹似之,月砚形象之,歙产也。"据此梁太祖赐予臣下的歙州"龙鳞月砚",质量极好,具有美学鉴赏的价值。唐时婺源属歙州,故称"歙砚"。歙砚是砚中名品,其中取材于婺源所产的龙尾砚最为珍贵。婺源的砚业盛于南唐。宋无名氏《歙州砚谱》载南唐中主李璟精于翰墨,歙州贡献龙尾砚,并推荐砚工李少微,李璟予以嘉奖,设"砚务",命李少微为砚官,督制石砚。又据《欧阳文忠公试笔》记,南唐于"歙州置砚务,选工之善者,命以九品之服,月有俸廪之给,号砚务官,岁为官造砚有数。其砚四方而平浅者,南唐官砚也,其石尤精"。龙尾石砚质地优良,有涩、细、润、坚四大特点,色如碧云,声若金石,纹理妍丽。后主李煜称龙尾砚为"天下冠",此后歙砚便成了驰名全国的工艺制品。

主要生产于婺源的歙墨(徽墨)起源于唐末。苏易简《文房四谱》卷五云:"江南黟歙之地有李廷珪墨尤佳。廷珪本易水人,唐末流离渡江。睹歙中可造墨,故有名焉。"陶宗仪《辍耕录》卷二十九亦记,墨工奚超与其子廷珪自易水渡江迁居歙州后,南唐赐姓李氏。廷珪所造歙墨置之水中,经月余不化,光色为新。在朝廷的支持下,"廷珪父子之墨,始集大成",歙墨遂成名产。南唐朝廷将

洪州窑出土的隋代青瓷双盂兽足圆砚

澄心堂纸、龙尾砚、廷珪墨称为文房三宝。

综上所述,在良好的社会政治经济环境下,隋唐五代江西传统手工业在秦汉六朝的基础上又得了进一步的提高,一些新兴手工业也得以快速发展,出现了手工业兴旺的景象。当然,江西手工业绝大部分仍然是采取小农业与小手工业紧密结合的传统形式。如唐中宗景龙年间(707—710年),晋州人褚绥任新平司务督理陶务时,恰逢年成歉收,农民生活困难,没有能力完成为李渊献陵的祭品任务。洪州都督府奉诏严厉催促,褚绥不得已,亲至都督府,极力申言农事歉收,"民力凋残",请求免征,最后获准[1]。说明朝廷对景德镇陶瓷的征发,成为窑民沉重的负担,同时也反映了当时陶瓷业还没有与农业分离,陶事、农事二者息息相关。尽管如此,这一时期手工业的独立性与手工业生产者的市场意识日渐增强,显现出鲜明的时代特色。如景德镇陶瓷在唐初已成为手工业者所从事的一种生产。陶瓷生产过程比较复杂,选土、和泥、制坯、合模、施釉、装窑、焙烧等一系列程序,一般需要相当数量的熟练工匠才能够进行生产,绝非一家一户个体工匠所能完成,应已是比较典型的私营作坊手工业。中古时代,手工业作坊往往是与店铺连在一起,生产与销售密切联系。前举陶玉生产的陶瓷精品,除了在当地销售外,还亲自到京师推销。陶氏兼有手工业作坊主与商人于一身的特点。

第三节
相对畅通的道路交通

道路交通既是民众生产生活的必要条件,也是政权沟通和加强各地政治、经济、文化联系的纽带。隋唐五代江西地区居于南方重要的交通地理位置,相

---

[1] 蓝浦:《景德镇陶录》卷八《襄阳名宦志》。

第三章
经济繁荣与中部崛起

对稳定的社会环境与繁荣的社会经济文化,极大地推动了道路交通的改善、发展,较大程度上打破了本区相对封闭的地理环境的限制,积极地促进了本区社会经济文化的进步。

一、水路交通的通畅

受区域自然条件与生产力水平的影响和作用,隋唐五代江西交通水陆并重,以顺应自然环境的水路沟通陆路的交通模式为特色。考量各种交通条件,水运是运输力最大、成本最低的运输形式[①]。江西襟江带湖,形成了以彭蠡湖水系为主要架构的水路交通网络。由彭蠡湖借赣水与支流通洪州,往南以盱水通抚州州治临川与南丰县,是他州入抚州的主要途径。继续地往南,由赣水另一支流渝水西入袁州。该水是袁州东西交通凭借,州治宜春、新喻县均借助渝水进入赣水水系,通达南北。继续南行,经吉州境内支流庐水通西部安福县、禾水通永新县。过吉州即抵达虔州,州内赣水支流为主要交通路线,贡水居东,其支流南通信丰,其上游虔化、大庾,由大庾岭陆路越大庾岭入岭南,接浈水,顺北江上游浈水,南抵广州。由彭蠡湖,入饶州,可借余水通信州贵溪、弋阳、上饶、玉山四县,继续东行经衢州、睦州、杭州通运河,进而通苏州、常州,至润州渡长江,达扬州。自上饶南行,另有陆路通福建地区。由彭蠡湖至饶州州治鄱

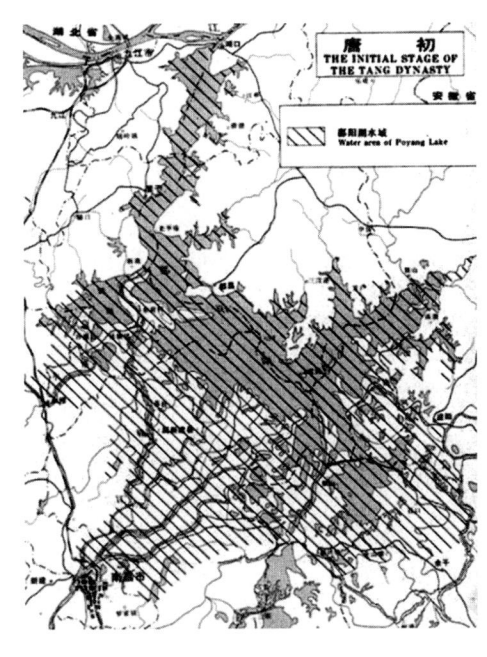

唐代鄱阳湖区域图

---

① 《唐六典》卷三《尚书户部·度支郎中员外郎》云:"凡陆行之程,马日七十里,步及驴五十里,车三十里。水行之程;舟之重者,溯河日三十里,江四十里,余水四十五里;空舟溯河四十里,江五十里,余水六十里。……凡天下舟车水陆载运皆具为脚直。……(注:每驮一百斤,一百里一百文,……车载一千斤九百文,黄河及洛水河,……上水十六文,下,六文。余水,上,十五文,下,五文)。"

阳,溯鄱水上游昌江,东北行,经浮梁,至歙州祁门。昌江为江西地区少数发源于江西境外的河川,可以连通江西地区与浙江地区。由此,"舟船之盛,尽于江西","洪鄂之水居颇多,与邑殆相半"之类的流行语,成为江西交通状况的写照。不过,除东北方的饶州、信州,南方的虔州西南角可通外界,江西多数地区仍以彭蠡湖区为中心,交通线呈向心状聚拢,是封闭性较高的交通系统,外界进入江西地区唯有由东北二州、北方江州、西南角虔州四处。

江州位于赣北彭蠡湖入江口,居长江中游地区的交通要冲。早在晋时,江州就"陆通五岭,北导长江,远行岷汉,亦一都会"①。隋唐五代江州城作为"都会"的地位进一步的加强。杜牧在池州时,上书宰相李德裕说:"故江西观察使裴谊召贼帅陈璠,署以军中职名,委以江湖之任。……陈璠每出彭蠡湖口,领徒东下,商船百数,随璠行止。"②官方以武力保护长江中游的航行路线,恰好说明这条路线在当时的作用十分突出。长江中游濒江的荆、鄂、江三州,天宝年间,荆州所领七县,有30192户,148149口;鄂州所领五县,有19190户,84563口;江州所领4县,有29025户,155744口。显然江州超过了荆州,而鄂州更为稀少。这其中的原因或各异,但交通的因素也有一定的作用。三州之中江州最居下游,江水更为浩渺,运输能力更宏大。如俞大娘的万石航船,来往于江西、淮南之间,在荆、鄂两州则难见到。江州控扼长江中下游,航运地位非一般州县可比。这里"地方千里,江涵九派,缯钱粟帛,动盈万数,加以四方士庶,旦夕环至,驾车乘舟,叠毂联樯"③。车船百货运输量大,各方人物来往众多。江州本地的物产不算富饶,却是附近州县茶叶、粮食、瓷器等物产的集散地。江州的兴盛,使赣江——鄱阳湖航道与长江的联运畅通无阻,进出便捷。长江虽仅于江州北界流过,却是江西连通外地的天然干道,对全区发展影响重大。

隋以前,江西与北方的水路交通并不通畅,这与当时整个南方与北方的交通不畅相关。隋大业元年(605年),营造东都,运豫章大木,用2000人拉一柱,下面用铁毂滚动,一天仅行二三十里,一根木柱运到洛阳花费十万个工。为了沟通南北水上运输,便于调运南方的粮食等物资,并进一步从政治上军事上控制江南,隋炀帝自大业元年至六年动员大量人力物力修建了大运河。这条北起涿

---

① 《舆地纪胜》卷三十《江州》引《晋地道记》。
② 《樊川文集》卷十一《上李太尉论江贼书》。
③ 《全唐文》卷八六九符载《江州录事参军厅壁记》。

第三章
经济繁荣与中部崛起

郡中经洛阳、江都南至余杭的大运河,将中国东部的海河、黄河、淮河、长江、钱塘江五大水系联系起来,形成一个四通八达的水运网,成为南北交流的大动脉。因此,中国与国外的商品交流由原来的主要从长安往西的商道改从中原沿大运河南下,经扬州溯长江入鄱阳湖,历赣江过大庾岭顺浈水入广州。这无疑极大地促进了对当时和以后包括江西在内的江淮地区的经济、文化和交通的发展。江西通过长江水系和大运河交通运输网络,由区域性交通融入了全国交通运输网络之中,成为闽、粤、桂、湘等省区通达运河的要道和物资运输的重要集散地。

唐皇朝十分重视江西水路。贞观初年,唐太宗"以江中盗贼劫掠,为商旅之弊",诏以江州刺史左难当"为静江大使,自上江路肃清"[①],保证了江西与北方各地水上运输的畅通。江西大兴水利工程建设,除了防洪抗旱外,还在于改善交通。如袁州宜春李渠"引仰山水入城,……使可通舟楫"[②];抚州千金陂与新渠,亦"奔流贯激,通舟楫之利"[③];江州刺史李渤筑南坡堤"通四乡之路"[④]。人工开凿的水道较天然的更便于航行,一因其必定位于人烟密集之处;二因人工建设过程中会尽力设法调整水量、清理水道,不会有天然河川的急流险滩问题。赣江对沟通江西漕运和岭南交通起着干道作用。大运河在隋末开通以后,江西漕船可以长江下运扬州,然后循运河北达京师。岭南与中原地区的商运也利用赣江作为主要运道,海外运集广州的商货得以经过赣江运抵江淮和北方。因此,作为长江重要支流的赣江航运发展迅速。然而,秦汉六朝以来,赣水交通线道路不并十分通畅,特别是虔州州治至吉州一带的险滩更是巨大的障碍。《水经注·赣水》曰:"赣川石阻,水急行难,倾波委注六十余里。"孟浩然《下赣石》诗云:"赣石三百里,沿洄千嶂间。"为消除赣水交通线的安全隐患,唐德宗贞元四年(788年),虔州刺史路应"凿赣石梗险,以利舟通"[⑤],在一定程度上缓解了以往经此船多败没的严重阻难。

二、大庾岭道的拓宽

隋唐五代江西在全国道路交通网中居于重要地位,不仅在于它地处长江

---

① 《粤雅堂丛书》卷六九五《牧守部·屏盗》。
② 《读史方舆纪要》卷八十七《江西·袁州府·宜春县》。
③ 《全唐文》卷八〇五柏虔冉《新创千金陂记》。
④ 《李文公集》卷十七《江州南湖堤铭》。
⑤ 《新唐书》卷一三八《路应传》。

传为唐画家李思训描绘江南的《江帆楼阁图》

中游,在南部中国的地理上处于相对中心的位置,还在于横穿虔州的大庾岭道是联通岭南与中原地区的最便捷路线。

  大庾岭,又名梅岭,位于今大余县南25里,沿省境绵延,经信丰后折东南,入全南境与九连山衔接,周围300余里,海拔600至800米。它南扼两广,北距湖湘,据赣江之上游,拊岭南之项背,其形势胜似天堑。《读史方舆纪要》卷八十三称之为江西"重险""堂奥之地"。对于岭南来说,大庾岭是打通与中原交通的一把钥匙。大庾岭与岭南接壤,原本无通路,是隔绝江西与广东以至海外联系的重大障碍。秦始皇为了统一岭南,曾派兵进入大庾岭并在此筑关隘,置兵把守,自此成为通向岭南的孔道。至隋唐时,大庾岭道经数百年间不断地行走,已成为沟通岭南岭北的交通要冲,但仍极其崎岖难行。宋之问于中宗神龙元年(705年)坐与张易之交通之罪,贬岭南泷州。历大庾岭,曾作《早发大庾岭》《度大庾岭》《题大庾岭》等诗讲述过大庾岭的艰难,虽是当时心情沮丧的反映,却也是路途崎岖的写实。又张九龄作《开大庾岭路记》称:"初,岭东废路,人苦峻极,行逾寅缘数里,重林之表,飞梁嶪巘,千丈层崖之半,颠踬用惕,渐绝其元。故以载则曾不容轨,以运则负之以背。"这显然不能满足统一国家日益发展的政治经济文化的需要。

连通赣粤的大庾岭古驿道

唐前期,社会经济得到了快速的发展,海内外商品经济交流愈来愈频繁。岭南的广州是全国的大都会之一,又是对外贸易的重要港口。唐代侨居广州的阿拉伯人多达十余万,而其中绝大部分是商人。他们漂洋过海带来了许多珍珠、象牙、玛瑙等细货,同时也希望将中国特产瓷器、茶叶、丝绸等物运往国外,而大庾岭的重重险阻严重地限制了他们前行的脚步。广东亟须与内地加强经济联系,同时唐统治者为了加强对岭南的军政控制,获取经济利益。开元四年(716年)十一月,唐玄宗诏命岭南道按察候补史张九龄开凿大庾岭驿路。张是广东韶关人,而韶关与大庾岭比邻,自然熟悉赣南与粤北的地形,深知其政治、经济地理位置的重要。于是他不畏艰险地亲自带领当地民众"相其山谷之宜,革其坂险之故",大力平险拓宽,使得大庾岭路变得"坦坦而方五轨,阗阗而走四通,转输以之化劳,高深为之失险"[①],成为联结江西赣江与广东北江之间的纽带,大大通畅了南北水陆联运的通道。它不仅保证了岭南地区的贡赋交纳、提高了漕运的速度,而且交通直达海上,带来了商品交流的日益发达。当时"海外诸国,日以通商,齿革羽毛之殷,鱼盐蜃蛤之利,上足以备府库之用,下足以

---

① 《全唐文》卷二九一张九龄《开大庾岭路记》。

赡江淮之求"①。别的不说,南海及南亚地区特产的香料药材正是由广东进口上岸,沿北江溯流至韶州,又经陆运过大庾岭,复由章江入赣江,经鄱阳湖,东下长江,折入运河而达京都。伴随着大庾岭山道的改善,借助赣江,北接长江航运,南连大庾岭驿路,从广州经洪州至扬州,转运河西至洛阳,入关至长安的交通干线便全程贯通,成为中原与岭南的主要交通干线。据《唐大和尚东征传》载,天宝八载(749年),名僧鉴真第五次东渡日本,中途折回,即由广州乘船至韶州,达浈昌,陆行过大庾岭,又乘船到虔州,住开元寺,至吉州住青原山安隐寺,至江州庐山住东林寺,再至浔阳龙泉寺,然后至九江驿乘船下长江,行七日到润州江宁县。又据李翱《来南录》,元和三年(808年)十月,李翱应岭南节度使杨於陵之辟为幕府。翌年正月,李翱从东都洛阳出发,沿大运河经宋、宿、泗、楚至扬州,渡过长江,避开逆江流航行的困难,走南下江浙路线,经润、常、苏、杭、睦、衢等州,自常山上岭至玉山县,再到信州乘船,顺信江西来,直渡担石湖(今南昌东部青岚湖),入洪州,然后溯赣江至吉州、虔州,上大庾岭而达浈昌,再经韶州至广州。

伴随着大庾岭道的改善,拓通了珠江和长江水系赣江之间的联系,江西道路交通越发成为南方重要的交通要地。特别是唐代经安史之乱之后,经由河南的江淮路不太畅通,始于虔州溯赣水而上,越过南岭直到广州的交通干线显得地位特别重要。唐人称"虔居江岭,地扼咽喉,有兵车之繁,赋役之重"②。唐代后期江淮地区经济日益发达,大庾岭路在军事功能之外,文化经济功能日渐增加,因为大庾岭路具有两大优点:一是配合唐代后期以东南为经济重心与广州的外商贸易需要;二是利用便利迅捷的江西内河水道。除大庾至浈昌有90里陆路外,皆以水运减轻负担,且此段陆路多山间旷谷,较诸郴州路山岭险阻便捷许多。简言之,大庾岭道的开通,江西不仅与广东、海外的联系加强,而且因此也与中原地区的联系更加紧密,是唐以来江西经济文化发展的一个重要契机。

三、驿路交通的发展

隋唐五代时期,江西道路交通呈四通八达之势,表现在境内各个州的治所之间都有干道相通,与境外各州的主要道路亦已联通。初唐王勃《滕王阁序》称:"(洪州)襟三江而带五湖,控蛮荆而引瓯越。"这在一定意义上是江西地区

---

① 《全唐文》卷二九一张九龄《开大庾岭路记》。
② 同治《赣州府志》卷六十五《虔州孔目院食堂记》。

第三章
经济繁荣与中部崛起

交通状况的反映。

据《元和郡县图志》卷二十八载,江西各州之间的主要交通路线是:洪州:西北至上都(长安)3085里,至东都(洛阳)2275里,东至饶州440里,西至潭州(今湖南长沙)1135里,南至抚州219里,北至江州325里;吉州:西北至上都3605里,东北至抚州450里,西至衡州(今湖南衡阳)910里,南至虔州520里,北至洪州576里;虔州:西北至上都4125里,至东都3315里,东至建州(今福建建瓯)1585里,西至郴州(今湖南郴县)1012里,南至循州(今广东惠州)1614里,北至吉州474里;江州:西北至上都2760里,至东都1950里,东至宣州(今安徽宣城)1800里,西至鄂州593里,南至洪州325里,西北至蕲州(今湖北蕲春)289里;饶州:西北至上都3130里,至东都2320里,东南至信州500里,东北至池州(今安徽贵池)580里,至歙州(今安徽休宁县东)700里,西至洪州440里,至抚州470里;袁州:西北至上都3180里,至东都2400里,东至洪州740里,西至潭州526里,南至吉州317里,北至江州565里;抚州:西北至上都3350里,北至东都2495里,东北至饶州470里,西南至吉州456里,南至虔州1180里,东北至洪州219里;信州:西北至上都3630里,至东都2820里,至饶州500里,东至衢州(今浙江衢县)250里,东南至建州500里。除以上各线,邻境接界之州沟通江西的路线还有:韶州(今广东韶关):西北至上都取道虔州、吉州路4680里,北至虔州550里;潮州(今广东潮阳):西北至上都取道虔州路5625里,至东都路4810里,西北至虔州1500里;建州:西北至信州540里,至抚州830里;汀州(今福建长汀):西北至虔州水陆相兼1200里;宁化县:西南至汀州600里,县西与虔化县接界。综上所述,至唐中期,江西各州、县间共有干道15条,长7030里;通往邻省接界各州、县道路有17条,长15014里。合计为32条,总长道路约22044里,扣除邻境里程及江西境内重复路段里程,实有道路约14000里。江西连接邻境和境内各州县间的陆路交通全已沟通,以洪州为基点的道路网已经形成①。

在以上州际路线中有两条路线最为重要:一是洪州向南经虔州、大庾岭至广州,向北经江州、襄州直达中原,为贯通南北的大动脉;一是以江州为枢纽、沿长江西连川蜀、东接江淮。其他的交通路线往往是由其派生。现略举数条干线如下:

从江州东行陆路可达池州。《元和郡县图志》卷二十八云,池州"西北至上都……取江州路二千五百三十里,西北至东都……取江州路二千五百三十

---

① 江西省交通史志编审委员会:《江西公路史》(第一册),人民交通出版社1989年版,第8页。

里。……西南至江州五百八十里。"嘉靖《池州府志》卷一载池州城西90里有杨梅馆，说明池州往西经杨梅馆、彭泽至江州的陆路交通肯定是存在的。

饶州陆路亦可达池州。《元和郡县图志》卷二十八"饶州"条："东北至池州五百八十里。……西至洪州四百四十里。"上元二年（761年），刘长卿避乱南奔至饶州，后欲去苏州，即历池州至德县，再至秋浦。从饶州到歙州是江西东行的重要交通线之一。《元和郡县图志》卷二十八"饶州"条："东北至歙州七百里。"饶州与歙州相邻，距离较近，联通的道路有数条。《全唐文》卷八〇二《祁门县新修阊门溪记》："县西南一十三里，溪名阊门……通于鄱阳，合于大江。"可知阊门溪通于昌江，流经饶州，注入鄱阳湖后可达长江。从饶州入歙州的陆路虽然难行，却也不失为一通道。《新唐书·地理志五》记：歙州祁门县"西四十里有武陵岭，元和中令路旻凿石为盘道。"武陵岭处于歙州和饶州的交界处，从饶州向东进入歙州一般要经过此地，这条山路修筑的重要意义自不待多言。饶州从婺源县也可进入歙州。《新安志》卷五《道路》谈到婺源县交通时说："陆路东通常山，西通乐平，南通德化，北通休宁。水行自县东婺水通鄱阳江，胜船二百石。"这虽是宋朝的交通，但唐五代估计也相差不多，陆路由乐平到达饶州，水路由婺水到达鄱阳湖，进入江西腹地。饶州至衢州有陆路可通。《资治通鉴》卷二五七"唐僖宗光启三年（887年）十二月"条："饶州刺史陈儒陷衢州。"陈儒是直接从陆路进入衢州的。胡三省注引《九域志》云："饶州东南至衢州七百二十九里。"唐五代从饶州至衢州的路线，一般是经信州再至衢州的，如直接从饶州至衢州，路程虽相对近了几十里，但比较难走，这条路线在当时不常采用。

信州的交通地位十分重要，从信州连衢州再转向其他地方就特别方便。由信州到衢州进入浙江的交通路线在隋唐五代显示出了特别重要的意义。因为这条线路往往西南经吉州、虔州越大庾岭可达岭南，往东南可达福建的汀州。由于浙江横穿江南西南部地区，乘船可直达衢州常山县，陆行数十里后至玉山，顺信江而下可达信州，因此这条道在当时常常作为北方经江南进入南方的干道使用。《元和郡县图志》卷二十八"信州"条："东至衢州二百五十里，西北至饶州五百里"。贞元二年（786年），权德舆被任命为江西观察判官，他从润州出发，取道睦、婺、衢、信诸州到达洪州，有《清明日次弋阳》等诗可见其所行线路。贞元五年（789年），顾况贬授饶州司户参军，即经衢、信到达饶州。可知，当时北方人常从衢州进入信州，然后往西北转道饶州和洪州。

信州路还可到达今福建地区。据《太平寰宇记》所记，信州上饶经废永丰县

第三章
经济繁荣与中部崛起

有陆路可通福州,福建大量商旅即由此进入江西。后虽将永丰县并入上饶县,陆路交通线维持不变。梁均王贞明四年(918年),吴国刘信攻虔州,虔州谭全播求救于吴越,吴越派钱传球率兵二万出衢州应援,"自信州南屯汀州"。《资治通鉴》胡注曰:"按《九域志》,汀州至虔州四百八十里,移兵屯汀州,示将救虔也。"①从江西到福建道路的拓展还与唐末黄巢义军的活动有关。乾符五年(878年)三月,黄巢义军攻虔、吉、饶、信等州后,自宣州渡江,由浙东欲趋福建,因无舟船,乃劈山开路七百里,由陆路至建州。这样,江西与福建的道路也就进一步改善了,经济文化联系得到加强。五代时期,这条路受到限制。《资治通鉴》卷二六七"后梁开平三年九月"条胡注云:"自福建入贡大梁,陆行当由衢、信取饶、池界渡江,取舒、庐、寿渡淮,而后入梁境。然自信、饶至庐、寿皆属杨氏,而朱、杨为世仇,不可得而假道,故航海入贡。"江西被杨吴占领,致使福建与中原朝廷的陆上联系中断,只好依靠海路。可见,江西原是福建北上中原的重要交通所在。

"泸水东奔彭蠡浪,萍川西注洞庭湖"②,江西西部几全以赣水为交通线,袁州萍乡与潭州醴陵虽相邻,却因一山之隔,陆行来往艰难。其陆路交通之不便,可由懿宗咸通年间开新江不成而得知,《读史方舆纪要》卷八十七《袁州府·萍乡县》"新江"条:"唐咸通中,郡守颜暇福奏闻,以通湖南。才十余里而辍,故迹犹存。"开新江是为了通湖南,但只进行十余里即中止,后人认为因开工时误杀白龟而致使工程无法完工。其实,与当时经济困难、技术不足,或者是路线规划不当相关。总之,唐代江西与湖南往来借重的是长江水道,而非其他贯穿二区的水陆路线。

封建时代和交通是以驿路系统为主干形成的。驿路是由官方开辟以京师为中心沟通全国主要城市之间的交通路线,也是连接州际道路的干线,以方便军队、官吏及相关人员往来停宿和传递官方文书。随着大统一的重新实现,隋唐驿路系统得到逐步完善,已形成全国网络。唐建立伊始,便广修驿道、置驿站,"三十里置一驿,驿各有将,以州里富强之家主之,以待行李"③。驿站一般以陆路交通线为主,但也有水上线路。王建《水夫谣》称"苦哉生长当驿边,官家使我牵驿船",即说明驿道是由水陆交通路线共同构成的。唐代江西地区交通条件的进步,也突出表现在驿路系统的逐步改善上。当时江西各州城之间不仅都

---

① 《资治通鉴》卷二七○"后梁均王贞明四年七月"条。
② 《全唐诗》卷六○○袁皓《重归宜春径过萍川题梵林寺》。
③ 《通典》卷三十三《职官十五》。

有驿道,而且这些驿道均融入了全国驿路网络。通过江西境内的驿路主要有:1.京广驿路,此路从京师长安南下途经江州,沿鄱阳湖和赣江南行,经洪、吉、虔3州,越大庾岭至广州。纵贯江西南北,是江西的江、洪、虔、抚、饶、吉、信7州往京师的必经之路,也是广东的韶、循、潮三州和安徽宣州往来京师的主要交通路线;2.洪衢驿路,经洪州、余干、贵溪、弋阳、信州、玉山,出藻坪镇(今太平桥)往浙江衢州(此路在南昌与京广驿路相接);3.信江驿路,从信州出发经鄱阳而达江州,北至京城长安;4.江宣驿路,宣州经江州进京的驿路,也是经江州沿长江过彭泽、安庆往扬州的水陆要道。唐代江西驿路贯穿南北,联结东西,在全国的交通路线中占有重要位置。开元十三年(725年),中央政府派出十道宣慰使,其中右庶子高仲舒往江南西道,"驰驿发遣"[①],说明中原通向江西地区的驿道十分畅通。如唐赵元一《奉天录》卷一载:建中四年(783年),军阀李希烈叛唐,扰乱河南,江淮震惧。"南方朝贡使,皆自宣、池、洪、饶、荆、襄,抵武关而入,江西节度嗣曹王皋,严邮驿,厚其供亿,虽有深溪绝桥,而驿骑不病,四方赖焉",江西驿道有力地支持了唐政权平叛。

  江西驿道上设有一定数量的驿站。就目前史料而言,江西驿站设于京广驿路上共有4处,分布于江、洪、吉、虔4州。神龙元年(705年),宋之问行历江州时作有《寒食江州蒲塘驿》诗。江州蒲塘驿位于浔阳县南,据《读史方舆纪要》卷八十五《江西·九江府·德安县》载:"唐武德八年置蒲塘驿。"该驿站可说是江州交通中心所在,南北行旅者至此可稍作停息,随后或北入长江,或南下赣水。《唐大和尚东征传》载:鉴真由广州至江州城时,"太守亲从浔阳县至九江驿",予以迎送,此"九江驿"应就是蒲塘驿。洪州是江西地区的政治经济文化中心,石头驿自然是唐代江西最重要的驿站。《水经注·赣水》曰:"赣水西岸有磐石,谓之石头,津步之处也。"所以又称石头津,相传为东晋豫章太守洪乔为保本性而把他人所托寄转书信投入大江处。因其地自汉以来,辟为自京都至岭南的大道,设有县治,为护翼南昌城的重镇。《读史方舆纪要》卷八十四《江西·南昌府·新建县》称:"在章江门外十里,有石头渚。……陈永定中,常置南昌县于此,隋废,唐初复置,旋废县,因置石头驿。"据《元和郡县图志》卷二十八载,唐武德年间,尝以豫章西境为西昌城,俾县令治其地,盖即当时的石头驿。张九龄《候使登石头驿楼作》:"远林天翠合,前浦日华浮。万井绿津渚,千艘咽渡头"。这是说通往

[①] 《册府元龟》卷八十五《帝王部·赦宥四》。

南昌的水路。韩愈《石头驿寄江西王中丞仲舒》:"凭高回马首,一望豫章城。人由恋德泣,马亦别群鸣;寒日夕初照,江风远渐平。"这是石头驿陆行的情况。溯赣水南行,至吉州太和,有白下驿。《嘉庆重修一统志》卷三二八《吉安府·关隘》载:"白下驿,在泰和县东门外,唐置,后皆因之。"唐初王勃有诗《白下驿饯唐少府》。由吉州入虔州,主要的陆路交通线通往岭南,虔州驿站即在大庾岭上,名之为大庾驿,唐人蒋吉有《大庾驿有怀》诗。大庾岭处虔州、韶州交界,为交通重要关卡,南行至韶州浈昌另有大庾岭北驿,宋之问即有《题大庾岭北驿》等诗。此外,在洪衢驿路

古驿道

上,在余干县设有龙津驿、紫云驿;信江驿路上,在乐平县设有康山驿等。以上驿站均分布于江西最重要的交通干道上,并非一种巧合。驿站出于官设,是经过政府考量后的安排,置设站点必然是地理位置非常重要,交通繁忙,经济效益极高,抑或战略地位优越处。京广驿路,这条南北干道不只是江西本身的交通主线,也是唐朝中原通岭南最便捷的要道,故设立四处驿站并不为多。由驿站的分布也可看出江西地区重要性的原因之一是其交通地位①。

驿站中置有驿官、驿吏,以维护官道的畅通,为来往官、客提供各种方便。《太平广记》中有不少关于江西驿站官吏事迹的记载,如卷三六七《黄极》:黄极曾为江西馆驿巡官;卷二一九《白岑》:白岑"曾遇异人传发背方",在九江为虎所食,"驿吏于囊中乃得真本"。官驿除了必要的交通工具船、车外,还设有茶

---

① 关于江西地区驿站的描述,主要参考黄玫茵《唐代江西地区开发研究》("国立"台湾大学出版委员会1996年版),第55—57页。按:黄著称唐朝江西境内只有4个驿站,并不准确。

室、茶库,同上书卷四八七《江西驿官》载:江西某一官驿设有一茶库,"诸茗毕贮",以备来往官客消渴解乏,这颇具地方特色。驿站职能的行使,需要消耗地方一定的人力、物力和财力。咸通五年(864年)一月,唐廷鉴于潭、桂两道馆驿接待繁多,各赐钱3万贯,以助军钱,同时也作馆驿生利之本;江西和江陵、郑州等3道也按例兴置。这在某种程度上说明江西驿道在当时是相当繁忙的。

唐政府在水路渡口设"津",置津吏,专掌桥、船之事。"津吏挥桡疾,邮童整传催"①,江西境内水路纵横,有良好的水路交通网,大量津渡的出现是交通发达的标志。《唐六典》卷七"水部郎中员外郎"云:"其大津无梁,皆给船人,量其大水难易以定其差等。"其后注云:"蕲州江津渡、荆州洪亭松滋渡、江州马颊檀头渡船一艘,船别六人;越州、杭州浙江渡、洪州城下渡、九江渡,船各三艘,船别四人,渡子并须爱江白丁便水者充,分为五番,年别一替。"唐朝前期官方出资设置的渡口共24个,江西占有3个。主要是为了保证长江、鄱水官道交通的畅通。而实际上隋唐五代江西的津渡不止3个。李白《豫章行》云"半渡上辽津",此"辽津"是指设在今南昌市西北百余里的一个渡口。渡口有官方主持的官渡,行人过渡可不付钱或少付钱。如建昌(今永修)就设有官渡,韦庄《建昌渡暝吟》留有"月照临官渡,乡情独浩然"的诗句。南昌县武阳镇位于抚河东岸,唐元和年间江西观察使、武阳郡公韦丹在此地设置义渡,规定来往行人过渡免收船钱,百姓感其恩德,将此渡口称为"武阳"渡。渡口更有大量的以私人船只载客人与货物而谋利的私渡。如唐天宝年间一崔姓县尉去吉州赴任,"乃谋赁舟而去"②。

除了驿站、津渡外,寺院客舍和民间旅店也在南来北往、东奔西驰中发挥着重要作用。唐代佛寺的区群分布,自然形成间隔式布局,它们以接力的方式接待远程行客,类似驿站传舍的功能。寺院客舍主要提供给云游僧尼和香客使用,一般不以营利为目的。唐代额定的佛寺5000余所,大都在州县治所。这些佛寺只有和乡间兰若相结合,才能形成覆盖中夏的"传舍"系统。建中年间(780—783年),戴叔伦某次从抚州返回豫章,抚州处士胡泛一路送行,直到南昌县查溪兰若为止③,充分显示了寺院兰若在交通行旅中的重要作用与地位。民间旅店是设在道路两边或城郭内供来往商客饮食住宿的地方。《通典》卷七记,开元年间(713—741年),大多官道"皆有店肆以供商旅"。旅店在当时又称为逆店、

---

① 《全唐文》卷六十五苏味道《九江口南济北接蕲春南与浔阳岸》。
② 《太平广记》卷一二一《崔尉子》。
③ 《全唐诗》卷二七〇戴叔伦《抚州处士胡泛见送北回两馆至南昌县界查溪兰若别》。

第三章
经济繁荣与中部崛起

客舍、村店等,大多为私人经营,这是一种营利性质的服务性行业。唐代江西商业繁荣,水陆交通畅通,存在着众多旅店。如《太平广记》卷三九八《藏珠石》记:"江州南五十里,有店名七里店,在沱江之南。"同书卷五十二《陈师》记,"豫章逆旅梅氏,颇济惠行旅。僧道投止,皆不求直"。刘长卿《余干旅舍》诗曰:"摇落暮天迥,青枫霜叶稀。孤城向水闭,独鸟背人飞。渡口月初上,邻家渔未归。乡民正欲绝,何处捣寒衣?"这些私营旅店多集中在驿站附近,此外也有官吏兼营旅店。《太平广记》卷八十五《华阴店妪》记,天复年间,庐陵新淦人杨彦伯在华阴逆旅里就曾会"豫章邸吏姓杨"。《唐律疏议·名例》曰:"居物之处为邸,沽卖之所为店。"邸店是兼商店和仓库为一体的商业性组织,邸店赢利大。豫章邸既设吏,自然是官府所置。反映出江西地方政府看重邸店利益,也侧身其间,与民争利。而政府、官吏的参与,又从另一方面体现出旅店业的兴盛。有的酒楼也兼营旅店业,如元稹《琵琶亭》诗云:"夜泊浔阳宿酒楼,琵琶亭畔荻花秋。"由于江西地区水域广阔,有的船只除了载货载客之外,也兼营旅店业,如韩翃《送客归江州》诗云:"客舍不离青雀舫,人家多住白鸥洲。"这些旅店,从事的是商业经营,在繁荣商业经济的同时,又有力地促进了道路交通运输业的发展。

因政治、军事、经济、地理等因素影响与作用,隋唐五代江西交通条件得到了极大的改善,纵横交错的水陆路线,构成了本区乃至南方比较发达的交通运输网络。交通是区域经济文化进步的重要条件,道路交通的畅通,就是经济文化之路的畅通。江西道路交通的改善,适应了经济文化的需要,对加强本区内部及与全国各地区之间的联系、促进经济文化的发展,起了相当积极的作用。应该指出的是,江西地区的交通道路改善主要是在大江大河上,在州与州、县与县的官道上。其他地方特别是广大山区,道路交通还是相当艰难的,并不能满足人民生产生活的需要。此外,道路的通畅与否也和社会秩序与政治环境密切相关。如唐末五代因战火不断,国无宁日,大庾岭路因无人过问而逐渐荒废。

第四节
初步繁荣的商品经济

隋唐比较长期的统一稳定的政治环境与强大的国力,相对发达的农业、手工业、交通运输业等,使国内外市场空前扩大,商品经济水平有了显著的提高。

安史之乱后,社会经济虽遭到严重的破坏,但商业因国家政策、各区域经济不平衡的发展、农工产品商品化的进一步强化等,仍继续维持繁荣景象。江西因经济发展的良好形势,农业、手工业产品更加丰富,大量产品成为投入市场的商品。加上非农业人口上升,商人活跃,交通运输条件大大改善,从而有力地促进了商业的发展与繁荣,形成了若干的地区商业中心,初步形成了由州县、市镇及草市等组成的商业系统。

一、商人与商品经济

隋唐五代是中国封建社会商品经济繁荣、商人活跃的历史时期,也是江西商品经济起步、商人在经济生活中开始引人重视的历史时期。江西商人活跃、商品经济繁荣,除了本区农业、手工业、交通运输业等良性发展的作用外,还在于江西商品经济的社会环境发生了深刻的历史变化。这一时期,封建统治者在政治上仍然歧视、抑制商人,但对商人发家致富则采取宽容甚至鼓励政策,商人的社会地位与前代相比得到了较大的提高。如唐代均田令首次出现了工商业者依法授田的规定。唐以来商人不仅最终可以从学为官,社会上也把经商视做是生产生活的一个重要职业,因而从事商业活动者众多,稍有一点资力和才能的人,往往服牛驾马,以周四方。与此相应,隋唐以来,无论是统治者还是普通民众,生产生活与商品市场日益紧密,商业利益也渐成国家、民众的追求。因此,统治者注意改善商品经济的环境,制定了一些有利于商人的政策。如唐太宗贞观初年,江州刺史左难当"以江中盗贼劫掠,为商旅之弊,诏以难当为静江大使,自是江路肃清"①,保证了江西与北上各地水上运输的畅通,维护了长江流域的商品流通。又如粮食贸易是关系国计民生的重大商业活动。唐廷为了搞活社会经济,平定粮价,解救灾荒,鼓励地区间的粮食流通,三令五申禁止地方政府闭籴。据《唐会要》卷九〇《闭籴》载,开元二年(714年)闰二月,敕:"年岁不稔,有无须通,所在州县,不得闭籴,各令当处长吏检校";上元元年(760年)正月,敕:"先缘诸道闭籴,频有处分,如闻所在米粟,尚未流通,宜令诸节度观察使各将管内提挪,不得辄令闭籴";大历十一年(776年)六月,敕:"自今以后,所在一切不得闭籴,及隔绝榷税";贞元九年(793年)正月,"诏诸州府不得辄有闭籴";大和三年(827年),因河南河北,朝廷严禁闭籴;咸通七年(866年)十月,御

---

① 《粤雅堂丛书》卷六九五《牧守部·屏盗》。

第三章
经济繁荣与中部崛起

史台奏:"今后如有所在闻闭籴者,长吏必加贬降。本判官录事参军并停见任,书下考。仍勒州县各以版榜写录此条,悬示百姓。每道委观察判官,每州委录事参军勾当。逐月具申闭籴事由申台。"从之。这种鼓励流通的政策措施,自然极大地促进了商业的发展与繁荣。五代十国时期,列国兼并割据,经济萎缩,严重影响了商品经济的发展,但各国统治者均实行"商战"策略,商业并没有停止。统治江西的南唐也极其重视发展商业。据《江西通志》卷六十三《名宦》载,保大年间(943—957年),余干县令高拯,因"居民凋敝,科役烦重,拯为贷私钱若干万缗,每乡责二人行商取息,以资公用,民赖以苏"。封建政府重视征收货币税,又从另一层面促进了商品经济的普遍化与深入化。如唐玄宗时,"凡天下诸州税钱,各有准常。三年一大税,其率一百五十万贯;每年一小税,其率四十万贯"[①]。又如唐代宗大历元年(766年),敛天下青苗钱,"得钱四百九十万贯"[②]。安史之乱后实行的两税法,大部分征收货币。这就迫使农民更加密切地联系市场,也必然促使部分农民去垅亩而经商。另外,我国古代市场机制始终不够健全,价值规律难以有效地发挥作用,导致农、工、商各业之间的利润差别很大,所谓"用贫求富,农不如工,工不如商"。唐姚合《庄居野行》诗云:"客行野田间,比屋皆闭户。借问屋中人,尽去作商贾。""尽去作商贾"当然是不可能,但因农商之间利润差别的作用,由务农转为经商的人数大增却是事实。开元时洪州刺史张九龄作《候使石头驿楼》诗曰:"山槛凭高望,川途眇北流。远林天翠合,前浦日华浮。万井缘津渚,千艘咽渡头。渔商多末事,耕稼少良畴。"赣江水上交通的发达,带来商品经济的繁荣,竟使人们趋商弃农。总之,隋唐五代封建政权对商人的政策与前代相比是宽松的,商人的社会地位也有所提高,经商获利也较为丰厚。在这样的政治经济环境下,江西商人的队伍和实力也如全国其他地区一样便迅速发展壮大。

商人作为一个社会阶层,其内部构成复杂。根据其资财以及经商的规模,大致可分为大商人、中等商人与小商人。大商人资本雄厚、经营规模大、经商范围广,跨州过县乃至越国境,获利丰巨,经济活动影响全国或某些区域,生活豪侈,富比王侯;中等商人,有一定的资本,经营的规模较大、区域较广、获利较多,生活小康安逸,富甲一方。小商人,本小利微,生活较为艰难,是商人中的下

---

① 《唐六典》卷三《尚书户部》。
② 《旧唐书》卷五十二《食货志》。

层。隋唐五代时期的大商人绝对数量不少,不过,中小商人仍是商人的主体。其中由农业、手工业生产者中分离出来的中小商人所占的比重空前增加,占绝大多数。江西商人大多数就是来自农民、手工业者,当然也有一些地主、官僚。《太平广记》对此作出了鲜明的反映,例如"贩薪于市"的九江人元初、庐山卖油者、卖饼胡氏、豫章人陈导、"日赢钱三百"贾人妻、庐陵贾人田达诚、军吏宋氏"市木至星子"、军吏徐彦成"恒业市木",还有浮梁县令也乘机"累金积粟",等等①。大多数江西商人经营的仍是数量有限的粮食、布帛、茶叶等农副产品,木材、陶瓷等生活用品的低值商品。从其财力与经营规模看,基本属于中小商人。

隋唐五代特别是中唐以来,江西农业、手工业得到显著的发展。农副产品中的粮食、茶叶、鱼、木材等,手工业品中的瓷器、铁器等,都很丰富,投入市场的数量日趋增加,使得依赖于本区特色的商业贸易达到了历史上的较高水平。以粮食贸易为例,输往长江中、下游地区的上供米、和籴米以及市贩米多来源于江西。皇甫湜《吉州庐陵县令厅壁记》:吉州"土沃多稼,散粒荆扬"。又《景德传灯录·吉州青原山行思禅师》:"僧问:'如何是佛法大意?'师(行思)曰:'庐陵米作么价?'""庐陵米价"公案演变为禅门著名的"话头",生动地反映出粮食买卖在庐陵地域极为平常。江西"米谷至多,丰熟之时,价亦极贱"②,因此,江西粮商较多。《太平广记》中即有不少记载。卷二四三《龙昌裔》:庐陵人龙昌裔"有米数千斛粜,既而米价稍贱";卷三七四《胡氏子》:洪州姓胡的农民,曾命其子"主船载麦,溯流诣州市"出卖,以获厚利;卷三五〇《浮梁张令》:浮梁张县令,"累金积粟,不可胜计"。江西地区的商人,主要经营的就是这些本土生产的农副产品、手工业品。除此之外,某些生活必需品如盐在江西并不生产;诸如珠宝之类的奢侈品,江西也很少生产。它们需要从外地输入,这又从另一方面大大地推动了本区商品经济的发展。以盐为例,江西南部的广东历来是有名的产盐区,唐以前,由于大庾岭所阻,江西全境皆食两淮盐。淮盐产区离江西,尤其离江西南部较远,而且又是溯江而上,运盐量不能多,价钱又贵。加上遥远的运途中日晒雨淋、盐丁舞弊,掺杂夹沙,以至江西的食盐既少又贵,质量又差,民众苦于淡食。唐开元间大庾岭道拓宽后,大庾、南康等县人民便开始翻过梅岭至广东南雄附近的圩市去购买食盐。稍后,广东盐商私贩也纷纷把盐运过岭来,卖给

---

① 分别见《太平广记》卷一〇八《元初》、卷三九五《九江卖油者》、卷三八四《阿六》、卷三二八《陈导》、卷一九六《贾人妻》、卷三五四《田达诚》、卷四七〇《宋氏》、卷三五〇《浮梁张令》。

② 《元丰类稿》十九《洪州东门记》。

第三章
经济繁荣与中部崛起

赣南民众。宣宗大中三年(849年),广盐已公开自岭南经大庾岭路运入江西,改变了赣南一带素食淮盐的历史。到僖宗时每年约有40万缗的广盐运进赣州、吉安一带。江西专食淮盐的规矩打破,百姓得到了一定的便利。广盐、淮盐的竞争,兴旺了江西地区的盐业市场。

根据经商的种类,江西商人主要有茶商、陶瓷商、木材商、粮商、盐商等,当然也可能是多种经营。由于江西地区商品种类较多、数量丰富、质量较好,同时随着本区社会经济的发展,也需要外来的商品满足民众的物质、精神生活。特别是江西地区交通运输条件的改善与进步,本区成商人关注与取利的重点地区之一。伴随商业活动的频繁,江西商业资本亦显得非常活跃,商人在社会经济生活中开始起着重要的作用。

人本是地理环境的产物,不同的地理环境影响着人们的谋生(经济)方式。有些地方尽管是穷山恶水,但却经商成风。如临川的商业活动非常普遍,是当地民众谋生的重要方式。临川地形多为山地丘陵,不利于粮食作物的生产,却成为诸如茶叶、药材、竹木之类的经济作物与土特产的重要产区。这些地方经商风气的形成不是一个偶然现象,而是民众生存本能所致。另外,由于江西人口的增长,带来了人力资源富裕及其压力。民众因土地条件的限制,单纯从事粮食生产维持生计或发家致富有较大困难,为了生存与发展,他们不得不因地制宜,多种经营,促进农业、手工业和商业的全面发展。如乐平洪氏善于农商结合。洪适高祖父迁居岩前村,为振起门户,洪氏耕作之余,兼营货运,利用乐安航道之便,往返于饶州郡城鄱阳与乐平县,做鱼盐生意。交易大了,家境富了,便谋划在鄱阳城外40里的瀹港买地置新庄,以便囤积中转商货。洪氏的农商模式,是中唐以来江西许多民众实践的模式,说明长期困扰江西的自然经济意识得到了明显的改善。值得注意的是,社会经济发展水平也是商人产生的重要前提条件,决定着当地的商品经济水平必然处于中下阶段。当时江西的绝大多数商人,还是处于养家糊口的阶段。《太平广记》卷一〇八《元初》载:九江人元初"贩薪于市,年七十……晚归江北,中流风浪大起,同涉者俱没。唯初浮于水上,既漂南岸,群舟泊者悉是大商"。显然这个元初做生意只是为了养家糊口。但养家糊口的小商人越多,越能证明当地从事商业这一职业的普遍性。当然,经商也成为江西地区一些人致富的重要途径。《太平广记》有不少记载:卷一三四《童安玗》载,唐信州贵溪县乳口镇人童安玗,开始很贫穷,后"借假钱六七万,即以经贩",家业"遂丰富";卷三五四《田达诚》记,"庐陵有贾人田达诚,富于财";卷三七四《胡氏子》记,"胡本家贫","农桑营赡,力渐丰足",又因经商期间,意外得钱数百万,"由是其家益富";卷四〇一《宜春郡民》记,宜春郡民章氏因得"银人","江西郡内,富盛无比";卷四〇四《岑氏》记,岑氏因与胡商交易,获钱三万,"以钱为生资,遂致殷赡";卷一一九《熊慎》记,熊氏"殖产钜富"。白居易《盐商妇》诗中也讲到扬州某小家女,因嫁给了江西的大盐商,此后"不事田农与蚕绩","绿鬟富去金钗多,皓腕肥来银钏窄。前呼苍头后叱婢",过着奢侈的生活。

唐代江西商人十分活跃,不少人已不满足于在本乡本土作小商小贩,开始利用不同地区价格上的较大差异来牟取厚利,而江西融入全国的道路交通网络则为长途贩运提供了便利。这些商人把江西地区的一些土特产,诸如瓷器、布帛、竹木等远销全国各地,江苏、湖南、湖北等周边地区乃至遥远的京都长安都留下了他们活动的足迹。如《太平广记》卷二九〇记,鄱阳安仁里民吕用之之父,"以货茗为业,来往于淮荆间"。同书卷三二八记,"尼妙寂,江州浔阳人,初嫁任华,浔阳之贾也。与华往复长沙广陵间";豫章人陈导"以商贾为业。龙朔中,乃泛舟之楚"。费冠卿《九华山化城寺记》载:唐德宗时,九华山化城寺旧额另置,"江西估客"捐施"匹帛钱缗"。长途贩运给江西商人带来了丰厚的利润,如《太平广记》卷三三一《杨溥》记,豫章诸县"尽出良材,求利者采之,将之广陵,利则数倍"。

"大舳商船一百尺,新声促柱三十弦。扬州布粟商人女,来占江西明月天。"①商业活动是相互的过程,江西之外的大批商贾也纷纷涌入江西。唐代长江流域的商人大量往来于江西地区,独孤及曾说:"豫章郡左九江而右洞庭……由是越人、吴人、荆人、徐人,以其孥行,络绎荐至大江之涯。于是乎宏舸巨鹢,舳接舻隘。"②《太平广记》卷二〇四《吕乡筠》载,洞庭湖地区的商人吕乡筠,"常以货殖贩江西杂货,逐什一之利"。同书卷二十三《冯公俊》载,佣工冯俊,受雇于一道士,从扬州至浔阳,所雇船亦自扬州直驶"南湖庐山下星子湾",道士故弄玄虚,对舟人说:"知汝是浔阳人,要当时至,以此便相假。"实际上道士应是屡见这一舟人经常往来于扬州和江州之间,故乘他的船归庐山而已,并非有什么预知的神通。《吴郡志》卷四十二《浮屠》载,五代时昆山人全付曾"随父贾贩至豫

---

① 《刘禹锡集》卷三十八《夜闻商人船中筝》。
② 《毗陵集》卷十七独孤及《豫章冠盖盛集记》。

第三章
经济繁荣与中部崛起

章"。不仅有中小商人,大商人也往来于江西地区。《唐国史补》卷下载,大历、贞元间的女商人俞大娘,"航船最大……开巷为圃,操架之工数百。南至江西,北至淮南,岁一往来,其利甚大,此则不啻载万也"。大商人往来于江西,说明本区的商品经济水平已得到较大的提高。《敦煌零拾》载《长相思》词三首,其一:"作客在江西,富贵世间稀。终日红楼上,频频爱著棋。满满满酌醉如泥,轻轻更换金卮。尽日贪欢逐乐,此是富不归。"其二:"作客在江西,寂寞自家知。尘土满面上,终日被人欺。朝朝立在市门西,风吹泪点双垂。遥望家乡肠断,此是贫不归。"其三:"作客在江西,得病臣毫厘。还往观消息,看看似别离。村人曳在道傍西,耶娘父母不知。身上缀牌书字,此是死不归。"这三首词分别描写了三个在江西从商者的不同生活情形,从侧面反映了唐代江西都市繁荣与商业的发展。

隋唐时期,因中国富强,来自中亚、西亚等地的"商胡"(胡商)非常之多。胡商善于营生谋利,足迹遍于中国。江西由于地处交通要地,社会政治环境较好,经济较为发达,也吸引了不少胡商。大食、波斯等国商人从广东、福建等地纷纷来到江西进行商贸活动。如《饶州府志》卷二十四《人物志》记载:"有波斯安息人自闽转估经饶。"洪州虽非海港,但为岭南沟通中原道路所经,又是江西观察使所在地,成为唐代胡商较为活跃的地区。《太平广记》屡及洪州胡商,如卷三七四《胡氏子》:洪州胡氏遇见一胡商,"知其头中有珠,使人诱而狎之,饮之以酒,取其珠而去"。卷四〇四《岑氏》:临川人岑氏,发现二块宝石,拿到豫章,卖给波斯胡人。岑氏以卖宝石之钱"为生资,遂致殷赡"。卷四四一《莫徭》:莫徭得到一支象牙,"载到洪州,有胡商求售,累加值至四十万。寻他胡肆,胡遽以草席复之。他胡问是何宝,而辄见避,主人除席云:止一大牙耳"。众多胡商在江西的频繁活动,足见唐代江西与海外的联系已大为加强。同时,胡商所经营的物品也往往是质高价高的奢侈品,表明江西商品经济已达到较高的水平。事实上,胡商在江西可发财致富。唐肃宗时两京粮饷不继,江淮度支使征洪州波斯胡商财,以补时用,"胡乐输其财而不为恨"[①],就是明证。

新中国成立以来,江西文物工作者在南昌、赣州、黎川、高安、清江等地发掘了不少唐代墓葬,几乎每座墓都有"开元通宝""乾元重宝"等唐代铜钱出土。如1963年在赣州市天竺山小学附近清理唐墓,出土开元通宝钱12枚;1965年在

---

① 田余庆、李孝聪:《唐宋运河在中外交流史上的地位和作用》,载《运河访古》,上海人民出版社1986年版。

南昌市北郊碑迹山唐墓出土开元通宝30枚，1973年又在江西化纤厂基建工地发现唐开元通宝109枚。唐从武德四年起铸造"开元通宝"钱，一直使用到五代，其间只有唐肃宗铸造过"当十"与"当五十"的"乾元重宝"钱。唐代钱币铸造数量有限，民间物物交换盛行。江西地区"开元通宝"等铜钱的大量出土，正说明当时本区钱币流通的频繁与商品贸易的兴盛。

丰裕的商品，便利的交通，活跃的商人，促使隋唐五代江西商品经济迅速起步，并趋于繁荣。江西商业活动的开展，不仅极大地丰富了民众的生活，而且有利于本区的经济增长。江西社会经济的发展是造成这时期商人较多的重要原因，商人的活动又促进了江西社会经济的发展。江西商人的规模，无论从数量上，还是从经济实力上都得到了前所未有的发展。当然，江西地区基本是中小商人，少见有影响的大商人；商人的个体行为多，没有形成所谓的商帮或集团；商人形象也不见于正史，这些都表明江西商人还处于中下地位，在一定意义上反映出江西地区的商品经济尚没有步入中国的先进行列。江西地区也有若干的影响商人成长与商品经济发展的不利因素，根本的就是本区的经济基础依然是农业为本的自然经济。此外，"窘厄商徒"①的社会动荡也不时影响江西商品经济的发展与繁荣。

二、城市商品经济的初步繁荣

隋唐五代处于古代型市场向近代型市场转变的过渡阶段，即一方面市场仍是一种古代型市场，"坊市分设""日中为市"的制度继续维持并发挥作用；但另一方面这种古代型市场又逐渐摆脱原始市场的性质，发生了一些新的变化。唐中叶以来，在商品经济发育较好的地区，不仅逐渐打破坊市制度，而且还普遍出现早市、夜市、草市等，充分表现出前后交替的过渡性特征。从都市、早市、夜市和草市发生的地区和规模看，江西已渐成为当时长江中游商业的中心地区之一，构成了长江中下游区域性市场的重要组成部分。

隋唐五代江西商品经济得到极大的发展，突出体现在本区城市经济上。洪州、江州、吉州、饶州等大中城市在唐代，已成为当时江南的大都会或重要的商品交换市场，对本区乃至全国的经济和社会发展都产生了一定的影响。

唐代洪州城是江西乃至长江中游地区的商业中心。洪州城具有发展商品

---

① 《唐大诏令集》卷一二〇《讨草贼诏》。

第三章
经济繁荣与中部崛起

经济的优越条件。一方面,洪州地区不仅粮食等农业新产品丰富,工商业产品也比较丰富,如在青瓷器的烧造以及漆器、纺织、造船、铜器和金银器的生产工艺方面都有很大的发展。另一方面,洪州地处长江中游,水陆四通,据有"连巴控越""襟楚引瓯"的地理优势。尤其是自开元年间张九龄开通大庾岭以后,海外和岭南的货物,大都由广州越大庾岭过洪州,再由洪州转运各地。洪州成为一座扼国内交通兼有外商来往的著名商埠,号称"江淮之间一都会"[①]。洪州商品经济一向发达。《隋书·地理志下》载,豫章郡"衣冠之人,多有数妇,暴面市廛,竞分铢以给其夫"。可见,六朝以来豫章的一些妇女已积极从事商业经营。至唐时,商品经济更加活跃。杜牧《怀钟陵旧游》诗云:"连巴控越知何有,珠翠沉檀处处堆","控压平江十万家,秋来江静镜新磨"。表明洪州是连接巴蜀与岭外贸易的枢纽。洪州城内人口稠密,"控压平江十万家","噫息雷动,嘘气雾散,由是行里者骈肩碍,不得周旋"[②],这些人口中,外来的人口众多。因为唐代洪州地区人口在元和时为9万余户,而洪州城就有虽为夸张的"十万家",显然外来的流动人口占有相当的比重,而这些流动人口无疑又对洪州城的商业起着极大的推动作用。当时的洪州城吸引了各地商贾,南昌城西章江门外向南直至南浦和城北的石头驿分别为停泊大量南来北往商船的地方。杜牧《中丞业深韬略志在功名,再奉长句一篇兼有谄劝》诗云:"樯似邓林江拍天,越香巴锦万千千。"韦庄《南昌远眺》描绘:"南昌城郭枕江烟,章水悠悠浪拍天。芳草绿遮仙尉宅,落霞红衬贾人船。"独孤及作《豫章冠盖盛集记》称:"三吴舟车,八使冠盖,名公髦士,群后庶尹,辐辏鳞集","宏舸巨鹢,舳接舻隘,辕车鸾镳,辖挂毂击",即是洪州城商业繁华生动的写照。从前引《太平广记》资料讨论外来江西的商人可知,洪州与广州、泉州、扬州等地一样,成为经营质好价高的珠宝之类的商胡集中之地。洪州作为南北东西交通的重要枢纽与商贸比较发达之地,城内商胡众多毫不奇怪。

江州城,"襟江带湖,据三江之口,四达之衢,七省通连"[③],故从六朝起就成为江南重要的军事、经济重心之一。隋唐时期,随着大运河的畅通,江州成为附近数州的物资集散地,必然促使江州城的商品经济的发展。符载在《江州录事参军厅壁记》中说江州航运:"地方千里,江涵九派,缗钱粟帛,动盈万数,加以

---

① 《太平广记》卷四〇三《紫·羯》。
② 《全唐文》卷六八九符载《钟陵东亭湖记》。
③ 《全唐文》卷三八九独孤及《江州刺史厅壁记》。

四方士庶,且夕环至,驾车乘舟,叠毂联檐。"孟浩然《自浔阳泛舟经明海》诗中也说:"大江分九流,淼淼成水乡。舟子乘利涉,往来至浔阳。"可见,唐代江州城吸引了各地商贾,他们利来利往,日夜奔忙,出手很大。天时、地利、人和,使江州城"世称雄镇,且曰天府"①,其繁华程度庶几与洪州城媲美。

唐朝时期的饶州、吉州、抚州等州城,虽比不上洪州、江州,却也是商贾辏辐、百货云集的区域名城。如吉州,皇甫湜《吉州庐陵县令厅壁记》曰:"庐陵户余二万,有地三百余里,骈山贯江,扼岭之冲。材竹铁石之赡殖,苞筐䋈缉之富聚,土沃多稼,散粒荆扬,故官人率以贪败。"又饶州,章孝标《送张使君赴饶州》:"饶阳因富得州名,不独农桑别有营。日暖提筐依茗树,天阴把酒入银坑。江寒鱼动枪旗影,山晚云和鼓角声。太守能诗兼爱静,西楼见月几篇成。"可见,这两个城市也十分富庶,经济繁荣。又抚州,唐人张保和在《唐抚州罗城记》中写道,"临川古为奥壤,号曰名区,翳野农桑,俯津阛阓。北接江湖之脉,贾货骈肩;南冲岭峤之支,豪华接袂。"可见当地商人往来之频繁及商品经济的发达。

东晋南朝以来,赣南日渐得到开发。《隋书·地理志》载及豫章郡风俗,称人民"勤耕稼",而南康郡"俗颇同豫章"。虔州是江西南部重要的水陆枢纽。唐代为了适应广州对外贸易的发展,开元四年(716年)张九龄奉命主持开凿了大庾路。贞元(785—805年)初虔州刺史路应又对赣江航道作了疏治。加上当时虔州东至汀州驿道的开辟,虔州商人不仅可以南下广州,北上洪州,而且可以东出福建。这样,虔州城遂成为海内外商人汇集之区,推动了当地经济的发展。

"商业依赖于城市的发展,而城市的发展也要以商业为条件。"②江西商品经济的发展推动了城市的繁荣,而城市的繁荣又带动了商业的兴旺。尽管如此,江西毕竟是后发展起来的经济区域,只形成相对狭小的区域性的市场。除洪州外,还没有足够的经济基础形成影响全国经济的大都市,比较起全国商品经济发达的城市来,其城市经济发展还是比较有限的。

有唐以来,江西的县市发展较快。贞观七年(633年),唐太宗"废州县市印",可知唐前期在县治所在地普遍设市;中宗景龙元年(707年),"敕诸非州县之所,不得置市"③。言下之意市只能设立在县级以上政府所在地,县市是政府同意设立的最基层的商业市场。宣宗大中五年(851年)颁敕:"中县户满三千以

---

① 《全唐文》卷三八九独孤及《江州刺史厅壁记》。
② 马克思:《资本论》第3卷,人民出版社1975年版,第371页。
③ 《唐会要》卷八十六《市》。

第三章
经济繁荣与中部崛起

上,置市令一人,史二人。其不满三千户以上者,并不得置市官。若要路须置,旧来交易繁者,听依三千户法置,仍申省。诸县在州以郭下,并置市官。"[①]三千户以上的县设立市,三千户以下的县也可因"旧来交易繁者"设市,因此县普遍设市成为事实。县市由政府统一管理,市令要"州选",不得用本县人,以免营私舞弊。遵照政府的法令与满足经济发展的要求,江西各县都先后设市。县市与州市一样,一般设立在河道旁和桥梁边的交通便利之处,体现出较强烈的商业功能。通常一县一市,但因商品经济的需要,事实上在江西常有一县两市的情况出现。婺源县城原设在清化镇,自唐中和二年(882年)镇将汪武开始至弦高镇判事,此后地方长官不再回到县城办公。五代杨吴大和年间升婺源为都制,在弦高镇重筑新城,"启昇元二门,建东西两市"。婺源建两市,主要原因是"茶货实多,兵甲且众,甚殷户口"[②]。

县城的商品经济虽然远比州城为低,但毕竟是一地方的中心所在。在古代社会,县市对普通百姓说来,通常是最重要的经济中心,因此有时也显得十分活跃。如江州都昌,因土地肥沃,"井户之阜",地处交通要道,商品经济繁荣,发展而成为县。又洪州新吴(今奉新),宋桂如《奉新华峰楼记》:"北趋江淮,南抵闽粤,道路四达,商贾会通。"洪州建昌,韦庄《建昌渡暝吟》诗云:"市散渔翁醉,楼深贾客眠。"一派平和、富庶的情景。《太平寰宇记》卷一〇六《分宁县》记,武宁县本常州之亥市。其他凡十二支,周千里之内,聚江、鄂、洪、潭四州之人。而分宁县本是距武宁县一百多公里的草市,由于商业的发展,"豪富物产充之",于贞元十六年(800年)置县。这些小城镇处在大城市与乡村的中间环节,是城市与农村商品经济交换的场所,大大活跃了城乡经济。

这一时期,农民与市场、商业的联系,主要靠县市来完成的。江西县市吸引了本县的大宗物品及特色产品进入交换领域,影响波及县城周围及更远的广大农村,成为农村的中心市场,推动了农村经济的发展。江西在唐五代时期大量设置新县,标志着县市的更加普遍与合理地设立,实际上表明了农村基层商业中心的县市分布和发展呈现出一个渐进的过程。不过,这一时期的江西县城一般规模较小,人口不多。在县城生活的居民主要是官员及其家属、少量的武装人员以及为这些人服务的少量工商业者,县城并没有完备的商业服务系统

---

① 《册府元龟》卷五〇四《邦计部·关市》。
② 《全唐文》卷八七一刘津《婺源诸县都制置新城记》。

和对本地经济发展举足轻重的手工业，大部分的县城仅仅作为一个行政据点而存在着，这和现代意义上的城市是一个完全不同的概念。偏居于县城一隅的县市，市场范围有限。县市和州城之间的商品网络关系并不清晰，大部分县市的商业封闭性较强而自成一体，商品交换的涉及面局限于一定范围内，表明自然经济的体制依然是江西社会的基础。从当时的实际情况来看，江西并没有因县市的发展带来整个县城在经济和城市建设上的大突破，并不像诸多学者认定的那样在向城市化发展。

三、农村集市的兴旺

隋唐五代时期，广大乡村民众为了交换、购买生产生活用品，因而自发地形成了大大小小的乡村市场。这一类市场中，等级稍高一些的称做草市或圩市。草市的形成与发展，是农村经济发展的必然产物。"草市贸易的出现和发展，适应了分散于各地的小商品生产者的要求，同时也便利了消费者，买卖双方不必长途跋涉，就近解决了民生所需的主要商品的交换，特别是远离正规市场的地区。"①因而，草市贸易成为农村商品交换的主要形式，是州县正规市场的有力补充。

非官方的草市始见于东晋南朝，起初只是乡村的一个小店或城郭郊外的一个坊铺，经过一段时期的发展，成为具有一定规模的商品集散地。随着商业贸易特别是农村商品经济的发展，唐代草市在六朝的基础上进一步发展，数量增加、规模扩大。唐代草市大都设在城郊附近、交通要道或驿站附近以及大村镇。一些大的草市，其繁华程度，并不亚于城市，有的还超过附近城市。市中有或多或少的常设店铺、货肆，也运销全国各地的特产，故同样是四方商贾聚集之地，往往成为农村集镇的雏形。市中所售之物亦种类繁多，主要是农副产品与农村所需要的生产生活必需品，如粮食、盐茶、鱼虾、农具、果蔬、柴薪等等。不过，受州县市场以及农村经济文化水平上升的影响，一些与农村生产生活不甚紧密的物品，如大批珍奇奢侈品甚至名人的诗文竟也成为交易的商品。显然，一些草市随着社会经济的发展，已超越了建市最初服务于当地农村的要求，融入了更大范围的商品贸易网络，与外界的商品流通联系起来。唐中后期江南地区的草市发展得较快，这种草市分布于沿江要津，成为地方小市场的中

---

① 田昌五、漆侠主编：《中国封建社会经济史》第二卷，齐鲁书社、文津出版社1996年版，第594页。

第三章
经济繁荣与中部崛起

心。杜牧曾指出:"凡江淮草市,尽近水际,富室大户,多居其间。"①江淮流域的草市多在河流附近,与当地的地理环境相合,也便于货物转输。古人以干支纪日,长江流域许多地区每逢亥日有草市,所以这些地区的草市又称为"亥市"。白居易叙述长江沿途风俗称:"亥市鱼盐聚。"②张籍作诗描绘江南风土人情:"江村亥日长为市,落帆度桥来浦里。"③这种每隔12天举行的亥市,大大丰富了乡镇的经济生活,促进了货物的流通。

就目前史料,六朝至唐前期,江西还不见有关草市的记载。唐中期以来,江西的一些地区在县城之外,逐渐自发地兴起一些"草市",并得到迅速的发展。如"本常州之亥市"的洪州武宁县、建昌县等。江西各州县到底有多少草市?这个问题不要说今人,就是唐人也会糊涂。因为草市是自然产生的,又是非官方的。同时草市本身是个笼统的概念,它的内涵没有明确的界定,有人认为它是圩市、村市,还有人就直指它是农村集市。从实际情况看,既有津要渡口之处的民间市场,也有陆路驿站附近的集市,这是依交通环境而自发产生的草市;此外还有与商品产地相关的专业草市,如药市、鱼市、橘市等。所以唐代江西的草市难以统一,但可以认定的是草市的存在与分布应是相当普遍。江西的一些草市比较繁华,如白居易曾有诗描绘包括江西江州在内的沿长江一带的草市:"水市通阛阓,烟村混舳舻。吏征渔户税,人纳火田租。亥日饶虾蟹,寅年足虎貙……楼暗攒倡妇,堤长簇贩夫。夜船论铺赁,春酒断瓶沽。"④从诗中可见江西水乡农村市场上的交易是非常的活跃。当然,也有些草市比较寂寞,如《南部新书》卷壬载,信州城西的草市,"所在仍多树木"。总的说来,江西草市的发展应是比较突出的。唐初政府规定"非诸州县不得置市",但在州府县治城市以外的郊区乡村地方自然形成的市,政府即不加过问,也不派遣市官,因而是相对自由的。但中国封建势力对地方控制素来严密,乡村草市一出名即置镇管理,形成官方管理下的市镇。唐中叶以后,有些人口众多,商业发达的草市,如果其地理位置也十分重要,政府认为有在那里建城设治的必要时,往往会把草市升格为县市。据《太平寰宇记》卷一○六《洪州分宁县》记,分宁县即是因草市而升格建置的。

---

① 《樊川文集》卷十一《上李太尉论劫江贼书》。
② 《白居易集》卷十七《江州赴忠州至江陵以来舟中示舍弟五十韵》。
③ 《全唐诗》卷三八二张籍《江南行》。
④ 《白居易集》卷十六《东南行一百韵》。

草市之外，唐代还广泛存在着其他类型的定时一聚的农村集市。有的集市，每年定期举行一两次。如在神庙定期举行物品交易的庙会,一至会期,各地商贾便从四面八方聚集而来,这种集市除作为附近农民的农贸市场外,更多的是作为外地乃至外国商人贩卖品类繁多的远方和异域特产的场所。更多集市则是,每隔三五天举行一次,集会时间很短,仍是日中为市的遗制。来这市场的人,大都是附近民众,买卖的物品也都是农、林、牧、副、渔等剩余产品。这种集市与城市市场、与常设店铺的草市不同,虽然也有集会的固定地点,但实际上只是临时一聚。农村村落之间这种定期交易的初级市场的出现,说明商品交易已突破城市界限而渐入农村。就目前资料而论,江西地区并没有这方面的专门记载,然以理推之,作为农村经济发展比较突出的江西,也应如全国其他大多数地区一样,在中唐以来存在着这种集市。

唐中期以来,以草市为代表等各类固定或不固定的集市遍布于江西农村,适应了本区乡村经济发展的需要。农村集市的相对兴旺,反映出本区农村的商品经济活动相对兴旺,农村经济得到了较大的提升,个体农民与市场的联系进一步加强,对农产品以及相关的手工业产品的商品化颇具积极意义。同时,它又是商品经济发展的基础,表明了江西商品经济发展达到了一定的水准。

四、市镇、场的兴起

市镇、场作为县以下独立的经济实体,是社会发展到一定历史阶段的产物。市镇本是含义各不相同的两个概念,性质亦有区别。市又称为集,或称圩。东汉许慎《说文》释"市",谓"买卖之所也";释"镇",则称"博压也"。可见,市原指商贾进行商品交易之所,镇原指军队驻戍之地。场的本义是指祭祀的场所或未开垦的空地和堆放谷物的广场。东汉许慎《说文》释"场",谓"祭神道也;一曰田不耕,一曰治谷田也"。随着时间的推移,至唐五代场成了县以下独立的经济地理实体,它不仅与市一样为商业中心,同时又是手工业基地。

一些富于经济意义的镇、场在唐五代江西也开始出现,与城市贸易相配合而形成网络市场。贵溪上清镇,武德八年(625年)开始设镇,原名沂洋镇、雄石镇,是闽赣的交通要冲,也是重要的商贸集散地。来往的船只源源不断地将福建山里的山货、木材、药材运到上清,然后再从水路或古道转运出去,为信州西南一带商贸航运之津。恒州藁城人倪亚,唐昭宗龙纪元年(889年)授侍御史,不久迁信州防御使,又迁雄石镇镇遏使。民间传说,倪亚任雄石镇遏使时,有一伙

第三章
经济繁荣与中部崛起

强盗盘踞在一洞中。经常骚扰镇上百姓,抢劫财物,倪亚率部多次出击,终因地势易守难攻而未能消灭。后来用计谋将强盗困于洞中,命士兵用辣椒草拌硫黄点燃,用风车将烟扇入洞中,将强盗熏死洞中,自己也同归于尽,以身殉职。从此,街市井然有序。倪亚死后葬于上清宫三清殿址。又景德镇在唐代称昌南镇,以悠久的制瓷历史和精湛制瓷技艺而著称于世,当时即为"烟火逾十万家"的江右巨镇。还有一些镇由草市发展而来。《太平广记》卷一三四《童安圩》记,唐宣宗大中末,"信州贵溪县乳口镇,有童安圩者,乡里富人也。初甚贫窭,与同里人郭珙相善。珙尝假钱六七万,即以经贩,安圩后遂丰富"。这乳口镇,就是由草市发展而升级为县级以下的镇级单位。另外,与"镇"相类似的还有"场"。如《太平广记》卷三五四《徐彦成》记,军吏徐彦成于"信州汭口场"买木材,结果无木可市,"泊船久之"。此"汭口场"也是一个与"镇"性质相同的交易场所。这些城镇有着重要的中介作用,"农村的农产品和小手工业品通过集市或中介商流入城镇,并一层层进入更高级的城市。而供农户消费的盐、铁及其他手工业品也从城市逐级向乡村、集市、墟落扩散"①。它同样也是周围农户商品流通的聚集区。

杨吴、南唐时期,随着社会经济特别是商品经济的发展,江西许多场、镇、草市纷纷升格。这在第二章中已有叙述。镇、场变为县治,草市变为镇市,这又进一步促进了商品经济的活跃。

五、劳动力商品化的现象

由于社会经济的发展,经济结构的逐步转变,使唐代雇佣关系比前代更为普遍。中唐以来,随着均田制的瓦解和商品经济的发展,大量浮客出现,为雇佣劳动提供了劳动力前提。这些劳动力或被雇佣于农业耕作或为手工匠徒或作家庭事务,其雇主主要是地主、商人和官吏。随着江西的商品经济气息的浓厚,劳动力商品化现象也渐渐增多。

唐代江西地区的雇佣劳动,《太平广记》记载颇多。有被雇佣农田劳作的,如卷四六七《叶朗之》记,南康县人叶朗之,其家奴便被雇佣于"守田",从事耕种;有被雇为放养的,如卷四三一《刘老》记,刘老为雇主养鹅。官吏家庭一般都置有奴婢,他们之间也有属于雇佣关系的,如卷一三二《刘知元》记,虔州司马

---

① 邹逸麟:《中国历史人文地理》,科学出版社2001年版,第358页。

杨舜臣有一奴无病而死。卷一四四《王哲》记，虔州刺史王哲建府第，使"家人掘地"，这里"家人"即家奴。富商之家通常也雇有佣仆，如卷一三四《童安玕》记，唐大中末，信州贵溪县乳口镇人童安玕家就曾"率童仆"前往郭琪家劫牛；卷三五四《田达诚》记，庐陵商人田达诚家奴因不守规矩被"笞数下"。除被雇佣为家奴佣仆外，也有被雇为书仆和乳母的。如卷八十五《华阴店妪》记，庐陵人杨彦伯及第赴选时，就伴有"童仆"；卷四〇一《宜春郡民》里记宜春章乙家有一"乳妪"。也有在寺院当佣的，卷三八四《阿六》记阿六就是"饶州龙兴寺奴"。上面所举雇佣劳动力的时间较长。此外，还有一些短期雇佣或临时雇佣劳动力的。如卷三九〇《庐陵彭氏》记，庐陵人彭氏葬其父时，曾雇人挖掘葬所。抚州人黄鲁常游深山不归，其家人为擒其归家，"乃多募人，伏草间以伺之"。江西地区已出现出卖劳动力而按日或按月计算工钱的零散打工者，即所谓"佣工资生"者，唐时称为"日佣人"和"月作人"。专门为他们介绍工作的"佣作坊"应运而生，而用工之家则往往采取贴出纸榜以招佣的办法。如李公佐《谢小娥传》：谢小娥"便为男子服，佣保于江湖门。内岁余，至浔阳郡，见竹户上有纸榜子，云'召佣者'，小娥乃应召诣门。"除了直接雇佣劳动力外，甚至相关的劳动工具也成为雇佣的对象。如《太平广记》卷一二一《崔尉子》载：唐天宝年间，崔姓县尉赴任吉州，"乃谋赁舟而去。仆人曰：今有吉州人姓孙，云空舟欲返，佣价极廉"。

唐代江西地区雇佣关系的增多而渐趋普遍，劳动力的商品化，从一个侧面说明当时本区的商品经济相对发达。

综上所述，隋唐五代特别是中唐以来，洪州、江州、吉州等较大的经济中心城市已经形成，大量小城镇已经出现，农村商品经济的相对活跃，人口的聚居和经济的发展又使江西出现了一批新城，这都说明江西地区商品经济已得到快速的发展，商品市场网络已初见雏形，已成为全国商品经济较为发达的地区之一。然而，中唐以来江西城乡商品经济水平，受当时生产力发展水平的制约，其城乡商品市场体系的成熟还有待时日。主要表现在：一、江西商业中心少，在全国有影响的商业中心更少，就商业城市而言，江西在长江中下游地区只处于中等地位，与商业发达地区相比，仍有较大差距。二、江西市场的布局比较分散。市场对人们日常生活主要起一些调节功能，而对于地区经济发展的影响还是有限的。江西输出的大量农业、手工业产品，仅仅是作为租赋缴纳给封建政府，并不全部进入流通领域，对商品经济的作用不是很大。三、从商品流通手段

第三章
经济繁荣与中部崛起

上言,当时江西并没有形成市场网络,有效的商业组织少见。江西的商品流通仍然是中国商人那种比较原始的调节有无的长途贩运,虽然商品的流通量较大,有一定的规律,但没有形成系统。四、隋唐五代自然经济占绝对统治地位,商品经济的存在和发展,仍处于从属地位。就江西的商品经济本身来说,商品生产还只局限于葛麻织、陶瓷、制茶、铜铁器业等部门以及部分农产品(水果、蔬菜、米麦等)和畜牧、水产品等;商品交换也仅限于贩运贸易和传统的市肆交易;商品城市一般就是封建政治中心。特别是商业资本除部分转向土地外,主要在流通领域内运转,还没有迹象表明有大规模转向手工业生产的可能。所以,隋唐五代江西的商品经济并不存在封建经济向资本主义经济转变的条件,它只是封建经济的一个发展阶段。

六、江西经济与经济重心南移

秦汉江西所属地域,"地广人稀,饭稻羹鱼","火耕水耨","不待贾而足","无千金之家"[①],处于比较落后的自然经济状态。六朝江西初步开发,豫章经济区基本形成,经济状况有较大改观,但自然经济形态依然十分充分。《隋书·地理志下》扬州后叙说"江南之俗火耕水耨"云云,显然不是针对三吴、荆州等经济发达地区,而是指江西、湖南等相对落后的地区。当时江西的经济水平远落后于南方的江淮、两浙和巴蜀等地,处于全国的中下水平,因此它对六朝所发生的中国经济重心南移的趋势并没有产生多大的影响。

中唐以来,江西经济迅速崛起并臻于兴盛,崔碬谓江西"控带七郡,襟连五湖,人推赋税之饶,俗擅鱼盐之利"[②]。白居易亦谓"江西七郡,列邑数十,土沃人庶,今之奥区,财赋孔殷,国用所系"[③]。表明江西的丰饶已引起朝廷的关注,本区经济在全国占有比较重要的地位,已成为中国的财赋重心之一。唐后期政权之所以仍能长期维持,与包括江西在内的江南地区的财赋支持密不可分。五代时期,南唐在南方割据政权中占主导地位,长期维持,也在一定程度上与江西地区的经济支持分不开。

隋唐五代江西经济的快速发展与经济地位的迅速上升,从中国历史发展

---

① 《史记》卷一二九《货殖列传》。
② 《全唐文》卷七二六崔碬《授纥干皋江西观察使制》。
③ 《白居易集》卷五十五《除裴堪江西观察使制》。

的大趋势来看,是中国经济重心南移与南方经济发展的必然结果。秦汉以来,随着中国封建社会内部固有矛盾的发展和北方少数民族力量的作用,都使得长期是经济、文化中心的黄河流域的发展势头受到限制,江淮流域的地位不断上升,经济重心逐渐南移。隋唐以来,特别是安史之乱后,北方战乱频繁,居民离散,大量向南迁徙。江南各地的发展速度进一步加快,经济发展水平及其实力超过北方,经济重心南移已成定局。韩愈在《送陆歙州诗序》中宣称:"当今赋出天下而江南居十九"。这个历史的大趋势,"它对于江南,尤其是江西境内,是社会经济发展的转机"[①],是江西在隋唐五代特别是中唐以来勃兴的最重要的历史机遇。

从江西自身而言,除了原有发展经济的相对优越的自然条件外,唐代发展经济的各种条件都渐趋成熟:社会秩序长期相对稳定;政府注重发展经济,采取奖励农桑,开发矿产,发展手工业,招徕商旅等政策;江西人口增长迅速,劳动力十分充裕;随着大运河以及大庾岭道的畅通,江西成为长江中游地区南北东西的交通枢纽,融入全国的道路交通网络。因此,唐代江西经济的发展与繁荣成为历史的必然趋势。六朝以来,江西地区的经济逐渐发展起来,至唐前期,已呈现出迅速增长的势头。安史之乱后,全国战火纷飞,社会生产力遭到严重破坏,但江西基本上保持安定的局面,导致北人大批迁入,大大增长了江西的劳动力与生产技术,加上统治者"以江淮为国命",对江淮包括江西地区在内的南方经济的重视,江西的经济生产在以往的基础上得到长足的发展,对江西乃至全国经济都产生了积极的影响。《元和郡县图志》卷二十八载,安史之乱后,中原残破,而洪州"既完且富,行者为归",人口剧增,由天宝元年的55000余户,增至元和年间的91000余户。唐末诗人王驾在其《社日》诗中描写了当时江西铅山县农村的太平景象,"鹅湖山下稻粱肥,豚栅鸡栖半掩扉。桑柘影斜春社散,家家扶得醉人归"。五代十国时期军阀割据战乱频繁,而杨吴、南唐数世则偏安于江南,占有经济文化条件比较优越的长江中下游地区,统治者实行"与民休息"的政策,轻徭薄赋,劝课农桑,经济得到迅速发展,晚唐时期即已开始出现的经济重心逐渐南移的趋势更加明显。江西初属杨吴,后属南唐,在南唐的39年间,人口增殖较快,州县数目大增,社会秩序稳定,经济持续发展,其如陆游《南唐书·烈祖本纪》所称:"比他国最为富饶。"

---

① 许怀林:《江西史稿》,江西高校出版社1998年版,第123页。

第三章
经济繁荣与中部崛起

隋唐五代江西农业生产力大大提高,掀起了农田水利、垦荒拓土的热潮,粮食产量大增,经济作物种植逐渐普及。虽然农业生产仍以种植粮食作物和桑麻为主,以满足农民、地主自身消费的需要和封建政府赋税征收的需要,生产为自给性消费服务。但是,这一时期江西的农业经济格局已在悄悄变化,突出表现就是农产品商品化趋势增强,综合性、经济型农业取得了很大的发展。江西农业经济结构,是建立在以水稻为主的粮食业的基础上的。租米属于农民的剩余生产物,被无偿征调,并不是商品生产。然而,当时商人运销的大量稻米,则是地主、农民出卖的产品。江西的经济作物以桑、麻、茶叶、水果为大宗,这些经济作物与市场的关系甚为密切。一旦农业经济从单一的"男耕女织"型转向多种经营型,它的活动余地就大大增加了。江西正是凭借其优良的自然条件,在发展粮食、蚕桑麻的同时,扩大了茶叶、水果、药材等的生产,增加了人们的经济收入;把一部分劳动力投入商品生产,使农业活动范围从粮食生产向经济作物扩大、从平原向山区深入,使自然资源得到更为广泛的利用,并且加强了地主、农民和市场的联系。这种趋向是很有意义的,因为农业商品化倾向的加强,为封建经济的进一步发展注入新的血液。中国封建经济发展的最重要标志是商品货币经济的发展,隋唐五代江西社会经济新动向即在于此。

在农业发展的基础上,江西手工业得到普遍发展,手工业门类增多,手工业产品与市场联系更为紧密,商品化趋势增强。手工业的发展最能反映出地方经济特色,江西手工业以当地资源为原料,发挥地方优势,丰富了人们的生产生活用品;手工业促进了商业繁荣,它不仅提供了交通工具(船舶),还提供了商品与市场。就市场而言,茶农和制茶工人需要粮食、薪柴、制茶及运载工具;制瓷工人需要铁木工具、粮食、薪柴;矿冶工人需要铁木工具、茶叶、粮食。各个手工业行业之间互为市场,加上与邻州的经济交流,商品经济必然发达。在农业、手工业发展的基础上,江西商品经济进一步发展,城乡商品经济取得重大进步,商品构成也渐趋社会化、生活化,人们日常生活对市场的依赖性大大增强。江西之所以成为唐中期以来,政权财政依赖的重点区域之一,成为中国古代经济重心南移的前沿地带,并不单是以传统农业优势取得的,而是手工业、商业综合发展的一个结果。

农业、手工业的发展,商业交通条件的改善,使江西地区整个经济联系得到加强,社会物质生产承受的消费能力不断提高,人口增长而且生活得到改善,新置镇、场、县、州不断出现,江西经济正向前良性发展。这就是唐五代江西各州县由唐向宋过渡,其封建经济在运动中得到充实、丰富。方家指出,唐以来,商业由古代型向近代型转变,即由纯粹的贩卖性商业转向由众多市场、市镇及草市等组成的商业区①。江西商业也是相当符合这一转化规律的。唐代江西已从比较单纯的自然经济状态进入到了农业、手工业和商业共同繁荣的新阶段,无论是农业、手工业生产都有商品化趋向,反映出社会发展的一个新动向。尽管江西社会经济的发展仍规范在传统农业社会之内,但商品经济的倾向已十分明显,已从自给自足的相对封闭的经济模式中得到了一定的突破。可以说,江西综合发展的农业、商品生产的手工业及有系统配套的商业这一经济格局,在唐中后期以来已经初步确立。这正是江西经济发展与社会变迁的一个动力。一个地区的经济发展的重要指标,是民众的生活水平。由于新的经济模式的积极作用和影响,江西地区民众的生活也得到一定程度的提高。

秦汉六朝江西开发主要集中在鄱阳湖沿岸和赣江干支流河谷。隋唐五代江西经济开发得天时、地利、人和,因而经济开发无论是广度还是深度都大大向前拓展。经济开发,已由自然条件较好的平原和低丘陵地域,转向以山区、边区、湖区等条件较差的地区,并取得了令人瞩目的成绩。这从江西在唐五代时期不断新增州县可以清楚地说明。安史之乱前,江西共有7州34县,唐后期增加1州5县,五代增1州14县。北宋统一后的十余年间,在五代基础上又增设3军8县,辖县达60余个。地域不变而州县行政区一再增多,直接原因就是经济发展,人口繁多。新增设的县就分布而言,有一个明显的特点就是大部分分布在赣江支流的山区地带,如修水流域的武宁县、分宁县,盱水流域的南丰县,禾水流域的永新县等,这反映了唐代随着江西经济的发展,对赣江支流开发的深入,落后的山区地带经济已有了很大的改善。

隋唐五代江西地区经济的快速发展,反映了中国经济重心南移在本区的趋势,以及本区在经济重心南移中的地位与作用。东汉以降,由于气候变迁及其带来的水土变化等自然因素,以及黄河流域土地被过度开发等人为因素,中原地区的经济发展遭遇到越来越多的困难,相反,淮河以南地区在经济发展上的自然优势则日益显著。中国古代的经济重心,魏晋南北朝时期已现南移的趋

---

① 傅筑夫:《中国封建社会经济史》,人民出版社1986年版,第379页。

第三章
经济繁荣与中部崛起

势,"在长江流域,东晋以下,经济继续上升,南朝末年,已经显出超越黄河流域的趋势"[①]。此期江西经济在南方处于中下游的落后状态,对此并无多大贡献。隋唐五代江西经济全面发展与繁荣,摆脱了秦汉六朝以来的荒蛮落后,迅速崛起于长江中下游地区,最终成为南方乃至整个中国比较发达的地区,极大地改变了中国封建社会的经济地理格局。它不仅进一步推动了中国经济重心南移,也确立了自己在经济重心南移中前沿地带的历史地位。正是在这种经济发达的基础上,隋唐五代江西开始逐渐形成了人杰地灵、物华天宝的景象,为宋代经济文化的大发展奠定了强大的物质基础。当然,这一时期的江西经济,与江南经济发达地区如三吴地区相比较,还有比较大的差距,经济地位在长江中下游地区大致处于中游。江西经济地位的进一步上升,有待于两宋的发展。

[①] 范文澜:《中国通史》(第三编),人民出版社1965年版,第242—243页。

第四章
教育勃兴与人文日新

隋唐五代特别是唐中期以来，江西文化一改秦汉六朝的低迷状态而呈兴盛之势：官学与私学交相辉映；科举成就斐然；文化人士辈出；赣文化圈出现。这一时期江西文化的发展与兴盛是以经济大发展为根源的多种良性因素综合作用与影响的结果。伴随着中国古代经济重心的步步南移，江西作为长江中游人文昌明区域的地位也逐渐形成。

第一节
文教勃兴

秦汉六朝，江西文化教育已有一定的成就，但形成相对完备的教育体系则是从唐代开始的。承南朝之势，在经济渐趋发达、政治相对稳定以及社会上科举之风隆盛的大气候的影响和作用下，江西文化教育事业有了明显的进步。特别是安史之乱后，当北方的学校趋于衰微时，江西诸州公私学校却呈兴旺之势。学校是文化的载体，唐五代江西各类学校的兴盛，反映出本区文化教育发展水平已进入了一个新的阶段。

一、州县学的举办

中国古代的文化教育虽有官学、私学两大系统，但"学在官府"素为传统。

第四章
教育勃兴与人文日新

隋唐五代官学在国家统治稳定时期比较正规、发达。隋代官学对江西几无影响,我们略而不谈。唐代京师设国子学、太学、四门学等中央官学,地方置府学、州学、县学之类,中央与地方形成自上而下的官学系统。唐政府对地方官学较为重视,高祖武德元年(618年)初即令府、州、县学各置生员,大都督府、中都督府、上州各60人,下都督府、中州各50人,下州、上县40人,中县、中下县各25人,下县20人。每学有经学博士1人、助教1人,以五经教授诸生。府州县学生由其长官选补,学生入学资格,虽无士庶界限,但人数少、非品官子弟往往被拒于门外。地方府州县学的学习内容较之京师相对浅些,大略可视为中级程度。玄宗开元年间,曾在敕令中规定:"州县学生年二十五以下,八品子若庶人年二十一以下通一经以上及未通经而聪悟有文辞、史学者,入四门学为俊士。"①可见在州县读书仅一般性的知识传播,程度较低,学生能通一经以上,或未通经但年龄合格、有培养前途,方能由州县长官荐举到中央入四门学读书。州县学生除了学习规定的课程外,还需兼习现行的吉凶之礼,此亦可见唐人对礼仪的重视。官学在武后时曾一度衰落,《旧唐书·儒学传》称:"则天称制,以权道临下,不吝官爵,取悦当时。……博士、助教,唯有学官之名,多非儒雅之实。……二十年间,学校顿时隳废矣。"不过大体而言,官学在唐前期尚属兴盛。武德初令州县置经学博士、助教、学生后,各州县尚未普遍设学,由咸亨元年(670年)下诏,令所司营造生徒肄业之所可知,随后即有州县应诏兴学,至开天年间州县学已渐普遍。据《通典·选举典》记,州县学生达60710员。

唐代江西地区官学,也有一定的发展。官学施行状况,据光绪《江西通志·建置略·学校》所记如下:1.南昌府学,晋太康中,豫章太守胡渊始建于郡西。唐大历十三年(778年),御史中丞杜亚徙学于城北,观察使张镒、鲍防复先后营建。2.丰城县学,永徽二年(651年)始建学。3.袁州府学,天宝五载(746年)州守房琯立文庙而建。乾元元年(758年)刺史郑审移郡治西。大历元年(766年)刺史萧定改建。大中九年(855年)刺史温璠复房琯旧所。4.萍乡县学,武德年间(618—626年),县令唐㝏建。5.新淦县学,贞观十四年(640年)建。6.新喻县学,大历八年(773年)县令杜臻改建。7.抚州府学,天复二年(902年)刺史危全讽始立学庙。8.饶州府学,始建于西晋末,唐时亦有兴复。9.余干县学,始建年代不详,旧址在信江滨。开元二年(714年)县令顾锡以水患移县左。10.永新学宫首

---

① 《新唐书》卷四十三《选举志上》。

萍乡孔庙

建于咸亨年间(670—674年)。11.都昌县学,咸通年间(860—874年)县令陈杲建。此外,还有一些州县有关官学的记载极为含糊,难以确定。值得注意的是,为配合官学的建置,推崇儒家文化,江西各地也有一些孔庙的修建。如武德年间萍乡、大通年间新喻,都兴建起一定规模的孔庙,反映出当地重文兴教的浓厚风气。

就上述史实而言,唐代江西官学虽自贞观以来多已设立,迅速发展则在中唐以后。分布偏重北部洪、袁、抚、饶四州,南部吉州、虔州与最北江州未见置有官学。或可说江西的官学设立时间上要滞后于时代,空间上分布不平衡,数量上也并不太多。不过,一批官学的建立为江西学子提供了一个固定的学习场所,对江西文化的发展还是十分有利的。官方教育系乎国运,统治稳定,官学兴旺;统治衰微,官学随之败坏。同时,受中国古代行政体制的影响,地方官学需要地方财政的支撑。江西州县官学的建设,在一定程度上反映出当地的政治生态与经济发展水平。洪州在江西州郡中经济最为发达,官学兴盛;而虔州经济最为落后,一直未有官学的建置。抚州致富在唐中后期,其开发速度较他州迟缓,在人文发展上亦然,直到唐末僖宗天复二年(902年),才有刺史危全讽立学庙。地方官学兴盛与否,也往往取决于当地官员的重视程度。袁州在唐后期进士人数剧增,显著南方,此即与袁州官员重视官学建设相关。如大历年间(766—779年)袁州刺史萧定,将文宣王孔子庙修葺一新以接待学人。"入其室,若闻讲诵之音;升其堂,如聆金石之响。冀夫袁江之上,将宏洙泗之风;袁山之人,能传邹鲁之学。儒行充于比屋,中庸化而为俗矣,非曰能之也,冀能者赓之。"①袁州州治有州学,所辖三县各有县学,这种情形在江西他州乃至整个南方少见。唐代江西州县官学的情形,在一定程度上检验出当地主政者对文化教育的态度。值得注意的是,江州、吉州与虔州一样,

---

① 《全唐文》卷四三四萧定《袁州文宣王庙记》。

第四章
教育勃兴与人文日新

并无官学记录,但江、吉二州的文化教育水平并不低,因其私学发达,极大地弥补了官学的不足。

五代南唐时期,江西官学因庐山国学的建立而特别突出。其情形见后文叙述。

二、乡村学的普及

唐朝法律规定,官学诸生年龄限制在14岁以上,19岁以下,而律学更是在18岁以上,25岁以下,一般而言,14岁前的启蒙教育都是在家庭或村学中完成的。其中男子教育标准程式的要求是:"男子六岁,教之数与方名。七岁男女不同席,不共食。八岁习之以小学,十岁从以师焉。"①由于种种原因,某些家庭中的儿童启蒙只能由家中的亲人完成,形成所谓"父教其子,兄教其弟"的教学模式②。饶州司马宋庭芬世为儒学,"生五女,皆聪惠,庭芬始教以经艺,继而课为诗赋,年未及笄,皆能属文"③。如宋氏一样的家庭教育在唐代不少,但社会上普遍的还是由乡、里、村、坊所建学校以及由一些家族所建的如蒙学馆、书院之类所提供的童蒙阶段的基础教育。

唐代乡学,或称村学、乡校、村校、乡塾、小学等,有的设学于乡村间,如《太平广记》卷三五八《齐推女》所记的唐元和间饶州潘亭村学;有的则在城中城郊。如《太平广记》卷五十五《伊用昌》记,唐天祐年间,抚州南城县设有乡校。这类乡学,主要是国家政策扶持,由地方基层单位或乡里众人集体兴办,带有民办官助的性质,属特殊意义的私学。唐玄宗开元二十六年(738年)正月诏令:"宜令天下州县,每一乡之内,别各置学,仍择师资,令其教授。"④表明开元后期,即在全国的每一乡都设置学校,并由官府配备师资,教授生徒。至天宝三载(744年),因令百姓读《孝经》,下制曰:"乡学之中,倍增教授;郡县官长,明申劝课。"⑤唐德宗贞元三年(787年)正月,右补阙宇文炫曾上疏:"请京畿诸县乡村废寺,并为乡学。"⑥这些都足见唐政府对乡学的重视与支持。唐朝文教昌明,科

---

① 《女孝经》"母仪章第十七",宛委山堂本《说郛》。
② 《通典》卷十五《选举三》杜佑注。
③ 《旧唐书》卷五十二《后妃传·尚宫宋氏》。
④ 《唐大诏令集》卷七十三《亲祀东郊德音》。
⑤ 《全唐文》卷三一〇《天宝三载亲祭九宫坛大赦天下制》。
⑥ 《唐会要》卷三十五《学校》。

举兴盛,推动了社会基层教育的普及。日僧空海在贞元末年到唐留学时看到当时教育普遍的情形说:"大唐城,坊坊置间塾,普教童稚;县县开乡学,广导青衿。"①即是对唐代初级教育的概括描述。五代时期,虽然社会动乱,因文化发展趋势,乡学依然处于发展之中。

与州县学一样,江西乡村学在隋代并无大的建树,至唐则有较大改观。有唐一代,本区乡学普遍,入学容易,受学人数当为不少。所教学童,目的大致是使粗识文字、计算,便于今后立身行事,教授的主要内容却是儒家的经书《论语》《孝经》等。《太平广记》卷三五八《齐推女》记,唐宪宗元和间,有一位姓田的先生在饶州潘亭村教学,"与村童授经"。不过根据村学的实际情况,这种经学的讲授,内容大约是较为浅近的,或类似于启蒙性质。另外,唐代科举考试以诗赋为重,乡学无疑也受其影响。白居易的好友元稹为《白居易集》作序时称:"予常于水平市见村校诸童竞习歌咏,召而问之,皆对曰:'先生教我乐天、微之诗。'"可见当时学诗的风气已深入到了包括江西地区在内的乡村学校中。另外,由于乡村之学贴近普通民众,教学内容中当也有不少关于日常生产生活的基本的知识。

乡校一般很简陋,多为一师一校。教师多系一般知识分子,有的是待举之士靠授学收取微薄的收入以等科考,有的则完全把授学于村学等私学当做谋生的手段。上述饶州潘亭村的田先生,一次有人找他时,学生说,"先生转食未归"。显然田先生的饭食是由学生家庭轮流提供。豫章人来鹄,咸通中科举不第,写《圣政纪颂诗序》称自己"乡校小臣",说明他也曾做乡间的教书先生。又如僧文莹《湘山野录》卷上记载:南唐李建勋出镇豫章,"一日,与宾僚游东山,各事宽履轻衫,携酒肴,引步于渔溪樵坞间,遇佳处则饮。忽平田间一茅舍,有儿童诵书声。相君携策就之,乃一老叟教数村童"。这些以教授于乡间的民间知识分子,虽然社会地位较低,生活清苦,默默无闻,却为江西乡村文化教育的普及与发展作出了贡献。唐五代江西教育发展的标志,就是除了有一定数量的州县学以外,还有为数众多的乡村之学。

三、书院的兴盛

自春秋孔子开私学之风,中国古代私学教育方兴未艾。隋代四方皆有私

---

① 空海:《综艺种智院并序》,转引自徐连达:《唐朝文化史》,复旦大学出版社2003年版,第278页。

第四章
教育勃兴与人文日新

学。《隋书·儒林传》"序"曰:"京邑达乎四方,皆启黉校。齐、鲁、赵、魏学者尤多,负笈追师,不远千里,讲诵之声,道路不绝。中州儒雅之盛,自汉魏以来一时而已。"唐前期统治者企图垄断文化,曾一度禁止百姓擅立私学,也不得不因形势转而鼓励私学。开元二十一年(733年)敕令曰:"许百姓任立私学,欲其寄州、县受业者亦听。"[①]唐中期以来,私学更是盛行。主要原因是,官学生员有家庭出身、招生数额等限制;一些传统文化大族,格于自己的文化传统和官学学习内容的局限,喜私学而不好官学。特别是,唐科举日盛,官学与科举疏离,士子求科举反重私学。诚如吕思勉先生言:"隋唐之世,科举浸盛,而学校日微,此即教育之权由公家移于私家之证。然学子之负笈寻师者,亦或依附其名而求著籍,未必真有所得,欲深造博涉者,实仍在自为也。"[②]另外,唐安史之乱后,统治秩序纷乱,庠序不修,士子求进唯有倚重私学。当时私学已趋发达,既有名儒宿学开馆设学,也有各类家庭教育。某些家族为了进入或保持上流社会地位,以光宗耀祖、扩大势力,往往设置族学以教育族人。

唐五代时期,由于雕版印刷术的发明与推广,除了官方藏书、著书的丽正书院、集贤书院外,又出现了一批散处各地的民间创建的书舍、书屋、书楼、书堂、书院。这为学子创造了更为方便的接触图书的条件,从而促进了求学方式的迅速转变,使"训诂句读,皆由口授"的状况变为"可视简而育"了。不少民间私家藏书楼舍、读书堂院,适应中唐以来文化发展与社会需要,逐渐演化为学者讲学授徒,士子读书求师的场所。私家书堂、书楼,既藏书,复教学,有高于蒙学的程度,并由私家和地方公众举办,形成既不同于隋唐的官学,也不同于汉代精舍的新型教育机构——书院。这是在新的政治、经济、文化形势下,民间社会自主进行的教育改革创新。中唐以来,随着社会经济文化的发展,江西地区以书院为形式的私学迅速萌芽成长,大有超越官学之势。

江西最早的书院是幸南容创办的桂岩书院。幸南容(746—819年),又名显,字惕微,祖籍今河北沧县。武周万岁通天元年(696年),其曾祖父茂宏丞南昌,因家高安之洪城里。据光绪《高安洪城幸氏族谱》所载柳宗元《唐故开国子祭酒文贞公墓志铭》记,幸南容"少颖异,卓荦不群,日记数千言。稍长,益笃于学,文名籍甚"。荐举于乡,登德宗贞元九年(793年)进士。幸氏颇有政治才干,

---

① 《唐会要》卷三十五《学校》。
② 吕思勉:《隋唐五代史》,上海古籍出版社1984年版,第1270—1271页。

幸南容像

崔群《唐开国子祭酒文贞公传》称:幸"历守邯郸郡,异政卓然,名播海内"。自德宗末年以来,太常官非其人,赞相失职,朝仪废弛。宪宗登基,召幸为太常卿。幸"整肃朝仪,赞相礼乐,百官各得其职,朝不易班,位不乱次"。吐蕃犯唐,朝廷曾命其出使讲和,幸"气直词壮,不辱使命"。幸氏因此颇得宪宗器重,升之为国子祭酒,兼太子宾客。幸治国子监成绩卓著,"一时礼教为之重新,始复太宗旧制。且师道庄平,践履笃实,超然物表,顿洗陋习。太学诸生咸沐作育之化焉"。唐宪宗在诏书中赞他"在翰林有论恩之益,兼官僚有辅导之功。掌教成均,师道惟严"。元和九年(814年),幸氏告老归乡,得以修旧好,肆力文学,创建桂岩书院。据同治《高安县志》载,桂岩书院位于高安城北60里,其地"环两山之间,厥地邃而深,水泉清冽而草木敷茂者",是读书修身的好去处。书院创办伊始即"开馆授业"①,足见该书院不单是藏书之所在,实系聚徒式书院的雏形②。幸南容之所以创办书院,源于重视子弟科举的思想。幸氏致力于科举功业,年近五十,始金榜题名。屡试京门深知科场取士之难,尤感日课子弟之切,这是幸氏创办书院的初衷。这也是唐五代江西书院的一大特点。桂岩书院自元和九年(814年)创办,至其孙幸轼于咸通七年(866年)中三史科,中和二年(882年)为太子校书郎,家徙于郡城,书院自此荒芜。桂岩书院存在60余年,时间并不很长,但却是中国最早的聚徒讲学的书院之一,影响较大。因幸南容一生做官有为,文化上贡献突出,唐宪宗谥曰"文贞"。

---

① 同治《高安县志》卷二十二幸元龙《桂岩书院记》。
② 关于桂岩书院与幸南容的关系,参彭石居:《桂岩书院考》,见《宜春师范专科学校学报》1986年第2期。

第四章
教育勃兴与人文日新

唐代江西地区著名的书院还有不少,如:1.江州景星书院、李渤书堂。穆宗长庆(821—824年)初,李渤任江州刺史,于郡治浔阳东面创建书院。韩愈《遗李渤书》称,"朝廷士引颈东望若景星,凤鸟始见,争先睹之为快"①,时人名之为景星书院。李渤还于郡城西南风景秀丽的使君山筑堂以为书院,人称"李渤书堂"。2.庐陵皇寮书院,原址在永丰县境内,为渝州人刘庆霖所创建。刘曾为吉州官吏,后流寓至庐陵,遂建书院讲学授徒。3.飞麟学塾(虎溪书院),在今新建县境内,为乾符五年(878年)程天器所建。程氏原居江南东道歙州婺源县,僖宗时官至御史大夫,因数以言论忤宦官,于乾符四年被贬黜为洪州司马。同治《新建县志》称其"刺洪州即家于此,始置飞麟学塾",延师以教宗族子弟及四方学者。4.登东书院,遗址在吉水县,由解世隆于乾符末(879年)创办。5.元和年间(806—820年),洪州西山建有施肩吾书院②。

江西书院发展较快,至唐末近10所,其中最为著名且特色鲜明的是江州陈崇创办的东佳书堂。陈崇系南朝陈文帝之后,唐末江州浔阳县蒲塘场太平乡永清村东佳庄义门陈氏家长。陈崇掌族权28年,朝廷曾赠以银青光禄大夫、散骑常侍、御史大夫、上柱国等荣誉称号,并赐紫金鱼袋,实授江州长史、助教等职。陈崇深知要修身齐家治国,唯有重视教育,培养人才,遂针对族人实际与教学特点,出资创建宗族"书屋""书堂"两级学校。并于大顺元年(890)立《陈氏家法三十三条》中,特在第八、第九两条订"书屋""书堂"之事。"书屋"系蒙馆,设在住宅区之西。每年正月开学,冬月散学,儿童7岁入学,15岁出学。逐年于书堂内次第抽二人作训导,一人为先生,一人为副。其纸笔墨砚并出宅库,由管事收买应付。"书堂"教旨于人品修养与科举进取并重,族中子弟人赋性聪敏者令修学,稍有成就者应举。于书生中立一人掌书籍,出入须令照管,不得遗失。五代徐铉《陈氏书堂记》云:陈氏"以为族既庶矣,居既睦矣,当礼乐以固之,诗书以文之,遂于居之左二十里曰'东佳'。因胜据奇,是卜是筑,为书楼、堂庑数十间,聚书数千卷,田二十顷,以为游学之资。子弟之秀者,弱冠以上皆就学焉"。东佳书堂成为我国书院史上最早具备学田、教规、聚徒讲学的私办书院。书堂起初仅收本族子弟就学,后向外开放,成为江南著名书院。宋僧文莹《湘山野录》云:东佳书堂"延四方学者,伏腊皆资焉。江南名士皆肄业于其家"。明末文德翼《江

---

① 《旧唐书》卷一七一《李渤传》。
② "施肩吾书院"本佚名,为当代研究者所定名。参邓洪波:《中国书院史》,中国出版集团·东方出版中心2004年版,第21页。

《义门陈氏碑记》残碑

州义门陈氏族谱序》称:江州陈氏经过世代积聚,至宋初,所藏书、帖"号天下第一"。江州义门陈氏于北宋仁宗嘉祐七年(1063年)因政治原因分家析产,东佳书堂在乡下无人照顾,遂迁至德安县城博阳河之东,改名"义门书院",学田由官方管理。明嘉靖十年(1531年),改称"河阳书院"。清道光三年(1823年),改名"敷阳书院"。光绪二十七年(1901年),清廷通令全国将书院改为学校,敷阳书院于是改名县立高等小学堂。东佳书堂从唐末至清末,延续千年,其时间之长,为中国教育史上之最。

五代之际,中原一带兵戈相寻,文化遭到极其严重的破坏。《新五代史·一行传》曰:"五代之乱极矣!《传》所谓天地闭,贤人隐之时欤","干戈兴,学校废,礼义衰,风俗隳坏"。然当时江西所属吴、南唐境内文教却依然兴盛。马令《南唐书·儒者传》云:"五代之乱也,礼乐崩坏,文献俱亡,而儒衣书服盛于南唐。岂斯文之未丧,而天将有所寓欤?不然,则圣王之大典扫地尽矣!南唐累世好儒。而儒者之盛见于载籍,灿然可观。……故曰:江左三十年间,文物有元和之风,岂虚言乎?"江西居吴、南唐后方,社会相对安定,经济文化持续上升,建于唐代的那些书院不仅大多数得以维持,而且有新的发展势头。这一时期,江西新建书院即近10所,成为全国新建书院最多的地区①。

留张书院,在高安县北60里的太平乡云峰坛麓(今属宜丰县同安乡),为后

---

① 参见邓洪波:《中国书院史》"五代十国时期各书院情况一览表",中国出版集团·东方出版中心2004年版,第48页。

第四章
教育勃兴与人文日新

梁时张玉所建。张玉字云仙,唐末由新吴(今奉新)徙居高安之横冈。天复二年(902年)以诗举进士,韩偓引为起居郎。天祐元年(904年)为九江观察使。唐亡挂冠归,闭户不出,构书堂名"留张",并讲学其间。留张书院是五代时期创建最早的一所书院。

匡山书院,在吉州泰和县东匡山下,创建人为泰和(或说庐陵)罗韬。罗韬(886—969年),字洞晦,一字晦夫。一生清修苦学,学富五车,淡于名利,号静逸先生。后唐明宗长兴间(930—933年)以文学征授端明殿学士。罗氏向朝廷进《大学》,析解"平天下宜以修身为本",得到明宗称许。因见朝廷宦官弄权,政治腐败,不久即引疾求归。长兴三年(932年),罗韬选择风景秀丽的匡山脚下隐居读书。许多人仰慕其学问与品德,纷纷前来请益。他便慷慨出资,创建了书院,还在书院建孔圣殿、五经阁,并置学田。书院的创建,受当时朝廷的高度赞扬,明宗特颁赐院额,敕书表彰:"尔(罗韬)还乡后学者云起,馆起匡山之下,民风日善,俗成东鲁之区。朕既喜闻,无可嘉励。兹敕翰林学士赵风大书写'匡山书院'四字为匾额,俾从游之士乐有瞻依,而风教之裨未必无小补焉。"[①]匡山书院由此成为中国历史上第一个由皇帝发文表彰的书院。在官学废坏的五代,匡山书院影响很是深远。明人曾皋作《匡山书院记》记其事云:"匡山之有书院肇自南唐长兴间,是时天下未有兴学之议。士大夫亦无讲于学者。洞晦罗先生崛起匡山,慨然以圣人之学为己任,朋来自远,书院筑焉!……宋儒黄勉斋、饶思鲁去先生且三百年,犹想慕遗风而来,反复精粗,道器之辨,若就先生质证于一堂,学者得闻,遂各有省。"匡山书院至北宋宣和年间,罗韬裔孙罗宏重修。元代邑人康震任书院院长,重修匡山书院并讲学其中。明清两代均有史迹可寻,历代名人也多有题词。罗韬是泰和县"士大夫办学"的先驱。

梧桐书院,在奉新罗坊镇梧桐山,由南唐罗靖、罗简兄弟所建。罗靖,字仁节,著有《宗孟集》14卷(已佚),辨王霸仁义之说,门人私谥曰"中庸先生";罗简,字仁俭,人称诚明先生。罗氏兄弟聚徒讲学之所,因依"嵯峨而特秀"的梧桐山建造,故名梧桐书院。据康熙《奉新县志·人物志》载,其时"二先生伯仲相师,以圣贤性理之学教授生徒","从游者担簦蹑屩,争师事之",可谓兴盛,以致南唐国相、郡守交相辟召。又据同治《奉新县志》卷二载,二百余年后,即南宋嘉熙四年(1240年),其裔孙徐伯虎"尊祖以善其德,因旧基筑书院,扁以梧峰",恭请

---

① 转引自邓洪波:《中国书院史》,中国出版集团·东方出版中心2004年版,第44—45页。

华林书院旧址

名士徐应云作《梧桐书院记》，重开书院"士友会文"之风。

华林书院，在奉新县城西南五十里的华林山，创办人为胡珰。胡珰生平不详，去世于南唐保大四年（949年），其书院创建应早于此时。书院"筑室百区，广纳英豪，藏书万卷，俾咀其葩。出其门者，为相为卿，闻其风者，载褒载嘉"①，影响一时。该书院在南唐、赵宋时都曾得到朝廷表彰，更是远播海宇。

云阳书院，在洪州建昌县（今永修），为南唐进士吴白创办。吴因事谪归隐居，建书院自处。

光禄书院，在吉州庐陵县（今吉安），邑人刘玉兴建于南唐开宝二年（969年）。刘后仕宋，曾官至国子祭酒。

除以上6所书院外，五代时期江西还有一些新书院。据万历《南昌府志》所载，新建县之西山有欧阳拾遗书堂和陈陶书堂。欧阳拾遗书堂创办者为高安人欧阳持，唐天复元年（901年）进士，为太学博士。天复四年权臣朱温迫唐昭宗迁都洛阳。欧阳持遁归乡里，隐于洪州之西山。当时杨行密占据江淮，奏除欧阳持为左拾遗、团练判官。欧阳持见杨氏之心思不在匡复唐朝，故又辞官归西山，在西山凤翔洞侧建书堂读书、讲学。陈陶书堂乃陈陶读书授徒之处，其书堂原在西山香城寺左（陈陶事迹详见后述）。洪州新建县尚有一所得名于宋太平兴国四年（979年）的书院——秀溪书院。其创办者为南昌人邓晏，太平兴国二年（977年）江西安抚使兼知洪州王明请典教州学。邓氏二年后归乡里，众多生徒侍从习学，其原先讲学之所易南精舍容纳不下，因此扩而大之，改名秀溪书院。邓氏在应聘讲州学之前已因讲学易南精舍而盛名，故易南精舍之建应在太平兴国元年（976年）之前，时在南唐。

---

① 宣统《甘竹胡氏十修族谱》卷一胡逸驾《祭华林始祖侍御史城公祖妣耿氏夫人二墓文》。

第四章
教育勃兴与人文日新

据万历《南昌府志》称,毛炳在南台山曾聚徒数十人,"讲诵迨数年"。南台山学舍,实乃一所佚名的书堂或书院。

关于沈彬进士书院,详情不知。所凭依《全唐诗》卷八四四录有僧齐己的《沈彬进士书院》一诗:"相期只为话篇章,踏雪曾来宿此房。喧滑尽消城漏滴,窗菲初掩岳茶香。旧山春暖生薇蕨,大国尘昏惧杀伤。应有太平时节在,寒宵未卧共思量。"研究者或认为建于唐末,或认为始于五代①。

宜丰刘式所建墨庄也有书院的性质。刘式字叔度,五代后期清江(今樟树市)人。刘曾为南唐庐山国学生徒,精于《春秋》公、谷之学。张洎知贡举,试《三传》,独放刘一人状元及第。刘后归里建墨庄,教训宗族子弟。入宋,太宗赵光义重其名望,授鸿胪、大理丞、太常博士,最终官至刑部郎中而卒。

中唐五代江西所创办的书院大都与北方流寓入赣的人士有关。一些大族世家,致力于文化传家,以图修身齐家治国;一些文化人士,以传播知识弘扬文化为己任,于是他们纷纷设校兴教。以家族为中心的书院创建值唐五代官学遭受严重破坏之时,其影响远远超出家族的范围,也大大超出江西的范围。江西人才在中唐以后通过科举成批地走向全国,成为各个领域里的精英人物,书院的作用不可忽视。

隋唐五代是我国儒学发展的第二个阶段。江西学人继承了六朝以来的儒学传统,如隋建昌人凌恭,潜心力学,精通五经,被隋炀帝召为学士。唐开元间,南昌人余钦为四门直讲官、太学博士、集贤院学士。与诸儒撰《六典》30卷、《初学志》200卷、《群书四录》200卷,与张说、徐坚等并称"十八学士"。熊执易于贞元、元和年间著《化统》500卷,类九经。自隋唐开始的科举考试制度得以施行,唐五代以传统儒文化为内容的书院教育开始兴盛,所以尽管这一时期佛老之学极盛,却未违儒学之传播。江西本是维持儒学的传统地区,儒学在本区持续发展,不仅有地缘之得,更有书院与求学者之剧增的内在原因。这一时期的江西书院,都不同程度地为弘扬儒学作出了贡献。如华林书院以儒家经典作基本教材,所谓"万卷诗书堆四槛,四方宾客到儒家"②。当然,儒学教育并非都依赖书院进行。如《南唐国史·江梦孙》载,唐末五代之际,九江浔城人江梦孙,"祖祢不仕,以儒道自高。梦孙少传先业,颇蕴艺学,旁贯诸书,籍茂声誉,远近崇仰。

---

① 李劲松:《五代时期江西书院考述》,见《赣文化研究》总第九期,2002年。
② 转引自赖功欧:《江西儒学史简论》,见《赣文化研究》总第八期,2001年。

诸生弟子不远数郡而至者百人。春诵夏弦,以时讲闻,鼓箧函丈,庠序常盈"。可见书院之外的文化教育作用和影响亦不可低估。

四、山林修学

文人学子依山林寺院修学,以陶冶心性或谋举仕宦的风气,大抵始于六朝、盛于唐。中唐以来,这一现象在江西地区常见,成为本区文化教育的重要特色。江西地区士子山林修学之风,以庐山为最。庐山所依江州城为江西北方门户,当长江中游水道之枢纽,所谓"四方士庶,旦夕环至,驾车乘舟,叠毂联樯"①,素为经济人文兴盛之区。庐山风景秀美,幽静怡人,素为养性修学佳地,六朝以来已是著名的学术中心。所谓"庐山自陶(渊明)、谢(灵运)洎十八贤已还,儒风绵绵,相续不绝"②。中唐五代,中原文教渐臻衰落,江西文化勃兴,庐山兼占地利与传统之便,南来北往的一些文人士子遂至庐山掀起了修学的高潮。

唐代较早隐于庐山读书的是德宗贞元年间的李渤。《新唐书·李渤传》云:"(李渤)尝以列御寇拒粟,其妻怒,是无妇也;乐羊子舍金,妻让子,是无夫也。乃摭古联德高蹈者,以楚接舆、老莱子、黔娄先生、於陵子、王儒仲、梁鸿六人图像赞行。"力求仿行之,表现了当时的风节。李渤隐居时,诗书自娱,广交学友。白居易《代书》记:"贞元初,有符载、杨衡辈隐焉,亦出为文人。今其读书属文,结草庐于岩谷间者,犹一二十人,即其中秀出者,有彭城人刘轲……异日必能跨符杨而攀陶、谢。"据《唐才子传》记,符载、杨衡、崔群、宋济在天宝之末即与李渤、窦群同隐于庐山读书,号称"山中四友"。符载对自己在庐山修学的情形多有描述,《荆州与杨衡说旧因送游南越序》云:"载弱年与北海王简言、陇西李元象洎中师高明会合于蜀……乘扁舟,沿三峡,造浔阳庐山,复营蓬居,遂我遁栖。二三子以道德相播,以林壑相尚,精综六籍,翱翔百氏。……居五六年……"又《送袁校书归秘书省序》云:"中朝珪组君子,大半皆匡庐之旧,间阔久矣,为余揖其休畅也。"此言虽不免夸侈其事,不少朝廷士大夫曾修习于庐山却是事实。为白居易赏识的刘轲,于元和中进士及第。刘轲在《上座主书》中称自己本出身于耕读结合的农家,因安史之乱"徙贯南鄙","元和初方结庐于庐山之阳,日有芟夷畚筑之役。……农圃余隙,积书窗下,日与古人磨砻前心。岁

---

① 《全唐文》卷六八九符载《江州录事参军厅壁记》。
② 《全唐文》卷六七七白居易《代书》。

纪念李渤的白鹿洞思贤台

月悠久,寝成书癖。故有《三传指要》十五卷,《十三代名臣议》十卷、《翼孟子》三卷"。他又在《与马植书》中称庐山"有隐士茅君,腹笥古今史,且能言其工拙赘蠹。……予又从而明之者,若出井置于泰山之上";"脱禄不及厚孤弱,名不及善知友;匡庐之下犹有田一成,耕牛两具……杂书万卷,亦足以养高颐神"。此外,《北梦琐言》卷十二:"唐相杨收,江州人……少年于庐山修业……坚进取之心。"又云:"庐山书生张璟,乾宁中,以所业之桂州,欲谒连帅。"《太平广记》卷十七《薛肇》条:"(薛肇)与进士崔宇于庐山读书,同志四人,二人业未成而去。崔宇勤苦,寻已擢第。"一些时人诗歌也反映出士子在庐山学习的生活情形。许彬《酬简寂熊尊师以赵员外庐山草堂见借》:"庐山得此峰,……穷经业未慵。"许浑《赠元处士》:"紫霄峰下绝韦编,旧隐相如结袜前。"本注:"元君旧隐庐山学《易》。"李群玉《劝人庐山读书》:"怜君少隽利如峰,气爽神清刻骨聪。片玉若磨唯转莹,莫辞云水入庐峰。"杜荀鹤《哭山友》:"十载同栖庐岳云,寒烧枯叶夜论文。"王建《题别遗爱草堂兼呈李十使君》:"曾住炉峰下,书堂对药台……君家白鹿洞,闻道亦生苔。"这些诗文描绘出:学子们享用庐山幽静的环境,刻苦攻读经、史、诗文;有时相聚切磋学问,并向前来游历的文人学者请益求教;深相结识过往的达官显宦,借其援引推荐,以走终南捷径。

修学者中除了一些是自起茅庐外,相当部分则是依附于当地寺院①,这与寺院的经济文化功能密切相关。众所周知,佛教自汉代传入中国后,逐渐形成一套富有特色的教育制度,每一个寺院实即一个佛教学校②。江西地区的寺院教育素来发达。东晋时庐山已出现早期"义林",高僧道安、慧远、竺道生等讲学其中。唐朝时,随着佛教开宗立派风气的盛行,寺院尤重自身的文化教育。《太平广记》卷五十四《杨真伯》记:"弘农杨真伯,幼有文,性耽书史……过洪饶间,于精舍空院肄业半年余。"唐人陈诩《唐洪州百丈山故怀海禅师塔铭》云:"大师好耽幽隐,栖止云松,遗名德称益高,独往而学徒弥盛。……由是齐鲁燕代荆吴闽蜀,望影星奔。"《宋高僧传·唐天台紫凝山慧恭传》载,释慧恭"游玉山,至信州,刺史营西禅院而礼之,其徒数百人。居岁余,以鄩郭喧繁,复入福州长溪马冠山"。此数例中栖贤院、玉山西禅院、怀海禅师处均为大规模教学,学徒达数百人。与此同时,寺院为了自己的发展,努力扩大在知识分子阶层中的影响,充分利用自己的教育资源与世俗社会相交流。早在东晋之初,一些江南士人寄居名山佛刹,开释门助学之端。至中唐时,士人修习于山林中的寺院已蔚然成风。宋陈舜俞《庐山记》卷二比较全面地记述了当时士人傍依庐山寺院修学的情形:贞元中,李渤初隐庐山之阳的折桂庵、栖贤寺,曾与数百僧人交游,后徙少室,"以读书业文为事";李逢吉"依李渤学于此山"而居折桂庵,贞元十年(794年)举进士,后任宰相;元和初(806年)刘轲游学来此,读书凌云庵,元和末举进士;韦应物侄成绪,读书于西林寺精舍;慧日禅院,"唐乾宁中,僧如义始结庵舍。……如义之居山也,朱朴尝依以肄业,今谓之朱朴书堂";薛谏议书堂,"会昌中,薛自南海书记满秩,亲经营之"。此外,一些诗文也对此有反映。如韦应物《题从侄成绪西林精舍书斋》云:"慕谢始精文,依僧欲观妙……郡有优贤榻,朝编贡士诏。"《唐才子传·李端》记,李端少时居庐山,依皎然读书,后于大历五年(770年),擢进士第。需要指出的是,士子修学于寺观,并有经济、藏书、教学三方面的考虑。士子生活食粮可倚仗寺观及其庄田供给;寺观藏书丰富,极有利于士子读书;不少僧人文化水准颇高,《唐才子传》中即有多人列名,《全唐诗》《全唐文》中亦多僧人作品。江西地区僧人众多,以庐山最为云集,其寺院历来人文荟

---

① 值得注意的是,道观也是士子修学的地方之一,如贞元进士吕温《夏日寻真观李宽中秀才书院作》诗云:"披卷最宜生白室,吟诗好就步墟坛。愿君此地攻文字,始炼仙家九转丹。"表明庐山也有士子修学于道观。就江西地区而言,士子依道观的情形较少,笔者在此不予展开叙述。

② 毛礼锐等编:《中国古代教育史》,人民教育出版社1979年版,第304页。

第四章
教育勃兴与人文日新

萃。中唐以来众多士人乐于在庐山寺院习业,利于自己精进学识。

唐末五代,中国纷乱,文化顿挫,相对安定且文化昌明的庐山更成为文化人士的向往之地。不过,处于"置君犹易吏,变国若传舍"时代,此时士人的隐逸性格比较坚强,所谓贤人君子"皆自引于深山大泽之间,以不仕为得"[①]。《云笈七签》卷一一三下《续仙传》记:唐末间丘方远"年十六,精通《诗》《书》,学易于庐山陈元晤"。《雅言杂载》载:庐山人陈沆"立性僻野,不接俗士",师事黄损、熊皎、虚中。齐己赠沆诗云:"四海方磨剑,深山自读书。"陆元浩《仙居洞永安禅院记》载:庐山永安禅院,于后梁朝乾化四年(914年)建成以来,"仙居禅宇,自是聿兴,参学之流,远迩辐辏",禅师"以诗礼接儒俗,……羁旅书生咸成事业,告行之日,复遗资粮,登禄仕者甚多,荣朱紫者不一"。李征古《庐江宴集记》载,吴乾贞年间(927—928年),李至庐山游旅,"得国朝(唐朝)四门博士庭筠书堂故基","乃结庐而止。俄而长乐从弟兄洎亲友十余人继至"。次年又于五老峰下复营小堂以自居。《十国春秋·陈贶传》记,闽人陈贶,"性澹漠,孤贫力学,积书至数千卷,隐庐山几四十年",学者多师事之。南唐中主李璟闻其名,以币帛往征。马令《南唐书·江为传》载:建阳人江为,"游庐山白鹿洞,师事处士陈贶,居二十年,有风人之体"。同书《刘洞传》载:庐陵人刘洞少游庐山,"学诗于陈贶,精思不懈,至浃日不盥。贶卒,犹居二十年"。同书《郑元素传》:华原人郑元素"避乱南游,隐居于庐山青牛谷,高卧四十余年,采薇食蕨,弦歌自若,构橡剪茅,于舍后会集古书殆至千余卷"。《十国春秋·史虚白传》载:鲁人史虚白,值中原丧乱而南渡,家于九江落星湾。他曾见南唐先主李昪,献收复中原策,不听。史颇失意,遂南游庐山,与佛老之徒,耽玩泉石,以诗酒自娱而不干世物。后来,中主李璟亦召见问计,虚白自谓:"草野之

庐山李璟读书台遗址

[①] 陆游:《南唐书》卷四《宋齐丘传》。

人,渔钓而已,邦国大计不敢预知"。李璟赐田五百石遣还。史壸,本北州之右族,"五代迭兴,中原多故,李氏之据有江表也,观士之去就,为国之重轻","且闻庐山泉石幽胜,杖策独往,结茅在兹……不复预人间事"①。李璟亦曾深受庐山隐逸读书之风熏染,在他未登基之前,不惜巨金于庐山瀑布前营建读书台。后来李璟登九五之尊,以庐山读书地开他做皇帝的先声,乃舍读书台为开先寺。这对于庐山读书风气,更有推波助澜之效。

士子就读庐山之风盛,白鹿洞尤为诸生聚处之中心,南唐昇元中遂于白鹿洞建国学。这不仅在于官方兴复儒学的努力,更在于庐山深厚的文化底蕴与浓厚的

分宜卢肇读书台碑

修学风气。而庐山国学的建立,又反过来进一步推动了当地的山林修学风气。总之,庐山在中唐五代,既是一个佛教中心,又是一个名士荟萃、藏书丰富的文化教育中心,成为推动江西文化发展的策源地。由于庐山好学的风尚,形成了颇有特色的文化群体。如陈贶、刘洞、江为、夏宝松等4人,关系为师徒,诗情又秉贾岛,因而在五代中期的庐山共同创建了一个独特的苦吟诗派②。这种修学

---

① 《赠大理评事史壸墓志铭》,见陈柏泉编著《江西出土墓志选编》,江西教育出版社1991年版。

② 闻一多先生在《贾岛》一文中指出:"由晚唐到五代,学贾岛的诗人不是数字可以计算的,其余一般的诗人大众,也就是大众的诗人,则全属于贾岛,从这观点看,我们不妨称晚唐五代为贾岛时代。"闻一多:《唐诗杂论》,上海古籍出版社1998年版,第36页。

第四章
教育勃兴与人文日新

风气,对庐山成为著名的文化区颇具积极意义,也在一定程度上反映出唐代后期以来江西教育事业日益发达。

当然,江西士子山林修学并不限于庐山,习业于其他山林者也大有人在。略举数例:同治《饶州府志》卷四《建置·寺观》记:饶州鄱阳荐福寺有戴叔伦读书堂;《唐摭言》卷八记:虔州南康人钟辐,"始建山斋为习业之所,因手植一松于庭际,俄梦朱衣吏白云,松围三尺,子当及第";《太平寰宇记》卷一〇九记:吉州永新县有姚公石宝,"开元宰相姚崇布衣之时曾至其处,爱此殊状,卜居于侧,读书数岁,业成而去";同书同卷又记,袁州宜春县"书堂山"即因会昌三年状元"卢肇读书于此"而得名。又据《洪武图志》载:"卢肇读书台,在(分宜)县东十里,地名钟山。唐状元卢肇读书之所,故名。有龟砚石池在其旁。"此或因卢肇中举之前读书不止一处之故。此外,贵溪人吴豳,尝读书于溪南五面峰下一线洞天,匾曰"潜谷",故被学者称为"潜谷先生"。

江西地区的寺观教学性质较接近于私人讲学,反映出世俗化的特点。本区山林修习之风气,也与书院互相影响。如书院的选址上,大都在山林之地。江西最早的桂岩书院远离村落,偏隅一山,与慈云寺遥相对峙,读书讲学之声与晨钟暮鼓相应。又如在书院的功能建设上也深受寺观教学的影响。前述陈氏位于庐山之阳的东佳书堂,实已具私人图书馆或私立学校的性质,由一般士子山林习业发展成为一个粗具规模的学术活动中心。此外,私家讲学与寺观教学在江西地区颇相似,乃以一名士或一僧为师,士子往从其学,是一对多的讲学方式,差别处仅在其僧俗身份以及一些教学内容而已。

五、庐山国学

唐德宗贞元年间,中原文士李渤于庐山五老峰南麓的后屏山之南隐居读书。李养一白鹿,白鹿颇通人性,行常自随,并能听从驱使,入市沽酒,传递信件。当地山民奉这头白鹿为神鹿,尊称李渤为"白鹿先生"。李氏隐居处是个山丘环合,树木葱郁的河谷小盆地,周围突起而中间低洼,像一个朝天的洞穴,人称之为白鹿洞。李渤长庆间任江州刺史时,又在此处广植花木,增建亭榭,白鹿洞从此成为一处名胜,四方文人学子纷纷前来聚会研读。晚唐时,颜真卿裔孙颜翔,曾率子侄到白鹿洞讲学。据正德《南康府志》载,颜翔"少孤,笃志先业。善词翰,谨礼法。子姓三十余皆受经学,住庐山白鹿洞","进修士业"。从教学角度言,颜氏应是白鹿洞最早的老师。唐末五代天下大乱,又有一批人隐居白鹿洞或其附近,如名士史虚白、陈贶等,乃至后来为南唐国主的李璟、李煜在未登基时也曾在此读书。

正是庐山优美的环境与深厚的文化底蕴,白鹿洞浓厚的文化氛围,推崇文治、倡导教化的南唐李氏朝廷于昇元四年(940年)在白鹿洞建起庐山国学。这是一所与前两年建立在南唐国都金陵秦淮河畔的国子监类似的学校,与民间书院完全不同,故史书也将它称为"辟雍"。

南唐朝廷极为重视庐山国学,专选太学之通经者,授以他官,以领洞事。首任洞主是李善道。李身份是国子监九经,登科后赴庐山国学任教并主持那里的学务,奠定了庐山国学良好的发展基础。其次是朱弼,颇有作为。据马令《南唐书·朱弼传》载,朱弼,字君佐,建安人,"精究五传,旁贯数经",中举后"授国子助教,知庐山国学"。朱弼以礼法惩治了卢绛、诸葛涛、蒯鳌等横逆之徒,整肃了教学纪律。朱弼"每升堂讲释,生徒环立,各执疑难,问辩蜂起。弼应声解说,莫不造理,虽题非己出,而事实联缀,宛若宿构。以故诸生诚服……四方肄业者多造焉"。在庐山国学教学活动比较有名的尚有陈贶、毛炳、刘元亨等。如前引马令《南唐书·刘洞传》《江为传》,记刘洞、江为在庐山白鹿洞都师从陈贶,得益匪浅。又据马令《南唐书·毛炳传》,丰城人毛炳,好学而入庐山国学讲经。明李梦阳《白鹿洞书院志》载,南康人刘元亨,"读书白鹿洞,有操行,弟子礼事之"。其中江夏黄载就学于刘氏,精究经史,能为文章。

庐山国学教学质量较高,学徒百数人,颇多知名之士。其中刘洞、江为、伍乔、卢绛、孟归唐、蒯鳌、黄载诸生,马令《南唐书》皆为之立传。此外尚有孟贯、李中、刘钧、刘式、诸葛涛、李寅、李续、何昌、王俨、夏宝松、彭会、罗颖、杨徽之,等等。其中,伍乔是白鹿洞的第一位状元。马令《南唐书·伍乔传》载:"乔,庐江人也,性嗜学。以淮人无出己右者,遂渡江,入庐山国学,苦节自励",数年后"出与郡计"获第一名。国主李璟读其《画八卦赋》《霁后望钟山诗》后,令人将它们刻于石以作范文。

庐山国学教学活动,主要是传播儒家经典,《孟子》等经书系"洞中日课"。以庐山国学诸生的特长看,有的长于军事、政治,有的精于经史,能为文章诗赋,尤其是作诗。《五代诗话》卷3引《庐山杂记》云:"南唐孟归唐能诗,肄业庐山国学,尝得瀑布诗:'练色有穷处,寒声无尽时'。邻房生亦得此联。遂交相争之,助教不能辨。"最后只得由江州太守评判而归孟。同书卷二引《闽书》称:"杨徽之,少通群经,尤刻意于诗……尝肄业庐山白鹿洞。"又据《南唐野史·江为》记,

第四章
教育勃兴与人文日新

李璟移都南昌时,途中游庐山国学,见壁上题一联云:"吟登萧寺旃檀阁,醉倚王家玳瑁筵。"遂对左右说:"吟此诗者大是贵族矣。"儒家经典和诗赋都是庐山国学重要的教学内容,与当时南唐重视重振儒家文化及科举内容密切相关。

值得注意的是,据洪迈《容斋随笔》和李焘《续资治通鉴长编》载,庐山国学曾置学田数十顷,收取田租以支付各项开支。有人认为"学田之设,始于北宋",仅此一例即可将我国历史上关于学田设置时间推前七八十年。至少是官学田应始于此。另外,庐山国学采取了"升堂讲释"或者"升堂讲说"的教学形式。前者见于马令《南唐书·朱弼传》,后者见于陆游《南唐书·朱弼传》。传称:"每升堂讲说,座下肃然。""升堂讲说"类似于今日的讲座,不同于"个别传授",也不同于"班级授课",这是教学理论研究中被长期忽视的问题。

北宋建隆二年(961年),南唐中主李璟由金陵迁都南昌途中暂驻江州落星渚时,曾率领随行群臣游宴庐山,特别视察了庐山国学。此时庐山国学已成为南唐乃至整个中国重要文化学术中心,其影响似已超出洛阳、开封、金陵的国学。开宝九年(976年),宋军攻占江州,庐山国学结束。但其办学和教学经验,诸如选择环境比较安定,交通比较方便,景物比较幽雅的校址;有比较固定的,且长期保证的经费来源;选派有相当学识的教师掌教;师生之间质疑问难;学徒之间互相切磋,师徒各有专攻,各有所长;教师悉心教学授徒,四方学者闻风聚合等等,都对后来的白鹿洞以及其他的书院办学和教学活动,产生很大影响,

白鹿洞书院

甚至庐山国学有堂长之设也成为朱熹兴复白鹿洞书院的借鉴。"紫阳学接千年统,白鹿名高万仞山",庐山白鹿洞宋初置为书院,与睢阳、石鼓、岳麓书院并称为四大书院,在中国文化历史上具有崇高的地位。这与南唐庐山国学的活动无疑是密不可分的。

第二节 科举与人才

唐五代时期,受科举政治与经济文化的影响,江西科举风气日渐浓厚,成就日渐突出。科举不仅极大地促进了江西文化的发展与繁荣,而且使本区士人因此更多地参与国家政治。

一、科举风气渐浓

封建教育为封建统治培养人才,选举则是从这些人才中加以选拔,来组织各级统治机构。由于社会秩序与阶级结构发生了重大变化,隋炀帝大业二年(606年),废除了魏晋南北朝以来的门阀九品中正制,人才选举施行科举制。与其他政治措置一样,唐承隋科举制并加以发展,不仅增加了科目,而且重视以诗赋取士。唐代科举考试的常举科目有:秀才、明经、俊士、进士、明法、明书、明算、一史、三史、开元礼、道举、童子等。不过,"大约终唐之世,为常举最盛者,不过明经、进士两科而已"[①]。选士于常举及第后,列入唐朝品官。唐初科举并不受士人重视。《封氏闻见录》卷三《铨曹》云:"贞观中,天下丰饶,士子皆乐乡土,不窥仕进。至于官员不充,省符追人,赴京参选。远州皆衣粮以相资送,然犹辞诉求免。"然至玄宗以后,进士科已"为士林华选",否则官位虽极人臣,终不为美。虽然隋唐五代的科举制度受当时政治、经济、阶级关系等的制约,还不完善,但相较于此前的官吏选拔制度,无疑有较大的进步性与积极意义。一方面,科举制的实施,改变了魏晋南北朝时期门阀氏族地主垄断政治权力的局面,有利于吸收广大庶族地主及平民阶层参与国家政权,扩大统治基础并加强中央集权。另一方面,科举制度是真正的"学而优则仕",不仅激发了士子治国平天下的政

---

① 《十七史商榷》卷八十一"取士大要有三"。

第四章
教育勃兴与人文日新

治热情、建功立业的进取精神以及"天生我材必有用"的主体意识和自信心,而且使整个社会重视文化教育,国民素质得以较大提高。

与中原、江浙一带文化先进地区相较,江西科举风气的形成与浓厚经历了一个较长的时期。自先秦以来,本区由于长期偏离政治中心及其他条件的影响,绝大多数文人缺乏足够的参政议政意识,汉魏六朝徐孺子、陶渊明等隐士式人物似乎正是江西文人的写照。加之世卿世禄或察举、九品中正制的时代,江西名家大族稀少,更限制了本区士人的政治企求。隋朝统治时间短暂,科举名额亦非常之少,录取之人在政治上并不占重要地位,江西人士对科举置之度外。就目前史料来看,隋代江西尚无人通过科举而进入仕途。直到唐代中前期,本区也少有人愿意参与科举而进入仕途。据《全唐文》卷三七一彭构云小传载,开元年间,宜春士人彭构云因刺史李璟荐举至京城。玄宗待以优礼,"欲官之",彭终不愿就仕而辞归。这一事例也许能说明江西士人由于远离政治中心,表现出相当的闭塞和自卑,缺乏仕进的热情。本来南方就因远隔两京被视为"非求进之所"①,朝中无人入仕不易,士人的冷漠更加深了当地政治文化上的落后。

唐代科举作为仕进的主要门径,科举风气竞扇,至唐中期各类教育差不多都围绕着这一目标。时称:"太平君子唯门调户选,征文时策,以取禄位,此行己立身之美者。父教其子,兄教其弟,无所易业,大者登台阁,小者仕郡县,资身奉家,各得其足,五尺童子,耻不言文墨焉。是以进士为华林士选,四方难听,希其风采,每岁得第之人,不浃辰而周闻天下。故忠贤隽彦韫才毓行者,咸出于是,而桀奸无良者或有焉。"②"朝之公卿以此待士,家之长老以此垂训。"③"草泽望之起家,簪绂望之继世;孤寒失之,其族馁矣;世禄失之,其族绝矣。"④对统治者来说,通过科举可以选择人才,据《唐摭言·进士上》载,唐太宗曾"私幸端门,见新进士缀行而出,喜曰:'天下英雄入吾彀中矣!'"为寒士开路,这实际上是唐政权的大政方针,下至贫寒的庶人则通过科举考试亦可得致身通显的机会。敦煌写卷P·2518号上说:"或有业在典坟,心惟孝悌,竟从乡赋,自致青云,谨身节用,以养父母,此庶人之本也。"这反映了当时一般庶人通过"乡赋"致身通显的观念。随着江西社会经济与文化教育事业的发展,人们眼界的开阔,科举入仕

---

① 《太平广记》卷一四八《崔圆》。
② 《通典》卷十五《选举三》。
③ 《旧唐书》卷一一九《杨绾传》。
④ 《唐摭言》卷九《好及第恶登科》。

对广大江西士子来说,也开始具有广泛的吸引力与参与效应,本区的科举之风遂日臻隆盛。

《唐摭言》关于江西道各州科举记载中,有不少民众重视科举的事迹。如卷八《以贤妻激劝而得(第)者》条云:"彭伉、湛贲,俱袁州宜春人,伉妻即湛姨也。伉举进士擢第,湛犹为县吏,妻族为置贺宴,皆官人名士,伉居客之右,一座尽倾。湛至,命饭于后阁,湛无难色。湛妻忿然责之曰:'男子不能自励,窘辱如此,复何为容!'湛感其言,孜孜学业,未数载一举登第。"据说当时彭伉正骑驴郊游,忽遇报喜者飞报湛郎及第,伉闻报惊坠驴下,故袁人谑曰:"湛郎及第,彭伉落驴。"袁州宜春人潘唐,与会昌三年进士、同乡人黄颇友善,作有《下第归宜春酬黄颇饯别》:"一从此地曾携手,益羡江头桃李春。"诗中充满了落第失意之情,"故国犹惭季子贫"道出了袁州地域有相当浓厚的重视功名的氛围。会昌五年状元、宜春易重作《寄宜阳兄弟》:"故里仙才若相问,一春攀得两重枝。"诗人沉醉于登第之喜,"故里仙才若相问"同样道出了袁州重视功名的氛围。袁州如此,江西的大多数州亦如此,其情形详见本章第三节有关叙述。

安史之乱后,随着经济重心南移,包括江西地区在内的南方诸州办学相对地兴旺起来。在一种重视文治的思潮之下,仕宦于江西者大都是有相当文化水平的官僚,他们以兴学化民为己任,积极推动本区文化事业,注重人才培养。袁州在唐朝中后期以来科举取得令人瞩目的成就,就是典型的说明。有关房琯、萧定等人在宜春重视办学的事迹前已叙述,韩愈、李德裕对宜春科举文化的贡献也不小。韩愈(768—824年),河南南阳人,唐宋八大家之一。宪宗朝任刑部侍郎,元和十四年(819年)因谏阻宪宗迎佛骨,被贬为潮州刺史,不久量移袁州。至任后颇有政声,而于文化上的功绩尤大。他在潮州任上,因该州"学废日久,进士明经百十年间不闻有业成于王庭试于有司者"[1],遂兴置乡校,尝聚徒"择师训之,人皆笃于文,行与中州士"[2],疑其在袁州也开办过类似于书院的教育阵地。后人黄树嘉有诗赞道:"左迁来袁州,矫矫贤刺史;惠政纪丰碑,书院自公始。"[3]可见他为造就袁州人才出过大力。《唐摭言》卷四载:"韩文公名播天下……(宜春)郡人黄颇师愈为文,亦振大名。"黄颇为会昌三年(843年)进士,工诗,官至

---

[1] 《全唐文》卷五五四韩愈《潮州请置乡校牒》。
[2] 正德《袁州府志》卷十四。
[3] 谢祖安修、苏玉贤撰:《民国宜春县志》,见《中国地方志集成·江西府县志辑》,江苏古籍出版社1996年版,第754页。

第四章
教育勃兴与人文日新

李德裕寄寓修学的宜春化成岩寺

监察御史。《唐摭言》卷十记,南昌人来鹄,咸通间登进士,其"师韩、柳为文,大中末、咸通中声价益籍甚"。同治《宜春县志》卷四评曰:"袁自韩文公倡明道学,嗣是守郡者类以造就人才为中心","昔韩昌黎自岭南移守于此,教化既洽,州民交口颂之"。在韩愈的影响下,袁州地区好学重科举之风更盛。李德裕(787—850年),河北赵州人。李富于文才,史称"幼有壮志,苦心力学,尤精《西汉书》《左氏春秋》"[1]。李出身于世家大族,以门荫入仕。大和九年(835年)在"牛李党争"初起之时即告失败,被贬为袁州长史。后起为刺史,官至宰相。《玉泉子》卷一记,李出自恩荫,不重进士科,但能"抑退浮薄,奖拔孤寒于时"。李德裕在袁州期间对该地学子的培养及学风的形成都作出了一定的贡献。李不仅自己苦读于城外化成岩精舍中,而且有意与袁州文人士子相交。《唐语林》卷三载,宜春"卢肇、黄颇,同游李卫公门下,王起再知贡举,访二人之能,或曰卢有文学,黄能诗。起遂以卢为状元,黄第三人"。又《玉泉子》载,会昌三年,卢肇考科举时,"王起知举,问德裕所欲。答曰:'安问所欲?如卢肇……岂可不与及第耶?'"随后宜春易重亦举状元。显然,这一时期袁州科举出色,与李德裕的扶持大有关系。在科举政治文化的影响和作用下,一些土生土长的官僚也纷纷予以重

---

[1] 《旧唐书》一七四《李德裕传》

视。如前所述,唐末洪州锺传,吉州彭玕,抚州危全讽等,都能鼓励士子向学,重视科举和学术。江西地方官鼓励学问、奖掖士人,大大激发了本区士子读书科举的热情,致使本区科举成就日渐显著。

二、科举人才辈出

科举成就的基本标准就是中举人数的多少以及中举等级的高低。唐代江西地区进士中举名额,据光绪《江西通志》卷二十一载,唐代江西及第进士共有65名(若加上婺源1人,为66名)①。这65名进士,按清朝江西的府县区统计:袁州16名;宜春11名;德兴9名;南昌7名;余干6名;高安5名;贵溪2名;建昌(今永修)2名;弋阳、丰城、于都、鄱阳、赣县、永丰(今广丰)、新吴(今奉新)各1名。按历史阶段分,唐玄宗开元以前为8名,占12%;开元以后57名,占88%。唐代科举考试特别重视进士科,而每次录取的名额极少,全国多的时候也不过三四十名,少时只有几名,一般只有一二十人,相较于应举者动辄上千人,举进士之众与及第人数之寡,二者的比例极不相称。江西应举者在强手如云、竞争激烈的科举场上,能够一次次地金榜题名,有人数65名,确属不易。

为了进一步明晰唐代江西进士基本状况,根据光绪《江西通志》卷二十一《选举表》所载,参考其他史料,特列表如下②:

---

① 倘若将各府府志所列进士的数目综合起来计算,则有唐一代江西进士数目为104名,远远超过《江西通志》的记载。

② 据光绪《江西通志》卷二十一《选举表》所载,唐代江西进士虽有65名,但其中有相当部分无其他史料所佐证,此处不列入表中统计。本表参考黄玫茵《唐代江西地区开发研究》所载《唐代江西地区进士登科表》,见该书第207—211页。

第四章
教育勃兴与人文日新

唐代江西地区进士登科表

姓名	及第年份	地区	史料根据(光绪《江西通志》之外)
杨相如	神龙年间	洪州南昌	《全唐文》卷三〇三
李思元	神龙年间	洪州高安	《全唐文》卷二〇一
熊曜	开元年间	洪州南昌	《元和姓纂》卷一
綦毋潜	开元十四年(726年)	虔州	《元和姓纂》卷二
刘慎虚	开元中	洪州新吴	同治《奉新县志》卷八,《唐才子传》卷一
赖棐	乾元年间	虔州雩都	《元和姓纂》卷八
李端	大历年间	居庐山依皎然读书	《唐才子传》卷四
吉中孚	大历年间	饶州鄱阳	《新唐书》卷二〇三
熊执易	贞元元年(785年)	洪州南昌	《唐会要》卷七十六,《元和姓纂》卷一
彭伉	贞元七年(791年)	袁州宜春	《唐诗纪事》卷三十五,《登科记考》卷十二
湛贲	贞元十二年(796年)	袁州宜春	《唐诗纪事》卷三十五,《登科记考》卷十四
宋迪	贞元十三年(797年)	袁州宜春	《登科记考》卷十四
幸南容	贞元年间	洪州高安	《登科记考》卷十三
钱识	元和五年(810年)	袁州宜春	《登科记考》卷十八
贾荟	元和七年(812年)	袁州宜春	《登科记考》卷十八
熊儒登	元和时	钟陵(南昌)	《唐才子传》卷六,《唐诗纪事》卷三
舒元舆	元和八年(813年)	江州	《登科记考》卷十八,《旧唐书》卷一六九本传
刘轲	元和十三年(818年)	习业庐山后登第	《登科记考》卷十八,《唐摭言》卷十一
施肩吾	元和十五年(820年)	登第后隐洪州西山	《登科记考》卷十八,《唐摭言》卷八
易之武	宝历元年(825年)	袁州宜春	《登科记考》卷二十
郑史	开成元年(836年)	袁州宜春	《登科记考》卷二十一,《唐诗纪事》卷五十六

续表：

杨鸿	开成二年(837年)	袁州宜春	《登科记考》卷二十一
谢防	会昌元年(841年)	袁州宜春	《登科记考》卷二十二
宋震	会昌二年(842年)	袁州宜春	《登科记考》卷二十二
卢肇	会昌三年(843年)	袁州宜春	《登科记考》卷二十二，《全唐文》卷七
黄颇	会昌三年(843年)	袁州宜春	《登科记考》卷二十二
易重	会昌五年(845年)	袁州宜春	《登科记考》卷二十二，《唐诗纪事》卷五十二
鲁受	会昌五年(845年)	袁州宜春	《登科记考》卷二十二
刘驾	大中六年(852年)	江西	《唐才子传》卷七
徐涣	大中十年(856年)	袁州宜春	《登科记考》卷二十二
伊播	咸通四年(863年)	袁州宜春	《登科记考》卷二十三，《唐诗纪事》卷七十
袁皓	咸通六年(865年)	袁州宜春	《登科记考》卷二十三，《新唐书》卷六十
曾鄴	咸通十二年(871年)	袁州宜春	《登科记考》卷二十三
何迎	广明元年(880年)	袁州宜春	《登科记考》卷二十三
郑谷	光启三年(887年)	袁州宜春	《登科记考》卷二十三
蒋肱	大顺二年(891年)	袁州宜春	《登科记考》卷二十三
易标	景福二年(893年)	袁州宜春	《登科记考》卷二十四
唐稟	乾宁元年(894年)	袁州宜春	《登科记考》卷二十四，《全唐诗》卷六九四
王贞白	乾宁二年(895年)	信州永丰	《唐才子传》卷十，《全唐诗》卷七〇一
王毂	乾宁五年(898年)	袁州宜春	《登科记考》卷二十四，《唐才子传》卷十
何幼孙	乾宁五年(898年)	袁州宜春	《登科记考》卷二十四
王定保	光化三年(900年)	洪州南昌	《登科记考》卷二十四、《十国春秋》卷六十二
欧阳持	天复元年(901年)	洪州高安	《登科记考》卷二十四
李旭	天复四年(904年)	袁州宜春	《登科记考》卷二十四，《唐诗纪事》卷七十一
李中	唐末	九江	《唐才子传》卷十，《全唐诗》卷七四七

第四章
教育勃兴与人文日新

唐前期江西举进士者极少,其原因除本区文化水准不够以外,朝廷重北轻南的政策以及本区士子缺乏入仕激情也是重要原因。随着经济文化地位的上升,中唐以后的江西,无论是官方还是民间都极为重视科举入仕。前述彭伉、湛贲之例中,湛贲之妻已知促其夫苦学自励。另一例中卢肇与黄颇同日赴举,刺史郡牧饯别黄颇而不顾贫寒的卢肇,虽是官人势利,却也足见当地人对于求仕应举者已抱支持态度,与天宝时彭构云固辞而返已不可同日而语。

唐代江西的科举士子,大多来自于本区普通的庶族地主和一般的农民。如卢肇《送弟》诗云:"去日家无担石储,汝须勤苦事樵渔。古人尽向尘中远,白日耕田夜读书。"值得注意的是,由于政府的崇佛重道,僧、道亦可以成为士子入仕为官的终南捷径。不少读书人往往出入僧、道,如不能达到目的,还俗之后又参加科举考试而求功名。江西是佛道繁盛之地,这种人物自然不少。如《唐摭言》卷十一载:刘轲少年为僧,继而又在庐山"求黄老之术",后进士及第,"文章与韩、柳齐名"。《唐才子传》卷四载:吉中孚最初做道士,因不甘寂寞,赴长安,出入王侯之门,既第进士,又登宏辞科,做了翰林学士。另外,在江西进士中,也有一些原本不是江西籍人士,如施肩吾、李端、刘轲等,因长期在江西学习与生活,也就成为江西士人了。可见,外地人士对江西的进士文化也作出了一定的贡献。

秉隋唐之法,五代十国的各政权,仍然在政治相对平稳时期施行科举。据光绪《江西通志》选举表,自后梁至后周,江西有4人进士中举[①]。杨吴时期,有庐陵人萧俨,童子科及第;庐陵人张翊,谢策中第。南唐建国后,人才政策曾较长时期内"随材进用,不复设礼部贡举"[②],文化的繁荣与科举的不发达形成强烈的反差。为了适应人才建设与文化协调发展的需要,保大十年(952年)中主李璟命翰林学士江文蔚主持贡举事,此后至金陵失陷的20余年间,共放17榜,几乎是每年都录取进士数名。南唐一代,江西约有8人考中进士[③]。

---

① 雍正《江西通志》与光绪《江西通志》所记江西中举人士,有不少错讹之处。笔者对所记后梁至后周的江西中举人士的存在很大疑问,又限于资料,遂不作认定,以待能者。后梁至后周的江西进士名单,请参陈文华、陈荣华主编:《江西通史》,江西人民出版社1999年版,第281页。

② 《十国春秋》卷二十五《江文蔚传》。

③ 笔者对南唐江西进士的认定与前辈时贤的研究有较大的差异,主要是以中举时间为标准,如王毂中举是在晚唐、萧俨中举在杨吴、陈彭年中举是在北宋,就不把他们算做是南唐进士。另外,如果仅有地方志记载而没有确实史料相印证,笔者也不作认定,如地方志所载的南唐新建状元邓及。前辈时贤的相关研究,请参见许怀林:《江西史稿》,江西高校出版社1998年版,第227—228页;陈文华、陈荣华主编:《江西通史》,江西人民出版社1999年版,第281页。

南唐江西进士如下：1.李征古，宜春人，昇元末，举进士第。2.郭鹏，永新人，保大初进士。3.张惟彬，庐陵人，幼以通诵二经中童子科，有文章名。及长，先后授蕲州黄梅尉、武昌崇阳主簿、庐陵令。4.王克贞，庐陵人，保大十年（952年）状元，累官至观政院副使。5.罗颖，南昌人；后主李煜时举进士。罗颖涉猎经传，以辞赋称于乡里。及试，后主手圈为第二。6.乐史，宜黄人。后主李煜时举进士。乐史入宋后，于太平兴国五年（980年）以见任官再举进士，乐史毕生勤奋，著述宏富，最要者为《太平寰宇记》200卷。7.刘式，袁州人，后主李煜时举进士。刘式治《春秋》经，举左氏传、谷梁传、公羊传中第，入宋，官至刑部郎中。8.胡昌翼，据《江南通志》卷一一九《南唐进士》记载：婺源人胡昌翼也曾中举进士。五代十国时期因政治比较混乱，科举艰难，江西地区这一时期科举成功人数尽管不是很多，但就当时全国特别是就南唐政权而言，还是算比较突出的，一定程度表现出本区文化在纷乱的历史时期仍在努力向上发展的趋势。

三、科举制下的士人生态

隋唐以来的科举政治，科举风气兴盛，带来了江西社会的深刻变化。本区的文人士子由此上演科举人生的悲喜剧，或落寞贫困一生，或通过科举正途参与国家政治活动。

科举成功带来的利益巨大，但从事科举需要大量的人力、物力、财力投入，对于普通庶民阶层的读书人来说，不能不是一种沉重的负担，直接带来生活的贫困。《云溪友议》卷一载，抚州人杨志坚，嗜学而家贫，其妻子因受不了生活的艰苦，于是向他索取离婚书。《十国春秋》卷三十一《周彬传》载，唐末五代的禾川人周彬，杜门苦读，其妻道："君兄皆力田亩，致丰羡，乃独玩故纸以自困。宁有益邪？"周彬答道："耕田不如耕道，非儿女子所知也。"直到李昇受禅后，周彬因其才学得以入仕，生活境遇始得改变。由于科举之途狭隘，中者寥寥，故而对江西大多数士子而言，科举带来的不仅是物质财富、经济生活的损失，还会带来巨大的人生失落。洪迈《容斋随笔·五笔·唐曹因墓铭》记，宁宗庆元三年（1197年），江西信州的某村庄，挖掘出一块唐碑，"乃妇人为夫所作"。碑文写得相当简单，不到百字，其中后半篇写道："惟公三举不第，居家以礼义自许。及卒于长安之道，朝廷公卿，乡邻耆旧，无不太息。"这位曹君，世居鄱阳，既非大姓右族，且又累举不第，可见朝中乏人，其客死于长安道上，碑铭乃出于妻子之手，则所谓"朝廷公卿"、"无不太息"，也不过是修饰之词罢。但这块碑文却相当

第四章
教育勃兴与人文日新

真实地昭示了一个默默无闻的读书人为科举而奔死一生的命运。

"学而优则仕",通过科举参与政治往往是文人士子所特别追求的。受时代风潮的影响,江西士人大都有经世致用的思想。唐中宗神龙元年(705年),举进士的杨相如,补当涂县尉。奏献《君王政理论》3卷,拜右拾遗。开元末杨上书二千余言,引隋炀帝亡国唐太宗兴邦之实例,劝惩荒淫,崇教化。指出"历观有国有家,莫不以骄奢放纵而灭,畏慎谦恰而兴"。钟陵臧嘉猷,天宝间(742—755年)任采访使,著《德政》八章以献,受朝廷表彰。萍乡唐禀,乾宁进士,官秘书正字,辑唐太宗贞观时期之文章,编《贞观新书》30卷。不过,唐前期江西士人于政治较为淡漠,通过科举进入国家政权系统的寥寥无几,在政治上难有突出的表现。唐中后期以来,随着江西地区政治、经济、文化地位的上升及科举的成就,本区的士人进入政治系统的人数大增,有的甚至进入中央权力核心,在政治上的作用愈加显著。余干人李俨,大历进士。德宗时为左司谏,时方士桑道茂奏奉天有天子气,皇帝欲行屠城。李俨进谏曰:"陛下始登元极,当惩忿窒欲,选贤任能,以安社稷,怎能轻信妖言,以害生灵?乞斩道茂。"帝悟,乃罢之。后迁浙西节度判官,时遇饥荒,赈济之,免数万人于难。江州人舒元舆,是唐后期担任职务最高的江西人。据《旧唐书·舒元舆传》,元和八年(813年)登进士第,释褐诸府从事。大和初,入朝为监察,转侍御史。与朝中李训相交甚厚。及李训为文宗宠遇,担任宰相,舒被召为尚书郎。大和九年(835年),拜御史中丞,兼判刑部侍郎。九月,以本官同平章事,与李训同知政事,权重一时。后因"甘露之变"事发,被诛。另信州贵溪人吴武陵也是较为有影响的人物。吴为元和二年(807年)进士,拜翰林学士。吴年轻时胸怀大志,倜傥不群,淮西吴少阳久闻其才,欲罗致幕中,遣客郑平致意,吴婉拒。后少阳子吴元济叛唐,吴去长信,晓之以理,动之以势,元济不悟。裴度东讨。韩愈为司马,吴通过韩愈屡献良策,为裴度所赏识。元和三年,因得罪权贵,流放永州,与贬为永州司马的柳宗元相遇,两人意气相投,同游永州山水。后柳宗元调任柳州刺史,吴北还。吴多次向宰相裴度陈述柳宗元的不幸,并给工部侍郎孟简写信,请求他们将柳宗元从边地调回,改变境遇。长庆初(821年),吴主持北边盐务。他评议时政说:"天下不治病,权不归有司也。盐铁度支,一户部郎中事,今三分其务,吏万员,财赋日蹙。"大和初(828年),吴入为太学博士。礼部侍郎崔郾试进士于东都,吴力荐杜牧,并出示《阿房宫赋》,因第一已定,旋列异等。大和中出任韶州刺史。大和八年遭权贵构陷,以"脏罪狼藉"贬为潘州司户参军。时上敕令广州幕史查问,逼之甚急,吴不胜其忿,题诗在路旁佛庙说:"雀儿来逐飓风高,下视鹰鹯意气豪。自谓能生千里翼,黄昏依旧入蓬蒿。"在《贡院楼北新栽小松》诗中写道:"拂槛爱贞容,移根自远峰。已曾经草没,终不任苔封。叶少初陵雪,鳞生欲化龙。乘春灌雨露,得地近垣墉。逐吹香微动,含烟色渐浓。时回日月照,为谢小山松。"表达他不阿附奸佞的节操。不久吴武陵便郁愤而逝。其他江西进士,熊儒登任西川从事,郑史终国子博士,卢肇任州刺史,刘驾终国子博士,伊播任泾阳令,袁皓任抚州刺史、内任集贤殿图书使,郑谷虽享文名而官位仅至都官郎中,王毂任尚书郎中,李中终水部郎中……江西进士其官职外为县令、刺史,内为郎中,所任除舒元舆一例外,官品多为五品上下;所处皆非重权机构,仅元舆一人进入中央权力核心。虽然江西的人文精英仍未进入中央的权力核心,但已在逐渐积累力量。如前所述,到五代吴、南唐时期以宋齐丘为代表的江西人物已在政权中发挥重要作用,影响一时。

　　唐中后期以来,地方政治与幕僚的关系极其密切。因为观察使(节度使)、刺史、县令等虽然是该级统治区域的最高行政首长,但其权力的决策与实施,往往通过幕僚进行,地方政治也在一定意义上可以说是幕僚政治。唐代江西地区的行政首长观察使、刺史、县令等依例是由中央派遣任命,到唐代末期才转由地方自主。中央对地方首长以下的幕府幕僚,较诸行政首长少加干预,是以选任幕僚时,身为地方行政首长的江西观察使有其自主权。文人在应举不第或科举仕途不顺的情况下,幕府重视人才、条件优厚、离职自由,是文人士子的另一安身之所。钱起《送王季友赴洪州幕》云:"烟波带幕府,海日生红旗。……诸侯重才略,见子如琼枝。"钱起此诗颇能代表当时求才幕府之况。文士将赴幕府任职作为应举的经济收入与日后仕途的背景;方镇则藉幕府优礼文士来网罗人才,扩大自己的影响力,为日后储备实力,二者互有需要,也各得其利。因此不少文士应举不第,或中举后也愿意投身于幕府。江西观察使的幕僚以外地人居多,出身于本区者,史料仅见王季友、王绍与陈象三人。据《唐才子传》卷四载,丰城人王季友,"洪州刺史李公(勉),一见倾敬,即引佐幕府"。王绍由入幕登上宦途的情形,李绛《兵部尚书王绍神道碑》记:"(王绍)少以厚实,为士友所重,太师颜鲁公守吴兴,特器之,表授武康尉,相国萧徐公察守冯翊,并随府授檄。丁继太夫人忧,服除,累授殿中侍御史、江西观察推官。"陈象为袁州新喻人,受钟传聘而出仕。《唐摭言》卷十《海叙不遇》记:陈象"少为县吏,一旦愤激为文,有西汉风骨……南平王钟传镇豫章,以羔雁聘之,累迁行军司马、御史大

第四章
教育勃兴与人文日新

夫。传羲,象复佐其子文政。"江西士子任职幕府者比例不高,人数不多。或表明江西士人仍视科举为正途,对入幕作宾并不太重视。这不能不影响到江西士人在政治上的作为。

通过诸科考试出仕的江西籍进士中,不少人不仅在政治上有所作为,在文化上也有不凡的成就,在祖国文化宝库中留下了一份份珍贵的遗产。其中卢肇就是其中的代表。卢肇(818—882年),字子发,袁州宜春文标乡人。据《袁州府志》《宜春县志》载,卢肇出仕之前家境贫寒,但聪颖好学,"夜无脂烛,则爇薪苏,晓恨顽冥,亦尝悬刺"。他写文章,"驰骋上下,伟丽可观",得到达官宿儒的推重。唐武宗会昌二年(842年),卢肇和同县的黄颇一起进京应试。黄祖上有地位,家中殷富,而卢卑寒。地方长官只给黄饯行而不理卢。卢遂写《别宜春赴举》一诗明志:"离山且作衔芦雁,入海终为戴角鱼。长短九霄飞直上,不教毛羽落空虚。"据《登科记考》卷二十二所记,会昌三年共举进士22人,卢肇状元及第,成为自有科举制度以来江西地区的第一个状元。

卢肇入仕后,初为鄂岳庐商从事,后任著作郎,迁仓部员外郎,充集贤院直学士,曾出知歙州,后移宣州、池州、吉州刺史,政绩较著。卢肇生活的时代,正是唐朝历史上"牛李党争"最激烈的阶段。太和九年(835年),李德裕被牛僧孺挫败,贬袁州。李在宜春和卢肇有交往,并曾点拨卢肇攻读儒经、写作诗文。《登科记考》卷二十二引《玉泉子》称,"(李)德裕尝左宦宜阳,(卢)肇投以文卷,由此见知"。后来李被重新起用,官至同平章事,执掌宰相大权。据称卢肇"随计京师"时,李德裕还每每在接见他时"待以优礼"。这一切对于卢肇的得名以及中状元不无裨益,但卢肇没有因此攀附李德裕。他在《进海潮赋状》中表白自己:"在名场则最为孤立,于多士则时负独知","全无亲党,不能吹嘘"。正由于此,这位宰相的旧友兼状元,不获大用,只做了几任幕僚和州官。卢肇不去"奔走于形势之途",或是李党特别强调家世门阀,而卢肇"门地衰薄,生长江湖……为业之初,家空四壁",不愿去受士族的歧视;或是牛李党争激烈残酷,他们本人免不了失势贬逐,依附者也难逃牵连责罚,安稳地在江南任职,比"阿附而得富贵,至于失势顿挫一跌而不振者",自然要好得多。卢肇此举是明哲保身,却也是不阿附权贵、操行高洁的表现。

卢肇虽"志在为儒",却对天文很感兴趣,潜心研究潮汐现象,"以二十余年前后详参"的结果,撰成5000多字的《海潮赋》及序、后序,与此相关的还有《进海潮赋状》《日至海成潮入图法》《浑天法》《浑天载地及水法》等,于咸通年间献

江西第一状元卢肇塑像

给懿宗皇帝。卢肇认为:"夫潮之生因乎日也,其盈其虚系乎月也。"说明潮汐的成因与太阳、月球都有直接关系,这是对的。但卢肇强调"因其(太阳)灼激而退焉,退于彼盈于此,则潮之往来不足怪也",这是不对的。近代科学证明,海潮是由于月球和太阳对地球引力不同所致,而月球的引潮力约为太阳的2.17倍,故潮汐现象主要随月球运行而变化。卢肇成果虽有不足,但已在前人的基础上前进了一步,成为当时最新的研究成果。卢肇的研究成果受到朝廷的重视,唐懿宗说:"卢肇文学,优赡时辈,所推穷测海潮,出于独见,征引有据,图象甚明,足称一家之言,以去万载之惑。其赋宜宣付史馆。"明代叶涵云故而称赞曰:"古人可不朽,岂藉科第留?三复海潮赋,诚足传千秋。"《海潮赋》等科技文渐为今天的学人重视[1]。

卢肇政事之余,勤于笔耕,一生著述很多,有《文标集》《庙堂龟鉴》《卢子史录》《逸史》《愈风集》《大统赋注》等一百几十卷诗文。因卢肇为江西第一状元的

---

[1] 许结:《说"浑天"谈"海赋"》,载《南京大学学报》1999年第1期。

事迹及其为人操守,一直受家乡人民的尊敬与怀念。至今在宜春地区还有不少关于他的遗迹,如袁州的状元桥、状元洲等。

第三节
文学的复兴与超越

隋唐五代尤其是唐代是我国封建社会的鼎盛时期,经济繁荣,国力强盛,文学领域也出现了崭新气象。在浓郁的文学氛围中,古老的赣鄱大地,涌现出一大批文学之士,江西文学出现了令人瞩目的新成就。

一、外地文人引领风骚

唐五代江西文化的发展与兴盛,得力于那些游学、仕宦或避难于江西的外地文化人的扶植与推动。由于众多外籍文人普遍比江西本土文人的水平高、影响大,所以对江西文学的贡献非凡。实事求是地说,江西文坛在唐五代时期起步与繁荣是由他们引领的。

早在东晋南北朝时期,王羲之、谢灵运、鲍照、江淹等名流就曾被江西的无限山水风光所吸引,留下了不少人文足迹,写下了许多脍炙人口的诗文。这一风气到唐朝时期更加浓郁。唐朝全国大统一,南北经济文化交流大大加强。特别是赣水、大庾岭交通道路的畅通,唐前期过往江西的文士人物已是络

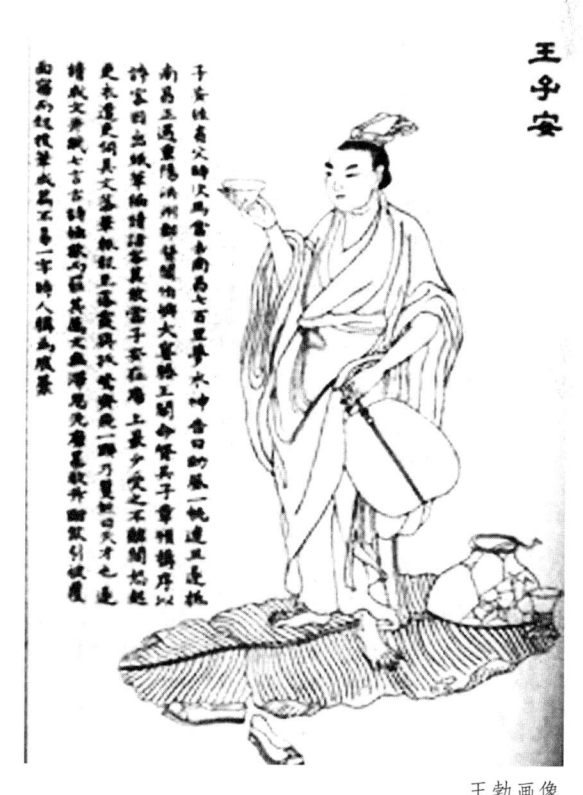

王勃画像

绎不绝。唐朝初年，洪州都督阎公曾于重阳日在滕王阁举行过一次以文会友的大宴，即有"初唐四杰"之首的绛州龙门人王勃，赶赴宴会作《滕王阁序》，传为文坛佳话。又据《容斋随笔》卷一《欧率更帖》载，唐代大书法家欧阳询"年二十余，至鄱阳，地沃土平，饮食丰贱，众士往往凑聚，每日赏华，恣口所须。其二张，才华议论，一时俊杰；殷、薛二侯，故不可言；戴君国士，出言便是月旦；萧中郎颇纵放诞，亦有雅致；彭君摛藻，特有自然。至如《阁山神》诗，先辈亦不能加。此数子遂无一在，殊使痛心。兹盖吾乡故实也"。这一文化"沙龙"的成员今天无法详考，然多半为游

白居易像

宦之辈，殊少本地人士应属无疑。尽管其中不乏溢美之词，但亦大可反映唐代前期饶州许多文士学者、迁客骚人曾经在江西道特别是洪州、临川一带活动过，并与当地文人学士相交往。

有唐一代，江西较为安定的社会环境，富庶的经济，优美的山川，对各地的文人士大夫有相当的吸引力，他们自然而然地拿起纸笔抒发自己的激情。宋之问、王勃、张说、李峤、姚崇、张九龄、孟浩然、李白、元结、刘长卿、卢纶、柳浑、白居易、韩愈、孟郊、刘禹锡、李涉、李渤、刘轲、李群玉、徐凝、许浑、柳希邶、曹松、顾况、权德舆、牛僧孺、李德裕、戴叔伦、罗隐、皮日休、韦庄……他们在江西留下了大量的诗文，其中许多是千古传诵的名篇。如宋之问的《度大庾岭》，王勃的《滕王阁序》，孟浩然的《下赣石》《晚泊浔阳望香炉峰》，李白的《望庐山瀑布》《望庐山五老峰》《庐山谣寄卢侍御虚舟》，白居易的《琵琶行》《题大林寺桃花》等，还有号称"天下第二书"的颜真卿的《抚州南城麻姑山仙坛记》碑刻，世界第一部茶叶专著陆羽的《茶经》等。毫无疑问，他们在江西的活动和创作，多与本区的山川风物联系在一起，其诗文既得江山之助，江山亦因之增色，不仅为江西文学史增添了华彩乐章，更濡染了当时的江西文坛，对江西文化的推进和提高是不可低估的。这里仅举白居易在江西的文学活动为例进行说明。

唐宪宗元和十年(815年)，盗杀宰相武元衡，身为赞善大夫、时年44岁的白

第四章
教育勃兴与人文日新

居易率先上疏："急请捕贼，以雪国耻。"①朝廷怒其越职奏事，贬为江州司马。江州之贬对白居易是一个沉重的打击，在前期还只是偶尔浮现的佛道思想，这时未免潜滋暗长，他终于在庐山香炉峰下筑起草堂，将时光虚掷在修仙学佛和山水诗酒之间。他糅合儒家的"乐天知命"、道家的"知足不辱"和佛家的"四大皆空"来作为"明哲保身"的法宝，日渐走上了消极避世的道路。但另一方面，却促使白居易的文学创作发生了重大转折与突破，迈上一个新的高峰。

江州司马的生涯虽然使白居易放弃了"讽谕诗"的写作，但却促成了其"感伤诗"的代表作《琵琶行》的诞生。《琵琶行》写于白居易贬江州的次年(816年)。全诗大意是：深秋月夜，诗人送客浔阳江头。宴饮之时，忽听琵琶声传来。移船相问，方知是一个独守空船的女子。诗人邀请她演奏，曲调激越动人。交谈中知道她当初是长安的一名歌妓，后因年长色衰，"嫁作商人妇"。但重利寡情的商人又把她独自抛在江州，使她过着寂寞凄凉的生活。诗人不禁联想起自己的坎坷遭遇，于是兴起"同是天涯沦落人，相逢何必曾相识"的强烈共鸣。情节过程十分短暂，置于枫叶荻花、月白风清的凄清秋夜的背景上展开，因而极富戏剧性，并收到了以景托情，情意相生的艺术效果。《琵琶行》具有长篇叙事诗人物形象鲜明，故事情节完整，结构层次分明，主题寓意深永的特点，被诗界誉为"千古绝作"；又因其独特的以"声"与"情"的艺术魅力，被誉为"千古第一音乐诗"。不仅如此，琵琶女的形象，典型地概括了封建社会中备受蹂躏和压迫的妓女的不幸命运。作者站在无限同情的立场上，代她们对不合理的社会现实进行了控诉，从而使这首诗获得了积极的意义；与此同时，诗人借琵琶女的身世感叹自己深受排挤、横遭贬谪的不幸，则更加深了全诗的现实主义内容。作为"感伤诗"中的叙事长诗《琵琶行》，比诗人早年写出的另一叙事长诗《长恨歌》更富于现实意义，艺术的感染力也更强烈，堪称其现实主义诗篇中的扛鼎之作。

《与元九书》是白居易贬江州当年岁暮写的，借向挚友元稹抒愤懑而详陈文学主张的一篇诗论杰作。诸如："诗者，根情，苗言，华声，实义"；"事物牵于外，情理动于内，随感遇而形于咏叹"；"文章合为时而著，歌诗合为事而作"，都是当时著名的诗论。全书洋洋三千余言，融议论、叙事、抒情于一炉，析理精辟，感情激越，文气酣畅，充分显示了白氏作为诗坛巨擘而兼古文家的独特风范。

---

① 《旧唐书》卷一六六《白居易传》。

庐山石刻白居易《大林寺桃花》诗

白居易是杜甫之后的杰出的现实主义诗人,他继承和发展了《诗经》和汉乐府的现实主义传统,沿着杜甫所开辟的道路进一步从文学理论和创作上掀起了一个波澜壮阔的现实主义诗歌的高潮[①]。《与元九书》是当时一篇最全面、最系统的现实主义诗歌理论纲领,也是我国中古文学批评史的重要文献。

此外,白居易还创作了一些富有文学欣赏价值的诗歌、散文篇章,对江西的优美山水风物作出了深情的抒发。白居易仰慕"匡庐奇秀,甲天下山",因而有不少关于庐山的优美诗文。白曾在庐山遗爱寺建草堂,元和十二年(817年)春天迁入草堂。《与元微之书》云:"仆去年秋始游庐山,到东西二林间香炉峰下,见云水泉石,胜绝第一。爱不能舍,因置草堂。前有乔松十余株,修竹千余竿,青萝为墙垣,白石为桥道。流水周于舍下,飞泉落于檐间,红榴白莲,罗生池砌。"白居易专作《草堂记》叙写其居住的庐山草堂堂前景物,井然有序,历历如画:"是居也,前有平地,轮广十丈;中有平台,半平地;台南有方池,倍平台。环池多山竹野卉,池中生白莲、白鱼。又南抵石涧,夹涧有古松、老杉,大仅十人围,高不知几百尺。修柯戛云,低枝拂潭,如幢竖,如盖张,如龙蛇走。松下多灌丛,萝茑叶蔓,骈织承翳,日月光不到地,盛夏风气,如八九月时。下铺白石,为

[①] 游国恩等:《中国文学史》(二),人民文学出版社1983年版,第116页。

第四章
教育勃兴与人文日新

出入道。"庐山《草堂记》成为写景状物的古代散文名篇,而大致同时创作的《大林寺桃花》则是极富哲理与情趣的名诗。白居易暮春四月上庐山访大林寺,平原地区桃花李花早已谢尽,百花凋零时节,在人迹罕至的大林寺却是"山桃始华,涧草犹短"[①],恍然到了另一春天世界,遂吟咏《大林寺桃花》:"人间四月芳菲尽,山寺桃花始盛开。长恨春归无觅处,不知转入此中来。"诗作造语清新,意与景会,充分表现出诗人珍惜春光美景,鄙弃尘世功名利禄的高洁情怀。当时诗人正处于"俟罪浔阳"的失意中,能保持这样旷达的精神境界,尤为难得。

白居易在江州期间,创作了《琵琶行》《与元九书》《大林寺桃花》等近200篇诗文,成为他一生创作最为旺盛与成就最大的时期。可以说没有这段贬官江西的经历,白居易不可能创作出如《琵琶行》那样传诵千古的诗作,不可能通过《与元九书》提出现实主义的诗歌理论,也不可能创作出反映江西民众生活与社会风情的大量诗文。江西的山水人情赋予了白居易巨大的创作源泉,反过来,他又为江西文坛谱写了一段华彩乐章。白居易贬江州,是他官场上之不幸,却又是他文学创作及江西文坛之大幸。

外来文化人士在江西活动,加深了他们对江西的了解,从而在文化层面上提升了江西的形象。隋唐以来,处于长江中游的江西尽管交通已较便利、经济已上升,但在一般北方人的心目中,此地仍未免稍嫌僻远、落后。张籍《送从弟濛赴饶州》诗有句云:"京城南去鄱阳远。"李建勋《送王郎中之官吉水》则形象化地描写道:"南望庐陵郡,山连五岭长。"白居易甚至有"江州望通州,天涯与地末"之慨[②]。不仅如此,很多人在意念中便未免为它涂上一层蛮荒的色彩。前引李建勋诗末句有云"惟应劳赞画,溪峒况强梁"。陈陶《钟陵道中作》亦称:"烟火近通槃瓠俗,水云深入武陵乡。"白居易《送人贬信州判官》:"地僻山深古上饶,土风贫薄道程遥。不唯迁客须恓屑,见说居人也寂寥。溪畔毒沙藏水弩,城头枯树下山魈。若于此郡为卑吏,刺史厅前又折腰。"白诗中间两联所传摹的气氛,简直已非人类所能居。由这三条资料所反映的三个地点,可以概见江西的普遍情形。然而当这些外来文人一旦在当地生活经年,对其地理环境有所了解之后,得出的评判几至完全相反。如李嘉祐《题前溪馆》云:"两年谪宦在江西,举目云山要自迷。今日始知风土异,浔阳南去鹧鸪啼。"其后两句大可玩味。鹧

---

① 《白氏长庆集》卷四十二《游大林寺序》。
② 《全唐诗》卷四三三白居易《寄微之三首》。

鹧啼在古代文人的耳朵里是颇有含义的,自宋以来的通解是"行不得也哥哥",此诗写作的时候该通解尚未流行①。但当时人曾有"唯能愁北人,南人惯闻如不闻"的提示②,可知作者对于"风土异"的知觉即因此而起。此前并不觉得风土有异,显然是在此谪宦两年,对当地的环境已经适应的缘故。白居易在江州的生活情形也非常典型地反映了这一转变。初至江州时,作《孟夏思渭村旧居寄舍弟》称:"九江地卑湿,四月天炎燠。苦雨初入梅,瘴云稍含毒。"如果不是作者在诗首已标明其地点,简直让人怀疑他是在讲一派热气蒸腾、瘴毒弥布而令人不安厥居的岭南边地。然而当他生活了一段时间以后,对当地的自然环境的评价已完全两样:"江州风候稍凉,地少瘴疠,乃至蛇虺蚊蚋,虽有甚稀。溢鱼颇肥,江酒极美,其余食物,多类北地。……去年秋,始游庐山,到东西二林间香炉峰,见云水泉石,胜绝第一,爱不能舍。"③先后对照,几乎难以相信这两件文字出自同一人手笔。前件中感觉不祥的因子在后件中都得到了否认,并且还发现了不少前件中感觉不到的好处。这两者的差别,不能不说是前件包含了诸多成见和误会。作者有一首诗《代春赠》单道此点:"山吐晴岚水放光,辛夷花白柳梢黄。但知莫作江西意,风景何曾异帝乡?"所谓"意"显然即前述成见。除此之外,作者前后认识的巨大变化,其实也是在比较深入了解江西地域后,对当地文化的一种认同和欣赏。唐宣宗时江州刺史崔黯在《复东林寺碑》中不仅赞美"而庐山为山,峻与秀两有之",而且还认为"浔阳为四方之中,有江山之美"。这种"四方之中"的感觉实在是反映了对江西作为一个文化地域的肯定。

外来文化人在江西的文化活动,不仅丰富了他们自己的文学创作,也繁荣了江西文学,构成江西文化的有机部分,极大地促成了江西文化区的形成与发展。他们通过文学形式与内容,深刻影响了江西本土文化,并向外大力宣扬了江西文化,使区域外的人们更加了解江西;同时也直接地培养了江西本土文化人。总之,江西文化在唐代中后期猛然崛起,不仅是江西本土文化人的努力,还与外来的文化人士在江西的活动分不开,他们为江西文化的发展作出了重要贡献。

---

① 贾祖璋:《鸟与文学》,上海书店 1982 年版,第 111—114 页。
② 《全唐诗》卷四三五白居易《山鹧鸪》。
③ 《全唐文》卷六七四白居易《与元微之书》。

第四章
教育勃兴与人文日新

二、"地多章名客"

唐五代江西文学的发展与繁荣,最终取决于本土文人的奋发自强。自东晋陶渊明之后,中经宋、齐、梁、陈、隋诸代直到唐初的200多年间,江西文坛后继乏人,一派沉寂。有唐一代,随着社会经济发展,文教事业兴盛,本土文人积极进取,江西文坛开始复苏。至晚唐五代,江西文学家如雨后春笋般成长,文坛蔚为大观。他们以江西为根基,跻身中国优秀文人之列,低吟高唱,预演着宋元明清江西文坛的繁盛。

唐玄宗天宝年间,进士殷璠选择了当时24位著名诗人的234首诗歌编成一部诗集。殷氏认为这些作者都是"河岳英灵",即当时全国文坛杰出代表,所以名为《河岳英灵集》。由于殷氏本身具有很高的诗歌审美和鉴赏力,所立择录标准又相当精严,所以直到现在,诗集仍是学术界所公认的权威性的盛唐诗歌选本之一。集中所选之人,几乎囊括了开元、天宝期间活跃在文坛上的最优秀的诗人,其中綦毋潜、刘眘虚、王季友是江西人,24家中江西占了3家。若以盛唐时期江西文坛的实力而言,这个比例大得有点不相称;若从政治影响来说,这3人也都是微不足道的,这正说明了殷氏《河岳集自序》中所言的"如名不副实,才不合道,纵权压梁窦,终无取焉"。

綦毋潜,虔州南康(或说荆南)人,字孝通,一作季通。约生于天授二年(691年),15岁入长安游学求仕,开元十四年(726年)进士及第,授宜寿(今陕西周至)尉。开元十八年前后入集贤院待制,为校书郎。开元二十一年冬挂冠归隐,次年秋游历江南。天宝初,因家境拮据,又重返京洛谋求复职。天宝十一载(752年)任右拾遗后升至著作郎。安史之乱爆发后,唐政权陷入混乱,綦毋潜痛感国无宁日,官场险恶,再度弃官归隐江淮。王维曾赋《送綦毋秘书弃官还江东》:"明时久不达,弃置与君同。天命无怨色,人生有素风。"表达了对綦毋潜摆脱官场俗气、保持人生纯朴风范的赞赏。綦毋潜在开天之际诗名很高,与张九龄、王维、李颀、储光羲、孟浩然、卢象、高适等为文章之友,相互酬唱。殷氏尤称其诗:"屹峭茜足佳句,善写方外之情,至如'松山殿冷',不可多得;又'塔影挂清汉,钟声和白云',历代未有。荆南分野,数百年来,独秀斯人。"杨希闵《乡诗摭谈》称他"清回拔俗处,故是摩诘一路人",说明他不仅在盛唐诗坛具有相当的地位,而且诗歌风格接近王维,诗作举体清秀,流露出追慕隐逸之意。王维《别綦毋潜》中,赞扬綦诗"盛得江左风,弥工建安体",说明綦氏诗积极追求风骨。后人对綦毋潜的作品评价较高,如严羽在《沧浪诗话》中称他为唐诗人中大名家之一。《赣州府志》记"盛唐时,江右诗人惟(綦毋)潜最著"。《河岳英灵集》收录其诗6首,《全唐诗》存其诗1卷共26首,代表作为《春泛若耶溪》,诗云:"幽意无断绝,此去随所偶。晚风吹行舟,花路入溪口。际夜转西壑,隔山望南斗。潭烟飞溶溶,林月低向后。生事且弥漫,愿为持竿叟。"诗人以春江、月夜、花路、扁舟等景物,描写在一个春江花月之夜泛舟溪上,抒发自己"生事且弥漫,愿为持竿叟"的超然出世思想。诗句颇有不事雕琢的自然美,《唐音癸签》引殷璠语评论说,整首诗"举体清秀,萧萧跨俗"。

刘眘虚(慎虚),字全乙,亦字挺卿,号易轩,新吴(今奉新)人。据1989年版《靖安县志》卷三十五《人物》载,刘眘虚定居在建昌县桃源里(今靖安县水口乡桃源村)。卒葬于该村云山垴,墓茔尚存。其生卒年不详,殷氏说"惜其不永,天碎国宝"。《河岳英灵集》编成于天宝十二载(753年),可见刘眘虚在此前已谢世,而且寿命较短。刘眘虚幼时聪颖,据说其9岁即作文上书给皇帝,被召拜"童子郎"。开元十一年(723年)中进士,十九年应制举,又中博学宏词科。进士及第后,曾授洛阳尉,迁夏县(今属山西)令,后为崇文馆校书郎、秘书郎。他性情古朴爱好山水,不慕名利,无意仕途,晚年生活在江南一带,与贺知章、包融、张旭等诗人交好,世称"吴中四友",和孟浩然、王昌龄、高适等亦相友善,留有相互唱和的诗作。刘眘虚和綦毋潜都可以归入王维、孟浩然的山水田园诗一派。殷璠所编的《河岳英灵集》,推崇刘眘虚为一家,选录其诗多至11首,排在常建、李白、王维之后居第4位,列为"河岳英灵"中的上乘作品,并称其诗"情幽兴远,思雅词奇,忽有所得,便惊众听。当时东南高唱者数十人,声律婉态,无出其右,唯气骨不逮诸公。自永明以来,可杰立江表"。"永明"是南朝齐武帝年号(483—493年),自此至于唐玄宗开元二百多年间,刘眘虚是江南的杰出诗人。对这个评价,历来文学史家都是赞同的。王士祯《香祖笔记》卷十二中说,刘眘虚的"十四(首)诗足以不朽其人,他文可不必传,正如白头花钿满面,不如美人半妆耳"。钟惺《唐诗归》云:"读眘虚一字一句一篇,若读数十篇,隐隐隆隆,吾取此为少者法。"刘眘虚诗作多为五言,以写自然景物为主。《阙题》为其代表作,诗曰:"道由白云尽,春与青溪长。时有落花至,远随流水香。闲门向山路,深柳读书堂。幽映每白日,清辉照衣裳。"这首诗句句写景,诗情画意,佳句盈篇,如前四句,一句一景:白云、青溪、落花、流水;每句首用一字交代地点、时间:道、春、时、远;句尾皆一字收句:尽、长、至、香。后四句:闲门、深柳、幽映、清辉道出地点、时间;而山路、书堂、白日、衣裳,则描写诗人来到了一个安谧、舒适的专心

第四章
教育勃兴与人文日新

读书的好地方。诗虽短小,却让人回味无穷。诗人的行动、神态、情趣,甚至身份、地位等等,皆包含在其中,给人以清新明丽、余韵萦绕的艺术享受。据今人考证,此诗有题,应是"归桃源乡",在道光《靖安县志》和民国《长冈刘氏宗谱》中都录入此诗,并注曰:"白云山在桃源,青溪潭在亘田,深柳堂在刘坊坑。"①刘眘虚的诗歌成就使他名留千古,5卷诗集《鹡鸰集》到清康熙年间还在流传,却毁于《四库全书》修成之日。现今只有《全唐诗》存其诗15首。《全唐文》卷四〇八,录有他一篇判词《对不知名物判》。刘眘虚不仅诗才出众,人品也高。据道光《奉新县志》载:因刘眘虚"孝友恭俭,哲悟过人",时任洪州刺史吴兢特改其所居奉化乡为"孝悌乡",以示表彰。

王季友(714—794年),名徽,字季友,自号云峰居士,原籍河南洛阳,迁居丰城。王早年家贫,靠卖履为生,但志向远大,坚持攻读,诵书万卷,以至论必引经,声名大振。据说于开元二十四年(736年)举进士②,历任华阴尉、虢州录事参军、监察御史、御史中丞,因不满李林甫专权而回归江西,约广德二年(764年)洪州太守李勉爱其才华,引他佐幕府。后又回丰城,隐居龙泽智度寺设帐教授学徒。王时有诗名,与杜甫、张九龄、岑参、钱起、沈千运等相友善,曾携手畅游名山大川,作诗唱和。杜甫曾写诗称赞他:"丈夫正色动引经,丰城客子王季友。群书万卷常暗诵,孝经一通看在手。"③岑参推许他:"王生今才人,时辈咸所仰。何当见颜色,终日劳梦想。"④王季友因出仕晚,长期生活充满艰辛,诗歌充满愁苦之音,具有较强的现实感和艺术表现力。如《古塞曲》:"进军飞狐北,穷寇势将变。日落沙尘昏,背河更一战。驿马黄金勒,雕弓白羽箭。射杀左贤王,归奏未央殿。欲言塞下事,天子不召见。东出咸阳门,哀哀泪如霰。"就是通过一位建功将军的遭遇,诉说人生的不公。王著有《季友诗集》《河岳集》辑其诗6首,元结《箧中集》辑其诗2首,《全唐诗》共存其诗11首。另外,他还著有《龙泽遗稿》《四书要注》《六经通义》等。

綦毋、刘、王三人除入《河岳英灵集》外,又都入元代辛文房编的《唐才子传》。这一时期,江西地区有名的诗人还有:南昌人喻凫,尝与诗人方干交游,诗

---

① 廖延平:《刘眘虚的'阙题'诗有题》,《文学遗产》1985年第1期。
② 近年来,有些学者主要依据丰城白土镇王氏族谱《王氏家乘》和《丰城县志》的记载,提出了"王季友为江西最早的状元"的观点。笔者认为,若没有更有力的资料证明,此说恐难成立,毕竟家谱和地方志存在不实的成分。另外,笔者据《唐才子传》卷四《四季友》所载王季友事迹推测,王季友中举进士的事迹,亦可置疑。
③ 《全唐诗》卷二二二杜甫《可叹》。
④ 《全唐诗》卷一九八岑参《潼关使院怀王七季友》。

赋往还,著有《喻凫诗集》1卷,《全唐诗》收有所作《樊川寒食》一诗。南昌人熊曜,与达奚珣、王维为文章之友,《文苑英华》中收所作《琅琊台观日赋》,《全唐诗》收所作《送杨谏议赴河西节度判官兼呈韩王二侍御》等诗。这充分说明盛唐时期江西的文学人士已开始崛起,产生了一定的影响。当然,与当时全国文坛相比,无论作家数量还是作品质量,江西地区仍然处于中下地位。

中唐以来,随着全国经济文化重心的逐渐南移,江西经济文化水平的稳步上升,文坛处于高潮的酝酿期,涌现出了许多有名的文学家。清代临川人李绂《南园答问》称:"洎乎有唐,以诗取士,时则刘脊虚开元之奇,吉中孚拔大历之萃;任涛、郑谷,称'十哲'于咸通;卢肇、黄颇,斗两龙于秀水。南康綦毋,鄱阳颖士;来氏兄弟,丰城季子,或矜《西山》之篇,或侈《灵溪》之制。莫不驰誉寰区,蜚声域外。至于文律恢奇硕大,吴武陵则西汉可兴,幸南容在枚、马之次。媲柳配韩,角张竞李,犹未足尽江南之能事。"的确,中唐以后,江西文坛百花竞放,星汉灿烂,呈现出空前繁荣的局面。无论是作家人数还是著作种类,都远非以前各代所能比拟。又据光绪《江西通志·艺文略》的不完全统计,在汉代,江西籍作家为4名,著作为9种;晋代为17名,著作为21种;南北朝时作家为4名,著作为7种,其中除东晋的陶渊明,刘宋时的雷次宗,其人其文仍为当代所称道外,其他文人及其著作大都鲜为人所知了。而中唐后这种情况大有改观,江西籍作家激增至60余人,著作也达85种之多。作家的人数和著作数比以前各代的总和还要多。

吉中孚,鄱阳人,生活于唐代宗、德宗时代,"初为道士,山阿寂寥,后还俗"①。至长安以诗作得到代宗的赏识,一时名扬京师。卢纶形容他"名高闲不得,到处人争识"②。大历年间举进士,官拜校书郎,登宏词科,历任翰林学士、谏议大夫、户部侍郎判度支事等职,与卢纶、司空曙等并称"大历十才子"③。"十才子"诗歌大多是唱和应景之作,基本主题是歌舞升平、饯迎友朋、吟风弄月、称道隐逸,很少切入现实去反映中唐的社会动荡和民生疾苦。但他们在艺术方面都有相当修养,尤其擅长五言律诗。吉中孚的诗作也是如此,从中可以看出他"神骨清虚,吟咏高雅,若神仙中人也"的风采,颇得道家的飘逸之趣④。《新唐诗·艺文志》存其诗目1卷,《全唐诗》录《送归中丞使新罗册立吊祭》诗1首。

---

① 傅璇琮主编:《唐才子传校笺》(第2册),中华书局1989年版,第14页。
② 《全唐诗》卷二七六卢纶《送吉中孚校书归楚州旧山》。
③ 《新唐书》卷二〇三《卢纶传》。
④ 傅璇琮主编:《唐才子传校笺》(第2册),中华书局1989年版,第18页。

第四章
教育勃兴与人文日新

施肩吾,字希圣,号东斋,睦州人(因长期生活于洪州,亦作洪州人)。元和十五年(820年)进士,不待除授,即隐居洪州西山修道,自称栖真子,终身不仕。施虽身为道士,却极好交游,与张籍、徐凝等友善,张籍曾作有《送施肩吾东归》《赠施肩吾》诗。前诗云:"知君本是烟霞客,被荐因来城阙间。世业偏临七里濑,仙游多在四明山。早闻诗句传人遍,新得科名到处闲。惆怅灞亭相送去,云中琪树不同攀。"从中可知施肩吾诗文才名。施氏终于不求科名而"仙游",应是出于对仕途的失望。这也是当时具有典型意义的"入道"文人的命运。徐凝的《回施先辈见寄新诗二首》中则说"料得仙宫列仙籍,如君进士出身稀"。施肩吾学问渊博,才情富赡,诗风绮丽,冠于当世。其诗歌内容广泛,题材多样,有描绘自己寄情山水悠然自得的隐居生活,表达友人之间深厚感情的清新隽永之作,如《山居诗》一百韵,"荷翻紫盖摇波面,蒲莹青刀插水湄""烟粘薜荔龙须软,雨压芭蕉凤翅垂"等诗句,大行于时。施氏诗也有的反映当时下层劳动人民的生活情况,如《江南织绫词》:"卿卿买得越人丝,贪弄金梭懒画眉。"施氏虽处方外,但他的诗却充满着浓厚的人情意味。如《幼女词》:"幼女才六岁,未知巧与拙。向夜在堂前,学人拜新月。"短短的五言四句诗,将诗人小女儿的天真可爱刻画得惟妙惟肖。诗人对小女的钟爱在诗中不止一次流露出来,如《效古词》:"姊妹无多兄弟少,举家钟爱年最小。有时绕树山雀飞,贪看不待画眉了。"施氏作品不仅描写幼女,还有描写成年女子思念丈夫的内容,如《望夫词》是描写一位妇女对出征在外的丈夫的深深思念,末句云:"自家夫婿无消息,却恨桥头卖卜人。"将思夫女子的不可理喻、无处发泄、迁怒于人的情感生动细腻地刻画出来,这一戏剧性的结尾正是诗的高潮,也是诗的独到之处。施氏受时代道教风流的影响,也做了不少艳情诗文。据五代蜀何光远《鉴诫录》卷八之"屈名儒"条记施肩吾《夜宴曲》:"兰缸如昼买不眠,玉炉夜起沉香烟,青娥一行十二仙,欲笑不笑桃花然。碧鰓弄娇梳洗眠,户外不知银汉转,被郎嗔罚涂苏盏,酒入四肢红玉软。"吟之闺房青娥之醉容娇态,跃然于纸上。胡震亨《唐音癸签》卷七称施氏"章句尚艳硕,乏韵致"。施氏著有诗集《西山集》10卷,《全唐诗》编为1卷。《全唐文》录其赋2篇,文7篇。

郑谷(约849—911年),字守愚,袁州宜春人。其父郑史,开成元年(836年)进士,授易学博士,咸通初年(860年)授官永州刺史。著有赋百篇,编为《郑惟直集》;有诗12首,见于《宜阳集》中。《全唐诗》收其所作《永州送侄归宜春》等诗3首。郑史子郑启、郑谷均有诗名,人称"郑氏三父子",其中以郑谷最为著名。郑谷受乡风和家风影响,少时聪颖绝伦,自称"自骑竹马之年则有赋咏","七岁侍行湖外去,岳阳楼上敢题诗"。《唐才子传》卷九记,司空图见而奇之,曾抚其背曰:"当为一代风骚主也。"郑谷少时曾游历东南各地及京师长安,吟咏不已。至20岁时已"篇幅盈笥"。黄巢义军入长安时,郑谷随僖宗奔蜀,客居成都6年。光启元年(885年)随驾返回长安。这年十月,又发生了宦官田令孜逼迫僖宗出幸兴元的事件。郑谷为避祸而再次入蜀。光启三年,郑谷举进士,授京兆鄠县尉,迁右拾遗,乾宁四年(897年)任都官郎中,故被称为郑都官。天复三年(903年),郑谷因见国事无可救药,遂洁身自好,归隐家乡,在距今宜春城60里的仰山构筑读书堂,专心读书写作,并和许棠、任涛等共10人唱答往还,时号"芳林十哲"。郑谷致力于五、七言律诗,写景叙情善于贴切,属对炼句亦极工致,但气象风骨不及唐代大家。郑谷有诗400多篇行于世,所为诗多写景咏物,风格清新通俗,其中七律《鹧鸪诗》最为著名,诗曰:"暖戏烟芜锦翼齐,品流应得近山鸡。雨昏青草湖边过,花落黄陵庙里啼。游子乍闻征袖湿,佳人才唱翠眉低。相呼相应湘江阔,苦竹丛深春日西。"诗歌弥漫着一层淡淡的羁旅思愁,景象幽冷凄清,读罢不禁令人黯然神伤。诗中"青草湖""黄陵庙"一联所烘托的气氛,所表达的神情风韵,尤为称绝,而尾联笔墨浑成,清金圣叹在《圣叹选批唐才子诗》中评郑诗末句"深得比兴之遗"。此诗一出,时人争相传诵,因此郑谷又被称为"郑鹧鸪"。郑谷的离情诗也颇具才情,如《淮上与友人别》:"扬子江头杨柳春,杨花愁杀渡江人,数声风笛离亭晚,君向潇湘我向秦。"清沈德潜在《唐诗别裁集》卷二十中评云:"落句不言离情,却从言外领取,与韦左司(韦应物)《闻雁诗》同一笔法也。"郑谷的一

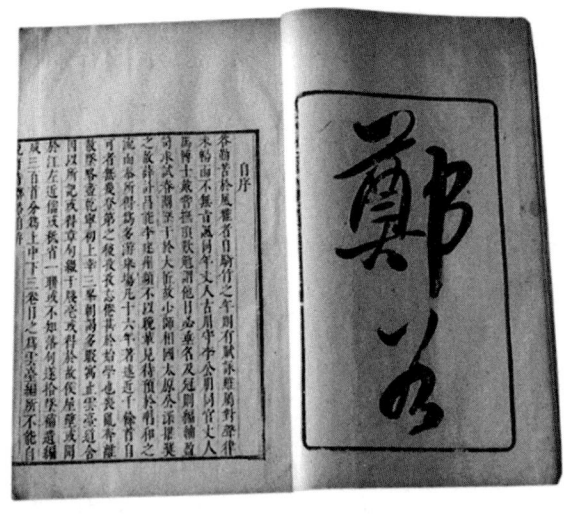

明嘉靖大字精刻本《晚唐郑谷诗》

第四章
教育勃兴与人文日新

郑谷手迹

些诗篇,也注意写实,颇有杜甫现实主义诗风的余韵。如描写唐末战祸给社会带来的灾难,《乱后途中忆张乔》:"伤心绕村路,应少占耕夫";《初还京师寓止府偶题屋壁》:"秋光不见旧亭台,四顾荒凉瓦砾堆";《偶书》:"不会苍苍主何事,忍饥多是力耕人";他希望结束藩镇割据,重新实现国家统一。《送进士许彬》:"泗上未休兵,壶关事可惊";《江行》:"关东多事日,天末未归心。"郑谷诗名著天下,当时有不少人向他学诗。如《南唐野史》卷七《孙鲂》载,当郑谷从北方回归江南时,南昌人孙鲂从之游,尽得其诗歌体法,"后有能诗名",其"天多剩得月,地少不生尘"被诸多诗家赞为骚情风韵之绝唱。广丰王贞白,曾寄诗五百多首请其修改。《唐才子传》卷九载,诗僧诗人齐己携诗卷来拜访郑谷,请郑鉴赏其《早梅》一诗。诗中有"前村深雪里,昨夜数枝开"。郑谷指出:"数枝,非早梅也,未若一枝佳。"齐己不觉敬佩万分,认郑谷为"一字师"。"一字师"由此而来,一直传为文坛佳话。直到北宋初年,据欧阳修《六一诗话》称,当时人家还多以郑谷诗教小儿,欧阳修本人幼年也曾诵读郑诗。童宗说在《云台篇》中作序曰:"惜其有补于风教,而重之者以村学堂中儿童讽诵,往往视为发蒙之具。"《四库全书总目提要》卷二十九评价道:"(郑)谷以鹧鸪诗得名……而其诗格调卑下。……至其他作,则往往于风调之中,独饶思致,汰其肤浅,撷其菁华,固亦晚唐之巨擘矣。"持论较为公允。郑谷诗作较早编成的有《云台编》3卷,归隐后又有《宜阳集》3卷、《外编》3卷,《全唐诗》中收所作诗4卷。

来鹏,豫章人,家住南昌东湖徐孺子亭边,大约生活在唐穆宗到僖宗时期,自幼喜读韩愈、柳宗元的文章,家境贫寒,屡试不第。黄巢农民战争的烽火遍及中原,来鹏放弃科举应试,在湖南、湖北、江西、安徽一带过着旅居流浪的生活,见多识广,了解民间疾苦。长于诗歌创作,以才驰名大中、咸通间。作品本有1卷,今失传,《全唐诗》辑其弟来鹄诗29首,疑为来鹏所作。来鹏长于七绝,诗作通畅清丽,词浅意深,大多记叙羁旅愁怀穷困潦倒的生涯。如《金钱花》:"青帝若教花里用,牡丹应是得钱人。"《夏云》云:"无限旱苗枯欲尽,悠悠闲处作奇峰。"《偶题》云:"可惜青天好雷雹,只能驱趁懒蛟龙。"也写了不少体现人民生活的佳作。如《蚕妇》:"晓夕采桑多苦辛,好花时节不闲身。若教解爱繁华事,冻杀黄金屋里人。"《鄂渚清明日与乡友登头陀山》:"冷酒一杯相劝频,异乡相遇转相亲。落花风里数声笛,芳草烟中无限人。"据《唐摭言》卷十载,江西地区还有一批与来鹏一样有名于时的文人。豫章人闵廷言,"文格高绝。咸通中,初与来鹄齐名。王棨尝谓同志曰:'闵生之文,酷似西汉。'有《渔腹志》一篇,棨尤所推伏。"豫章筠州人任涛,"诗名早著,有'露团沙鹤起,人卧钓船流'。他皆仿此。数举,败于垂成。李常侍骘廉察江西,特里放乡里之役,盲俗互有论列,骘判曰:'江西境内,凡为诗得及涛者,即与放色役,不止一任涛耳。'"袁州新喻人陈象,"少为县吏,一旦愤激为文,有西汉风骨。著《贯子》十篇"。

　　陈陶①(约812—885年),字嵩伯,鄱阳人。世以儒业名家。年轻时游学长安,常以国器自负,却屡试不举,感叹生不逢时,无人荐贤,于是写诗感叹:"中原不是无麟凤,自是皇家结网疏。"②自号"三教布衣",于唐宣宗大中年间隐居于洪州西山学神仙,学道修行。与同时隐居西山碧云寺的施肩吾、欧阳持诗酒往来,人称"西山三逸"。陈陶人生阅历丰富,精研儒、佛、道三学,并善天文历法,诗文俱佳。陈陶在《飞龙引》《谪仙词》《步虚引》及《将进酒》等诗中,表现了向往神仙和追求长生等虚无消极的道家思想,而在《赠江西周大夫》《续古》《避世翁》等诗中,又抒发了建功立业为帝王师的政治抱负。《北梦琐言》说,陈陶"歌诗中似负神仙之术,或露王霸之说"。其七绝《水调词十首》及《陇西行四首》,写征戍之苦与征夫思妇的哀怨,刻画细腻,凄婉动人。《陇西行》的"可怜无定河边骨,犹是春闺梦里人"二句,尤为历来传诵。七古《小笛弄》《钱塘对酒曲》《巫山高》《赠别离》《殿前生桂树》诸篇,意境诡异,色彩浓郁,酷似李贺;而《西川座上听金五云唱歌》,曲折深婉,生动流转,又似白居易。陈陶原有《文录》10卷传世,后散佚,有人曾辑《陈嵩伯诗集》1卷,《全唐诗》录为2卷。陈陶卒后,诗人方干、曹松、杜荀鹤等皆作诗吊唁。其中,方干《哭江西处士陈陶》云:"寿尽天年命不通,钓溪吟月便成翁。虽云挂剑来坟上,亦恐藏书在壁中。巢父精灵归大夜,客儿才调

---

① 晚唐五代时期,先后有两位"陈陶"活动于洪州西山一带,史籍所载他们生平事迹往往混同,难以区分,此处按晚唐陈陶叙述。
② 《唐才子传》卷八。

第四章
教育勃兴与人文日新

振遗风。南华至理须齐物,生死即应无异同。"曹松《哭陈陶处士》云:"园里先生冢,鸟啼春更伤。空余八卦树,尚对一茅堂。白日埋杜甫,皇天无耒阳。如何稽古力,报答甚茫茫。"可见陈陶颇为时人器重。

王贞白(874—940年),字有道,信州永丰人,一作信州上饶人。唐昭宗乾宁二年(895年)进士,曾任校书郎,出守边关。因对混乱的政局不满,天复年间隐居家乡,以道学自任,教授为业,专事著述创作,与当时名诗人郑谷、罗隐、方干、贯休等相互往来,切磋诗艺。王贞白学问精湛,作诗典雅蕴藉,或描绘边塞军旅生活,或写景,或怀人,内容丰富,题材多样。如《入塞》:"玉殿论兵事,君王诏出征。新除羽林将,曾破月支兵。惯历塞垣险,能分部落情。从今一战胜,不使虏尘生。"诗文反映了当时人们乱中求治的愿望,一反晚唐边塞诗低沉悲凉的基调,显得昂扬激越。如《庐山》:"岳立镇南楚,雄名天下闻。五老高阁日,九叠翠连云。夏谷雪犹在,阴岩昼不分。惟应嵩与华,清峻得为群。"仅仅40个字,就把庐山的雄伟高峻以及代表性的峰峦形象描绘。文字朴素简洁而深刻隽永。在晚唐诗坛盛行浮丽之风时,如此典雅的诗比较少见。自编诗文集《灵溪集》7卷,《全唐诗》中存诗1卷。

唐代文明程度较高,妇女能诗者众多,江西地区亦不乏其人。如鄱阳女子程长文,袁州彭伉夫人张氏,即是有名的女诗人。她们的诗作多反映妇女的生活和思想,闺情意味浓郁。如程文长《春闺怨》:"崎陌香飘柳如线,时光瞬息如流电。良人何处事功名,十载相思不相见!"张氏《寄夫》:"驿使今朝过五湖,殷勤为我报狂夫。从来夸有龙泉剑,试割相思得断无?"两诗中对丈夫为求功名久久不归深感不满,但写得十分委婉含蓄而又温情脉脉。另外,程长文的七古《狱中书情上使君》是一首抒写自身经历的感人长诗。全诗有适当的环境渲染,"海燕朝归衾枕寒,山花夜落阶墀湿";有坚强的抗争场面,"血溅罗衣终不恨,疮黏锦袖亦何辞";有凄楚的心理独白,"三尺严章焉可越,百年心事向谁说?但看洗雪出圜扉,始信白圭无玷缺"。叙事简洁,抒情强烈,饱含对邪恶的憎恨和对正义必定伸张的向往。[①]

隋唐以来,江西地区佛教大盛,高僧大德们文化素养较高,受时代文化的影响,他们中的不少人亦喜吟咏作赋。中唐以后,江西地区有不少著名诗僧活跃文坛。主要活动于唐僖宗朝的袁州僧虚中,少年出家,居玉笥山20年,多与文人雅士结交,后游潇湘,住湘西粟城寺。与齐己、尚颜、栖蟾等为诗友,又与同乡

---

① 吴海、曾子鲁主编:《江西文学史》,江西人民出版社2005年版,第61页。

诗人郑谷往来唱和。虚中诗作的风格恬淡而悠闲,深得时人赞许。《唐诗纪事》卷七十五载,虚中曾仰慕司空图的诗名而欲拜师求教,司空图告老归隐,虚中为此专门创作了《寄华山司空图二首》:"门径放莎垂,往来投刺稀。有时开御札,特地挂朝衣。岳信僧传去,天香鹤带归。他时周召化,无复更衰微。""逍遥短褐成,一剑动精灵。白昼梦仙岛,清晨礼道经。黍苗侵野径,桑椹污闲庭。肯要为邻者,西南太华青。"司空图读诗后曾感慨万分地赞叹道:"十年华岳山前住,只得虚中一首诗。"其实,在虚中传世的《碧云集》中,最能代表其艺术风格的并非《寄华山司空图二首》,而是《赠屏风岩栖蟾上人》:"岩房高且静,住此几寒暄。鹿嗅安禅石,猿啼乞食村。朝阳生树罅,古路透云根。独我闲相觅,凄凉碧洞门。"此诗艺术地再现了禅僧生活的情趣:生活孤苦冷清,情怀空寂而淡寞,已超越世俗的羁绊而进入一种无喜无忧无色无空的澄明世界。在表现上述禅僧生活的过程中,诗人的情感已变得内向幽清。另外,光化年间(898—901年)洪州僧正修睦,与贯休、处默、栖隐为诗友,曾遍游东南,在庐山一带吟咏尤多,作品或纪交游,或咏风景,有闲淡从容气象。如《秋日闲居》:"卷帘当白昼,移榻对青山。"《题僧梦微房》:"雨过闲花落,风来古木声。"修睦著有《东林集》1卷,《全唐诗》录存27首。

唐代江西诗歌的繁荣,除了体现在文人学士的诗文创作成就非凡上,也表现于整个社会的诗歌水平的上升。杜佑《通典·州郡十二》记,唐代江淮一带"虽间阎贱品,处力之际,吟咏不辍"。白居易《与元九书》说:"自长安抵江西三四千里,凡乡校、佛寺、逆旅、行舟之中,往往有题仆诗者;士庶、僧徒、孀妇、处女之口,每每有咏仆诗者。此诚雕虫之戏,不足为多,然今时俗所重,正在此耳。"另外,一则文坛轶事也反映了江西的好诗歌之风。贞元年间,诗人李涉途经九江,夜遇强盗。强盗问什么人,李涉的随从答曰"李博士"。强盗头目说:"若是李涉博士,不用剽夺,久闻诗名,愿题一篇足矣。"李涉随即作《井栏砂宿遇夜客》诗以赠之,诗曰:"暮雨萧萧江上村,绿林豪客夜知闻。他时不用逃名姓,世上如今半是君。"又《唐才子传》卷十记载了袁州诗人王毂凭其诗喝退无赖,使之"惭谢而退",可知诗文在当地的地位之高。

唐朝诗歌创作鼎盛,散文创作成就亦大,成为中国散文兴盛时期,一篇篇流芳千古、脍炙人口的文章应时而出。唐中期以来,萧颖士、李华、元结、贾至、独孤及、梁肃、柳冕等先后起来反对华而不实的骈体,提倡文道并重的散体,后经韩愈的进一步倡导和柳宗元的大力支持,得到全国广大社会力量的热烈响

第四章
教育勃兴与人文日新

应,蔚然成一场轰轰烈烈的古文运动。江西文人在古文运动中也有所表现与贡献。贵溪人吴武陵,参与韩柳古文运动,把国事、民生作为散文的主要内容,柳宗元赞其为"直面文章",著有《吴武陵集》。南昌人来鹄,师法韩、柳,善为文,睹《穆宗实录》后作颂以讽谏;又著《俭不至说》。所作在《文苑英华》中收录甚多。舒元舆是中晚唐当时古文运动的代表人物之一。《全唐文》录存其文1卷共16篇。舒氏强调文章要有充实积极的内容,作《悲剡溪古藤文》批判那些"绮文妄言"的人"皆夭阏剡溪藤之流也"。和当时其他的古文家一样,他写了许多针砭时弊的作品,立论警策,说理透彻,如《上论贡士书》《问国学记》等。舒氏还善于运用比喻、对比、联想等多种艺术手法,以细腻的文笔刻画客观事物,用生动鲜明的形象描摹物态,写出了像《长安雪中望月记》《录桃源画记》之类的优美写景散文和像《养狸记》之类的生动深刻的寓言。

五代时期,社会转型,江西文坛虽比不上中唐以来的成就,却依然处于兴盛发展的上升阶段,与全国其他地区相比,成绩突出。牛运震《五代诗话序》曰:"五代之乱极矣,政纪解散,才士凌夷,干戈纷攘,文艺阙如。如诗歌间有之,亦多比于浮靡噍杀,嗷然亡国之音者皆是也,乌睹所谓风雅者乎!"然而,"(南方)割据诸邦,犹能以文学显。……十国文物,首推南唐"①。南唐文学上承唐代之遗风,下启宋代之繁荣,不仅出现了许多诗人,而且诗文题材亦较丰富。中主李璟,后主李煜是当时词坛的中心人物;重臣冯延巳也是著名词人,曾在江西抚州任职3年(948—951年),对宋代江西词艺的影响尤大,清人冯煦《宋六十家词选·例言》就认为晏殊和欧阳修"同出南唐而深致过之"。江西作家中较有成就的是沈彬、刘洞等。

沈彬,字子美,筠州高安人。沈氏生于唐末乱世,自幼刻苦好学,聪颖慧敏,三次去长安应举不第后,游历两湖,曾以诗投谒楚马殷,不为所用。入宜春云阳山隐居学道求仙,不久又游金陵。《钓矶立谈》云,时徐知诰镇金陵,正谋夺杨吴政权,沈揣摩其心意,献《山水画障》,诗曰:"须知手笔安排定,不怕山河整顿难。"徐氏闻其名,览之而喜,遂授秘书郎,入赞世子。南唐中主李璟时,升为尚书郎,不久请归,回云阳山隐居十年许。据龙衮《江南野史》载,沈彬"有能诗之誉"。隐居时,"与浮屠辈虚中、齐己以诗名互相吹嘘,为流辈所慕"。又尝与孙鲂游于李建勋,为诗社。沈氏诗文,句法精美,多写战争题材和边塞上少数民族与汉族的关系,《唐诗别裁》卷十六收有他的七律《塞下》《入塞》2首。沈彬著有《沈

---

① 王士祯原编,郑方坤删补,戴鸿森校点:《五代诗话》,人民文学出版社1989年版,第1—2页。

校书集》1卷,《全唐诗》录存其诗19首,《宋史·艺文志》有《闲居集》10卷。

刘洞(？—975年),庐陵人。自幼好学,少游庐山,学诗于名士陈贶,精思不懈。刘洞在庐山居住20年,诗作有成,颇得贾岛遗法。因长于五言律诗,自号"五言金城",著有诗集《五言金城》(今佚);又因《夜坐》诗深受时人赞誉,人称"刘夜坐"。可惜全诗没有留传下来,只在《全唐诗》中保留着"百骸同草木,万象人心灵"的残句。据《江南野史》卷九称,刘洞诗"格清而意古,语新而理粹"。刘洞为人作诗都深受其师陈贶的影响,抱着经世致用的理想。后主李煜即位,刘洞献诗百篇,以《石城怀古》冠之:"石头古岸头,一望思悠悠。几许六朝事,不禁长江流!"石城即石头城,南京西面的屏障。京城难保,南唐将亡,诗人长叹。后主李煜读到此诗,伤心悲愤不已,不愿再见刘洞。刘洞失望而还归庐陵。开宝七年(974年),赵宋大将曹彬率十万大军围攻金陵,南唐防守军队土崩瓦解,官僚缙绅纷纷逃跑或投降,时刘洞还在城中,愤然赋诗云:"千里长江皆渡马,十年养士得何人？"①南唐灭亡后,他过金陵故宫,徘徊赋诗,多感慨悲怆。当时的文风普遍浮华纤弱,而刘洞则能面对现实,用朴素清朗的语言,抒发忧国忧民的感情。这不但在政治上具有积极意义,而且在表现手法和艺术风格上也独树一帜。

夏宝松,庐陵人,活动于五代末期。夏宝松尝学诗于江为,与刘洞关系很好,两人常在一起探讨诗歌创作的问题。刘以《夜坐》诗称世,夏以《宿江城》诗著名,时人有"建阳旧传刘夜坐,螺川新有夏江城"之语②。《宿江城》惜遗佚,只在《全唐诗》中留下残句"雁飞南浦砧初断,月满西楼酒半醒";"晓来赢驷依前去,目断遥山数点青"等。宋代魏元庆在《诗人玉屑》卷三《唐人句法》中,把这两句诗,看成是写"羁旅"的佳句,望后人学习此诗写法,说明夏宝松的诗不但在南唐时有名气,且对后世有一定的影响。正因为他的诗写得好,当时许多年轻学诗者,"多赍金帛,不远数百里辐辏其门"③。此外,九江人李中,南唐中主李璟时曾任下蔡县令。后主李煜时,历任吉水县尉,晋陵、新喻、淦阳县令,官终水部郎中。其诗集名《碧云集》,孟宾于作"序"称,"备多奇句"。家于豫章的钟蒨,亦工诗,有《赋山》《别知己》与《新鸿》诸篇,"甚称于世"④。虔化(今宁都)廖氏兄弟,同为诗家。廖融,尝隐南岳,与任鹄、凌蟾、王正己、王元共结诗社,著有诗集

---

① 马令:《南唐书》卷十四《刘洞传》。
② 《全唐诗》卷七九五所辑录佚句。
③ 马令:《南唐书》卷十四《夏宝松传》。
④ 《十国春秋》卷二十七《钟蒨传》。

第四章
教育勃兴与人文日新

4卷;廖凝,仕南唐,授彭泽令,迁连州刺史。与昪平、李建勋为诗友,江右学者竞造其门。诗作中《咏中秋月》与《闻蝉》为绝唱。著有诗集七卷;廖光图,文学博赡,为时辈所服,有诗集2卷行于世。

唐五代时期,江西史学亦有一定成就。自唐太宗开馆修史,一时官修史籍众多,开后世风气,史书体例多有突破,然私家修史传统不衰。江西人所作史籍见于著录者,有吴武陵《十三代史驳议》12卷,为史论、史考性质。唐末庐陵人陈岳,曾为南昌观察判官,著《唐书》100卷,记高祖至穆宗间事。五代时,其子陈睿仕杨吴,为翰林学士,著《吴录》20卷。南唐南昌人涂廙,仿南朝雷次宗《豫章记》体裁与内容,著《补豫章记》3卷,对豫章历史沿革、风土人情、文化遗产等作了更为详尽的推介。此书早佚,近人张国淦从《永乐大典》中辑存之。另有庐陵人郭昭庆著《唐春秋》30卷。这些史学著作,影响尽管有限,但奠定了宋以来江西史学繁盛的基础。

小说在唐五代的主要形式虽是传奇故事,却极为流盛,王定保的《唐摭言》即是其中比较著名的一部。王定保(870—?年),字翊圣,南昌人。唐昭宗光化三年(900年)进士及第后,南游湖湘,遭乱后入岭南,任唐容邕管(今广西南宁市南)巡官。不久为广州节度使刘隐幕客。刘䶮称帝,建南汉政权,对定保心存畏惧。后刘䶮作南宫,王定保献《南宫七奇赋》以美之,表明他们的关系趋于融洽。天福五年(940年)十二月,以宁远节度使迁南汉中书侍郎,同平章事。王氏嗜好咨访朝廷典故,广交天下名士,并将平时各界的资料编成《唐摭言》15卷103门。该书详细记载了唐代科举制度、名士风习及诗人墨客的遗闻逸事,乃至唐代一些诗人的零章断句,既有很高的史料价值,又是一部生动的笔记小说,历为唐史研究者所重视。

唐五代江西文坛,呈日益兴盛的气象。以《全唐诗》(含《外编》)所载江西籍诗人而论,初唐0人,盛唐5人,中唐8人,晚唐五代为42人,共计55人。这一数字,处于全国中等偏上的地位,而上升速度之快为全国之最,表现出一股不可遏止的迅猛势头。这预示着到两宋时期,江西文学将迈进到全国文学的先进行列。唐五代江西文坛的快速成长,大大提高了江西的文化品位,也引起了外人对江西文化的关注。例如:东晋陶渊明在中国古代文坛崇高地位的确定,其实是在唐代,这显然与唐代江西整体文化水准的上升密不可分。不过,两《唐书》正史有传,出身江西的人物极少,《旧唐书》之《儒学传》《文苑传》也难见江西人。虽然这并非意谓江西全无人才,只是本区文化精英尚未被史家认为具有全国知名的水准,这也从一个方面说明本区的文化尚没有发展到全国一流的水平。

三、区域文化中心的初步形成

吴头楚尾的江西,地理形势联结长江流域的两大人文区域,然长期以来江西的文化发展脚步蹒跚,文化成就少为世人称道。秦汉之间不过是太湖流域的附庸而已,直至六朝时期独立的人文品格尚未完全具备,人物上仅有陶渊明寂寞吟咏,地域上仅有庐山以佛学孤标一世。唐初王勃作《滕王阁序》宣称江西"人杰地灵",其实不过是顺笔写下的阿谀之词或对江西文化的期盼而已。然而,唐以来,江西的文化实力已大幅度上升,地域文化面貌已相当分明,区域文化中心逐步形成。

唐代洪州是江西观察使的驻地,是江西经济、文化发达之地。随着南昌经济文化的发展,不仅拥有"豫章雄镇"①,而且还有文化水准也大为提高。独孤及记述的一次胜会参与者凡59人,"殆九州多士之半"②,这是亘古未有的。李端《送路司谏侍从叔赴洪州》:"楼见远公庐,船经徐稚业。邑人多秉笔,州吏亦负笈。"韦庄在《南昌晚眺》中盛赞南昌地区多"章名客"。科举考试中举人数也较多,有唐一代,进士人数达17人。洪州在安史之乱后还曾作朝廷"南选"的基地。《旧唐书·李岘传》载,唐代宗时,李岘为吏部尚书,"知江淮举选,置铨洪州"。同书《刘滋传》载,德宗兴元元年(784年),吏部侍郎刘滋知洪州选事,时"天下蝗旱,谷价翔贵,选人不能赴调,乃命滋江南典选,以便江、岭之人,时称举职"。几次"南选"定在洪州,除因洪州是江南西道驿传中心、江淮都会外,还在于洪州文化发展水平较高,在南方诸州中表现突出。

袁州是中唐以来江西的重要文化中心。《唐摭言》卷十二记:"卢肇初举,先达或问所来。肇曰:某袁民也。或曰:袁州出举人耶?肇曰:袁州出举人,亦由沅江出龟甲,九肋者盖稀矣。"这则故事除了说明当时袁州学子众多外,还表明文化上开始崛起的袁州在贞元初年尚未引起时人的特别注意。实际上袁州读书风气早在开元之际已著,玄宗时彭构就因饱学诗书被荐入京。《太平广记》卷四〇一《宜春郡民》记,宜春郡有一个崇重教义、数世同居的大家庭,"诸子弟皆好善积书"。到唐中后期,袁州的文化氛围已是相当浓厚。袁皓《重归宜春偶成十

---

① 《全唐文》卷三六七贾至《授元载豫章防御使制》。
② 《全唐文》卷三八九独孤及《豫章冠盖盛集记》。

第四章
教育勃兴与人文日新

六韵寄朝中知己》称:"拙学趋进态,闲思与牧齐。"唐末,诗人韦庄路过袁州有《袁州作》云:"家家生计只琴书,一郡清风似鲁儒。……烟霞尽入新诗卷,郭邑闲开古画图。"《题袁州谢秀才所居》云:"主人年少已能诗,更有松轩挂夕晖。"正是因为袁州举郡家家以琴书为计,形成重学问、乐教化的好风气。因而,这里登科及第的人很多。据光绪《江西通志》卷二十一载,唐代袁州地区的进士27名;据陈正祥《唐代后期进士及第图》所示,袁州多达30余人①,成为长江中游著名的文化重地。《太平寰宇记》卷一○九"袁州"条称,"宜春山水秀丽,钟于词人。自唐有举场,登科者实繁,江南诸郡俱不及之"。中唐五代时期的袁州不仅学子如林,进士辈出,而且还形成了文人群体。据《全唐诗》统计,宜春诗人多至22人,如郑谷、郑启、袁皓、黄颇、伍唐珪、郑史、卢肇、王毂、彭伉、奚贾、湛贲、易重等都是当时著名、至今仍有一定影响的诗人。在一个不太长的时期内,一个地区产生如此众多的诗人,实不多见。

除洪州、袁州之外,唐中期以来的江西其他地区的文化均有不同程度的发展。如抚州,刘禹锡称:"无土山,无浊水,民秉是气,往往沮慧而文。"②其中临川,号称"学富文清,取舍无误,既状周道,兼贯鲁风"③。如江州,白居易称:"庐山自陶谢洎十八贤以还,儒风绵绵,相续不绝。"④权德舆也有"九派浔阳郡""才子厌兰省"赞诗⑤。吉州则"艺术儒术为盛,虽闾阎贱品而处力役之际,吟咏不辍"⑥。南唐时期,庐陵人鲁崇范,家境贫寒,却藏有大量书籍,响应朝廷搜集民间遗书的号召,悉数献给国家。地方官吏欲赏以重金,鲁崇范说:"坟典,天下公器,世乱藏于家,世治藏于国,其实一也。吾非书肆,何酬价为?"⑦谢绝了官府的厚赏。此轶事从一个侧面表明了吉州庐陵地区文化的兴盛。至于地处赣东北部的饶州早在唐初就已是文化较为发达之地。如前所引《容斋随笔》卷一《欧率更帖》载唐初大文人欧阳询游历鄱阳时,见到当地人才济济的情形就是典型的说明。当地"为父兄者以其子与弟不文为咎;为母妻者以其子与夫不学为辱"⑧。即

---

① 陈正祥:《中国文化地理》附图8,三联书店1983年版。
② 《江西要览》卷十九《风俗》。
③ 《全唐文》卷八一九刁尚能《新创抚州南城罗城记》。
④ 《白居易集》卷四十三《代书》。
⑤ 《全唐诗》卷三二四权德舆《送孔江州》。
⑥ 光绪《江西通志》卷四十八《舆地略》。
⑦ 《十国春秋》卷二十九《鲁崇范传》。
⑧ 《容斋随笔》卷四引吴孝宗《余干县学说》。

使是经济文化最为落后的的虔州,"自唐以来贤士大夫之勋德忠孝儒雅文学称者",也是"炳炳乎与山岳相辉映"①。

江西人文长期落后,何以在唐中期后能够获得如此迅速的发展,形成一个新的区域文化中心?除了江西文化长期积累及其文化人士的积极努力外,还有以下因素的作用与影响:

六朝以来中原先进文化的积极推动是不可忽视的。《通典》卷一八二记古扬州"风俗"称:"永嘉之后,帝室东迁,衣冠避难,多所萃止,艺文儒术,斯之为盛。"《隋书·地理志下》更直接指明江西九江一带在东晋以来人文之进步。唐人将六朝南方文化的发展归之于政权南移与衣冠士人的南迁,这在一定程度上也符合江西的历史实际。六朝江西得力于政权南移、学者衣冠南迁而使人文水准有了较大提高。但在隋统一中国后,"文物衣冠尽入秦,六朝繁盛忽尘埃"②。江南地域的"辞人才士,总萃京师"③,原先的两个有利因素失去,江西文化再度居于相对落后的地位。然而,隋唐以来,随着江西地区的开发,以北方人士为主的外来人口进入本区的日益增多。特别是安史之乱爆发后,南移江西势如潮流。在迁入江西的外来人口中,即有不少是有较高水准的文化人士、文化家庭。如安史之乱前后居住洪州的权皋、李华、柳识兄弟,居住饶州的卢纶、吉中孚,居住信州的王端,等等。这些文化人士及其家庭由于知识与名望,迁入以后一般都得到迁入地人民的尊敬,在他们的影响下地方上的重文读书之风和文化水平得到了相应的提高。一个文化人往往就是一个文化传播者与推动者,一个家庭(家族)就是一个小的文化中心。这些南迁士人多于所在州县习业就读,"投状情试",其子孙虽"地望系数百年之外,而身皆东西南北之人"④。随着这些北方士人的到来和定居,文化传统和家学素养自然偕之而来,这对于当地文化开发的积极影响不言而喻。苏颂在探讨北宋江西文风兴盛、士大夫较多的原因时,追溯到唐末五代,认为:"唐季之乱,四方豪杰与京都士族往往避地江湖,李氏能招携安辑之,故当时人物之盛,不减唐日,而文风施及其后裔,今名显于朝者多矣。"⑤这无疑是相当有见地的。事实上,唐五代不少中原世宦为避免兵乱迁入江西,带来了先进的中原文化基因,大大加速了赣地文化提升的进程。史

---

① 同治《赣州府志》卷五十。
② 《全唐诗》卷七六七孙元晏《淮水》。
③ 《隋书》卷三十五《经籍志》。
④ 《旧唐书》卷一一九《杨绾传》。
⑤ 《苏魏公集》卷五十五《李公墓志铭》。

第四章
教育勃兴与人文日新

虚白认为"江南称为文物最盛处"的原因是"天下瓜裂,中国衣冠多依齐台(指南唐创立者李昪)"①。将江南这一先进区域文化的进步都归之于北方移民显然有所夸张,但也并非毫无根据。

唐代官员大多都是通过科举文化考试而任职,文化素质总体上较高。任职江西的官僚之中,有不少就是著名的文化人士,往往成为地方文化的传播者与推动者。韩愈、李德裕对于袁州文化的贡献已见前述。由于乡贡多寡影响到地方官的治绩,而且这些举子们的前途也难以限量,所以地方官一般予以鼓励。如前引《唐摭言》卷十所举江西观察使李鹗免士人任涛色役事,就是典型的说明。特别值得一提的是,唐末五代天下纷乱之际,乡贡之制大坏,当时割据江西的钟传、危全讽、彭玕等,也十分重视文化教育与人才建设,这在前文已作阐述。五代十国时期,南唐统治者重视文化建设,积极提倡文艺创作,鼓励文化人才,以至"儒衣书服盛于江南"②。统治者大兴教育,培养人才,江西范围内除有"庐山国学"外,还有一批著名的书院。南唐虽是为时不长的过渡历史时期,但对江西文化的发展却极富积极意义。

科举制度的实施,直接激励了江西文化的勃兴。六朝以来,门阀士族把持文化特权,江西地区门阀少见,故而在文化上没有任何的优势,也少有杰出的成就。唐承隋制开科取士,对于江西文化的发展有着特殊的意义。众所周知,隋及唐前期,关陇集团凭其政治军事地位,山东士族仰仗其文化传统、家学渊源,在政治文化舞台上扮演着主角。隋、唐政治中心一直保持在北方,这使得北方得以长期保持经济、文化双重优势。在北人占有资源优势的情况下,取士制度则相对有利于北方,南方要在科举入仕者中占有固定席位极为困难。南方文化精英在这种情况下,或谨守于南、不入北方仕宦体系,抑或费心加入北方成为其中一分子,同样对南方人文大幅度进步助益不大,尤其北仕者为数甚少,连引起北方注意都不易。但因科举制度原则上不论门第高下,只要登科及第,即可得名得官,因而也为南方知识分子和中小地主阶级留下了一条进身途径。当中唐以后江西文化有所进展之时,金榜题名的锦绣前程诱惑并激励着更多的读书人"孜孜学业",习诗作赋,从而进一步促进了这种发展。加之兄劝妻敦,风气濡染,袁州科考简直成了一种社会风尚。尽管进士中举如时人孙棨《北里志》所称:"率多膏粱子弟,平进岁不及三数人",对于寒门学子来说科举之途充满

---

① 史虚白:《钓矶立谈》,知不足斋丛书本。
② 马令:《南唐书》卷十四《儒者传》。

着荆棘与坎坷,如愿者寥寥,但它毕竟有利于唐代的社会流动,对于门第观念是一种冲击。唐代进士中不乏贫贱之例,如大历进士南昌熊暄家贫,躬耕为生;会昌三年状元宜春卢肇出身寒微。科举制不仅促进了本区各类学校教育事业的发展,而且促进了本区文化的繁荣,如因科举重视诗歌,促生了江西大批的诗人。江西各州,在诗文两方面的人数都以洪、袁、吉三州居首,其中又以袁州最为突出,而袁州正好是江西科举最有成就的地区。洪、吉二州各有其政治经济优越条件,袁州显有不及,然而在人文发展上袁州所占比重极高,尤其在进士科举人数方面拔得头筹。因此可以说科举制度的实行,是江西人文蔚起的又一重要契机与条件。

任何文化活动都需要一定的经济基础作后盾。唐代地方政府无论是从事学校之类的文化建设,还是举送科考之士,都需要一定的财力支持。如果地方经济水平不高,财政用于这方面的费用十分有限,自然就难以促成人文繁荣之况。对于应举者来说,虽不一定要拥有万贯家财,却至少要保证其求学期间的衣食书籍费用。当时及第又极不易,非小康之家不足以提供这笔长期的开支,进京考试及游学求师之费更为惊人。隋与唐前期,江西地区经济尚未发达,无以使多余人口放弃经济工作专意于仕进。中唐以后,本区经济的长足进步可能使更多的家庭具备了这一基础。如《唐摭言》卷三记,袁州进士黄颇"颇富于产"。同时,地方财政充裕也为良吏们重视教育的仁政提供了经济条件,江西观察使李翺实行为优秀士人免役的政策,钟传为应举学子提供相当数量的"奖学金"。

中唐以来江西文化迅速发展与兴盛的最根本最深厚的仍是经济因素。江西尽管开发较早,然而直至六朝时期,其经济总体水平和实力,不及江浙和两湖,更不能同经济基础雄厚的中原相比,仍处于中下水平。如此的经济基础自然不足以支持其文化繁荣。不过,至中唐江西已是经济较发达地区,从而直接引发了文化的兴盛繁荣。江西文化高潮出现在唐后期,进士的大量出现更是在唐末五代之际,文化的发展与经济开发的总趋势不断表现出一致性。前述江西在唐后期涌现出一批土生土长的文化人,这种文化迅速发展在五代时期未曾稍减,当统一的北宋王朝重建于黄河流域以后,江西作为重点人才分布区的地位非但没有丧失,反而还在加强。唐宋八大家中的宋代六家,一半出自江西。以江西分宁县人黄庭坚为首、以江西人为中坚的"江西诗派"蜚声诗坛。南宋人李道传说,"切观国朝文章之士,特盛于江西"[①]。这一切说明江西在唐代后期的人

---

① 杨万里:《诚斋集》卷一三三。

第四章
教育勃兴与人文日新

文发展并不取决于南渡的衣冠,而植根于自己深厚的土壤之中,表现出一种必然的趋势,这土壤就是中唐以后江西稳步发展上升的社会经济。总之,中唐以后江西经济开发的长足进步不仅仅促进了整个经济重心的南移长江流域,而且改写了南方人文地理。当然,由于文化发展又有自身的特殊性和相对独立性,所以经济对文化的支配作用往往表现得不很一致。一定文化发展必待于一定的经济开发,但仅仅有经济条件还是不够的。唐代江西饶、抚二州富名远扬,但当地人民似乎更热衷于种茶、开矿、做生意,而富裕程度不如饶州的袁州却成为当时著名的诗书礼乐之区。这显然与当地的社会风尚有一定的关系。不过经济的发展迟早要带来文化的繁荣,抚州在两宋人才之多为人所熟知。

中唐以来,随着经济重心的南移,文化重心也呈现出南移的趋势,中国文化的支撑点已偏倚南方。无论是从文化事业的主体士人,还是从文化基本载体的书籍来看,南方相对于北方渐渐具有优势。南方文化的发展,不仅体现在总体文化水平上的提高,也体现在各个区域文化的进步,原先比较发达的各个区域更加发达,原先落后的区域开始改变面貌。隋唐以前,江西的文化水平与全国相比处于落后的状态。中唐五代,江西文化后来者居上,发展之快、成就之大为全国罕见,形成了令人瞩目的江西文化区,为宋代江西步入全国文化先进行列奠定了坚实的基础。江西"物华天宝,人杰地灵"之称,始于初唐;江西近两千年来文化史上的第一个高峰,形成于中唐五代。倘若说赣文化,中唐五代是赣文化形成的关键时期。毋庸置疑,这一时期江西地区十分显著的文化进步,对于中国古代文化南移形势的形成与确立,也具有相当重要的作用与十分积极的意义。

第四节
书画华彩

"江南佳丽地,山水旧难名。"①江西锦绣山水之中蕴藉灵气,自唐以来陶冶着一代又一代的书画艺术家。尽管江西的书画艺术起步较晚,却有后来者居上的功效。唐五代时期,随着江西文化的大发展,书画艺术逐渐步入了辉煌。

---

① 《全唐诗》卷一六〇孟浩然《送袁太祝尉豫章》。

一、书画艺术的起步

江西书画艺术,一开始就深受外来书画家的影响。就目前所知,影响江西最早的画家是高宗永徽年间的洪州都督滕王李元婴。唐代张彦远《历代名画记》说他"亦善画";张怀瓘《画断》称他"工于蛱蝶"。宋人郭若虚《图画见闻志》则说他"善画蝉雀、花卉"。据唐诗人王建《宫词百首》第60首云:"避暑昭阳不掷卢,井边含水喷鸦雏。内中数日无呼唤,拓得滕王蛱蝶图。"画界一般认为《滕王蛱蝶图》是其作品。在此前后,擅长写真的著名画家、曾官至中书令的雍州万年(今陕西西安)人阎立本,受贬谪至上饶玉山隐居,或对当时江西画坛也产生一定的影响。唐中期时,吴道子曾在庐山秀峰寺绘制了令人叹为观止的铁线观音;北方迁入洪州的崔季真,也精绘画。唐后期,浙江僧人贯休长期活动于南昌。贯休不仅善书法,能书篆、隶、草等,时称"姜体"(因贯休俗姓姜),还长于水

传为贯休所画的《罗汉图》

第四章
教育勃兴与人文日新

墨,工画罗汉,所画第16尊罗汉即其临水照影的自画像。信州僧德正,善画松、石、人物,兴至挥毫即成,但权贵求画则绝不给。总的说来,活跃在唐代江西画坛的人物不少,成就不凡,但有影响的江西籍画家罕见。

  唐朝重书法,江西人士善书法者不少,如九江僧人云軒、宜春进士卢肇。不过,在江西书法史上最早享有盛名的是钟绍京。钟绍京(659—746年),字大可,虔州人。自幼聪慧好学,成人后仕途通达,唐高宗时即任司农录事。武周年间,入值凤阁(中书省)。唐睿宗景云元年(710年)钟任宫苑总监。唐中宗复位后,皇后韦氏勾结武三思专擅朝政,景龙四年(710年)毒死中宗,妄图称帝。钟绍京附和李隆基、刘幽求等,发动宫廷政变,镇压了韦后,维护了唐朝的政权。钟绍京一夜之间成了兴复李唐皇朝的功臣,"夜拜绍京中书侍郎,参知机务。明日进中书令,越国公,实封二百户,赍赐与幽求等"。在宫廷政变六十年后唐德宗称他的功绩可以"铭勋鼎彝,书美青史"。唐宣宗大中初,将钟绍京像画在凌烟阁上。不过,政变得利后的钟绍京当朝用事,"恣情赏罚,甚为时人所恶",同时又沦为宫廷内部权力争夺的牺牲品。先是睿宗听薛稷之言,转为户部尚书,出为蜀州刺史,逐出京都。唐玄宗时姚崇奏言,左迁绵州刺史,坐事累贬琰州尉,尽削其阶爵及实封,不久又迁温州别驾。直到开元十五年(727年)才再度入朝,受过钟绍京恩惠的唐玄宗看他年迈,心中感到愧疚,授太子右谕德,后转少詹事。钟在京城度过晚年,死后归葬于家乡。德宗建中初,追赠为太子太傅。钟绍京是三国时期著名书法家钟繇的第17世孙,书学二王,史称"小钟"。武则天统治时期,钟绍京进入凤阁,即与其书法密切相关,当时的"明堂门额、九鼎之铭,及诸宫殿门榜,皆绍京所题"①,可见武则天对他的书法很是欣赏。钟绍京书法历来评价很高,如元人陶宗仪《书史会要》评曰:"工正书,行、草,峻利丰秀。"明人董其昌《画禅室随笔》称:"笔法精妙,回腕藏峰。"钟绍京书法代表作为书于开元二十六年(738年)的道教写经《灵飞经》,笔势圆劲,字体精妙,为著名小楷范本,明代时真迹曾为董其昌所得,后海宁陈元瑞刻入《渤海藏真帖》中。清人杨守敬《学术迩言》评为:"渤海藏真帖皆以墨迹上石,其中灵飞经一册,最为精劲,为世所重。"钟绍京墨迹《转轮王经》则有经生书味道,因而有人或认为他是由经生而成为院体书家的代表人物。钟绍京对书画古迹特别爱好,善鉴别书法真伪,收藏王羲之、王献之以及褚遂良等名家真迹数百卷,成为当时著名的书画

---

① 《旧唐书》卷九十七《钟绍京传》。

钟绍京所书《灵飞经》和《转轮王经》部分局部

收藏家。此外,唐文宗太和年间的南昌女道士吴彩鸾也是有名的书法家。据《宣和书谱》及《庚子销夏记》记载,吴彩鸾曾以小楷书《唐韵》一部,其书法"神气全古,笔力遒劲,出于自然,非古今学人所及"。

唐代江西外来书法名家众多,他们游历江西锦绣山水,足迹所至之处留下了不少精湛的书法艺术。如庐山之地,欧阳询撰《西林寺碑》,虞世南撰《庐山上大林寺复寺记碑》,李邕撰《东林寺碑》(现有残碑存寺),李肇撰《东林寺经藏碑》,柳公权在庐山也有作品留传。当然,留给江西书法艺术最深刻影响的当数颜真卿。大历年间,颜真卿因正直得罪朝中权贵,贬于抚州。颜氏是唐朝著名的文学家与书法大家,一生酷爱文章书法,创造"颜体"书法艺术——扬弃了初唐秀媚之风而趋于端庄圆润,笔法上能把篆隶笔法运用到楷、行、草书中。其楷书宽绰开张,雄浑丰实,有浩大之气势;行书则有"天下第一"之美誉。颜真卿在任抚州刺史期间,写了不少关于江西风物的纪事文章、书法碑刻,如《魏夫人仙坛碑》《东林寺题名》《西林寺题名》《大唐中兴颂》《抚州南城县麻姑山仙坛记》(简

第四章
教育勃兴与人文日新

称《麻姑仙坛记》)以及在青原山书"祖关"二字等。其中《麻姑山仙坛记》是颜真卿62岁时的书作,也正是颜体成熟时期的代表作。其用笔圆润厚实,形态端庄雄伟,线条极富变化,笔意出自心意。欧阳修《集古录》称"鲁公诸碑当以此为第一"。《麻姑仙坛记》原刻碑石已散佚,现在南城县麻姑山树立的石碑是明朝藩王朱祐槟重刻的。历代书法家认为,此石刻"书法严整,略似颜真卿其他石碑",比较完好地保存了《麻姑山仙坛记》的原作风貌。颜氏书法引起江西民众的敬慕,鄱阳人蔡明远曾以粮接济身陷困境的颜真卿,颜以手书以赠,墨迹盛传于世。

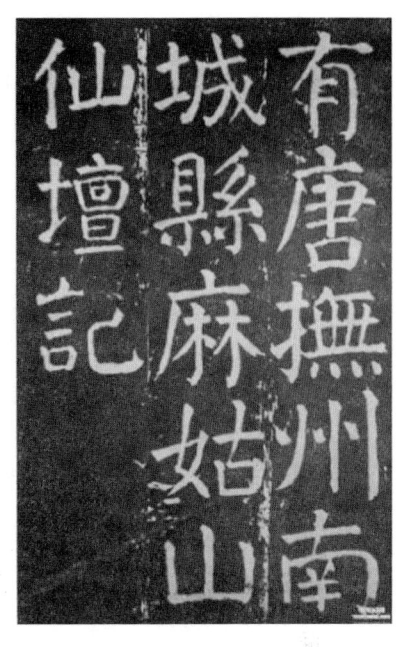

颜真卿手迹

五代十国是我国书法史上较为暗淡的时期,后人称"书学之废莫甚于五代"①。但是江西书法艺术并未在当时断绝。马令《南唐书·宋齐丘传》载,南唐文人以善书法为荣,"(宋齐丘)书札不工,亦自矜炫,而嗤鄙欧、虞之徒。冯延巳亦工书,远胜齐丘,而佯为师授以求媚。齐丘谓之:'子书非不善,然不能精,往往似虞世南,其何堪也。'"这说明宋齐丘爱好书法,且有一定的艺术鉴赏力。此外,南唐虔化(今宁都)衷愉,善草书,称名一时。

二、董源、巨然与山水画

唐五代时期,中国社会因儒、释汇合而导致禅宗思想流行,反映在艺术观念上,以自然山川作为精神的寄托,产生寄情咏怀、物我相通美学旨趣的山水、花鸟画。南唐君主崇尚绘画,设立画院,以画家为翰林待诏,各地画家趋之若鹜。画院中常有题试,"竹锁桥边卖酒家""野渡无人舟自横""踏花归去马蹄香""嫩绿枝头红一点,恼人春色不须多"之类,多取之于江南的清山秀水、灵性花鸟和文人的诗词佳句,遂使南唐成为文人山水和花鸟写意画得以确立的关键时期。它也成为江西文人绘画艺术人才涌现、成就极高的时期,一批江西画家便在此时脱颖而出,闻名全国。

---

① 《五代诗话》卷二《中朝·杜荀鹤》。

山水画的审美标准和艺术规范，是从唐代开始的，到五代得到进一步发展。当时的山水画以江西的董源、巨然为代表。

董源(？—约962年)，字叔达，钟陵(今进贤)县人，仕南唐，为北苑副使，后世因称之为董北苑。唐代山水画家以李思训、王维的成就最大，分别代表着青绿、水墨两派。董源水墨学王维，着色学李思训，但又博采众长，自成一体，形成了独特的山水画风格。宋郭若虚《图画见闻志》说董源"所画山水，下笔雄伟，有崭绝峥嵘之势，重峦绝壁，使人观而壮之"。宋佚名氏《宣和画谱》称，唐五代画坛多"以著色山水誉之，谓景物富丽，宛然有李思训风格。今考(董)源所画，信然。盖当时著色山水未多，能仿思训者亦少也。"董源画的是江南人习见的山水，容易产生亲切感。宋画家米芾《画史》评论说："董源平淡天真多，唐无此品，在毕宏上。近世神品，格调无与比也。峰峦出没，云雾显晦，不装巧趣，皆得天真。岚色郁苍，枝干劲挺，咸有生意。溪桥渔浦，洲渚掩映，一片江南也。"江南气候云蒸霞蔚，空气湿润，山水景观朦胧多变，董源为表现这种特征，在画法上使用干湿并用的披麻皴、点子皴，画面景象于是形成不确定的造型效果。明董其昌《画眼》称，董源画大树，曲处甚简，多作劲挺之状；"画小树，不先作树枝及根，但以笔点成形"；"画杂树，只露根，而以点叶高下肥瘦，取其成形……最为高雅，不在斤斤细巧"。这些都表明了董源的技法在前人的基础上的发展。据《宣和画谱·山水》所云，董源在构图方面的特点是"出自胸臆"，"写山水、江漆、风雨、溪谷、峰峦晦明，林霏烟云，与夫千岩万壑，重汀绝岸，使览者得之，真若寓目于其处也，而足以助骚客词人之吟思，则有不可形容者"。宋沈括《梦溪笔谈·书画》称：董源所画秋岚远景、江南真山，"皆宜远观，其用笔甚草草"，"近视之几不类物象，远观则景物粲然，幽情远思，如睹异境"。譬如《落照图》，近看好像没下工夫，远观则纵深处有村落，遥远的山巅仿佛有夕阳反照的效果。从董源的实践和作品中可知，他是致力于追求一种超乎真山真水的艺术境界。

董源的艺术趣味和表现手法，开启了一个新时代。唐岱《绘事发微》说："唐李思训、王维始分宗派，摩诘用渲淡，开后世法门，至董北苑则墨法全备，荆浩、关仝、李成、范宽、巨然、郭熙辈，皆称画中圣贤。"当时"荆关董巨"四大家，以董的成就最高、名气最大。董源笔下水墨山水，描绘的都是江南景色，江长而邈远，云树葱郁，笔墨秀润，完全摆脱了唐代山水画装饰化趣味，也绝无荆浩、关仝等人崇尚险峰怪石、气势宏伟的猎奇作风，故他创立的山水画派被后人称为"江南画派"。受董源影响最深的有同时代的巨然、宋代的米芾、元代的黄公望、

第四章
教育勃兴与人文日新

董源《潇湘图》

明代沈周和董其昌、清代四王等等,以各自的杰出成就一步一步把水墨山水画发扬光大。

董源以山水画名垂画史,动物画亦颇为出色。据《图画见闻志》称,董源"兼工画牛、虎,肉肌丰混,毛毳轻浮,具足精神,脱略凡格",有"牛、虎等图传于世"。此外,他的人物画也相当不错。有一次,后主李煜在碧落宫召见冯延巳,冯已到宫门时逡巡不敢进。李煜久待不到,遣内侍来催,冯对来人说:有宫女着青红锦袍当门而立,所以不敢进去。内侍听了顿觉奇怪,马上和冯一同上前细看,原来是正门放置董源画的八尺琉璃屏风,画上的宫女,宛如真人。

据《宣和画谱》,宋徽宗御府收藏的董源作品共78件,其中包括《孔子见虞丘子图》《渔父图》《寒林钟馗图》《长寿真人像》《写孙真人像》《跨牛图》《牧牛图》《戏龙图》《跨龙图》《升龙图》等,但主要是山水画。现存传为董源的作品有《潇湘图》《夏景山口待渡图》《夏山图》《溪山行旅图》以及明代画家董其昌命名的《龙宿郊民图》。

《潇湘图》,绢本,水墨淡彩,纵50厘米、横141.4厘米,北京故宫博物院藏。描绘迤逦平远的江南山水,当是表现"洞庭张乐地,潇湘帝子游"的诗意,画面展现了江南平稳连绵,草木蒙茸的山峦,洲渚迂回,阳光和煦。岸边数人正在围网,水面上渔舟荡漾——游船正向滩头驶来,船上一朱衣人物端坐,还有擎伞者、横篙者、摇橹者等,沙滩上三女子伫立,五名乐工吹奏,似在欢迎贵客的来到。此图山峦采用点子皴画法,疏密相间,苍茫浑厚,点景人物工细设色,水光山色与人物活动相互映衬,富有浓郁的生活气息。《夏景山口待渡图》,绢本,水墨淡彩,纵50厘米、横320厘米,与《潇湘图》的绢质、尺幅高度和画法均相同,可

巨然《秋山问道图》

能为一幅长卷分断而成,辽宁省博物馆藏。两件作品中,山峦的画法均松动随意,用色淡雅,用于点景的小人物则用粉白、蓝、红重彩。《夏山图》,绢本,水墨着色,纵49.4厘米、横313.2厘米,上海博物藏。章法与画法同上述两件有类似之处。描写了江南多泥披草的山峦丘陵,风雨晦明中平远景色,通体皆用短条子和小墨点的组合描写景物,应是董源确立的一种新的风范,是董源画中最富于创新精神的。《龙宿郊民图》(或称《龙袖骄民图》),绢本,水墨着色,纵156厘米、横160厘米,台北故宫博物院藏。画中山冈圆浑,草木丰茂,杂树丹碧掩映,山麓村民在岸边张灯结彩,连舟歌舞,是一幅带有风俗画意味的山水画。董其昌认为画面主题是表现江南人民迎接北宋开国皇帝赵匡胤下江南的故事,画面奇妙,但有献媚取宠的意味。此图虽人物近工笔着色画法,以山水为水青绿,用披麻皴,山顶作矾石,已自成体貌,并不像前人所称的"仅是着色如李思训",而是对李思训青山绿水画风格的继承与发展。董源的真迹也绝大部分失传了,现存的上述几幅,都堪称弥足珍贵之国宝。

南唐时期,江西擅长山水画并以此著名的除董源外,还有其同乡僧人巨然。《图画见闻志》记:"钟陵僧巨然,工画山水,笔墨秀润,善为烟岚气象,山川高旷之景,但林木非其所长。随李主至阙下,学士院有画壁,兼有图轴传世。"巨然是董源的直接继承者,与董源合称"董、巨",亦成为江南山水画的创始人之一。巨然师法董源的同时,在构图和笔墨技法上又着意创新,赋予画作更多的道意禅味,创造出一种明润郁葱的风格,深得江南山水风景之佳趣,后世师法者甚众。米芾《画史》中多次称许巨然画作,如:"巨然师董源,今世多有本,岚气清润,布景得天真多。巨然少年时多矾头;老年平淡趣高。""仲爰收巨然半幅轴,一风雨景,一皖公山天柱峰图,清润秀拔,林路萦回,真佳制也。""苏泌家有巨然山水,平淡奇绝。""巨然明润郁葱,最有爽气。矾头大多。"如果说巨然的山水以清疏取胜,那么巨然的作品以葱郁见长,二者同为南派,却又同中有异。巨然与董源一样,有着多方面的绘画才能,山水、人物、禽鸟皆工,又会壁画。《宣和画谱》称其作品:"于峰峦岭窦之外,下至林麓之间,犹作卵石、松柏、疏筱、蔓草之类,相与映发,而幽溪细路,屈曲萦带,竹篱茅舍,断桥危栈,真若山间景趣也。"南唐降宋,巨然随南唐后主到达汴京后,也将南派山水带到了北方。在学士院画了一幅《烟岚晓景》的壁画,被时人誉为绝品,于是声名大振。巨然的作品据《宣和画谱》载御府所藏136幅,现仅有《秋山问道图》《层崖丛树图》《山居图》《万壑松风图》等存世。

钟陵刘道士,与巨然一同师法董源,一僧一道,并称于世。米芾《画史》说:"刘道士与巨然同师,巨然画则僧在主位,刘画则道士在主位,以此为别。"可见他们风格相近,成就相当。

三、徐熙与花鸟画

晚唐五代不仅是山水画的成熟时期,也是花鸟画的繁荣阶段。江西徐熙正是这一时期花鸟画的领军人物之一。徐熙,钟陵人,生卒年不详,南唐保大五年(947年),他的孙子徐崇嗣已参加《赏雪图》的集体创作,当时徐熙大约60岁。以此推算,他可能生于唐僖宗年间(885—887年),开宝末年(975年)随李后主归附宋朝,不久病死,享年约90岁。徐熙出身于江南名族,因性情豪爽旷达,志节高迈,终身不仕,人称"江南处士""江南布衣"。徐熙主要活动在南唐李璟、李煜两朝,虽不在画院任职,但艺术地位尊显。

徐熙《石榴图》(疑为摹本)

徐熙善画花木、蔬果、蝉蝶、禽鱼之类,其妙与自然无异。他常游历山林园圃,以求情状,虽蔬菜茎苗,亦入图画。郭若虚《图画见闻志》认为,正是徐熙勤于对现实生活的观察,善于发现新鲜的题材,大胆地表现"江湖之间"的事物,所以能够"学穷造化,意出古今"。徐熙用质朴简练的手法创立了清新洒脱的"水墨淡粉"风格,注重"落墨",用笔不拘泥于精勾细描,而是信笔抒写,略敷色彩,却绝有生气。譬如,徐熙所作《鸡竹图》,竹子的根、茎、节、叶都用浓墨粗笔,用笔密集的地方用石膏、石绿稍加点染,在视觉上有直上云霄的气势;曾画有《石榴图》,在一株树上画着百多个果实,气势奇伟,笔力豪放,摆脱了当时画院里柔腻绮丽之风。《宣和画谱》称:

今之画花者,往往以色晕淡而成,独徐熙落墨,以写其枝叶蕊萼,然后傅色,故骨气风神,为古今绝笔。画独具神妙,绘花在似与不似之间。苏东坡题徐熙《杏花图》有"洗出徐熙落墨花"之句,所谓"落墨花",自然是反映这一独创的风格,也即为后世盛称的"徐体"。徐熙的画创造出前所未有的新形式,成为花鸟画由工笔设色向水墨淡彩过渡的重大转折,与西蜀画家黄筌同时开创了我国的花鸟画艺术,时号"黄徐体"。比较而言,黄筌重形似、重法度,偏于继承;徐熙重神似、重写意,富于创造,因而徐熙的绘画技法影响更大,当时江南的郭乾辉、钟隐、唐希雅、丘庆余,甚至后主李煜均属于徐派阵营的画家。北宋以来,随着文人画兴起,徐熙的地位不断提高。如宋代李荐的《画品》、米芾的《画史》及清代徐沁的《明画录》等都认为徐熙的成就要大于黄筌。宋代刘道醇《圣朝名画评》认为徐熙画达到了"神妙俱完"的境界,"宜乎为天下冠"。苏东坡称徐熙画为"古今之绝笔",王安石则说"徐熙丹青盖江左",等等。

徐熙是一位多产画家,据《宣和画谱》载,宣和年间宫廷收藏的徐熙作品即

第四章
教育勃兴与人文日新

有259件。其他散见的更难以计数。代表作品有风牡丹、安石榴、鹤竹、鱼藻、戏猫、蝉蝶等图。《圣朝名画评》载,宋太宗曾面对其中一幅石榴图,赞不绝口:"花果之妙,吾独知有熙矣。"宋太宗还指示画院以该图为范本。然而,非常可惜的是,靖康元年(1126年),金国军队攻陷北宋首都汴京,宫中藏画统统被金军掠走,后又毁于兵乱。徐熙真迹大抵失传,至今收藏署名徐熙《雪竹图》《玉堂富贵图》《雏鸽药苗图》皆非真迹,只能从中领略其风格和画法。

此外,南昌人李颇(或作李坡)也是南唐时期有名的花鸟画家。李颇善画竹,气韵飘举,落笔有生意,不事小巧,作品有《折竹》《风竹》《冒雪》等。

除了山水画、花鸟画外,江西的人物画在五代时期也已有了不小的成就。突出者有如下人物:

钟陵蔡润,入南唐画院,"工画船水",其《楚王渡江图》尤为精备,深得中主李璟赞叹。《圣朝名画评》将其列为"屋木门"妙品。

丰城曹仲元,以善画道释鬼神著名,在南唐后主时为待诏。他工画佛道鬼神,早年学习唐朝画家吴道子技法,后转变画风,由简练而细密,自成一家,尤其精于彩绘。他在建业寺画上下二壁,历时八年,仍未结束,足见其精密细微。画师翰林待诏周文矩评议说:"仲元绘上天本样,非凡工所及,故迟迟如此。"传世作品有《九曜图》《三官像》等近50件,收录于《宣和画谱》。

另外,丰城厉昭庆,工画人物,与曹仲元同为后主翰林待诏。入北宋,仍为图画院祗候。

五代十国时期,全国四大山水画家荆浩、关仝、董源、巨然,江西有其二;全国两大花鸟画家黄筌、徐熙,江西得其一。后世诸多画家或宗董源、巨然之山水,或宗徐熙之花鸟,或二者兼祧,造成宋元以下,江南山水、花鸟画家名家辈出,支派纷繁的繁荣局面。江西画家对中国书画艺术的贡献由此略窥一斑。

第五章
佛法鼎盛与道教风流

隋唐五代中国宗教进入全面繁荣时期,以佛、道为代表的宗教宗派竞立、学理争锋、信徒激增。江西地区适应宗教发展的主客观条件较优越,多种宗教或教派在此积极活动,有的雪泥鸿爪,有的则浓墨重彩。其中佛教以南禅宗为主,创造出中国化最具体最深入的洪州禅系,繁衍出特色鲜明的"五家七宗"。道教在汉魏六朝的基础上继续兴盛,形成了以庐山、龙虎山、洪州西山等为中心的道教发展与弘传基地。此外,洪州在中唐还传播过摩尼教①。江西地区弥漫着浓厚的宗教氛围,民众心灵中充满着佛道情结。

第一节
佛教诸宗兴起与传播

隋与唐前期,统治者视佛教为"替国行道"的重要途径,注重发挥宗教治国化民的功能,对佛教基本采取倡导与扶持的政策,江西佛教在六朝的基础上全面发展,呈繁荣之势。突出表现是佛教各宗派尤其是南禅宗极其活跃,竞相发展与传播,为唐中期的江西禅宗大发展准备了条件。

---

① 《资治通鉴》卷二三七"唐代宗大历六年"条记,洪州曾置摩尼教"大云光明寺一所",说明江西地区有摩尼教徒活动。由于该教对江西影响不大,加上相关史料阙佚,本章不作叙述。

第五章
佛法鼎盛与道教风流

一、隋佛教兴国与江西佛教的发展

隋文帝杨坚幼年受尼智仙抚养,在灭周建隋的过程中,佛教又给予了强大的精神力量,遂亲佛而佞佛,并把佛教作为兴国护国的思想武器。开皇元年(581年),文帝登基伊始即诏境内之民,任听出家,营造经像。开皇五年(585年),诏法经法师于大兴殿受菩萨戒,敕谓"佛以正法付嘱国王,朕是人尊,受佛付嘱,自今以后迄朕一世,每月常请僧随番上下,入内讲经,每夜行道"①。开皇十一年(591年),诏僧灵祐曰:"朕遵崇三宝,归向情深。恒闻阐扬大乘,护持正法。……故远召法师,共营功业。"②开皇二十年(600年),下诏保护佛道造像,"敢有毁坏偷盗佛及天尊像、岳镇海渎神形者,以不道论。沙门坏佛像、道士坏天尊像者,以恶逆论"③。此外,隋文帝又敕撰《众经目录》,仁寿元年(601年)分送天下53州各建塔奉藏。仁寿四年(604年)又分送舍利于30余州立塔藏之。隋文帝重佛教的直接结果是促使佛教迅速繁荣起来。其在位期间,全国度僧尼236200人;各州建寺塔3793所(一说5000余所);新造佛像106580躯(一说60万躯),修治故像1509000余躯;组织译经论500卷;令京师和大都邑官写一切佛经藏于寺,计46藏132086卷。朝廷佞佛而大作功德,天下风从,一时民间所写佛经多于儒家六经数十百倍,修故经3853部。隋炀帝杨广虽不如其父佞佛,但同样以佛教作为治国化民的重要工具。早在作晋王总镇扬州时,致力于安定江南佛教界。开皇十一年,迎请南方佛教代表人物、天台宗实际创始人智𫖮(538—597年)至扬州设千僧会,并依智𫖮受菩萨戒。智𫖮奉杨广为"总持菩萨",杨广则尊智𫖮为"智者大师"。杨广于王邸立宝台藏,图高僧形象,立四道场,改称佛寺曰"道场",改称道观曰"玄坛"。杨广登基后令智果于东内道场撰诸经目录,修治故经612藏共29172部;造佛像3850躯,治故像101000躯;度僧尼6200人。

隋皇朝国祚30余年,思想文化方面没有大多的建树,唯奖掖佛法,推行佛教兴国的政策,使佛教成为统一国家的精神支柱之一,堪称这个时期最重要的文化现象④。借用隋唐之际名僧法琳的话来说来是"时君敬信,朝野归心"⑤。在统一全国的初期,隋文帝践行"关中本位"政策,对江南佛教予以较大的限制,

---

① 释法琳:《辩正论》卷三《十代奉佛上篇》。
② 释道宣:《续高僧传》卷九《释灵裕传》。
③ 《隋书》卷二《高祖纪下》。
④ 参李文澜:《湖北通史(隋唐五代卷)》,华中师范大学出版社1999年版,第51页。
⑤ 颜宗:《法琳别传》卷上。

智顗

曾引起了江南佛教徒的强烈反对以至武装叛乱。为了抚定江南,巩固统一大业,隋文帝对江南佛、道予以了保护,尽管力度较北方要弱。隋炀帝一改"关中本位"思维,更为重视对江南佛教的招抚,给江南佛教新的发展契机。六朝以来欣欣向荣的江南佛教虽遭侯景之乱、西魏破江陵以及隋统一过程中的沉重打击,受到极大的破坏,但因佛教基础深厚,又得隋统治者扶持,顿时复兴。在隋代兴佛和南方佛教重振的历史进程中,江西佛教在外来高僧的推动下,也有了一定的发展。

六朝以来,庐山就是佛学中心。隋代庐山仍是僧徒们的向往之地,江南不少高僧活动于此,大弘佛法。开皇九年(589年)正月,隋灭陈之际,智顗领徒众从建康徙居庐山东林寺,十一年受晋王杨广之请去扬州,十四年复还庐山,十五年重返天台。智顗深受陈、隋两朝帝王宠信,并被隋炀帝尊为"智者大师"。智顗融合当地南北佛教的特点,强调"止""观"并重,提出"一念三千"和"三谛圆融"等观点,大讲《法华经》《大智度论》《般若心经》《摩诃止观》《仁王经》等佛典,迎合了中国大一统的政治需求。智顗一生除说法传徒,创立宗派,发展佛教外,还勤于笔耕,著有《修习止观坐禅法要》《六妙门》《金光明玄义》《金光明文句》《观音玄义》《观音疏》和《法华经玄义》等,影响江南江北。智顗门下一批弟子,或随师或自行来到庐山,修行弘法。法京(普明),开皇九年随师住庐山东林寺,苦节行,年86终于庐山。大志(567—609年),俗姓顾,会稽山阴人,师从智顗。苦节自专,禅诵为业。开皇十年入住庐山峰顶寺,诵《法华经》,后建静观道场,行头陀业,食饼果充饥,七载不断。晚住庐山福林寺。据《续高僧传·大志传》载,隋大业五年(609年),炀帝诏汰僧道,大志变服毁形,头撋《孝经》,誓愿:"尽此形骸,申明正教!"遂往东都上表曰:"愿陛下兴显三宝,当燃一臂于嵩岳,用报国恩。"炀帝许之。大志遂烧臂殉教,终使炀帝停行汰僧令。唐朝庐山峰顶诸寺僧,每年终夜聚读大志遗誓,以弘其志。智锴(533—610年),俗姓夏侯,豫章人,少年出家,在扬州兴皇寺听僧法朗讲三论,善受玄文,扬名一时。开皇十五年(595年)在庐山从天台智顗大师,修习禅法,特有念力,智顗叹重之。他居庐山大林寺20年,重建大林寺,继修西林寺。在庐山开讲《涅槃经》《法华经》及《十

第五章
佛法鼎盛与道教风流

道信禅师

诵律》,见重于当时。常修禅定,足不下山。隋文帝重其道,敕召进宫,智锴称疾不赴。晚年,豫章僧俗虔请讲经,不得已而从之。未几于大业六年六月跏坐而逝于豫章,还葬于庐山石室。其徒慧云继席。慧云,俗姓王,本贯太原,家居九江,弱年乐道,投庐山大林寺智锴出家。其为人不拘细行,于大节大务则留心,曾迎请精于营造的慧达禅师(或云为慧云之徒)至庐山造西林寺晚阁,曲折重叠,光耀山势。智颛及其弟子居庐山弘传天台佛法,在当时影响较大,庐山遂成为一个比较有名的天台宗、三论宗的传播点。

禅宗也开始在本区传播。禅宗三祖僧璨(?—606年),隋仁寿间,偕徒道信至吉州,于此为道信受具足戒,并付初祖传法衣钵。道信(580—651年),承嗣为禅宗四祖。大业四年(608年)于九江邂逅遇弘忍,收为弟子,一起登庐山之巅,居上林寺十年。大业十三年(617年)领徒众居吉州,于东山禅寺传教。传说道信初至吉州时,正遇强盗围城,道信念《摩诃般若经》,吓退了盗贼①。后来道信定居湖北黄梅双峰寺至圆寂,其间培育弘忍成为禅宗五祖。有隋一代,禅宗三祖在江西地区的活动,为唐以来禅宗在本区的繁荣昌盛奠定了良好的基础。

隋文帝提倡净土信仰,开皇六年(586年)十二月题《龙藏寺碑》称:"烧此戒香,令熏佛慧,修第一之果,建取胜之幢。拯既灭之文,匡已坠之典。"仁寿四年(604年),发布诏书:"宣扬佛法,感悟愚迷。"都是指宣扬、践行相对简易的净土信仰。因此,净土信仰之祖山祖庭庐山东林寺,受到尊重。道胜(547—628年)是庐山净土信仰的重大弘扬者。道胜原住建康高座寺,钦羡庐山遗轨,于隋开皇十二年入主东林寺,致力于修寺,弘法度人,四时不绝,直至唐贞观二年(628年)跏坐而逝于寺。东晋以来的庐山净土信仰遂绵绵不绝。

隋文帝奉行"有僧行处,皆为立寺"的政策②,隋炀帝行按州立寺方针,使以

---

① 关于道信吉州解围事的时间,学界有不同的认识,笔者在此仅用模糊说法。参见徐文明:《中土前期禅学思想史》,北京师范大学出版社2004年版,第182—188页。
② 《续高僧传》卷十五《义解篇》。

庐山东林寺

州(郡)、县网络式有序布局为特征的中华佛寺群系粗具规模。按《续高僧传》《宋高僧传》,初见于隋僧行止的全国佛寺有262所,其中江西有5所,即九江郡有庐山化城寺、大林寺、福林寺、莲花山甘露峰静观道场4所;庐陵郡有发蒙寺1所。按《方志》汇计显示隋建寺全国271所,其中江西有14所,即九江郡的湓城1所;豫章郡的豫章1所、建昌3所、奉新1所、宜丰1所;临川郡临川1所、邵武1所、崇仁1所;庐陵郡的庐陵2所、新淦1所;南康郡的大庾1所。依据代代相因的原则,累积《方志》汇计所显示的东汉至隋1434所佛寺,其中江西有130所,即九江郡35所、豫章郡35所、鄱阳郡29所、临川郡7所、庐陵郡16所、南康郡8所[1]。据方志所载,江西于隋朝新建寺、塔有名可考者有如下15所:兴化禅寺,隋初头陀建于修水县青龙山;兜率禅院,开皇末建于修水县龙安山;嘉祐禅寺,开皇五年建于大余县南安镇;中化城寺,开皇间建于庐山;净居寺,开皇九年建于上高县徐家渡乡;石台寺(清凉禅寺)开皇九年将军漆兴舍宜丰县宅建寺;天王院和塔,仁寿二年建成于南昌市北龙沙冈;佛头塔寺,仁寿间建成寺和舍利塔于南昌县罗家乡;发蒙寺(慈恩寺)和塔,仁寿三年,诏令建寺和舍利塔于吉安市仁寿山;保寿院,仁寿间僧本初建于安义县卜邻乡;唐兴寺(崇庆寺),大业间唐兴舍新余市西郊宅建寺;白土寺,隋建于宜黄县梨溪乡;内宫院,隋僧福建于永修县城

---

[1] 寺院的统计,参考张弓:《汉唐佛寺文化史》,中国社会科学出版社1997年版,第93—108页。

第五章
佛法鼎盛与道教风流

东;释灵院,隋僧法瑞建于永修县甘蔗泉乡;冯山院,隋僧慈善建于永修县升仙乡。从以上统计来看,江西地区的佛寺数量与全国相比无论是总数还是新建的寺院数,大概属于中下的地位,不过亦已形成一定的规模。综合考虑寺院的分布,隋代江西佛教的传播已几乎遍及于全境,反映出本区佛教在信仰地域上比六朝有了较大的扩展。要指出的是,隋代江西佛教由于主要受外来因素的影响,本土名僧大德少,宗教理论上也缺乏创新,对外也没有产生什么大的影响。就其实质而言,发展反而不及六朝。

二、佛教各宗竞相在江西弘传

唐朝建立后,实行宗教宽容政策,虽尊道教为首,但对佛教亦极为敬奉,除个别帝王曾对佛教施行打击、限制外,基本上行护持政策。它与隋代一样广建寺塔,广度僧尼,广写佛经,广做佛事,广给布施,并赐以高僧各种政治名分;当时的高僧大德积极发展佛教事业,特别注重开宗立派,创新佛理;全国从上到下信佛成风,因而佛教在唐代达到了鼎盛时期。历隋入唐,随着佛教的中国化,形成的众多佛教宗派,影响甚大的有天台、法相、华严、净土、禅宗。唐五代时期,在江西境内,除了南禅宗广泛流行外,佛教中的净土宗、律宗、三论宗等也有不少的活动,产生了一定影响。

唐以前,中国已有净土宗思想的传播,如东晋慧远、北魏昙鸾等,都是企求

西方净土变(盛唐·敦煌壁画)

"往生净土"的代表人物,但是他们都只是净土宗的先驱,而不是创宗者。净土宗实由唐初名僧善导创建。善导因专修阿弥陀佛净土法门,奉慧远为东土始祖。传说慧远在庐山东林寺邀集十八高贤创立"白莲社",故净土宗又称莲宗。净土宗以《无量经》《观无量寿佛经》《阿弥陀经》和《往生论》"三经一论"为主要经典,致力阐扬"乘佛愿力"而往生西方净土极乐世界的思想,并"观想念佛"的修持法门进一步简化为"一心专念"阿弥陀佛名号即可死后往生西方极乐净土或兜率净土的"净土法门"。由于"净土法门"简便易行,不拘形式,颇能摄获民心,故一经创立便蔚为大宗。据《佛祖统记》卷二十六载,善导"演说净土法门三十余年","长安道俗传授净土法门者不可胜数"。其后,影响不断扩大,中唐以后即有所谓"家家弥陀佛"之说。唐代江西的净土信仰也较浓郁。庐山东林寺作为东晋以后南方佛教尤其是净土宗的重镇,在历史上曾盛极一时,名扬天下。孟浩然(689—740年)作《晚泊浔阳望香炉峰》诗曰:"挂席几千里,名山都未逢。泊舟浔阳郭,始见香炉峰。尝读远公传,永怀尘外踪。东林精舍近,日暮空闻钟。"诗人晚泊浔阳江城郭边上,眺望庐山香炉峰,在晚钟声里,生起了对东晋高僧慧远的思念之情,并由此而透露出悠悠的离尘之思。善导之后,名僧法照羡慕东林慧远,于永泰元年(765年)曾入庐山结西方道场,修念佛三昧。时间不过旬日,但留下了美好的印象,在所作《净土五会念佛诵经观行仪》中,他多处提及慧远的庐山事迹,流露对慧远的敬仰之情。天宝七载(748年)冬,扬州龙兴寺鉴真五次东渡扶桑失败后,折道东林寺礼拜养晦、研习佛理。五年后六渡扶桑时约该寺智恩和尚同赴日本,于是慧远净土学说也随之东传,日本东林教也奉庐山东林寺为祖庭、慧远为始祖。值得注意的是,中唐以来江西境内禅风强劲,普通民众的宗教信仰又不纯洁,净土信仰往往与禅宗观念融汇一起,难以分清,如白居易在庐山学净土兼修禅。

唐代因着重研习及传持戒律而得名的律宗,在江西地区的传播绵绵不绝。律宗创始人传为法时尊者,实为唐初道宣。因依《四分律》建宗,也称四分律宗,复因道宣住长安附近的终南山,又有南山律宗或南山宗之称。安史之乱始,北方兵连祸接,动荡不安,佛教义学遭到重创,于是重心从长安转移到江南,受江西崇佛氛围的影响,律宗高僧纷纷来赣地弘传。建昌(今永修)人惠钦,传为徐孺子后裔,出家后从北魏律师法聪十二传智冲受学。游长安,讲《大涅槃经》,兼明《俱舍论》《维摩诘经》《金刚经》。每登坛讲座,听者多达两三千人,名动京师。安史之乱发生后,他杖锡南归,住洪州西山洪井双岭间,坚律仪,志在宏济;

第五章
佛法鼎盛与道教风流

又好读《周易》《左传》等儒家经书,下笔成章,著《律仪辅演》10卷,撰《龙兴寺戒坛碑》。抚州刺史颜真卿奏以谢灵运抚州翻经台立为宝应寺,请惠钦至寺登坛演说戒律,真卿为作《宝应寺律藏戒坛记》。此外建昌人惠进(慧进),亦是著名律师,弘法于建昌等地。

庐山佛法鼎盛,在此传律宗者不乏其人。贞素律师,开元间住持庐山东林寺,传徒神鉴,后神鉴参禅宗马祖道一,得印可成禅师。熙怡律师,俗姓曹,桂阳人。大历五年(770年)至五老峰,临瀑布建凌云精舍而居十载,移住上林寺。贞元间又移居东林寺内戒坛院,主持兴建远公影堂。与颜真卿、赵憬、卢群、杨於陵等结方外之交。贞元十二年(796年)圆寂于东林寺,许继佐为之撰塔铭。神凑,俗姓成,京兆蓝田人。少年出家,远慕戒律。祈南岳希操师受戒,复参洪州马祖。然志在《楞严经》,行在《四分律》。大历八年(773年),制悬经、律、论三科策试天下僧尼,中等第方给度牒。神凑应选,诏配江州兴果寺,后从僧从所望移居庐山东林寺,大兴佛事,终研律成务,登坛秉法垂30年,"檀施臻集","化大众万数"。与白居易友善,圆寂时,白伤心不已,为之作《律大德凑公塔铭》云:"本结菩提香火社,共嫌烦恼电泡身。不须惆怅随师去,先请西方作主人。"① 灵彻(746—816年),俗姓汤,会稽人,先住持会稽云门寺,贞元中游长安,名震京师。遭诬陷徙汀州,赦归越。元和初住庐山东林寺,还住持过洪州石亭寺,与江西观察使韦丹结忘形之交,互为唱酬。权德舆亦有送彻上人序。鉴于东林寺经藏不全,临去时向韦丹建议修建经藏院,充实经藏。韦听后即施财兴建。元和十一年灵彻终于宣州开元寺。灵彻著有《律宗引源》21卷行于世。

抚州景云寺,因上弘(北宋时避皇讳改称"上恒")成为著名的律宗大寺。上弘为南城县饶氏子,15岁出家,随舅父为僧,22岁时,从南岳大圆大师具戒,"听涉精苦"②。大历(766—779年)中居住景云寺,贞元初(785年)徙居洪州龙兴寺。上弘提倡禁戒,传扬"四分律",颇有成就。《宋高僧传·唐抚州景云寺上恒传》载,上恒"坐甘露坛二十许年,十有八会,救拔群生……男女得度者一万五千余人"。据白居易《唐抚州景云寺故律大德上弘和尚塔碑铭并序》称,经上弘授戒度为僧者达15572人。显然,在唐后期当南山宗风行全国各地时,江西民受其感染。他在社会上有很高的声望,与庐山法真、天台灵裕、荆门法裔、暨兴果神凑、建昌惠进等高僧交游,也和任职于江西的名臣姜公辅、颜真卿、杨凭、韦丹等友善。

---

① 《宋高僧传》卷十六《唐江州兴果寺神凑传》。
② 《宋高僧传》卷十六《唐抚州景云寺上恒传》。

洪州龙兴寺亦因清彻住持而成为南方著名的律宗寺院。元和年间,清彻从吴苑开元寺北院道恒律师处受法后周游律寺,名闻四方,各地无不"推称"①。洪州龙兴寺(后名普贤寺)钦其名而迎请入住。清彻以10年光阴,鸠聚诸家之说,撰《〈南山钞〉集义》,影响远近。至宋初豫章、武昌、晋陵的释门仍在讲用。

后唐时期,江西律宗的大师以徽猷为代表。他撰有《龟鉴录》一书,尝领徒携书至杭州真身宝塔寺,寺主景霄为著名律学大师,阅后为之叹赏不已。

上述表明,唐中期以来,律宗高僧们力弘佛法于江西,尤以洪州龙兴寺和江州庐山东林寺为道场,讲经说法,著书立说,传徒度众,颇有成就,成为本区仅次于禅宗的第二佛教宗派。唐中期以来江西的律宗传播,不仅影响本区,而且涉及江西境外的一些地区,成为当时中国传播律宗的重要区域之一。弘法于江西的律师们,大多与禅宗有渊源,表明本区的禅律交合现象比较普遍。

三论宗也是隋唐以来一个较有影响的佛教宗派,由吉藏创于隋末唐初。"三论"是印度佛教大乘空宗的创始人龙树所著的《中论》《十二门论》及其弟子提婆所著的《百论》的合称。三论宗以宣传"一切法空"为宗旨,以"二谛""八不中道"为教义。江西地区偶有传播。唐宪宗元和时,有高安人云兴大师,俗姓姚,出身于仕宦之家,聪慧多能,精研《三论》,时称"三论大师",力弘三论宗于高安县城观音寺直至圆寂,塔于经藏殿后。观音寺始建于唐,赐额"三论道场"。内有24寮,规模居县佛寺之冠。

中国佛教宗派的形成,是佛教基本中国化后走上独立发展道路的标志。唐代江西境内佛教诸宗竞起,是佛法兴盛的体现,也使民众信仰有了更多的选择,信仰者更加普遍,反过来又进一步促进了佛教在本区的繁荣。

三、南禅赣地初兴

禅宗是中国佛教中修禅的宗派,一般认为其创始人为北魏天竺僧菩提达摩。达摩于南朝梁普通年间(520—527年)泛海至中国,入嵩山少林寺面壁修禅。达摩得弟子慧可,付以正法眼藏,授予袈裟为法信,慧可成为二祖。可传三祖僧璨。隋唐禅宗,初期主要是由四祖双峰道信、五祖东山弘忍阐发。彭蠡江段以北的蕲黄诸山,是禅宗定居发衍的初地。道信大约在隋炀帝大业年间受僧璨禅法,一度率徒南游吉州,弘化当地。欲至衡山,途经江州,为僧俗相请,住庐山

---

① 《宋高僧传》卷十六《唐钟陵龙兴寺清彻传》。

第五章
佛法鼎盛与道教风流

大林寺十年,对江西禅宗的形成产生一定影响。后仍返蕲春,住黄梅双峰山传法,历三十年,"诸州学道,无远不至"①,成为禅宗的真正发端者。法嗣弘忍(601—674年),在双峰东十里冯茂山建寺(后称五祖寺),接众传法,门下700余人,号"东山法门"。禅宗自弘忍起,法嗣渐多,窟山禅林愈广,遍布关洛一带及南方巴蜀、岭南等地。其中,以神秀的北宗和慧能的南宗在当时影响最大,时称"南能北秀"。武周久视元年(700年),武则天迎请神秀入长安弘法,亲加跪礼,闻风来拜者日盈数万,轰动一时。其后中宗、睿宗对神秀尤加礼重,移住洛阳天宫寺而终,使神秀有"两京法主""三帝国师"之誉。朝廷的礼重和支持,以神秀为首的北宗遂被树立为禅宗的正统,声势远非其他几个禅宗支系可及。受其影响,江西地区也有禅师习北宗。如大历四年(769年),严峻禅师住洪州大明寺,即弘传神秀"渐法"。然至唐末北宗寂无声息,仅有一些禅寺残存于北方。其主要原因是,以慧能为首所创南宗的崛起与发展而最终压过了北宗。

慧能(638—713年),俗姓卢,广东新州人。早年至黄梅东山参谒弘忍,虽少识文墨,但聪慧过人,以"本来无一物"偈言而得弘忍真传、秘授法衣。弘忍嘱他深藏不露等待时机弘法。慧能渡江南行,潜至四会、怀集的崇山峻岭中。十五年后他见时机已到,便怀揣袈裟,来到南海法性寺(今广州光孝寺),一番"风幡之议"后,众僧归属。慧能说法动听,信徒大增,法性寺难以容纳,遂到曲江曹溪宝林寺弘法。慧能76岁时,离曹溪回家乡国恩寺圆寂。慧能以顿悟传道,反对神秀渐修成佛的理论,强调"以无念为宗"和"即心即佛""见性成佛"。这种简明直截的得道理论是对佛教繁琐哲学的重大革新,更便于向社会各阶层推广。达摩来华传播大乘佛法,以四卷本《楞伽经》授弟子,主张"理入""行入"并重,把对宗教理论的悟解同大乘禅学的实践结合起来。二祖慧可对《楞伽经》采取自由解释的态度,不拘文字,专附玄理。三祖僧璨继续持《楞伽经》以为心要。《楞伽师资记》云僧璨"口说玄理,不出文记","萧然静坐"。四祖道信和五祖弘忍,建立"东山法门",仍以《楞伽经》为立足点,以"籍教悟宗","内外相称",理行不相违,但又稍变重视《楞伽经》之风。主张把唯心念佛和实相念佛相结合,并强调明净之心和实相之悟,把《楞伽经》如来藏佛性与《般若经》般若学说予以沟通,还提出"直任运"的自由放达的修禅方法。弘忍虽以《楞伽经》为基本经典,但常劝僧俗持《金刚经》,显现出向《金刚经》逐步转移的趋势。总体观之,"东土五祖"以达摩禅为基本修禅方式,主张"渐修",不否认坐禅,本质上仍是印度禅的

---
① 《续高僧传》卷二十《道行传》。

移植。六祖慧能继承达摩学说,与达摩禅在思想上有某种渊源关系,在法系上也是一脉相承,却是在吸收并扬弃达摩禅的基础上建立起不同于传统佛教的新的思想体系。其佛教思想对后世影响最深远的乃是以"心性本觉"为思想基础的顿悟成佛说,并由此引发出一系列新的观点:传统佛教重视诵经,"籍教悟宗",慧能主张不立文字、"教外别传""当令自悟";传统佛教提倡布施、造寺等功德,慧能认为那只是"修福",并非"功德";传统佛教主张念佛往生西天,慧能认为心性不净,念佛往生难到,"迷人念佛生彼,悟者自净其心";传统佛教强调坐禅用功,

慧能禅师

慧能提出把修禅贯彻到一切日常生活及活动之中;传统佛教提倡出家修行,慧能则主张修行在家亦得,不由在寺。慧能佛教思想特点大凡有三:一是自心即佛性,成佛即顿悟自身本具的佛性。二是提倡自由任运的生活方式,使僧侣生活平民化、世俗化。三是广泛从中国传统文化中吸取养料,改造禅宗。庄子追求自由精神之作,玄学家豁达放旷、纯任自然之举,儒家性善之论及孝悌之说,皆为慧能创新禅理提供了营养。总之,慧能以其所述《坛经》为宣言书,建构起具有中国特色的佛教思想体系与佛教宗派,这在佛教史上是一次重大的变革。根据宋代出现的禅门传法世系,禅宗大致经历达摩禅、东山禅、曹溪禅三个阶段。中唐以后,曹溪禅演化为"禅林"。禅林中"农禅合一""上下均等"的生活方式,"一切众生皆有佛性"的理念,心传自悟不借文字的修持方法,受到下层民众的欢迎,禅林在中华广阔地域,如滚雪球,逐渐层层推进。曹溪禅林,最后完成了天竺禅向中华禅的演变,源自印度的佛教因为禅宗尤其是南禅宗才真正成为中国化的佛教;同时,禅宗也成为最大的佛教宗派。8世纪后期至9世纪中后期的100多年期间,南宗兴旺发达而为禅宗正统。

南宗虽然发得很快,并得到了岭南地方官的保护,但它僻处南疆,影响有限。安史之乱后,慧能的弟子在平叛中表现出对唐皇朝的忠心,深得肃宗、代宗的赏识;加上当时北宗因争夺七祖之位内乱,得慧能临终秘传法印并被安排至

第五章
佛法鼎盛与道教风流

北方的荷泽神会(688—762年)趁机发展势力。天宝初,神会入洛阳大弘禅法,在滑台大云寺设无遮大会,"明心六祖之风,荡其渐修之道",始判南北二宗,论定达摩法统,树立南宗顿悟法门。后住洛阳荷泽寺弘扬顿门,著《南宗定是非论》及《显宗论》,形成了影响巨大的荷泽宗,并使南宗很快成为禅宗的主流。慧能也成为禅宗的嫡派,称禅宗六祖,谥"大鉴禅师"。

慧能门下人才济济,著名弟子除荷泽神会外,还有怀让在南岳般若寺观音台;行思在吉州青原山静居寺;玄觉在温州永嘉龙兴寺,于岩下自构庵堂;慧忠住武当山龙兴寺,并奏置太一延昌、香岩长寿二寺。六祖旁出法嗣有:韶州法海、吉州志诚、洪州法达、寿州智通、信州智常、广州志道、湖州司空山本净、婺州玄策、河北智隍等。由此可见,慧能门下著名人才中,江西人占了相当比例。受人文地理环境的作用与影响,江西很早就传入了慧能禅宗。据《坛经》载,早在慧能偷渡岭南时,同窗慧明尾随欲劫法衣。慧明,俗姓陈,原籍鄱阳,据说是南朝皇室后裔,曾为四品将军,国亡而流散为编民,遂出家永昌寺,学双峰之法。唐高宗时,依附弘忍法席,久不得法。他追赶慧能,本想夺法衣,然当慧能大度地将衣钵交给他时,又惶恐不敢取,说:"我故远来求法,不要其衣。"慧能于是在大庾岭上为慧明说法,"慧明得闻,言下心开"。后慧能游方到袁州蒙山(上高县境内),即驻锡留居,开堂授衔徒。其所居寺北宋明赐额为"圣济禅寺"。因尊慧能,避慧改法名为道明。禅籍以"蒙山道明"称之。道明在袁州一带弘法,主张"看净",继承东山法门一般传统,但他师事慧能,将弟子尽行遣往岭南参学慧能,遂使江西与岭南的禅法有了更直接的交流与融合。禅宗在江西境内不仅得到广泛深入的传播,而且发扬光大,影响全国。在其中承先启后的关键人物则是南岳怀让与青原行思。

怀让(677—744年),俗姓杜,金州安康(今陕西安康)人。怀让15岁在荆州玉泉寺出家,后到曹溪从慧能学禅。《传法正宗记》卷七说他"事大鉴历十五载。寻往南岭(湖南衡山),居般若精舍,四方学者归之"。其中马祖道一深得其奥旨后,往福建、江西建立丛林,聚众说法,影响极大。马祖下传百丈怀海,怀海制定"禅门规式",此宗更是大盛。马祖的又一弟子灵祐及其徒孙慧寂在潭州沩山(今湖南宁乡)和袁州仰山弘道、接化,师资相承,别开一派,世称沩仰宗。怀让的弟子希运住持高安黄檗山寺,其弟子义玄后在镇州(今河北正定)滹沱河畔建临济院,别成一大宗派,称临济宗。这是中唐以后最为盛行的禅门宗派,慧能禅宗法门,以南岳怀让的功劳最大。

青原行思禅师

青原行思（673—741年），俗姓刘，吉州庐陵人。行思幼年出家于家乡宝云寺，与寺中和尚谈论佛法，思索佛教真谛。听说曹溪慧能禅学高深，便翻山越岭前往参礼。行思初见慧能即问："当何所务，即不落阶级？"慧能反问他做过什么。他回答："圣谛亦不为。"慧能进而问："落何阶级？"回答说："圣谛亦不为，何阶级之有？"[1]行思的问答颇得南禅真谛，由此成为慧能的首座弟子。一天慧能对行思说："自古以来，佛教是衣法双行，以衣钵为传授法嗣凭信。我自接受五祖衣钵以来，遭受很多磨难，我的身后，为法嗣衣钵争竞者必多。现在我得到了你，何患天下不信？传世的衣钵就留在我这里镇守山门，你当外出分化一方，使禅宗延续，不要让它断绝。"行思谨遵师命，于神龙元年（705年）由韶关南华寺回到故乡吉州的青原山开辟佛场。青原山山峦蜿蜒起伏百里，山势高峰凌空，有龙腾虎跃之势，吞云吐雾之貌，是习禅修心的理想之地。行思驻足青原山后，广为宣传，集募资款，景龙三年（709年）创建安隐寺并以传法，于是"四方禅客，繁拥其堂"[2]。在行思及其后继者的努力下，青原山静居寺气势宏伟，全山庵堂佛殿，星罗棋布，共有36处，寺内有天王殿、大雄宝殿、毗卢阁，成为江西中部名扬四方的佛场，僧徒多时达数千人。每日拜佛进香者络绎不绝，许多当朝权贵、文人墨客慕名来访，如唐相姜公辅、名臣颜真卿都曾涉足此地。相传鉴真和尚第五次东渡日本受阻，折回途中路过吉州时，下榻青原山。

行思传法时，启发弟子觉悟时已开始采用"机锋"方式。《景德传灯录·行思传》载，有一次，某和尚问行思，什么是佛法大意？行思反问道："庐陵米作什么价？"这正反映了禅宗的思辨特色，表明佛教就在米价之类的日常生活中，而不在玄妙的神秘境界里。行思冲出了佛学虚幻的思想范畴，把佛教从单纯的学问修行引入道德修行。《祖堂集》还记载神会曾从曹溪至青原山拜见行思。行思问

---

[1] 《景德传灯录》卷五《行思传》。
[2] 《宋高僧传》卷九《行思传》。

第五章
佛法鼎盛与道教风流

他带来什么,神会"振身而示",行思对他说他仍"滞瓦砾",意为仍未体悟禅法的真谛。神会问他这里有没有真金,他回答:"设有与汝,向什么处著?"①似乎是探试神会有没有接受禅法奥旨的素质。

开元二十八年(740年)十二月,行思升座佛堂跏趺圆寂,葬于毗卢阁右后山,次年建"七祖塔"。因行思对南禅传播起了较大的作用,在传法世系中占据重要地位,乾符年间(874—879年)唐僖宗追谥行思"弘济"禅师之号。七祖塔故名"七祖弘济禅师归真之塔",《归真之塔赞》称:"圣谛不为落何阶级,火里莲花雪中红日,星发大机掀古辙,千里绳规三宗祖鼻。"唐代大书法家颜真卿任吉州刺史时在山门上题写的"祖关"二字,亦足见青原山在唐代佛教的重要地位。

后人撰写的禅宗史籍,多将南岳怀让与青原行思并列为慧能门下的两大高足,由此衍生出南禅的两大宗系:南岳怀让、马祖道一的洪州禅系与青原行思、石头希迁系。其实,行思在当时的佛教界,并不是为人熟知的名人。只是由于身后弟子们的大力弘扬,才声名卓著,确立了他在禅宗历史上的宗师地位。行思门下弟子不多,衡山石头希迁却极为著名,与马祖道一分庭抗礼。希迁及其身后弟子们大弘行思禅法,法席大盛。唐末五代,从石头希迁的法系形成曹洞宗、云门宗和成为中国禅宗主流的法眼宗,世称"禅宗青原派系"。由此可见,中国禅宗得以发展,青原行思一系的传承功不可没。

第二节
洪州禅风

马祖道一继承慧能以来的南禅宗思想,在江西创立了颇具地域特色的洪州禅宗。洪州禅在马祖及其弟子的弘扬下,兴盛一时,成为深刻影响全国的禅宗宗派。百丈怀海根据禅宗发展的实际,创制《禅门规式》,标志着佛教中国化的完成,并为禅宗的进一步发展奠定了坚实的基础。晚唐五代时期,以江西地区为中心的五家禅形成,遂使南禅宗达到鼎盛。

一、马祖道一创洪州禅

道一(709—788年),俗姓马,因其在禅宗史上的崇高地位,人称马祖或马

---

① 《景德传灯录》卷五《行思传》。

祖道一,汉州什邡(今四川什邡)人。童年时从资州(今四川资中)唐和尚处寂出家,后来到渝州(今重庆)圆律师处受具足戒。据《圆觉经大疏钞》卷三之下,马祖还曾受法于成都净众寺金和尚无相禅师,后住长松山。约唐景云元年(710年)前后,马祖听说怀让在南岳般若寺传慧能"顿门"之法,便前往皈依受学。受怀让"磨砖成镜"的启发,马祖由此大悟,而志心修持"心地法门",在怀让门下学法达十个春秋。

马祖道一禅师

开元、天宝之际,马祖到福建建阳佛迹岭聚众传法,略有小成。其后迁至江西临川西里山(又名犀牛山),有虔州人智藏、丹阳人道岸等前来归依。又辗转至南康龚公山(今宝华山),此山常有野兽出没,人迹罕至。马祖与弟子在此辟地建寺,逐渐成为一个远近知名的传法中心,"学侣蚁慕"[①]。海门郡齐安、福州人怀海、尉氏人无等等人前来投奔受法。超岸禅师,天宝初年于抚州兰若得道一开发,"四方麏侣依之"[②]。另外,据《宋高僧传·道一传》,虔州刺史河东裴谞,家奉佛法,敬信马祖,"躬勤咨禀"。大历、贞元年间,马祖至洪州传法,得到洪州刺史、江西观察使路嗣恭、鲍防和李兼的积极支持。《宋高僧传·道一传》载:路嗣恭,大历七年至十三年(772—778年)在任,其间迎请马祖从虔州到洪州开元寺。"连率路公,聆风景慕";鲍防,建中元年至三年(780—782年)在任,其间朝廷"有诏僧如所隶,将归旧壤",按规定应遣返马祖回原籍所隶属的寺院,但鲍防"密留不遣";李兼,贞元元年至七年(785—791年)在任,对马祖"素所钦承"。权德舆《唐故洪州开元寺道一禅师塔铭》说:"成纪李公(李兼)以侍极司宪,临长是邦,勤护法之诚,承最后之说。"

马祖在洪州军政长官的支持下,以开元寺为中心向僧俗信徒传授南宗禅法,开启洪州禅风,声名大振。《宋高僧传·太毓传》说:"于时天下佛法极盛,无过洪府,座下贤圣比肩,得道者其数颇众。"《传法正宗记》卷七称:马祖"以其法归天下之学佛者,然当时之王侯大人慕其道者,北面而趋于下风,不可胜数"。

---

① 《宋高僧传》卷十一《无等传》。
② 《宋高僧传》卷十一《昙藏传附超岸传》。

第五章
佛法鼎盛与道教风流

曾为洪州宗中心的南昌佑民寺(唐称开元寺)

著名僧人普愿、智常、惟宽、太毓、道行、宁贲、玄策、神鉴等人都是在洪州皈依马祖成为弟子的。马祖俨然为一方教主,开创了洪州禅(或称"江西禅""洪州宗")。洪州宗在马祖及其弟子的努力下,快速成长为南禅的大宗,江西成了曹溪之后的又一处禅宗圣地而被人称为"选佛场"①。马祖的开元寺与南岳衡山石头希迁的石台寺,成为当时倾慕南禅宗的僧俗信徒往来参学的两大禅学中心。唐宪宗时国子博士刘轲在应请为希迁写的碑铭中写道:"江西主大寂(马祖),湖南主石头,往来憧憧,不见二大士为无知矣。"②马祖因创立洪州宗,成为中国禅宗史上最有声望的人物之一。788年,马祖圆寂后葬于靖安宝珠峰下,江西观察使李兼为其营塔于建昌(今永修)鄨山。权德舆作《马祖塔碑铭》曰:"达摩心法,南为曹溪,顿门巍巍,振拔沉泥,禅师宏之,俾民不迷……"对马祖弘扬禅宗予以高度评价。宪宗元和八年(813年),追赠谥号为"大寂禅师",塔名"大庄严之塔";敬宗赐塔号"大和圆证之塔"。宣宗大中四年(850年),敕令江西观察使裴胄重修马祖之塔,并赐额名曰"宝峰",泐潭寺遂改名宝峰寺。1999年10月,宝峰寺落成开光,恢复了当年马祖道场的雄风,成为江南最大的寺庙,寺内还保留有马祖圆寂塔,也成为中外佛教信徒朝拜的圣迹。

马祖洪州禅秉承慧能以来"识心见性,自成佛道"的宗旨,主要围绕着人达到觉悟解脱的心性和应当如何对待修行的问题,进行理论创新。《景德传灯录·马祖传》载,"僧问:和尚为什么说即心即佛?师云:为止小儿啼。僧云:啼止时如何?师云:非心非佛。僧云:除此二种人来如何指示?师云:向伊道不是物。僧

---

① 《祖堂集》卷四《丹霞和尚》:"江西马祖,今现住世说法,悟道者不可用记,彼是真选佛之处。"
② 《景德传灯录》卷六《马祖传》注。

问:忽遇其中人来时如何?师云:且教伊体会大道。"马祖认为,人人都有与佛一样的本性,性离不开普通的众生,既然众生不知自己生来具有佛性而到处求道,就以"即心是佛",引导他们产生自信、自修自悟;然而如果众生就此认定"即心是佛"而仅依此修行,却也谬误,因为佛是不可局限于方位、场所的,否则会出现"认心为佛"的现象。所以一旦信徒自修自悟了,就要告诉他们"非心非佛",佛"不是物",应当认真去"体会大道"。在马祖的心佛论体系中,"非心非佛"是对禅宗理论的重大发展,通过这种否定方式,促使信徒跳出具有危险倾向的执著心与执著佛思维定式。

马祖塔

在修行问题上,马祖提出"道不用修,但莫污染"和"平常心是道"的思想①。"洪州意者,起心动念,弹指动目,所作所为,皆是佛性全体之用,更无别用,全体贪嗔痴,造善造恶,受乐受苦,此皆是佛性。"马祖认为,真如、佛性以及自己的本性、本心,是用不着有意地去修行,去对治。只要使它保持自然,不被污染即断除一切造作、取舍、好恶、是非、凡圣等观念,做到"无念",达到佛、菩萨的解脱境地的"平常心"。马祖指出:"若了此心,乃可随时著衣吃饭,任运过时,更有何事!"修道不必脱离日常生活,"平常心是道"。为何可以由平常心而"随处任真"修道,就是因为"各信自心是佛,此心即是佛心"②,"著衣吃饭言谈祇对,六根一切施为,尽是法性"③,所以可把"饥来吃饭,困来即眠"④当做修道功。马

---

① 《景德传灯录》卷六《马祖传》。
② 《祖堂集》卷十四《江西马祖》。
③ 《古尊宿语录》卷一《大鉴下二世道一》。
④ 《景德传灯录》卷六《大珠慧海传》,慧海是道一的弟子。

第五章
佛法鼎盛与道教风流

祖由此反对刻意修道,宣称"道不属修。若言修得,修成还坏"①。又说:"今有本有,不假修道坐禅,不修不坐,即是如来清净禅。"②这种"平常心是道"和"道不属修"的思想,实际上进一步弘扬了六祖慧能的"顿悟"学说,对于后世来修禅定的人影响很大。

洪州禅继承和发展了慧能以来"不立文字,教外别传,直指人心,见性成佛"的禅宗宗旨。裴休为希运《传心法要》作序时盛赞马祖一系思想是"独佩最上乘,离文字之印,唯传一心,更无别法";而且陈述这一系思想是"证之者无新旧,无深浅;说之者不立义解,不立宗主"③。洪州禅修道弘法的重要特点是"触类是道而任心"。"触类是道"是指人的生心起念、一举一动生命现象皆是佛性的表现;"任心"是指禅的实践,即只要能养神存性,不断改造,任运自在,就能进入成佛的境界。本着"触类是道而任心",马祖反对一切繁杂的宗教仪式,简明直接地采用诸如隐语、暗示、象征乃至棒喝等机动灵活的手段传递禅法。有僧要求马祖直接指示何为"祖师西来意"。马祖让他去问智藏,智藏托头痛让他去问怀海,怀海说自己"不会"。此僧转了一圈又回到马祖处,向马祖转述经过。马祖对此不置可否,只是说"藏头白,海头黑"。这段公案在禅宗史书中经常提到。按照南宗的禅法理论,对于达摩西来的目的是不能用语言表达清楚的,因此历代禅师故意对此作出种种不着边际的答语,或以动作示意。《古尊宿语录》卷一《怀海》载,一日,怀海去参见马祖,见马祖竖起拂子,他便按自己的理解解释说:"即此用,离此用。"马祖便把拂子放到原处。过了一会,马祖问:"你已后开两片皮,将何为人?"意为将来如何传法,怀海也照着马祖的做法竖起拂子,马祖反过来也说:"即此用,离此用。"怀海便把拂子放回原处。"祖便喝,师直得三日耳聋"。这种哑谜之中含有禅机的,大概是说看待体与用的问题,例如真如佛性与万事万物、真谛与俗谛、菩提之道与语言文字等等,应做到相即不二,在向人们讲授前者的道理时,既不能离开后者,又不能执著于后者。马祖之喝,好像是表示对这一点也不能执著。马祖在禅修弘法中倡导冷峻刚烈的"接机"。宗密《圆觉经大疏钞》卷三记马祖禅法"接机"云:"或有佛刹,扬眉动睛,笑欠声咳,或动摇等,皆是佛事。"这种从眼前随意拈来的日常事物中迅速悟禅的方法,机锋峻峭,变化无方,卷舒擒纵,灵活自如,从而使禅的实践与人们的日

---

① 《古尊宿语录》卷一《大鉴下二世道一》。
② 《江西马祖道一禅师语录》,载《续藏经》第119册。
③ 《全唐文》卷七四三裴休《黄檗山断际禅师传心法要序》。

常生活的情感、行动一体化,建立起更为直接的成佛说和更为简易的禅法实践,顿使历来坐禅入定、举止凝重、反应迟滞的出家人面貌为之一新,引发出禅门的大机大用。

洪州禅之所以成为中唐之后南禅宗的正脉,并不仅仅在于马祖门下禅师众多,广布四方,还在于洪州禅法建立起了逻辑演绎严密的新佛教心性论,是对慧能、神会以来"以无念为宗,无相为体,无住为本"的进一步修正和对南禅宗"令自本性自悟"的进一步确认①,极大地消解了禅思想史一直存在的内在理论上的隐患与阙失。洪州禅修行不重经教、任心直行,自然地超越了"无念"的范畴,比慧能的一行三昧更加无拘束,完全等同于自然地生活。洪州禅尊重一切人自性和人格,直接明快的传法方式,简便易行的修持方法,奠定了中国禅"自然适间"的思想基调。从而极大地吸引了各阶层的信仰,终于凌驾他宗而尊于天下。

当然,马祖的洪州禅法任心为修也带来了不少负面的影响。自大历中开始,马祖禅风已在江南僧俗间扇起一股狂放逸荡的生活作风。《古尊宿语录》卷一所记马祖一事,最能说明问题。"洪州廉使问曰:'吃酒肉即是,不吃酒肉即是?'师曰:'若吃是中丞禄,不吃是中丞福。'"吃酒肉不吃酒肉,当随遇而安,既然如此,其后学之饮酒食肉,也就是顺理成章之事。洪州宗将禅理完全融入日常生活中的"世上禅",显然更带有狂荡躁动的玩世不恭色彩,而与慧能的禅中隐相背道而驰,"佛不远人,即心而证;法无所首,触境皆如"②的佛性学说,也必然带有更强烈的世俗化功利化倾向。同时也造成"流荡舛误","颠倒真实,以陷乎己而又陷乎人"的流弊③。《景德传灯录·五台隐峰》载,邓隐峰一日推土车次,马祖展脚在路上坐。因马祖不肯收脚,隐峰竟推车碾过,"祖脚损,归法堂,执斧子云:'适来碾损老僧脚底,出来!'峰便出于祖前引颈,祖乃置斧"。说明马祖思想行为已显示出接近后期禅宗"呵祖骂佛"的迹象。潘桂明先生指出:"(马祖)撒下了佛教危机的新种子。这种危机,表现在它从佛教内部造成的破坏上。道一把'道'贯彻到日常生活的一切方面,将'禅'融化于人的生命活动的每一部分,同时还抛弃了传戒、忏悔等佛教传统的形式,从而使禅宗的宗教色彩和神学意义大为逊色,佛教的世俗化有了更为坚实的基础。道一开创的自由活泼的

---

① 《坛经校释》(郭朋校释本),中华书局1983年版,第31—32页。
② 《权载之文集》卷二十八《唐故洪州开元寺石门道一师塔铭》。
③ 《柳宗元集》卷二十五《送琛上人南游序》。

第五章
佛法鼎盛与道教风流

禅风,经过辗转、改铸,有可能逐渐流于空洞无聊可自欺欺人。"①这种危机的结果,至明代显著地表现出来。

二、洪州禅的弘传

马祖门下著名弟子极多。据《五灯会元》卷三称马祖入室弟子139人,"各为一方宗主,转化无穷"。陈诩《唐洪州百丈山怀海禅师塔铭》言:"大寂之徒,多诸龙象,或名闻万乘,入依京辇,或化治一方,各安郡国。"马道门下禅林的地望,大略分布如下②:江南西道:洪州百丈山怀海、惟政、泐潭山法会、惟建、常兴,庐山归宗寺智常,湖南东寺如会,虔州西堂智藏,澧州茗溪道行、大同广澄,抚州碧山慧藏,袁州南源道明、杨岐山甄叔,朗州中邑洪恩,信州鹅湖大义,潭州三角山总印、石霜山大善、华林善觉,南岳西园昙藏等,散见11州,禅林19处;江南东道:杭州盐官海昌院齐安,池州南泉山普愿、杉山智坚、鲁祖山宝云,明州大梅山法常,婺州五泄山灵默,越州大云寺慧海,常州芙蓉山太毓,泉州龟洋无了,汀州水塘和尚,温州佛䐀和尚等,散见9州,禅林11处;河东道:蒲州麻谷山宝彻,忻州郦村自满,汾州无业国师,五台山隐峰禅师;河北道:幽州盘山宝积,磁州马头峰神藏,镇州金牛和尚;京畿道:京兆章敬寺怀晖、兴善寺惟宽、草堂和尚、兴平和尚;都畿道:洛京佛光寺如满,伊阙香山自在、天然;山南东道:鄂州无等禅师,唐州紫玉山道通;岭南道:韶州乳源和尚。道一弟子的禅林,散见30余州,共70余处。洪州宗第三世以下弟子,继续不断地开辟丛林,如百丈怀海一门法嗣:灵祐开潭州沩山,希运开洪州黄檗山,寰中开杭州大慈山,普岸辟天台平田寺,常观开瑞州五峰山,通禅师辟广州和安寺等。再如沩山灵祐一门法嗣:慧寂开袁州仰山,智闲开邓州香岩山,洪諲开杭州径山,神英开滁州定山,法端开襄州延庆山,慈慧开福州九峰山,无名和尚开晋州霍等。灵祐、慧寂开山沩仰宗。还有临济、曹洞、云门、法眼诸宗,各有自家丛林。可以说,以江西为基地的马祖丛林弥漫中夏,马祖禅法广布大江南北。

贞元、元和年间,马祖门下著名禅师西堂智藏、兴善惟宽、章敬怀晖、百丈怀海等人,弘传洪州禅法十分得力。西堂智藏(738—817年或735—814年),南康人,俗姓廖。自幼出家,13岁时,当马祖临川西里山传法时,乃前往归依,此后

---

① 潘桂明:《中国禅宗思想历程》,今日中国出版社1992年版,第240页。
② 马祖系"禅林地望"的统计,参张弓:《汉唐佛寺文化史》,中国社会科学出版社1997年版,第444—445页。

跟随马祖到虔州龚公山、钟陵开元寺,是马祖的上足弟子之一,也是马祖圆寂之后在龚公山收束门下众僧的继承人。唐技所撰《龚公山西堂敕谥大觉禅师重建大宝光塔碑铭》记:"大寂(马祖)将欲示化,(智藏)自钟陵结茅龚公山,于门人中益为重。大寂没,师教聚其清信众,如寂之存。"贞元七年(791年),马祖去世三年后,智藏应大众再三坚请,开堂说法,又一次以龚公山为基地在南方弘传马祖禅法,当地官员也"倾心顺教"①。智藏龚公山说法时,某秀才来问有无天堂、地狱。他回答"有"。又问有无佛法僧三宝等等,他都回答说"有"。有位俗士向径山道钦参问过这些问题,道钦皆说"无"。因此他问智藏,是不是讲错了。智藏便问他有无妻子,径山和尚说没有。于是,智藏说:"公具足三界凡夫,抱妻养儿,何种不作是地狱粗滓,因什么道一切悉无?若似径山,听公道无。"②可见,智藏对普通在家的人并不硬要他们接受一切皆空的道理。智藏在当时是位享有崇高声誉的禅僧,唐枝《西堂大觉禅师塔碑铭》把智藏与在京城传法的马祖的另一位弟子兴善寺惟宽相提并论,比之为当年的"南能北秀";并称智藏之于马祖、马祖之于佛陀,如董仲舒之于孟子、孟子之于孔子,是一脉相承的大师。于是"觉(智藏)之巨名,江南众师,在昔生存,厥后巍巍"。驻守江西的高级官员对他也十分崇敬,如虔州刺史李舟"事师精诚,如事孔颜",洪州刺史江西观察使李兼、齐映,虔州刺史、江州刺史李渤,江西观察使薛放等都支持和崇敬他。元和年间智藏圆寂后,唐宪宗诏谥"大宣教禅师",赐塔名"元和证真"。至穆宗时重谥"大觉禅师",赐塔名"大宝光"。智藏弟子有虔州处微及国纵,都不甚出名,以致连累了他的名声在后世也不大响亮。不过,由于智藏在中唐为洪州禅的正宗传人,有好些来自异域的学生,如被称为"新罗国禅宗初祖"的元寂道仪及实相洪直、桐里慧彻,这又使他在异国名声远扬。

章敬怀晖(756—815年),俗姓谢,泉州人,号称"百岩大师"。据权德舆《故章敬寺百岩大师碑》及智本《百岩寺奉敕再修重建法堂记》载,怀晖在贞元中已名声大噪,"凡其所止,道俗如市",曾在今河北、山西等地传授马祖禅法,元和三年(808年)朝廷以国师之礼召至长安,居章敬寺,每年召入麟德殿讲论③。《祖堂集》卷十四载:"师契大寂,宗教缁儒,奔趋法会,自以道响天庭,闻于凤阙。元和初,奉徵诏对,位排僧录首座以下,圣上顾问,僧首对曰:'僧依夏。'师当时六

---

① 《宋高僧传》卷十《智藏传》。
② 《祖堂集》卷十五《西堂传》。
③ 《全唐文》卷五○一权德舆《唐故章敬寺百岩大师碑铭并序》。

第五章
佛法鼎盛与道教风流

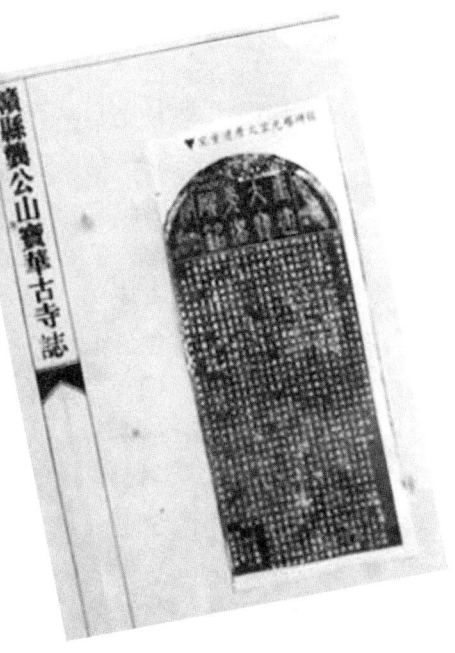

宝华山志记载了西堂智藏事迹

十夏,敕奉迁为座首,对圣上言论禅门法教,圣颜大悦,殷敬殊常,恩泽面临,宣住章敬寺。大化京都,高悬佛日,都城名公义学竞集,击难者如云,师乃大震雷音,群英首伏,投针契意者得意忘言。"除了论次祖师世系及南能北秀的分宗历史外,其说以"心本清净而无境,非遣境以会心,非去垢以取净",这种痛快直截的马祖"心要",使"荐绅先生知道入理者多游焉",时人称之为一代"导师"①。兴善惟宽(754—817年),据白居易《传法堂碑》载,马祖圆寂后,曾先后到过闽、越等地弘传禅法;贞元十三年(797年)之后到了北方,在少林寺、卫国寺、天宫寺等处驻锡;元和四年(809年)继怀晖之后被唐宪宗召见于安国寺,次年又被请到麟德殿问法,后来一直住在长安最重要的大善寺,"徒殆千余"②。他与怀晖一样,在长安弘法时,一是以问答论辩的方式,在心性本净、无修无念、禅离言说等问题上传播了南宗马祖一系的禅思想并赢得了不少文人士大夫;二是特别分清了马祖禅的传承系统,并向大众宣传了马祖为南宗嫡系正宗的思想。由于惟宽的努力,是时洪州禅学大化京都,"玄学者奔凑"③。《宋高僧传·南岳观音台怀让传》称:"元和中,宽、晖至京师,扬其本宗,法门大启,传千百灯,京夏法宝鸿绪,于斯为盛。"惟宽和怀晖先后深入朝廷,在北宗、荷泽宗地盘树起了洪州宗的旗帜,使南宗禅成了当时南北首屈一指风靡一时的佛教宗派,也使马祖一系禅法成了南宗禅的不二法门。

通过以智藏、怀晖、惟宽等马祖弟子们的努力,南北弘法传禅,使洪州禅流

---

① 《文苑英华》卷八八六《故章敬寺百岩大师碑》;《唐文续拾》卷八《百岩寺奉敕再修重建法堂记》,中华书局影印本,1983年。
② 《白居易集》卷四十一《传法堂碑》,顾学颉校点本,中华书局1979年版。
③ 《景德传灯录》卷七《怀晖传》。

布大江南北。特别是使洪州禅进入政治文化中心与皇帝对话,在文人士大夫中弘传了新的禅思想,又因为他们清理门户争得了正宗地位,使洪州禅在贞元、元和年间迅速崛起并成为南宗禅的主流。

三、百丈怀海与《禅门规式》

倘若说智藏等人对马祖禅法弘传作用非小,那么百丈怀海则在马祖丛林制度建设上居功至伟,大大增强了禅宗的生命力与影响力。

百丈怀海禅师

百丈怀海(720—814年),俗姓王,福州长乐人。早年在西山慧照处出家,后至衡山法朗律师处受具足戒,又往安徽庐江浮槎寺披阅藏经多年。其间闻听马祖在南康传法,乃前去投师。他侍奉马祖六年,"尽得心印,言简理精"①。相传师徒间有"野鸭子"公案,又有"祖(马祖)振威一喝,师(怀海)直得三日耳聋"之说②。马祖圆寂后,怀海先在石门山马祖塔旁居住修行,不久移至洪州新吴(今奉新)大雄山修行传法。大雄山岩峦高峻挺拔,人称"百丈山"。当地人甘贞在大雄峰下建乡居庵,仰慕怀海,遂请入庵住持,改名百丈寺。怀海亦被称为"百丈怀海"。怀海在百丈山传授马祖洪州禅法,名声日高,"禅客无远不至"③,"毳纳之人,骈肩累足,时号'大丛林'焉"④。

怀海继承了马祖的"即心即佛,非心非佛"以及"平常心是道"的思想,他说:"要向无佛处,坐大道场,自己作佛。"在体用关系上,更明确具体地阐发了即用显体的南岳禅法心要。他说:"灵光独耀,迥脱根尘,体露真常,不拘文字。

---

① 《景德传灯录》卷六《怀海传》载,某夜,弟子们随侍马祖赏月,马祖问此时做何事为好。智藏说"正好供养",怀海说"正好修行",表现出二人对佛法见解的差异。马祖没有表示异议,意味深长地说:"经入藏,禅入海。"由此马祖似乎更赞许怀海。

② 《五灯会元》卷三《百丈怀海禅师》。

③ 《宋高僧传》卷十《怀海传》。

④ 《宋高僧传》卷二十七《普岸传》。

第五章
佛法鼎盛与道教风流

心性无染,本自圆成。但离妄缘,即如如佛。"[1]认为众生心性本自圆满成就,只要不被妄想所污染,就能随事显现,与诸佛无异。怀海向参学者特别强调两点:一是取消一切思念和追求,达到"心解脱"。《景德传灯录·怀海传》载,有人问何为"大乘顿悟法门",怀海说:"汝先歇诸缘,休息万事,善与不善、世出世间一切诸法,莫记忆,莫缘念,放舍身心,令其自在。心如木石,无所辨别,心无所行……"意为对一切是非、善恶的事物不要思虑,废止一切对内外事物的好恶意识和取舍意向,甚至也"不求佛,不求知解,垢净情尽",也不守此意境,就达到心解脱;说"佛是无求人,求之即乖;理是无求理,求之即失",即使是对"无求"本身的追求也是一种执著。二是从中道的角度理解佛法和传授禅法。《古尊宿语录》卷一载有怀海的《广录》,怀海教导弟子要学会辨别各种用语,对一切事物、语句不要执著,使心绝对"自由",善于随时运用不二的观点来修学和传法。因此"一切举动施为,语默啼笑,尽是佛慧"。禅宗史上有名的"野狐禅"源自百丈怀海的"一转语"使人脱野狐身之典,如今在百丈山上尚有"野狐岩"遗迹。

禅宗自慧能以来,以净心、自悟为基本教旨,教信徒抛开繁琐经典与清规戒律,自我"顿悟","立地成佛",这带来了禅宗的兴盛,也促进了佛教中国化。但因南禅继承了六朝以来江南佛学极为自由般若玄风,加上强烈的世俗化、功利化,消极的因素也不断增长,禅徒往往养成虚矫、狂怪、否定一切的恶劣风气。他们既不念经也不坐禅,信口开河便称"谈公案""斗机锋",甚至公开毁佛灭祖;又不守戒,诸般丑行,无所不为。贞元年间柳宗元作《送琛上人南游序》云:"而今言禅者,有流荡舛误,迭相师用,妄取空语,而脱略方便,颠倒真实,以陷乎己,而又陷乎人。"长此以往,有佛将不佛、禅将不禅的趋势,必将自毁教门。怀海惕于禅宗的严重危机,决心矫正风气。开山伊始,即着力整顿禅门戒律,逐渐形成一套严格的寺院生活制度。他一反马祖以来"好坏都无须思量"的宗旨,而以"诸恶莫作,众善奉行"为清规总纲,采录大小乘戒律,参考儒家礼法,创立简易切要的《禅门规式》,因怀海有"百丈禅师"之称,故又名《百丈清规》。据《景德传灯录·怀海传》后附《禅门规式》,其主要内容包括:1.寺中主持教化者,居于"方丈","凡具道眼,有可尊之德者",称之为"长老";2.不立佛殿,只建法堂,"表佛祖亲嘱受,当代为尊也",同时以表示佛法的超乎言象;僧堂内设长连床、衣架等,禅僧可平等入内坐禅修行,按受戒年次安排次第;3."除入

---

[1] 《五灯会元》卷三《百丈怀海禅师》。

室请益,任学者勤怠,或上或下,不拘常准";4."阖院大众,朝参夕聚,长老上堂升座,主事徒众雁立侧聆,宾主问酬,激扬宗要";5."斋粥随宜,二时均遍,务于节俭";6.实行"普请"之法,参加劳动,"上下均力"。7.在管理上设十个职务,每个职务设一主持者,如主持伙食者为"饭头",主持种蔬菜者为"菜头"等;8.对于假冒僧人混入寺院由寺维那检举,驱逐出院;对违犯清规者则"以拄杖杖之,集众烧衣钵道具",从侧门逐出。

《禅门规式》中最体现立规原则的是"别立禅居"。《敕修百丈清规·古清规序》云:"百丈大智禅师,以禅宗肇自少室,至曹溪以来,多居律寺,虽列别院,然于说法住持,未合规度,故常尔介怀。……于是创意,别立禅居。"禅宗草创时期,主张"若欲修行,不由在寺",禅宗师徒只以道相授受,无固定住所。普通禅僧大多数无度牒、无寺籍,即使是禅僧领袖,也只是挂名于合法寺院,而本人却离寺别居于岩洞、茅庐。自唐玄宗时期始,官方将禅师聚居于寺,改为律寺,将禅众置于戒律之下。禅众寄人篱下,显然不利于禅宗的进一步发展。随着禅宗日盛,宗匠常聚徒多人于一处,修禅办道。百丈怀海以禅众聚处,尊卑不分,于说法住持,未合规制,于是折中大小乘经律,创意别立禅居,定丛林之制。这正合禅众摆脱律寺的意愿与禅宗自身发展的需要。建禅居也意在检束禅众德行,改变当时丛林龙蛇混迹、凡圣同居的局面。

与禅居相配合,怀海注重禅居的组织建设。《禅门规式》所制定的寺院组织结构中,对班首、执事等人事安排非常重视其人的德行完善、人际和谐能力,修己达人的道德风貌成为选举人事的重要条件。"今禅门所谓首座者,必择其己事己办,众所服从,德业兼修者充之","……临众驭物则全体备用,所谓成己而成人者也。古犹东西易位而交职之,不以班资崇卑为嫌。欲其无争,必慎择所任,使各当其职"。此外,清规组织机构的纪纲司法方面,还设置都维那,专司对犯戒者的检察、处置,以整肃纪律。维系组织结构的是借助于儒家的忠孝思想。清规整体结构的前四章标题便是祝禧、报恩、报本、尊社,前二者说忠,后二者说孝,完全以忠孝为先。以后的开堂参拜礼仪,也是升座拈香,忠孝不忘,足见禅门规式对忠孝伦常的尊崇。在禅院的组织人事方面,清规制定了以方丈为中心的家族组织形式,僧徒按身份处于子孙地位,禅院的上下关系,类似封建家族成员的关系。这一特色,使得禅门清规被称做是"丛林礼法之大经"[1],从此百

---

[1] 《大正藏》卷四十八《至大清规序》。

第五章
佛法鼎盛与道教风流

丈清规成为天下丛林律仪的蓝本,成为佛门僧团伦理与封建世俗伦理结合的宗纲,以至于宋代理学大师程颢偶游定林寺,叹"三代礼乐尽在此中"。

《禅门规式》的"普请"制度是对禅宗传统的又一重大改革。普请即僧众无论地位高下,人人必须经常参加劳动,以求生活的自给自足。据《五灯会元》卷三《百丈怀海禅师》载,"师凡作务执劳,必先于众。主者不忍,密收作具而请息之。师曰:吾无德,争合劳于人?既遍求作具不获,而亦忘餐。故有'一日不作,一日不食'之语,流播寰宇矣"。怀海以其身体力行树立了农禅并作的伦理规范。"普请"在印度佛教僧团中是戒律所禁止的,"持净戒者不得贩卖、贸易、安置田宅,畜养人民、奴婢、畜生,一切种植及诸财宝,皆当远离,如避火坑,不得斩伐草木、垦土掘地"①。而怀海却主张舍弃印度僧伽的生活方式,推行过集体劳作的僧团生活。怀海身体力行的"老僧在钁头边为大众说法,大众亦当共同于钁头边生活"的农禅之风,除了有助于心境融合,佛法与世事打成一片外,也有利于寺院经济的自给自足,改变僧人的惰散习气。黄敏枝先生说:"百丈怀海订下的清规和丛林制度透露了新禅宗的由出世转为入世的佛教经济理论,被后世讹传为百丈名言的'一日不作,一日不食'的信条道出了这种实质的变化。僧众肯定操持劳务的入世行为即是为将来出世成正果而铺路,改弦更张,自谋生存,寺田的取得和经营就成为他们重要的谋生之道。"②更重要的是,"普请"的提出标志着中国传统的农本思想在佛教内部的最终确立。怀海之后,农禅之风成为禅林的良好传统。《景德传灯录》和《五灯会元》中都记载了不少禅僧"神通及妙用,运水与搬柴"的农禅生活。仰山慧寂作著名偈语指导徒众曰:"滔滔不持戒,兀兀不坐禅。酽茶三两碗,意在钁头边。"黄檗开田、择菜,沩山摘茶、合酱、泥壁,石霜筛米,云严作鞋,临济栽松、锄地,仰山牧牛、开荒,洞山锄茶园,雪峰斫槽、蒸饭,云门担米,玄沙斫柴,使得中土禅宗呈现一派生产劳动与持戒修行融成一体的农禅并作的独特风光。

"普请"是中国僧众自食其力、自给自足的生产生活方式深化的结果,也是怀海对禅宗极富历史意义的改革与卓越的贡献。佛教原始教义厌恶人身,轻视生产劳动。僧人的生活资料来源于施主檀越的布施和国家的直接供奉,因而有

---

① 《大正藏》第四十卷《佛遗教经论疏节要》。
② 《宋代佛教社会经济史论集》第 2 章第 21 页,转引自严耀中:《江南佛教史》,上海人民出版社 2000 年版,第 337 页。

生以来就成为社会上的特殊寄生阶层。六朝以来，由于寺院数目的泛滥，寄生人口的剧增，一部分下层僧侣迫于生计，不得已而从事生产经营，甚至刈禾种麦，"与农夫齐流"，多少冲击了外来的佛教传统观念，但并未改变禅门坐耗捐施、脱离生产的根本状况。这种寄生的生活性质和习惯，若不进行较大的改变，势必危及生存，更遑论发展。因为这不仅对宗门的传承和凝聚极其不利，并且靠施舍供养而来的尊贵优越是没有退路的，一旦社会动乱而经济恶化，教徒们生活来源便会枯竭，更为严重的是它势必引起佛教与世俗政权之间的经济矛盾与冲突。南宗禅师大都于茅岩而居，生产自谋，经济上无须依赖国家和权贵的供养，独立性和稳定性相对较强。多据边远山野地带，不建大寺，不造偶像；成佛不限于剃度，在农同样可以修持，诸如此类，同占据富丽豪华寺庙为活动据点的其他宗派相比，大大缩小了与国家的矛盾，从而成为佛教中最容易得到宽容的力量。安史之乱后，中央对于江南经济上的需要日益迫切，它终于以完整的禅宗个性，得到皇朝的承认，在江西立稳了脚跟，并且进而影响大江南北。武宗会昌灭佛，中国佛教遭到毁灭性打击，很多宗派从此一蹶不振，走向没落。但南禅的僧侣们长期以来一直都在民间传教，过着隐居般的生活；他们一向主张自耕自作，自力更生，在经济上与政府的冲突不大。在会昌毁佛后，趁着其他佛教流派衰落之际反而蓬勃发展。这其中怀海改革的作用与意义不言而喻。余英时先生认为：在南北朝至唐安史之乱之前，中国佛教在经济方面主要靠信徒的施赐、工商业经济经营以及托钵行乞等方式来维持。安史之乱后，佛教大多失去了富族贵人的施舍，佛教徒走向了自食其力的道路[①]。这一情形对于以山林佛教为特征的禅宗，尤其是南禅宗而言尤为突出，生产生活方式的演变决定了僧团伦理观念的演变，而百丈清规正是这一演变的结晶。怀海之所以能提倡并实践"普请"，也与江西地域密切相关。隋唐以来，江西是中国主要的农业开发地区，江西的每一座寺院，都是一个经济实体，有相当数量的山地水田，有一批农业劳动者为其耕作，佛事与农事已密切结合在一起。

从东晋道安编定僧尼规范到南山道宣以《四分律》会通大乘，从中土对菩萨戒法的青睐到天台、禅宗以心持戒、无相式法的持戒理念，都体现了如何使佛教戒律与中国佛教僧团生活实际相结合的问题，百丈清规的创制则标志着

---

① 参见余英时：《士与中国文化》，上海人民出版社1987年版，第458页。

第五章
佛法鼎盛与道教风流

百丈山"天下清规"石刻

中国特色的僧团伦理规范与持戒理念的形成①。百丈清规以博约折中之旨,超出佛门繁琐戒律之藩篱,实行了对印度佛教戒律的彻底变革,依据现实的僧团生产生活方式,树立了独特的禅门伦理生活观念,即一日不作,一日不食的工作伦理观;又依据儒家伦常,改制了佛门律仪建立了僧团伦理规范,使得佛门从形式到内容都引入儒家思想,也从形式到内容实行了中土化,直至"持戒而背五常,何取为戒"②的观念深入人心。怀海改革从而建立了中国丛林制度,确立了中国佛教戒律的独特性走向:不主枯寂地坐禅、奉戒苦行,而是要在活泼的生活中去"触类见道",以入世方式在现实生活中实现其道德理想、解脱目标。于是,"天竺传来的烦琐无比的大小乘律,被怀海推倒,这在反天竺宗派上是一个成就"③。任继愈先生指出:"禅宗思想的中国化,首先在于从生活方式和生产方式上的中国化。"④这维系着唐末五代之后诸宗衰微之时的禅门隆盛,从而也从生活方式到伦理观念的彻底改革,推进佛教中国化的历程。正是怀海的改革,使禅宗成为一个独立的具有中国特色的影响深远的佛教宗派。

百丈清规不是佛教的正式戒律,但它严格地体现着佛门的自律,与戒律有着同样的性质。怀海制订的整套禅规不啻治病良方,管理僧众十分方便有效,很快便被各禅寺所采纳,沿用不替。《宋高僧传·怀海传》说:"天下禅宗,如风偃草,禅门独行,由海之始也。"咸淳本《百丈清规·序》称:"吾代之有清规,犹儒家之有礼经。"宋真宗时,信佛官僚杨亿向朝廷呈进《百丈清规》,得到认可,遂为

---

① 王月清:《中国佛教伦理》,南京大学出版社1999年版,第113页。
② 《憨山老人梦游集》卷五《示衰大途》,江北刻经处本。
③ 范文澜:《唐代佛教》,人民出版社1979年版,第83页。
④ 见《中日佛教研究》中的《禅宗与中国文化》,中国社会科学出版社1989年版,第74页。

佛门正式戒律，天下禅寺一律遵行。此后禅宗寺院的清规不断补充完备。怀海所制定的清规后世称《古清规》，《新唐书·艺文志三》著录"怀海《禅门规式》一卷"，久佚。到宋代有宗赜《禅苑清规》、宗寿《日用小清规》、惟勉《丛林校定清规总要》，此后最有名而且应用广泛的是元顺宗命百丈山德辉禅师重编而成的《敕修百丈清规》，收于《大正藏》第48卷。这些清规都吸收了《古清规》的基本内容。百丈寺因《百丈清规》而闻名天下。明代毛蕴德《百丈山》诗咏道："雄风高百丈，香火镇千秋。名誉魁多士，清规遍九州。"如今百丈山上还保留有唐代"百丈清规"等巨型石刻多处。据《唐洪州百丈山故怀海禅师塔铭》载，怀海卒于唐宪宗元和九年(814年)，终年65岁。长庆元年(821年)，唐廷穆宗追赠"大智禅师"之号，赐塔额曰"大宝胜轮"。后来唐宣宗又赐百丈寺"大智寿圣禅寺"之额。宣宗李忱此举与其在百丈山的个人经历相关。据说李忱为光王时受武宗迫害，受京城高僧指点，南下江西，入住百丈山，受到百丈寺僧侣的照应。李忱在新吴遍游当地山水名胜，今奉新"驾山""王见山"都因此得名；百丈寺的名景"流觞曲水"，乃李忱为了避暑凿石引泉而来。此外，百丈山的大雄峰、犀牛瀑布、灵境亭等许多地方都留下了李忱的游踪，做了不少题咏。其中《百丈山》诗云："大雄真迹枕危峦，梵宇层楼耸万般。日月每从肩上过，山河长在掌中看。仙峰不间三春秀，灵境何时六月寒。更有上方人罕到，暮钟朝磬碧云端。"这首诗在赞誉奉新仙源灵境的同时，还流露出李忱欲君临天下的雄心。唐大中元年(847年)，登基后的李忱，对为僧云游的日子难以忘怀，对百丈寺僧人的昔日照顾心存感激，因此赐百丈寺匾额，并在天下推崇佛教。

怀海有弟子30人，后世最为著名的是希运、灵祐，临济宗、沩仰宗就分别出于他们二人的法系。弟子无言通，820年南下入安南(今越南)，住北宁仙游建初寺，开始传授百丈禅法，创立无言通派，后成为越南禅系的主流。弟子神行、梵云将怀海生前的重要禅语结集编录，当即《古尊宿语录》附于《怀海录》之后的《广录》。

四、五家分灯

随着以洪州宗为代表的南禅宗势力的兴盛发展，其内部也开始发生分化。唐末五代天下纷乱时期，军阀割据混战，以官寺经济为基础的经院派诸宗一蹶不振，禅林进一步扩散转移，国家对宗教的控制力严重削弱。南禅宗趁势"一花开五叶"，形成沩仰宗、临济宗、曹洞宗、云门宗、法眼宗"五家禅"，成为中国最

第五章
佛法鼎盛与道教风流

发达的佛教宗派。入宋以后,又从临济中分出黄龙、杨岐二宗,合称"五家七宗"。事实上,当时禅宗宗派多且复杂,难以用"五家七宗"囊括。五家禅的出现,并不是因为教理上的分歧,它们均皆继承慧能的佛教思想,以《坛经》作为自身所依最要典据。其所以各立门户,是由于接引学人的方法、态度、思想风格及禅门宗风的不同。表面上看是分裂,其实却是禅宗发展的独特表现形式。禅宗五家的相继出现,标志着禅宗发展到了它的繁荣鼎盛时期。禅宗中的临济、曹洞二宗兴起后,其他宗派又莫及,有所谓"临天下、曹一角"之说。五家禅都与江西地区有密切的关系,而以沩仰宗、曹洞宗为最,临济宗、云门宗、法眼宗也渊源极深。

仰山慧寂禅师

沩仰宗是以沩山(灵祐)、仰山(慧寂)合而名宗的。灵祐(771—853年),俗姓赵,福州长溪(今福建霞浦)人。他15岁出家,3年后入天台山遇著名诗僧寒山,先习大小乘经律,继参百丈怀海,得到百丈的深机深用,成为其"上首"弟子。怀海遣灵祐到潭州沩山(在今湖南宁乡县)弘法,沩山人烟本稀少,灵祐在那里住了很多年,垦荒开田,修寺筑院。以"方圆默契"的禅风,得当地人信仰,开辟了道场,徒众多达1500人,其中最突出者是仰山慧寂。慧寂(807—883年),俗姓叶,韶州浈昌(今广东南雄)人,17岁离家至慧能生前所在之住的南华寺,依通禅师出家。翌年受戒为沙弥。随后,到吉州礼南阳慧忠的弟子耽源真应禅师为师。在此数年,学得从慧忠传至真应的经画圆相"○"等图形表示佛性和解脱道理的做法。此后到潭州的沩山对谒灵祐,成为弟子,在沩山前后约十四五年。

沩仰宗由沩山灵祐创立,仰山慧寂克绍其裘,发扬光大。《祖堂集·仰山和尚传》载:"年三十五岁,领众出世,住前后诸州府,节察刺史,相继一十一人礼为师。师三处转法轮。"慧寂35岁是唐武宗会昌元年(841年)。慧寂离开沩山后先至袁州的仰山传法,创建栖隐寺。陆希声《仰山大师塔铭》说:"居仰山日,法道大行,故今多以仰山为号。"慧寂继承父灵祐的衣钵,大弘禅风,学徒臻盛,盛冠一方,号称"海众抠衣,得道者不可胜计"[①],遂成一家宗派,人称"沩仰宗"。

---

① 《宋高僧传》卷十二《慧寂传》。

灵祐与慧寂师徒二人在禅法上基本继承自马祖、怀海以来的思想,主张修行者应当奉无为无事为宗旨,在平常的生活日用当中觉悟自性,自然而然地达到解脱,倡导农禅合一。然而在向弟子和参禅者传授禅法的过程中,例如对顿悟、渐修等概念的解释上,慧寂使用画圆相表达佛性和修行解脱道理等方面,也形成了自己的特色。大约在咸通二年(861年)前后,慧寂曾应江西观察使韦宙之请,从仰山至洪州的府治所在地南昌的石亭观音院(在今新建县)传法,僧俗向风而至,徒众曾达500人,因有"小迦释"之号。此后,他回到故乡韶州的东平山居住传法,直至去世。仰山门下得道者难以计数,而且往往是有神异之术的人,丰城人仰山光涌是其中著名的一位。仰山光涌(850—938年),俗姓章,幼年学儒学经史,13岁学习佛法,后至石亭观音院从慧寂出家。又至开元寺从"真公"学《维摩经》,19岁时到襄州寿山寺受具足戒。慧寂接引参禅者,常以"和尚(按:慧寂自称)何似驴"的问话来检验来者的语境,据说没有人能作出令他满意的答对。慧寂也用此语问光涌,光涌回避直接回答,说:"某甲见和尚亦不似佛。"慧寂追问:"既不似佛,似个什么?"答曰:"若更有所似,与驴何别?"为此受到慧寂的赏识,说他:"凡圣两忘,情尽体露。"①在慧寂去世后,光涌到仰山栖隐寺居住传法。此时钟传占据洪州。钟传信奉佛教,"凡出军攻占,必祷佛祠"②。钟传听闻光涌之名,派使者到仰山请他到府治所在地南昌。他不得已从使者到南昌,被安置到石亭观音院。钟传死后,江西先后被五代的吴国、南唐占领,在天祐十四年(917年)光涌又回到仰山,于南唐昇元二年(938年)去世。沩仰宗在仰山慧寂至仰山光涌两代之时,是其兴盛之时,此后逐渐衰微。在沩仰宗衰微后,临济、曹洞两宗的释家子弟代代相袭在此结庵修行。自唐至清的数百年间,仰山成为梵音不断、佛灯不灭的佛门胜地。如今在宜春仰山上,据考古发现有"仰山小释迦慧寂大通宝塔"铭花岗岩刻石。南宋范成大曾作《游仰山谒小释迦访孚惠遗迹赠长老混融》诗,有"祖师抱膝坐石塔"句,证明南宋时沩仰宗始祖慧寂的墓塔尚完好,曾引起诗人的仰慕之情。

曹洞宗,是晚唐形成的又一重要宗派,得名于洞山(良价)和曹山(本寂)。良价(807—869年),俗姓俞,浙江会稽诸暨人。晚唐时的浙江本属禅宗支派牛头宗的化区,良价幼年在本地出家,并未接受牛头禅的影响,而是辗转跋涉,多

---

① 《全唐文》卷八七〇宋齐邱《仰山光涌长老塔铭》。
② 《新唐书》卷一九〇《钟传传》。

第五章
佛法鼎盛与道教风流

曹洞宗祖庭——宜丰普利禅寺

年炼历,始终参学在马祖的洪州禅系和青原行思的禅系下。初参南泉禅师,后至云岩参昙晟禅师。昙晟(781—841年),俗姓王,建昌(今永修)人,少年出家,初从百丈怀海学佛,在奉新百丈山住了近20年,怀海死后改换门廷,师从惟俨。著有《宝镜三昧》,用对镜而立,形影相向的关系,说明体用的融合,成为曹洞宗重要文献之一。昙晟在禅宗史上的功劳是培养出了洞山良价,开曹洞宗先导。良价以"无情说法"公案义得昙晟心印。会昌法难前,良价告别老师昙晟,准备踏勘山头。昙晟问他:"甚么处去?"良价说:"虽离和尚,未卜行止。"昙晟曰:"莫非去湖南?"答曰:"不是。"昙晟问:"莫非回家乡?"答曰:"不是。"其实良价自己也不知道将向何所。不久,武宗灭佛事件发生,良价正在浏阳云游,邂逅混迹于平民的庆诸禅师。庆诸是江西人,青原禅系下道吾的弟子,道吾与昙晟同窗,那么庆诸也算是良价的从兄弟了。当良价请教"风生浪起时"应向何处去的问题时,庆诸毫不犹豫地告诉他:"湖南城里太煞闹,有人不肯过江西。"激励良价到江西传法。良价受其启发,结束漂泊,于唐大中末年(860年),转至江西洞山安居创业。传说良价初在修水县的云岩禅院,某天途径宜丰县的洞水(即葛溪),见到自己水中的身影,顿时悟出佛理,于是定居在洞山(今宜丰县北同安乡),建广福寺,后更名普利禅寺。良价曾在靖安泐潭寺编《大乘经要》,在新丰山接引学人。又曾到宜春南源广利寺参学马祖大弟子道明。道明对他说:多学佛法,广作利益。洞山问:如何是广作利益?道明答:一物莫违。良价在洞山大行禅法,倡"五位君臣说",立"曹洞宗"之基本意旨。《宋高僧传·良价传》载,良价教人习禅,要像耕牛一样。他说:"心种种驰求,觅佛觅祖,乃至菩提、涅槃,几时休歇。……不如犁牛白牯兀兀无知,不知佛,不知祖,乃至菩提涅槃、善恶因果。但饥来吃草,渴来饮水。"慧能教人不要向外求佛,菩提只向心觅,良价则直言一切都不要寻觅,这明显地受到洪州禅的影响。良价说法逐渐远近闻名,乃至日本僧瓦室能光,曾住洞山30年,向良价学习禅法。不过,良价传法比较孤立,与地方官尚无直接往来就是一个证明。

曹洞宗虽奉良价为创始人,但真正使之发扬光大的是曹山本寂。本寂(840—901年),俗姓黄,福建泉州莆田人。自幼习儒家经典,19岁在福州云名山出家,25岁受具足戒,投洞山良价门下,密契玄机,得其心传。后本寂告别良价,受信士王若一之请至抚州荷玉山荷玉寺(今宜黄县北)居住传法,后以追慕六祖遗风,改所住山为"曹山",所住寺亦更名"曹山寺"。他主要阐说糅合佛学、儒学,大振洞山良价禅风,从而创立了"曹洞宗"。曹洞宗在教义上教法上最有特色的是"五位君臣"说。所谓"五位君臣",谓君是正,臣是偏,臣向君是偏中正,君向臣是正中偏,君臣道合是兼带。它首先出自洞山良价的《五位君臣颂》:把佛性与大千世界的关系,附会为君主与臣民的关系,佛性是君,居正位,是本体,是空;客观世界是臣,居偏位,是实用,是色;佛性是世界本源,万物是佛性体现。本寂更是将佛教与封建伦理密切结合,为世俗政权服务。他指出,所谓君,是"妙德尊环宇,高明朗大虚";臣是"灵机弘圣道,真智利群生";"君臣合道"则是"混然无内外,含融上下平"。曹洞宗的"五位君臣"体现了其"家风细密,言行相应,随机利物,就语接人"的特点,与临济宗的大刀阔斧形成鲜明的对比。临济宗接引学人,有三玄、三要、四料简等施设,其语句作略,机锋峻峭严刻,行"五逆闻雷"之喝,如铁击石,火光闪闪,机用乃现。曹洞宗在"五家"中的影响仅次于临济宗,并以独特的风格而令人注目。本寂说法影响很大,前来参禅问学者常达两三百人,号称"参问之者,堂盈室满"[1]"洞上玄风,播于天下"[2]。时据洪州的南平王钟传三次遣使往曹山迎请本寂入城说法,本寂不为所动,答以大梅和尚《山居松》诗,诗曰:"摧残枯木倚寒林,几度逢春不变心,樵客遇之犹不顾,郢人那解苦追寻。"卒葬曹山西阿,谥号元证,塔曰福圆。

良价弟子道膺(?—902年),俗姓王,河北玉田人。少年出家,后至翠微山

---

[1] 《宋高僧传》卷十三《本寂传》。
[2] 《五灯会元》卷十三《曹山本寂禅师》。

第五章
佛法鼎盛与道教风流

参无学禅师,三年后慕名至洞山拜良价,得其玄旨,良价称其为"室中领袖"。唐昭宗统治时期,初开法于三峰山,再转至建昌县"冠世绝境"的云居山修行传法。山中禅寺最早建于唐元和三年(808年),有名僧道容禅师住此。道膺来后,云居山便成江西有名的大道场,"所化之徒,寒暑相交,不下一千余众",而且"四方馈供,千里风从"①。因云居之名,朝廷赐额"龙昌禅院"。道膺虽得曹洞真传,然不拘"五位君臣说",讲究万法一心,安心为本,得到钟传、成汭等地方官僚的支持和资助。道膺门下见史载的法嗣有28人,活动于赣、浙、湘、皖等地,后世的曹洞宗实际是通过道膺的法系传承下来的。特别值得一提的是,新罗利严于道膺处得法后归国,在须弥山建广照寺,创今韩国曹洞宗须弥山派。良价的另一弟子休静也为佛法的传播贡献不小。良价行将谢世时,教诲休静说,最适宜禅宗生存与传播的土地是南方,如今江西已盛,往南推化,必有前途。休静遵从老师的意旨,往福州东山的华严寺传法,从学僧众逾千,成为闽南著名的曹洞传人。从良价传法的事迹看,江西的禅流不仅重视创法立派,而且认真考虑在南方未尽开发地区建立自己的势力范围,这对于禅宗的发展颇具积极意义。

曹洞宗于五代,其盛势不减于唐代,声播海内外。续弘各地的本寂弟子有:洞山道延、曹山光慧、智炬、慧霞;南丰金峰从志。道膺弟子有:云居怀岳、道简、昌禅师、新罗国学僧利严;永修凤栖山同安寺道丕禅师,丕徒观南禅师;庐山归宗澹权、怀恽及怀恽之徒弘章;洪州大善寺慧海。匡仁弟子有:疏山证禅师;百丈山寺明照禅师(新罗人)、超禅师(东海人);黄檗山寺慧禅师;五峰山寺遇禅师及遇徒绍禅师;南昌天王院和尚。鹿门处真弟子有庐山佛手岩行因禅师。道延法嗣有上蓝院庆禅师;同安慧敏禅师。从志法嗣有庐山天池寺智隆,智隆得法后先于庐山紫霄峰结茅而居三年。同安道丕法嗣有仰山和尚。如此众多的禅师弘法于江西,尤其是韩国学僧学成后留居中国,且住持百丈山寺,实属难得。

临济宗也是晚唐出现的一个禅派,其创始人虽为义玄,但乃师黄檗希运是极其关键的人物。黄檗希运(?—855年),福州人,幼年在本州黄檗山(在今福清县内)出家。后游方,到过浙江天台山,游历京都时受一位当年曾从南阳慧忠禅师受法的女老居士的启发,到洪州参访百丈怀海,受到怀海的赏识,领受马祖"大机大用"禅法。从怀海嗣法后来到洪州高安县的黄檗山寺(在今宜丰县西)传法。黄檗山原名鹫峰山,山高林密,层峦叠嶂。黄檗寺初建于唐德宗时期,

---

① 《宋高僧传》卷十二《道膺传》。

建有殿堂、道场数幢。希运住持时,寺中禅僧常达四五百人,往来的名人学者也很多。大约在这时期,希远在万载开基创建崇信寺、光化院、延寿院。唐武宗会昌元年(841年)裴休出任洪州刺史、江西观察使时,即与希运相识并由此保持密切关系。裴休曾到寺中,见供有古德遗像,问寺中众僧:"遗像在此,古德在何处?"无一人答出。希运大呼道:"裴休!"裴休不觉应了一声,希运道:"这便是。"裴休欣然领悟。会昌二年(842年)裴休因希运名望,特地迎请他到洪州的治所所在地钟陵的龙兴寺,"旦夕问道"。裴休对希运十分敬仰,特撰诗曰:"自从大士传心印,额有圆珠七尺身。持锡十年栖蜀水,浮杯今日渡章滨。一千龙象随步高,万里香华结胜因。拟欲事师为弟子,不知将法付何人。"①此诗大意是表达作者怀着对希运的景仰之情,邀请他离开隐栖十年之久的黄檗山,渡过章水到钟陵传法,衷心希望拜他为师,从受心法。希运曾到洪州大安寺居住传法,慕名前来参学者很多。唐武宗灭佛时,希运与弟子隐栖山林。唐宣宗即位,恢复佛法,他又出来传法。大中二年(848年)裴休转任宣州刺史时,又迎请希运到宣州治所宣城的宛陵开元寺,传授禅法。裴休常去参问,并记录所说法要,即为后来行世的《黄檗断山际禅师传心法要》《黄檗断际禅师宛陵录》。希运虽继承马祖以来的禅法,但也有所发展。首先,把"心"一元化推到了极点。他说"唯有一心,更无别法",宣称佛、众生是心,万法是心,一切生命体所存在的环境也是心,宇宙一切无非是心的显现,是心之所造。因为禅宗的一切理论的落脚点毕竟是解脱问题,所以希运在说法中常称此心是"灵觉性""本源清净心""精明"等,更强调此心是人达到觉悟的内在依据——"自性""本性"。从其最后发展结果来说,人人是佛;从本质说来,佛也就是众生。他曾对裴休说,达摩祖师西来,"直反映一切人全体是佛"②,目的是让人产生自信,自修自悟。其次,希运更加强调"空",在解脱论上把"见性"与"无心"等同。他虽然反复强调心在解脱中的决定意义,但却反对人们对心作实体性的理解。他一再将心与空、无联结在一起,把所谓"无心""忘心""无为""无求"看做是心的本质,心的本来面貌。宣称达到"无心""无求"的境地,也就是达到解脱。在此,所谓"无心""无求"等,与马祖所说的"道不用修""平常心"等是一致的。再次希运认为,佛法不可思议,开口即错,用心即乖。因此对参禅初学者或以棒打,或大喝一声,或棒喝交施,用以暗示和启

---

① 《景德传灯录》卷九《希运传》。
② 《古尊宿语录》卷二《黄檗禅师》。

第五章
佛法鼎盛与道教风流

悟对方,从而形成了一种特殊的施教方式,开临济宗之风。相传"棒"的使用,始于黄檗希运和德山宣鉴,"喝"的使用,始于临济义玄。故有"德山棒,临济喝"的说法。"棒打"是以心传心,心心相印的佛法,到禅宗末流,便失去了它最初的意义。

希运禅师

大中九年(855年),希运去世,敕谥"断际禅师",塔额"广业",黄檗山现依然保持有希运禅师塔。希运门下著名的弟子中,有道纵在睦州、楚南在杭州、灵观在福州传法,义玄开创临济宗。义玄(?—867年),山东曹州人,俗姓邢。少年出家,在黄檗山希运处长期学法,得到希运的印可后,辗转来到北方,在河北镇州(今河北正定)滹沱河的一座小小的寺院建立临济寺院,独树一帜,门叶极其繁荣,成为一大宗派"临济宗"。临济宗围绕主观与客观、思维与存在的关系问题,提出了"四料拣""四宾主"和"四照用"等范畴,宣扬其宗法。在传法方式上,义玄青出于蓝而胜于蓝,当初百丈怀海被马祖大师一喝"直得三日耳聋眼黑",义玄从他教师黄檗希运处三度被打而念念不忘,到临济门下,棒下呵斥完全成了交流某种道理的中介,于是,一喝大地震动,一棒须弥粉碎遂成为临济宗的宗风。义玄门下高足多人,其中存奖还曾于咸通二年(861年)访问江西,受到正在南昌开堂传法的慧寂的欢迎。存奖在法堂上"面陈奥义,众莫能分,和尚立以剖之,如刀解物。仰山目贻击指,称叹再三"①。慧寂于辈分上是存奖的师叔,他对存奖的禅法理解表示赞赏。临济宗是在洪州禅基础上发展起来的宗派,在唐末五代时得到迅速发展,成为后期禅宗五家传承最久远、影响最广泛的一家。

从洪州禅的形成到沩仰、曹洞宗的创立,江西一直是中国禅宗传播的中心之一。这一局面直到慧能第七世后才有所改变,当时正值唐末五代,福建、两浙和岭南取代江西、湖南而成为禅宗的新兴中心。在禅宗传播重心东移过程中,福州象骨山雪峰宗的义存发挥了最为重要的作用。义存为希迁一系的弟子,当

---

① 《文苑英华》卷八六八公乘亿《魏州故禅大德奖公碑》。

时福建、两浙的禅宗僧侣几乎全部出自他的门下,成为唐末五代南方禅宗的宗师人物。

文偃(864—949年),俗姓张,姑苏嘉兴人。《大正藏·传法正宗记》说他"天性颖悟,幼不类常童"。《景德传灯录》卷十七说他出家后先后于各地参学,蒙雪峰义存"印可",后住韶州云门山光泰院,发挥独妙的宗致,创立了云门宗。文偃把自己所开创的云门宗的思想概括为"函盖乾坤句""截断众流句"和"随波逐浪句"三句话。"函盖乾坤句"讲的是世界观。云门宗认为,世界上的一切,都是"真如"派生的,"真如"是宇宙万有的"本体","乾坤万象"都是由真如变现出来的。"截断众流句"讲的是认识论。云门宗对这一句的解释是:"堆山积岳,一尽尘埃,拟论玄妙,冰消瓦解;本非解会,排叠将来,不消一字,万机顿息。"意思就是说,"堆山积岳"的"乾坤万象",都非真正的认识("解会")对象。因为只要一"论"及"玄妙"的"真如",这些"排叠将来"的宇宙万有,就会立即"万机顿息","冰消瓦解"。这是叫人们只去臆想他们虚构的"真如",而不去认识真正存在的客观世界。"随波逐浪句",这基本上是云门宗人的方法论。为了追求"真如",人们必须"随波逐浪"去"因语识人""应病与药",也就是从表面现象去认识实质。云门宗把他们的"三句"思想比作"云门剑""吹毛剑",意思是说它"锋利"无比,能够"截断众流""斩尽一切"。这表明云门宗在佛法上的坚决与彻底。

文偃创宗前遍参江西名山尊宿,于南唐保大六年(948年)在庐山建净住院和道林院,又于永修县建寺而住静。其著名门徒弘传于江西的有:清禀,先受南唐国主之请住金陵光睦、澄心,后弘法于宜丰洞山。云震,从文偃得法后弘传于铅山鹅湖。清耀,得文偃印可后开法于庐山开先寺。鉴禅师,开法于庐山化城寺。钦禅师开法于信州西禅寺。道谦住持靖安泐潭宝峰寺。承古先后住在庐山、云居山,北宋时受范仲淹之请弘法于波阳县城荐福寺,法济住持宜丰黄檗山寺,康国耀禅师弘化于信州,护国和尚弘化于庐山等等。他们住持的都是江西境内的名山大寺,学徒云集,极盛一时。

大约至五代晚期,义存首席弟子玄沙师备的再传清凉文益创立了法眼宗。文益(855—958年),俗姓鲁,余杭人。《传法正宗记》卷八说他"旁探儒术,文艺可观"。自幼出家,首先游学闽浙,得法于漳州罗汉寺桂琛;后住金陵清凉院,故被称为清凉文益,死后受南唐中主李璟之谥"大法眼禅师",其禅派遂被称为"法眼宗"。法眼宗奉玄沙师备为法眼宗的始祖。法眼宗宣称"三界唯心,万法唯识",但它不同于唯识宗,而是近似于华严宗,同时还袭用华严宗的"六相"之

第五章
佛法鼎盛与道教风流

法,表明文益法眼宗深受华严宗影响。法眼宗的"门庭""家风"是所谓"箭锋相柱,句意合机""对病施药,相身裁衣",也是非常灵活的。

文益从罗汉桂琛得法后,受抚州州牧之请住持抚州崇寿院(后改名地藏寺),开堂说法,名噪一时,四方学人云集,常达千人。德绍国师、道潜、慧明、绍岩、契稠、良匡、道恒、清锡、绍显、慧圆、道钦、策真、义柔、覆船等高僧皆得法于崇寿。有的弘化于江西名山大寺,有的弘化于苏、浙、闽,他们都是创立一大新宗派的宗匠。文益闻名于江西后,南唐开国主李昪闻之而请居金陵报恩禅院,并尊文益为国师。文益后居清凉寺而终。文益在抚州和金陵创立的法眼宗,在南唐开国君主李昪和中主李璟的护持下,风行一时,在江西地区影响较大。文益的继承人天台德韶又成为吴越国的国师。当时南唐灭了楚国,又与吴越分了闽国,疆域达到极盛,法眼宗在南唐与吴越两国政府的保护与支持下在东南地区广泛传播,迅速发展,成为禅宗传播的主流。

五家禅总的说来以江西地区为基地,以洪州禅、石头禅为中心,杂取诸说,随机应变,且相互发扬,但又各有宗风特色。自古有"临济将军,曹洞土民"之说,表明两家宗风的迥异。云门宗函盖乾坤、截断众流、随波逐浪之三句,号称"云门剑",语言亦极锋利。其接引学人手段常用"一字关",孤危耸峻,人难凑泊。沩仰宗则方圆默契,如谷应韵,似关合等。其想生、相生、流注生"三种生"之论,乃是慧能所倡明心见性、即可成佛学说的具体发挥。法眼宗主要特色认为"一切现成",即理事圆融,并非人为安排,而是本来如此。其接化学人方法,初则语句平和,终则激发,渐服人心,疑难冰释。由洪州禅的形成以及五家七宗的产生,说明江西地区的高僧大德们注重与时俱进地理论创新,注重理论联系实际,注重开宗立派。这是唐五代时期江西佛教发展不可或缺的巨大动力。

五、佛教兴盛与民众信仰

寺庙的规模和数量、高僧大德以及普通僧尼、信仰民众的多少及虔诚程度,是衡量佛教兴盛的重要标志。隋唐五代江西境内"玉宇梵宫,波起云涌,名德宿望,时出其间"[①],关于隋代江西寺庙建造的情况前文已有叙述,这里以唐五代的寺庙建造为例说明。

唐朝建寺,基本遵照隋代按政区立寺的原则,依朝廷之命,京师、州县置

---

① 谢祖安修、苏玉贤撰《民国宜春县志》,见《中国地方志集成·江西府县志辑》,江苏古籍出版社1996年版,第403页。

寺,在大唐政区内确立了有序的佛寺一统群系。李渊即位后下诏规定,京师只置三寺,"唯立千僧",其余"并放还桑梓"[1]。"扫定东夏"之后又敕"州别一寺,留三十僧,余者从俗"[2]。此后,沙汰僧道的诏敕屡见。但唐代江西受政府限寺的政策影响较小,寺院数量反而有较大的增长。五代南唐时期,统治者佞佛,江西寺院数量继续增长。唐五代江西地区的众多庙宇,一部分是承继六朝隋朝外,大部分则是新建。按《续高僧传》和《宋高僧传》记,唐五代全国佛寺795所,江西地区45所。即洪州20所：天宫寺、报国寺、开元寺、观音院、大明寺、龙兴寺、兴果寺、建昌寺、东明寺(后改世福寺)、大庆寺、钟陵龙兴寺、南平院、钟陵云居寺、自水院、黄檗山寺、洞山禅院、百丈山禅院、云居山禅院、大沩山同庆寺、大沩山寺；江州7所：东禅寺、兴果精舍、开元寺、远公净土观堂、栖贤寺、归宗净院、双溪院；饶州1所：水昌寺；虔州3所：西堂、龚公山禅院、平田山宝积院；吉州4所：马田寺、龙兴寺、三顾山云亭院、应国禅院；袁州2所：蒙山禅院、阳岐山禅院；信州3所：西禅院、鹅湖寺、福宁寺；抚州5所：崇寿寺、景云寺、疏山禅院、曹山禅院、龙牙山妙济禅院。按《旧唐书》著录有额佛寺110所,《新唐书》补《旧唐书》未记4所,共114所,其中江西有5所。即江州遗爱寺、东林寺、西林寺3所,及洪州宝历寺、开元寺2所。按《方志》汇计东汉至唐建寺,累积共为5335所,其中唐代建寺3901所。江西共有766所,歙州婺源28所、洪州176所、江州114所、饶州125所、虔州48所、吉州124所、袁州25所、信州67所、抚州59所[3]。据研究者不完全统计,在这期间新增建的寺院达420余所[4]。根据以上的统计,唐五代江西寺院数量超过任何历史阶段,在全国占有较大的比重,比隋代有了明显的上升。从寺院的分布来看,江西全境都有分布,比隋代更显均衡,赣北尤其是赣西北佛教极其兴盛。

隋唐五代江西地区寺院数量大增,除了受全国建寺风潮的影响外,更主要的是本区佛教兴盛,高僧大德们重视建造寺院。众所周知,在汉地佛寺发展过程中,禅宗特别注重开辟"丛林",仅马祖道一创建或居留过的寺院即达20余所：金溪石门寺、东岩寺；宜黄石巩寺；赣州马祖岩、宝华寺；靖安法药寺、云峰

---

[1] 《高僧传》二集卷三十二《释法琳传》。
[2] 《高僧传》二集卷三十一《释慧乘传》。
[3] 统计数字参考了张弓《汉唐佛寺文化史》(中国社会科学出版社1997年版)第108—151页的相关内容。
[4] 许怀林：《江西史稿》,江西高校出版社1998年版,第186页。

第五章
佛法鼎盛与道教风流

寺、暇僧寺;安义大唐寺、开阳院;丰城定明寺、净住寺、寿昌寺、梵慧寺、慧灯寺、海慧寺、光福寺、华严寺、资善寺;新建禅悟寺;九江马祖寺、明真寺;永修大果寺、马祖院;都昌新开寺、资福寺、禅山寺、梅洞寺、佛兴寺;修水正济寺、五竺寺、澄心寺;万载峰顶院。江西禅宗高僧辈出,所创立禅林的数量之多可想而知。北宋苏辙《圣寿院记》记述高安佛教时写道:"高安本豫章之属邑,居溪山之间,四方舟车之所不由,水有蛟蜃,野有虎豹,其人稼穑渔猎,其利粳稻、竹箭、楩楠、茶楮……唐仪凤中,六祖以佛法化岭南,再传而马祖兴于江西,于是洞山有价,黄檗有运,真如有愚,九峰有虔,五峰有观。高安虽小邦,而五道场在焉,则诸方游谈之僧,接迹于其地,至于以禅名精舍者二十有四,此二者皆他方之所无。"①此"高安",是指宋代的筠州,包括高安、上高、新昌(今宜丰)三县。高安地多丘陵山地,区域虽小、交通虽不大方便,却僻静而富庶,适宜农禅结合,是僧道乐意栖息的地域。唐仪凤(676—679年)以后南禅宗因而在此传播与兴盛,洞山良价、黄檗希运,开创曹洞、临济;禅宗五道场形成,并以此为中心影响周边,建造了20多座禅寺精舍。高安的情形,是江西佛教寺院兴盛的一个缩影。

任何种类的文化都离不开赖以生存发展的社会环境以及由政治、经济、军事、文教以及民俗风情等因素形成的特定人文土壤。隋唐五代江西地区佛教名僧辈出、宗派竞起、庙宇鼎盛、信徒众多,一派兴旺发达的景象。这其中的缘由,除了佛教人士努力弘教外,更有本区的政治、经济、地理等因素的影响与作用,以及基于信仰的深厚人文思想。正是在江西,佛教完成了它中国化的过程,进一步将佛教文化发扬光大。

隋唐以来,江西的经济发展迅速,奠定了佛教兴盛的基础。安史之乱后,江西成为全国著名的社会仍能安定、经济仍能持续发展的区域所在,也是北方人口南移的重心所在,不少禅徒南流其中。不仅到北方说法的南僧回归,连北方的许多僧人也望南而来。如唐戴叔伦《送僧南归》诗所云:"兵尘犹澒洞,僧舍亦征求。师向江南去,予方毂下留。"吴融《送僧南游》:"战鞞鸣未已,瓶屦抵何乡。"而以岭南为中心的南派禅宗要北上扩大影响,江西地区也是重要的途径。因此,南北禅宗往往融汇于此,招致更多的信徒和参学之流进入江西。自安史之乱起,以京畿为中心的北方多年战乱,使京派禅师遭受严重打击,其禅系势力大为削弱,统治地位随之而动摇。南宗无形之中夺得禅宗领袖地位,这促使

---
① 光绪《江西通志》卷一二〇苏辙《圣寿院记》。

南宗的迅猛发展。而各宗门间，加剧了争夺正宗法嗣的斗争。仅宗密撰《禅源诸诠集》所收"殆且百家，宗义别者，犹将十室"。这种状况，一直延续到唐武宗发动的会昌灭佛运动，前后约90年。江西地区离朝廷较远，所受政治影响相对薄弱，中央的抑佛活动在此变得无力，遂使本区许多寺庙蔚为"禅侣云集"的盛况。唐末五代之际，战乱频繁，割据者激烈争斗，恣行杀掠，造成了中原社会经济的进一步凋敝，社会经济重心迅速南移。江西先后属杨吴和南唐，这两个政权在南方诸国中是疆土最广、实力最强的。为了扩展势力范围，积蓄经济后劲，统治者课农劝桑，招徕商旅，鼓励手工业生产，逐步结束了乱无宁日的状态，社会经济得到一定程度的恢复和发展。作为南唐政权后方的江西，经济文化保持上升趋势，在全国经济文化中的地位显著。南唐还因为慑于后周对淮南的军事攻势，于交泰二年（959年）十一月升洪州为南昌府，建为南都。这个临时举措，无异于又将政治文化中心迁到了江西。而南唐君臣又都是佛的信徒[①]，这对于江西佛教的发展无疑是推波助澜。

江西便利的地理交通和优越的自然环境也是佛教（禅宗）扎根于本区的重要因素。六朝时，江西北部水路交通便利，佛教传入亦较早，庐山几成南方佛教中心。隋唐江西的水陆交通体系基本完备，成为南部中国交通网络中的一个关键。交通发达的地方是一方社会中心，人口、财富流动、汇集之地，也是千变万化的人生战场，时时上演着谋取各种利益成与败的悲喜剧，精神上需要刺激、寄托或超脱、宽慰，因而成为僧侣推销佛教、牟取布施的最好市场，也容易产生轰动效应。唐天宝八年（749年），著名的鉴真和尚东渡日本，中途遇风暴折回。他从广州乘船至韶州，陆行过大庾岭。此后在江西境内由南向北，游化了数座名山大寺。鉴真先落脚虔州，住开元寺，又至吉州住青原山安隐寺，至江州庐山住东林寺，再住浔阳龙泉寺，然后乘船下长江至扬州。僧侣们南来北往东走西去活跃在江西交通大动脉上，交汇与聚集就成了很自然的事。佛教寺院讲究环境观感和气势，从而衬托出其庄严空寂，借助自然环境以利于修行和宣扬佛法。余靖《韶州白ว山延禅院传法记》云："大抵南方富于山水，号为千岩竞秀，万壑争流，所以浮屠之居，必获奇胜之域也。"[②] 谢逸《上高净众禅院记》云："天下佳山水，莫富于东南，有道之士庐其中者，十常八九。"[③] 凡是当时人们所熟知

[①] 关于南唐君臣佞佛的事迹，参见邹劲风：《南唐国史》，南京大学出版社2003年版，第141—143页。
[②] 《武溪集》卷八。
[③] 《溪堂集》卷七。

第五章
佛法鼎盛与道教风流

的山水名胜,大都不再是偏僻之地,自然不会人烟稀少,而且多有往来游客,足以供养。江西许多地方山清水秀,风景怡人,对修身养性的僧尼极富吸引力。

隋唐五代江西地区佛教(禅宗)蓬勃兴旺,与本区的文化发展有关。一般说来,佛教的发展依仗于文化的发展,佛教兴盛之地与文化发达之地基本一致。在文化落后的地区,佛教通常是简陋的,其理论是难以发扬光大,进不了心灵的层次,有佛无教。这一时期,江西地区文化水平普遍提高,自然有利于佛教理论的创造、传播与发扬光大。同时,本区民情风俗、文化观念与精神也极有利于佛教的发展。江西人柔弱,外在力量不强,情绪的宣泄向心灵深处发展,道家思想比较活跃,性情比较放达。封建礼教传统也不深厚,习俗中非礼法性成分很大,在精神上保持一定程度的独立和自由心态。这种精神状态与佛教禅宗有相通之处。唐以来南禅宗的发展主要都集中在围绕心性理论做出新的发挥,同时,又都进一步与中土传统相融合。慧能提出"无念为宗,无相为体,无住为本",主张"顿悟见性",从而把北宗的心性修养功夫变成了对"自性"的体认。这种简法便易的求道理论和方式,完全和中土学术求简易的精神相契合;而其要求的"顿悟""见性"的神秘的内证方法,又与孟子的"不虑而知""求其放心"和老庄的"绝圣弃智""心斋""坐忘"有共通之处[①]。基于江西文化土壤的洪州禅更是把南宗的强调内心体验的禅转变为人生践履的禅。它明确提出"平常心是道",禅等同于平常的人生。在这种从根本上否定宗教目标和修持行为的禅观指导下,实际上是把南宗禅的纯任主观的心性说发展到了极致,也极大地推动了南禅宗的世俗化进程,从而更加适合和吸引官僚士大夫和普通民众信仰。当然,洪州禅此举,带来了正反两方面的影响和作用。葛兆光先生指出:"洪州宗为代表的南宗禅在中唐以后的胜利,对于禅宗来说有幸有不幸:幸的是它终于完成了禅思想的中国化历程,使它的理路有了一个终结,把般若之空与老庄之无融会贯通成为一种自然人生的最高境界,进入了中古文人士大夫的生活;不幸的是它自己也从而衰减了它对意识形态的正面影响力,成了宗教性自我瓦解的内在因素,从而无法收拾中唐以来散乱的人心,当历史需要一种思想来约束人心,时代需要一种意识来重建秩序,它就无法起到应有的作用。"[②]这一消极影响和作用,至明代突出地表现出来。

---

① 分别见《孟子·尽心上》《老子》第十九章、《庄子·人世间》《庄子·大宗师》。
② 葛兆光:《中国禅思想史》,北京大学出版社1995年版,第352页。

士大夫是文化的代言人,江西佛教禅宗的兴盛与他们的虔诚信仰和积极弘扬分不开。南禅宗乃是玄学化与儒学化的一个中国式的佛教,其宗义融入了大量儒家和道家的思想内容。它所宣扬的那一套"见性成佛,不立文字","若欲修行,在家亦得,不必在寺"的简便修行方法,特别适合那些"仕途失意满心烦恼和富贵内热需要饮冰"的中国士大夫的口味①。另外,禅宗强调的入世与出世不二、"即心即佛"和佛在众生之中的思想;说法中贯彻的理事、体用圆融的玄学思维和富有机辩的论禅方式;寄修行于日常生活的简易要求;丛林经营井然有序,提倡农禅并重又崇尚自然情趣等,都对他们具有极大的吸引力,容易在他们心中引起共鸣。至于禅宗寺院所具有的地方文化中心的功能,很多禅僧具有的较高文化素养,禅僧行脚游方在各地文化交流中所扮演的角色,禅僧在说法中标榜的"无念""无求"和淡泊名利的理念,都可以在具有不同身份和阅历的士大夫中引发兴趣。在儒者士大夫中,有的人与禅僧密切交往,听他们谈禅说法;有的人礼禅僧为师,亲自参禅问道;甚至也有人干脆放弃仕进的道路,不求"选官"而去"选佛"②,效仿禅僧过丛林生活。江西既是佛门禅学的基地,那些习禅礼佛的官僚文人叩头就自然叩到江西禅门下,江西成为著名的"选佛场"。诸如虞世南、欧阳询、李邕、李肇、韦丹、白居易、李兼、李渤、颜真卿、李白、权德舆、段成式、刘禹锡、裴休、吕岩、边镐等,都是禅宗热烈的崇信者,任职或游历江西时或与禅人酬唱往来,或出助财资修建寺院,施建经藏;有的入门从师求学;有的撰文赞僧弘法,皆以行政力量或个人名望增强了江西禅的声誉。略举数例如下:

白居易是洪州禅的积极弘扬者。白氏和洪州一系的禅师有密切接触,曾四次向道一弟子兴善惟宽问道,把心得写成《传法堂碑》,乃是禅宗史上的重要文献,其内容表明了他对"洪州禅"有相当深刻的理解。白氏在太和及会昌中曾先后两次将自己的文集70卷及其"香山居士"之像赠与庐山东林寺(其时该寺已由律寺改为禅寺),既欲使自己的作品能垂于永远,也在客观上提高了该寺的知名度。宪宗朝曾为宰相的权德舆时望与文名俱高,也是唐代士大夫调和"三教"的典型人物。他早年在洪州,是洪州禅马祖道一的俗家弟子,为道一作《塔铭》,乃是禅宗史上的重要史料。在他们中间,一时兴起为已故禅师请谥立碑的

---

① 参阅汤用彤:《隋唐佛教史稿》第四章第六节,中华书局 1982 年版。
② 《景德传灯录》卷十四。

第五章
佛法鼎盛与道教风流

传为阎立本所捐建的普宁寺（内有阎立本墓）

风气,这与南禅兴盛前的情况有所不同。以往禅宿死后或蒙朝廷赐号,或有门人树碑立传,且不甚普遍。中唐以后,广泛的请谥撰铭,特别兴盛于洪州禅门。这种行动大都不出于朝廷主动,而是出于文人士大夫的策划奏请。如白居易撰《传法堂碑》,权德舆撰《石门道一塔铭》,刘禹锡好为禅师撰碑作记,与南岳衡山、牛头山、杨岐山的僧侣都有交往,远在千里之遥,仍为杨岐山乘广禅师写塔铭,使广禅师的理论与事迹得以流传。加之文人诗文中大量的有关禅宗人物和丛林生活的记载,遂使江西禅宗史料更为丰富翔实,江西禅的传播影响更为深远。最潜心向禅的当数宣宗时的宰相裴休。裴休家世奉佛,尤深于释典。中年后即"不食荤血,常斋戒,屏嗜欲"。会昌二年(842年)任江西观察使期间,他"视事之隙,游践山林,与义学僧讲求佛理",把居于宜丰的黄檗希运禅师一再接到自己的任所安居传道,做了希运的虔诚弟子。饶有意味的是,《全唐诗》中裴休仅存诗两首,而内容恰恰都与江西禅有关。一首是谒题马祖道场泐潭寺的,一首则是赠给希运的。会昌三年(843年),他请希运到南昌普贤寺讲经传法,遂使"四方学徒望山而趋,睹相而悟,往来海众常千余人"。大中二年(848年),裴休迁任宣州刺史,镇守宛陵(安徽宣城),又派人去黄檗山礼迎希运至宛陵,并为希运"大建禅苑",说法于开元寺。裴休旦夕受法,退而精思,将自己与希运禅师的问答记录下来,于大中十一年编集成《黄檗传心法要》,成为后世临济宗传人的必读之物。总之，士大夫官僚礼重江西禅、信仰江西禅，当时已成为一种社会风气。刘禹锡《送鸿举师游江南》诗云："钟陵八郡多名守，半是西方社中友。""钟陵八郡"泛指江西，"西方社"用的是晋代慧远庐山结社，共期西方乐土的典故。江西地方官与神禅交往的远不止"半数"，实际情形更为普遍，从士人官僚阶层的态度中足可见出江西禅的社会影响。反过来，士人官僚们的活动为江西禅宗的传播起了一定的作用。

佛教的中国化也是一个民间化的过程，世俗民众崇佛信佛是佛教得以普遍弘扬的社会基础。隋唐五代江西寺院的兴盛，除了封建统治者政治上的提倡与经济上的扶持、僧侣们的积极活动外，还有一个重要原因就是江西社会各阶层在经济上的大力支持。突出表现在，江西诸多庙宇的修建、寺院的财富大都与民众的捐赠密切相关。例如，因仰山慧寂曾经于此居留"仰山祖庭"的峡江东平寺说法，贞观间建立时，新喻县富豪欧阳文长，"捐近寺庄田，计租米一千余顷，供佛斋僧"①。贞观年间，吉州阳城石泉寺得"里人龙孟常捐田"，良山院得"张学谕捐田"②；赣州赣县妙明寺得"邑人萧刚施田"③。高宗武后时，隐居玉山的阎立本，在暖水三山之左设斋读书，在五都购置南庄。后舍住宅改建为普宁寺；舍读书之处改建为智门寺，将南庄改为普圆禅院；邱诚建于虔州赣县建光孝寺；后来，邑人谢怀德于虔州赣县建舍利寺。天宝中，婺源熊嗣兴施山于吉州永丰建智林寺。

唐代后期，佛教的传播更加深入，社会动荡加剧，民众对佛的信仰越加虔诚。对佛寺的施舍也越加丰富。庐山东林寺就是这方面的典型。据李肇《东林寺经藏碑铭》称，元和年间，律宗高僧灵澈鉴于东林寺自慧远身后三藏经律论"阙而无补"，于是"言于廉问武阳韦公(韦丹)，公应之如响。往年公夫人兰陵萧氏终，有钗梳佩服之资，而于荆州买良田数顷，收其租入，以奉檀施，至是取之，增以清白之俸，而经营焉"。这个藏经阁"土木丹漆之外，饰以多宝，相好严丽，邻诸鬼功，虽两都(即长安、洛阳)四方，或未前见"④。建阁、写经所耗费的银钱之巨，可以想见。武宗灭佛，东林寺也在废除之列，"寺与林木并系户部毁卖"。

---

① 光绪《江西通志》卷一二二。
② 《吉安府志》卷九《建置志·寺观·永丰县》。
③ 同治《赣州府志》卷十六《建置志·寺观·赣县》。
④ 《白氏长庆集》卷二十六《东林寺经藏西廊记》。

第五章
佛法鼎盛与道教风流

据崔黯《复东林寺碑》记载,唐宣宗时重建东林寺,江州刺史崔黯奉命鸠工兴造,并带头出钱资助,"搢绅从者数百人",于是"下虔江之木,鸠食访工,陶工冶铁",历时六年,新建屋宇313间,出役工65万余人。此外,典型事例还有:大和元年(827年),潭州通判李玉甫施田于抚州宜黄建观音寺。文德元年(888年),兵部员外郎刘汾施山于饶州弋阳建南山寺。唐末,农家张姓芟地于饶州余干建地藏寺。天祐四年(907年),抚州崇仁县人邓进兄弟"豪富特达,好事然诺",感于"邑中无禅刹,或毳侣经游则投足无地,往往止于白衣之家"而发心,施"缗数百万"买地创普安禅院,并舍附郭在三十顷"把人常住"①。天祐中,节度使罗贤施田于抚州宜黄建药师寺。

寺庙得到朝廷的赐额,不仅带来非比寻常的政治荣耀,而且可获得巨大的经济利益,极利于寺庙的发展壮大。唐中后期以来,江西不少寺院与高僧即得到朝廷的赐额。这些赐额大多是朝廷主动给的,有一些则是地方人士积极运作的结果。如唐昭宗时,一位归省京官,主动为临川一禅院请额,颇有戏剧性:"乾宁甲寅岁(894年)……有京堂后官虞公,武夷人也。自闽回,归京朝觐,因假道歇驾,而来礼敬师焉。公寻便,结驷而辞曰:'师之所住,院额何无?'师曰:'茅屋草庵,逐时难拟。'公曰:'到京之日,专为奏置焉。'后乃有敕下,赐为'疏山白云禅院'额。"②就是这所白云禅院,因此得到了众多民众的经济资助。如乾宁年间(894—897年)抚州临川县就曾有三位官员分别将自己在该县的寄庄(或出钱置庄)施给疏山白云禅院。

一些起于民间的地方军阀也极度佞佛,唐末割据洪州的钟传就是突出的一个。《新唐书》钟传本传载,钟氏不仅"凡出军攻战,必祷佛祠",而且在他坐镇江西的30余年里,舍宅为寺和斥资造庙的事,他都乐此不疲。钟传微贱时,每受高安上蓝山令超禅师的器重与礼遇。中和二年(882年),钟传奏请于洪州建寺,迎僧令超居住,寺名沿用高安旧名,曰"报国上蓝寺"。在钟传起兵的上高九峰山,有他舍宅而建的崇福寺;在宜春蟠龙山,有他斥资而建的蟠龙禅院;在新建县,有他施助的云盖寺。在其家乡上高县,有座东晋时建立的普济寺,原为浮屠精舍,唐初赐额名"武泉院",会昌间废。光启三年(887年),钟传以钱200万贯,委僧令严重建。天复元年(901年),又为宜丰栖真院铸造铜佛,所费不菲。据《新

---

① 《全唐文》卷八七二任光《地藏普安禅院碑铭》。
② 《全唐文》卷九二〇澄玉《疏山白云禅院记》。

唐书》本传,钟传极好钱财,重敛聚,"商人至弃其货去",可是在佛事上,却如此大方,也许是他企图标榜自己"放下屠刀,立地成佛",借助佛教稳定地方和安慰自己的心灵。此外,赣州的寿量寺(圣寿寺),唐末五代时虔州刺史卢光稠捐地而建。建于东晋的南昌禅居寺,唐神龙元年(705年)改名隆兴院,因

"南昌三宝"之一的普贤铁象(原物已毁于"文化大革命"中)

南唐袁州刺史边镐又以铁20万斤铸普贤铁象安置其中,因而再改名为普贤寺。

　　五代时期,江西佛教的发展直接得力于皇帝为首的统治者的大力支持。南唐的中主李璟当皇帝之前,于匡庐购地建筑书堂以修学。他登位后,即以书堂之地改建为开先寺。李璟曾对宠臣冯延巳说:"朕以此寺基是朕思欲遁世之地,弃之则草莽可惜,构之栋宇则无名,不若兴建伽蓝,以居禅众,示人至理,亦助造化之一端也。其创置之规,奢俭之度,绩用之费,卿复知耶……卿知其始也既如彼,知其末也又如此,文以记其事,非卿而谁。"冯延巳遵命作记,告诉人们开先寺的建筑费全由朝廷开支,屋宇壮大辉煌,令人"骇多宝之涌出,疑化城之突然,邃殿正门,重轩复槛,高墙虬转,修廊翼舒,香厨旁开,僧堂内辟。法筵清净,宛是祇陀之园,方丈精严,更类维摩之室"[①]。冯延巳虽然没有记出具体数据,但是他鸿笔藻丽,描绘出皇家寺院的非凡气派。李璟前有遁迹庐山之愿,后有以书堂旧基建开先寺之举,但是一直没有登临其境。到其统治末年,率朝臣迁南都,途经江州,遂"次于庐山,从臣游山中寺观,遍览胜景,赋诗谈宴,旬日而行",才算夙心已偿。开先寺是他们君臣游览的重点,也是南唐皇族礼佛向禅的一种姿态,直到黄庭坚写《记庐山开先华藏禅院》时,犹有"故榻与画像存焉",留下了李璟"弭节雍容"的写照。另外,李璟非常敬重梅岭翠岩寺僧澄源禅师元殷,死后亲自为其写祭文。后主李煜更是笃信佛教,礼佛极诚。庐山西麓的石耳

---

① 光绪《江西通志》卷一二四冯延巳《开先禅院记》。

第五章
佛法鼎盛与道教风流

始建于南唐周广顺年间(951—953年)的宝积寺

峰下的圆通寺,就是李煜在公元964年建造的。

由上述可知,江西寺庙的修建,寺院财产的来源,除了封建政府扶持、寺院自我经营外,接受民间信仰者的施地捐物也是极其重要的途径。江西的一些寺院土地比较广阔、经济基础比较雄厚,在一定程度上正是民间信仰者虔诚与人数众多的反映。要说明的是,一些民众施舍土地、财物给寺院,除了获得信仰上的安慰外,也往往有经济上的考虑。中唐以后,大批脱籍寓居外乡的寄住户,在当地置得产业,成为新的地主阶层——寄庄户。在土著地主包围之下,他们为免遭兼并,以寺庙荫产至为迫切。典型的事例有,婺源熊氏,寄住吉州永丰县,始于熊务本,大约在武周末年。开天时的孙辈熊嗣兴,已然置得山田家业。嗣兴起智林寺佛殿,葬祖父于寺后,更"施山田地赡寺僧",至明初永乐年间,熊氏后人熊汝益,仍有财力重修智林。可见熊氏家业世代传袭600年,同智林寺的荫覆有关。可见寺院与供养民众关系有时也是相互利用。

宗教是一种特殊的文化,在国家政治生活中占据重要地位。它在襄助政治、服务社会、教化百姓、开启民智等方面起着不小的作用。但也有不少消极的因素,仅从经济方面而论,就是一个巨大的消耗。江西地区众多的宗主,林立的寺院,究竟拥有多少僧尼,占据多少田产,没有也难以有确切的统计。然而,我们可以从另一角度来窥测大致的情况。会昌五年(845年),唐武宗"恶僧尼耗蠹天下,欲去之",道士赵归真等又加以劝谏,遂实行灭佛。这年七月,他颁布敕令

"毁山野招提兰若,东西两都两街各留二寺,每寺留僧30人,节度观察使治所及同、华、商、汝四州各留一寺,寺分三等,上等留僧20人,中等留10人,下等5人,其余僧尼及大秦穆护祆僧皆教归俗,寺非应留者毁撤,田产没官,铜像、钟磬以铸钱"。武宗灭佛,共拆毁寺宇4600余所,兰若40000所,还俗僧尼260500人,收奴婢为两税户15万人。按此折算,平均每寺有僧尼56.61人,占有奴婢32.6人。江西境内禅宗的高僧多,大中型的寺庙也多,到处宣称"禅侣云集",应当在这个平均准线之上。如庐山栖贤寺,据《庐山记》卷二记,"以僧智常居之。智常学者数百人"。洪、饶等八州共计400余座寺庙,总计约有僧尼2.3万余人,奴婢约1.3万人。当时人提出:"百姓男耕女织,不自温饱,而群僧安坐华屋,美衣精馔,率以十户不能养一僧。"①"今天下僧道,不耕而食,不织而衣,广作危言险语,以惑愚者。一僧衣食,岁约计三万有余,五丁所出,不能致此。选一僧以计天下,其费可知。"②元和间江西有户29万余户,以十户养一僧计算,则承受僧尼经济负担将是23万余户,约占总户数的80%!江西地区寺院众多,僧尼众多,一方面说明江西经济发展的水平已较高,足以支持宗教信仰上的精神消费;另一方面也表明,当时江西民众消费于此的财力物力不少,不能不影响到社会经济的进一步发展和自身经济生活水平的提高。

"十分天下之财而佛有其七八"③,佛寺广占田地,侵损百姓,危害国家。唐朝统治者出于政治、经济的考虑,也曾对佛教加以限制。唐玄宗天宝年间实行"度牒制度",普通百姓出家必须经由官府批准才得度,然后再领受由尚书省礼部发行的度牒。在原则上,官府对没有得到许可的私度出家僧尼、道士等,要严加惩治。唐朝统治者就曾下过专门的敕令,对私自出度者,轻则"杖一百",重则"处以极刑"。唐中后期以来,江西地区是佛教兴盛之区,出家人数众多,因此朝廷对本区的监控也相对严格,禁止地方长官私自允许度僧。唐敬宗宝历二年(826年)三月,"江西观察使殷侑请于洪州宝历寺置僧尼戒坛,敕殷侑故违制令,擅置戒坛,罚一季俸料";唐文宗大和三年(829年)十月,"江西沈传师奏:皇帝诞月,请为僧尼起方等戒坛。诏曰:'不度僧尼,累有敕命。传师忝为籓守,合奉诏条,诱致愚妄,庸非理道,宜罚一月俸料'"④。另外,一些任职于江西地区的

---

① 《资治通鉴》卷二四九"唐宣宗大中五年六月"条。
② 《旧唐书》卷一三一《彭偃传》。
③ 《唐会要》卷四十八《寺》。
④ 分别见《旧唐书》卷十七上《敬宗纪》《文宗纪》。

官僚也对本区的佛教过度发展作出限制。如唐前期,武则天时期,以反佛、破淫祠著名的狄仁杰在江南也展开了一定规模的反佛活动,对江西地区应当也形成了一定影响。《新唐书·王仲舒传》载,唐穆宗长庆年间,王仲舒任江西观察使,"有为佛老法、兴浮屠祠屋者,皆驱出境"。著名的唐武宗会昌灭佛,对江西寺院发展亦有一定的限制。会昌法难前,洪州、江州分别有寺院10所、7所,法难后变为6所、3所①。会昌法难中,大寺东林寺陷入了灭顶之灾,几沦为荒地。贯休《再游东林寺》诗云:"玉像珠龛香阵横,锦霞多傍石墙生。辟蛇行者今何在,花里唯闻鸠鸟声。"张祜在毁佛年遇东林寺故旧后更是扼腕叹道:"可惜东林寺,空门失所依。"②宋陈舜俞《庐山记》卷二记:栖贤寺,"会昌中废寺"。不过,这些反佛、限佛活动,相比起各阶层的长期佞佛活动来说,影响和作用相当有限。江西佛教仍以蓬勃兴盛的趋势迅速向前发展。

总之,隋唐五代时期,上自皇室王公,下至地方官吏、普通百姓,各层次信仰者出于各自不尽相同的动机,满足精神追求,都争先恐后地礼佛参禅。他们表示这种诚意的最直接举措便是修建寺庙,布施钱财,并从思想文化上大力宣扬佛教。作为隋唐五代佛教大区的江西,随着经济基础的雄厚与民众信仰虔诚的加深,境内不论州县地还是乡村、不论是繁华都市还是偏僻山野,寺宇众多,僧侣凑集,香火缭绕,钟鼓鼎沸,到了无以复加的地步。佛教在江西的泛滥及于各个州县和社会各阶层,不仅消耗了本区大量的人力物力财力,对人们思想的侵蚀更不是统计数字所能表达的。隋唐五代江西社会的长期稳定,或也与本区佛教的兴旺有一定关系。

第三节
道教实践与发展

隋唐五代特别是唐,由于统治者的大力倡导,道教全面发展并趋于鼎盛。这充分体现在道观的大量兴建、斋醮仪式的健全、民间信奉的普遍等方面。江西道教在汉魏六朝的基础上,进一步发展与传播,形成了以庐山、龙虎山、洪州

---

① 参见李映辉:《唐代佛教地理研究》,湖南大学出版社2004年版,第95页。
② 《全唐诗》卷五一○张祜《毁浮图年逢东林寺旧》。

西山等为中心的具有一定地域特色的道教,对本区民众乃至整个中国社会都产生了不小的影响。

一、政治因素与江西道教兴盛

　　魏晋南北朝道教信仰虽然流行于官方与民间,但受到统治者相当严格的限制,传播与发展相对有限。道教在隋唐时期呈现出蓬勃发展的势头,除道教本身长期积累产生质的飞跃的内部因素外,还在于外部社会环境的改良——统治者的大力倡导与扶持。隋文帝杨坚辅政北周时,道士张宾、焦子顺等揣摩其意,密告以受命之符,为他制造禅代舆论。杨坚即位后,迷恋道教,重用张、焦等人,下令修建道观,度道士入观,定采自道书的年号"开皇"。在抚定江南的过程中,为了巩固统一大业,隋文帝对江南道教予以了严格的保护。隋炀帝也尊崇道教,曾师事上清派道士王远知等,又迷信金丹,企求长生不死,并在江南大力保护和扶持道教。不过,道教在隋朝虽得到尊重且有一定的发展,但统治者治国更依赖于佛教,因而道教在隋代的地位和兴盛不如佛教。

　　唐朝统治者对道教的尊崇与扶持远远超过隋朝。道教的斋醮法事可以为统治者祈福禳灾,祷告天下太平;道教的炼丹、养生方术可以满足帝王贵族长生不死的愿望;道家清静寡欲、与世无争的思想,可以为某些官场失意的官僚文人提供精神安慰和寄托。根本原因则是李唐皇室利用道教为其皇权制造合法的理论根据。众所周知,隋唐之际,魏晋以来盛行的门阀制度虽已趋于衰微,但门阀士族的社会地位还很高,影响还很大。李唐皇室原本出身于鲜卑军户,并非名门望族。当李渊、李世民父子在隋末起兵争夺天下时,为了抬高其门第,争取上层贵族的支持,攀依被道教徒尊为教祖的老子李耳,宣称自己是神仙苗裔,以此制造"君权神授"的舆论与提高天潢贵胄身份。李氏建唐后,为了巩固和维护大一统的封建统治,继续以老子"神道设教",重老崇道成为基本国策,道教徒在国家的政治、经济、文化生活中享尊处优。有唐一代,道教徒人数不断增长,名道辈出;道教宫观遍布全国,规模日渐宏大;道教经典图书也日益增多,并由官方组织编成《道藏》,颁布全国。道教和朝廷的上层建筑融为一体,完成了国教化的根本改造。道教也成为维持李唐皇室统治的精神支柱和思想武器。事实上,道教在政治上维持李唐政权的确是有作用的。江西的道士尽管离政治中心较远,但也积极参与政治活动。《历代崇道记》载,唐文明元年(684年),武则天垂帘听政。有政治敏感的人已感到她还有取代李氏夺取政权的打

第五章
佛法鼎盛与道教风流

算。洪州豫章民邬元崇假托神命,传言于武后,说:"我是太上老君,汝帝之主","国家祚永而享太平,不宜有所僭也"。武后不悦,将邬元崇禁锢至死。《混元圣纪》卷八记,唐玄宗执政之初,即下敕追封邬元崇为隶州刺史。其敕文云:"洪州人邬元崇,往在文明元年中,传玄元皇帝真诰于天后曰:'我国祚无穷,当千万君。'遂遭禁锢,因兹沦丧。自非忠义之士,感激过人,孰能不避死亡之诛,竟违神灵之命,宜于追赠,以慰泉壤。"他还亲谒邬元崇见老子处的奉仙观,为王公百姓祈福。

晚唐五代,社会动荡不安,道教趋于低潮,国教地位不再。但随着隐逸、长生、消灾祈福思想潜滋暗长,道教仍然发挥着重要作用,艰难地维持其发展状态。江西道教在统治者的扶持与民众信仰的支持下,也得以继续蓄积力量。如南唐权臣庐陵人宋齐丘,性好术数,笃信道教,作有《增补玉管神照经》10卷,窃取谭峭道教名著《化书》6卷。又开宝八年(975年),鄱阳道士周惟简,南唐后主曾召他进宫讲《周易》,发现他"有远略,可以谈笑弭兵锋"。于是命周惟简与徐铉同往汴京向赵宋求和①。这都反映出江西道教已影响到南唐宫廷。

江西是道教的发迹和兴盛之地,境内许多名山都与道教有密切关系,如贵溪龙虎山、上饶三清山、樟树阁皂山、峡江玉笥山、九江庐山、修水幕阜山、萍乡武功山、宁都金精山、新建梅岭、西山、南城的麻姑山等,皆因历代道教人物的炼丹等活动而得到开发,还有许多著名的道教宫观。隋唐五代的江西道教在崇道的历史背景下,在前代的基础上得以进一步发展。仅以道观数量言,各地新增建的宫观约计58所,遍及南昌、新建、高安、万载、新喻、泰和、永丰、安福、龙泉(今遂川)、万安、临川、崇仁、金溪、宜黄、乐安、南城、南丰、弋阳、铅山、鄱阳、乐平、浮梁、德兴、星子、都昌、永修、浔阳、上犹、赣县、雩都、信丰、龙南、虔化(今宁都)、石城等34县。隋唐五代江西道教的中心地是庐山、阁皂山、玉笥山与龙虎山以及西山、麻姑山,其中尤以庐山和龙虎山为最。

二、庐山道教的繁盛

"匡庐奇秀甲天下。"庐山本得名于周武王时匡氏兄弟七人修道术结庐于此山的传说,道教历史渊源极深。早在东晋南朝之际,庐山就已成为全国著名的宗教圣地,出现了佛、道同兴,势均力敌的局面。隋唐五代时期,由于政治因素的作用与影响,庐山道教的发展更趋繁盛。

---

① 《续资治通鉴长编》卷十六"宋开宝八年十一月"条。

庐山九天使者庙即是其道教兴盛的典型说明。开元十九年(731年)八月，唐玄宗自称梦见九天使者要求他在庐山西北为其建立宫庙，随即天台山道士司马承祯编造出九天使者职权的内容，遂诏令庐山建九天使者庙。江州刺史独孤祯率领长史、司马和浔阳县令等官吏，择地役工建筑，耗费巨大人力物力财力，数月后即建立起一座殿宇轩昂而楼阁鼎峙的"九天采访祠"。仅庙中钟鼓二楼(后人称婆媳塔)高达十余丈，累砖而成，栏楯晕飞，工艺精良，岿然对峙，气势雄伟。玄宗又命当时最善于画神鬼像的吴道子，作九天使者的"真图"和其他神仙羽卫的像。九天使者庙中的"使者"塑像，即是按吴画而塑造的。据说玄宗御笔"九天使者之殿"匾额赐此宫庙①。九天使者庙内供奉的"九天使者"，"巡纠人间""弹劾万神"，凡是受人间供奉、名山大川的"血食之神"如果擅作威福、加害百姓，他都有权纠弹②。九天使者庙的规模崇高，待遇优越。据李渤《九天使者庙碑》记，庐山九天使者庙，准五岳真君庙例，"抽德行道士五人焚修供养，仍委所管拣择灼然道行者安置，具年名申所由，敕置庙使。内供奉将使者真图建立祠庙"。这一规格待遇，当时全国只有青城山丈人庙还享有。九天使者庙地处风景形势绝佳。据查慎行《庐山纪游》记，其小地名称蛇冈岭，"道家所谓第八咏真洞天，两山围抱，中豁一区，背老君崖，面株岭，九十九峰罗列其前，争奇献秀，无一敢自匿者"。九天使者庙可谓东南第一道庙，庐山因此也称得上东南第一道山。在最高统治者的倡导与支持下，庐山九天使者庙名声大振，道徒云集，多时达到数千人。据李渤在碑记中说，使者庙成之际，有"玄门道士章冲寂等，挹教五千，齐欢亿兆，历仙阶而仰止，攀睿算以骧诚"③，从此素为官吏百姓所信奉。《历世真仙体道通鉴》卷三十八载：杨泰明(？—813年)，本儒生，事父母极孝。尝为汾阳王郭子仪幕客，性恬淡，不贪爵禄。每劝子仪说："军政虽曰尚严，然人命至重，不可轻杀。"后出为长安令。唐代宗永泰元年(765年)，乃易道士衣，弃官潜遁，至庐山峰顶结庵，造青精饭辟谷，造松柏为香，祷于九天使者真王，求长生之道，积十四年，感神人授《九天太真道经》。泰明依经行持，屏迹尘世。郑文宝《江南余载》曰：南唐欧阳遇在大理寺审案时，错判潭阳县令余绍卿死罪，后余"常见形相随"，欧阳遇"乃请告至庐山九天使者庙下，设黄箓斋醮，以净阴冥"，当天晚上欧阳为"鬼神推掷殿下而毙"。由于最高统治集团的提倡

---

① 《庐山续志稿》卷二《太平宫》。
② 《太平广记》卷二十九《九天使者》。
③ 光绪《江西通志》卷一二五《寺观五·太平宫》。

第五章
佛法鼎盛与道教风流

与利用,九天使者庙历南唐到宋朝,长期香火旺盛。南唐国主素来笃信道教,崇奉九天使者庙并改名为通玄府,在元宗李璟时得以"常修"①。北宋徽宗时再改其名为太平兴国宫,简称太平宫,太平宫是道教三十六小洞天中第八洞天,称灵真洞天。九天使者庙,香火兴旺,与东林寺媲美庐山。从该庙道徒数量来推测,其时整个庐山的道徒总数在万人左右。

庐山九天采访祠中的钟楼(婆媳塔)

五老峰上的白鹤观,诏建于唐中宗弘道元年(683年)。景隆年间(707—710年),唐中宗又降诏天下皆建景隆观和隆兴观。江州遂以白鹤观应诏,易名为景隆观,而将原有的白鹤观搬迁到山阴五老峰下,名古柏坛。唐人包佶《宿庐山赠白鹤观刘尊师》诗云:"苍苍五老雾中坛,杳杳三山洞里官。手护昆仑象牙简,心推霹雳枣枝盘。春飞雪粉如毫润,晓漱琼膏冰齿寒。渐恨流年筋力少,惟思露冕事星冠。"流露出对刘混成为道活动的钦慕和追从相依之意。这里的刘尊师,是指唐开元道士刘混成。刘名玄和,祖籍彭城,后迁居江西都昌五穆里,出家为道后到庐山北麓白鹤山卜居修道。刘混成在白鹤山,苦心营构和大力拓置白鹤观,使之很快成为庐山有数的名观之一。宋陈舜俞《庐山记》说:"庐山峰峦之奇秀,岩壑之深邃,林泉之茂美,为江南第一,此观复为庐山第一。"在这个江南第一观中,道士地位很高。隐居汉阳的大历诗人于鹄慕名来山礼白鹤观,留作《早上凌霄第六峰入紫谿礼白鹤观祠》诗描述道:"忽然见珠楼,象牌题玉京。沉沉五云影,香风散紫萦。清斋列上堂,窗户悬水精。青童捣金屑,臼杵声丁丁。膻腥遥问谁?稽首称姓名。"宋人秦观和白玉蟾亦有"复殿重楼堕杳冥"和"松殿空遗金风舞,芒田不见铁牛耕"的诗句,追忆当年白鹤观盛况。

---

① 《十国春秋》卷十九《芳仪传》。

由陆修静建于南朝宋大明五年(461年)的简寂观,自建造以来一直是庐山道教最重要的宫观和最大的道教修炼场,至唐五代仍然是庐山上极其著名的道观,僧道人士纷至沓来。《历世真仙体道通鉴》卷四十二记,唐宣宗大和年间,名道熊德融游庐山,居简寂观。元和年间,名僧灵澈游简寂观,作《简寂观》诗云:"古松古柏岩壁间,猿攀鹤巢古枝折。五月有霜六月寒,时见山翁来取雪。"五代的许坚、钱朗等高道,先后长居简寂观,修道炼丹,并与朝廷官府保持着较密切的联系。另外,昭德观、寻真观,曾在这里居住的分别是玄宗朝宰相李林甫之女李腾空,蔡侍郎之女蔡寻真。她们同来庐山学道,研习陆修静编纂的道教经典,同时以丹药、符箓为人治病。贞元年间(785—804年),昭德皇后赐给她们金帛土田。她们死后,皇帝下诏以蔡、李居住的道观分别名为寻真观、昭德观。

庐山道教兴盛,吸引了不少文人士大夫在此学道。"五岳寻仙不辞远,一生好入名山游"①的诗人兼道士李白多次上庐山,为庐山秀美的风光与浓郁的道风所吸引,留恋不已。他在天宝十五年(756年)夏末来到庐山,对这里的壮丽风景大加赞赏:"长山横蹙,九江却转。瀑布天落,半与银河争流,腾虹奔电,潨射万壑,此宇宙之奇诡也。"②李白登上景色奇绝的五老峰,在山巅观看雾气蒸腾,云海万顷,游人、房舍、山峰时隐时现,如同仙境,他决心在这里隐修。他在《望五老峰诗》中写道:"庐山东南五老峰,青天削出金芙蓉,九江秀色可揽结,吾将此地巢云松。"李白后来选择在五老峰旁边的屏风叠作为"巢云松"(隐居)的地方。屏风叠壁立千尺,悬崖耸立,如锦屏一样排开。李白筑庐隐居,与青松白云为邻,"太白草堂"由此而来。安史之乱期间,李白因附从永王李璘,受牵连而捕入浔阳狱,随后流放夜郎。上元二年(761年),李白从夜郎出来,送夫人宗氏上庐山寻找李腾空学道。作《送内寻庐山女道士李腾空》诗两首:"君寻腾空子,应到碧山家。水舂云母碓,风扫石楠花。若恋幽居好,相邀弄紫霞。""多君相门女,学道爱神仙。素手掬青霭,罗衣曳紫烟。一往屏风叠,乘鸾着玉鞭。"李白赞扬了李腾空不慕俗世富贵荣华,却一心学道,追求道家清静隐逸生活的精神。

天宝末年,中原大乱,著名道士吴筠曾栖隐庐山修道,自言"从此永栖托,拂衣谢浮埃"③。号称"山中四友"的符载、杨衡、李群、李渤于贞元年间隐修庐

---

① 《全唐诗》卷一七三李白《庐山谣寄卢侍御虚舟》。
② 《李太白全集》卷二十七《秋于敬亭送从侄耑游庐山序》。
③ 《全唐诗》卷八八八吴筠《秋日彭蠡湖中观庐山》。

第五章
佛法鼎盛与道教风流

山。李渤是著名的学道者，所作《真系》，整理自茅山真人杨羲至李含光的世系，是道教史上的名著，即作于这一时期。上清派第十五代宗师黄洞元，于建中元年至贞元五年（780—789年）寓居庐山紫霄峰下得石坛庵炼气修道，时号"三洞法师"，唐德宗召见，赐"洞真先生"。符载作《黄仙师瞿童述》云：黄洞元居庐山时，"古坛石室，高驾颢气"。符载因"弱岁慕道，数获践履其域"。杨衡有《登紫霄峰赠黄仙师》诗，也是赠黄洞元的。可知"山中四友"在庐山曾与黄洞元交往。晚唐五代时，也有不少人在隐于庐山学道。政治家李德裕亦是道教信徒，开成元年（836年）除滁州刺史，赴任时路经鄱阳湖，作《望匡庐赋》云"望元师于林麓"，下注曰："余受法于茅山，元师（陆静修）则传法祖师也"，表达了对庐山道教的羡慕之情。《续仙传》卷上《钱朗传》记，洪州钱朗，曾经"五经登科，累历世宦"，唐文宗朝官至光禄卿，后在庐山归隐出家，师从东岳道士徐钧，学得"补脑还元服炼长生之术"。五代时，吴越王钱镠因为仰慕钱朗高寿，将他迎至杭州。《十国春秋·闾邱方远传》载，舒州人闾丘方远，"生州之天柱山下，幼辨慧，年二十九，帅香林左元泽、庐山陈玄（元）晤，传法箓于天台叶藏质，皆晓畅大义，甚得真传"。

李白像

唐五代庐山道教徒绝大多数属于炼丹派或炼气派。按道教历史发展逻辑，庐山也和全国其他道教地一样，先盛行炼丹派。唐代隐于庐山的炼丹人物不少。据《历世真仙体道通鉴》卷三十八记：刘混成"入匡庐之龙兴观，礼住持三洞法师何子玉为师，继有异遇，一栖五老峰石室五十二年"。他在白鹤观期间，主要从事外丹修炼，观中至今尚保留着当年他采炼丹药的炼丹井和捣药臼。同时，兼研道学，常"口诵黄庭两卷经"，颇著名声；又"自植松桧，凿丹井汲水以疗人之疾，多获痊愈"。开元、天宝年间蔡寻贞、李腾空，分居九叠屏之南、北，以丹药救人疾苦。元和年间白居易贬谪江州，常居庐山，结识了许多道士如郭虚舟炼师、韦炼师、萧炼师、王道士、毛仙翁等，对合炼丹药表现出十分热衷。这从他当时所做的诗歌可清楚地反映出来。如《寻王道士药堂因有题赠》云："行行觅路缘松峤，步步寻花到杏坛。白石先生小有洞，黄芽姹女大还丹。常悲东郭千家

五代·荆浩《匡庐图》

冢,欲乞西山五色丸。但恐长生须有籍,仙台试为捡名看。"这首诗被认为是他乞丹服药之始。又《寻郭道士不遇》:"郡中乞假来相访,洞里朝元去不逢。看院只留双白鹤,入门唯见一青松。药炉有火丹应伏,云碓无人水自舂。欲问《参同契》中事,更期何日得从容?"这里写的是任江州司马时乞假往访的一次经历。写到"欲问《参同契》"这部当时权威的炼丹文献,表明诗人寻访郭道士是为了学习炼丹的;但寻访不遇,只见白鹤、青松、熄灭的药炉、宁静的流水,这些都衬托出道士飘然不群的个性,同时也隐然道出了丹药幻想的破灭。

唐中期以来,由于外丹道的不足,内丹思想渐渐兴起。至唐末五代,由于社会愈加动乱,很多道教宫观被毁,道士星散,道教衰落。一些士人、官僚、贵族为避乱而纷纷隐逸山林,与道教发生联系或成为道士,他们修炼以内丹(炼气)为主,促使了内丹术的迅速发展。唐末五代庐山道教的发展,是以内丹派的兴盛为标志的。其代表人物有吕岩(吕洞宾)、陈抟、谭峭等。

在四季如春的锦绣谷上方,

第五章
佛法鼎盛与道教风流

庐山仙人洞

苍岩翠壁之间的仙人洞,传说是唐末五代全真五祖之一吕洞宾修道处。据《桑疏》:吕洞宾"蒲之永乐人也。以四月生,故号纯阳子。咸通中,举进士不第,去游庐山。遇五龙君传剑术"。《宋史·陈抟传》:"关西逸人吕岩,善剑术,年百余岁,步履轻捷,顷刻数百里,人皆以为仙云。"吕岩练剑,实际上与练气有密切关系,练剑是练气的外在形式,通过练剑的动感来调节和加速"真气"在体内的运行,增加人体对气的吞吐量。道家把人体的结构比作大自然的组成部分,按体内的经络和关节组合,分为大周天和小周天,真气在体内的运行就称之为"通周天"。练气到一定程度,可通"小周天",继而可通"大周天",功夫深者可以通百会,开涌泉,发放外气,足踏祥云,吞吐真气,不食水米,甚至隐显无形,呼风唤雨。道教徒"练气"附会了很多离奇的色彩,其中自有不可信者。然而,长期坚持练气并且得法的人,确能轻身、足力、长寿,发放外气至诱发体内特异功能而超乎常人,从而,得道成"仙"。道教徒们的剑术都是模仿大自然的各种现象,与体内"行气"正好合拍而相得益彰。五代宋初的内丹大家陈抟似也与庐山有一定关系。《桑疏》记:"陈抟尝游庐山,今白鹤、简寂俱有诗。抟字图南,号希夷子,亳州人。有匡济略,其踪迹常在京、洛、关、辅间。后隐华山云台观,遇五龙君传睡法,其所睡处,辄三数十日不起。其来庐山事不可委,后终于华山。"五代许坚也是庐山道教中的传奇人物。《建昌县志》载,陈抟经常去庐山白鹤观、简寂观,"受易经心法于庐山异人,或曰异人即许坚也"。《建昌县志》谈到许坚时又云"唐末导简寂观,得大鱼即全体烹而啗之,后卒于金陵,至景德中,兵部侍郎陈靖游庐山,(许)坚出谒于洪井山,谈甚洽,及靖还金陵,乃知其死已久"。当时在庐山修道的炼气派人物除了前述的黄洞源外,出名的有浔阳人丁元贞。丁元贞得道能役鬼神,尝游康王谷。传说谷中有王莽时铜马,久而为妖,土人庙祀之,其妖愈炽,元贞以三洞法徙其庙于涧西,妖遂息。这里所谓的"三洞法"就是被神化了的气功。另外,泉州人谭峭也是曾活动于庐山的著名道士。谭峭少时涉猎经史,喜黄老之学。因不愿习科举业,乃离家出游,遍历名山,师事嵩山道士十余年,得辟谷养气之术,道家称之为"紫霄真人",又号"洞玄天师"。闽康宗王昶好巫,尊他为师,称"正一先生"。闽亡,他隐居庐山"栖隐洞",有弟子百余人。南唐中主李璟闻其名,召他至金陵,赐号"金门羽客",又赐以官阶。他辞而不受。南唐亡,又返庐山栖隐洞,终年百余岁。其著作留传下的有《化书》,包含着丰富的道教哲理和社会批判思想,在道家思想发展史上具有重要地位。

除了炼丹与炼气派之外,庐山还有极少数的符箓派道徒,如李元基,唐武德初隐建昌、葛山,以符药救人。李元基并未在庐山定居过,只是走访道友,采

道教圣地龙虎山

集药材。《南康府志》认为李腾空、蔡寻真曾以符箓救人疾苦,可能是受符箓派的影响。

无论是从外丹走向内丹,还是符箓派的渗透,唐五代庐山的道教始终兴盛,并与龙虎山的正一天师道、清江阁皂山的灵宝派道教相互联系、相互竞争。吕洞宾、陈抟等人成为唐宋之际内丹派的重要人物,其理论和道行深刻地影响着尔后的道教发展。应该说,唐五代庐山的道教既受全国道教的影响,同时也推动了中国道教的发展和改革,在道教史上留有重要的地位。

三、龙虎山道教的复兴

龙虎山地处今江西贵溪县西南40公里之上清镇西。自东汉以来,龙虎山上陆续建起清宫道观,历代传承不绝,成为道教天师派的中心。龙虎山碧水丹山,环境清幽,远离尘嚣,是道士炼丹修道的理想之地。然而,魏晋南北朝龙虎山天师道并没有造成广泛影响,特别是在上层社会没有得到信奉和支持者。直至隋代,龙虎山道教仍处于沉寂的状态。其第10代天师张子祥,初仕隋任洛阳令,后弃官掌教事,精于炼丹术,为龙虎山道教的发展略有贡献。元至正十三年(1353年)赠上清元妙太虚真君。

唐朝是龙虎山道教变为官方道教的重要时期。在李唐统治者的提倡与扶持下,龙虎山正一道逐渐兴盛。据《佛祖历代通鉴》卷十一载,在唐太宗时期的佛道斗争中,和尚智实,以死护法,在上奏朝廷的《论道士处僧尼前表》中指责道士(道教):"今之道士,不尊其法,所著衣服,并是黄巾之余,本非老君之裔,行三张之秽术,弃五千之妙门,反同张禹,漫行章句。从汉魏以来,常以鬼道化于浮俗,忘托老君之后,实是左道之苗……"这虽为佛徒贬道之言,却在一定程度上说明天师道在当时的正统地位。唐统治者推崇与扶植包括天师道在内的道教,除了前述的政治理由外,还在于利用道教的政治思想核心"黄老之学"作为一种统治的方法。唐统治者召见天师后裔及其子弟,其中谈论最多的话题之一就是有关"黄老之学"的问题。龙虎山天师在政治风云中掌握了朝廷的心理,作出恰如其分的回答。如唐高宗召见第12代天师张恒,问以治国安民之道。张恒便答以"无为则天下治"的政治见解,受到唐高宗的称赞。天师道本来并不倡导无为,但为了弘教需要,调整了自己的策略。唐玄宗当政时,对天师非常尊崇。天宝七载(748年)亲赐第15代天师张高手书,受天师符;同时召见张高,命即京师置坛传箓,赐金币,免租税,在京师设立授箓院;又令有关部门审定张天

龙虎山正一观

师子孙,将有封植,以隆真嗣。玄宗还亲自册封天师张道陵为太师,赞祖天师"邈矣真仙,孤高节峻。气贯穹冥,元元示诀。落落神仪,亭亭皓月。诛邪斩精,魅驱鬼彻。汉代盟威,流传不绝"[1]。唐玄宗对张天师大加嘉奖,其后几代皇帝也争相仿效。唐肃宗曾降香币,建醮于龙虎山,赐宸翰以赞天师像,作《祖天师赞》曰:"德自清虚,圣教之实,或隐或显,是朴是质。静处琼台,焚香玉室。道心不二,是为正一。"唐武宗好道恶佛,曾在会昌元年(841年)召见第20代天师张谌,将命作官,谌辞而不受,即赐金帛,在龙虎山修建殿宇,并御书额曰"真仙观"。张谌在武宗时期著有《养生要集》10卷和《古今鉴铭集》15卷。咸通中(860—874年),唐懿宗又命张谌"建金箓大醮,赐金帛还山"。唐僖宗中和四年(884年)册封张道陵为"三天扶教辅元大法师"。

五代十国时期,统治者对龙虎山天师仍尊奉有加。杨吴太祖命茅山道士聂师道设醮于龙虎山。南唐保大八年(950年)陈乔撰《新建信州龙虎山张天师庙碑》说:"皇帝陛下极大道之颓纲,维列仙之绝纽,乃眷正一,属之真人,思与神交,遂崇庙貌,天师道宇所以兴盛于今日也。""中外既理,华夷已清。然而上心犹或未足,思致人于寿域,每澄虑于大庭。寤寐通仙,阐扬玄教,以为德如可尚,岂隔于古今,道之将行,必先于崇奉。乃诏执事,建天师新庙于信州龙虎山。"又

---

[1] 清·娄近垣:《龙虎山志》,江西人民出版社1996年版,第126页。

第五章
佛法鼎盛与道教风流

说:"二十二代孙秉一,体备清和,气凝元寂。钩深致远,所得者金简玉书;吐故纳新,其验者赤筋青骨。许掾之灵风未振,吕恭之道荫弥高。岂徒三世无惭,斯固一言以蔽,再光先构,不亦宜乎。"作者陈乔为南唐先主李昪时的中书舍人、中主李璟时历门下侍郎兼枢密使,他在碑文中反映了南唐统治者对龙虎山张天师道的尊崇,即"耽昧道腴,表扬仙胄,乃圣真祠,宇兹名岫"。而"演兹大教"的目的是要"卫我兴朝"。碑文中提到张道陵的第22代天师张秉一,可见此时龙虎山天世道的世系体系的构造也已趋于完备。另外,在五代之季,尚有第23代天师张季文,影响较大,人受其箓者亦众。

除了政治上提携龙虎山天师道外,统治者亦从经济上予以大力资助,拨款兴修天师宫、府,赐官田以食道众。《龙虎山志》卷九载:唐玄宗赐第15代天师张高金帛,并免租税。南唐保大中,龙虎山天师庙赐水田,约有3600亩,遍及周边十几个县。如此多的田地,天师本人自然不用亲自耕种,只是把地租给农民,然后坐收其利。遍布龙虎山地区的众多天师道的宫、府、观,实际上形如一个个大大小小的封建地主庄园,收获巨大的经济利益。

正一观是正一道教祖庭的象征。正一观最早的名称为"祖天师庙",是第4代天师张盛自四川回龙虎山"永宣祖教",为祭祀祖天师而建成的庙宇。每年三元节时,登坛传箓,各地学道者千余人拥入。从此,这里宫观林立,道士云集。唐天宝年间(742—755年),道士吴筠《龙虎山》诗生动地描写道:"道士身披鱼鬣衣,白日忽向青天飞。龙虎山中好明月,玉殿珠楼空翠微。"南唐保大八年(950年)时,在传为张道陵炼丹处的正一观建天师庙,翰林学士陈乔奉敕撰碑。南唐保大十一年(953年),李璟敕陈希声于传说为鬼谷先生修真之所的龙虎山之鬼谷山即山修醮,选道士韦修然、吴宝华结庵于此,并为之建凝真观。

天师道以龙虎山张天师世家为正宗,龙虎山道教的宗教势力在政治力量的扶持下迅速得到大面积的扩展、日趋繁荣。作为符箓道法传授的主体,天师道自魏晋以来一直具有广大的信徒。由于发展的需要,天师道子孙大约在隋唐间到了龙虎山故地收徒授业,广传道法,由此至中晚唐时期已成为著名的龙虎宗。从杜光庭《道教灵验记》所涉及的情形看,隋唐间,龙虎山已经成为天师道的重要基地。《全唐诗外编下》载有元和(806—820年)初进士吴武陵《龙虎山》诗,其中有"五斗米仙真有道"的句子。徐锴撰《茅山道门威仪邓先生碑》称:茅山道士邓启霞于唐咸通十二年(871年)到龙虎山请第19代天师来"都功正一法箓"。这说明至少在唐代中后期,天师道的传播基地已经从巴蜀的鹤鸣山转移到了龙虎山,并且具有相当突出的影响。尽管如此,相对于同时代的楼观、灵宝、上清和丹鼎道派以及富有哲理的玄学派来说,龙虎宗并不显赫,天师道也少见有影响的人物。历任天师,也未有多少理论发挥及思想著作。不过,这一时期各道派都重视经戒、法箓传授。各道派传授的最初阶段,都得先由天师道的正一经戒、法箓传授起,也即是说皈依道教之途都得经过天师道,而后逐级修炼,才能最终升上灵宝、上清的高层法师。毋庸置疑,天师道仍然是当时道教的基础。

作为道教的基础,龙虎山天师道积极地向外扩展其影响。除了在江西继续维持发展外,还有一些支派在各地活动。如四川长江三峡沿岸忠州平都山(今丰都)、夔州云安等地有天师翟乾佑一派活动,传习《太上洞玄灵宝素灵真符》《上清镇元策灵经》等符箓,为人治病禳灾,召神伏魔。其符书假托出自葛仙公,由道士宋冲元授翟乾佑。翟乾佑天宝年间被唐玄宗召请入京问道,恩遇隆厚。其符书传弟子舒虚寂、舒传向道荣、向传任可居。唐末杜光庭访平都山,得《素灵真符》而归。龙虎山天师道得到皇权的庇护后迅速发展,社会影响也日益扩大。曾经活动于江西的文人士大夫也对龙虎山的道教生长起着作用。据范摅《云溪友议》卷下记载,唐宣宗大中五年(851年),江西观察使纥干臮,曾经向张天师苦求龙虎丹,前后达10年。待来到江西之后,即大量延请方术之士,交流炼丹修道之术,写出《刘弘传》,雕印数千本,寄赠京师朝中官贵及四海醉心于烧炼的道徒,以使道教的养生修炼之术传而广之。严寀与李端、韦应物等人交好,他在吉州刺史任上入道,戎昱诗里说他"风过鬼神延受箓,夜深龙虎卫烧丹"[①]。由于统治者的重视与扶植,龙虎山天师道在民间影响较大。敦煌出土的唐中后期人李翔的《涉道诗》,有献龙虎山张天师诗,其曰:"东汉天师直下孙,久依科戒住玄门,寰中有位逢皆拜,世上无人见不尊。三洞吏兵潜稽首,六宫魔幻暗销魂,可能授以长生箓,浩劫铭肌敢忘恩。"李氏《涉道诗》中表现出唐时对天师的态度和天师道在世俗中的印象。又唐末五代初,著名道士杜光庭曾为"飞龙唐裔仆射受正一箓"作词。这些都说明天师道在当时仍有很大影响。

龙虎山道名远扬,唐五代许多文人墨客慕名至龙虎山,皮日休、常建、顾况、吴武陵、吴筠、王贞白等纷纷留下诗文。如顾况《安仁港口望仙人城》:"楼台采翠远分明,闻说仙家在此城,欲上仙城无路上,水边花里有人声。"吴武陵《龙

---

① 《全唐诗》卷二七〇戎昱《送吉州严使君入道》。

第五章
佛法鼎盛与道教风流

虎山》:"龙虎山中紫翠烟,青精颜色四时妍。桃枝惯见花成宝,瀛岛宜闻海变田。五斗米仙真有道,一神楼药岂无缘。秋风吹绿茂陵草,的的黄金飞上天。"这些诗的基本特点,就是充满道家隐逸精神以及对龙虎山"仙境"的追求。

四、西山净明道的萌芽

洪州之地,崇巫尚道,道教历史悠久。《太平寰宇记》卷一〇六"洪州"曰:"多尚黄老清静之教,重于隐遁。盖洪崖先生、徐孺子之遗风。"洪崖先生是相传道教远古时在当地洪崖山上得道之士;洪州人徐孺子即徐稚,东汉著名的隐逸之士。此外,晋代吴猛、许逊、唐代陈陶等,也是当地著名的道士和隐士。

洪崖丹井图

洪州的道教以南昌城郊的西山为中心。西山号称"神仙之会府""江汉湖海之士远道而来"[①]。五代宋初徐铉作《洪州西山重建应圣宫碑铭》称:西山是荆楚重镇;雄姿与衡山和巫山对峙,披靡绵亘,蔚为峥嵘;气象清虚,气候温和,动物繁多,植物茂盛;足为隐士秘密修行之所。西山道教又是与东晋南朝以来的许逊(许真君)信仰密不可分。隋唐时期,江西民间朝拜许逊已成为一种习俗,日渐受到朝廷的重视,使得许逊崇拜得到了更为广泛的推广空间。这从当时祠许真君的靖庐分布可以看出。唐末杜光庭《洞天福地岳渎名山记》载36靖庐,其中与许逊相关者有11处:1.丹陵庐,在洪州西山钟君宅。《仙鉴》卷二十七:"钟离嘉所居地有观曰丹陵。"2.子真庐,在洪州西山梅福坛。梅子真于西山岭修道处。3.腾空庐,在洪州游帷观。《仙鉴》:许逊升举后,谌母所制殿帷飞来故宅,后置观故以游帷为名。4.寻玄庐,在江西吴猛观。5.宗华庐,在洪州宗华观彭君宅。

---

① 《玉隆宫会仙阁记》,收入《道藏·洞真部·方法类》。

《仙鉴》:彭抗宅今豫章郡城宗华观是也。6.黄堂庐,在洪州。《仙鉴》后集:新建、丰城二县之界有黄堂观,乃真君访丹阳黄堂所立祠,每年八月三日谒谌母之所。7.迎真庐,在洪州。8.招隐庐,在洪州。9.祈仙庐,在洪州黄真君宅。《仙鉴》:黄仁览,瑞州高安县祥符观,旧日祈仙观是其故居。10.贞阳庐,在洪州曾真君宅。《仙鉴》:曾亨,今丰城县真阳观是其遗迹。11.紫盖庐,《仙鉴》:时荷有遗迹在豫章城,号紫盖府。这些遗迹散布在洪州西山或豫章,有助于构成信仰圈,促成传说流传的动力,扩大了许真君信仰的势力范围。据南宋周真人《灵宝净明院行遣式》所述,许逊信仰以张道陵为监度师,说明许逊信仰在南朝已形成教区,并与天师道有密切关系。隋唐时期,传播许逊信仰者,有许逊家族人。如《太平广记》卷三二〇引《异闻集》记:术士王积于隋大业十三年(617年)游豫章,曾见许逊七代孙许藏秘"有咒登刀履火之术"。著名的道士张开先、叶法善、张氲、胡慧超、施肩吾等。

  西山许逊信仰之所以在中国道教史上获得较高的地位,与净明道的历史渊源密不可分。净明道(净明忠孝道)是产生于南宋时期的一个南方道派。所谓"净明"是得日月之光明,天地之本根,由此则阴阳相感,道体圆虚。净明道之所以有名,实乃以倡行孝道为特征,在中国的道教史中得以独树一帜。净明一系渊源于灵宝派,该派特别尊奉许逊,称其法箓出于许逊之传。唐代是净明道形成的萌芽时期,这其中的关键人物就是洪州西山道士张氲、胡慧超、施肩吾等。

  唐初,在洪州修道者,张氲较为著名。据《历世真仙体道通鉴》卷四十一载,张氲,一名蕴,字藏真,晋州神山县人。生于唐高宗永徽四年,工琴书,善长啸,好黄老方士之说。慕古洪崖仙人,自号洪崖子,游青盖山拜景成子为师,尽得其道法真传。隐姑射洞中十五年,仙书秘典、九经百氏,靡所不通。尝注《老子》《周易》《三礼》《谷梁》,又著《高士传》10卷、《神仙记》20卷、《河东记》30卷、《大周昌言》10卷。又曾入灵夏,访昆仑,游终南、泰、华,往来青城、王屋、太行之间,访友问道。每究金丹华池之事,易形炼化之术,人莫能究其妙,拒武则天,唐玄宗时曾应诏入对,上嘉之,拜官而辞还山。开元十六年(728年)洪州大疫时,张氲施药市中,病者立愈。其后栖息于洪崖先生之古坛。天宝四载(745年),93岁时尸解榻上。肃宗乾元中,因申泰芝言豫章伏龙山有异气,诏立应圣宫,塑肃宗像,以张氲配祀。德宗时,继于晋州即其宅立庙,又于洪崖山尸解处立庙祀之,是为栖真观。张氲因其在洪州西山的影响,后来被净明道尊为经师。

  胡慧超,或称胡惠超、胡超僧,字拔俗。武周圣历间出家学道,隐于白鹤山,

第五章
佛法鼎盛与道教风流

胡氏美须,貌瑰伟,年高而若四十许,在稠人中显得高人一头,时人称"胡长公"。喜谈晋司空张华《博物志》,如其友,自言许逊、吴猛二君尝授其延生炼化,超三元九纪之道,能檄召神灵,驱雷雨,曾参与陶弘景校茅山华阳洞《太清经》七十卷。胡氏德行崇高,以济世度人为己任,深受世人敬重。在武则天执政时抵长安,诏"除寿春宫狐妖",赐洞真先生。武则天曾以蒲轮召之,问以仙事,胡氏止陈"道德帝王治化之源",甚得武氏心。欲留之于京邑,委以炼丹之事,胡氏辞而不就,回洪崖丹井炼丹。又据《朝野佥载》卷五载,胡慧超自称已活了数百岁,能"合长生药",武则天召入京师令制长生药,药三年乃成。则天服之,以为神妙,并望能与彭祖同寿,改年号为久视,并放胡氏归洪州西山,然服药后3年则天死去。唐玄宗即位后复降诏趣召,馆于禁中,胡氏乃辞归西山,玄宗赏赐甚厚。玄宗雅好道事,前后曾作"送胡天师诗"两首诗。《送胡真师还西山》云:"仙客厌人间,孤云比性闲。话离情未已,烟水万重山。"《赐胡真人》云:"高人挟高志,山服住山家。迢迢闻风月,去去隔烟霞。碧岫归玄洞,玉灶炼丹砂。今日星津上,延首望录槎。"胡慧超受到两朝君王的召见,仙名远播。这为他兴盛洪州西山道教奠定了良好的基础。

胡慧超在西山20余年的日子里,致力于弘扬许逊信仰。一是胡慧超对南北朝以来的许逊崇拜进行了一系列的整合,创造以许逊为首的十二真君仙真群体。胡氏具有较高的文学造诣,突破传统的许逊崇拜局限,撰写了《洪州西山十二真君内传》《神仙内传》等典籍,第一次比较全面地传述了许逊及吴猛等晋代西山仙真之事。许逊传记的产生,一方面是由于唐代重视道教,高宗李治封太上老君为太上玄元皇帝,各地广修道观,祀奉道教神仙;另一方面是唐代江西水利和航运事业有较大的发展。民间对治水功臣许逊朝拜盛行,期望对许逊史迹有确切的了解。正是胡慧超对于西山十二真君的创造,才使得许逊崇拜有了仙真群体,从普通的民间崇拜变成了道教神仙信仰,从而大大加强了许逊崇拜的影响。而许逊仙道传闻,经胡氏《洪州西山十二真君传》后始渐为外人所知,经五代北宋,乃广为流传。二是胡慧超按照道教宫观的要求扩建了供民众朝圣祈福的游帷观。六朝以来,在西山周围数十里内,已建起了一批祭祀许真君的道观。这些道观的香火极为旺盛,其中丰城的乌石观,传说原为许真君结庐炼丹处。唐贞观年间,道士张开先梦许真君指示,设坛书符咒水,祈雨救旱,被唐太宗召见,并被敕建"旌阳宝殿",因而许真君道教得以重振,仙迹得以绵衍。新建县内的丹阳观,传为许真君次甥钟离嘉的故宅。唐太宗兄弟李元婴在出任洪州都督时,曾请旨敕建祖师殿、玉皇阁、山门等,并且还花了大量时间在此修道炼丹,一时道法大行,香火鼎盛。在西山游帷观修复之前,为弘扬西山许真君道教填补了空缺,促成了作为洪州西山道教中心象征的游帷观的恢复重建。东晋时,许逊逝世后,族人于其旧居建为许仙祠。南北朝时改为游帷观。相传许逊以五色帷施于黄堂谌母祠,当他飞升时,锦帷飞还故宅,因以观名。隋炀帝大业年间被焚。唐高宗上元间,胡慧超自庐山来到洪州西山时,游帷观因年久失修,已臻衰落,"国之不崇,人之疏索。观宇寥落,有似寂寞"①。西山道教也无甚发展。胡氏因之极力主张重修游帷观,多方奔走,并得皇家丰厚"赏赠",终使游帷观再度兴盛。"西山人皆师事之,千里之内无疫疠水旱之灾。"②此后,许逊的影响日益扩大,远及千里之外。在唐代大和年间,"钟陵(即南昌)西山有游帷观,因许真君逊上升之第也。每岁至中秋上升日,吴蜀楚越之人不远千里而至,多携挈名香珍果、缯乡金钱,设斋醮以祈福。时钟陵人万数,车马喧阗,士女栉比,连臂踏歌"③。真是"世事已归唐历数,仙歌犹是晋时风"的动人景象。不过,胡慧超这次重建的游帷观,在安史之乱中又遭到毁坏,渐归萧条。晚唐时期,社会动荡,游帷观益趋荒芜,少人问津。直到南唐推行保境息民政策,重视道德教化,才得以重建,并请当时知名文学家和大书法家徐铉书写观额。其苍劲有力的笔锋,为游帷观增色不少,连宋代著名理学家朱熹到南昌时也托人找他的墨宝。另外,位于南昌市广润门外洗马池之南的妙济万寿宫(铁柱宫),相传是真君铸铁柱以镇蛟螭之所在,原为祀奉许真君的祠宇,始建于晋代,唐懿宗咸通年间赐额为铁柱观。游帷观和铁柱宫,近在咫尺,相互呼应,曾形成士庶群集,车马纷至,昼夜喧闹十余里的热闹场面。三是胡慧超将许逊的孝道用其法术等纳入了道教的范围,突出改造了许逊崇拜中原有的"孝"的特色,精心编造了许逊是十二真君的孝道之师,孝道之法具有神授的正宗地位的一系列典籍。胡氏还多次前往长安宣扬许真君的孝道,并制定了孝道的教义教法,使许真君的孝道思想更加完备。胡氏改造的"孝道"派,以劝诫弟子奉行忠孝,育慈善孝子报恩成道为特色,在当时及以后独树一帜。在唐代统治者欲使广大人民群众成为良臣、顺民,千方百计寻找办法的时候,一个讲究忠孝、具有使教民维护社会秩序、使教民成为忠臣孝子的道教派别被创造出来了,统治阶级

---

① 《孝道吴许二真君传》,《正统道藏》第11册,第699页。
② 《历世真仙体道通鉴》卷二十七,《正统道藏》第8册,第55页。
③ 《历世真仙体道通鉴后集》卷五《吴采鸾》。

第五章
佛法鼎盛与道教风流

必然会对它极力推崇。胡氏起到了联系二者的中介作用。在政治、文化专制的唐代中国,统治阶级倡导,对于推动民间崇信许逊道派所起的作用是巨大的。唐宪宗时,有自称许真君后裔的道团活动于西山,撰有《孝道吴许二真君传》。据该书记载,当时孝道颇为兴盛,"四乡百姓聚会于观(西山游帷观),设黄箓大斋,邀请道流三日三夜升坛进表,上达玄元,作礼焚香,克意存请荐亡祸福"。

正是由于胡慧超的不懈努力,洪州西山的道教有了实在的内容,使许逊崇拜摆脱了困境,走出了狭隘的民间小范围信仰,变成了影响全国的许逊道派,并为宋元净明道的创立奠定了基础。以胡慧超贡献而论,堪称洪州西山万寿宫道教的奠基人物。所以后世给予了他很高的地位和评价。《修真十书·玉隆集·胡天师》《历代真仙体道通鉴》《净明忠孝全书》等都详细记载了他的生来事迹及著作。由于胡天师修道成真于西山,并于许逊崇拜贡献极大,故唐宋新兴的道派——净明道奉胡慧超为净明派法师,在净明道传承中占有重要的位置。不过,就胡氏改造后的许逊信仰,从宗教学的角度来说,许逊崇拜还缺乏系统的宗教理论和宗教组织,还处在较低层次的发展阶段。

胡慧超门下的弟子甚多,显著者有万天师、蔺天师、黄华姑等,他们均对西山道教的传播与发展作出了一定的贡献。万天师名振,字长生,南昌人。"尝慕胡洞真净明忠孝大法,遂至游帷观师事之,得长生久视之道"[1],"有符咒济物,治人疾苦立效,当时以为旌阳、栾巴之徒"[2]。蔺天师,名字不详,本西川人,后隐居西山忠信乡,"尝至游帷观师事胡洞真,尽得其术,复往旧庐修炼,济人利物,多所全活"[3]。后人为纪念他,曾于其修炼处立霞山观以祀之。黄华姑为抚州临川人,少乃好道,天然绝粒,十二岁度为天宝观女道士。年八十,发白面红如处子状,时人谓之华姑。曾南郭访魏华存之遗迹,西山拜胡惠超为师。胡天师见其恳切,为其演示道法,指点玄机,授以役使鬼神、运呼雷霆之要。华姑还归井山,精洁修持,屡彰灵异,为世人所敬重。颜真卿访道井山,听其弟子黎琼仙所言,遂撰《井山华姑仙坛碑铭》以颂之。

胡慧超之外,对洪州西山道教产生较大影响的是施肩吾。施肩吾[4],字希

---

[1] 《逍遥山万寿宫志》卷十三《人物志》。
[2] 《历世真仙体道通鉴》卷三十一《万振传》。
[3] 《逍遥山万寿宫志》卷十三《人物志》。
[4] 道教史籍中有两位施肩吾,一为唐人,一为五代宋人。两人的事迹由于史籍记载的混乱,难以区分,笔者按唐代的施肩吾叙述。

施肩吾像

圣,睦州(今浙江桐庐)人。施长于诗文,宪宗元和十年(815年)进士及第,不待除授即东归,大和中(827—835年)自家乡严陵入西山访道栖真。据称初遇许旌阳授以五种内丹诀及外丹神方,后再遇吕洞宾传内炼金液还丹大道、太乙刀圭火符之诀。穆宗长庆(821—824年)中终隐西山学仙,自号栖真子。施与张籍、徐凝等交好。张籍《送施肩吾东归》云:"知君本是烟霞客,被荐因来城阙间。世业偏临七里濑,仙游多在四明山。"描写他热衷于求仙访道的风标。施氏在西山,着力重振了许逊信仰崇拜。当时游帷观成了废墟,破庙无容身之地,且自胡慧超以来,许逊后裔传授符箓道法,不重丹功,施肩吾于是选择传说是吴、许早年修炼的天宝洞不远处,辟石室隐居下来,修炼的同时大力著作。施氏著有道教著作《西山传道记》《会真记》《三柱铭》等,大力宣扬西山许逊信仰。施所撰《西山群仙会真记》是道教名著。《西山群仙会真记》分为五卷。卷首五识:识道、识法、识人、识时、识物;二卷五养:养生、养形、养气、养心、养寿;三卷五补:补内、补气、补精、补益、补损;四卷五真:真水火、真龙虎、真丹药、真铅汞、真阴阳;五卷五炼:炼法入道、炼形化气、炼气成神、炼神入道、炼道入圣。其内容在于发明钟吕太上至言,与其所著《钟吕传道集》相配合,成为金丹大道的不朽之作,为西山道士开辟了一条修炼内丹的金光大道。没有施肩吾的西山内丹道术和胡慧超的孝道符箓道教合并起来,不可能构成许真君道教完整的体系。无怪施氏得意地说出:"今来后学,徒有道名,委入道者,非无八九,欲论得道而胜超者,西山十余人矣。"又作诗《西山静中吟》自负:"重重道气结成神,玉阙金堂逐日新。若数西山得道者,连余便是十三人。"隐指遥承十二真君道脉。施肩吾在西山净心修炼,颇有心得,尝贻徐凝书云:"仆虽幸忝成名,自知命薄,遂栖心玄门,养性林壑,赖圣仙扶持,虽年迫迟暮,幸免龙钟",道出其林壑养性确有成效。《述灵响词序》记载他于开成三年(838年)专习"小静关",克期百日,"神光照目","精爽不昧"。《正统道藏》收其《养生辩疑论》1卷,继承传统的气一元论观点,坚持形神一体,形住神留以致长生的思想,反对滥用金石草木药物。他在《养生辩疑论》一文中说:"……且神由

第五章
佛法鼎盛与道教风流

麻姑山山门

形住,形以神留,神苟外迁,形亦难保。抑又服饵草木金石,以固其形。而不知草木金石之性,不究四时逆顺之宜,久而服之,反伤和气。远不出中年之内,疾害俱生……吾自童年至于暮齿,见学道之人已千数矣。服气绝粒者,驱役考召者,清静无欲者,修仙炼形者,如斯之流,未有不闻其死者也……"这反映的是当时正在流行起来的内丹观念。但施氏并不完全否定丹药。他《自述》诗曰:"箧贮灵砂日日看,欲成仙法脱身难。不知谁向交州云,为谢罗浮葛长官。"这里的"葛长官"是指《抱朴子》的葛洪,《抱朴子·内篇》是主张金丹为"仙道之极"。表明他非常热衷于丹药并且亲自实践。

正是张氲、胡慧超、施肩吾等高道在洪州西山的活动,确立了洪州西山在道教史上不可忽视的地位。

五、麻姑山等地道迹

隋唐五代时期,除了庐山、龙虎山、洪州西山的道教得到兴盛外,江西境内其他地域的道教也得到了一定的发展。略述如下:

《云笈七签》和《名山志》载:"中国有三十六洞天,七十二福地,分布九州四海,只独有麻姑山,既有洞天,又有福地,秀出东南。"麻姑山位于江西南城县西,离城约十华里。属武夷山系军峰山之余脉,海拔约五百米,据葛洪的《抱朴

颜真卿《麻姑仙坛记》部分

子》记载,"麻姑于此得道",麻姑山名也自此而得,并成为羽流、名贤栖游之地。隋唐时期,有不少人修道于麻姑山,其中以紫阳真人邓思瓘最为著名。据说唐玄宗时期邓思瓘入麻姑山学道,育念天篷神咒,感应北帝遣真人降授剑法,遂创立北帝派教团,以麻姑山为活动中心,影响日渐扩大。据李邕《唐东京福唐观邓天师碣》说,邓思瓘因此为唐明皇赏识,开元二十三年(735年)应诏入京,对答称旨,受命巡游江南诸郡。次年复命,"敕度为道士,名曰紫阳",配住东京福唐观,兼本郡龙兴观事。同年九月随驾至西京,敕安置同德兴唐观。开元二十六年(738年)春奉敕诣王屋、函谷、宗圣及诸名山修功德。次年去世,遗言请御书仙灵观额,并于麻姑山置庙,玄宗许之。诏度其弟邓思明为道士,赐紫金法衣及钱物。天宝五载(746年),玄宗遣人投龙于麻姑山瀑布,据传石池有黄龙现,玄宗因此极为感动,复命增修仙宇,降赐仙姑真仪部从,塑立诸像,显耀祠宇[①]。麻姑山声名大噪,道士争相来此讲道,成为中南一带道教中心。邓思明之后,其侄邓德诚继修香火,弟子谭仙岩、史玄洞、左通玄、邹郁华等皆精通法箓。大历中,有女道士黎琼仙,年八十而容色益少,时人称为华姑。北帝派世代传承《天篷经》及北帝剑法,其弟子称上清北帝太玄弟子,修习经箓有《北帝箓》《天篷经》《北帝伏魔经》《北帝禁咒经》《上清飞玄羽章经》《北帝三部符》《北帝朝仪》等。以劾治六天鬼神,辟邪禳祸为事,并修习静思服气之术,以符水为人治病。属上清与正一兼融的道派,故亦称作"盟威上清之道"。据孙夷中《三洞修道仪》,该

---

① 唐代帝王为求自身的福寿和国家的太平,崇信道教斋醮祈福禳灾的功效。"投龙"是将写有祈福消罪愿望的文简,和玉璧、金龙、金钮用青丝捆扎,在举行斋醮科仪后,投入名山大川、岳渎水府,以告谢天地。投龙地点多在道教的洞天福地,或帝王认为重要的道迹所在。

第五章
佛法鼎盛与道教风流

派在唐末五代尚传承不绝,北宋以后大概归入新兴的天心派。

"曾游仙迹见丰碑,除却麻姑更有谁?"①麻姑山在唐代中期以来享有盛名,也与颜真卿、刘禹锡、白居易等文人名士的鼓吹相关。颜真卿于大历年间刺抚州时,抚州是道教兴盛发达的地方,特别是唐代女仙信仰的中心之一。颜氏记述道:"麻姑得道于名山,南真升仙于龟原,华姑鹤蘙于兹岭,琼仙妙行,接踵而去"②,"南真"即南岳夫人魏华存,也就是《真诰》所写降临诸女仙的主角,据说她在龟原"剑解"仙化的;而华姑是天宝年间在抚州井山"上升"的女道士;黎华琼是华姑的"同学弟子",也是颜真卿治抚时认识的仙坛观女道士。颜氏描述在抚州接触女冠们的情况说:"今道士黎华琼仙年八十而容色益少;曾妙知梦琼仙而餐花绝粒;紫阳侄男曰德诚继修香火;弟子谭仙岩法箓尊严;而史元洞、左通元、邹郁华皆清虚服道,非天地气殊异,江山炳灵,则曷由纂懿流光,若斯之盛者矣!真卿幸承余列,敢刻石而志之。"③颜真卿生活在这样浓厚的道教环境中,又本有长年慕道的背景,自然诱发出更强烈的神仙崇拜的热忱,因而撰写《抚州南城县麻姑山仙坛记》《晋紫虚元君领上真司命南岳夫人魏夫人仙坛碑铭》《抚州临川县井山华姑仙坛碑铭》三篇文章,详细记述了三位仙灵的传说,表露出作者慕道尚仙的热情。这三篇作品也可以看做是一组关于道教女仙传统和抚州当地女仙信仰实态的系列文章,在道教史上具有重要的价值。

唐朝中前期,张道陵第14代孙张惠感与其徒孙智谅从高安的崇元观来到奉新浮云山的玄秀峰修身炼丹。因其修炼处常有"浮云"罩其上,因而被人称为"浮云观"。神龙元年(705年),武则天召张惠感到京城为国师。孙智谅也与唐朝皇室有着密切的联系。开元二十五年(737年),玄宗皇帝派洪州观察使韩朝宗礼迎自称已经120岁的孙智谅进京。唐玄宗问他何术而得高寿?他答以"居山食果饮水而已";又问他治国之策,他又答以"圣人之道在一心而不他求也"。无疑,孙智谅颇得政治道士之真谛。当时天下大旱,玄宗请其夜醮祈雨,有验。后玄宗应孙智谅之请,赐浮云观"浮云"匾额一块,浮云观正式得名。玄宗53岁生日时,请孙智谅投金龙于浮云山的浮丘石室,以祈长生不老,浮丘石室遂名"投龙洞"。相传孙智谅140岁时得道而逝。又传唐会昌年间,一位姓龚的奉新乡民

---

① 《全唐诗》卷三六一刘禹锡《麻姑山》。
② 《全唐文》卷三四〇颜真卿《抚州临川县井山华姑仙坛碑铭》。
③ 《全唐文》卷三三八颜真卿《抚州南城县麻姑山仙坛碑铭》。

阁皂山山门

在此洞得《六丁祷雨诀》,每逢干旱,念此诀就会下雨。另外,奉新东白源,传为西晋道人刘道成修真成仙之地。刘仙逝后,县人为祭祀他,于南朝梁时于县城西门始建阊业观。阊业观唐末毁于兵火,道士徐守征修复。南唐时,高士胡仲尧重修,南唐君主曾赐诏褒奖,著名文人徐铉作"碑记",对阊业观所处环境极尽赞美之词,称其"居然人境之间,自是仙游之地"[①]。

清江阁皂山,是道教灵宝派的祖庭,江南三大道教名山之一,唐高宗仪凤年间(676—679年)赐号为天下第33福地。阁皂山传道较早,东汉葛玄在此修道炼丹建"卧云庵",葛玄"仙蜕"后改名"灵仙馆",隋时焚毁。唐代时期,阁皂山道教风气转浓。据载,开元年间(713—741年),内廷修斋,道士孙智谅奉旨投金龙玉简于玉笥山。泊舟江畔,见异气于东川之山,疑有古迹,遂于阁皂山掘得铜钟一口,重百余斤,钟下得玉像三尊,因在灵仙馆的基础上改置阁皂观。咸通(860—874年)间遭火,唯古钟、玉像存。寻有处士杨荐父子次第葺之。经唐到五代南唐,改名太平观,并因此立太平观碑。此碑碑顶至底座通高4.07米,碑身高3.75米,宽1.25米,厚0.31米。青石质,平面圆顶方足。顶端雕刻披云,两侧起凸棱三道,额中开一圆孔,直径0.10米。石龟为座,形体丰盈,刀法粗犷,姿态雄健,碑身庄重肃穆,碑铭阴刻南唐礼部侍郎江文蔚创修太平观序文,凡1200余字。字大如卵,勒石精致,书体端庄,笔力挺拔,是研究南唐时期碑碣造型、雕刻书法艺术以及道教文化的珍贵实物资料,惜碑文今多不存。

---

① 《徐文公集》卷二十六《洪州奉新县重建阊业观碑铭》。

第五章
佛法鼎盛与道教风流

玉笥山山门

新喻县飞茅山的同真观,是隋朝陈真人、罗真人居住之地。白石山是他们炼丹之处。唐武德年间道士守一建筑殿宇,取名白石观,至北宋宣和时改名善应观。

峡江的玉笥山是江西的三大道教中心之一。元揭傒斯《玉笥山万寿承天宫碑》记载:"天下称大名山在大江之西者三,曰匡庐,曰阁皂,曰玉笥;玉笥又为天下绝境。按道书及图志,于洞天则太秀、法乐,于福地则郁木,兼有洞天福地之重。"峡江玉笥山承天宫,是附近诸道教宫观之首。承天宫建在洞天之西、三会峰下。唐贞观年间(627—649年),吉州刺史吴云偕弃官举家在玉笥山中修道,略有名气。后来唐玄宗颁旨为他修建云偕寺。开元中(713—741年),玄宗"遣使建河金箓醮,祝禧其间,而玉笥之名闻于天下"①。当地的道教观院很多,"凡十数"。唐后期,被朝廷敕封为"八州都威仪冲真大师"的刘潜谷建老君院于玉梁观之旁,道士曹思明又建精思院,而王处士改玉梁观为灵宝院。到南唐,灵宝院等复为玉梁观。说明玉笥山传播的道教与灵宝派相关。唐代罗子房、罗公元、谢修通、刘道平等,是当地著名的道徒。南唐前期,以"天心正法"著名的谭紫霄,曾入玉笥山为道士;南唐后期,名儒孟宾于隐于玉笥山,自号群玉峰叟,"与道家流游处"②。此外,峡江集真观,是唐初女道士危元丽、杨道冲修炼所在;清真宫,建于南朝梁代,唐穆宗长庆中(821—824年)谢修通及其母亲在此修炼悟道。

上饶灵山是江西境内早期的道教基地之一。东汉末年,河南道人胡昭隐修于此。西晋太康年间,乡人奉诏在石人峰下建胡征君祠,以祀胡昭。唐贞元六年(790年),诸邑大旱,安徽宣州人、德宗进士、刑部侍郎刘太真奉旨至信州。刘幼善文,崇道学。刘太真偕同样好道的信州刺史李德胜到胡征君祠祈雨。礼毕,大

---

① 光绪《江西通志》卷一二二《寺观二·承天宫》。
② 《江南野史》卷八《孟宾于》。

雨滂沱,刘太真立化祠中仙去。李德胜和县人感其恩德,遂捐资修葺胡征君祠旧殿宇,塑刘太真像于祠中,与胡昭共享祭祀。宇成之日,李德胜亲往祭祀之时,也神化于焚香之中。民众亦塑其像于祠中,与胡、刘一同享祀。传说,胡、刘、李的仙踪到处出现,解国难、舒民困,威名远震。

虔州在六朝时期道教踪迹较渺茫,然因自然地理多大山深谷、林密幽邃,宜避乱隐居。隋唐以来,随着岭南、江西佛道的兴盛与发展,道士、佛僧等,到这里栖息的逐渐多了起来。传说真人刘继先于玄宗开元中到赣县玉虚观,炼丹修道。唐大中十三年(859年),魏真人在龙南建明德观,修道炼丹。

六、洞天福地与江西道风

道教把整个宇宙分为天界、人间和冥界三个部分,先秦秦汉人们概念中的神仙是自由地遨游在上天或居住、活动在海外仙岛、西极昆仑等凡人所不及的地方的。道教发展至唐代,随着人间仙境思想盛行,地上的名山被看成是神仙居住的洞天福地,这是和"地仙""尸解仙"等观念同时形成的思想,也是适应魏晋以来新神仙思想和神仙术发展需要的产物。道教的经书《老子想尔注》称:"一者道也,一散形为气,聚形为太上老君",把老子神化为众生信奉的神灵。然后,老子一气化为三清,产生了玉清元始天尊、上清灵宝天尊、太清道德天尊。天尊大神之外,又有其他的天神、地祇、人鬼,形成一个等级分明的神仙体系,而神仙们的住地就是"洞天福地"。《真诰》里提出了"三十六洞天"之说,并列举三十六洞天。这些洞天也都在名山上,具体指神仙所在的山洞。在当时,"洞天"与"福地"还是统一的概念。但到六朝后期,经过"清整"的道教更加紧密地向统治者靠拢,南北朝廷也更加尊崇道教,随着道教在政治中心之地得到发展,在通都大邑特别是各王朝都城建立起许多道观,这些道观在规模、建制、功能上均受到佛教寺院的影响,成为道教活动的新中心。而到唐代,随着道教的发展臻于极盛,广大城乡有更多的道观创建起来。道观作为宗教养炼的圣地,在道教信仰者心目中是一种远离尘嚣的理想境界,是摆脱世俗束缚、性灵舒展的地方。如李白天宝九载(750年)客居浔阳时,曾作《寻阳紫极宫感秋作》,描写了在紫极宫居住时的情境和感想:"何处闻秋声,翛翛北窗竹。回薄万古心,揽之不盈掬。静坐观众妙,浩然媚幽独。白云南山来,就我檐下宿。懒从唐生决,羞访季主卜。四十九年非,一往不可复。野情转萧散,世道有翻复。陶令归去来,田家酒应熟。"紫极宫本是唐廷于天宝二年敕建的玄元皇帝庙,李白宿于道院,对

第五章
佛法鼎盛与道教风流

传为董源描写"道家洞天"的《洞天山堂图》

人生有了新的体验：世事万物转头成空，不如学陶潜归隐学道。显然，是道教圣地的风物助长了他的学道情怀。唐代著名道士司马承祯《天地宫府图》，区别"洞天"和"福地"，列出神仙所居的十大洞天、三十六小洞天和七十二福地，全部在海内名山。司马承祯区别洞天与福地的同时，又扩大了它们的数量，并区分出等级，实际仍是传统宫观观念的发挥，并把道院作为是新型的洞天福地。当然这也反映了当时道教宫观在乡野间更多地建设发展起来的实际。芸芸众生之中的道徒们努力寻找这些洞天福地，并潜心在所谓的洞天福地中修炼，企图借此养生长生、得道成仙。

洞天福地是道教认定的群仙、真人统治之所和得道之处，是自然山川的宗教化，体现了道教对于自然山水的一种特殊的宗教把握。洞天福地的处所及其等级排列，可以比较明确地反映出道教地域分布以及各地域在道教体系中的地位。江西全境山清水秀，适合道徒修炼之地甚多。江西地区的"洞天福地"数量多，占总数的十分之一。据《天台山记·名山洞天福地记》天下三十六小洞天中，江西占有五洞天。即：第八洞天是庐山，名洞灵咏真之天；第十二洞天，洪州西山，名天宝极玄之天；第十五洞天，信州贵溪县鬼谷山，名玄思之天；第十七洞天，峡江玉笥山，名太秀法乐之天；第二十八洞天，南城麻姑山，名丹霞之天。七十二福地中，江西有十三个,即:第七福地,新干县郁木坑;第八福地,南城县丹霞洞;第二十九福地,贵溪县龙虎山;第三十福地,上饶县灵山;第三十二福地,宁都县金精山;第三十三福地,新干县阁皂山;第三十四福地,丰城县始丰山;第三十五福地,南昌县逍遥山;第三十六福地,奉新县东白源;第四十七福地,江州(星子县)虎溪;第四十八福地,都昌县元辰山;第四十九福地,鄱阳县马蹄山;第六十八福地,庐山。由这些洞天福地的数量与排序,表明唐代江西地区的道教发展比较普遍,信仰的气息较浓,影响较大。但从排列的次序,又可以看出江西道教只处于中等地位,尚不成为一流。明显的标志就是,十大洞天即"洞天福地"中的第一等级,江西没有一个;三十六洞天、七十二福地中,江西的排名也没有在先进行列。

"先是,道教之行,时罕习尚,惟江西、剑南人素崇重。"①江西有产生最早的比较纯正的道教文化。五代宋初的徐铉从地域文化角度指出了这一点:"道之为体也大,大则众所不容;道之为用也柔,柔则物莫与校。南方之强也,故冲气之所萃,异人之所生,坛馆之所宅,景福之所兴,相乎域中,南楚为盛。"②南宋末,刘辰翁从天文地理角度也指出:"斗为江湖,去虚危最近,观剑气者常在焉。丰城者未尝失,延平者未尝在也。仙圣往还一气,遇物成形。西山之下有剑焉,曰旌阳,东阳之上有剑焉,曰真武。其地合,其宿近,故其神最灵豫章、吴、楚之间。"③他们认为以江西为代表的东南地区天地山川之气——地理条件、天文条件最有利于道教发展。正所谓灵区异境,固然有其独特的道理,因为道教所追求的环境之一就是如此。但地域因素,还得借助人文精神。江西道教虽产生早,但传播力、影响力却有限;在道教成长的关键南北朝时期,以龙虎山天师道为代表的江西道教偏重于比较实际的道务,如符箓、炼丹等,却几乎没有什么道教理论建树,因而在全国处于不高的地位。炼丹要具有相当的经济条件,其材料非一般贫苦人所能备办;符箓虽在民间形成影响,但几乎与巫术一样,处于道教的基础部分。唐皇朝把道教视为带有"御用"性质的"氏族宗教",江西道教因缘际会,开始复兴。然而,除了洪州西山以胡慧超、施肩吾等少数人重视本区道教的理论建构外,大多数道士仍满足于呼风唤雨、吞剑驱鬼式的方术化。学道人不研究经典,行道主要在民间。史言:"行道于民间,……至传教,经典道

---

① 《宋会要·道释》一之十三。
② 《徐文公集》卷二十六《洪州奉新县重建阁业观碑铭》。
③ 《须溪集》卷四《玉真观记》。

第五章
佛法鼎盛与道教风流

德、南华、黄庭、灵飞诸帙吐纳修养之术,未闻研究焉。教之衰替,有自来矣。"①没有足够的理论支持,终归对江西道教发展造成了极大的限制。简言之,六朝隋唐江西道教追求世俗实用性,在经典整理、理论追求、开宗立派方面与全国其他地区著名的道教宗派相比,明显不足。所以江西的道教创立虽早、分布虽广、信仰人数虽多,但在全国道教中的地位却只能居于中下流,"洞天福地"的名单只是江西道教地位的真实反映的一个方面。这与同时代本区的佛教禅宗形成了鲜明的对比。

信仰道教需要相当的物质基础,道教所追求的神仙不仅十分神秘和迷茫,而且对于衣食无着的人来说也非生活的急切之需。唐代佛教与道教相较,特别是由于更加简易的净土法门的兴盛和禅宗的兴起,适应着更为广大的社会层面的精神需要,得以在普通民众和士大夫之间更加广泛地普及。这也是唐代道观较佛寺数量为少、道士相对于佛教僧侣人数为少的一个原因。按诸江西地区的佛教、道教,情况也正如此。江西的信佛、信道人数有多少,无法说明,但江西地区信佛者大大多于信道者,则是毋庸置疑的。

道教为华夏本土宗教,为中国文化之根柢,对于形成中华民族独特的心理素质,影响与作用非小。道家的自然主义哲学被道教继承发展为一套宗教理论与实践。道家崇尚的自然,成为道教神仙世界的物质基础,"取天地之灵气,汲日月之精华",餐风饮露,沐阴浴阳,是神仙世界高于现实世界的物质享受;道家所追求的自由个性成为道教顶礼膜拜的大小神仙;道家对个体感性生命的珍重,变成了道教追求羽化登仙、长生不老的神仙方术。江西是道教的发祥地和千年香火不绝的祖庭所在地,道家哲学与道教实践对江西民众的精神生活产生过巨大而深远的影响。庐山、龙虎山、阁皂山、三清山、西山等上千年不绝的香火是人们委运任化、乐天安命、养生尽年的理想寄托,也在一定程度上构成了江西民众保守、无为以及缺乏社会责任感的思想负担。

---

① 谢祖安修、苏玉贤撰:《民国宜春县志》,见《中国地方志集成·江西府县志辑》,江苏古籍出版社1996年版,第404页。

第六章
民俗新潮与民风流变

先秦以来,地处长江中游的江西受吴、楚、中原、岭南等地特别是楚文化的影响,民俗民风浸润着吴楚等地的文明气息。隋唐五代时期,随着江西独立经济文化区的生长与形成,本地区逐渐培养出了一些颇具自身地域特色的民俗民风。

第一节
民生时俗

隋唐五代的江西,受传统思想文化与地域文化的影响,伴随着经济、文化地位的上升,社会风俗的独立个性开始逐渐凸显。其中,重教育、好读书、求登科的风气,信仰佛、道等宗教的习俗,渗透于民众的日常生活之中,因前面有关章节已有说明,在此不再赘述。本节仅就这一时期与江西民众日常生活联系紧密的衣食住行、岁时节令、婚丧嫁娶等民俗概略叙述。

一、衣食住行

《新唐书·礼乐志》云:"凡民之事,莫不一出于礼。由之以教其民为孝慈、友悌、忠信、仁义者,常不出于居处、动作、衣服、饮食之间。盖其朝夕从事者,无非乎此也。"在统治阶级看来,人们的衣食住行要遵循礼仪规范,并以此区分社会

第六章
民俗新潮与民风流变

等级。不过隋唐五代是讲究礼制但又不是十分严格的时代,日常生活充满着礼制的色彩,同时又从各地的风俗习惯,这在江西民众的日常衣食住行得到深刻的体现。

(一)衣

服饰是人类生活的基本要素,是人类文明的一个标志。继承了周、战国、魏晋时期的风格,融周代服饰图案设计上的严谨、战国时期的舒展、汉代的明快、魏晋的飘逸为一体,隋唐服饰又在此基础上更加华贵,使服饰、服饰图案达到了历史上的高峰。其中服饰图案,改变了以往那种天赋神授的创作思想,用真实的花、草、鱼、虫进行写生,但传统的龙、凤图案并没有被排斥,这也是由皇权神授的影响而决定的。盛唐服饰图案的设计趋向于表现自由、丰满、肥壮的艺术风格,晚唐服饰图案则更为精巧美观。花鸟服饰图案、边饰图案、团花服饰图案在帛纱轻柔的服装上,真是花团锦簇,争妍斗盛。在封建社会中,服饰除了蔽体御寒等自然属性外,其本质特征是等级性。秦汉以来,各朝的冠服制度基本定型,一直沿袭至隋唐五代并无大的变化。不过冠服之外的常服日益受到重视,并在大多数场合取代了冠服的地位,于是统治者亦将常服等级化。隋初,上自皇帝下至庶民都穿黄袍,官员只是束九环与庶民相区别。大业六年(610年)后,隋炀帝整理服饰制度,才初次在常服外划分等级,规定官员五品以上穿紫袍,六品以下穿绯或绿袍、胥吏穿青袍、庶民穿白袍、屠沽穿黑袍、士卒穿黄袍。唐太宗进一步强化了这一制度。贞观四年(630年)朝廷颁布《定服色诏》,正式详定"寻常服饰"的"差等",规定了各色人等穿着的紫、绯、绿、青、白、黑、黄服色等级。隋唐江西民众应无一例外地遵循了这种制度,尽管在实际穿着中可能有差异。

六朝以来,江西开始生产蚕丝,但隋唐五代时期本区仍主要生产麻、葛,衣料普遍为麻布、葛布。诗僧灵澈《东林寺酬韦丹刺史》所云"麻衣草履亦容身",即是对江西民众一般穿着的真实反映。贵族、官僚、地主也有穿绫罗绸缎的,但是有限。由于本区衣料生产的有限性,好一点的衣料都往往来自外地。元和年间江州司马白居易《元九以绿丝布白轻褣见寄制成衣服以诗报知》诗云:"绿丝文布素轻褣,珍重京华手自封。贫友远劳君寄附,病妻亲为我裁缝。裤花白似秋云薄,衫色青于春草浓。欲著却休知不称,折腰无复旧形容。"白氏之所以感动,是因为这些衣料在江西地区得之不易。

隋唐时期服式,上衣主要有襦、深衣、褒衣、袄、裘、袍、衫等。短上衣为襦,

隋唐男子的服饰(部分)

唐代妇女服饰图

隋唐妇女服饰的一般装式

为一般百姓平时穿着。深衣是衣与裳连而为一,下面垂到踝部,为"士"阶层以上的常服,庶民的"礼服"。贴身穿的上衣称为亵衣,也称衷衣。裘是皮衣,毛向

第六章
民俗新潮与民风流变

外;袍是絮了乱麻或旧丝棉的长衣。下衣有裳、裙、绔。大致说来,裳也是裙,古代男女服装区别不大,男女均着裙。江西人穿的应是和荆楚地区差不多的"不缝裙"。绔即裤子,不过形制同现代差别相当大,绔没有前后裆,只有两个裤筒,类似于现代的套裤。而当时的裈,则类似于今天贴身而穿的短裤。这一时期,江西地区的衣服名称大致与全国其他地区一样。

当时的男衣,服饰相对单一。头戴幞头、纱帽,身穿圆领袍衫,脚蹬鞋或靴,样式尚无明确限制,袍衫唯一以颜色来区分等级高低。女性穿着比较开放与自由。妇女头戴钗饰,下身着紧身长裙。裙子裙色多样,但以红色为尚。白居易江州作《江楼宴别》诗云:"楼中别曲催离酌,灯下红裙间绿袍。"李中《溪边吟》云:"茜裙二八采莲去,笑冲微雨上兰舟。"所云"茜裙"就是茜草作染料染成的红裙。唐代南方服式的地方特点还表现为衣衫大袖,曳地长裙。连长江上驾船的人也着"宽袖衫",人们认为这是"吴楚之制"①。直到唐后期这种服式才发生变化,改成窄袖短裙。江西人的服式也应大致如此。

唐代的鞋袜称为足衣。包括江西在内的广大南方以穿鞋为主,当时鞋的名称繁多,有屦、履、屐等。《太平广记》卷四六四《鲋鲐鱼》载:"一旦,(饶州)吴生醉归,投身床上,妻为整衣解履,扶舁其足。"王季友《酬李十六岐》:"卖药贩履俱逃名。"《十国春秋·杨彦伯传》载,新淦人杨彦伯,唐末谒选长安时,于华阴旅舍,"忽失所著履"。普通民众大多时候穿草鞋。《太平广记》卷五十五《伊用昌》:"江南有芒草,贫民采之织屦。缘地上卑湿,此草耐水,而贫民多着之。伊风子至茶陵县门,大题云:'茶陵一道好长街,两畔栽柳不栽槐。夜后不闻更漏鼓,只听锤芒织草鞋。'"而富贵之家日常多穿布鞋。如李建勋《春词》云:"日高闲步下堂阶,细草春莎没绣鞋。"

江西人也与全国其他地方一样,流行戴帽。《太平广记》卷三一四《浔阳县吏》:浔阳县吏"脱衣弃帽"之事。此外,戴头巾在当时也极其普遍。《太平广记》卷二四三《龙昌裔》记:庐陵人龙昌裔被雷震死后,"官司检视之,脱巾于髻中得一纸书,则祷庙之文也"。

(二)食

饮食在民众生活中是最基本的也是最主要的内容。饮食结构带有地区性、民族性的特点,同时也与时代的社会阶层及其物质条件相关联。长期以来,饭

---

① 《旧唐书》卷一〇五《韦坚传》。

稻羹鱼是江西人民传统的饮食习惯。《隋书·地理志下》云："江南之俗,火耕水耨,食鱼与稻,以渔猎为业。""食鱼与稻"就是唐朝初年人们对江南(包括江西)饮食的基本认识。江西是稻米的主要产地,自然以食用稻米为主,就连流落到本区的北方人也逐渐习惯了食稻米饭。元和年间白居易谪居江州时,曾诗述自己的日常饮食,"贫厨何所有,炊稻烹秋葵。红粒香复软,绿英滑且肥"①。晚唐诗人薛逢描写庐山五老峰隐士生活云:"高斋既许陪云宿,晚稻何妨为客舂。"②六朝以来,随着北方人口的大量南迁以及农业经济区的南移,麦、粟等北方旱作在南方开始种植并日渐推广,从而使南方食物结构更加趋于合理。隋唐五代江西的麦、粟等种植已较普遍,民众也有以麦、粟作为主食的。《太平广记》卷三十九《崔希真》载,洪州一般人家里有大麦面充饭的。受道家饮食方式的影响,江西有的民众还食胡麻饭。同书卷四十七《冯俊》载:冯俊作佣工至庐山,即曾食用胡麻饭。

江西与全国大多地区一样,食用的主食中还有饼。隋唐五代的"饼",不仅包括了现代意义上的饼,也包括了今人所称的馒头、面条、包子等。唐代"胡风饮食"兴盛,在江西流行的主要是胡饼。胡饼是在汉唐时期由西域传来的一种面点,类似于现代的烧饼,有素饼、油饼、肉饼、芝麻饼等不同的种类。《太平广记》卷三八四《阿六》载,宝应年间,饶州龙兴寺奴名阿六,从阴间起死回生之际,"逢素相善胡。其胡在生,以卖饼为业,亦于地下卖饼"。又同书卷二七一《曹惠》亦记唐江州参军曹惠之子"食饼"之事。此外,《指月录》记载:"(怀海)参马大师为侍者,檀越每送斋饭来,师才揭开盘盖,马大师便拈起一片胡饼,示众云:是甚么?每每如此,经三年。"以上事例说明,江西地区吃胡饼比较流行。此外,主餐喝粥也是江西人日常饮食的习惯。《太平广记》卷四〇二《李灌》记,李灌在洪州建昌县时,曾以汤粥喂食一病重的波斯商人。江西地区粥的原料主要源于稻、麦。不过配料不同,成为名目各异的粥。白居易《清明日送韦侍御贬虔州》诗云:"留饧和冷粥。"饧是用麦芽熬制成的黏糖,亦可制成粥,称为"饧粥";又曹松《钟陵寒食日郊外闲游》诗云:"可怜时节足风情,杏子粥香如冷饧。"说明当时南昌地区已有在粥中放杏子而做成的杏子粥。

自然界中,许多植物的种实含有淀粉物质,可以作为谷物的代用品。隋唐

---

① 《全唐诗》卷四三〇白居易《烹葵》。
② 《全唐诗》卷五四八薛逢《五老峰隐者》。

第六章
民俗新潮与民风流变

五代的江西人在继承前人采集经验的基础上,选择了芡实、菱芝、橡实、葛根等植物种实作为食品,有效地补充了粮食的不足。如白居易《东南行一百韵》:"泥中采菱芡,烧后拾樵苏";贯休《送纳僧之江西》:"过溪遭恶雨,乞食得干菱",都反映了江西民众常食菱、芡的生活事实。

隋唐五代时期副食已较为丰富,南方主要以鱼蟹虾类水产为主。武则天圣历三年(700年),朝廷下令禁止屠杀,凤阁舍人崔融上奏反对,称:"江南诸州,乃以鱼为命……一朝禁止,倍生劳弊。富者未革,贫者难堪。"[①]江西吃鱼蟹虾等水产的风俗,仅从白居易一人的诗文中就可得到很好的说明。元和十年(815年),白居易贬为江州司马,途中作《舟行》:"船头有行灶,炊稻烹红鲤。"后在江州又作《东南行一百韵》:"亥日饶虾蟹……鼎腻愁烹鳖,盘腥厌脍鲈。"作《首夏》:"溢鱼贱如泥,烹炙无昏早。"作《风雨中寻李十一因题船上》:"小榼沽清醋,行厨煮白鳞。"南方鱼类丰富,武昌鱼、鲈鱼、鲫鱼等是当时有品的经济鱼,素为江西民众所嗜食。如独孤及《下弋阳江舟中代书寄裴侍御》云:"得餐武昌鱼,不顾浔阳田。"黄滔《钟陵故人》云:"一箸鲈鱼千古美,后人终少继前踪。"韩翃《送王侍御赴江西兼寄李袁州》云:"腊酒湘城隅,春衣楚江外。垂帘白角簟,下箸鲈鱼鲙。"《酉阳杂俎》续集卷八载:"浔阳有青林湖鲫鱼,大者二尺有余,小者满尺,食之肥美,亦可止寒热也。"此外,腌制加工而成的鱼鲊,也为一部分江西人所喜爱,如《江南野史》记,"陈陶所居不与俗人接,唯嗜鲊,一啖或至十瓷"。由于江西人长期食用水产,已有丰富的辨别有害水产的能力。《太平广记》卷四六四《鲋鮧鱼》记,江西人认识到,"鲋鮧鱼,文斑如虎","煮之不熟,食者必死"。这一时期,江西地区的肉食丰富,除了鱼虾等水产外,猪肉、牛肉、羊肉、狗肉乃至驴肉,以及鸡、鸭、鹅等家禽肉,都是民众食用的对象。《太平广记》卷五十五《伊用昌》载,天祐癸酉年,江西人伊用昌夫妻"至抚州南城县所,有村民毙一犊。夫妻丐得牛肉一二十觔,于乡校内烹炙,一夕俱食尽"。同书卷一三二《刘知元》载,唐虔州司士刘知元摄判司仓,"大酺时,司马杨舜臣谓之曰:'买肉必须含胎,肥脆可食,余瘦不堪。'知元乃拣取怀孕牛犊及猪羊驴等杀之。"《清异录》卷二《糟糠氏》记,南唐时,庐陵玉笥人陈乔喜食蒸豚(小猪),戏称:"此糟糠氏面目殊乖,而风味不浅也。"此外,江西是众多野生动物活动的场所,肉食中,还有不少源于野生动物。如《酉阳杂俎》续集卷八载:"洪州有牛尾狸,肉甚美。"

---

① 《唐会要》卷四十一《断屠钓》。

传为庐山白居易草堂前种荷养鱼的池塘

牛尾狸即果子狸,是野味中的珍品。《太平广记》卷一九三《钟传》记:豫章人钟传"不事农业,恒好射猎。熊鹿野兽,遇之者无不获焉"。这些猎物自然成为人们餐桌上的肉食。《十国春秋·陈允升传》载,五代时饶州陈允升,"家世弋猎,允升独不食其肉",也说明狩猎所获物是民众肉食的来源之一。

"惟有杯盘思上国,酒醑甜淡菜蔬甘。"①隋唐五代时期,中国的蔬菜种类已极其丰富,几近于现代,江西地区的蔬菜具体有多少种今人难得知晓,但与全国大部分地区一样丰富则无疑。我们从时人的诗文中可以了解到当时江西一些蔬菜的名称。白居易《夜宿江浦闻元八改官因寄此什》:"若报生涯应笑杀,结茅栽芋种畬田。"韦应物《简寂观西涧瀑布下作》:"菜瓜邀真侣,觞酌洽同心。"《太平广记》卷四〇〇《于都县人》记:于都县有一人"担两笼黄瓜"。同书卷四十七《宋玄白》记:宋玄白"辟谷服气,然嗜酒,或食彘肉五斤。以蒜韭一盆,手撮肉吃毕,即饮酒二斗,用一白梅。人有求得其一片蒜食之者,言不作蒜气,味有加异,有终日在齿舌间香不歇。人间得蒜食者颇多,而毕身无病,寿皆八九十。"同书卷一三九《朱庆源》,豫章丰城人朱庆源家中"生莲",莲藕当为蔬菜应无疑。

野菜本是家贫之人疗饥所食,但一些野生菜蔬如笋、山菇、蕨菜等,也是江西人喜爱的副食。江南多竹,嫩笋充食,自是江南村野特色。白居易在江州时作《食笋》说:"此州乃多竹,春笋满山谷。"不少人入山拔笋,在早市出售,"物以多为贱,双钱易一束",价贱而又美食。熊孺登《青溪村居二首》云:"家占溪南千个竹,地临湖上一群山。渔船多在马长放,出处自由闲不闲。""深树黄鹂晓一声,林西江上月犹明。野人早起无他事,贪绕沙泉看笋生。"《太平广记》卷四一七载,"豫章人好食蕈,有黄姑蕈者尤为美味。有民家治舍,烹此蕈以食工人。"白居易

---

① 《全唐诗》卷七五二徐铉《送元帅书记高郎中出为婺源建威军使》。

第六章
民俗新潮与民风流变

《放鱼》诗云江州早市："晓日提竹篮,家童买春蔬。青青芹蕨下,叠卧双白鱼。"

当时江西人吃糖除了蔗糖、饴糖外,还有蜂蜜。开元年间,孟浩然游庐山,作《过龙泉精舍》诗云:"入洞窥石髓,傍崖采蜂蜜。"又《太平广记》卷四七九《蜂余》载:庐陵应举的士子,夜宿一村舍,即得食一老翁提供的蜂蜜,因此治好了自己的风疾之症。这即表明江西地区食蜂蜜已不是稀罕之事。

果品也是时人饮食的重要部分,也是招待客人的必备之物。《湘山野录》卷上记载,南唐李建勋出镇豫章时,一次外出野游,曾"连食数梨"。江西地区盛产橘、柚、梅、甘蔗等水果,这些水果自然为人们日常所啖食。此外,吃茶、饮酒也江西人民日常饮食习俗之一。这在前面第三章已有叙述。

诚如白居易《与元微之书》云:"溢鱼颇肥,江酒极美。其余食物,多类北地。"由于南北饮食文化的交流,江西地区的饮食,除了还保留了一些地方特色外,已经融汇了不少其他地方的饮食风俗。其食品种类日渐丰富,饮食结构已趋于合理。隋唐五代时期,是中国菜系形成的重要历史时期,赣菜因综合其他地方风味,反倒地方特色不明显。

(三)住

住所是人类生活中必不可少的重要空间,也是人类改善环境、获取安全条件的必然结果。封建时代的居住方式有着十分显著的等级性。唐代城市建筑有了统一的规划,官民贯彻等级制度。《唐律疏议》卷二十六《杂律》中专门对"违

江州义门陈氏居宅写意图

令"营造舍宅者制定了严厉的惩罚条款。唐代《营缮令》对官员和庶民宅舍作出了明确的规定。其中对一般的庶民住宅令文称:"庶人所造堂舍,不得过三间四架、门屋一间两架,仍不得辄施装饰。"①令文对于各级官员屋舍的规定更为详细,其实质均在于通过住宅样式、间架面积、装饰等来显示其等级或身份的界限。例如,当时的建筑一律采用朱红与白色的组合,产生了鲜艳悦目、简洁明快的色彩美。黄色成为皇室特用的色彩,皇宫寺院用黄、红色调,红、青、蓝等为王府官宦之色,民舍只能用黑、灰、白等色。可以说,唐代是用色彩来维护统治阶级的利益。另外,缘于小农经济的生产生活方式,尽管隋唐五代不乏家族式的聚居,但独门立户还是基本的形式。这种居住形式,无疑对房屋建筑产生深刻的影响。

南方因为地理、气候关系,在居室方面不如北方讲究,柳宗元曾为国学助教凌某在长安的陋室题诗,他在诗序中说凌某本贯南方,其房屋"栋宇简易,仅除风雨,盖大江之南,其旧俗也"②。受传统与建筑技术及经济条件的影响,隋唐五代江西的房屋以草木屋为主。白居易《溢浦竹诗》提到:江州初冬时节,人们利用农闲空隙,持刀斫竹,"家家盖墙屋"。伐竹盖房,自是江西村野特色。马戴《庐山寺》诗云:"白茅为屋宇编荆,数处阶墀石叠成。"刘驾《江村》诗亦云:"相承几十代,居止连茅屋。"元稹贬官荆州时,作《茅舍》一诗,虽云楚俗,却正是对江西地区民宅的描绘,诗曰:"楚俗不理居,居人尽茅舍。茅苫竹梁栋,茅疏竹仍罅。边缘堤岸斜,诘屈檐楹亚。篱落不蔽肩,街衢不容驾。南风五月盛,时雨不来下。竹蠹茅亦干,迎风自焚炩。防虞集邻里,巡警劳昼夜。遗烬一星然,连延祸相嫁。号呼怜谷帛,奔走伐桑柘。旧架已新焚,新茅又初架。前日洪州牧,念此常嗟讶。牧民未及久,郡邑纷如化。峻邸俨相望,飞甍远相跨。旗亭红粉泥,佛庙青鸳瓦。斯事才未终,斯人久云谢。有客自洪来,洪民至今藉……""楚俗不理居,居人尽茅舍",说明茅舍在荆楚(江西)地区带有普遍性。其建构材料为竹及茅草,十分简易,多沿水岸而建,低矮狭窄。在旱灾少雨的季节,容易导致火灾,甚至相互影响,连延一片。民间为预防火灾,邻里间还要相互联合日夜巡逻。江西各地火灾毁家的事不少。仅《新唐书·五行志一》记载:高宗显庆元年(656年),"九月戊辰,恩州、吉州火,焚仓廪、甲仗、民居二百余家。十一月己巳,

---

① 《唐会要》卷三十一《杂录》。
② 《全唐文》卷五七九柳宗元《凌助教蓬屋题诗序》。

第六章
民俗新潮与民风流变

饶州火";武则天万岁登封元年(696年)三月,"抚州火";玄宗开元五年(717年),"洪潭二州灾,火延烧郡舍。郡人先见火精赤瞰瞰飞来,旋即火发";德宗贞元二年(786年)七月,"洪州火,燔民舍万七千家"。正是在这种情况下,中唐以来,江西一些较为发达的地方仿北方房屋建筑,改造民居、换草屋为瓦屋。上引元稹《茅舍》诗所述内容,就是关于江南西道观察使兼洪州刺史韦丹在洪州城造瓦屋近两万间以改善民居之事。

民间房屋的结构一般有厅、有房,还有院子以及养殖家禽家畜的地方。长期活动于江西地区的李建勋作《田家》诗云:"长爱田家事,时时欲一过。垣篱皆树槿,厅院亦堆禾。病果因风落,寒蔬向日多。遥闻数声笛,牛晚下前坡。"从这首诗中,我们大致可想见当时农家的房舍构成。

隐士文人建造草堂是唐代的风气,尽管带有私家小园林的气息,却也是当时民居的一种形式。江西地区以庐山建草堂最为盛行。这从时人的一些诗文可以清楚地看出,郑弘宪在北香炉峰之北遗爱寺旁边建草堂,韦应物作《题郑弘宪侍御遗爱草堂》诗云:"居士近依僧,青山结茅屋。疏松映岚晚,春池含苔绿。繁华冒阳岭,新禽响幽谷。长啸攀乔林,慕兹高世躅。"马戴《题庐山寺》曰:"白茅为屋宇编荆,数处阶墀石迭成。"杜荀鹤《题庐岳刘处士草堂》曰:"仙径闲寻采药翁,草堂留话一宵同。"白居易的庐山香炉峰下草堂极为著名,他为此作了数首"草堂"诗。如"五架三间新草堂,石阶桂柱竹编墙";"三间茅舍向山开,一带山泉绕舍回"①,等等。另外,唐代富有贵盛之家,建别墅之风盛行,其布局以小空间的建筑结构为主,布置精巧,宁静素雅。江西某些地区也有别墅建设。如《太平广记》卷四〇一《宜春郡民》记载:宜春郡民章乙,"所居别墅,有亭屋水竹"。又李建勋《小园》诗云:"小园吾所好,栽植忘劳形。晚果经秋植,寒蔬近社青。竹萝荒引蔓,土井浅生萍。更欲从人劝,凭高置草亭。"李建勋仕南唐为丞相,后归高安别墅,此诗为李氏晚年所作。诗中所云自己的小园,正反映了唐五代庄园别墅式园林的一般情况:园中建亭、水井,种有水果、蔬菜、竹林等,这种园林建筑适宜于主人居住、读书、游赏、宴客等多方面的生活需要。

当时修房造屋注意择地,江西人于此也特别注意。《太平广记》卷一四四《王哲》记载:唐虔州刺史王哲在平康里治第西偏,家人掘地,拾得一石子,朱书其上曰:"修此不吉。"即是建屋重择地的反映。

---

① 分别为《香炉峰下新卜山居草堂初成,偶题东壁》《别草堂三绝句》。

(四)行

出行是人们生活的重要方面。由于社会经济文化生活的进步,隋唐五代民众外出远行已是平常之事。江西民众的出行以步行为主,但也经常选择合适的骑乘方式,特别是远行之时。陆路的出行工具主要有人力舁抬的步舆、供人骑乘的驮畜和车辆等。《太平广记》卷三六七《崔彦章》记,饶州崔彦章,送客于城东时,"方宴,忽有小车,其色如金,高尺余,巡席而行,若有求觅。至彦章前,遂止不行。彦章因即绝倒,舆归州而卒"。同书卷三一四《袁州父老》记:"袁州城中有老父,……一日有紫衣少年,车仆甚盛,诣其家求食。"1979年在九江市郊发现的唐墓中,有车轮1件,也反映出江西民众驾车的事实。

唐代骑马俑

由于地理环境的影响,古代南方素不养马、驴,马、驴的数量少,但江西人乘马驭驴旅行却颇为平常。《太平广记》中就有不少这方面的事例。卷三七四《胡氏子》载,胡家得意外之财富裕后,即"市置仆马";卷一六八《熊执易》载,熊执易乘马至长安赴科举;卷三九九《浔阳李生》载,浔阳李生在贞元年间举进士不第归浔阳时,即乘"劣马";卷一八〇《湛贲》记载:袁州人彭伉"跨驴,纵游于郊郭"时,忽闻他一向侮辱的湛贲进士及第,遂失声而坠。故袁人谑曰:"湛贲及第,彭伉落驴。"这些供旅行的马、驴并不一定是自家所养,当时出租马、驴的行业极为兴盛。

江西江河湖泊纵横,因此舟船是出行的重要工具。南唐董源所作的《夏景山口待渡图》,就反映了包括江西在内的江南民众赖舟出行的情景。关于舟在江西作运载人、货工具的事例前文已多有叙述。这些交通工具有条件的可自备,而民间佣借船只非常普遍。如《太平广记》卷一二一《崔尉子》记,唐天宝年间,崔姓县尉欲去吉州赴任,"乃谋赁舟而去。卜人曰:今有吉州人姓孙,云空舟欲返,佣价极廉"。同书卷一六〇《秀师言记》载,南昌令李仁均,"捐俸赁扁舟",将在南昌服刑的僧人棺柩送抵上元(建业城)。

第六章
民俗新潮与民风流变

董源《夏景山口待渡图》

住宿是人们远途出行重要的方面。因第三章已有相关的叙述,此处简略提及。有的借宿路旁人家,《太平广记》卷四七九《蜂余》:"庐陵有人应举,行遇夜,诣一村舍求宿。有老翁出见客曰:'吾舍窄人多,容一榻可矣。'因止其家。"有的进住旅店,《太平广记》卷八十五《华阴店妪》记:天复年间,庐陵新淦人,童子科及第后赴长安候选,途经华阴,宿于逆旅。同书卷一六八《熊执易》记:江西士人熊执易赴举,"行次潼关。秋霖月余,滞于逆旅"。有的借宿寺庙道观,《太平广记》卷一二四《袁州录事》记:袁州录事王某罢归至新喻时,"晚止僧院"。当然也有不少人不得不露宿野外。公务人员及其相关人员,除上述方式外,主要是入住馆驿。如戴叔伦《除夜宿石头驿》诗云:"旅馆谁相问,寒灯独可亲。一年将尽夜,万里未归人。"就是戴氏在唐德宗建中年间宿于洪州石头驿的明证。

尽管隋唐五代道路交通、行旅条件与前代相比有了较大改善,但外出远行仍极其艰难,"不远游"是民众生活的目的与基本选择。当时凡出远门,民间习俗必家人聚会,设酒宴以饯别,尊长则告诫旅行途中应注意的种种事项,还要选择佳期吉日,祭告祖先神灵,祝祷出门后一路平安。民间流行的习俗认为五月是凶月,不出行。此外,人们出境远行,若渡越关津,须随身携带公牒,证明自己的身份、地位及出行的理由,否则极有可能当做逃犯、流亡被官府逮捕。以上这些远行须注意的事项,江西人自不例外。

二、岁时节令

岁时节令作为民众生活的重要内容,反映着人们衣食住行、人际交往、人生礼仪、闲暇娱乐、民间信仰等多方面的情形。隋唐五代的时令节日众多,以唐代节日名目而论,有除夕、元旦、人日、元宵、端午、中秋、重阳、冬至、寒食与清明等传统诸节,有中和节、庆祝皇帝生日的"千秋节"等新添的节日,还有佛祖诞节和老子诞节、盂兰盆节、浴佛节等宗教节日。每届节日,均有种种适合时令的欢娱活动。江西的岁时节令当与全国其他地方相同,尽管具体节日中的热烈程度有一定的差异。反映这一时期江西地区岁时节令的资料极其有限,即便如此,通过一些零星的记述,我们仍可略见当时本区时岁节令的丰富内容。

元旦,每年的正月初一,作为一岁之始,吉利与否事关一年的吉凶成败,故非常隆重。新岁之始,万物复生,人们认为此时是"人道之根本返始之始",对于祖先祭祀十分隆重,或行家祭,或行墓祭。同时,贴门符(挂桃符)、燃放爆竹等驱邪逐恶。中晚唐南昌诗人来鹄作《早春》诗云:"新历才将半纸开,小庭犹聚爆竿灰。偏憎杨柳难钤辖,又惹东风意绪来。"饮宴是庆元旦的重要内容,其中有饮屠苏酒、食五辛盘、咬牙饧等前代风俗一直为隋唐五代人所继承。

正月十五是上元节(元宵节)。元宵节节俗活动以观灯为最。《隋书·音乐志下》隋炀帝大业二年(606年)条下载:"每年正月,万国来朝,留至十五日,于端门外,建国门内,绵亘八里,列为戏场。百官起栅夹路,从昏达旦,以纵观之。至晦而罢。"同卷下文又云,此种为庆贺节日的"百戏",规模惊人,所谓"金石匏革之声,闻数十里外",各类演奏乐工达一万八千人,"大列炬火,光烛天地,百戏之盛,振古无比,自是每年以为常焉"。这是有关元宵节或以"百戏"歌舞,或以"炬火"等大加庆贺的较早记载,所说为京师一带,但在各地似同样存在。唐代包括江西在内的长江流域有上元日张灯以贺的习俗。元和南昌进士熊孺登《正月十五日》诗云:"汉家遗事今宵见,楚郭明灯几处张。深夜行歌声绝后,紫姑神下月苍苍。"元宵除赏灯观灯外,民间的习俗还有祭门神、祀蚕神和迎紫姑的活动。祭门神通常以油脂、豆粥、糕饼、酒食祭祀,在门户上插杨柳枝。祀蚕神祈盼蚕桑丰收,家业兴盛。迎紫姑则可以保佑合家大小平安。江西地区还有月夜卜前程的风俗。《太平广记》卷一五九《支戬》载,唐末余干人支戬,"世为小吏,至戬,独好学为文。窃自称秀才。会正月望夜,时俗取饭箕,衣之衣服,插箸为嘴,使画盘粉以卜。戬见家人为之,即戏祝曰:'请卜支秀才他日至何官?'乃画粉宛成司空字"。

上元节之后是中和节。中和节的日期隋及唐初在正月晦日,唐德宗贞元五年(789年),因以晦日为节日名称不祥,改在二月一日为节日,但传统仍把正月晦日作为节日对待。唐人自正月半后迄于月终,悠闲无事,家家户户有欢聚饮食的风俗。《艺文类聚·岁时部》记载:"正月十五日后即继以晦日。《荆楚岁时

第六章
民俗新潮与民风流变

记》曰：'元日至月晦，并为酺聚饮食。每月皆有朔、晦。正月初年，时俗重以为节。'"除了饮宴、游玩之外，官府、民间有进农书、献新谷、上春衣等重农意味的活动，士庶人等还有以刀尺等物相互赠送的习俗。村社里间酿酒作中和酒，称为"宜春酒"，祭农神勾芒。此外，在正月晦日，民间还有"送穷"的习俗。可见，中和节的节日内容十分丰富。不过，中和节为庆新年活动的最后一次高潮，正月晦日是最后的一天，一月的欢乐游玩到此结束，又使人徒增惆怅。长期在江西做官的南唐李建勋作《正月晦日》一诗表达了这种心情，诗云："莫倦寻春去，都无百日游。更堪正月过，已是一分休。泉暖声才出，云寒势未收。晚来重作雪，翻为杏花愁。"

寒食与清明，是农历三月的两个节日，时间相近，活动相似，主要为故去的先人扫墓、祭奠先人。寒食节，因人们在节日期间不动烟火、吃冷食而得名。至迟在魏晋时期，长江流域的荆楚地区已盛行寒食节。至唐，寒食节为全民的节日，似比清明重要。《唐会要》卷二十三《寒食拜扫》说："寒食上墓，礼经无文，近世相传，浸以成俗。士庶有不庙享，何以用展孝思，宜许上墓。……仍编入礼典，永为常式。"表明寒食上墓是来自民间的习俗，官方出于统治的需要将它纳入礼教的范围，成为法定习俗。时人王冷然有诗《寒食篇》很能说明寒食节在唐代所有节日中的突出地位："天运四时成一年，八节相迎尽可怜。秋贵重阳冬贵腊，不如寒食在春前。"江西地区注重寒食节，这从本区众多诗人关注"寒食"可以得到证明。如熊孺登《寒食野望》："拜扫无过骨肉亲，一年唯此两三辰，冢头莫种有花树，春色不关泉下人。"来鹄《寒食山馆书情》："独把一杯山馆中，每经时节恨飘蓬。侵阶草色连朝雨，满地梨花昨夜风。蜀魄啼来春寂寞，楚魂吟后月朦胧。分明记得还家梦，徐孺宅前湖水东。"寒食清明时节，唐代民间还有戴柳、互赠用彩色雕画的鸡卵的习俗。在此节日中，人们为了防止寒食伤身，还穿插种种体育活动，如斗鸡、走马、蹴鞠、击球、荡秋千等活动，欢庆节日的内容更加丰富多彩。寒食、清明是踏青的好时节，时人已将祭祀与游春相结合，这在江西地区也极为盛行。曹松《钟陵寒食日郊外闲游》诗云："可怜时节足风情，杏子粥香如冷饧。无奈春风输旧火，遍教人唤作山樱。"又《钟陵寒食日与同年裴颜李先辈、郑校书郊外闲游》诗云："寒节钟陵香骑随，同年相命楚江湄。云间影过秋千女，地上声喧蹴鞠儿。何处寄烟归草色，谁家送火在花枝。银瓶冷酒皆倾尽，半卧垂杨自不知。"此外，来鹄《清明日与友人游玉粒塘庄》诗云："几宿春山逐陆郎，清明时节好风光。……醉踏残花屐齿香。风急岭云飘迥野，雨余田水落方塘。不堪吟罢东回首,满耳蛙声正夕阳。"来鹄为晚唐江西著名诗人,其诗尽管不明是否写江西地区,但从其游历所及和诗中所提到的"岭云""方塘"等判断,应在与江西有关的江南地区。

五月五日是端午节。端午是长江流域荆楚地区除春节外最隆重的节日之一。关于端午的由来,大体是荆楚民众将以祈雨拜龙为主要内容的夏至节和南方水居民族传承已久的龙舟竞渡风俗,以及先秦楚人用角黍类熟食投獬豸神兽的习俗,纳入五月五日吊祭屈原的节日活动内容,并赋予竞渡活动以拯救屈原和为屈原招魂新的含义[①]。从端午节的起源看,大抵与南方民众避瘟免灾有关。古人有五月向有"恶月"之称,认为此时毒气漫生,为害于人,必须采取措施以御避之。其主要办法,包括个人与家庭的采集草药、悬艾于门、煮食角黍(粽子)、以五色丝线系臂等,集体性的重要活动就是赛龙舟等。端午节起于先秦,但隋唐时期才逐渐成为全国性节日。受荆楚文化影响,江西人民也极为重视此节日,其节俗与荆楚地区无多大差别。

八月十五日是中秋。此日在一年四季的节气中,秋高气爽,此夜月光如洗、月色最明。中秋节成为全国性节日始于唐代,不过仍为民间节日,没有官节那么隆重、认真。唐代中秋节尚无特殊的节日食品,吃月饼是宋元以后才逐渐出现的。中秋玩月习俗至迟在南北朝时业已存在,唐人嗜好中秋赏月。唐人将中秋赏月与嫦娥奔月以及月中有桂树等传说结合,由是增添了赏月的某些浪漫气息。特别是中秋朗朗圆月,象征家人的团圆,清冷的月辉,洒向世间的各个角落,思想丰富的唐人遂将明月与团圆奇异地联系在一起,赋予了赏月一缕淡淡的乡愁。如唐元和十三年(818年)中秋,白居易在江州作《八月十五日夜湓亭望月》诗:"昔年八月十五夜,曲江池畔杏园边。今年八月十五夜,湓浦沙头水馆前。西北望乡何处是?东南见月几回圆!临风一叹无人会,今夜清光似往年。"又如元和年间南昌进士熊孺登《八月十五夜卧疾》诗曰:"一年只有今宵月,尽上江楼独病眠。寂寞竹窗闲不闭,夜深斜影到床前。"会昌五年(845年)宜春进士易重《中秋》诗云:"去岁今宵醉似泥,今宵对月独眠迟。人间共挹金波爽,天上谁将玉笛吹。黄道星辰环北极,青冥风露洗南陲。银桥试问乘鸾女,仙桂谁攀第一枝。"从这些诗句中可以充分认识到八月十五中秋,为望月(赏月)、相思、企盼之时,江西民众与全国其他地区的人"千里共婵娟"。

[①] 刘礼堂:《问径集》,湖北人民出版社2005年版,第298页。

第六章
民俗新潮与民风流变

九月九日是重阳节。重阳早在战国时代已有其名，到汉代已成为固定节日，唐代正式定为官节。当时流行有佩茱萸、饮菊花酒、食糕、登高之俗。孙思邈《千金要方·月令》："重阳之日，必以肴酒登高远眺，为时宴之游赏以畅秋志，酒必采茱萸、甘菊以泛之，既醉而归。"江西人也好重阳赏菊，袁州诗人郑谷《菊》诗云："子孙莫把比蓬蒿，九日枝枝近鬓毛。露湿秋香满池岸，由来不羡瓦松高。"以菊寄托情怀，由赏菊进而咏菊，这是赏菊之风的深化。折插茱萸也是江西人重阳节的内容。抚州城南三里高坡，有东晋临川内史王羲之故宅，"每重阳日，郡守从事多游于斯，因立亭曰茱萸亭"①。重阳登高为六朝以来的名士风流，至隋唐时期亦素为江西人所好。《江南野史》卷六《尹琳》载，唐开元中，庐陵永新的尹氏女善歌，"因重阳与群女戏登南山文峰，而同辈命之歌"。唐大历年间，李嘉祐在袁州作《九日送人》："晴景应重阳，高台怆远乡……受节人逾老，惊寒菊半黄。"由于本区重阳登高活动的盛行，在今南昌赣水岸边，有登高名胜龙沙山。《水经注》卷三十九《赣水》曰："赣水又北径龙沙西，沙甚洁白，高峻而陁有龙形，连亘五里中，旧俗九月九日升高处也。"唐代，龙沙已是久负盛名的重阳登高胜地。中宗李显《九月九日幸临渭亭登高得秋字》诗云"何藉龙沙上，方得恣淹流"，意指渭亭登高之感和龙沙相去不远，足见龙沙在唐初已享誉全国了。开元年间，著名的田园派诗人孟浩然遍游名山大川，因慕龙沙之名，一年重阳之际，特地坐船至龙沙登高赏景，有感而作《九日于龙沙作寄刘》谓："龙沙豫章北，九日挂帆过。风俗因时见，湖山发兴多。客中谁送酒，棹里自成歌。歌竟乘流去，滔滔任西波。"唐中期时，权德舆于重阳日也陪客人游兴龙沙，作《奉陪李大夫九日龙沙宴会》诗云："龙沙重九会，千骑驻旌旗。水木秋光净，丝桐雅奏迟。烟芜敛暝色，霜菊发寒姿。今日从公醉，全胜落帽时。"达官贵人重阳日在龙沙山举行盛大宴会，其盛况怕较前代是有过之而无不及。而久负盛名的滕王阁，更是登高的胜处。王勃写《滕王阁序》就是在九月九日路过洪州时，应都督阎伯屿的邀命而作。其"落霞与孤鹜齐飞，秋水共长天一色"和"滕王高阁临江渚，佩玉鸣鸾罢歌舞"的诗句便是写此情此景的。唐代江西重阳沿前代习俗，但又富有时代特色，内容更加丰富充实，文化气息较为浓厚。

除夕是农历一年的最后一天，是世俗相传久远的民间节日，也是隋唐五代极为重视的节日。除夕是家人团聚之日。南昌进士来鹄《鄂渚除夜书怀》云："鹦

---

① 《太平寰宇记》卷一一〇〇"抚州"条引。

鹚洲头夜泊船,此时形影共凄然。难归故国干戈后,欲告何人雨雪天。箸拨冷灰书闷字,枕陪寒席带愁眠。自嗟落魄无成事,明日春风又一年。"又《除夜》曰:"事关休戚已成空,万里相思一夜中。愁到晓鸡声绝后,又将憔悴见春风。"来鹄因不能回江西故土与家人团聚,感到极度的悲伤,这反映出时人把除夕回家团聚作为重要的活动。除夕的民俗活动极其丰富,其中除夕逐除疫鬼的驱傩,是最热闹最具群众性的活动。赵彦卫《云麓漫钞》卷九云:"岁将除,乡人相率为傩,俚语谓之打野狐。"他依《论语》所言,认定先秦时,已有驱除疫鬼的习俗。人们在岁末扫除污秽,搞卫生迎新岁。汉代守岁时,以弓箭射杀疫鬼,清除灾难,隋唐沿旧制。

"今岁今宵尽,明年明日催,寒随一夜尽,春逐五更来。"①除夕象征着一年即将结束,新岁就要来临。因此历来有岁暮家家具肴馔,相聚守岁欢迎新年的习俗。隋唐时期,守岁习俗保持。这从时人的诗歌可以得到证明。如"故节当歌守,新年把烛迎。冬氛恋虬箭,春色候鸡鸣。兴尽闻壶覆,宵阑见斗横。还将万亿寿,更谒九重城"②。孟浩然诗云:"守岁家家应未卧","续明催画烛,守岁接长筵"。笔者虽未直接找到有关这一时期江西人守岁的资料,但守岁作为全国流行的风俗,江西人亦应如是。

除夕民间还有乞如愿的活动。此俗起于南北朝,隋唐相沿。据《荆楚岁时记》及《云仙杂记》所载:如愿乃是湖神的女侍。庐陵有个商贾名叫欧明,生平敬神奉神,他每次路经鄱阳湖畔都要取物供祭。日久湖神为他的诚意所感动,便问欧明有何所求。欧明说:"但如所愿。"湖神以为欧明求其女侍,便把如愿赐给欧明。此后,欧明每有所需,如愿都能即时办到。欧明既富,不复爱如愿。及至元日,如愿未早起做事,欧明打了她一顿,她蓦地在秽土中消失。欧明后悔莫及,便用杖敲打土地,呼唤如愿回来,但如愿再也不回来了。唐人在除夕或元旦鸡鸣之时往粪堆积土间敲打呼唤,据说可使人致富。江西地区是乞如愿风俗的起源地,此风当为盛行。

在农业社会中,有一系列跟农业生产密切相关的节日,其中最为重要的节日就是社日。"社"是古代祭土地神的地方,也是土地的象征。社日是普及全国的一种祭神日子,是政府法定的节日。自汉至唐历代都有社祭,通常以立春和立秋后的第五个戊日为春社和秋社,一年中分春秋两季进行土地神祭。如唐

---

① 《全唐诗》卷一四五王谌《除夜》。
② 《全唐诗》卷六十二杜审言《除夜有怀》。

第六章
民俗新潮与民风流变

玄宗开元十九年(731年)下令,"天下州府春秋二时社及释奠,停牲牢,唯用酒醴,永为常式"①。祭春社是为了祈求土地神的佑助,使风调雨顺,以保五谷丰登;祭秋社则是"赛白帝、报田租",庆贺丰收,答谢社神。此即所谓春祈秋报。

社日是民间极其重要的节日。社祭之日,吹笙奏箫,通常是敲锣打鼓,聚集一社之民焚香向土地神致祭。一村中的男女老少乘兴而出,大家欢聚一处。社祭结束后,则群饮社酒,家家户户分领祭祀之后的胙肉,及至日落西斜才尽兴而归。大顺元年(890年)进士王驾作《社日》诗云:"鹅湖山下稻粱肥,豚栅鸡栖半掩扉。桑柘影斜春社散,家家扶得醉人归。"便是写江西铅山县社日中村民群聚饮酒喝得酩酊大醉的欢乐情景。南唐时期,李建勋作诗《田家》,写下了江西某地农民丰收之后举行秋社的主要场景,诗曰:"不识城中路,熙熙乐有年。木槃擎社酒,瓦鼓送神钱。霜落牛归屋,禾收雀满田。遥陂过秋水,闲阁钓鱼船。"由此可以看出,春秋祭社活动在江西农村实已变为民众聚宴娱乐的节日,同时反映出即使在混乱动荡的唐末五代,本区农民依然过着相对平静而富足的生活。

三、婚丧嫁娶

婚丧嫁娶是人们一生必须经历的大事,遂为礼俗的重要方面。隋唐五代时期的婚丧嫁娶具有浓厚的礼制色彩,同时也因时因地而富于"俗"的特色。

(一)婚嫁与妇女地位

婚姻为"人道之大伦",中国古代对于聘娶礼仪极其重视。隋唐五代的婚礼习俗,承袭古代传统"六礼",即纳采、问名、纳吉、纳征、请期、亲迎。《旧唐书》卷五十四《舆服志》云:"士庶亲迎之仪,备诸六礼。"六礼具备,婚姻始告成立。若男女非礼苟合,则认为是淫奔,为社会所鄙视或痛斥。不过,完备而繁杂的六礼多在官僚士大夫之家实行。庶民百姓则六礼并不需齐备,仅择其中主要的实行,仪式也相对简单。这就是"礼有差等"。素以传统为重的江西地区婚姻遵循"六礼"形式。《十国春秋·陈乔传》载,陈乔家无余财,先丧其妻,后主李煜为他牵线娶国戚。陈乔推辞说:"臣家素贫,不能具六礼。"后主于是"敕官帑贷之,俾就婚成礼焉"。

婚礼中最受到人们重视的是成亲之日。从迎亲开始到新娘入门,进洞房到

---

① 《旧唐书》卷八《玄宗纪》。

见公婆,其过程中有诸多繁琐的礼俗。唐人封演《封氏闻见录》卷五《花烛》云:"近代婚嫁,有障车、下婿、却扇及观花烛之事,又有卜地、安帐、并拜堂之礼。上自皇室,下至士庶,莫不皆然。"江西的婚俗大致与此相当。如当时迎新妇中女方阻挡男方的迎新车前行,以示娘家留女的障车之俗,在江西地区也颇盛行。当新娘准备从娘家出发,女方念诵请人代作的"障车文"。"障车文"用福寿荣禄等吉庆文字连篇铺陈,其中还穿插着索讨喜酒财物的用语。《唐摭言》卷十《海叙不遇》记载:唐僖宗时,据有洪州的钟传,以女"适江夏杜洪之子","有人走乞障车文",钟传幕僚汤篑"命小吏四人,各执纸笔,倚马待制,

唐代婚礼图(敦煌壁画)

既而四本俱成"。当男方对"障车文"有所表示之后,花车才得以缓缓而行。行车至中途,则又有女方组织的障车活动,众人拦障不使通过,邀酒食、财物,以为戏乐。这种风俗后来演变成了勒索财物的陋俗。又如,当时婚礼流行作催促新娘尽快别娘家至新郎家完婚的"催妆诗"。南唐庐陵人胡元龟,在因事逃亡至金陵馆吏曹郎徐某家中时,"为其子作《催妆诗》,立就"①。这从一侧面说明,江西地区亦有作催妆诗的风气。隋唐五代时期的婚礼一般在傍晚举行。时人认为,婚礼若不在晚上举行,则视为"黩礼"。而江西人也遵从不渝。洪州钟传嫁女江夏杜洪之子,举行婚礼时,"时及昏暝"②。

隋唐五代的婚姻形式较为复杂,除了最重要的聘娶婚外,比较常见的还有

① 《十国春秋》卷三十一《胡元龟传》。
② 《唐摭言》卷十《海叙不遇》。

第六章
民俗新潮与民风流变

官婚、招赘婚、表亲婚、收继婚、续亲、抢婚、服役婚等多种形式,甚至还有为正处于婚嫁年龄的男女未婚即殁者举行的冥婚。选择配偶的方式大致有如下几种:一是父母之命,媒妁之言;二是婚事前定;三是自己择偶。这一时期,选择配偶的标准与前后历史时期差别不大,但也有自己的特色:一是破门第之风与讲究门第并重,后者仍占主导地位;二是多求聘财,社会弃贫趋富;三是以才取人,郎才女貌是当时重要的标准,注重科举功名构成了这一时期的重要特点;四是讲究"三从四德"。江西地区的婚姻标准与此大致相当。以门第之风为例,尽管隋唐五代江西地区的门阀势力并不强大,但受六朝以来门阀制度的影响,婚姻讲究门第之风仍比较盛行。《新唐书·艺文志二》载有《洪州诸姓谱》9卷、《袁州诸姓谱》7卷,即表明洪州、袁州两地极为重视门第。戴孚《广异记》中的"李元平"条记,某江州刺史女儿与门夫的爱情因缘:"(君)虽生于贫贱,而容止可悦,我以因缘之故,私与交通。君才百日,患霍乱没故。我不敢哭,哀倍常情。素持《千手千眼菩萨咒》,所愿后身各生贵家,重为婚姻。"①又《太平广记》卷二七七《徐善》记:"江南伪中书舍人徐善,幼孤,家于豫章。杨吴之克豫章,善之妹为一军校所虏。既定,军校得善,请以礼聘之。善自以为旧族,不当与戎士为婚,固不许,乃强纳币焉,悉掷弃之。临以白刃,亦不惧,然竟虏之而去。"五代时期门第之风已渐趋衰微,然而旧族依然看不起军人、武士。旧族徐善为了捍卫门第,竟然到了"临以白刃,亦不惧"的地步,可见在他的头脑中,门第观念是何等之深。

唐朝时,科举功名不仅在择偶标准方面对婚姻习俗产生影响,而且对婚后的家庭生活也有一定的影响。为了荣华富贵,妻子往往极力劝丈夫考取功名。江西地区在唐中期以来已成为科考之风浓厚的地区,在这一点上也有明显的体现。《唐摭言》卷八《以贤妻激劝而得者》记载,彭伉与湛贲同为袁州宜春人,彭伉之妻为湛贲的姨娘。彭伉进士擢第后,妻子家族设宴庆贺,湛贲夫妻也是宾客。贺客都是官人名士,"伉居客之右,一座皆倾",而湛贲此时仍是县中小吏,所以被"命饭于后阁",湛妻忿然指责丈夫说:"男子不能自励,窘辱如此,复何为容!"湛贲在妻子的激励下发愤读书,后来一举登第,众人对他的态度立时判若霄壤。

隋唐五代仍是以男性为中心的社会,男子在婚姻生活中占主动权,其中以

---

① 戴孚:《广异记》,中华书局1992年版,第113页。

"七出"为代表。据唐朝户令规定,七出为"无子、淫逸、不事舅姑、口舌、盗窃、妒忌、恶疾",如果妻子触犯了其中任何一条,丈夫即有"出妻权",强制解除双方的婚姻关系。当然为了维护家庭与社会稳定,政府也有"三不出"的条款保护妇女,即一是女子家贫,无所归;二是妇为夫家父母服丧三年期满;三是男子先贫后富,有此三条之一即不得离异。但与"七出"相比,权利受到极大的限制。这种离婚对于女方来说,自然是不平等的。唐初时人记述隋代豫章郡与吴郡的风俗,称这些地区"衣冠之人,多有数妇,暴面市廛,竞分铢以给其夫。及举孝廉,更要富者,前妻虽有积年之勤,子女盈室,犹见放逐,以避后人"①。弃旧妇不能单纯看做是某一地区的风俗,而是这一时期比较流行的一种风俗。但正史把它作为豫章风俗记载下来,或说明江西地区弃旧妇的现象比其他地区严重。

　　隋唐五代婚姻伦理强调妇女要"从一而终",朝廷常常对贞女烈妇予以表彰。如唐玄宗时,就曾下诏各地为贞女孝妇建立祠堂进行祭祀。民间尊重贞节者,所谓"女子之行,唯贞与节"②仍是流行观念,妇女守节的不少。如《十国春秋》卷二十九《吴媛传》载,五代初,庐陵吴媛嫁段甲,生子未满周岁,段甲就死了。父母"以媛少而艳,议嫁之",吴媛挥刀将脸破相自誓不嫁。后南唐大臣韩熙载出使江西,"录其事以表于朝"。另一方面,隋唐五代妇女的地位相对较高,受礼制束缚也较少,贞节观念较淡薄,两性关系相对自由、民主。"妇强夫弱,内刚外柔"的现象普遍而突出,妻多妒悍、"怕妇也是大好"是当时的社会风气。作为婚姻制度内容之一,婚后夫妻关系并非一定要"从一而终",离婚、改嫁之风在当时各地比较普遍。夫妻双方情志不合而协议离婚得到法律的保护。《唐律·户婚律》明文规定:"若夫妻不相安谐而和离者,不坐";夫妻"义绝则离"。妇女在感觉婚姻不美满时也可以自主提出离婚。《云溪友议》卷一载,抚州人杨志坚,嗜学而家贫,妻子于是向他索取离婚书,杨写了一首诗送给她,"平生志业在琴书,头上如今有二丝。渔父尚知溪谷暗,山妻不信出身迟。荆钗任意撩新鬓,鸾镜从他别画眉。今日便同行路客,相逢即是下山时。"妻子持诗到州,"请公牒,以求别适"。刺史颜真卿认为杨妻的行为污辱乡间,伤风败俗,判"决二十,后任改嫁"。自此以后"江左数十年来,莫有敢弃其夫者"。如果记载属实,则当时江南包括江西弃夫者并不是个别的现象,同时表明唐代虽然有所谓"和离"和"出夫",但仍然不能改变男子在解除婚姻关系中的主要角色。婚姻实践和政府的

---

① 《隋书》卷三十一《地理志下》。
② 《太平广记》卷四九〇《谢小娥传》。

第六章
民俗新潮与民风流变

婚姻政策中,对妇女再嫁宽容,应该说是隋唐五代婚姻风俗中的一个比较突出的特点。当时妇女在再嫁方面不受社会舆论的谴责,拥有较多的自由和自主性。江西地区即有不少这方面的例子。《太平广记》卷三五五《刘鹗》记:洪州高安人刘鹗,其妹马头,先嫁"北来军士任某",任卒,"再适军士罗氏"。同书卷四九一《谢小娥传》载,豫章人谢小娥之夫在江湖中为盗所杀,小娥为夫报仇后,她家乡的豪族高门争着求聘小娥。说明时人对女子再嫁并没有什么偏见,也不歧视。

在隋唐五代男权社会中,女性的人格、自尊受到压抑。这在江西地区亦表现明显。《太平广记》卷三八八《马思道》记:"洪州医博士马思道,病笃。忽自叹曰:'我平生不省为恶,何故乃为女子,今在条子坊朱氏妇所托生矣。'其子试寻之,其家妇果娠,乃作襁褓以候之。及思道卒而朱氏生,实女子也。"同书卷三五五《王谞妻》记:南安县大盈村王谞妻林氏忽病,"有鬼凭之言:'我陈九娘也,以香花祠我,当有益于主人'谞许之。乃呼林为阿姐,为人言祸福多中。……二年间,获利甚博。一旦,(陈九娘)忽悲泣谓林曰:'我累生为人女,年未笄而夭。闻于地府,乃前生隐没阿姐钱二十万,故主者令我为神,以偿此钱讫,即生为男子而获寿。今酬已足,请置酒为别。'……遂不见"。这两则对人生为女身极感悲哀故事,反映出当时妇女地位普遍低于男子。受封建礼教影响不深的江西地区的妇女地位尚如此,说明隋唐五代妇女地位尽管比宋以后要高,但与先秦秦汉六朝相较则没有多大的改变。

(二)丧葬礼俗

死亡,是不以人的意志为转移的客观规律,是社会群体与个人生命历程的终点站。在中国传统社会里,"人们总是试图通过形式不一的葬式、葬仪去体现对人的永生虔诚而又执著的追求,去表达对死者的深切的悼念和哀思,去希求死者对生者的佑护和赐福"①。与婚姻制度一样,丧葬的礼仪规定,是封建等级制度的非常重要的内容,也对丧葬风俗产生了重要的影响。中国古代的丧葬习俗是一个极为复杂的问题,早自先秦以来,丧葬即被纳入"礼"的范畴,备受统治阶级的重视,而且在以后的历史时期内日益严格。如唐皇朝对丧葬之礼极其重视。唐《丧葬令》详细规定了社会各阶层应遵循的葬地、葬仪、丧车、墓葬形制、规模大小、明器数量甚至送葬的哭法等。不过,这种带有强制性的"丧礼"或

---

① 邓卓明等:《中国葬俗》,重庆出版社1992年版,第2页。

运祖塔

仰山塔林

丧葬令的条文固然是十分严格、极为严密的,但事实上却往往因时因地制宜,形成了各地特有的丧葬习俗。因此考察隋唐五代的江西丧葬并不能以政府条文作为标准,而应把它看成一种风俗。

隋唐五代丧葬形式多样,有土葬、火葬、层砖造塔葬、风干葬、饲鸟兽葬、裸葬、杀身葬等。受人文地理环境及时代的影响,江西地区基本实行土葬,除了一些佛教高僧大德、信徒居士实行火葬、塔葬外。

唐初以来,民间盛行重视埋葬时间的选择、着重对墓地的选择,五姓卜葬等的阴阳葬法,对儒家的传统礼仪制度造成了相当大的冲击。江西地区的风俗与此大体一致,特别重视对墓地的选择。《太平广记》卷一五六《舒元舆》载,江西九江人舒元舆从东都为亲人迁葬,李德裕告诉他说,有僧人相中了一块墓地,"葬之必至极位",向他推荐了这块地。元舆"辞以家贫,不办别觅"。后来,僧人告诉李德裕,先前相中的墓地已经有主,经询问,使用这块地的人正是舒元舆。而他本人后来也确实"自刑部侍郎平章事"。又同书卷三九〇《庐陵彭氏》载:庐陵人彭氏,葬其父。有术士为卜地曰:"葬此,当世为藩牧郡守。"彭从之。

隋唐五代时期,长江流域民间的墓葬形式各地大同小异。墓地的选择一般在当时的城市或居民聚落周围的山冈和坡地上,墓葬平面大多作长方形或窄凸字形。根据考古发现,江西地区所出墓葬形制有砖砌和土坑两种,但大都用砖砌,且砖上一般模印花纹。分三型:A型:前后两室,墓壁内边平面呈窄双凸字

第六章
民俗新潮与民风流变

形,外边为规整的长方形,一般在后壁设两小龛,长4~5米,如清江树槐隋墓,砖构,长5.3米。B型:单室,平面呈窄凸形,多在后壁设两小龛,长4~5米以上,如黎川唐墓,砖构,长约6米左右。C型:单室,平面呈长方形,个别的后壁设两小龛,长4米以下,如赣县唐墓,砖构,长3米。受时代观念的影响,江西坟墓事逝世者如在世,墓制充满生活的意味,随葬品大多为陶制的生活用品以及人际往来的凭证等。如1979年在九江市郊发现的唐墓有武士俑2件,男侍俑5件,女侍俑6件,跪拜俑1件,镇墓俑1件,还有不少的家畜家禽俑。用具有三彩三足罐、三彩筒形杯、方井模型1件、陶盆2件、残车轮1件。1981年宁都县发掘的唐墓中发现:青瓷碗2件,铁剪、铁刀、铁镰斗各1件。2001年会昌县发现一晚唐五代墓,出土陶皈依瓶2件,青瓷钵1件,白瓷器10件,铁刀、铁镰斗各1件。九江县黄门老乡发现的一南唐墓,出土青瓷18件,铜镜1件,地券1方。隋唐五代厚葬之风浓厚,从江西出土的墓葬来看,虽受此风影响,但尚不至奢侈的境地。值得注意的是,江西的葬俗中也反映出时代文化。如20世纪90年代,在江西玉山一唐墓中考古发现,陪葬品中有一精美的黑漆古"半面镜",现实中夫妻永隔,渴望在地下能"破镜重圆"。

丧葬完毕后,人们还要进一步地服丧与守孝。隋唐五代,沿袭古代传统丧礼的"五服"制,据服丧者与死者的亲疏远近而分别服斩衰、齐衰、大功、小功和缌麻等五种丧。除此之外,忌日即父母或祖先死亡的日子,人们亦须尽哀尽礼设奠祭拜先人,亦忌饮酒作乐。《礼记·祭义》云:"君子有终身之丧,忌日之谓也。"故逢忌日,则终身守之不息。唐时,民间有忌日吊慰的习俗。《刘宾客嘉话录》载,崔造在洪州之日,州帅将辟用他为副佐。及至其父忌日,洪州诸僚属都到江亭,来给崔吊慰。

隋唐时期,士大夫阶层重视设庙、堂家祭,士庶无财力者则野祭。焚烧纸钱、寒食拜扫等丧葬习俗都是在唐以来兴起或盛行的风俗,它们对后代的丧葬风俗形成了重要而深远的影响。《封氏闻见录》卷六《纸钱》称,纸钱出现于魏晋,至唐代大行于世,"自王公逮于匹庶,通行之矣"。当时人们送葬使用纸钱的数量很大,"今代送葬为凿纸钱,积钱为山,盛加雕饰,异以引柩"。其风俗的意义称:"凡鬼神之物,取其象似,亦犹涂车刍灵之类,古埋帛,今纸钱则皆烧之,所以示不知神之所为也。"寒食、清明扫墓前文已有叙述。

唐代的葬俗中,还盛行为死者立碑、撰写碑志。李肇《唐国史补》卷中记载8世纪初年的风俗称:"长安中,争为碑志,若市贾然。"撰写碑志,报酬丰厚,文人乐于撰写谀墓文。《封氏闻见录》卷六《碑碣》称："近代碑碣稍众,有力之家,多辇金帛以祈作者之谀,虽人子罔极之心,顺情虚饰,遂成风俗。"江西地区亦然,元和十一年(816年)抚州上弘和尚去世之后,僧徒道深等20余人,"与黑白众千余人,俱持故景去大德弘公行状一通,赍钱十万,来诣浔阳府,请司马白居易作先师碑"①。

佛教的影响,也是这一时期丧葬风俗的重要内容,主要以为死者举行的超度亡魂的法事"七七斋"为代表。七七斋在民间广泛普及,由于史料的限制,江西尽管难见相关实例,但本区佛教兴盛,想必也盛行此风。

四、医药保健

江西地处长江中游地区,一年四季分明,气候变化大,特别是夏季暑热,极易犯病,先秦以来即是有名的"疫区"。随着隋唐以来经济开发的逐渐深入、外来人口的增多,也增加了一些疾疫的流行。如《旧唐书·白居易传》载,白居易元和年间为江州司马时,自称"四五年间,几沦蛮瘴"。因此,医药保健成了这一时期江西民众不得不关注的现实问题。江西因受时代与地理人文环境的影响,医药保健颇富地区特色。

隋唐五代是江西医药的重要发展时期。突出表现之一就是政府的医药体系逐渐建立。唐朝的医药系统相对完善,有一套防疫治病的体系。其重要措施之一就是在地方专设医学博士掌管医疗卫生事宜。唐玄宗曾诏令天下各州设医学博士云:"今路远僻州,医术全少,下人疾苦,将何恃赖？宜令天下诸州各置职事医学博士一员,阶品同于录事,每州写《本草》及《百一集验方》,与经史同贮。"②正史虽没有记载江西地区是否按朝廷规定设医学博士,但《太平广记》卷三八八《马思道》言称"洪州医博士马思道"。既然有医学博士,相关的医药系统也应建立。突出表现之二是,本区名医增多,专门的医学著作也不断出现,樟树已现"药都"雏形。

隋唐五代江西地区名医甚多,他们活跃于官府、民间,救死扶伤。万振,字长生,南昌人,精通道术、善治奇疾。隋文帝杨坚尝赐号大师,诏于南昌西山洪崖立观以居之。唐高祖李渊召见于曜日殿,高宗龙朔初年卒。萧灵护,字天祐,庐陵人。自小好道术,乐助善施。游湖南岳麓时得遇邓真人,授以火鼎黄白之

---

① 《白居易集》卷四十一《唐抚州景云寺故律大德上弘和尚石塔碑铭》。
② 《全唐文》卷二十九《令诸州置医学博士诏》。

第六章
民俗新潮与民风流变

术,遂精医术。唐高宗弘道年间卒。开元十六年(728年)洪州大疫时,张氲施药市中,病者立愈。郭常,鄱阳人,是一位民间医生,有波斯商人在波阳经商时染重病,"历请他医,莫能治"。郭常前去诊治,"先以针火杂治导其血关,然后辅以奇药",经月余商人病愈,并要以五十万钱酬谢,郭分文不取,人问其故。郭常说:经商的人大都惜钱,今若收其钱,他必然郁闷于心,旧病必然复发致死。由此说明郭常不但医术高超,而且医德高尚。佛教人士中也有不少精通医药学的,是江西医家的重要

得医图(盛唐·敦煌壁画)

组成人员。据《补续高僧传》卷一十九《印肃传》载,五代时宜春僧印肃能"鼎新梵宇"的原因之一,是因为他给"有病患者,折草为药,服之即愈;有疫毒,人迹不相往来者,与之颂,咸得十全"。

江西一些医家虽然没有治病疗伤的具体事迹,却著有医学著作。例如,彭蟾著有《凤池本草》《庙堂龟镜》共120卷,惜唐僖宗广明年间动乱中散佚。喻义著有《疗痈疽要诀》《疗肿记》各1卷。甘宗伯,感于中国古代医家众多,却生平事迹欠详,撰《名医传》7卷,集起自上古时代迄唐代之名医共120人,予以立传介绍。是为我国最早之医学人物传记专著,有一定影响,原书已佚,其部分内容曾由宋代周守忠《历代名医蒙求》一书所引录。

江西地区有不少来自外地的名医,他们为江西医药作出了重大贡献。如崔隐士,也是活动在江西地区的有名医家,据光绪《江西通志》载,唐皇得怪病,所有医生都无法医治。忽见一道人前来卖药,一粒药丸治愈了怪病,既不受赏,也不逗留,一忽不辞而别了。据称这位道士就是崔隐士。又正值南昌城内发生瘟疫的时候,他从分宁(今修水)游历至南昌,将随身所带丹药抛入井中,凡饮井水者,疾病很快消失。崔氏著有《入药镜》一篇。白岑也是活动于江西地区的有名医家,据《封氏闻见录》"祛疠"条与《唐国史补》卷上记载:白岑得异人传授,善疗发背,著名一时,曾在九江行医。

在外来进入江西地区的医家中,最著名的当数蔺道人。蔺道人(约790—850年),原籍长安。蔺道人是一位很有学识的道士,精于骨伤理论和医疗技术。他一面修道,一面为贫病者、伤折患者诊病治伤。9世纪中叶,唐室日趋衰竭,统治者为解决经济困难,下令佛道僧尼还俗从事农桑生产,蔺道人因此怀着悲观厌世的思想,离开长安,到了江西宜春县钟村,隐名埋术,过着隐居的生活。因偶以其高明的整骨技术治愈邻人的骨伤,而闻名遐迩,求者日众。蔺氏不仅注意医疗实践,还特别注意医学总结,约841—846年间著《理伤续断方》一书,将自己的医疗技术毫无保留地传授给邻人,人们感激蔺道人传书,将书名改为《仙授理伤续断秘方》。蔺氏的医学思想源于《内经》和《难经》,以气血学说为立论依据,继承了葛洪、《千金要方》和《外台秘要》等骨科方面的学术成就而有所创新。蔺道人把骨、关节损伤分为骨折和脱位,并首次倡导和规定了骨折脱臼等损伤的治疗常规,介绍了正骨手法的14个步骤、方法和方药,并论述了处理损伤、关节脱臼以及伤科常用的止血、手术复位、牵引、扩创填塞、缝合等具体操作技术。蔺氏对复杂骨折的外科手术、手法整复原则和治疗技术亦有创造性成就,明确提出处理复杂骨折的三个原则。蔺道人首创肩关节脱臼的诊断和复位技术,完全符合生理解剖学要求,其基本原理仍然是现代临床的指导思想。蔺氏对伤科疾患的处理既重于手法整复,又重视内服等方面的方药,《理伤续断方》书中载40余方,有洗、贴、掺、搢,以及内服诸方,奠定了骨科辨证、立法、处方和用药的基础。《理伤续断方》是我国现存最早的伤科专著,蔺道人是中国古代一位杰出的整骨学家,骨伤科学的奠基人之一。

重视修身养性是医药保健的重要方面。施肩吾所著《钟吕传道集》《群仙会真记》《华阳真人妙诀》等著作中,包含了大量道家养生治病的理论。如《钟吕传道集》把当时各种养生的派别及方法都一一作了评价,认为那只是"人仙"的方

第六章
民俗新潮与民风流变

法。施氏主张修"真仙",得"大道",用道教的理论统帅养生,否则"远于道者,养命不知法。所以不知法者,下功不识时,所以不知时者,不达天地之机也"。形与神的理论阐述,是唐代养生文化的重要命题。对于形神关系,施氏主张二者统一,即所谓"神者形之主,形者神之舍"。精神稳定于形体之内,形神协和,可达到预期的养生效果。施氏非常强调养形,注意阴阳平衡。他在《钟吕传道集·论炼形》中强调养形关键在于气化,"因形留气,以气养形。小则安乐延年,大则留形住世。既老者,返老还童,未老者,定须长寿"。主旨为性命双修,形神兼并,方可达到健身长寿之功效。此外,施氏还主张服食丹药。由此可见施氏养生术的道教色彩更为浓厚。江西民众也注意自我保健养生。"欲将何药防春瘴?只有元家金石凌。"①白居易元和十二年在江州所做的诗即是写实。此外,五代时期长期在江西做官的李建勋,做《春日病中》诗称:"才得归闲去,还教病卧频。……方为医者劝,断酒已经旬。"也是其重养生的写照。

考察这一时期江西医药发展的原因,除了社会文明进步、经济文化繁荣的影响和作用外,也与本区深厚道教的文化底蕴有重大关系。江西众多的道教名山孕育了大量珍贵的中草药,道教徒追求长生而重视养生,他们常常入山采药和炼制丹药,同时作为弘道手段,也积极以药治人救人,极大地带动了医药事业的发展。当然,由于本区医生绝大多数是道教徒,医药活动往往带有一定的神秘传奇色彩。

隋唐五代沿前代风俗,无论官方还是民间,都是巫、医并行。如《旧唐书·职官志三》载,唐廷尚药局,有禁咒师;大医署有禁咒博士、禁咒师等,他们的职责是"除邪魅之厉者"。民间以包括江西在内的江南地区事巫为甚。陆龟蒙《奉酬袭美先辈吴中苦雨一百韵》诗云:"江南多事鬼,巫觋连瓯粤。……良巫只备位,药肆或虚设。"《宋史·刘彝传》载,江西地区"俗尚巫鬼,不事医药"。《朝野佥载》卷三亦记,"江淮南好鬼,多邪俗,病即祀之,无医人"。若说江西地区"不事医药""无医人",从上述可知无疑过于绝对,但大多数民众受巫鬼之风的影响,对付疾病的办法不是用医药施治,而是用修福或祀祷来禳除则是事实。就史料所记,江西的医家不少,不过,就医生的成就而言,有全国影响的不多。江西还陶醉在信鬼尚巫和崇道迷符的浓雾之中,真正产生于本区的医疗科学和医药名家少有出世。

---

① 《全唐诗》卷四四〇白居易《十二年冬江西温暖喜元八寄金石凌到因题此诗》。

第二节
娱乐风行

隋唐五代是经济文化大发展的时代,也是抒张人性而重视娱乐的时代。无论是贵族官僚还是庶民百姓,都积极追求人生的快乐。江西与全国大多数地区一样,民间娱乐活动丰富多彩。这些活动包含浓厚的文化气息,反映出时代与地域特色。

一、"尚歌舞"

隋唐五代特别是唐,受政治经济文化发展和中外文化艺术交流的影响和作用,歌舞文化非常繁荣。例如,唐廷设有大乐署、鼓吹署、教坊、梨园四个部门,归属太常寺管理,歌舞文化机制相当完备。隋唐五代的歌舞已从主要娱神的功能更多地转向了人的自我娱乐,普及化的程度也大大增强。此时江西地区的歌舞艺术也在前代的基础上得到较大的发展,成为闻名全国的歌舞之地。《隋书·地理志》盛称江西人"尚歌舞"。

江西地区好歌之风悠久,可溯源至古越人时代。六朝时期的江西《浔阳乐》已成为当时民歌的一大品牌。唐时江西的民间音乐艺术依然兴盛。大约活动于开元年间的柴桑人陶岘,精通音律,曾取不同年月日时制成的砖,击打发声以谱成乐曲。又撰《集乐》记录八音,以审定音乐的得失成败。《太平广记》卷五十五《伊用昌》记载:江西人伊用昌妻"音律女工之事,皆曲尽其妙","多游江左庐陵宜春等诸郡","爱作《望江南》词,夫妻唱和。或宿于古寺废庙间,遇物即有所咏,其词皆有旨"。如咏鼓词云:"江南鼓,梭肚两头栾。钉着不知侵骨髓,打来只是没心肝,空腹被人漫。"伊用昌夫妇或称得上是民间的音乐家。

现代有名的赣南兴国山歌起源于唐代。山歌本为山区民众在生产、生活中,为缓解压力而即兴歌唱的自娱自乐的歌曲。歌词即情即景,临时编撰,颇具生产生活气息。《太平广记》卷三九七《赣台》记:"虔州赣台,县东南三百六十三里。《南康记》云:山上有台,方广数丈,有自然霞,如屋形。风雨之后,景气明净,颇闻山上有鼓吹声,即山都木客,为其舞唱。"又据《太平寰宇记》载,"上洛山木客系鬼类也。形似人,语亦似人,自言造阿房宫伐木者也。食木实,遂得不死,时

第六章
民俗新潮与民风流变

就民间饮酒赋诗。"上洛山在兴国永丰乡境内,位于县城西南40里处。木客其实就是以伐木为业的劳动者,他们创作的歌就是"山歌"。最早见诸文字的山歌为《上洛山木客歌》,歌曰:"酒尽君莫沽,壶倾我当发。城市多嚣尘,还山弄明月。"该歌亦见于《全唐诗》,可见流行的时间最晚在中唐。从留传下来的这首唐代的兴国山歌看,显然是一首优美的诗歌,这与唐代的诗文化是密不可分的。袁州的山地歌谣也较为有名。大和年间曾为袁州长史的李德裕,曾作文赋表现当地风土人情。其中《积薪赋》云:"此郡岩壑重复……樵采之子未尝辍音,往往沿流而下。"《柳柏赋》云:"独此郡有柳柏……慨路远而莫致,抑毫端而孔悲,顾谓稚子煜起为谣曰:'楚山侧兮湘水源,美斯柏兮托幽根,条葱翠兮冬转茂,实垂珠兮秋始繁,彼变化兮不测焉,知非张绪兮之精魂。'"袁州古属楚地,这则歌谣即是楚地歌谣。此外,江西一些地区还有踏歌的传统。《宣和书谱》记载:"南方风俗,中秋月夜妇人相持踏歌婆娑月影中,最为盛集。"唐文宗太和进士文萧客寓钟陵(南昌)时,即亲身体验了这一"踏歌"风俗,女仙吴彩鸾"在歌场中,作调弄语以戏萧,萧心悦之"。

　　正是在民间好歌之风的基础上,江西歌曲走出江西,进入了文化中心长安。唐玄宗开元二年(714年),朝廷置太常掌管俗乐,置左右教坊为管理宫廷音乐的官署,专管雅乐以外的音乐、舞蹈、百戏的教习、排练、演出等事务。永新许某,精于乐律,县令李双(高祖李渊之子蔡王李冈六世孙)召入县署演奏,果然不凡,于是,许某入京都长安教坊为乐工。唐人段安节《乐府杂录》载,许某有女名和子(又名子和),开元末选入宫,入梨园之宜春院。明皇自宠爱杨贵妃后,对乐府歌女"无顾盼意"。然而,有一次听见许和子演唱本是隋炀帝时所制曲《水调歌》,竟然以新声出之,大为惊诧:想不到此小女子不但善歌,且善作曲。问她还能变新声入其他古调否,和子曰:"能。"又问里居,知道她是庐陵永新人氏,明皇鼓掌笑曰:"好一个'永新'!有了你这小女子,从此古调永新矣。"即赐和子名"永新"。因为和子"能变新声",时人给予了高度的评价:"韩娥、李延年殁后千余载,旷无其人,至永新始继其能。"有一次,唐玄宗与杨贵妃小酌,召和子独唱,命演奏家李谟吹笛伴奏。唱至高亢处,歌声如在云端回旋飘荡,至曲终,笛管竟然破裂。其妙如此,当时无人可及。玄宗尝谓左右曰:"此女歌值千金。"天宝十四载(755年)六月初一,值杨贵妃38岁生日,唐玄宗在骊山上华清宫举行盛大歌舞会以示庆贺,而后在勤政楼大宴群臣。当时,"观者数千万众,喧哗聚语,鱼龙百戏之音莫闻。上怒,欲罢宴。中官高力士奏:'请命永新出楼一歌,喧

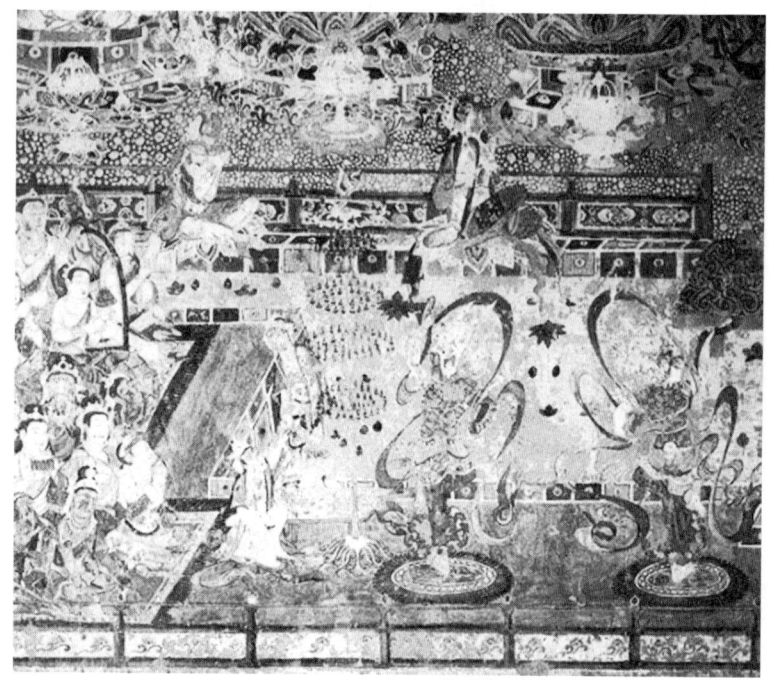
唐代乐舞（敦煌壁画）

必可止。上从之，永新乃撩鬓举袂，直奏曼声，至是广场寂寂，若无一人，喜者闻之气勇，愁者闻之气绝。'"安史之乱起，六宫星散。许和子离开长安，嫁一士人，夫妻避难广陵，后来另一宫廷歌手韦青出京避难到广陵，"凭栏河上，闻舟中奏《水调》曲者，青曰：'此殆永新音也。'乃登舟与对泣者久之"。后来士人去世，和子返京师，流落风尘。广德元年（763年）病重，临死对鸨母说："阿母，钱树子倒矣！"唐人冯翊《桂苑杂谈》称："国乐《永新妇》《御史娘》《柳青娘》皆一时之妙。"至今在永新，每遇歌声清越动听，旁人往往称赞说："好一个子和调。"这些都说明许和子的歌唱艺术魅力之所在。

洪州南昌是江西地区的文化艺术中心，动听的歌曲随时可闻，高水平的歌手不乏其人。元和十三年（818年），白居易结束三年被贬江州司马的生活，就任忠州刺史前夕，路过南昌，当地官员就在滕王阁上设宴饯行。白居易为此赋《钟陵饯送》诗曰："翠幕红筵高在云，歌钟一曲万家闻；路人指点滕王阁，看送忠州白使君。"诗歌记述了饯行宴会的热闹场景，其中特别提到了歌手高水平的演唱。大和三年（829年），江西观察使兼洪州刺史沈传师带了幕僚至滕王阁宴会，

第六章
民俗新潮与民风流变

唐代柘枝舞(石刻)

初听十三岁的乐籍歌女张好好歌唱,杜牧《张好好诗》云:"吴娃起引赞,低徊映长裾。双鬟可高下,才过青罗襦。盼盼乍垂袖,一声雏凤呼。繁弦迸关纽,塞管裂圆芦。众音不能逐,袅袅穿云衢。主人再三叹,谓言天下殊。"听完之后,沈传师非常欣赏,称赞为天下独绝,于是送给她天马锦、犀角梳,作为奖品。从此以后,张好好成为江西观察使府僚们"特垂青眼"之人,他们无论是在南昌城北的龙沙或是城东的东湖游玩时,总要邀张好好来歌唱。"滕王高阁临江渚,佩玉鸣鸾罢歌舞",唐代的滕王阁是歌舞的乐园。在滕王阁的歌舞表演中,主要是宫廷燕乐,以及当时流行的民歌民舞,如番乐胡舞、宫廷燕乐、春莺转、菩萨蛮、六么、杨柳枝、柘枝舞、胡旋舞,等等。其中歌曲以伊州大曲最为流行、舞以柘枝舞最具特色。伊州大曲,出自4世纪的伊州(今哈密),是以伊州地方流行的小曲为基础,在其前后加上引子和尾声,以蔓延其声调的大型乐曲。唐朝天宝年间由西凉节度使盖嘉运献于朝廷。由乐署改编教习后,便很快在全国流传开来。得歌舞风气先的滕王阁经常上演伊州大曲。时人李涉《重登滕王阁》诗云:"滕王阁上唱伊州,二十年前向此游。半是半非君莫问,西山长在水长流。"柘枝舞是唐代西北少数民族舞蹈,本出怛逻斯,传入京城长安,又流传全国各地。柘枝舞舞姿节奏明快,旋转迅速,刚健婀娜兼而有之,主要以鼓伴奏。舞柘枝者多为青年女子,头戴绣花卷边虚帽,帽上施以珍珠,缀以金铃;身穿薄透紫罗衫,纤腰窄袖,身垂银蔓花钿,脚穿锦靴,踩着鼓声的节奏翩翩起舞。婉转绰约,轻盈飘逸,金铃丁丁,锦靴沙沙,"来复来兮飞燕,去复去兮惊鸿",当曲尽舞停时,舞者罗衫半袒,犹自秋波送盼,眉目注人。柘枝舞艺术境界高超,具有很强的观赏性,引起了唐朝社会各阶层的极大兴趣和爱好。柘枝舞在江西地区盛为流行,滕王阁上常常表演。大和初年,杜牧任江西观察使沈传师的幕宾时,常登阁游览和参加宴集,对滕王阁上跳的柘枝舞印象尤为深刻,遂写诗忆念。如《中丞业深韬略,志在功名,再奉长句一篇兼有谄劝》诗云:"滕王阁上柘枝鼓,徐孺亭西铁轴船。"又如《怀钟陵旧游》诗云:"滕阁中春绮席开,柘枝蛮鼓殷晴雷。垂楼万幕青云合,破浪千帆阵马来……"

除了歌者、舞者外,江西地区还活跃着不少乐器演奏名家。这从白居易元和年间贬居浔阳时多次听到优美的琵琶演奏可略见一二。白居易《琵琶行》"序"中称,元和十一年(816年),在九江任司马时,夜闻舟中弹琵琶者,"有京都声",经询访,知其人原为长安倡女。这位琵琶弹奏者的水平高超:"大弦嘈嘈如急雨,小弦切切如私语。嘈嘈切切错杂弹,大珠小珠落玉盘。"后来,他又听到一位名叫李士良的演奏琵琶。白居易《听李士良琵琶》:"声似胡儿弹舌语,愁如塞月恨边云。闲人暂听犹眉敛,可使和蕃公主闻?"此外,他又在江南遇见一个"能弹琵琶和法曲,多在华清随至尊"的梨园乐工①。值得注意的是,白居易在《琵琶行》中曾称:"浔阳地僻无音乐,终岁不闻丝竹声。住近湓江地低湿,黄芦苦竹绕宅生。其间旦暮闻何物?杜鹃啼血猿哀鸣。春江花朝秋月夜,往往取酒还独倾。岂无山歌与村笛?呕哑嘲哳难为听。"说浔阳无音乐,没有"丝竹声"而山歌与村笛又极其难听,这只是一种悲哀心情的反映与艺术创作的需要,并不符合浔阳实情。因为就是白居易本人,在浔阳时作《夜送孟司马》:"江暗管弦急,楼高灯火明。"《听崔七妓人筝》:"花脸云鬟坐玉楼,十三弦里一时愁。凭君向道休弹去,白尽江州司马头。"又如袁州地区的音乐水平也不低。《唐才子传》卷十记,唐末五代的宜春人王毂"以歌诗擅名,长于乐府。未第时尝为《玉树曲》……大播人口"。《玉树曲》即《玉树后庭花曲》,借陈后主事刺当世并直谏议,"圣唐御宇三百祀,濮上桑间宜禁止。请停此曲归正声,愿将雅乐调元气"。又有《吹笙手》述吹笙手的技艺及其感人境界:"水泉迸泄争相续,一束宫商裂寒玉。旖旎香风绕指生,千声妙尽神仙曲。曲终满席悄无语,巫山冷碧愁云雨。"这些诗句充分表明王氏熟知音乐,也有水平颇高的音乐人士活动于宜春境内。

江西音乐舞蹈的大发展,除了本区的人物造化、山水灵秀外,还在于以京师文化为代表的外来文化的濡染。由于宫廷活动和帝王的日常生活需要音乐

---

① 《全唐诗》卷四三五白居易《江南遇天宝乐叟》。

第六章
民俗新潮与民风流变

舞蹈来营造气氛或满足耳目之娱,宫廷内外往往集聚人数众多且水平一流的音乐家和舞蹈家。唐代江西文化与中原文化紧密联系,以长安为中心的中原歌舞也不断进入江西。首先是任职于江西的不少官员来自京城长安,他们往往也把音乐、舞蹈带入,如唐前期的滕王李元婴,建起滕王阁享受歌舞之乐,积极引入北方的歌舞艺术,在一定程度上推动了江西歌舞表演艺术的发展和繁荣。其次是北方歌舞艺人

九江琵琶亭

流移入江西。安史乱起,长安遭到严重破坏,"礼寺隳颓,簨簴既移,警鼓莫辨。梨园子弟,半已奔亡;乐府歌章,咸皆坠丧"[1]。危难之时,一些著名的音乐家和舞蹈家不得不向南方迁移,作为北方人口迁入的重要地区,江西也有不少歌舞艺人流入。善于鼓琴的洪州人崔季真,即自北方而来。天宝时宫廷乐师曹善才以善于演奏琵琶而闻名一时,许多人从他学艺。安史之乱后,弟子纷纷南迁,李绅在江州时就曾遇到一位[2]。元和十一年,白居易在浔阳江头船上也碰到了那位"尝学琵琶于穆、曹二善才""名属教坊第一部"的长安籍琵琶演奏家。在藩镇割据和唐末战争时期,也有许多北方音乐家和舞蹈家迁居南方而进入江西。德兴的移民家庭王氏有一名叫申甫的成员,因"能雅歌补郡博士弟子员"[3],显然是一位懂得宫廷音乐的艺术家。北方音乐舞蹈在南方的流布,必然有利于保存传统的中原音乐舞蹈的精华,通过南北交流也有利于提高南方的艺术水平。唐后期一部分南传的音乐舞蹈已与南方艺术融合为一体,但还有一些艺术形式残留着。南北方在艺术方面的差异,一般人不易察觉。但是,当北方人白居易在江州的船上听见来自长安的商人之妻演奏时,立即听出其音"铮铮然有京都声"[4]。

---

[1] 段安节:《乐府杂录·原序》,上海古籍出版社点校本,第19页。
[2] 《全唐诗》卷四八〇李绅《悲善才》。
[3] 朱熹:《晦庵集》卷九十二《王君墓碣铭》。
[4] 《全唐诗》卷四三五白居易《琵琶行》。

正是因为文化艺术的交流与发展,江西的音乐、舞蹈才得到大的发展,在唐代显现着自己独特的魅力。

二、行酒令

酒令是中国特有的一种酒文化,起源于儒家的"礼",为饮酒时助兴娱乐的游戏方式,多用于节日聚会和饮宴。唐代饮酒之风浓厚,酒文化也相当发达,其中最突出的一个现象就是行酒令。在酒席上行酒令助兴可说是唐人特色,也是他们的一大乐趣。行酒令前,一般是推一人做令官,令官监察依令饮酒的次序,按当时有称县令为"明府"的习惯,令官被命名为"明府"。明府之下设二录事:"律录事",掌宣令和行酒;"觥录事"(或称"酒纠"),司掌罚酒。此二录事善于酒令,知晓音律、饮酒量较大,又善于谈吐能应酬场面。不过,有时并没有这般烦琐,酒令的所有工作或由令官一人或令官加一录事承担。酒令始于先秦,不过至唐代才制定为法。唐时酒令名目繁多,最初有"平、索、看、精"四字和"律、令"等令,后因繁难而废止,代之以更简单的令。《唐国史补》卷下将酒令分为律令、头盘、抛打三种类型,律令是按照一定的法度,主要采用言语的方式,在同席之中依次巡酒行令。隋唐时筵席上行各种名目的酒令,它可以调节宾主间饮酒的数量和节奏的快慢,增

"论语玉烛"酒令筹筒

第六章
民俗新潮与民风流变

加宴会上的欢乐气氛。酒令中的文字往往采撷经史文句,说古道今,见物寓意,诙谐而又有暗喻,出令和答令的对偶切韵均需具有一定的文学修养,只有学识广博,才思敏捷又能即席对答如流,才能应对得体。唐代的行酒令以及由此形成的酒令艺术是一个内容丰富的文化宝库。无论唐代文化的哪一件新事物,无论中古和近古时代的哪一种东方表演艺术,都承受了唐代酒令艺术的润泽。可以说,唐代酒令艺术,代表了这一时代的最光辉创造[①]。唐代行酒令时多用酒筹以记饮酒数。酒筹用金、玉、竹、木等材料制成各种形状,上刻着经书诗文,下面说明掣得此筹的人饮酒的方法。如自饮、劝饮以及该罚酒数量多少均有具体规定。1982年在镇江丹徒丁卯村一座唐代银器窖中,发现了"论语玉烛"酒筹筒和五十根酒令筹,酒令辞全部选自《论语》,相当清楚地说明了唐代酒令的文化意义。

唐五代江西地区饮酒之风素来兴盛,酒令游戏也比较盛行。白居易《东南行一百韵》:"《鞍马》呼教住,《骰盘》喝遣输。长驱《波卷白》,连掷采成卢。"生动地反映了江州一带行酒令的情形。江西也出现了一些酒令高手。《太平广记》卷二九〇《吕用之》记,唐后期,吕用之之父吕璜,"以货茗为业,来往于淮浙间。时四方无事,广陵为歌钟之地,富商大贾,动逾百数。璜明敏,善酒律,多与群商游。"又《唐摭言》卷十《海叙不遇》载:卢肇在筵席上请以眼前之事为令,规定尾句须有乐器之名。卢出令道:"远望渔舟不阔,尺八。"时有姚崇之孙姚岩杰饮酒一杯,作凭栏呕吐之状,即席还令道:"凭栏一吐,已觉空喉。""尺八"即箫管,因管长度为一尺八寸,故名。"空喉"即箜篌的谐音,为古代的拨弦乐器。姚岩杰的答令,以箜篌对尺八,很是工整,其即景出句,虽带有点侮慢倨傲之气,但亦见其急中生智、才情横溢之态。而卢肇即景出令,也颇富才情。《蟹谱》下篇"令旨"记载,五代南唐人宋齐丘与北方使者饮宴,席间行酒令,规定互食两种南北流行的食物,并互用南北俚语将所食之物表达出来。其中,北方使者形容南方食物称:"先吃鳝鱼,又吃螃蟹,一似拈蛇弄蝎。"宋齐丘应声回答:"先吃乳酪,后吃乔团,一似哩脓灌血。"相互的对答中不无讽刺之意味,但却是酒令中的机智。唐五代的江西文人感于时代风俗,也对当时的酒令活动有意识地记录。如王定保《唐摭言》载:"赵公令狐绹镇维扬,张祜常预狎宴,公因熟视祜,改令曰:'上水船,风太急,帆下人,须好立。'祜答曰:'上水船,船底破,好看客,莫依舵。'"

[①] 王昆吾:《唐代酒令艺术》,知识出版社1995年版,第237、244页。

三、好体育

隋唐五代特别是唐代，政治、经济、文化等良性发展，繁荣了体育事业。当时的体育运动项目内容丰富，流行的即有一二十种。既有集体运动项目如球类运动、竞渡、拔河等，也不乏个人运动项目如按摩法、荡秋千等，但更多的项目是集体个人两便，即使是球类运动，也可单人进行练习或表演。这些运动项目中，有室内运动，也有户外运动，还有室内外两便的运动如棋戏、角抵、投壶等。各具特色的运动项目，足以适合社会上不同年龄、性别、体质和兴趣爱好的人们的需要。江西的体育运动丰富多彩，一些项目与全国一样，也有一些项目具有地方特色。惜乎相关史料十分贫乏，只能择其要简介如下：

中国的水上运动历史悠久。《诗经·谷风》云："就其深矣，方之舟之；就其浅矣，泳之游之。"这说明至迟在春秋时期，古代人民就已熟谙水性，并作水上活动。民众为了娱乐，把水上的活动艺术化、规范化，由普通的游泳活动发展成为水戏（或称"水嬉"）。唐代，水戏场所已不限于天然河流湖泊，某些官宦之家出现了人工游泳池。水嬉的内容，则有游泳、潜水、高处跳水，也包括龙舟竞渡。江西地区江河湖泊纵横，民众由于生计的需要或兴趣，锻炼出极强的适应水性的能力，与水有关的体育活动不少，水戏能人也很多。赵璘《因话录》卷六"羽部"记载：洪州优胡曹赞，"长近八尺，知书而多慧。凡诸谐戏，曲尽其能。又善为水戏。百尺樯上，不解衣投身而下，正坐水面若在茵席。又于水上靴而浮。或令人囊盛之。系其囊口浮于江上，自解其系。至于回旋出没，变易千状。见者目骇神悚，莫能测之。"从中可以看出，唐时的水上运动已有"高台跳水"，水中解囊，没有高超的游泳技术是不行的。"回波出入，变易千状"，表明在水中游泳的各种姿态，也反映了民间高超的游泳技术水平。记载中称曹赞为"优胡"，则他很可能是从今中亚地区来到江西的水上杂技艺人。

龙舟竞渡是隋唐五代时期颇为盛行的运动项目。据《隋书·地理志》载，竞渡的起源①，是因战国末年楚国名臣屈原投汨罗江，楚人纷纷驾舟寻觅，后"习以相传，为竞渡之戏"，南方水乡"诸郡皆然"。至唐代，竞渡已转化为体育竞赛活动。《旧唐书·杜亚传》载："江南风俗，春中有竞渡之戏，方舟并进，以急趋疾进者为胜。"竞渡多在农历五月五日端午节举行。人们挑选一片水域作赛场，起

---

① 关于龙舟竞渡的起源，说法众多，这里仅采用最传统的一种。参见刘礼堂《问径集》第298页相关注释，湖北人民出版社2005年版。

第六章
民俗新潮与民风流变

点用几面红旗作标志,终点树立一根长竿,上端缠挂彩色锦缎,称作"锦标"或"彩标"。竞渡船一般是用独木制成的,"务为轻驶,前建龙头,后竖龙尾,船之两旁刻为龙鳞而彩绘之,谓之龙舟"①。参赛龙舟赛前停在起点待命。摇鼓三下,起点红旗迅速向两边移开,竞渡开始,"画舸"犹如蛟龙出水,破浪前进。迅楫齐驰,管弦齐奏,鼓声喧天,观众欢呼如雷。首先到达终点夺得锦标的龙舟获胜。唐代诗人张建封,写端午划龙船的《竞渡歌》,传诵十分广远。诗中写道:"鼓声三下红旗开,两龙跃出浮水来。棹影斡波飞万剑,鼓声劈浪鸣千雷。鼓声渐进标相近,两龙望标目如瞬。"竞渡场面有声有色,高潮迭起,蔚为壮观。龙舟竞渡也是江西地区的传统水上运动。本区的龙舟竞渡起源很早,大约可追溯至先民古越族的水上活动。自唐朝起,江西龙舟竞渡进入了兴盛时期。唐人《角力记》记:"广陵、鄱阳、荆楚之间,五日盛集,水戏则竞渡。"晚唐武宗会昌年间,宜春人卢肇端午节在袁河岸边观赏龙舟竞渡时吟诗一首:"冲波突出人齐喊,跃浪争先鸟退飞,向道是龙刚不信,果然夺得锦标归。"这是卢肇中状元后看龙舟比赛时的感怀诗句。此诗寓意且不考究,但说明当时龙舟竞渡的场面确实热烈、壮观。南唐时期,竞渡之风愈盛,不仅民间组织,官方也大力提倡,"许诸郡民竞渡,每端午较其殿最,胜者加以银碗,谓之打标"②;江西著名画家董源的《龙宿骄民图》中有对竞渡的生动形象描绘,江西地区的龙舟竞渡正继续举行。值得注意的是,唐代江西成了道教、佛教的重要活动中心,这样,本来就很"神灵"的龙舟竞渡也给抹上了一层宗教色彩:一是龙舟都要放置在庙里,竞渡前要按道教的方式举行礼仪;二是出现了旱龙舟,光绪《江西通志》载:"金溪城……每当五月五日城内造龙舟,以人装故事其上,一舟数百人舁之,行诸陆地,云禳瘟气也。"这个变化,既反映了封建社会科学文化落后,人们愚昧无知,祈求神灵保佑来求得心理上的安慰,又是龙舟运动内容上的一个新的发展。

隋唐五代时期角抵戏很是盛行。角抵戏的概念,除泛指包括角抵在内的杂技百戏外,亦指作为其中重要组成部分的"壮士裸袒相搏而角胜负"的角抵。角抵,称角力或相扑,是中国古代的摔跤运动,也是隋唐五代人所喜爱的一项体育运动。正规的角抵,角抵壮士赤身裸体,仅下身系着一条宽大的腰带和兜裆,头上戴幞头。他们在雷鸣般的鼓声中出场,相对站立,先做一些举手抬腿之类的准备活动,然后开始交手,互相扭抱,"前冲后敌""左攫右拿","相搏而角胜

---

① 《资治通鉴》卷二四三"唐敬宗宝历元年"条胡三省注。
② 《类说》卷一十八《江南野录》。

唐代女子蹴鞠图

唐代女子秋千图

负"①。隋唐时期,角抵逐渐从角抵戏中分野,至五代,角抵成为独立的体育运动。民间角抵通常在寒食节、中元节中进行比赛,但亦地不分南北,随时可行,这已成为时俗。江西地区也颇为流行角抵。《角力记》记:鄱阳地区,在五月五日这一天,民众盛集,"相攒(方言:摔跤)为乐"。此时,观者如堵,巷无居人,可见民众喜好及比赛时的热烈场面。五代时期,社会多乱,人重尚武,因此不仅继承了隋唐的角抵遗风,而且有所发展。其时角抵的技术较唐为精,角力名手也比唐更多。江西地区的角抵之风也当更盛。马令《南唐书》卷二十二《卢绛传》载,南昌人卢绛"博弈角牴为务"。

蹴鞠运动在隋唐五代时期进一步开展。据传说,蹴鞠,为黄帝所造,旨在训练士兵的战斗能力。两汉、三国时期,蹴鞠已成为社会各阶层的乐事。及至隋唐,随着社会生产力的发展,蹴鞠的制作技术有了很大改进。鞠由过去"以革皮为之,中实以毛"的实心球,改为"以胞为里,嘘气闭而蹴之"的充气球②,这是制球技术的重大进

② 胡震亨:《唐音癸签》;《续文献通考·乐考》;《唐摭言》引周緘《角抵赋》。
③ 《文献通考》卷一四七《乐考·散乐百戏》。

第六章
民俗新潮与民风流变

唐代《仕女弈棋图》

步和发明。球富有弹性、轻便,能蹴得很高:"蹴鞠屡过飞鸟上"[①];唐以前的不设球门,将鞠蹴入"鞠域"(小坑),至唐变为设立鞠门,"植两修竹,络网于上为门,以度球"[②];球赛按人数分左右朋,按照场上位置分工脚踢,以角胜负,已类于现代足球。当时蹴鞠活动不仅宫廷盛行,民间也相当流行;不仅男子爱好,女子也极为喜欢。唐五代时期江西地区比较流行蹴鞠运动。《太平广记》卷二二七《江西人》载,江西人"熊葫芦,云翻葫芦易于翻鞠"。一个普通的民间手工者能随口用"蹴鞠"之事来比喻自己的高明手艺,说明蹴鞠之事在江西地区常见。《唐摭言》卷十《姚岩杰》记,乾符年间,颜标守鄱阳,在蹴鞠球场上造亭子,请姚崇裔孙时称"大儒"的姚岩杰作文记其事。而"地上声喧蹴鞠儿"[③]正是晚唐诗人曹松在南昌市郊所看到的情景。

荡秋千是隋唐五代妇女、儿童喜爱的体育运动,寒食清明节荡秋千最盛。杜甫《清明》诗有"万里秋千习俗同"句,反映了荡秋千在民间是极为普遍的现象。诗人曹松在南昌市郊,也曾目睹"云间影过秋千女"的动人画卷。

围棋传说创于尧舜,汉魏南北朝已在社会上日渐流行,有"坐隐""手谈""忘忧""烂柯"之说。隋唐五代时期,围棋活动无论是宫廷还是民间都十分盛行,特别是风流潇洒的文人学士、僧侣道众,更是以围棋为高雅之事。江西地区

---

① 《全唐诗》卷一二五王维《寒食城东即事》。
② 《文献通考》卷一四七《乐考·散乐百戏》。
③ 《全唐诗》卷七一七曹松《钟陵寒食日与同年裴颜李先辈郑校书郊外闲游》。

下围棋也较盛行。《太平广记》卷四十七《冯俊》记载：唐时庐山山中有"道士数十，弈棋戏笑"。元和年间，江州司马白居易"花下放狂冲黑饮,灯前起坐彻明棋"；"唯共嵩阳刘处士,围棋赌酒到天明"①。晚唐郑谷隐居家乡宜春时,作《郊园》一诗描绘自己闲静的生活, 其中云："烟蓑春钓静,雪屋夜棋深。"又有《浔阳姚宰厅作》云："足得招棋侣,何妨著道衣。"五代南唐的淦阳宰李中诗咏及围棋多至7首,其中《春晚过明氏闲居》诗云："自乐清虚不厌贫,数局棋中消永日"；《赠朐山杨宰》诗称,他与羽人在清凉的竹林里安排棋局, 又"留僧覆旧棋"。李中还将自己的石棋局献给时宰。考功员外郎伍乔,与处士史虚白"棋玄不厌通高品"②。

三间庙明代古街

第三节 民风流变

　　风俗是人们在适应自然并改造自然与社会的漫长实践过程中形成的习尚差别, 是一种文化中具有鲜明的地域性和民族性且代表着传统和文化惯力的一个层面。与文化构成的其他层面相比,它的传承性大于变异性,稳固性大于流动性③。隋唐五代时期的江西,受社会经济文化发展以及大量外来人口流动的影响,民风处于承上启下的关键时期,前代的民风在此发扬光大,新的民风又逐渐形成。

---

① 分别见《白居易集》卷十五《独夜浦雨夜寄李六郎中》、卷十七《刘十九同宿》。
② 《全唐诗》卷七四四《寄落星史虚白处士》。
③ 刘礼堂：《问径集》，湖北人民出版社2005年版，第227页。

第六章
民俗新潮与民风流变

一、"信巫鬼"与"重淫祀"

由于长江流域自然环境、农业经济的特点和其他相关因素的影响,荆楚吴越之地先秦以来就有"信巫鬼,重淫祀"的习俗。隋唐五代时期,此习俗虽有所变革,然伴随着佛道的隆盛,崇巫淫祀之风仍十分流行,大有超越前代之势。江西地区于此也表现突出。

淫祀是江西地区信巫事鬼风兴盛的象征之一。按唐人的说法是:"虽岳海镇渎,名山大川,帝王先贤,不当所立之处,不在典籍,则淫祀也;昔之为人,生无功德可称,死无节行可奖,则淫祀也。"①而政府的宗教迷信活动恰恰促进了民间的淫祀之风。如《太平广记》卷二十九《九天使者》载,开元年间,唐玄宗因梦见所谓"九天采访"要求置庙于庐山,即花费大量人力物力,修造"九天采访祠"。又听从天台山道士司马承祯之言,于"五岳三山,各置庙焉",以供祭祀。又如一些祠庙也得到统治者的认可与支持,《新唐书·韦丹传》载,韦丹在江西任上,为当地的开发和发展作出了贡献,继任的裴谊很是佩服他的政绩,"上言为丹立祠堂,刻石纪功"。在唐代民间淫祠祭祀中,数目众多的是各地设立的名目繁多的"生祠"、祭庙,人们对那些政绩突出或对当地做出过巨大贡献的人物,往往建祠庙予以崇拜。如位于昌江与西河的交界处三闾庙,即是唐代僖宗年间,为纪念楚国三闾大夫、爱国诗人屈原,而特建此庙。庙的所在地有一条街,称三闾庙街。祠主因功德而由百姓自发建立的祠庙,按唐人的说法,本不属于"淫祠",但数目一多,时间一久也就成为人民的负担,加之"不在典籍",属于在"不当所立之处"而立的,也就成为"淫祀"。

江西崇信巫鬼之风比较盛行,有诗文为证:耿湋《奉和第五相公登鄱

上栗傩神庙

---
① 赵璘:《因话录》,上海古籍出版社1991年版。

阳郡城西楼》：:"野步渔声溢,荒祠鼓舞喧。"李建勋《迎神》："攞蛮氀,吟塞笛,女巫结束分行立。空中再拜神且来,满奠椒浆齐献捐。阴风窣窣吹纸钱,妖巫瞑目传神言。与君降福为丰年,莫教赛祀亏常筵。"唐会昌年间,李远《送贺著作凭出宰永新序》称:永新"其俗信巫鬼"。据同治南丰县《金砂余氏族谱》所收傅大辉《乡傩辩记》,以"驱鬼逐疫"为中心的南丰傩舞,始于晚唐。保存至今的萍乡上栗赤山石洞口傩神庙亦始建于唐代,说明当地"跳傩"在唐代已相当盛行。江西地区祭祀的鬼神对象众多,并相应建立了奉祀他们的祠庙。如山神:《太平广记》卷三一四《袁州父老》载,袁州城中老父一日招待求食的紫衣少年及其仆人,饮食间,紫衣少年坦陈自己是仰山神。"父悚然再拜,曰:'仰山日厌于祭祀,奈何求食乎?'神曰:'凡人之祀我,皆从我求福。我有力不能致者,或非其人不当受福者,我皆不敢享之。以君长者,故从君求食耳。'食讫,辞让而去,遂不见。"宋人范镇《东斋纪事·辑遗》云:"袁州仰山神祠,自唐以来,威灵颇著。幅员千里之内,事之甚谨。柔毛之献,岁时相继。"如水神:《太平广记》卷三一三《张璟》载:"庐山书生张璟,乾宁中,以所业之桂州。至衡州犬嗥滩损船,上岸,寝于江庙,为神所责。璟以素业对之,神为改容。延坐从容,云:'有巫立仁者,罪合族,庙神为理之于岳神,无人作奏。'璟为草之,既奏,岳神许之,庙神喜,以白金十饼为赠。刘山甫与校书郎廖隙。亲见璟说其事甚详。"宋人方勺所撰《泊宅编》卷中记鄱阳湖畔的"龙王本庙"云:"士大夫及商旅过者,无不杀牲以祭,大者羊豕,小者鸡鸭,殆无虚日。"又如行业神:《太平广记》卷四九七《江西驿官》记载:"江西有驿官以干事自任,白刺史,驿已理,请一阅之。乃往。初一室为酒库,诸醯毕熟。其外画神,问曰:'何也?'曰:'杜康。'刺史曰:'功有余也。'又一室曰茶库,诸茗毕贮,复有神,问何也?曰:'陆鸿渐。'刺史益喜。又一室曰菹库,诸菹毕备,复有神。问何神也?曰:'蔡伯喈。'刺史大笑曰:'君误矣。'"虽然将东汉蔡伯喈作为菹神(菜神),使州刺史忍俊不禁,但这一故事反映出当时流行行业神的信奉。甚至在反对鬼神崇拜的佛教信仰中,也出现了不少鬼神。《祖堂集》的"江西马祖"条,详细地叙述了道一调伏鬼使的故事。又《宋高僧传·唐洪州开元寺道一传》说马祖"遂于临川栖、南康龚公二山,所游无滞,随摄而化。先是,此峰岫间魑魅丛居,人莫敢近,犯之者灾衅立生。当一宴息于是,有神衣紫玄冠致礼言:'舍此地为清净梵场。'语终不见。自尔猛鸷毒螫,变心驯扰,沓贪背憎,即事廉让。"这充分说明江西地区的鬼神崇拜的深入与普遍。

原始信仰作为一种古文化层积于隋唐五代人观念之中,人为宗教作为一

第六章
民俗新潮与民风流变

种活文化充当着隋唐五代人文化心理的组成部分。但这时人的神灵崇拜也有创造和发展，许多古已有之的神，或宗教中的神，在唐人心目中都获得了一些与时人社会生活有关、文化心理相谐的新品质。例如风雨雷电之神都是古老的自然神，隋唐五代人也继续崇拜他们。其中雷神似乎最得时人青睐，因而除了他的自然属性以外，又增添了某些人间性或人情味。当时民间信仰认为凡做亏心事者，将会被雷击毙，因为雷神主持正义、疾恶如仇。《太平广记》卷二四三《龙昌裔》："戊子岁旱，庐陵人龙昌裔有米数千斛裹。既而米价稍贱，昌裔乃为文，祷神冈庙，祈更一月不雨。祠讫，还至路，憩亭中。俄有黑云一片，自庙后出。顷之，雷雨大至，昌裔震死于亭外。"同书卷三九五《庐山卖油者》：庐山卖油者，"为暴雷震死"。原因是"恒以鱼膏杂油中，以图厚利。且庙中斋醮，恒用此油"。同书同卷《江西村妪》："江西村中霆震，一老妇为电火所烧，一臂尽伤。既而空中有呼曰：'误矣。'即坠一瓶，瓶有药如膏。曰：'以此傅之，即差。'如其言，随傅而愈。家人共议，此神药也，将取藏之。数人共举其瓶，不能动。顷之，复有雷雨，收之而去。又有村人震死，既而空中呼曰：'误矣。可取蚯蚓烂捣，覆脐中，当差。'如言傅之，遂苏。"

城隍信仰是鬼神信仰的重要部分。"城隍"原指城墙和护城河，在古代万物皆有神灵的原始信仰中，人们创造出城隍神。城隍是社会发展、阶级斗争、人与自然斗争的产物，功用就在于防御敌人、保护己方，城隍神自然就成了城市的保护神。它的原始职能，主要就是保护城市不受水火盗贼、敌军的侵袭。道教所构筑的神仙系统，城隍被道家列为地祇，是管领亡魂、御灾捍患之神。城隍出现很早，早在《周易》《礼记》中就有了它的雏形，在三国两晋南北朝时期，由于战乱频繁，平民百姓流离失所，饱受战争之苦，保护城市乡土的城隍神在人们心中的地位更加强了。入唐以后，由于较长时期的天下安宁，攻城略地、水火之灾也不多，城隍职能逐渐扩大到主管生人亡灵，水旱疾疫，赏善罚恶等等，几乎是对城市和城市中的人实行全方位的保护和管理，俨然成为该城市冥间的行政长官。唐张九龄《祭洪州城隍文》云："城隍是保、氓庶是依。"意思就是城和城中的老百姓都赖城隍神保护。

六朝以降，长江下游的三吴地区已成为城隍神信仰的中心区域。《太平广记》卷三〇三《宣州司户》曰："吴俗畏鬼，每州、县必有城隍神。"隋唐时期，随着城市经济的发展，城隍神的信仰得到很大的普及，清人赵翼《陔余丛考》卷三十五《城隍神》云："城隍之祀盖始于六朝，至唐则渐遍"，"唐以来郡县皆祭城隍"。

唐代江西地区的城市建设较快,城隍信仰盛行,无论是民间还是官方都对城隍极其虔诚。《太平广记》卷一二四载,洪州司马王简易患病,昏睡中忽见一鬼使,手执文书,说是奉城隍之命,来追索其魂魄的。王简易随鬼使见到城隍神,神命取簿核验,见王简易尚有五年阳寿,因命放归。开元十五年(727年),张九龄出任洪州刺史时,淫雨成灾,遂作《祭洪州城隍神文》祈求城隍止雨放晴。元和十四年(819年),袁州刺史韩愈上任伊始,作《祭城隍文》祈祷袁州城隍求雨。唐代江西城隍信仰与本区的人物密切结合,形成地方特色。咸通年间,天下城隍均未标名氏,多以土地充之,唯袁州以灌婴称祀,成为全国最早将城隍之神以"人鬼实之"的地方。唐代刘骧《袁州城隍庙记》有"构斯堂宇,环廊厨院,厅庑寝殿,互友虹之"数句,可见袁州所建城隍神庙也颇有气势,功能齐备。地方的祈晴、禳旱等赛神活动大都在城隍庙中举行,城隍庙兼具祭祀和娱乐的二重功能,往往发展成为商业兴盛之地。

江西地区淫祠及相关的鬼巫信仰,参与人数多而活动频繁,严重蛀蚀社会。如《唐国史补》卷下云:"一乡一里,必有祠庙焉;为人祸福,其弊甚矣。"民间淫祠巫鬼祭祀之风盛行,首先是劳民伤财,其次是妨害了正常的生活与农作,使迷信之风浸淫民间。唐五代时期,"重淫祀"的习俗,已成为江西人民的沉重负担,对社会经济的发展产生了相当的负面影响。《太平广记》卷三一五《豫章树》记:"唐洪州有豫章树,从秦至今,千年以上,远近崇敬。或索女妇,或索猪羊。"同书卷三一四《浔阳县吏》记载,"庚寅岁(930年),江西节度使徐知谏,以钱百万施庐山使者庙"。也正因为如此,统治者对淫祀往往予以限制。唐立国未久,曾诏令"民间不得妄立妖祠"①,禁绝民间的"淫祀"。把神纳入儒家祭祀轨道,以此形成官方祭祀。《开元礼纂·吉礼》即具体规定了"诸州祈诸神"的礼仪。有唐一代,地方官中也多有雷厉风行、大刹淫祀之风者。武周统治时期,狄仁杰为江南巡抚使,十分痛恨"吴楚之俗多淫祠",他果断"奏毁一千七百所"②。穆宗长庆年间,王仲舒除江西观察使,"有为佛老法,兴浮屠祠者,皆驱出境"③。厉行禁止淫祀是皇朝贯彻大一统思想的体现,从维护中央集权而言,无疑有积极意义。然而,由于分散的小农经济、多变的自然环境、悠久的鬼神信仰及时时出现

---

① 《资治通鉴》卷一九二"唐高祖武德九年"条。
② 《旧唐书》卷八十九《狄仁杰传》。
③ 《新唐书》卷一六一《王仲舒传》。

第六章
民俗新潮与民风流变

的天灾人祸,都使得百姓陷入层出不穷的矛盾、困惑之中。他们身边要解决的具体问题太多,而官方儒家思想给他们的实惠又太少,他们深感自己的力量难以克服种种困难,于是"力不中者取乎神",不得不求助心目中的各种神灵。因此,唐代江西地方官员屡次毁禁淫祠巫鬼的措施大都难以持久,淫祀之风依然旺盛。狄仁杰在江南的破淫祀活动,无疑对江西地区有较大的影响,但并没有破除民众淫祀的根源。中唐南昌进士熊孺登作《董监庙》诗去:"仁杰淫祠废欲无,枯枫老栎两三株。神乌惯得商人食,飞趁征帆过蠡湖。"就是现实的写照。

有的地方官努力把某些民间"淫祀"纳入官方轨道,以达到遏止此风的目的。韩愈在袁州,于元和十五年(820年)作了《祭城隍文》《祭仰山神文》《又祭仰山神文》三篇祭神文章。其中《祭仰山神文》对于神明在敬语的形式下又赋予了强烈的官方功利主义。该文一开始就毫不客气地声言神是依人而生的,以此作为展开下文的大前提。神既依人而生,自应奉事于人。如今久不降雨,天旱伤农,难道不是神的失职吗?不过韩愈行文巧妙,并不直接指斥,而以不利于神的后果告之:"人将无以为命,神亦将无所降依,不敢不以告",口吻软中带硬,恭敬中含有威胁。下文笔锋一转,把矛头拉回自身:如果我做刺史有罪,可以惩罚我个人,为什么要连累百姓呢?这种高姿态,对于同有佑护乡土之责的仰山神来说,又是一层压力。最后两句"以时赐雨,使获承祭不息,神亦永有饮食"。简直就是命令,当然也含有劝诱和许诺。总而言之,韩愈虽是人间官吏,但在向神明祈祷求告时,气势却完全凌驾于神灵之上。另据杨吴顺义年间顿金《仰山加封记》、南唐保大时人朱恂《仰山庙记》等文献记载,晚唐五代,仰山神得到了政府的加封、立庙,成为正统性神灵。

隋唐五代江西地区纷繁而多彩的神灵崇拜,承袭了原始思维中的基本内核,其作用则在于借以补偿和调节社会生活带给自身的心灵失衡,因此它的非科学性也是显而易见的。江西地区的宗教迷信思想历来深厚,封建统治者为了巩固自己的统治,神道设教,有意识地加以利用。人为宗教也想通过民间信仰来扩大影响,因此不遗余力地进行渗透,从而使部分民间神带上了宗教色彩,又使一部分宗教神深入民间,并在许多场合下形成交叉融合、莫辨你我的情况。另一方面,江西地区佛、道等正统宗教的流行,也对抵制淫祀巫鬼的传统起了一定作用。如上引《太平广记》卷三一五《豫章树》所记洪州流传千年以上的"神树"崇拜,即因道士胡慧超积薪焚毁"神树",并在其上设置道观而止。

汉代以后,儒家虽取得了独尊的地位,但它并不能涵盖整个思想文化,也没有能力单独控制一个地区。这是因为古代文化是多层次的①。江西民众信巫鬼、重淫祀,表明本区的此风俗文化有一个敬鬼神的层面,它与儒家不事鬼神的理念相抵牾。作为一种意识形态和迷信活动,它比帝王贵族们的各种祭祀活动,与道教、佛教等等宗教的传播,表现得更原始,更愚昧。但是两者没有本质的区别,而且具有同样的经济基础和政治背景。信鬼尚巫的风俗,往往处于非法地位,却偏能顽固地延续于民间。唐朝虽说是大一统皇朝,在思想文化上却没有办法把各地统一起来。江西地区的鬼神文化、淫祀之风依然如故。总之,江西民间占主导地位的是以鬼神观念为主要特征的思想文化,而不是以儒家为本的统治思想,由此形成不同的文化层面。

二、占卜与"畜蛊"

占卜而与鬼神沟通,是古人日常生活的重要内容,也是重要的知识体系。隋唐两朝都在太常寺中设太卜署,专掌"卜筮之法",有太卜令、卜正、卜博士等官员,同时有卜师、巫师等专职人员。占卜的方式主要有四种,"一曰龟,二曰兆,三曰《易》,四曰式。""皆辨其象数,通其消息,所以定吉凶焉。"甚至在太医署中,也设有专门的"咒禁博士",主要负责教授咒禁生,"以咒禁祓除邪魅之为厉者"。在官方正式机构之外,民间还有所谓的阴阳杂占,"凡阴阳杂占、吉凶悔吝,其类有九,决万民之犹豫:一曰嫁娶,二曰生产,三曰历注,四曰屋宅,五曰禄命,六曰拜官,七曰祠祭,八曰发病,九曰殡葬。"②统治者为了移风易俗,改良社会风气,不断地禁止非官方的卜筮迷信活动。如,武德九年(626年)唐太宗登基伊始即下诏令:"民家不得辄立妖神,妄设淫祀。非礼祈祷,一皆禁绝。其龟、易、五兆之外诸杂占,亦皆停断。"③《全唐文》卷三十一《禁卜筮惑人诏》:"古之圣王,先禁左道,为其蠹政,犯必加刑。至如占相吉凶,妄谈休咎,假托卜筮,幻惑闾阎,矜彼愚蒙,多受欺诳。宜申明法令,使有惩革。自今已后,缘婚礼丧葬卜择者听,自余一切禁断。"但由于卜筮深入人心,影响民众生活的方方面面,遂禁者自禁,信者自信。

龟卜与筮占是古人占卜的基本形式。龟卜源于崇拜"动物之灵",而筮卜则源于崇拜"植物之灵"。用龟占曰卜,用蓍草占曰筮。龟蓍象,筮衍数,物先有象

---

① 参李文澜:《略论中国古代社会经济的多层次性》,《江汉论坛》1997年第11期。
② 《唐六典》卷一十四"太常寺";参见《隋书》卷二十八《百官志下》,《旧唐书》卷四十四《职官志》。
③ 《册府元龟》卷一五九《帝王部·革弊》。

第六章
民俗新潮与民风流变

而后有数。卜筮者即用象数卦爻,加以演绎。卜筮者用《周易》以取象,也取于气,或取于时日以成其占。隋唐时期人们常用卜筮来决疑。元和七年(812年),唐宪宗曾专门与李绛讨论过占卜的问题。宪宗问:"卜筮之事,习者罕精,或中或否。近日风俗,尤更崇尚,何也?"李绛回答说:"臣闻古先哲王畏天命,示不敢专,邦有大事可疑者,必先谋于卿士庶人,次及于卜筮,俱协则行之。末俗浮伪,幸以徼福,正行虑危,邪谋觊安,迟疑昏惑,谓小数能决之。而愚夫愚妇,假时日鬼神者,欲利欺诈,参之见闻,用以刺射,小近其事,神而异之。由是风俗近巫,成此弊俗,圣旨所及,实辩邪源,存而不论,弊斯息矣。"①从这段对话中,透露出诸多信息。首先,这时的社会风俗非常崇尚卜筮;其次从事卜筮职业者已不能专精本业;第三,正统的卜筮已掺入"时日鬼神"等巫觋的巫术迷信内容,因而"风俗近巫"了。唐代占卜,龟筮已混通而不分,且衍生出众多的占卜方式方法,又有钱卜、琵琶卜、鸟卜、鸡卜、茅卜等种种方法。《全唐文》卷三十一《禁卜筮惑人诏》:"古之圣王,先禁左道,为其蠹政,犯必加刑。至如占相吉凶,妄谈休咎,假托卜筮,幻惑闾阎,矜彼愚蒙,多受欺诳。宜申明法令,使有惩革。自今已后,缘婚礼丧葬卜择者听,自余一切禁断。"

江西地区卜筮之风颇为浓厚。如《朝野佥载》卷三记,洪州何婆善琵琶卜,前来求卜的人"士女填门,饷遗满道",何婆则"颜色充悦,心气殊高"。所谓琵琶卜就是以琵琶拨弹,听其弦音,以定吉凶祸福。鸡卜源于古越人的崇鸟之俗,秦汉以后,遗俗仍有保留并发展成鸡卜。《史记·孝武本纪》载:"越巫立越祝祠,亦祠天神上帝百鬼,而以鸡卜。上信之,越祠鸡卜始用焉。"这至少可以说明越巫相信鸡是具有非凡的魔力、可以预卜凶兆的。鸡卜的方法,据唐人张守节在《史记正义》云:"用鸡一狗一,生,祝愿讫,即杀鸡狗,煮熟又祭,独取鸡两眼骨,上有孔裂,似人物形则吉,不足则凶。"各地的鸡卜形式有所不同,有以鸡嘴卜,有以鸡股骨卜,有以鸡肝卜,有以鸡蛋卜,根据其颜色,形态断定吉凶。唐会昌二年(842年)七月,贺凭出任永新县令,友人李远作《送贺著作凭出宰永新序》云:永新"鸡卜以祈年"。《十国春秋》卷九《支戢传》载,唐末,余干人支戢请箕仙占卜其仕途。

占梦也是建筑在命运前定的理论基础之上的占验方法,通过对梦境的解释,揭示出其中蕴涵的预兆和警示。这种占验方式在隋唐五代时期非常盛行,

---

① 《唐会要》卷五十二"识量"下。

江西地区也颇为流行。著名唐代传奇《谢小娥传》，描写了一个占梦复仇的故事。谢小娥是豫章一位巨商的女儿，一次父亲与丈夫的货船遭到盗贼抢劫，同时被杀，沉入江中。小娥最初梦见父亲对她说："杀我者，车中猴，门中草。"数日后，又梦见丈夫说："杀我者，禾中走，一日夫。"小娥多年遍访才学之士，但是没有人能够解释这两句话的含义。最后偶然遇见李公佐，才得知杀害其父、其夫的凶手分别是申兰、申春兄弟。小娥按照名字寻访，历尽艰辛，最后终于报仇雪恨。

"巫术自越传来，故南诸郡多习之。"[①]江西地区的巫风盛行，各类巫术也大行其道。白居易《东南行一百韵》诗称江州一带的社会风俗"成人男作卟，事鬼女为巫"，就是极其形象的概括。六朝隋唐以来，江西地区最为令人关注的巫术就是"畜蛊"。《隋书·地理志下》下列举新安、永嘉、建安、遂安、鄱阳、九江、临川、庐陵、南康、宜春诸郡云："此数郡往往畜蛊，而宜春偏甚。"畜蛊的方法是"以五月五日聚百种虫，大者至蛇，小者至虱，合置器中，令自相啖，余一种存者留之，蛇则曰蛇蛊，虱则曰虱蛊，行以杀人。因食入人腹内，食其五脏，死则其产移入虫主之家。三年不杀他人，则蓄者自钟其弊。"顾野王《舆地志》载："江南数郡有畜蛊者，主人行之以杀人。行饮食中，人不觉也。"江西地区的畜蛊之风除了深受巫鬼风气影响外，与南方毒虫丛生的地理环境有关，与贫穷和愚昧有关，与人们褊急、嫉妒等的阴暗心理有关，也与社会的各种矛盾斗争有关。

畜蛊是一种黑巫术，害人利己，甚至害人害己，历代政权对之屡加打击、禁止。《礼记·王制》："执左道以乱政，杀。"郑玄曰："左道，若巫蛊及俗禁。"隋开皇十八年(598年)五月，"诏畜猫鬼、蛊毒、厌魅野道之家，投于四裔"。《唐律·贼盗律》专设有"造畜蛊毒"的条文："造畜蛊毒及教令者，绞。"封建政权对畜蛊害人的处罚虽极其严厉，但由于社会政治、经济、文化环境的影响以及民众心理的痼疾，畜蛊之风依然盛行。

三、风水之风渐起

隋唐五代人重生厚死，对居宅、墓地的选择、建造，极迷信阴阳五行风水地气之说，他们的择地起屋、造墓必先请阴阳堪舆家察地相宅，测定风水佳美、阴阳和合的地方，然后造房或作墓，卜测吉日迁居或迁葬。相宅、相墓之术自汉魏以来早已长期流传，至隋唐更为盛行。时俗认为若宅址、墓地选得好，会使家业兴旺、子孙发达；反之，便会受到灾祸，且会殃及后代子嗣。阴阳先生看风水的

---

① 瞿宣颖：《中国社会史料摘抄》，上海书店，1985年。

第六章
民俗新潮与民风流变

本事被称为地理之术——堪舆术。唐五代时期,江西的风水之风日渐流行。唐天祐年间的洪州绳金塔之建,即有镇风水佑洪州城之深意。南唐时,宜春人何溥,"识云气,善地理家言",相墓、卜宅能力颇高,曾为南唐君主择地。著《论气正诀》1卷传世①。不过,正宗而系统的堪舆术在唐代以前,基本停留在为官府服务的层面上,庶民百姓难得与闻。唐末社会极其动荡,主持朝廷堪舆术的人物流亡到江西虔州,从而带来了江西堪舆术的"革命"。

仆都监,不知名,善青乌术,是唐朝司天监都监。当黄巢农民军攻进长安时,他与杨益避乱流徙至虔化县西怀德乡,将青乌术传授给中坝廖三传。廖又传其子瑀,瑀传其女婿谢世南,世南传其子永锡。廖瑀活动于饶州、信州等地。仆都监虽然对江西好风水风气形成的作用不小,但杨益的功绩却远大于他。

杨益(834—906年),字筠松,世称"救贫先生",窦州(今广东信宜)人。唐僖宗朝国师,官金紫光禄大夫,掌灵台地理。他在黄巢农民军入长安时,取走"秘书中禁术",与仆都监一起奔至虔化,并在当地积极传播堪舆之术。杨益传术善于借助地方权威势力,倾心结交割据虔州的卢光稠,先后为卢父母择地建墓,又帮卢择基地筑虔州城。杨益根据堪舆学说,选虔州城址为上水龟形,龟头筑南门,龟尾在章贡两江合流处,东门、西门为龟的两足,均临水。与地理形势相配合,使虔州城成为一座三面临水、易守难攻的坚固城池。杨益云游天下,本无意驻足,在弟子曾文辿的劝说下,择居据称风水佳好的兴国县梅窖乡三僚村。杨益为当地民众堪定阴阳宅址,遍阅赣南名山大川的同时,授徒传艺。曾文辿,虔化县人,居会同里。自幼读书,本图科举仕进,因逢战乱,隐居在于都县黄檀寺读书,不问世事。后偶遇杨益,羡其学问,遂拜为师,与杨益共居三僚而习堪舆,熟究天文、谶纬、黄庭、内经诸书,尤其精地理。后梁贞明年间(915—921年),曾文辿游历到万载,爱其县北西山之丘,谓其徒曰:"死葬我于此。"著有《八分歌》《寻龙记》《阴阳问答》等,流行于世。另一位追随杨益定居三僚的弟子是廖瑀(字伯禹)。相传廖瑀曾入山学道,长居虔化翠微峰金精洞,自号"金精山人"。又因他年方十五,已经精通四书五经,被乡人称为"廖五经"。廖瑀的父亲廖三传得仆都监传授擅长堪舆,廖瑀自幼耳濡目染,转而研究堪舆之术。后来得到杨益亲传青囊秘籍。著有《怀玉经》《俯察本源歌》等著作传世。杨益还有一

---

① 《十国春秋》卷二九《何溥传》。

位著名的弟子是于都人刘江东。刘江东生于大唐中和四年(884年),字判则,晚年号刘白头。因其祖父为卢光稠参政,与杨益知遇,遂请其收刘江东为徒。刘江东在杨益的悉心指导下,尽得其义,精于地理堪舆之学,水平高于其师兄曾文辿、廖三传。刘江东思想开明,传道不拘姓氏,只要是好学者则尽心传之。曾、廖二姓将堪舆术列为家传,不传外人,后曾、廖二姓繁衍,主要在三僚一地,而刘姓渐渐走出三僚,从兴国逐渐散播各地,以至海外。刘江东是杨益堪舆理论的主要记录者与传人,为杨益堪舆文化的继承和传播发挥了重要的作用。其本人著有《囊经》一书传世。刘江东子刘颖、婿谭文谟,世传杨氏堪舆。

元代吴澄《吴文正集》卷十六《地理真铨序》称,风水之术原藏于唐代朝廷,民间既无此术也无其书。杨益在朝廷秘书中任职,得此禁术。唐末杨益避黄巢之乱迁入赣州,始将风水之术传予乡人。因此"言地理术盛于江西,自此始"。江西风水术是否始于杨益,或有疑问。因为早在大历年间,江南东道的婺州东阳人周士龙和其叔父即以"能辨山冈,卜择坟墓之地"闻名,许多人前来请他看风水,"以至门庭车马如市"①。婺州靠近江西,是江西经大运河北上中原的必经之地,风水之术不可能不影响到江西。另外,由前引舒元舆等例子,说明在杨益、仆都监传术江西之前,江西地区已流传相墓之术。但杨益、仆都监将藏于宫廷的有关风水的秘籍南传,自然有助于此风此术的发展。

风水作为一种学问体系,有"理气派"和"形法派"之分。从实用主义的功能出发,便于生产、生活,根据地形、地势特征选择集居地的称形法派。"形法派"的特点可从其代表人物杨益论说中得到确切表达,杨氏堪舆术法,经其后传弟子整理有《青囊》《疑龙》《撼龙》《穴法》《倒杖》《天玉经》《玉尺经》等诸书,流传于世。《四库全书总目提要》对杨氏的三本主要著作的理论要点作了如下归纳:"《撼龙经》专言山垅落脉形势,分贪狼、巨门、禄存、文曲、廉贞、武曲、破军、左辅、右弼九星,各为之说。《疑龙经》上篇言干中寻枝,以关局水口为主;中篇论寻龙到头,看背面朝迎之法;下篇论结穴形势,附以疑龙十问,以阐明其义。《葬法》则专论点穴,有倚盖撞沾诸说,倒杖分十二条,即上说而引伸之附二十四砂……"杨氏的理论成为后世形法派的重要依据。明人王祎《青岩丛录》曰,择地术"分为二宗,一曰宗庙之法,始于闽中……而用之者甚鲜。一曰江西之法,肇于赣人杨筠松、曾文辿,及赖大有、谢子逸辈,尤精其学……今大江以南,

---

① 《太平广记》卷二八九《周士龙》。

赣南纪念杨筠松的杨公祠

无不遵之者"。关于杨筠松在江西所创风水宗派的性质,清丁芮朴《风水祛惑》云:"杨筠松地理宗派,自宋迄明为人所道者,是峦体。则理气非杨学,略举数条,佐证其伪。《文山文集》云黄景文焕甫乃祖赣风水名述也。大概焕甫之术,以为崇冈复岭,则伤于急;平原旷野,则病于散。观其变化,审其融结。意则取其静,势则取其和,地在是矣。其曰祖赣风水者,祖杨、曾之法也,此则明言传其法述是峦体矣。……江西有风水之学,往往人能道之,即谢叠山所谓杨君南川诵杨救贫所著《三龙经》极熟者也。"这里反复论证了杨筠松是江西派的始祖,其理论重在讲峦体形势,强调因地制宜、因龙择穴。其目标是寻找龙、穴、砂、水、向,俗称"地理五诀"。杨益被尊为赣派(形法派)堪舆开山祖师。杨益死后葬于都昌县寒信峡药口坝,清朝将地改名为杨公坝,以志纪念。卜都监、特别是杨益及其弟子在赣州的堪舆活动,使堪舆文化在赣南迅速传播,赣派堪舆得以兴起。自此江西好风水之风转趋浓厚,进而影响到福建、广东、广西、浙江、安徽等地,历宋元明清不衰。

四、从"少讼"到"好讼"

秦汉六朝以来,江西民众淳朴、忠厚,勤于本业,与世少争。《隋书·地理志下》记豫章风俗时,仍称:"俗少争讼。"然而,《全唐诗》卷八七七载中晚唐民谣云:"筠、袁、赣、吉,脑后插笔。"原注云:"言好讼也。"也就是说,这时的筠、袁、赣、吉等地的江西人一反先前无忿无竞的敦厚淳朴形象,而是作出一副随时准备打官司的架势。

隋唐时期,江西地区从"少讼"到"好讼"的转变,首先是本区社会经济发展的结果。《隋书·地理志下》:"江南之俗,火耕水耨,食鱼与稻,以渔猎为业,虽无蓄积之资,然而亦无饥馁。"在自然经济的长期支配下,人们尽可能地生产自己所需要的生产生活用品,包括全部粮食和大部分手工业制品。自给自足是自然经济的指导原则,即所谓"树之谷,艺之麻,养有牲,出有车,无求于人"①。除了像盐铁等不能生产以外,凡是能自己解决的,都要自己生产,"无求于人"即不必求购于市场,这是人们心中理想的生民之本,在农民经济和地主经济中都是如此。江西地区民众长期处于自给自足的形式之中,少与他人经济往来,小农经济的根本土地又富裕有余,故一派平和。但唐以来,随着江西地区社会经济开发的深入,人口的大幅度增长,一些地方的生存发展条件发生了变化,特别是人口与土地的矛盾开始突显。社会风俗由此也发生了较大的变化。

虔州位于赣江上游大庾岭以北赣南地区。隋时为南康郡,辖赣、虔化、南康、于都4县。唐朝虔州所辖增设信丰、大庾、安远三县。增设的原因主要是当地经济发展与人口增长。唐初虔州户8994,天宝时当地户数已达37647。虔州长期以来地广人稀,但经唐前期的人口增殖,特别安史之乱以来,又大量吸收外来人口,导致当地人口数量增加。虔州地域虽"于江南地最旷"②,但由于山地纵横,适合农业开发的区域在当时的生产力条件下却有限。"版籍多迁客,封疆接洞田。"③居民少土著,多来自外地,耕地是开发山洞而成。人口的增长,一方面加速了当地的经济开发。唐僖宗时,岭南用兵,郑畋建议于岭南煮海为盐,"市虔、吉米以赡安南。罢荆、洪等漕役,军食遂饶"④。唐末赣南地区已有粮食就近外运,反映当地生产有了初步发展。另一方面,土地不足的矛盾遂成当地严重的社会问题。

---

① 《柳河东集》卷二十四《送从弟谋归江陵序》。
② 《王文公文集》卷三十四《虔州学记》。
③ 《全唐诗》卷四四〇白居易《清明日送韦侍郎贬虔州》,卷五七二贾岛《送南康姚明府》。
④ 《新唐书》卷一八五《郑畋传》。

第六章
民俗新潮与民风流变

袁州以所在有袁山、袁水而得名,始置于隋。唐辖宜春、新喻、萍乡三县,均为六朝旧县。山多田少是袁州地区的基本状况。唐五代没有在袁州增设新县,说明其开发在隋朝时就已基本饱和。袁皓《重访宜春》称宜春:"有村皆纺绩,无地不耕犁。"卢纶《送陈明府赴萍乡》说萍乡:"田开野荻中。"袁州的耕地多是开山荒而成。南宋范成大在袁州仰山,看到层层而上的禾田,始称之为"梯田"。这些事实正说明袁州地区的土地开发对象有限。唐代袁州地区人口增长迅速,隋时有户10116,《新唐书·地理志》载天宝户37093,口144096。其人口与土地的矛盾自然也就增多。

吉州为隋置州。吉州庐陵郡五县,其中庐陵、泰和、安福、新淦为旧县,唯永新县系唐显庆二年(657年)析太和置。隋庐陵郡户23714,《新唐书·地理志》载户37752,口337032,口数仅次于洪州。吉州位于著名的吉泰盆地中心,所属庐陵县,东通大山,"土沃多稼,散粒荆扬","自江以南,吉为富州"①。新淦县"地宜谷稻,肥美",赣水两岸农作兴旺。与此同时,吉州商贾辐辏,百货云集。"庐陵户余二万,有地三百余里,骈山贯江,扼岭之冲。材竹铁石之赡殖,苞筐辉缉之富聚,土沃多稼,散粒荆扬,故官人率以贪败。"②在以农为本的中古时代,吉州地区经商的人数较多,说明土地经营已产生了一定的问题。

社会经济的发展,带来了人们财富观念的变化。刘禹锡在《答饶州元使君书》中曾评价说:"濒江之郡,饶为大。履番君之故地,渐瓯越之遗俗。余干有亩钟之地,武林有千章之材。其民牟利斗力,狃于轻悍,故用暴虐闻。重以山茂楒楛,金丰镣铣,齐民往往投镃錤而即铲铸,损丝枲而工罄撅,乘时诡求,其息倍称。"满足于自给自足的民众开始追求财富积累、发家致富了。经济活动增加,与他人的交往就增多,自然增加了产生各种矛盾的可能性。

"争讼"的起因是多种多样的,争土地,争水源,争风水坟山,争竹木,也有的仅是一些零碎琐事,但最主要的是土地问题的严重化。土地是农业社会的经济基础,也是农民生活的基本依据。随着唐以来土地短缺问题的出现,争夺土地,成为中唐以来江西民众"好讼"的主要原因。《宋史·地理志》称湖南与江西袁吉二州接壤处,"其民往往迁徙自占,深耕既种,率致富饶,自是好讼者亦多矣"。却大致可推测中唐以来江西一些地区"好讼"的原因。这种争讼多为"田

---

① 《全唐文》卷八二六皇甫湜《吉州刺史厅壁记》《吉州庐陵县令厅壁记》。
② 《皇甫持正文集》卷五皇甫湜《吉州庐陵县令厅壁记》。

讼"。《全唐诗外编·续补遗》卷九载,洪州人施肩吾在一首诗中记述他在桐庐县厅所见云:"扰扰厅前走赢瘵,中有老人扶杖拜。天公霹雳耳不闻,犹为子孙争地界。"施氏所言不是江西,却也可对认识江西好讼之风的产生提供思考。如唐会昌二年,李远作《送贺著作凭出宰永新序》称:"今永新之为邑也,僻在江南西道,吾闻牛僧孺之言,与荆楚为邻,其地有崇山叠嶂,平田沃野,又有寒泉清流以灌溉之。其君子好义而尚文,其小人力耕而喜斗。"又如南唐李建勋《送王郎中之官吉水》诗云当地习俗:"南望庐陵郡,山连五岭长。吾君怜远俗,从事辍名郎。移户多无土,春蚕不满筐。惟应劳赞画,溪峒况强梁。"庐陵地区因"移户多无土"造成了一系列的社会问题。移民缺少生存的土地,除了向荒山深林之地开发外,自然还会与当地居民争夺土地。

中唐以来,江西"好讼"风气的形成,也与当时的政治生态密切相关。隋唐五代是封建社会法制趋于完备的时代。唐代注重法制文明,诉讼制度比较完善。据《唐六典·尚书刑部》载:"凡有冤滞不申,欲理诉者,先由本司本贯,或路远而踬碍者,随近官司决断之,即不伏,当请给不理状;至尚书省,左右丞为申详,又不伏,复给不理状;经三司陈诉,又不伏者,上表,受表者又不达听,挝登闻鼓。若茕独老幼,不能自申者,乃立肺石之下。"这里列举了州—尚书省—三司—皇帝四级上诉申诉机关。向皇帝申诉可以上表,挝登闻鼓及老幼疾残者可站在特设的"肺石"之下,即由守卫皇宫的监门卫为之奏闻。当时司法上强调"守文定罪""以公执律""恤刑慎杀"。对于民间争讼,往往用法令条件加以裁决。例如,唐代对于以土地为中心的财产所有权予以法律保护,对违法者依律实行惩治。《唐律》规定了"盗耕种公私田""妄认、盗卖公私田""盗耕人墓田""占田过限"等罪名。《十国春秋·颜诩传》载,晚唐时,颜诩叔父"以非礼据乡人桑,诣县求治,邑令下诩评之,诩偿以缯,讼遂止"。至南唐初年,号称法治,"多用法律经义取士"①,这种重"法"之风对江西地区产生较大的影响。如王崇文刺歙、吉期间,"庐陵民尚气喜讼,以先止为怯,号难治,崇文一以法治之,不少贷,讼为衰息"②。南昌人陈省躬任庐陵永新令时,"敏于判部,部民交讼,不下吏议,面讯其由",使诉讼得以当场解决③。民众由原先注重自己解决,转向依赖官府,

---

① 陆游:《南唐书》卷五《徐锴传》。
② 《十国春秋》二十二《王崇文传》。
③ 《南唐野史》卷七《陈省躬》。

第六章
民俗新潮与民风流变

说明政府的法制建设取得了一定的成效。此外,隋唐五代时期,随着江西社会经济的发展与人文素质的提高,民众法律意识与法制观念增强,形成"好讼"的文化基础。在某种意义上争讼增多是一种社会的进步和开化,因为社会越是闭塞落后,民风越是质朴无华,老百姓越是却步官府。

总之,中唐以来江西的好讼之风,主要源于经济开发带来的经济竞争与生存压力,而社会的文明程度上升与本区文化的发展又为讼风的形成推波助澜。由此可见,一个地区民风的形成,除了地理与传统的影响外,经济文化的发展也是极其关键的因素。

附 录
主要参考文献

[唐]魏征等:《隋书》,中华书局,1982年。
[后晋]刘昫等:《旧唐书》,中华书局,1975年。
[宋]欧阳修、宋祁:《新唐书》,中华书局,1975年。
[宋]薛居正:《旧五代史》,中华书局,1976年。
[宋]欧阳修:《新五代史》,中华书局,1974年。
[清]吴任臣:《十国春秋》,中华书局,1983年。
[宋]马令:《南唐书》,《四部丛刊》本。
[宋]陆游:《南唐书》,《丛书集成初编》本。
[宋]龙衮:《江南野史》,台湾文渊阁《四库全书》本。
[唐]李林甫等:《唐六典》,中华书局,1992年。
[唐]李吉甫:《元和郡县图志》,中华书局,1983年。
[唐]杜佑:《通典》,中华书局,1984年。
[宋]司马光:《资治通鉴》,中华书局,1956年。
[清]王夫之:《读通鉴论》,中华书局,1975年。
[宋]乐史:《太平寰宇记》,中华书局,2000年。
[清]顾祖禹:《读史方舆纪要》,中华书局,1955年。
[宋]王溥:《五代会要》,上海古籍出版社,1978年。
[宋]王溥:《唐会要》,上海古籍出版社,1991年。
[宋]宋敏求:《唐大诏令集》,中华书局,1959年。

附 录
主要参考文献

［宋］王钦若：《册府元龟》，中华书局，1960年。
［宋］李昉等：《太平御览》，中华书局，1960年。
［宋］李昉等：《太平广记》，中华书局，1981年。
［清］董诰等编：《全唐文》，上海古籍出版社，1990年。
［清］曹寅等编：《全唐诗》，中华书局，1985年。
［明］陳霖纂修：《南康府志》，上海古籍书店影印，1964年。
［清］尹继善等：《江南通志》，清乾隆元年(1736年)修刊本。
［清］曾国藩、李文敏等：《江西通志》，清光绪七年(1881年)刊本。

吕思勉：《隋唐五代史》，中华书局，1959年。
范文澜：《中国通史简编》(第三册)，人民出版社，1965年。
韩国磐：《隋唐五代史纲》，人民出版社，1979年。
韩国磐：《隋唐五代史论集》，三联书店，1979年。
王仲荦：《隋唐五代史》，上海人民出版社，1988年。
［英］崔瑞德编：《剑桥中国隋唐史》，中国社会科学出版社，1990年。
陶懋柄：《五代史略》，人民出版社，1985年。
郑学檬：《五代十国研究》，上海人民出版社，1991年。
邹劲风：《南唐国史》，南京大学出版社，2000年。
何勇强：《钱氏吴越国史论稿》，浙江大学出版社，2002年。
黄永年：《六至九世纪中国政治史》，上海书店出版社，2004年。

许怀林：《江西史稿》，江西高校出版社，1998年。
陈文华、陈荣华主编：《江西通史》，江西人民出版社，1999年。
李文澜：《湖北通史》(隋唐五代卷)，华中师范大学出版社，1999年。
牟发松：《唐代长江中游的经济与社会》，武汉大学出版社，1989年。
黄玫茵：《唐代江西地区开发研究》，"国立"台湾大学出版委员会，1996年。
［日］斯波义信：《宋代江南经济史研究》(方健、何忠礼译)，江苏人民出版社，2001年。
郑学檬：《中国古代经济重心南移和唐宋江南经济研究》，岳麓书社，2003年。
陈　勇：《唐代长江下游经济发展研究》，上海人民出版社，2006年。
武建国：《均田制研究》，云南人民出版社，1992年。

冻国栋:《唐代的商品经济与经营管理》,武汉大学出版社,1993年。
冻国栋:《唐代人口问题研究》,武汉大学出版社,1993年。
田昌五、漆侠主编:《中国封建社会经济史》,齐鲁书社、文津出版社,1993年。
胡如雷:《隋唐五代社会经济史论稿》,中国社会科学出版社,1996年。
葛剑雄主编:《中国移民史》(五卷本),福建人民出版社,1997年。
江西省交通厅交通史志编辑室编:《江西公路史》第一册,人民交通出版社,1989年。
罗传栋主编:《长江航运史》,人民交通出版社,1991年。
魏嵩山、肖华忠:《鄱阳湖流域开发探源》,江西教育出版社,1995年。
陈荣华等著:《江西经济史》,江西人民出版社,2004年。
李锦绣:《唐代财政史稿》(下卷),北京大学出版社,2001年。
张泽咸:《唐五代赋役史草》,中华书局,1986年。
张泽咸:《唐代工商业》,中国社会科学出版社,1995年。
张泽咸:《汉晋唐时期农业》,中国社会科学出版社,2003年。
魏明孔:《隋唐手工业研究》。甘肃人民出版社,1999年。
冯先铭主编:《中国陶瓷》,上海古籍出版社,1994年。
余家栋:《江西陶瓷史》,河南大学出版社,1997年。
周銮书:《景德镇史话》,江西人民出版社,2004年。

范文澜:《唐代佛教》,人民出版社,1979年。
郭　朋:《隋唐佛教》,齐鲁书社,1981年。
潘桂明:《中国禅宗思想历程》,今日中国出版社,1992年。
韩　溥:《江西佛教史》,光明日报出版社,1995年。
张　弓:《汉唐佛寺文化史》,中国社会科学出版社,1997年。
吴立民主编:《禅宗宗派源流》,中国社会科学出版社,1998年。
印　顺:《中国禅宗史》,江西人民出版社,1999年。
杨曾文:《唐五代禅宗史》,中国社会科学出版社,1999年。
严耀中:《江南佛教史》,上海人民出版社,2000年。
段晓华、刘松来:《红土·禅床——江西禅宗文化研究》,中国社会科学出版社,2000年。
张国刚:《佛学与隋唐社会》,河北人民出版社,2002年。

附 录
主要参考文献

[日]忽滑谷快天:《中国禅学思想史》(朱谦之译),上海古籍出版社,2002年。
徐文明:《中土前期禅学思想史》,北京师范大学出版社,2004年。
李映辉:《唐代佛教地理研究》,湖南大学出版社,2004年。
任继愈主编:《中国道教史》,上海人民出版社,1990年。
卿希泰主编:《中国道教史》,四川人民出版社,1996年。
张继禹:《天师道史略》,华文出版社,1990年。
郭树森:《天师道》,上海社会科学院出版社,1990年。
郭树森:《道教文化钩沉》,华夏翰林出版社,2005年。
孙昌武:《道教与唐代文学》,人民文学出版社,2001年。
葛兆光:《屈服史及其他:六朝隋唐道教的思想史研究》,三联书店,2003年。

赵文润:《隋唐文化史》,陕西师范大学出版社,1992年。
徐连达:《唐朝文化史》,复旦大学出版社,2003年。
傅璇琮:《唐代诗人考》,中华书局,2003年。
傅璇琮:《唐代科举与文学》,陕西人民出版社,2003年。
蒋　寅:《大历诗人研究》,中华书局,1995年。
周文英等:《江西文化》,辽宁教育出版社,1998年。
朱仲玉:《历代江西诗人作品选》,江西人民出版社,1983年。
贾晋华:《唐代集会总集与诗人群研究》,北京大学出版社,2001年。
吴海、曾子鲁主编:《江西文学史》,江西人民出版社,2005年。
戴伟华:《地域文化与唐代诗歌》,中华书局,2006年。
李国钧主编:《中国书院史》,湖南教育出版社,1994年。
邓洪波:《中国书院史》,中国出版集团·东方出版中心,2004年。
李才栋:《中国书院研究》,江西高校出版社,2005年。
杨鑫辉、李才栋主编:《江西古代教育家评传》,江西教育出版社,1995年。
周銮书主编:《江西历代名人传》,百花洲文艺出版社,2000年。
李放主编:《江西历代杰出科技人物传》,江西科学技术出版社,2001年。

[美]谢弗:《唐代的外来文明》(吴玉贵译),中国社会科学出版社,1995年。
程蔷、董乃斌:《唐帝国的精神文明》,中国社会科学出版社,1996年。
李斌城等:《隋唐五代社会生活史》,中国社会科学出版社,1998年。

徐舜杰主编:《汉族风俗史》(第三卷),学林出版社,2004年。
李孝聪主编:《唐代地域结构与运作空间》,上海辞书出版社,2003年。
刘沛林:《风水·中国人的环境观》,上海三联书店,2002年。
刘佐泉:《客家历史与传统文化》,河南大学出版社,2003年。
周绍良:《唐代墓志汇编》,上海古籍出版社,1992年。
陈柏泉编著:《江西出土墓志选编》,江西教育出版社,1991年。

杜文玉:《唐五代时期江西地区社会经济的发展》,《江西社会科学》1989年第4期。
周振鹤:《唐代安史之乱和北方人民的南迁》,《中华文史论丛》1987年第2、3期合刊。
张泽咸:《试论汉唐间的水稻生产》,《文史》第18辑。
虞文霞:《唐代江西农业经济发展刍议》,《农业考古》2004年第1期。
张泽咸:《唐代的诞节》,《魏晋南北朝隋唐史资料》第11期,武汉大学出版社,1991年。
张泽咸:《唐代的节日》,《文史》第37辑。
张泽咸:《汉唐时期的茶叶》,《文史》第11辑。
王洪军:《唐代的茶叶生产——唐代茶业史研究之一》,《齐鲁学刊》1987年第6期。
方　健:《唐代茶产地和产量考》,《中国社会经济史研究》1993年第2期。
陈伟民:《唐宋时期的渔业生产》,《农业考古》1994年第3期。
保　全:《西安出土唐代李勉进奉银器》,《考古与文物》1984年第4期。
卢兆荫:《试论唐代的金花银盘》,《中国考古学研究——夏鼐先生考古五十年论文集》,文物出版社,1986年。
彭适凡:《再论古代南昌城的变迁与发展》,《南方文物》1995年第4期。
许怀林:《唐末五代的北人南迁及对江西地区的影响》,载《庆祝邓广铭教授九十华诞论文集》,河北教育出版社,1997年。
周兆望:《青史凭谁定是非——评宋齐丘的历史功过》,《南昌大学学报》2002年第1期。
许怀林:《唐末五代江右豪杰的影响与沉浮》,《江西师范大学学报》2003年第4期。

后 记

爱国爱乡先识其史,学人一直有注重地方史研究的优良传统。江西地方史研究筚路蓝缕,许怀林先生有开拓之功,20世纪90年代初完成的《江西史稿》奠定了当代研究江西历史的基础。此外,陈文华、陈荣华主编的《江西通史》、陈文华等著的《江西经济史》、韩溥著的《江西佛教史》、周文英等著的《江西文化》等一批研究江西地方的通史性专门史的著作,以及省内外相关研究者一大批关于隋唐五代区域地方历史的论著,如牟发松的《唐代长江中游的经济与社会》、黄玫茵的《唐代江西地区开发研究》、李文澜的《湖北通史(隋唐五代卷)》等著作,都成为笔者写作本卷的良好参照与重要依据。可以说,没有这些前辈时贤付出的努力与心血,笔者要完成本卷是不可能的。

笔者对隋唐五代史素无学习,对江西地方史更形如陌路,因此,接受本卷撰写的任务无疑是对自己谫陋知识的巨大挑战。为了完成本卷,笔者尽可能地阅读原始资料、搜集已有的研究成果、拜访相关的专家,力图站在前辈时贤的肩膀上有所突破和进步。本卷作为《江西通史》"隋唐五代"部分,试图贯彻如下写作思想:一是全面系统地叙述隋唐五代江西历史,在继承的基础上,着力体现个人的思考与心得,尽可能地填补前辈时贤研究认识的空白,并有所超越。二是实事求是地叙述隋唐五代江西历史,以复历史面貌、求历史真相。让关注本段江西历史的有心人,得到可能更为客观更为真实的认识。三是走进历史的深度,力图把握隋唐五代江西社会政治、经济、文化发展的规律。四是作为有可读性的历史,语言文字尽量简练、通俗,以求雅俗共赏。毋庸置疑,本卷并没有很好地体现这些思想,不足之处相当明显:体例缺乏创新,有些节、目的编排不尽合理;语言文字不够简练通畅、生动活泼;某些应该充分反映的内容,没有得到反映或反映得不够,等等。这些问题的产生,除了文献资料不足、现有研究水平有限等客观条件的影响外,根本的则是笔者学识浅薄、能力低下。

笔者之所以能参加《江西通史》这一具有重大文化意义的学术工程,承蒙江西师范大学历史文化与旅游学院院长方志远先生的着力推荐以及《江西通史》编委会的"不规一格"。本卷之所以能完成,得益于编委会诸位先生的诚恳殷切的教诲、督促、帮助;受教于武汉大学历史系杨德炳先生、宜春学院政史系郑建明先生两位评审专家的认真细致的审读、修改、斧正。尤其是江西省人民出版社的姚继舜先生,以渊博的学识细致科学的态度,一丝不苟地核查全书史料,使本书避免了不少错误;责任编辑曾熙女士、美术编辑揭同元先生也倾注了大量心血,使本书质量得到了很好的保证。另外,华东师范大学历史系牟发松先生、武汉大学三至九世纪研究所朱海老师对本卷资料的收集提供了极大的帮助,江西师范大学历史文化与旅游学院梁琼老师及方潜龙、刘小生、欧阳辉等研究生承担了部分文字的校对工作。应特别申明的是,本卷的部分照片由江西省博物馆赵元春先生提供。还有一部分则来源于网络,没有这些照片,本卷将是极大的遗憾。可惜笔者难以确认照片作者的姓名,无法列其鸿名。谨致谢忱!

陈金凤

2008年2月15日

图书在版编目(CIP)数据

江西通史·隋唐五代卷/陈金凤著.—南昌:江西人民出版社,2008.12(2017.8重印)
(江西通史/钟起煌主编)
ISBN 978-7-210-03930-3

Ⅰ.江... Ⅱ.陈... Ⅲ.江西省—地方史—隋唐时代②江西省—地方史—五代十国时期 Ⅳ.K295.6

中国版本图书馆CIP数据核字(2008)第153119号

江西通史·隋唐五代卷

陈金凤 著

责任编辑:曾 熙
封面设计:同异文化传媒
出版:江西人民出版社
发行:各地新华书店
地址:江西省南昌市三经路47号附1号
学术出版中心电话:0791-86898330
发行部电话:0791-86898815
邮编:330006
网址:www.jxpph.com
E-mail:swswpublic@sina.com   web@jxpph.com
2008年12月第1版 2017年8月第3次印刷
开本:787毫米×1092毫米 1/16
印张:28 插页:4
字数:460千字
ISBN 978-7-210-03930-3
版权所有 侵权必究
定价:95.00元
承印厂:江西华奥印务有限责任公司印刷